Bernd Schäffus · Das Betriebssystem Open VMS

Das Betriebssystem Open VMS

Einführung und Praxis für Einsteiger und Fortgeschrittene

Dritte, überarbeitete Auflage

Bernd Schäffus

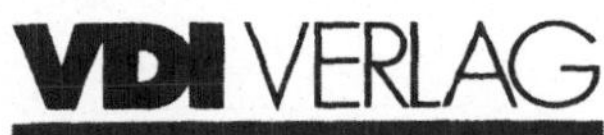

Die Deutsche Bibliothek – Cip-Einheitsaufnahme

Schäffus, Bernd:
Das Betriebssystem Open VMS : Einführung und Praxis für Einsteiger
und Fortgeschrittene / Bernd Schäffus. - 3., überarb. Aufl. - Düsseldorf :
VDI-Verl., 1996
ISBN-13:978-3-540-62355-7   e-ISBN-13:978-3-642-61201-5
DOI: 10.1007/978-3-642-61201-5

Die Information in diesem Buch basierten auf der Version V6.2 des Betriebssystems
Open VMS. Sie gelten auch (fast) alle für die vorangegangenen Releases von VMS
ab V5.0 aufwärts sowie für zukünftige Releases.

Die Informationen in diesem Buch werden ohne Rücksicht auf einen eventuellen
Patentschutz veröffentlicht. Warennamen werden ohne Gewährleistung der freien
Verwendung benutzt. Bei der Zusammenstellung von Texten und Abbildungen wur-
de mit größter Sorgfalt vorgegangen. Trotzdem können Fehler nicht vollständig aus-
geschlossen werden. Verlag und Autor können für fehlerhafte Angaben und deren
Folgen weder eine juristische Verantwortung noch irgendeine Haftung übernehmen.
Für Verbesserungsvorschläge und Hinweise sind Verlag und Autor dankbar.

Eingetragene Warenzeichen von Digital Equipment Corporation (DEC):

    ALPHA, DEC, DECnet, Open VMS, PDP, RSTS, RSX, VAX, VAXcluster,
VMS, VMS-POSIX

Eingetragene Warenzeichen AT&T:

    UNIX

Eingetragene Warenzeichen von MicroSoft:

    MS-DOS, WindowsNT

Herstellung: ProduServ GmbH Verlagsservice, Berlin

ISBN-13:978-3-540-62355-7

V

Vorwort zur 3. Auflage

"VMS lebt, es hat Zukunft" - mit diesen Worten endete das Vorwort zur zweiten Auflage dieses Buches.

Heute - 3 ½ Jahre später - blicken wir auf ein Betriebssystem, das durch ständige Erweiterung und neue Funktionalitäten den Ansprüchen der heutigen Geschäftswelt mehr als genügt. Der Name OpenVMS ist aus dem Markt der Betriebssysteme nicht mehr wegzudenken. Zuständig für den High-End-Bereich zeichnet sich OpenVMS durch ein hohes Maß an Verfügbarkeit, Integrität, Sicherheit und Skalierbarkeit aus. Den Beweis für die Innovation liefert Digital durch den seit 1984 größten Zuwachs in OpenVMS-Funktionalität. Und nicht zuletzt durch die Tatsache, daß OpenVMS in Deutschland in 5400 Firmen und ca. 37.000 Systemen aktiv betrieben wird. Das Haupteinsatzgebiet stellt der "Mission critical"-Bereich dar.

Was hat sich in den letzten drei Jahren getan ? Aufbauend auf der Alpha Architektur von Digital, der schnellsten Mikroprozessor-Technologie, ist OpenVMS seit Anfang 1996 64-Bit-fähig. Damit bietet sich dem Anwender eine nahezu unendliche Skalierbarkeit. D.h. z.B. Cache-Größen von mehr als 1 TeraByte in acht Stunden, File-Größen von 100 GigaByte und 100.000 offene Streams auf einem Server. Daraus ergeben sich Leistungsmerkmale, die besonders gut geeignet sind für anspruchsvolle, datenintensive Anwendungen wie z.B. Data Warehousing, Micromarketing, Video-on-demand und Online Transaktionsverarbeitung.

Ein großer Innovationssprung ist auch mit der "Alliance for Enterprise Computing" zwischen Digital und Microsoft entstanden. Ausgangspunkt für die Zusammenarbeit beider Unternehmen sind die ständig zunehmenden Anforderungen innerhalb der heutigen Geschäftsabläufe. Dabei kristallisierten sich zwei entscheidende Kriterien heraus : Windows-NT-basierte Lösungen sind in Zukunft von entscheidender Bedeutung für die Informations-Infrastruktur. Und das Geschäft hängt zunehmend davon ab, daß "Mission critical"-Anwendungen reibungslos und ausfallsicher - rund um die Uhr, 365 Tage im Jahr - eingesetzt werden. Eine Tatsache, die mit OpenVMS garantiert ist.

Die Partnerschaft zwischen Digital und Microsoft orientiert sich an diesen Zielsetzungen. Sie schafft die Grundlagen für eine integrierte Systemumgebung.

Entsprechend können Windows-NT-Anwender zukünftig die bewährte Higend-Funktionalität des OpenVMS-Betriebssystems uneingeschränkt nutzen. Gleichzeitig steigert sich die Rentabilität für bereits getätigte OpenVMS-Investitionen durch zahlreiche Leistungserweiterungen. Bereits vorhandene Applikationen können diese innovativen Erweiterungen unter OpenVMS - wie immer - denkbar einfach und ohne Einschränkung nutzen. Die wichtigsten Vorteile ergeben sich jedoch aus der Tatsache, daß OpenVMS und Windows NT jetzt integriert werden können - unter Einsatz offener Client/Server-Werkzeuge und Middleware. Hierdurch entsteht eine leistungsstarke Umgebung, die die besten Funktionen beider Systeme in sich vereint und die maximale

VI

Flexibilität in puncto Hardware-Plattformen, Betriebssystemen und Anbieter sichert. Und die Rechneranforderungen von morgen schon heute erfüllt.

Somit endet auch dieses Vorwort mit unserer Überzeugung, daß Open VMS als zukunftsorientiertes Betriebssystem bereits heute seiner Zeit weit voraus ist. Und nach wie vor gilt die Symbiose zwischen Digital und OpenVMS : Eine Digital ohne OpenVMS ist undenkbar.

München, im Mai 1996

Michael Peuker
Leiter Marketing Betriebssysteme und
Relationship Manager Microsoft
Digital Equipment GmbH, München

Thomas Siebold
Technologieberater
Digital Equipment GmbH, München

Vorwort zur 2. Auflage

VMS ist und bleibt ein Klassiker unter den Betriebssystemen. Fast 500.000 mal wurde es inzwischen installiert, von der Workstation für einen Anwender bis zum Rechnerverbund im Cluster mit über tausend Benutzern. Damit unterstützt es jeden Tag über 10 Millionen Menschen bei der Arbeit mit tausenden von Applikationen weltweit.

Die zweite Auflage dieses Buches in kurzer Zeit beweist das ungebrochene Interesse an diesem Betriebssystem. Nach dem Motto *"Totgeglaubte leben länger"* haben die Erweiterungen der letzten Monate neue Impulse und Perspektiven für die Zukunft aufgezeigt.

Mit der Ankündigung von OpenVMS im Juli 1992 begann der Wechsel vom herstellerspezifischem zum offenen Betriebssystem. Damit kommt Digital dem Wunsch vieler Anwender nach mehr Herstellerunabhängigkeit entgegen und stellt gleichzeitig unter Beweis, daß "Offen" nicht gleich "UNIX" ist. Außerdem haben sich die Ziele der Anwender zwischenzeitlich geändert. Nicht nur der Wunsch nach Unabhängigkeit, sondern auch das Zusammenspiel verschiedener Anwendungen auf unterschiedlichen Rechnerplattformen lenkt die Nachfrage und verlangt daher eine Differenzierung für den Begriff "Offene Systeme".

Was ein offenes Betriebssystem ist, wurde zwischenzeitlich definiert. Nicht nur in den USA, sondern auch in Europa und damit in Deutschland, insbesondere für den öffentlichen Anwenderbereich, wird "POSIX compliant" und X/OPEN verlangt. Diese

Standards präzisieren die bisherigen recht willkürlich interpretierten Festlegungen. OpenVMS hat das XPG3-Branding bekommen. Dieses Gütesiegel bescheinigt, daß VMS alle Spezifikationen des X/OPEN Portability Guide Issue 3 erfüllt. Mit dem zusätzlichen Software-Produkt VMS-POSIX wurde ein weiterer Schritt in Richtung offenes Betriebssystem unternommen. OpenVMS ist damit eines der ersten "Nicht-UNIX-Betriebssysteme", das sowohl POSIX- als auch X/OPEN-konform ist.

Mit der Ankündigung der 64-Bit-Alpha AXP Systeme erfolgte die Übernahme von VMS auf eine neue, zukunftsorientierte Hardwarearchitektur. Damit steht dem Anwender neben der bewährten 32-Bit-VAX eine noch leistungsfähigere 64-Bit-RISC-Architektur zur Verfügung. Der Design-Lebenszyklus der Alpha AXP ist auf 25 Jahre ausgelegt. Auf den ersten Blick eine lange Zeit in Hinblick auf die technologischen Entwicklungen. Wenn man jedoch auf fast 20 Jahre VAX/VMS zurückblicken kann und heute bei weitem die technologischen Grenzen der RISC und Parallelprozessor-Technologie noch nicht erreicht hat, so scheint dies realistisch.

Was wird sich als nächstes im VMS-Umfeld tun ?

Sicherlich werden sich nach der Verabschiedung weiterer Standards diese in OpenVMS wiederfinden. Hier sind insbesondere Echtzeitverarbeitung, Transaktionsverarbeitung, Netzwerk und Security-Erweiterungen, sowie Schnittstellen zur Systemverwaltung zu nennen.

Nach dem Generationswechsel der Rechnersysteme steht die Erweiterung an die 64-Bit-Welt an. Für zukünftige Applikationen wird der Bedarf an 64-Bit-Adress-, Daten- und Registerbreite bestehen, um höhere Genauigkeit und bisher nicht erreichbare Programmgrößen zu realisieren.

Somit gilt auch weiterhin die Aussage aus der ersten Auflage dieses Buches :

VMS lebt, es hat eine Zukunft.

Berlin, im Januar 1993

Friedhelm Keil
Niederlassung Berlin
der Digital Equipment GmbH, München

Vorwort zur 1. Auflage

VMS gilt als Klassiker unter den Betriebssystemen. Seit 1977 ist es auf dem Markt, wurde weltweit über 400.000 mal installiert und wird heute von etwa 10 Millionen Menschen benutzt.

Ist dieses neue VMS-Buch eine Reminiszenz an die Vergangenheit ? Der Markt der Informationsverarbeitung ist seit Jahren der schnellebigste der Welt. Wurde VMS nicht schon längst von den "modernen" UNIX-Systemen überholt ?

Früher war es die wesentliche Aufgabe von Betriebssystemen, die Rechnerhardware zu erschließen und die begrenzten Ressourcen optimal zu nutzen. In dieser Zeit des Ressourcenmangels wurde weder an eine Entkopplung der Anwendungen von speziellen Rechnerarchitekturen noch an eine Verbindung verschiedener Rechner gedacht.

Im Gegenteil : Betriebssysteme gehörten zu den wesentlichen Unterscheidungs-merkmalen der Rechnerhersteller ; gleichzeitig hielt ein Betriebssystem den Anwender in der Welt des Herstellers gefangen. Ein Wechsel zu einem anderen Rechnersystem aus Preis- oder Leistungsgründen war mit enormen Kosten verbunden und praktisch ausgeschlossen.

Schon damals hatte VMS gegenüber anderen Betriebssystemen Vorteile, die letztlich den Erfolg des Systems ausmachten. Die leicht verständliche Bedienung ohne kryptische Abkürzungen, ohne Computer-Chinesisch. VMS ermöglichte den direkten, interaktiven Dialog des Anwenders mit dem System und seinen Ressourcen. Unter VMS wurden nicht spezielle Varianten, sondern die Standards der Programmiersprachen angeboten.

VMS bietet auch heute eine in der Industrie einmalige Durchgängigkeit auf einer breiten Hardware-Palette : VMS arbeitet auf Workstations, Abteilungsrechnern, und Mainframes, auf den lose gekoppelten VAXcluster-Systemen, auf symmetrischen Parallel-Systemen, auf Systemen mit Vektorprozessoren und auf fehlertoleranten Systemen. Die Software ist auf allen diesen unterschiedlichen Systemen binärkompatibel ablauffähig.

Aber die zentralen Aufgaben eines Betriebssystems haben sich in den letzten Jahren wesentlich erweitert. Nicht die Erschließung der Ressourcen nur eines Rechnersystems, sondern die Einbettung dieser Ressourcen in ein Netzwerk von Systemen ist die neue Zielsetzung. Der Integration von Industrie- und Wirtschaftsunternehmen folgt die Integration der Rechnersysteme und Anwendungen.

Damit müssen sich die verschiedenen Erscheinungsbilder der Betriebssysteme auflösen. Betriebssysteme, die diese Öffnung zu systemneutralen Schnittstellen nicht bieten, sind chancenlos.

Das Einzelsystem löst sich im Rechnernetz auf, das Rechnernetz wird zum System. Und selbst die Rechnernetze wachsen zu globalen Gesamtsystemen zusammen.
In diesem globalen Netz bilden verschiedene Rechnerarchitekturen das Gesamtsystem. Das Netz wird allen Rechnertechnologien offen stehen, die diese Integrationsfähigkeit mitbringen. Die Verschiedenheit der Einzelsysteme wird sich weder dem Operator noch dem Anwender noch dem Programmierer offenbaren. Die Betriebssystem werden gleichartige Dienste und Schnittstellen anbieten.

Diese gleichartigen Dienste und Schnittstellen entsprechen den so häufig diskutierten offenen Standards.

VMS befindet sich in dieser Phase der Öffnung : es entwickelt sich zum offenen VMS. VMS wird eine breite Palette von Prozessor-Architekturen erschließen, 32-Bit- und 64-Bit-Rechner, CISC- und RISC-Rechner, und diese in einem heterogenen Netz integrieren lassen. Die Basis für die Realisierung dieser Aufgaben sind die Implementierung offener Standards im Betriebssystem.

Alle Lösungen für offene System können natürlich unter diesem neuen VMS betrieben werden. Aber auch umgekehrt sind alle für das offene VMS entwickelten Lösungen für die anderen offenen Systeme geeignet.

VMS nimmt die Gesamtheit der offenen Standards auf und bietet zusätzlich die neueste Software-Technologie in solchen Bereichen, für die noch keine Standards existieren. Die intensive Mitarbeit von Digital bei der Definition offener Standards von IEEE, ANSI, X/OPEN, OSF und ACE garantiert, daß die Entwicklungsarbeiten sich sehr eng an den Zielen der Standardgremien orientieren und sichert damit die Investition des Anwenders im System-, Lösungs- und Schulungsbereich.

Bereits heute können unter VMS - neben den Standards der klassischen Programmiersprachen - Standards für die graphische Benutzeroberfläche (OSF/MOTIF), für die graphischen Benutzerbibliotheken (GKS und PHIGS), für die Kommunikation mit anderen Systemen (OSI, TCP/IP, X.400, X.500, EDI), für die Dokumentenverarbeitung (ODA, ODIF) genutzt werden.

Als nächste Schritte werden die POSIX-Schnittstellen für die Systemdienste und Systemschnittstellen im VMS implementiert und alle Teile des Distributed Computing Environments (DCE) realisiert. Die nächste Version von VMS wird den XPG3-Forderungen entsprechen.

Das bewährte VMS wandelt sich zum offenen System. VMS hat Zukunft.

München, im August 1991

Ullrich Pelda
Digital München

Inhaltsverzeichnis

Einleitung

Sie haben sich ein OpenVMS-Buch ausgewählt, in dem versucht wird, Ihnen eine solide Basis für den Umgang mit dem Betriebssystem OpenVMS für ALPHA - und VAX-Rechner von der Firma Digital Equipment Corporation zu vermitteln. Dieses Buch soll Ihnen nicht nur während der Phase des Kennenlernens die notwendige Unterstützung bieten, sondern auch im täglichen Umgang mit OpenVMS immer wieder als ein Nachschlagewerk dienen, wenn einmal der Einsatz von Kommandos außerhalb der tagtäglichen Routine gefragt ist. Basis dieses Lehrbuches ist eine Sammlung von Seminarunterlagen, bereichert durch viele Erfahrungen und Beispiele, die ich beim Abhalten solcher Schulungen sammeln konnte. Der hier vermittelte Stoff entspricht etwa einem einwöchigen Intensivkurs.

Ein Seminar bietet die schöne Möglichkeit, die einzelnen Themen nach den Wünschen der Teilnehmer entsprechend zu vertiefen. Dieses Buch kann leider nicht auf Ihre Zwischenfragen reagieren. Daher habe ich mich bemüht, eventuell auftretende Fragen vorab zu ahnen und zu beantworten. Dies mag dazu führen, daß Ihnen einige Themen als zu ausführlich und andere wiederum als zu knapp behandelt vorkommen. Eine ideale Mischung im Buch müßte eigentlich für jeden Leser einzeln erfunden werden.

Um dieses Buch verständlich zu gestalten, habe ich deutsche Ausdrücke verwendet. Wo jedoch die Verbindung zu OpenVMS-Kommandos besteht oder wo dieser Begriff Bestandteil des OpenVMS-Benutzer-"Fachchinesisch" geworden ist, wird dieser Ausdruck beibehalten. Als Erleichterung beim Lesen dieses Buches werden alle erstmals auftretenden Fachausdrücke kurz erklärt. Bei englischen Fachausdrücken steht auch die deutsche Übersetzung und gegebenenfalls eine kurze Erklärung. Außerdem sei hier an dieser Stelle auch auf das Glossar am Ende dieses Buches hingewiesen.

- ➪ Lesen Sie in Ruhe.
- ➪ Ziehen Sie die Beispiele zu Rate.
- ➪ Markieren Sie sich eventuell für Sie wichtige Textstellen.
- ➪ Probieren Sie das Gelesene aus.
- ➪ Merken Sie sich nur das für Sie Wichtige (Sie wissen ja, wo es steht ...).
- ➪ Teilen Sie sich den Lehrstoff selber in handhabbare Portionen.
- ➪ Lassen Sie sich von der Menge des Lehrstoffes nicht abschrecken.

OpenVMS ist ein sehr benutzerfreundliches Betriebssystem, daher wünsche ich Ihnen viel Erfolg und Spaß mit OpenVMS und : keine Angst vor OpenVMS !

Bernd Schäffus

1. Allgemeine Einführung

Dieses Kapitel gibt Ihnen einen allgemeinen Überblick über das Betriebssystem OpenVMS und nennt Ihnen die wesentlichen Merkmale. Grundbegriffe der Welt der Datenverarbeitung sollen Ihnen hier nicht erklärt werden, sondern werden vorausgesetzt.

Die einzelnen Themen :

1.1   Das Betriebssystem 'OpenVMS'

1.2   Eigenschaften und Aufgaben von 'OpenVMS'

1.3   Wo wird OpenVMS eingesetzt ?

1.1 Das Betriebssystem 'OpenVMS'

VMS (Virtual Management System) war und ist das weitverbreitete Betriebssystem, das auf **VAX**-Rechnern und auf **ALPHA**-Rechnern der Firma **Digital Equipment Corporation** - oder auch kurz **DEC** genannt - seit Ende der 70er Jahre verwendet und dabei stetig weiterentwickelt wird. Mittlerweile wird bereits die sechste Generation Version 6.2 eingesetzt. Die eben erwähnten VAX-Rechner sind Computer mit 32-Bit-Architektur, ALPHA-Rechner Computer mit 64-Bit-Architektur.

Die VMS Version 5.5-2 ragte als ein solch besonderer Meilenstein aus der gesamten VMS-Entwicklungsgeschichte heraus, daß DEC dem altbewährten Betriebssystem VMS einen neuen Namen gab : **OpenVMS**.

Der Grund für diese Namensänderung lag darin, daß VMS mit dieser Version über die im **POSIX-Standard** definierten Betriebssystemschnittstellen verfügte. POSIX heißt "Portable Operating System Interface" (= portable Betriebssystemschnittstelle) und ist die Sammlung der Standardnormen, die von dem Normeninstitut IEEE (Institute of Electrical and Electronical Engineers) verabschiedet worden sind. POSIX galt bis dahin hauptsächlich als Vorgabe für UNIX-Systeme.

Die Einhaltung dieser POSIX-Normen ist die Voraussetzung dafür, daß sich ein Betriebssystem "Open" (=offen) nennen darf. Der Vorteil ist der, daß Programmsysteme, die unter Verwendung dieser "offenen" Betriebssystemschnittstellen programmiert worden sind, auch portabel sind und auf allen anderen "offenen" Systemen lauffähig. Bislang war der Begriff "Open" und UNIX ein Synonym, mit dieser Version reihte sich nun auch OpenVMS in diesen Chor mit ein.

Klar, daß aus dieser Annäherung von UNIX und OpenVMS auch mit einem entsprechenden Namen Kapital geschlagen werden mußte. Trotzdem hat sich OpenVMS durch die integrierten POSIX-Schnittstellen und der nunmehr ebenfalls parallel vorhandenen UNIX-Oberfläche nicht gleich in ein UNIX-System gewandelt ; vielmehr merken Sie bei den Themen, die Ihnen dieses Buch näherbringen möchte, eigentlich nichts von UNIX oder POSIX.

Die Palette der OpenVMS-Rechner reicht vom Einplatzsystem, das zumeist als graphischer Arbeitsplatz (Workstation) Verwendung findet, bis hin zu Großrechnern oder Clustern von Großrechnern (eine enge Rechnernetzverbindung mit Zugriff auf gemeinsame Datenbasen), die mehrere hundert Benutzer gleichzeitig bedienen.

Früher haben alle Rechnerhersteller für jeden Typ von CPU (Central Processing Unit = Rechenwerk oder Prozessor eines Computers) ihre genau darauf abgestimmten Betriebssysteme entwickelt. Sogar bei ein und dem selben Hersteller kann es so mehrere nicht untereinander austauschbare Betriebssysteme geben. Und das gilt heutzutage größtenteils immer noch. Diese Kopplung sorgt für die optimale Ausnutzung des jeweiligen Rechners, führt aber auch zu einer Inflation von unterschiedlichen

Betriebssystemen, die einen Wechsel von Rechnersystemen zu einem zeitraubenden und kostspieligen Umstellungsabenteuer machen. Denn es muß dann nicht nur ein neues Betriebssystem und seine Bedienung gelernt werden, auch die bislang eingesetzten Programme müssen überarbeitet, wenn nicht gar neu geschrieben oder auch komplett ersetzt werden. Trotzdem werden solche Abenteuer freiwillig in Kauf genommen, wenn alte Maschinen gestiegene Anforderungen nicht mehr bewältigen können oder im Unterhalt zu teuer geworden sind, denn mit technischem Fortschritt werden Rechner immer günstiger im Preis-Leistungs-Verhältnis und ein Austausch damit interessant.

In den letzten Jahren entwickelte jedoch sich ein gegensätzlicher Trend. Einige Hersteller unternahmen Versuche, ein mehr oder weniger genormtes Betriebssystem auch auf ihren unterschiedlichen CPUs einsetzen zu können und damit der Forderung des Marktes nach Hardware-Unabhängigkeit gerecht zu werden. Das bekannteste und von mehreren unabhängigen Institutionen genormte Betriebssystem, das mehrere verschiedene CPUs unterstützt, ist UNIX oder seine verschiedenen Namensvettern.

Das Betriebssystem für Personal Computer MS-DOS läuft zwar auch auf vielen verschiedenen PCs, gehört aber nicht in diese Kategorie, da hier die Standardisierung nicht durch unabhängige Normeninstitute, sondern durch eine Monopolstellung von Microsoft erreicht worden ist.

Und schließlich ist da auch OpenVMS, das auf allen VAX-Rechner eingesetzt wird und auf ALPHA-Rechnern (neben dem UNIX-Derivat DEC-UNIX und WindowsNT) eingesetzt werden kann. Alle diese ALPHA- und VAX-Rechner besitzen alle unterschiedliche CPUs. Und im Gegensatz zu UNIX, das auf den verschiedenen Prozessoren 'nur' software-kompatibel (=Software ist miteinander vereinbar) ist, ist OpenVMS software-identisch.

OpenVMS läuft mit dem ALPHA-Rechner auf Rechnern mit einer RISC-Architektur (RISC = reduced Instruction Set Computer) und hat das POSIX-Gütesiegel verliehen bekommen. Tendenzen in der Weiterentwicklung von OpenVMS sind sicher die intensive Integration (vielleicht bis zu einer irgendwie gearteten Verschmelzung) von OpenVMS und WindowsNT, aber auch die weitere Annäherung von UNIX und OpenVMS, was ja auch bereits durch die mögliche Ausstattung des ALPHA-Rechners mit den Betriebssystemen OpenVMS, WindowsNT und DEC-UNIX vorgezeichnet.

OpenVMS wird sich aus heutiger Sicht schwerpunktmäßig seine Zukunft als Server-Plattform für WindowsNT-Klienten in einer Client-Server-Architektur erobern und sichern. Und es wird genau dort weiterhin eingesetzt werden (bei der hohen Verbreitung von ALPHA- und VAX-Rechnern sicher auch begründet), wo es auf hohe Zuverlässigkeit und hohe Benutzerfreundlichkeit ankommt.

1.2 Eigenschaften und Aufgaben von 'OpenVMS'

Das Betriebssystem OpenVMS erfüllt die üblichen Aufgaben eines Betriebssystems :

- ❏ Kontrolle der Eingabe und Ausgabe am Terminal

- ❏ Verwaltung der Hauptspeicher-Ressourcen

- ❏ Bereitstellung von Betriebsmitteln

- ❏ Dateisystem, Verwaltung und Schutzmechanismen

- ❏ Systemstatistiken

- ❏ Laden, Starten, Verwaltung von Programmen

- ❏ Netzwerkanbindung

Alle diese hier nur als Schlagworte angegebenen Aufgaben bewältigt OpenVMS, wobei es über die folgenden Eigenschaften verfügt :

- ❏ Multi-User-Betrieb (Mehrbenutzerbetrieb) : Es können gleichzeitig mehrere Benutzer an einem OpenVMS-Rechner unter dem Betriebssystem OpenVMS arbeiten. Der Benutzer meldet sich mit seinem Namen und einem Paßwort am System an.

- ❏ Multi-Tasking (Parallelbearbeitung) : Jeder Benutzer kann mehrere Programme gleichzeitig ablaufen lassen.

- ❏ Interaktivität : Jeder Benutzer kann von seinem Terminal aus Programme starten, Daten eingeben und sich die Ergebnisse am Bildschirm anschauen.

- ❏ Hierarchisches Dateisystem : Das Dateisystem des OpenVMS ist als eine Baumstruktur realisiert. Jede Datei wird in dieser Baumstruktur angesiedelt und ist leicht wieder auffindbar.

- ❏ Zugriffsschutz : Jede Datei besitzt individuell festlegbare Zugriffsrechte.

- ❏ Benutzerschnittstelle : OpenVMS besitzt einen mächtigen Befehlsvorrat und eine eigene Programmiersprache, mit der Kommandoprozeduren programmiert werden können. Die Benutzerschnittstelle heißt DCL (DEC Command Language).

- Programmiersprachen : Unter OpenVMS gibt es zahlreiche Compiler für die Umsetzung von Programmen, die in einer Programmiersprache geschrieben sind, auf den Maschinencode. Was eigentlich als selbstverständlich empfunden wird, häufig aber nicht realisiert ist : Es können ohne Probleme in verschiedenen Programmiersprachen geschriebene Programme zu einem lauffähigen Programm zusammengebunden werden, ohne daß Verständigungsschwierigkeiten auftreten. Bis auf Assembler, der bereits in der OpenVMS-Lizenz mitenthalten ist, können folgende Programmiersprachen dazugekauft werden : ADA, BASIC, BLISS, C, COBOL, FORTRAN, MODULA, PASCAL, PL/1 ...

- Dienstprogramme : OpenVMS selbst beinhaltet etliche Dienstprogramme, die mit der OpenVMS-Lizenz einherkommen. Andere Dienstprogramme können dazugekauft werden.

- Netzwerk : OpenVMS ist von vorneherein als ein Betriebssystem mit Vernetzungscharakter konzipiert worden. Die Durchgängigkeit und Leichtigkeit, mit der ein Benutzer auf den verschiedenen OpenVMS-Rechnern in einem Netzwerk arbeiten kann, machen OpenVMS-Rechner zu sehr beliebten Computern für dezentrale und verteilte Verarbeitung.

1.3 Wo wird OpenVMS eingesetzt ?

DEC mit seinen Rechnerlinien ALPHA, VAX (und auch die legendäre PDP-11-Serie) kommt ursprünglich aus dem technisch-wissenschaftlichen Bereich, aus der Prozeßsteuerung, aus Forschung und Lehre. Diese Herkunft hat ihre Einflüsse auch deutlich in dem Betriebssystem OpenVMS hinterlassen. Prozeßsteuerung insbesondere erfordert die Rechnerunterstützung so nahe wie möglich am zu steuernden Prozeß und die Zurverfügungstellung der Daten in Leitzentralen, ein Konzept also, das voll auf Netzwerke und Kommunikation von Rechnern setzt. Die kommerzielle Welt war lange nicht der Schwerpunkt des Einsatzes von Rechnern mit dem Betriebssystem OpenVMS. Rechner mit dem Betriebssystem OpenVMS werden hauptsächlich eingesetzt bei :

- Technisch-wissenschaftliche Anwendungen ; CAD (Computer Aided Design = computerunterstützter Entwurf), Statik, Diagnoseprogramme, Prozeßsteuerung.

❏ Technisch-kommerzielle Anwendungen : CIM (Computer Integrated Manufacturing = Computerintegration Fertigungssteuerung) mit PPS (Produktions-Planungs-System), BDE und MDE (Betriebs- und Maschinendatenerfassung), CAM (Computer Aided Manufacturing = computerunterstützte Fertigung), NC-Maschinen (Numeric Control = computergesteuerte Fertigungsmaschinen) usw..

❏ Büroautomation : ALL-IN-1, das Bürokommunikationspaket von DEC.

❏ Datenbanken.

❏ Programmentwicklung.

❏ Kommerzielle Anwendungen wie FIBU (Finanzbuchhaltung) usw..

2. Zu diesem Buch ...

Dieses Kapitel gibt Ihnen Hinweise, wie das vorliegende Buch aufgebaut ist und wie die einzelnen Bilder zu interpretieren sind.

Die einzelnen Themen :

2.1 Übersicht über die Kapitel dieses Buches

2.2 Graphen für Befehlsformate

2.1 Übersicht über die Kapitel dieses Buches

Dieses Buch besteht aus insgesamt neun Kapiteln, in denen folgende Themen behandelt werden :

1   Kapitel 1 gibt Ihnen eine Übersicht über OpenVMS, seine Einsatzgebiete und seine Eigenschaften.

2   Kapitel 2 liefert Ihnen Hinweise zum Verständnis der gewählten Darstellungsform in den Bildern und eine Übersicht über den Inhalt der einzelnen Kapitel.

3   Kapitel 3 stellt Ihnen Hardware-Komponenten vor, mit denen Sie zu tun haben werden : Terminal und Terminalserver inklusive des Betriebssystems "LAT".

4   Kapitel 4 begleitet Sie durch Ihre erste Terminalsitzung, erklärt Ihnen das Konzept des Dateisystems, stellt Ihnen die Eigenschaften und Konzepte der Benutzerschnittstelle DCL vor. Ein großer Teil ist dem DCL-Kommandolexikon gewidmet, gefolgt von der Vorstellung der Dienstprogramme "MAIL" und "PHONE". Den Abschluß bildet eine Betrachtung der Datensicherung.

5   Kapitel 5 stellt Ihnen die Textbearbeitungsprogramme Editor "EDT" und Editor "EVE" vor.

6   Kapitel 6 beinhaltet eine kurze Einführung in die Programmentwicklung unter OpenVMS : Compiler, Bibliotheksverwaltung, "LINK" und Testhilfe "DEBUG".

7   Kapitel 7 nimmt Sie mit in die Domäne des Systemmanagers : Sie lernen, wie Sie einen Benutzereintrag auf einem OpenVMS-Rechner einrichten und pflegen und lernen DCL-Kommandos, die nur privilegierte Benutzer wie der Systemmanager benutzen dürfen.

8   Kapitel 8 ist den Kommandoprozeduren gewidmet. Es werden der Aufruf von Kommandoprozeduren, Symbole und deren Substitution in Prozeduren, DCL-Kommandos und 'Lexical Functions', die nur dort verwendet werden, vorgestellt sowie einige Beispiele diskutiert.

9   Kapitel 9 zeigt einige Übersichten : die verwendeten OpenVMS-Manuale für dieses Buch, die DCL-Kommandos und 'Lexical Functions' in thematischen Tabellen sowie das Glossar.

2.2 Graphen für Befehlsformate

In diesem Abschnitt soll Ihnen das Format erklärt werden, das bei der Vorstellung der Befehle verwendet wird. Neben der Bedeutung der Liniendiagramme (siehe Bilder 2.2-1 und 2.2-2) gehört dazu auch die Vorstellung der benutzten Schriftarten (Bild 2.2-3).

Regeln :

❏ Der Weg durch einen Befehlsgraphen beginnt oben und führt immer (!) nur nach unten und nie wieder nach oben.

❏ Alternative Möglichkeiten sind immer rechts vom Hauptpfad parallel angeordnet.

❏ Ein Doppelstrich unten beendet einen Befehlsgraphen. Ausnahme sind triviale Befehlsgraphen, die nur aus einer Zeile bestehen.

❏ Bei sehr wenigen Befehlsgraphen ist eine Rekursion (erneuter Aufruf) eines Teils des Befehlsgraphen erlaubt. Diese wieder zurück nach oben führenden Verbindungslinien sind zusätzlich mit "⇑" gekennzeichnet.

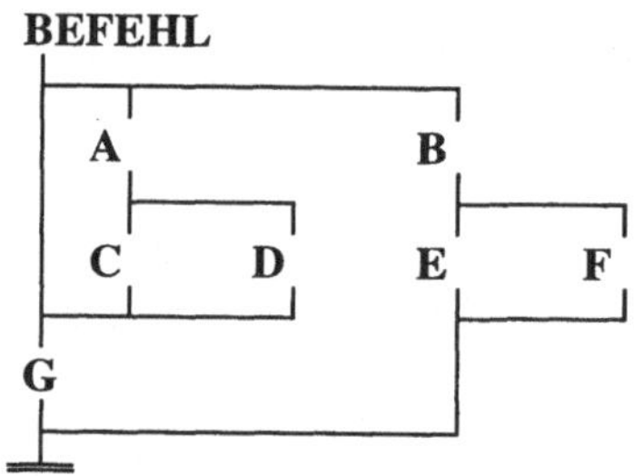

Bild 2.2-1 Befehlsdiagramm

In dem Beispiel des Befehlsdiagramms (Bild 2.2-1) gibt es demnach die folgenden Pfade durch das Diagramm :

1.	BEFEHL - G.	4.	BEFEHL - B - E.
2.	BEFEHL - A - C - G.	5.	BEFEHL - B - F.
3.	BEFEHL - A - D - G.		

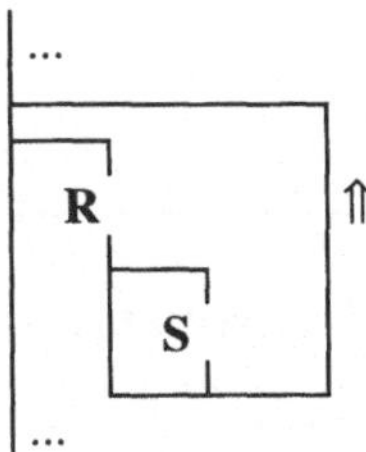

Bild 2.2-2 Rekursionen in Befehlsdiagrammen

In dem Beispiel des Befehlsdiagramms (Bild 2.2-2) gibt es wegen der Rekursion demnach die folgenden Pfade durch das Diagramm (nur die ersten sechs sind angegeben) :

1.	... R ...	**4.**	... R - S - R ...
2.	... R - S ...	**5.**	... R - R - S ...
3.	... R - R ...	**6.**	... R - S - R - S ...

Die in Befehlsdiagrammen Schriftarten besitzen folgende Bedeutung (Bild 2.2-3) :

FEST	Teile des Befehlsgraphen in dieser Schriftart stehen fest.
variabel	Teile des Befehlsgraphen in dieser Schriftart sind variabel und müssen mit der aktuellen Ausprägung dieses Befehlsteils gefüllt werden.
PROMPT>	Reaktionen von OpenVMS (wie beispielsweise ein Prompt) werden in dieser Schriftart gekennzeichnet.

Bild 2.2-3 Schriftarten und ihre Bedeutung in Befehlsdiagrammen

3. Ein kurzer Überblick über die Hardware

Bevor Sie so richtig in das Betriebssystem OpenVMS einsteigen können, sollen hier noch ein paar Worte über die Komponenten der Hardware an einem OpenVMS-Rechner verloren werden, mit denen Sie aller Voraussicht nach in Kontakt treten werden. Sie werden an einem Terminal arbeiten, irgendwann einen Ausdruck auf einem Drucker veranlassen und vielleicht auch mal eine Datensicherung auf einem Magnetband oder einer Magnetbandkassette durchführen. Wenn der OpenVMS-Rechner, an dem Sie arbeiten, eine Mehrbenutzeranlage ist, wird Ihr Terminal sicher auch nicht direkt an dem OpenVMS-Rechner angeschlossen sein, sondern an einem kleinen Vorrechner, dem Terminalserver.

Der Umgang mit den Hardware-Komponenten Terminal und Terminalserver wird in diesem Kapitel behandelt, alles andere aber nicht.

Die einzelnen Themen:

3.1 Das Terminal

Ein Terminal besteht aus einem Bildschirm und einer Tastatur und bildet die interaktive Schnittstelle zwischen Ihnen als Benutzer und einem OpenVMS-Rechner. Auf dem Bildschirm werden Ihnen die Eingaben, die Sie über die Tastatur tätigen, als **Echo** und die Ausgaben des OpenVMS-Rechners als Reaktion auf Ihre Eingaben angezeigt. Dieser Abschnitt stellt Ihnen die allgemeinen Eigenschaften der weitverbreiteten Terminals vom Typ 'VT510'/'VT420' / 'VT320' / 'VT220' vor ; die folgenden Abschnitte nennen dann die Spezialitäten dieser Terminals.

Ein Terminal kann sich in einem der folgenden drei Betriebszustände befinden :

- ❏ **"ONLINE"**, d.h. die Eingabe über die Tastatur wird an den OpenVMS-Rechner geschickt und die Ausgaben von dem OpenVMS-Rechner auf dem Terminal angezeigt.

- ❏ **"LOCAL"**, d.h. die Verbindung zum OpenVMS-Rechner ist unterbrochen. Alle Eingaben über die Tastatur werden ohne weitere Auswirkung nur auf dem Bildschirm angezeigt.

- ❏ **"SET UP"** ist der Modus, in dem eingestellte Eigenschaften des Terminals angezeigt und auch geändert werden können.

3.1.1 Die Tastatur des Terminals

Zuerst soll Ihnen die Tastatur vorgestellt werden : Die Abbildung im Bild 3.1-1 zeigt Ihnen die einzelnen Komponentengruppen auf der Tastatur. Die Statusanzeigen sind Lämpchen, die über den Status des Terminals Auskunft geben.

Bild 3.1-1 Die Tastaturkomponenten des Terminals

Die Terminaltasten auf der Funktionstastenreihe sind Funktionstasten, die nur das Terminal bzw. der Terminalserver, an dem das Terminal angeschlossen ist (vgl. dazu Kapitel 3.2 ff.), interpretiert. Diese Tasten werden nie an den OpenVMS-Rechner durchgereicht. Die Bedeutung dieser Terminaltasten finden Sie in Bild 3.1-2.

Die alphanumerische Tastatur entspricht von der Anordnung der Tasten einer Schreibmaschine mit einigen zusätzlichen Funktionstasten. Über diese Tastatur erfolgt die Eingabe der Zahlen, Buchstaben und Sonderzeichen.

Die restliche Funktionstastenreihe, der Cursortastaturblock und der numerische Tastaturblock stehen Anwendungs- und Dienstprogrammen und dem OpenVMS-Betriebssystem zur freien Verfügung.

Terminaltaste	Die Terminaltaste ...
HOLD SCREEN -oder- **BILDSTOP** (Taste F1)	... ist ein Ein-/Ausschalter und verursacht bei einmaliger Betätigung das Anhalten der Bildschirmausgabe ; die Statuslampe "HOLD SCREEN" leuchtet. Ein weiteres Betätigen dieser Taste läßt die Bildschirmausgabe weiterlaufen und schaltet die Lampe "HOLD SCREEN" aus. Dieses Anhalten ist sehr nützlich bei schneller Bildschirmausgabe und wird auch mit "XON" / "XOFF"-Schnittstelle zum Rechner beschrieben. Anhalten können Sie auch durch gleichzeitiges Drücken der Tasten "CTRL" und "S", Weiterlaufen durch gleichzeitiges Drücken der Tasten "CTRL" und "Q" bewirken.
PRINT SCREEN (Taste F2)	... bewirkt den Ausdruck des Bildschirminhalts, wenn an das Terminal am seinem Druckerausgang ein Drucker angeschlossen ist. Wenn nicht, ist diese Taste ohne Wirkung.
CTRL und **PRINT SCREEN** (Taste F2)	...schaltet (nur bei einem angeschlossenen Drucker) die automatische Protokollierung der Eingaben und Ausgaben auf dem Bildschirm ein, bis sie durch ein weiteres "CTRL" und "PRINT SCREEN" wieder abgeschaltet wird.
SET UP (Taste F3)	... schaltet das Terminalmodus um in den Modus "SET UP" ohne Auswirkung auf die Situation im Ausgangsmodus ; es wird die "SET UP"-Maske ausgegeben. Ein weiteres Betätigen dieser Taste schaltet wieder zurück in den Ausgangsmodus.
DATA (Taste F4)	... besitzt nur auf den Terminals vom Typ 'VT420' und 'VT510' eine Funktion : mit dieser Taste kann zwischen zwei Terminalsitzungen hin- und hergeschaltet werden.
BREAK (Taste F5)	... unterbricht die aktuelle Terminalsitzung und schaltet um auf das Betriebssystem des Terminalservers, wenn das Terminal an einem Terminalserver angeschlossen ist. Wenn nicht, besitzt diese Taste in der Regel keine Funktion.

Bild 3.1-2 Funktionstasten in der Funktionstastenreihe

Terminaltaste	Die Terminaltaste ...
CTRL	... ist eine Umschalttaste, die in Zusammenhang mit einer anderen Taste eine Kontrollfunktion ausführt oder einen Kontrollcode an das Betriebssystem übergibt.
COMBI -oder- **COMPOSE CHARACTER** -oder-/ **GRUPPEN- UMSCH**	... startet eine Kompositionsanweisung für ein Zeichen, das auf der Tastatur entweder keine eigene Taste besitzt oder auf einer mehrfach belegten Taste untergebracht ist.
DELETE	... löscht das Zeichen links vom Cursor und stellt den Cursor danach auf die Position des gelöschten Zeichens.
LOCK	... rastet die Umschaltungstaste "SHIFT" ein.
RETURN	... schließt eine Befehlseingabe ab.
SHIFT	... erzeugt zusammen mit den Tasten der alphanumerischen Tastatur bei Buchstaben Großbuchstaben und bei doppelt belegten Tasten das 'obere' Zeichen.
TAB	... bewegt den Cursor zur nächsten Tabulatorposition.

Bild 3.1-3 Funktionstasten in der alphanumerischen Tastatur

3.1.2 Der Modus 'SET UP' des Terminals

Durch die Betätigung der Taste "SET UP" gelangen Sie in die erste "SET UP"-Maske, das Hauptmenü des "SET UP"-Modus. Durch ein weiteres Drücken der Taste "SET UP" können Sie den Modus "SET UP" aus jeder beliebigen "SET UP"-Situation wieder verlassen und schalten zurück in den vorigen Modus (in der Regel "ONLINE").

In dem Hauptmenü des "SET UP"-Modus sind die verfügbaren weiteren "SET UP"-Fenster verzeichnet. Diese "SET UP"-Fenster sind in ihrer deutschen Ausprägung in den Bildern 3.1-7 und 3.1-8 für ein 'VT320' / 'VT220', in den Bildern 3.1-17 und 3.1-18 für ein 'VT420' und in den Bildern 3.1-22 für ein 'VT510' abgebildet.

Mit den Cursortasten aus dem Cursortastaturblock können Sie auf dem aktuellen "SET UP"-Fenster hin- und hermanövrieren und ein Feld auswählen oder (auf einem 'VT510' ein "SET UP"-Untermenü aufklappen. Das aktuelle Feld, auf dem der Cursor gerade steht, wird invers dargestellt.

Mit der Taste "ENTER" (auf dem numerischen Tastaturblock) auf dem aktuellen Feld können Sie bei einem Aktionsfeld (z.B. "SPEICHERN") diese Aktion auslösen. Mit der Taste "ENTER" auf dem aktuellen Feld bei einem Parameterfeld bekommen Sie den nächsten oder die vorgesehenen Parameterwert(e) angezeigt (z.B.

"BILDLAUF:SCHNELL"). Es gilt der Wert, der bei Verlassen in diesem Feld steht oder der bei einem Kreuzchenfeld angekreuzt oder durch einen vollen Punkt markiert ist. Als letzten Feldtypen gibt es Textfelder, in die Sie einen beliebigen Text eintragen können, den Sie ebenfalls mit "ENTER" abschließen müssen (z.B. "ANTWORT: Mein Terminal, Pfoten weg").

Um die deutschsprachigen Werte aus den Bildern 3.1-7 und 3.1-8 bzw. 3.1-17 und 3.1-18 für die Terminaltypen 'VT220', 'VT320', 'VT420' einstellen zu können, sollten Sie als erstes auf der "SET UP"-Maske "AUSWAHLBILD" das Feld "AUSWAHLBILD:" anwählen und durch mehrmaliges Betätigen der Taste "ENTER" so lange die Werte weiterschalten, bis "AUSWAHLBILD: DEUTSCH" eingestellt ist. Auf einem Terminal vom Typ 'VT510' wählen Sie auf dem "SET UP"-Hauptmenü den Punkt "Set-Up Language" an und dort im aufgeklappten Untermenü die Sprache "Deutsch", die Sie mit der Taste "ENTER" einschalten.

Auf dem "SET UP"-Hauptmenü stehen die anderen "SET UP"-Fenster aufgeführt, auf die Sie durch Anwählen des entsprechenden Feldes und der Betätigung der "ENTER"-Taste umschalten können. In den anderen "SET UP"-Masken (bei 'VT220', 'VT320' und 'VT420') können Sie mit der Anwahl des Feldes "ÜBERSICHT" und "ENTER" zurück zum "SET UP"-Hauptmenü, mit der Anwahl des Feldes "NÄCHSTE AUSWAHL" und "ENTER" auf die folgende "SET UP"-Maske umschalten. Auf einem 'VT510' verwenden Sie die Cursortasten, um in einem oder zwischen "SET UP"-Fenster(n) zu manövrieren.

Die Einstellungen, die Sie mit "SET UP" vornehmen, gelten nur solange, wie das Terminal eingeschaltet bleibt oder bis zum nächsten Zurücksetzen ("RESET"). Wollen Sie die Einstellungen dauerhaft speichern, so müssen Sie das Feld "SPEICHERN" auf der "SET UP"-Maske anwählen und mit "ENTER" aktivieren. Diese Einstellung merkt sich das Terminal dann über das Ausschalten hinaus.

3.1.3 Einschalten des Terminals

Nach dem Einschalten des Terminals führt das Gerät einen kurzen Selbsttest durch und lädt sich mit den per "SET UP" vereinbarten Eigenschaften und Werten. Während dieser Zeit erfolgen mehrere verschiedene Ausgaben auf dem Bildschirm und die Statuslampen leuchten alle (insbesondere die "WARTEND"-Lampe). Nach Abschluß dieser Initialisierung gibt das Terminal die "OK"-Maske ("VTxxx OK" auf einem 'VT220' / 'VT320' / 'VT420' bzw. "Selbsttest OK" auf einem 'VT510') aus, die Sie mit einem "RETURN" quittieren können. Nun steht das Terminal zu Ihrer Verführung.

3.1.4 Checkliste für Terminalstörungen

Was tun, wenn das Terminal nicht 'dreht' ? In der folgenden Checkliste sollen Sie mit der Behebung häufig auftretender Probleme vertraut gemacht werden :

- ❏ Stören Sie Systemmeldungen auf dem Bildschirm, während Sie gerade im Editor oder in einem maskenorientierten Anwendungssystem arbeiten, hilft (oft) die Tastenkombination "CTRL" und "W" gleichzeitig gedrückt, womit der Bildschirm wieder aufgefrischt wird.

- ❏ Reagiert das Terminal nicht auf Eingaben, überprüfen Sie zuerst, ob versehentlich die Taste "HOLD SCREEN" / "BILDSTOP" betätigt wurde. Zur Sicherheit können Sie gleichzeitig "CTRL" und "Q" drücken.

- ❏ Reagiert das Terminal dann noch nicht auf Eingaben, wechseln Sie in den Modus "SET UP" durch Betätigung der Taste "SET UP".

- ❏ Stellen Sie sich mit den Pfeiltasten auf das Feld "ANZEIGE LÖSCHEN" auf der "AUSWAHLMASKE" und geben Sie "ENTER" ein.

- ❏ Aktivieren Sie "KOMMUNIKATION RÜCKSETZEN" mit "ENTER".

- ❏ Aktivieren Sie dann "TERMINAL RÜCKSETZEN" bzw. "SITZUNG RÜCKSETZEN" mit "ENTER".

- ❏ Verlassen Sie danach mit der Taste "SET UP" den Modus "SET UP" und z.B. betätigen die "RETURN"-Taste.

- ❏ Manchmal hilft auch ein Ausschalten des Terminals und eine kurze Wartezeit, bevor Sie es wieder einschalten.

- ❏ Wenn alles nichts hilft, muß der Systemmanager 'ran'.

3.1.5 Das Terminal 'VT320' / 'VT220'

Wie weiter oben bereits versprochen, werden in diesem Abschnitt die Spezialitäten der Terminals vom Typ 'VT320' / 'VT220' vorgestellt.

Die Terminaltasten auf der Funktionstastenreihe können Sie der Aufstellung (siehe Bild 3.1-2) entnehmen. Die Terminaltaste **"DATA"** (Taste **"F4"**) besitzt hier keine Funktion.

Das Bild 3.1-4 zeigt Ihnen die Lage der terminalbezogenen Funktionstasten auf der Tastatur des Terminals 'VT320' / 'VT220'.

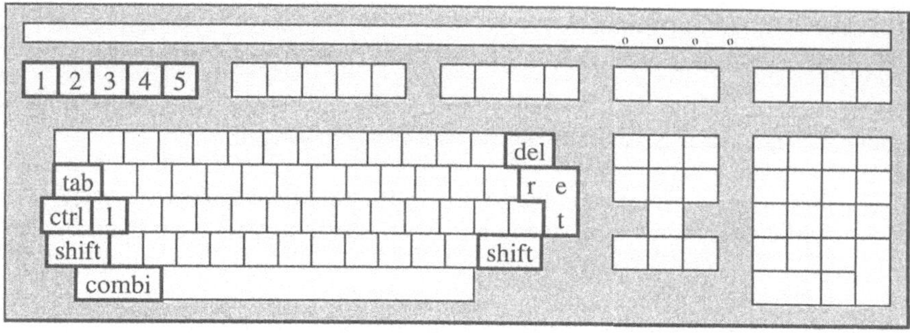

Taste	Bedeutung	Taste	Bedeutung
combi	Kompositionszeichentaste	tab	Tabulatortaste
ctrl	"CTRL"-Umschalttaste	1	Terminaltaste "HOLD SCREEN" /
del	"DELETE"-Löschtaste		"BILDSTOP"
l	"LOCK"-Feststelltaste für	2	Terminaltaste "PRINT SCREEN"
	"SHIFT"	3	Terminaltaste "SET UP"
ret	"RETURN"-Taste	4	Terminaltaste "DATA"
shift	"SHIFT"-Umschalttaste	5	Terminaltaste "BREAK"

Bild 3.1-4 Die Terminaltastatur 'VT320' / 'VT220'

Die Statusanzeigen sind 4 Lämpchen mit folgender Bedeutung (siehe Bild 3.1-5) :

Anzeigelampe	Die Anzeigelampe leuchtet, wenn ...
HOLD SCREEN / BILDSTOP	... die Taste "HOLD SCREEN" (= "BILDSTOP") einmal betätigt wurde und dadurch die Bildschirmausgabe angehalten wurde.
LOCK	... die Feststelltaste "LOCK" für die Umschaltung für die Ausgabe aller Buchstaben als Großbuchstaben bzw. auf die Zeichen, die oben auf den Tasten dargestellt sind, eingerastet ist.
COMPOSE / COMBI	... die Taste "COMBI" (= "COMPOSE CHARACTER") betätigt wurde und eine Zeichenkomposition aktiv ist.
WAIT / WARTE	... sich das Terminal im Zustand "wartend" befindet und keine Verbindung zum OpenVMS-Rechner besitzt.

Bild 3.1-5 Die Statusanzeigen des Terminals 'VT320' / 'VT220'

Die im folgenden Bild 3.1-6 aufgelisteten Kompositionszeichen (Spalte C) können mit den Tastenbedienungen

1. "COMBI" (die "COMBI"-Statuslampe leuchtet auf),
2. Taste 1 (Spalte 1),
3. Taste 2 (Spalte 2) (die "COMBI"-Statuslampe erlischt wieder),

erzeugt werden (Beispiel "COMBI", dann "(", dann "-" ergibt "{").

C	1	2	C	1	2	C	1	2	C	1	2	C	1	2	C	1	2
Ä	A	"	@	a	a	Í	I	´	Ò	O	`	Ú	U	´	[	(	(
ä	a	"	Ç	C	,	í	i	´	ò	o	`	ú	u	´	{	(	-
Á	A	´	ç	c	,	Î	I	^	OE	O	E	Û	U	^	]	)	)
á	a	´	¢	c	/	î	i	^	oe	o	e	û	u	^	}	)	-
Â	A	^	©	c	O	Ì	I	`	Õ	O	~	Ù	U	`	«	<	<
â	a	^	Ë	E	"	ì	i	`	õ	o	~	ù	u	`	»	>	>
À	A	`	ë	e	"	£	L	-	Ø	O	/	Ÿ	Y	"	¿	?	?
à	a	`	É	E	´	Ñ	N	~	ø	o	/	ÿ	y	"	¡	!	!
Æ	A	E	é	e	´	ñ	n	~	¤	X	O	¥	Y	-	·	^	.
æ	a	e	Ê	E	^	Ö	O	"	°	O	_	°	0	^			^	/
Ã	A	~	ê	e	^	ö	o	"	¶	P	!	1	1	^	#	+	+
ã	a	~	È	E	`	Ó	O	´	§	S	O	2	2	^	±	+	-
Å	A	*	è	e	`	ó	o	´	ß	s	s	3	3	^	\	/	/
å	a	*	Ï	I	"	Ô	O	^	Ü	U	"	½	1	2	µ	/	u
a	A	_	ï	i	"	ô	o	^	ü	u	"	¼	1	4			

Bild 3.1-6 Zeichenkomposition mit 'COMBI' ('VT320' / 'VT220')

3.1.6 Der Modus 'SET UP' des Terminals 'VT320' / 'VT220'

Durch die Betätigung der Taste "SET UP" gelangen Sie in die erste "SET UP"-Maske, das "AUSWAHLBILD". In der Maske "AUSWAHLBILD" sind die verfügbaren weiteren sechs "SET UP"-Masken verzeichnet : "ANZEIGE", "ALLGEMEIN", "KOMMUNIKATION", "DRUCKER", "TASTATUR" und "TABULATOR".

In den Bildern 3.1-7 und 3.1-8 sind diese "SET UP"-Masken in ihrer deutschen Ausprägung abgebildet. Die in diesen Abbildungen angegebenen Werte sind Standarderfahrungswerte, mit denen ein Terminal vom Typ 'VT320' / 'VT220' in der Regel problemlos arbeitet.

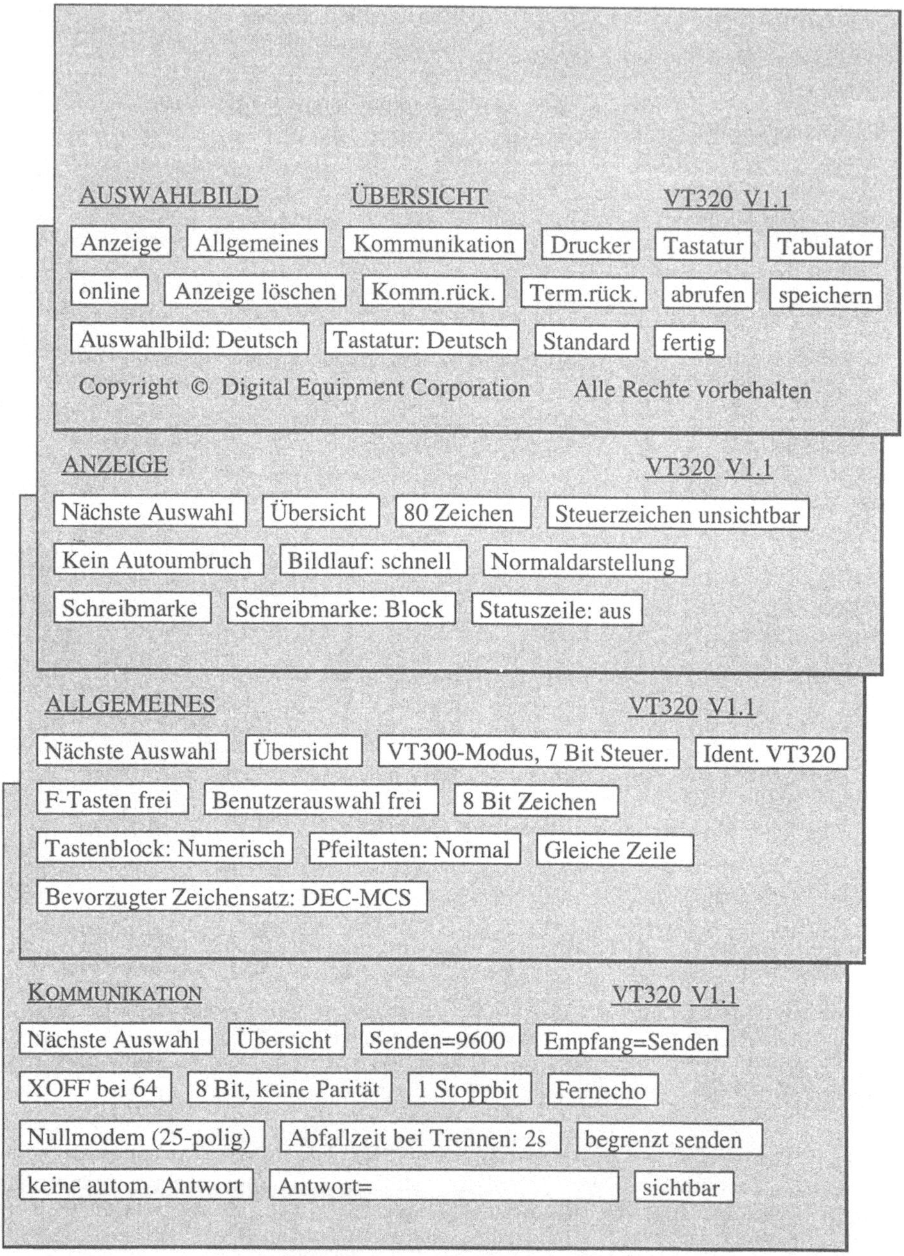

Bild 3.1-7 Terminal-Setup-Masken 'VT320' Teil 1

Nächste Auswahl | Übersicht | Geschwind.=4800 | Drucker lokal

DRUCKER · VT320 V1.1

Nächste Auswahl | Übersicht | Geschwind.=4800 | Drucker lokal

Normal-Betrieb | XOFF | 8 Bit, keine Parität | 1 Stoppbit

Volle Seite drucken | Nur national drucken | neue Zeile

TASTATUR · VT320 V1.1

Nächste Auswahl | Übersicht | EDV-Tastatur | Feststellen: alle Zeichen

Typamatik | kein Tastenklick | kein Randsignal | Signal | VA frei

Kombizeichen | <x] löschen

Tasten „ und .. | Taste <> | Taste `~

TABULATOR · VT320 V1.1

Nächste Auswahl | Übersicht | lösche Tab-Stops | setze Tab-Stops

T   T   T   T   T   T   T
12345678901234567890123456789012345678901234567890... ...1234567890

Bild 3.1-8 Terminal-Setup-Masken 'VT320' Teil 2

3.1.7 Das Terminal 'VT420'

In diesem Abschnitt werden Ihnen die Spezialitäten des Terminals vom Typ 'VT420' vorgestellt. Prinzipiell gleicht dieser Typ den Terminals 'VT320' und 'VT220'. Die wichtigsten Erweiterungen sind eine modifizierte Tastatur und die eingebaute Möglichkeit, mehr als 24 Zeilen auf dem Bildschirm anzuzeigen und zwei

Terminalsitzungen parallel auf einem 'VT420' zu "fahren". Aus dieser Option ergeben sich die Spezialitäten dieses Terminals.

Sie können das 'VT420' problemlos mit zwei Anschlußkabeln an einen OpenVMS-Rechner oder einen Terminalserver anschließen und so zwei Terminalsitzungen parallel bedienen. Für den Zweisitzungsmodus über nur *ein* Anschlußkabel muß das 'VT420' an einen Terminalserver angeschlossen sein mit der Eigenschaft des Ports

"MULTISESSIONS ENABLED"

Oder bei einem Direktanschluß an den OpenVMS-Rechner muß für den Zweisitzungsmodus über ein Anschlußkabel die SSU-Software (SSU = Session Support Utility = Dienstprogramm zur Sitzungsunterstützung) aktiviert worden sein mit

$ SSU ENABLE

Das Terminal 'VT420' enthält einen internen Seitenspeicher, der insgesamt 144 Zeilen zwischenspeichern kann. Wird das 'VT420' mit dem Einsitzungsmodus betrieben, so kann es 6 x 24 Zeilen (standardmäßig) speichern. Im Zweisitzungsmodus stehen dann für jede Terminalsitzung 3 x 24 Zeilen zur Verfügung.

Im Zweisitzungsmodus können beide Terminalsitzungen in zwei Fenstern gleichzeitig auf dem Bildschirm angezeigt und bedient werden. Und für die Fälle, daß pro Sitzung jeweils 24 Zeilen benötigt werden (durch ein maskenorientiertes Dialogsystem etwa) kann das 'VT420' auch auf 48 Zeilen (oder 36 Zeilen) Anzeige eingestellt werden ; die Schriftgröße wird dann entsprechend verkleinert. Auch im Einsitzungsmodus kann mit 48 (oder 36) Zeilen gearbeitet werden.

Die Terminaltasten auf der Funktionstastenreihe können Sie der Aufstellung (siehe Bild 3.1-2) entnehmen. Die zusätzlichen Terminaltasten werden im Bild 3.1-9 erläutert.

Terminaltaste	Die Terminaltaste ...
HOLD SCREEN -oder- **BILDSTOP** (Taste F1)	... ist eine mehrfach belegte Funktionstaste. Natürlich bewirkt sie (wie im Bild 3.1-2 angegeben) das Anhalten der Bildschirmausgabe der aktuellen aktiven Sitzung. Außerdem dient diese Taste als eine Umschalttaste für die Fensterbehandlung im Zweisitzungsmodus (siehe dazu das Bild 3.1-10).
CTRL und **HOLD SCREEN** Fortsetzung Folgeseite	... bewirkt im Zweisitzungsmodus das Anhalten der zweiten, gerade nicht aktiven Sitzung (ansonsten ist das Verhalten wie im Bild 3.1-2 beschrieben).

Bild 3.1-9 Funktionstasten in der Funktionstastenreihe des 'VT420'

Terminaltaste	Die Terminaltaste ...
DATA **(Taste F4)**	... schaltet im Zweisitzungsmodus zwischen zwei Terminalsitzungen hin und her. Die aktive Sitzung wird in der linken unteren Bildschirmecke identifiziert. Ist die (neue) aktive Terminalsitzung noch nicht hergestellt, so werden Sie aufgefordert, den Namen des Services (den Namen des Rechners), auf dem Sie sich anmelden wollen, einzugeben : **Dienst =**_______________________
CTRL und **DATA**	... teilt den Bildschirm in zwei Fenster zur gleichzeitigen Anzeige von Daten aus zwei Terminalsitzungen. Nochmaliges Drücken von "CTRL" und "DATA" schaltet zurück auf ein Fenster mit der Anzeige der aktuellen aktiven Sitzung.

Bild 3.1-9 Funktionstasten in der Funktionstastenreihe des 'VT420'
(Fortsetzung)

Das Bild 3.1-10 zeigt Ihnen die Funktionstastenkombinationen, die das 'VT420' im Zusammenhang mit der Taste "HOLD SCREEN" / "BILDSTOP" speziell zum Kopieren und Einfügen von Text bereitstellt. Die Taste "HOLD SCREEN" dient dabei als Funktionsumschalttaste zum Kopieren und Einfügen von Bildschirmausgaben (maximal 24 Zeilen zu je 132 Zeichen) innerhalb einer Terminalsitzung oder in die andere Terminalsitzung. Dazu muß "HOLD SCREEN" während des ganzen Kopiervorgangs gedrückt bleiben, ansonsten wird der Vorgang abgebrochen.

HOLD SCREEN ...	Die Funktionstaste des 'VT420' für Kopieren und Einfügen ...
... und **SELECT** **/ SELEK-** **TIEREN**	... markiert den Beginn des zu kopierenden Textes.
... und $\Leftarrow \Uparrow \Rightarrow \Downarrow$	... dient zum Positionieren des Cursors auf den Beginn und das Ende des gewünschten, zu kopierenden Textes. Der so ausgewählte Textbereich wird unterstrichen.
... und **REMOVE /** **LÖSCHEN**	... speichert den markierten Text zwischen. Die Taste "HOLD SCREEN" kann nunmehr wieder losgelassen werden.
... und **INSERT** **HERE /** **EINFÜGEN**	... blendet den zwischengespeicherten Text in der Zeile der aktuellen Cursorposition wieder ein.

Bild 3.1-10 Funktionstasten des 'VT420' zum Einfügen und Kopieren

Das Bild 3.1-11 zeigt Ihnen die weitere Funktionstastenkombinationen, die das 'VT420' außerdem noch für den Zweisitzungsmodus im Zweifensterbetrieb bereitstellt.

CTRL und ...	Die Funktionstaste für den Zweifensterbetrieb des 'VT420' ...
... ⇑	... verschiebt im Zweisitzungsmodus die Fenstertrennlinie um eine Zeile nach oben.
... ⇓	... verschiebt im Zweisitzungsmodus die Fenstertrennlinie um eine Zeile nach unten.
... PREVIOUS SCREEN ⇑⇑⇑	... blättert eine Seite zurück (bei darauf vorbereiteten Programmen).
... NEXT SCREEN ⇓⇓⇓	... blättert eine Seite vor (bei darauf vorbereiteten Programmen).

Bild 3.1-11 CTRL-Funktionstasten im 'VT420'-Zweifensterbetrieb

Taste	Bedeutung	Taste	Bedeutung
ctrl	"CTRL"-Umschalttaste	tab	Tabulatortaste
del	"DELETE"-Löschtaste	zum	Zusatzumschaltertaste "ZUSATZUMSCH"
gum	Kompositionszeichentaste "GRUPPENUMSCH"	zusa	Zusatzumschaltertaste "ZUSATZFUNKTION"
i	"INSERT HERE"-Taste		
l	"LOCK"-Feststelltaste für "SHIFT"	1	Terminaltaste "HOLD SCREEN" / "BILDSTOP"
r	"REMOVE"-Taste	2	Terminaltaste "PRINT SCREEN"
ret	"RETURN"-Taste	3	Terminaltaste "SET UP"
s	"SELECT"-Taste	4	Terminaltaste "DATA"
shift	"SHIFT"-Umschalttaste	5	Terminaltaste "BREAK"

Bild 3.1-12 Die Terminaltastatur 'VT420'

Das Bild 3.1-12 zeigt Ihnen die Lage der terminalbezogenen Funktionstasten auf der Tastatur des Terminals 'VT420'.

Das Bild 3.1-13 erläutert Ihnen die zusätzlichen 'VT420'-spezifischen Funktionstasten auf der alphanumerischen Tastatur (siehe dazu auch Bild 3.1-3).

Terminaltaste	Die Terminaltaste ...
ALT -oder- **ZUSATZ- UMSCH**	... ist ein Zusatzumschalter für die Tastatur, der nur in Zusammenarbeit mit darauf vorbereiteten Programmen interpretiert wird. Diese Taste ist für OpenVMS bislang ohne Funktion.
COMBI -oder- **COMPOSE Character -** oder-/ **GRUPPEN- UMSCH**	... dient zum Erzeugen der Zeichen, die jeweils rechts auf den Tasten dargestellt sind oder zur Zeichenkomposition von zusätzlichen Zeichen (siehe dazu Bild 3.1-16).
ZUSATZ- UMSCH	... dient zum Erzeugen eines festen Leerzeichens bzw. eines unsichtbaren Trennstriches (in Kombination mit dem Leerzeichen bzw. dem Strich "-").

Bild 3.1-13 'VT420'-Funktionstasten in der alphanumer. Tastatur

Die beiden Statusanzeigelämpchen auf der Tastatur besitzen folgende Bedeutung (siehe Bild 3.1-14).

Anzeigelampe	Die Anzeigelampe leuchtet, wenn ...
[O]	... die Taste "HOLD SCREEN" (= "BILDSTOP") betätigt wurde und dadurch die Bildschirmausgabe angehalten wurde.
Î (Symbol für Feststelltaste)	... die Feststelltaste "LOCK" für die Umschaltung aller Buchstaben auf Großbuchstaben bzw. auf die Zeichen, die oben auf den Tasten dargestellt sind, eingerastet ist.

Bild 3.1-14 Die Statusanzeigen des Terminals 'VT420'

Die Statusanzeigen des Terminals 'VT420' erfolgen hauptsächlich auf dem Bildschirm in der unteren Zeile, der sogenannten Tastaturzeile. Die Bedeutung dieser Statusanzeigen finden Sie im Bild 3.1-15 aufgelistet.

Statusanzeige	Die Statusanzeige in der Tastaturzeile leuchtet, wenn ...
Sitzung 1	... die Sitzung 1 aktiv ist.
Sitzung 2	... die Sitzung 2 aktiv ist.
Kopieren	... gerade mit der "HOLD SCREEN"-Taste kopiert oder eingefügt wird.
Stop	... die Taste "HOLD SCREEN" (= "BILDSTOP") betätigt wurde und dadurch die Bildschirmausgabe angehalten wurde.
⇑ (Symbol für Feststelltaste)	... die Feststelltaste "LOCK" für die Umschaltung für die Ausgabe aller Buchstaben als Großbuchstaben eingerastet ist.
Gruppen- umsch	... die Taste "COMBI" (= "COMPOSE CHARACTER" = "GRUPPENUMSCH") betätigt wurde und eine Zeichenkomposition aktiv ist.
Warte	... sich das Terminal im Zustand "wartend" befindet und keine Verbindung zum OpenVMS-Rechner besitzt.

Bild 3.1-15 Die Statusanzeigen des 'VT420' in der Tastaturzeile

Zeichen, die sich bereits auf der Tastatur befinden, können mit der "SHIFT"-Taste (wenn das Zeichen oben auf einer Taste dargestellt ist), mit der "COMBI" / "GRUPPENUMSCH"-Taste (wenn das Zeichen rechts auf einer Taste dargestellt ist) oder auch mit der "SHIFT"- und der "COMBI" / "GRUPPENUMSCH"-Taste direkt eingegeben werden.

C	1	2
Ä	"	A
ä	"	a
Á	´	A
á	´	a
Â	^	A
â	^	a
À	`	A
à	`	a
Ã	~	A
ã	~	a
Å	A	°

C	1	2
å	a	°
Ç	,	C
ç	,	c
Ë	"	E
ë	"	e
É	´	E
é	´	e
Ê	^	E
ê	^	e
È	`	E
è	`	e

C	1	2
Ï	"	I
ï	"	i
Í	´	I
í	´	i
Î	^	I
î	^	i
Ì	`	I
ì	`	i
Ñ	~	N
ñ	~	n
Ö	"	O

C	1	2
ö	"	o
Ó	´	O
ó	´	o
Ô	^	O
ô	^	o
Ò	`	O
ò	`	o
OE	O	E
oe	o	e
Õ	~	O
õ	~	o

C	1	2
Ü	"	U
ü	"	u
Ú	´	U
ú	´	u
Û	^	U
û	^	u
Ù	`	U
ù	`	u
ÿ	"	Y
ÿ	"	y

Bild 3.1-16 Zeichenkomposition mit 'GRUPPENUMSCH' / 'COMBI'

Zum Komponieren der im folgenden Bild 3.1-16 aufgelisteten Kompositionszeichen (Spalte C) müssen in den meisten Fällen die Sonderzeichen verwendet werden, die sich ebenfalls rechts auf einer Taste befinden. Diese Zeichen können Sie mit den Tastenbedienungen

     1. "COMBI" oder "GRUPPENUMSCH" (die Statusanzeige leuchtet auf),
     2. Taste 1 (Spalte 1),
     3. Taste 2 (Spalte 2) (die Statusanzeige erlischt wieder),

erzeugen. (Beispiel "COMBI", dann "^", dann "e" ergibt "ê").

3.1.8 Der Modus 'SET UP' des Terminals 'VT420'

Durch die Betätigung der Taste "SET UP" gelangen Sie in die erste "SET UP"-Maske, das "AUSWAHLBILD", in der die verfügbaren weiteren "SET UP"-Masken verzeichnet sind. Bei einem Terminal 'VT420' sind dies folgende sieben "SET UP"-Masken, die genau in dieser Reihenfolge nacheinander verkettet sind : "GLOBALES", "ANZEIGE", "ALLGEMEIN", "KOMMUNIKATION", "DRUCKER", "TASTATUR" und "TABULATOR".

In den Bildern 3.1-17 und 3.1-18 sind diese "SET UP"-Masken in ihrer deutschen Ausprägung abgebildet. Die in diesen Abbildungen angegebenen Werte sind Standarderfahrungswerte, mit denen ein Terminal vom Typ 'VT420' in der Regel problemlos arbeitet.

Das Terminal ist auf den Zweisitzungsbetrieb (mit Benutzung der Taste "F4" / "DATA") eingestellt ; in diesem Modus wird mit der Taste "F5" / "BREAK" *nicht* auf die Ebene Terminalserver umgeschaltet.

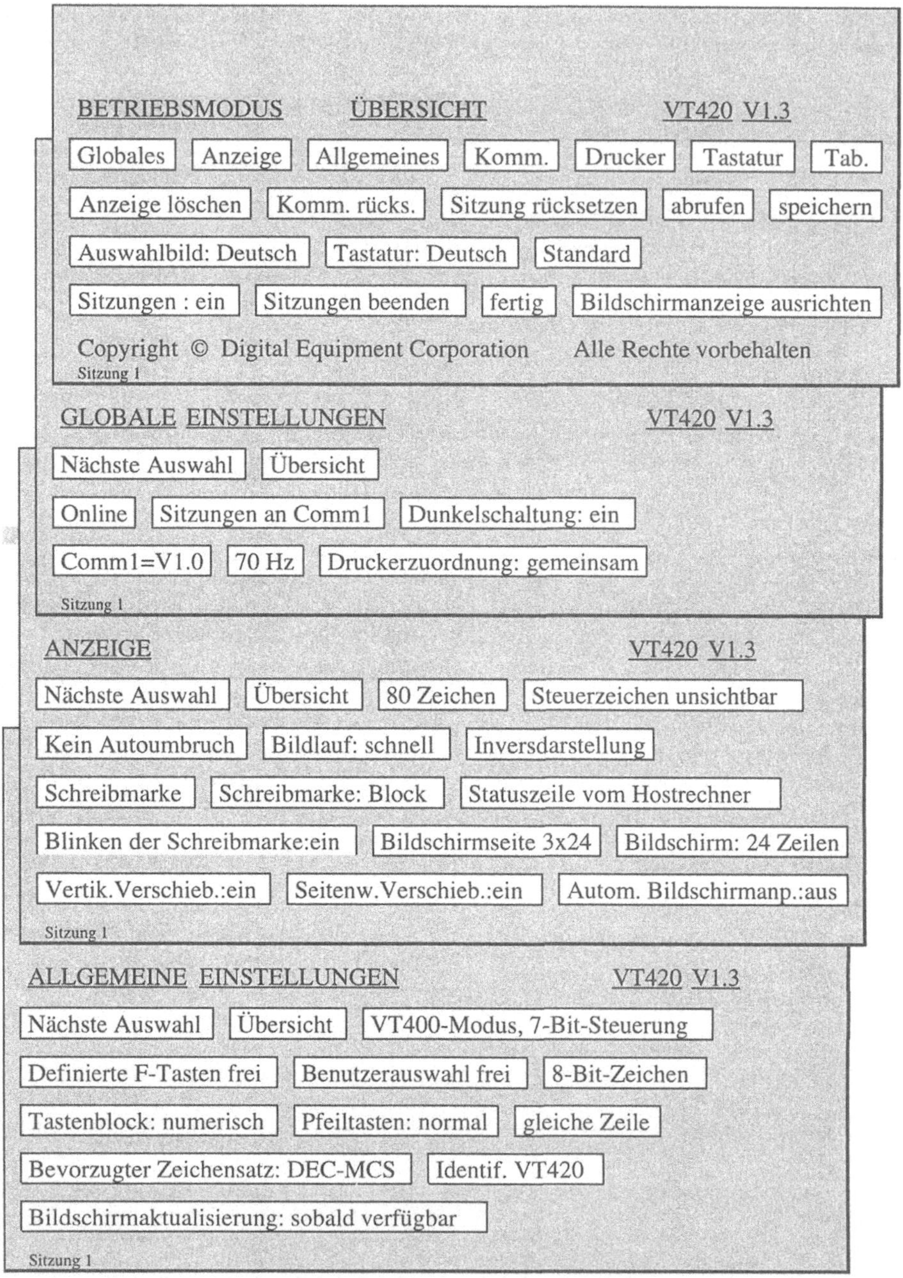

BETRIEBSMODUS   ÜBERSICHT   VT420 V1.3

| Globales | Anzeige | Allgemeines | Komm. | Drucker | Tastatur | Tab. |

| Anzeige löschen | Komm. rücks. | Sitzung rücksetzen | abrufen | speichern |

| Auswahlbild: Deutsch | Tastatur: Deutsch | Standard |

| Sitzungen : ein | Sitzungen beenden | fertig | Bildschirmanzeige ausrichten |

Copyright © Digital Equipment Corporation   Alle Rechte vorbehalten

Sitzung 1

GLOBALE EINSTELLUNGEN   VT420 V1.3

| Nächste Auswahl | Übersicht |

| Online | Sitzungen an Comm1 | Dunkelschaltung: ein |

| Comm1=V1.0 | 70 Hz | Druckerzuordnung: gemeinsam |

Sitzung 1

ANZEIGE   VT420 V1.3

| Nächste Auswahl | Übersicht | 80 Zeichen | Steuerzeichen unsichtbar |

| Kein Autoumbruch | Bildlauf: schnell | Inversdarstellung |

| Schreibmarke | Schreibmarke: Block | Statuszeile vom Hostrechner |

| Blinken der Schreibmarke:ein | Bildschirmseite 3x24 | Bildschirm: 24 Zeilen |

| Vertik.Verschieb.:ein | Seitenw.Verschieb.:ein | Autom. Bildschirmanp.:aus |

Sitzung 1

ALLGEMEINE EINSTELLUNGEN   VT420 V1.3

| Nächste Auswahl | Übersicht | VT400-Modus, 7-Bit-Steuerung |

| Definierte F-Tasten frei | Benutzerauswahl frei | 8-Bit-Zeichen |

| Tastenblock: numerisch | Pfeiltasten: normal | gleiche Zeile |

| Bevorzugter Zeichensatz: DEC-MCS | Identif. VT420 |

| Bildschirmaktualisierung: sobald verfügbar |

Sitzung 1

Bild 3.1-17 Terminal-Setup-Masken 'VT420' Teil 1

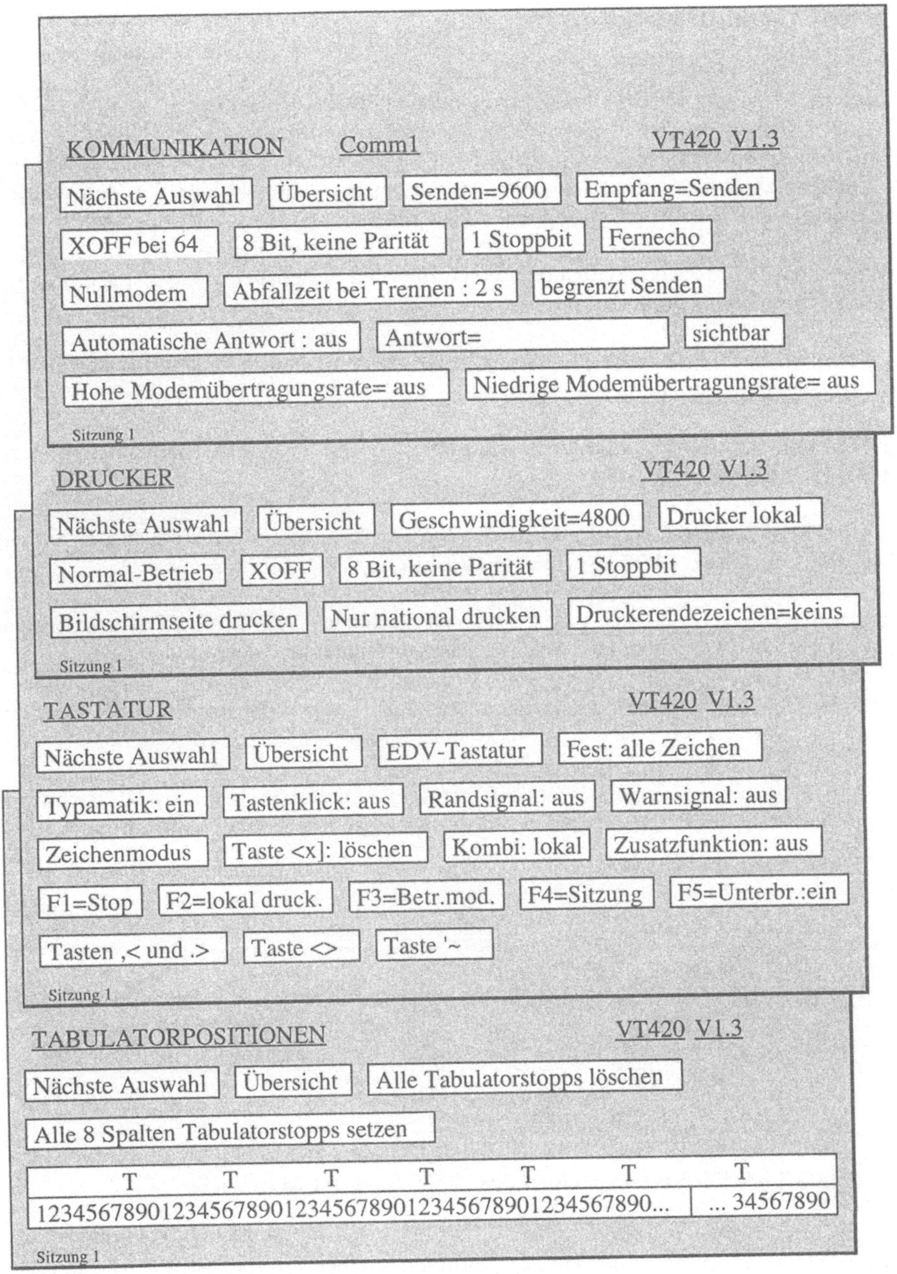

Bild 3.1-18 Terminal-Setup-Masken 'VT420' Teil 2

3.1.9 Das Terminal 'VT510'

In diesem Abschnitt werden Ihnen die Spezialitäten des Terminals vom Typ 'VT510' vorgestellt. Prinzipiell gleicht dieser Typ den anderen Terminals aus der VT-Familie. Die wichtigsten Erweiterungen gegenüber dem Vorgängermodell 'VT420' sind eingebaute Bürofunktionalitäten wie eine Uhr, ein Taschenrechner, die Anzeige der Zeichensätze sowie die erweiterte Definitionsmöglichkeit für Tasten.

Das Terminal 'VT510' enthält ebenfalls einen internen Seitenspeicher, der insgesamt 144 Zeilen zwischenspeichern kann.

Die Terminaltasten auf der Funktionstastenreihe der VT-Familie können Sie der im Bild 3.1-2 angegebenen Aufstellung entnehmen.

Die Terminaltasten für die Fensterbehandlung (wie bei 'VT420') werden im Bild 3.1-9 und 3.1-10 erläutert.

Das Bild 3.1-12 zeigt Ihnen die Lage der terminalbezogenen Funktionstasten auf der Tastatur des Terminals ('VT510' wie auch 'VT420').

Das Bild 3.1-13 erläutert Ihnen die zusätzlichen 'VT420'/'VT510'-spezifischen Funktionstasten auf der alphanumerischen Tastatur (siehe dazu auch Bild 3.1-3).

Die beiden Statusanzeigelämpchen auf der Tastatur besitzen die im Bild 3.1-14 erklärte Bedeutung.

Die Statusanzeigen des Terminals 'VT510' erfolgen hauptsächlich auf dem Bildschirm in der unteren Statuszeile. Die Bedeutung dieser Statusanzeigen finden Sie im Bild 3.1-19 aufgelistet.

Statusanzeige	Die Statusanzeige in der Statuszeile zeigt z.B. ...
S1=comm1	... an, daß der Anschluß "comm1" aktiv ist.
9600N81	... die aktuelle Übertragungsgeschwindigkeit 9600 Baud, die Parität "N", die Wortgröße "8" Bit und das Stoppbit "1".
ISO Latin-1	... den gewählten Zeichensatz "ISO Latin-1".
Deutsch	... die Tastatursprache "DEUTSCH".
VT510	... die gewählte Terminalansteuerung (Emulation) "VT510".

Bild 3.1-19 Die Statusanzeigen des 'VT510' in der Statuszeile

Zeichen, die sich bereits auf der Tastatur befinden, können mit der "SHIFT"-Taste (wenn das Zeichen oben auf einer Taste dargestellt ist), mit der "COMBI" / "GRUPPENUMSCH"-Taste (wenn das Zeichen rechts auf einer Taste dargestellt ist) oder auch mit der "SHIFT"- und der "COMBI" / "GRUPPENUMSCH"-Taste direkt eingegeben werden. Zum Komponieren der im Bild 3.1-16 aufgelisteten Kompositionszeichen (Spalte C) müssen in den meisten Fällen die Sonderzeichen verwendet werden, die sich ebenfalls rechts auf einer Taste befinden. Diese Zeichen lassen sich erzeugen mit den Tastenbedienungen

> 1. "COMBI" oder "GRUPPENUMSCH",
> 2. Taste 1 (Spalte 1),
> 3. Taste 2 (Spalte 2),
> ☞ z.B. 1. "COMBI", 2. "^", 3. "e" ergibt "ê".

3.1.10 Der Modus 'SET UP' des Terminals 'VT510'

Durch die Betätigung der Taste "SET UP" gelangen Sie in das "SET UP"-Hauptmenü, in dem die verfügbaren weiteren "SET UP"-Untermenüs verzeichnet sind. Bei einem Terminal 'VT510' sind dies die Fenster "Maßnahmen", "Anzeige", "Terminaltyp", "ASCII-Emulation", "Tastatur", "Kommunikation", "Modem", "Drucker", "Tabulatorpositionen" und "Sprache". Die aktuelle Position des Cursors wird invers dargestellt. Menüpunkte, die nur mit "halber Leuchtkraft" aufgeführt sind, stehen im aktuellen "SET UP"-Modus nicht zur Verfügung. Das Bild 3.1-20 zeigt, welche "SET UP"-Kennzeichen in den "SET UP"-Fenstern verwendet werden. Das Bild 3.1-21 zeigt, welche "SET UP"-Funktionstasten in den einzelnen Situationen benutzt werden können.

"SET UP"-Kennzeichen	Die "SET UP"-Kennzeichen bedeutet, daß ...
➤	... ein "SET UP"-Untermenü existiert (Pull-right Submenü).
...	... eine Dialogbox existiert, mit der weitere Informationen erfaßt werden kann.
●	... dieser Menüpunkt aus einer Menüauswahl aktiviert ist.
○	... dieser Menüpunkt aus einer Menüauswahl nicht aktiviert ist.
☑	... diese Einzeleigenschaft aktiviert ist.
☐	... diese Einzeleigenschaft nicht aktiviert ist.
▲	... noch weitere Menüpunkte duch Blättern "nach oben" verfügbar sind.
▼	... noch weitere Menüpunkte durch Blättern "nach unten" verfügbar sind.

Bild 3.1-20 Terminal-Setup-Kennzeichen 'VT510'

"SET UP"- Funktionstasten	Die "SET UP"-Funktionstaste ...
⇓ und ⇑	... bewegt den Cursor (inverse Darstellung) innerhalb eines "SET UP"-Fensters auf und ab, auch über die Grenzen eines durch "▲" oder "▼" gekennzeichneten größeren Untermenüs hinweg.
⇒	... bewegt den Cursor (inverse Darstellung) in ein rechts liegendes Untermenü gekennzeichnet durch "➤" oder in eine Dialogbox gekennzeichnet durch "...".
⇐	... bewegt den Cursor (inverse Darstellung) aus einem Untermenü in das links liegende darüberliegende Menü.
RETURN -oder- **ENTER**	... aktiviert die aktuelle Einzeleigenschaft oder den aktuellen Auswahlpunkt des Menüs.

Bild 3.1-21 Terminal-Setup-Funktionstasten 'VT510'

Auf die Darstellung der einzelnen "SET UP"-Fenster und der einzelnen Untermenüs soll hier wegen der Menge der unterschiedlichen Situationen verzichtet werden.

Ein Vorschlag für die Einstellungen im "SET UP" für ein 'VT510' ist im Bild 3.1-22 angegeben. Hierbei handelt es sich um Standarderfahrungswerte, mit denen ein Terminal vom Typ 'VT510' in der Regel problemlos arbeitet. Zuerst sollte der Cursor (inverse Darstellung) auf den Menüpunkt "Set-Up Language" bewegt werden und dann im Untermenü die Sprache der "SET UP"-Masken auf "Deutsch" eingestellt werden.

Fenster	Menüpunkt	einzustellender Wert
Anzeige	Zeilen pro Anzeige	24, 25 oder 26
Anzeige	Zeilen pro Seite	25 Zeilen x 2 Seiten
Anzeige	Spalten pro Seite	80 Zeichen
Anzeige	Statusanzeige	lokaler Status
Anzeige	Bildlauf	schnell, weich
Anzeige	(Bild-)Hintergrund	hell
Anzeige	Schreibmarkenanzeige	Block
Anzeige	Schreibmarkenrichtung	von links nach rechts
Anzeige	Kopierrichtung	von links nach rechts
Anzeige	Vertikale Verschiebung	ein
Anzeige	Seitenweise Verschiebung	ein
Anzeige	Automatischer Umbruch	ein
		Fortsetzung Folgeseite

Bild 3.1-22 Terminal-Setup-Werte für ein 'VT510'

Fenster	Menüpunkt	einzustellender Wert
Anzeige	Neue Zeile	aus
Anzeige	Benutzerauswahl sperren	aus
Anzeige	Steuerzeichen anzeigen	aus
Anzeige	Dunkelschaltung	ein
Anzeige	Overscan	ein
Anzeige	Bildschirmabtastung	72 Hz
Terminaltyp	Emulation	VT510 VT420 VT320 VT220
Terminaltyp	Terminalkennung an Host	VT510
Terminaltyp	VT-Standardzeichensatz	ISO Lateinisch-1
Terminaltyp	Zeichensatz PC	PC International (437)
Terminaltyp	7-Bit-NRCS-Zeichen	aus
Terminaltyp	7-Bit-Steuerung übertragen	ein
Tastatur	VT-Sprache	Deutsch (Österreich)
Tastatur	Tastendef. sperren	aus
Tastatur	Feststellfunktion	nur Buchstaben
Tastatur	Tastenklick Lautstärke	aus
Tastatur	Warnsignal Lautstärke	leise
Tastatur	Randwarnung Lautstärke	aus
Tastatur	Tastaturkodierung	Zeichen (ASCII)
Tastatur	Typamatik	ein
Tastatur	EDV-Tastatur	ein oder aus
Tastatur	Pfeiltasten Anwendung	aus
Tastatur	Tastenblock Anwendung	aus
Kommunikation	Anschluß auswählen	R1=Komm2 Druck=Komm1
Kommunikation	Wortgröße	8 Bit
Kommunikation	Parität	keine
Kommunikation	Stoppbit	1 Bit
Kommunikation	Sendegeschwindigkeit	19200 Baud
Kommunikation	Empfangsgeschwindigkeit	Sendegeschwindigkeit
Kommunikation	Sendeflußsteuerung	XON/XOFF
Kommunikation	Empfangsflußsteuerung	XON/XOFF oder XPC
Kommunikation	Flußsteuerung-Schwelle	hoch (768)
Kommunikation	Übertragungsbegrenzung	50 Zeichen / s
Kommunikation	F-Tastenbegrenzung	150 Zeichen /s
Kommunikation	Nullzeichen ignorieren	ein
Kommunikation	lokales Echo	aus
Kommunikation	Halbduplex	aus
Kommunikation	automatische Antwort	aus
Kommunikation	Rückantwort verdeckt	aus
		Fortsetzung Folgeseite

Bild 3.1-22 Terminal-Setup-Werte für ein 'VT510' (Fortsetzung)

Fenster	Menüpunkt	einzustellender Wert
Modem	Modemsteuerung aktiv	aus
Drucker	Anschluß auswählen	R1=Komm2 Druck=Komm1
Drucker	Druckmodus	normal
Drucker	Druckertyp	DEC ANSI
Drucker	DEC/ISO-Zeichensatz	nur national
Drucker	Druckbereich	Bildschirmseite
Drucker	Druckendezeichen	kein
Drucker	Serielle Druckgeschwindigkeit	4800 Baud
Drucker	2-Weg-Kommunikation	aus
Drucker	Sendeflußsteuerung	XON/XOFF
Drucker	Empfangsflußsteuerung	XON/XOFF
Drucker	Wortgröße	8 Bit
Drucker	Parität	keine
Drucker	Stoppbits	1 Bit
Tabulatoren		alle 8 Zeichen

Bild 3.1-22 Terminal-Setup-Werte für ein 'VT510' (Fortsetzung)

3.1.11 Bürofunktion 'Uhr' auf dem Terminal 'VT510'

Die Bürofunktion "Uhr" dient neben der Anzeige der aktuellen Uhrzeit als Wecker zur Erinnerung an Termine. Ist die Uhr aktiviert, so wird die Uhrzeit in der Statuszeile angezeigt. Beim Ausschalten des Terminals wird diese Bürofunktion wieder deaktiviert.

Bild 3.1-23 'Uhr' auf dem 'VT510'

Zum Aktivieren der Uhr gibt es zwei Möglichkeiten. Entweder Sie rufen das "SET UP"-Hauptmenü auf, auf dem sich der Einstieg in das "SET UP"-Fenster "Maßnahmen" befindet. Auf diesem Untermenü bewegen Sie mit den Cursortasten den Cursor (hier die inverse Darstellung) auf das Feld "Uhr" und drücken dann die "RETURN"-Taste. Oder Sie drücken gleichzeitig die Tasten "CAPSLOCK" ("FESTSTELLEN" für "SHIFT"), "ALT" (oder "ZUSATZUMSCHALTUNG") und Funktionstaste "F11".

Es erscheint die "Uhr"-Maske auf dem Bildschirm (siehe Bild 3.1-23). Im "Uhr"-Modus stehen die im Bild 3.1-24 aufgeführten Funktionstasten zur Verfügung.

	Die Funktionstaste im "Uhr"-Modus auf dem 'VT510' ...
⇓ -oder- **TAB**	... geht zum nächsten Feld auf der "Uhr"-Maske.
⇑ -oder- **SHIFT** und **TAB**	... geht zum vorigen Feld auf der "Uhr"-Maske.
⇐ und ⇒	... bewegt den Cursor in einem Eingabefeld nach links oder rechts.
A und P	... setzt bei der Verwendung des 12-Stunden-Formats die Uhrzeit auf Vormittag ("A") oder Nachmittag ("P").
F3	... schaltet zurück in das aktuelle "SET UP"-Fenster.
F10	... verläßt die "Uhr"-Maske und schaltet zurück in den Ausgangsmodus.
RETURN oder **ENTER**	... schaltet die Ankreuzfelder ein oder aus. Diese Taste wird beispielsweise verwendet, um das defaultmäßig verwendete amerikanische Zeitformat (12-Stunden mit Anhängsel "am" oder "pm") in das im deutschen Sprachraum übliche 24-Stunden-Format umzusetzen.

Bild 3.1-24 Funktionstasten im 'Uhr'-Modus auf dem 'VT510'

Ist der Wecker aktiviert, so ertönt bei Erreichen der Weckzeit ein fünf Sekunden langes Warnsignal, das durch einen Tastendruck vorzeitig beendet werden kann. Außerdem wird die eingestellte maximal 20-stellige Meldung in der Statuszeile ausgegeben. Mit der Einstellung "Hourly chime ..." erhalten Sie ein stündliches akustisches Signal auf dem Terminal.

3.1.12 Bürofunktion 'Taschenrechner' auf dem Terminal 'VT510'

Die Bürofunktion "Taschenrechner" ist eine sehr sinnvolle Erweiterung der Terminalfunktionalität, insbesondere da der hier bereitgestellte Taschenrechner auf Knopfdruck die Umrechnung zwischen dezimaler, hexadezimaler und oktaler Zahlendarstellung bewerkstelligt. Dies ist eine Funktionalität, die sonst auf den handelsüblichen normalen Taschenrechnern nicht zur Verfügung steht und die z.B. Programmierern gut unterstützen kann. Wichtig ist auch die Möglichkeit, Ergebnisse des "Taschenrechnens" im Ausgangsmodus an der aktuellen Cursorposition einzublenden.

Zum Aktivieren des Taschenrechners gibt es zwei Möglichkeiten. Entweder Sie rufen das "SET UP"-Hauptmenü auf, auf dem sich der Einstieg in das "SET UP"-Fenster "Maßnahmen" befindet. Auf diesem Untermenü bewegen Sie mit den Cursortasten den Cursor (hier die inverse Darstellung) auf das Feld "Taschenrechner" und drücken dann die "RETURN"-Taste. Oder Sie drücken gleichzeitig die Tasten "CAPSLOCK" ("FESTSTELLEN" für "SHIFT"), , "ALT" (oder "ZUSATZUMSCHALTUNG") und Funktionstaste "F12".

Es erscheint die "Taschenrechner"-Maske auf dem Bildschirm (siehe Bild 3.1-25), die die aktuelle Belegung des numerischen Tastaturblockes darstellt.

Hex	Dec	Oct	
C/E	÷	x	±
7	8	9	-
4	5	6	+
1	2	3	
0		.	=

Bild 3.1-25 'Taschenrechner' auf dem 'VT510'

Im "Taschenrechner"-Modus stehen neben den Tasten auf dem numerischen Tastaturblock die im Bild 3.1-26 aufgeführten Funktionstasten zur Verfügung.

Die Funktionstaste(n) des Taschenrechner auf dem 'VT510' ...	
⇐ ⇑ ⇒ ⇓	... verschieben den Taschenrechner auf dem Bildschirm.
ALT -oder- **ZUSATZUM-SCHALTUNG**	... zeigt die hexadezimale Tastenfeldanzeige an und erlaubt die Eingabe der Tasten "A" bis "F" für hexadezimale Zahlen.
C/E	... löscht die aktuelle Eingabe.
F3	... schaltet zurück in das aktuelle "SET UP"-Fenster.
F10	... schaltet den Taschenrechner zurück in den Ausgangsmodus.
RCL	... ruft die im internen Taschenrechnerspeicher gespeicherte Zahl ab und zeigt diese in der Taschenrechneranzeige an.
SHIFT	... ändert die Tastenfeldanzeige für Taschenrechnerfunktionen "STO", "RCL", "1/x", "x²" und "INSERT RESULT".
SHIFT und **ENTER**	... überträgt bei Verlassen des Taschenrechners das Ergebnis an die aktuelle Cursorposition im Ausgangsmodus.
STO	... speichert die in der Anzeige des Taschenrechners abgebildete Zahl im internen Taschenrechnerspeicher ab.

Bild 3.1-26 Funktionstasten für 'Taschenrechner' auf dem 'VT510'

(mit gedrückter SHIFT-Taste)   (mit gedrückter ALT-Taste)

Bild 3.1-27 'Taschenrechner' auf dem 'VT510' / mit SHIFT

Bei Gedrückthalten der Taste "SHIFT" erscheint die im Bild 3.1-27 links abgebildete "Taschenrechner"-Maske auf dem Bildschirm, bei Gedrückthalten der Taste "ALT" ("ZUSATZUMSCHALT") erscheint die im Bild 3.1-27 rechts abgebildete "Taschenrechner"-Maske auf dem Bildschirm.

Mitunter werden die Ergebniswerte gerundet dargestellt, wenn der Platz für die Anzeige eines längeren Ergebnisses nicht ausreicht. Für das weitere Rechnen wird jedoch der exakte Wert weiter verwendet.

3.1.13 Bürofunktion 'Zeichensatzanzeige' auf dem Terminal 'VT510'

Die Bürofunktion "Zeichensatzanzeige" dient zur Anzeige der zur Verfügung stehenden Zeichensätze. Wichtig ist auch die Möglichkeit, ein ausgewähltes Zeichen im Ausgangsmodus an der aktuellen Cursorposition einzublenden.

ISO LATIN-1				Decimal : 00						Binary : 0000 0000					
0	1	2	3	4	5	6	7	8	9	10	11	12	13	14	15
NVL	DLE	space	0	@	P	`	p	80	DCS	space	°	À	Ð	à	ð
SOH	DC1	!	1	A	Q	a	q	81	PU1	¡	±	Á	Ñ	á	ñ
STX	DC2	"	2	B	R	b	r	82	PU2	¢	²	Â	Ò	â	ò
ETX	DC3	#	3	C	S	c	s	83	STS	£	³	Ã	Ó	ã	ó
EOT	DC4	$	4	D	T	d	t	IND	CCH	¤	´	Ä	Ô	ä	ô
EQ	NAK	%	5	E	U	e	u	NEL	M_	¥	µ	Å	Õ	å	õ
ACK	SYN	&	6	F	V	f	v	SSA	SPA	¦	¶	Æ	Ö	æ	ö
BEL	ETB	'	7	G	W	g	w	ESA	EPA	§	·	Ç	×	ç	÷
BS	CAN	(	8	H	X	h	x	HTS	98	¨	¸	È	Ø	è	ø
HT	EM	)	9	I	Y	i	y	HTJ	99	©	¹	É	Ù	é	ù
LF	???	*	:	J	Z	j	z	VTS	9A	ª	º	Ê	Ú	ê	ú
VT	ESC	+	;	K	[	k	{	PLD	CSI	«	»	Ë	Û	ë	û
FF	FS	,	<	L	\	l	|	PLU	ST	¬	¼	Ì	Ü	ì	ü
CR	GS	-	=	M	]	m	}	RI	OSC	-	½	Í	Ý	í	ý
SO	RS	.	>	N	^	n	~	SS2	PM	®	¾	Î	Þ	î	þ
SI	US	/	?	O	_	o	???	SS3	APC	¯	¿	Ï	ß	ï	ÿ

Bild 3.1-28 'Zeichensatzanzeige' auf dem 'VT510'

Zum Aktivieren der Zeichensatzanzeige gibt es zwei Möglichkeiten. Entweder Sie rufen das "SET UP"-Hauptmenü auf, auf dem sich der Einstieg in das "SET UP"-Fenster "Maßnahmen" befindet. Auf diesem Untermenü bewegen Sie mit den Cursortasten den Cursor (hier die inverse Darstellung) auf das Feld "Zeichensätze anzeigen" und drücken dann die "RETURN"-Taste. Oder Sie drücken gleichzeitig die Tasten "CAPSLOCK" ("FESTSTELLEN" für "SHIFT"), , "ALT" (oder "ZUSATZUMSCHALTUNG") und Funktionstaste "F10". Es erscheint die erste der "Zeichensatz"-Masken auf dem Bildschirm (siehe Bild 3.1-28).

Im "Zeichensatzanzeige"-Modus stehen die im Bild 3.1-29 aufgeführten Funktionstasten zur Verfügung.

	Die Funktionstaste(n) im "Zeichensatzanzeige"-Modus auf dem 'VT510' ...
⇐ ⇑ ⇒ ⇓	... bewegen den Cursor (hier inverse Darstellung) durch die Zeilen und Spalten der aktuellen Zeichensatzanzeige.
PREVIOUS SCREEN ⇑⇑⇑ -und- **NEXT SCREEN** ⇓⇓⇓	... blättern vorwärts bzw. rückwärts durch alle verfügbaren Zeichensätze.
F3	... schaltet zurück in das aktuelle "SET UP"-Fenster.
F10	... verläßt die "Zeichensatz"-Maske und schaltet zurück in den Ausgangsmodus.
SHIFT und **ENTER**	... überträgt nach Verlassen der Zeichensatzanzeige das aktuelle Zeichen an die aktuelle Cursorposition im Ausgangsmodus.
SHIFT und L	... zeigt den halbgrafischen Zeichensatz an.
SHIFT und T	... zeigt den technischen Zeichensatz an.

Bild 3.1-29 Funktionstasten für 'Zeichensatzanzeige' auf dem 'VT510'

3.1.14 Der Tasteneditor des Terminals 'VT510'

Die Tasteneditor " des Terminals 'VT510' dient zur Definition von Funktionen, die dann ganz nach Ihren Bedürfnissen den Tasten auf der Tastatur zugewiesen werden können. Mit ein wenig Übung läßt sich so das 'VT510' in ein Werkzeug verwandeln, daß auf genau Ihre Arbeitsweise spezialisiert ist.

Zum Aktivieren des Tasteneditors rufen Sie das "SET UP"-Hauptmenü auf, auf dem sich der Einstieg in das "SET UP"-Fenster "Tastatur" befindet. Auf diesem Untermenü bewegen Sie mit den Cursortasten den Cursor (hier die inverse Darstellung) auf das Feld "Tasten definieren" und drücken dann die "RETURN"-Taste.

Es erscheint die erste "Tasteneditor"-Maske auf dem Bildschirm (siehe Bild 3.1-30).

```
Tasten-Editor

Verfügbarer Speicher : 804

Zu definierende Taste :  _______        Tastennummer : _______

Taste definieren als

● DFT    ○ Funktion   ○ Alphanumerisch    ○ Kopie Taste Voreinst.
```

Bild 3.1-30 'Tasteneditor' auf dem 'VT510'

Nach der Ausgabe dieser Maske drücken Sie zuerst die Taste, der Sie eine neue Funktion oder einen neuen Wert zuweisen wollen. Als Reaktion darauf wird die Taste und ihre Tastennummer in der Maske angezeigt. Mit den Cursortasten "⇒" und "⇐" können Sie nun wählen, auf welche Art Sie die ausgesuchte Taste definieren wollen. Die aktuelle Art wird durch den "●" gekennzeichnet.

```
Modifizieren          Definition

Gr. 1 o. Umsch.        _______         Diakritisches Zeichen
Gr. 1 m. Umsch.        _______          [`]  Akzent grave      ▲
Gr. 1 Alt Umsch.       _______          [´]  griech. Akzent
Gr. 2 o. Umsch.        _______          [¯]  Macron
Gr. 2 m. Umsch.        _______          [‚]  Oganek
Gr. 2 Alt Umsch.       _______          [°]  Ring oben
[CTRL]                                  [~]  Tilde              ▼
Alt : Funktion         keineFunktion

[OK]   [Anwenden]      [Abbruch]
```

Bild 3.1-31 'VT510-Tasteneditor' : alphanumerisches Zeichen

Wenn nationale alphanumerische Sonderzeichen auf Tasten gelegt werden sollen, so muß der Definitionspunkt "Alphanumerisch" mit Hilfe der Cursortasten aktiviert werden und die Taste "EINGABE"/"ENTER" gedrückt werden. Es erscheint die leere Definitionsmaske, auf die mit den Cursortasten "⇑" und "⇓" umgeschaltet und der Cursor zwischen den Definitionsfelder bewegt wird. Befindet sich der Cursor auf einem Definitionsfeld, so wird rechts davon ein Fenster mit den zur Verfügung stehenden Sonderzeichen aufgeblendet. In dieses Fenster gelangen Sie mit der Cursortaste "⇒", heraus kommen Sie mit "⇐". In diesem Fenster können Sie mit den Cursortasten "⇑" und "⇓" hin- und herblättern und ein alphanumerisches Zeichen mit der Taste "EINGABE"/"ENTER" diesem Definitionsfeld zuweisen (siehe Bild 3.1-31). Danach muß der Cursor mit den Cursortasten "⇑" und "⇓" auf die Schaltflächen "OK" oder "Anwenden" bewegt werden. Die Taste "EINGABE"/"ENTER" aktiviert die Sonderzeichentaste. "Gr.1" bedeutet hier eine Tastenkombination ohne, "Gr.2" eine Tastenkombination mit der zuvor gedrückten "GRUPPENUMSCH"-Taste. Die definierte Taste (schaltet in den "COMBI"-Modus) gefolgt von einem passenden alphanumerischen Zeichen erzeugt das gewünschte Sonderzeichen.

Wenn Funktionen auf Tasten gelegt werden sollen, so muß der Definitionspunkt "Funktion" mit Hilfe der Cursortasten aktiviert werden und die Taste "EINGABE"/"ENTER" gedrückt werden. Es erscheint eine leere Definitionsmaske, auf die mit den Cursortasten "⇑" und "⇓" umgeschaltet und der Cursor zwischen den Definitionsfelder bewegt wird. Befindet sich der Cursor auf einem Definitionsfeld, so wird rechts davon ein Fenster mit den zur Verfügung stehenden Funktionen aufgeblendet. In dieses Fenster gelangen Sie mit der Cursortaste "⇒", heraus kommen Sie mit "⇐". In diesem Fenster können Sie mit den Cursortasten "⇑" und "⇓" hin- und herblättern und eine Funktion mit der Taste "EINGABE"/"ENTER" diesem Definitionsfeld zuweisen (siehe Bild 3.1-32). Danach muß der Cursor mit den Cursortasten "⇑" und "⇓" auf die Schaltflächen "OK" oder "Anwenden" bewegt werden. Mit der Taste "EINGABE"/"ENTER" wird die Funktionstaste aktiviert.

Modifizieren	Definition	Funktion: Auswahl
Ohne Umschalttaste	keineFunktion	Keine Funktion
Mit Umschalttaste	keineFunktion	Stop
[CTRL]	keineFunktion	Seite drucken
Umsch. [CTRL]	keineFunktion	Betriebsmodus
Alt	keineFunktion	Unterbrechung
Alt Umsch.	keineFunktion	Kaltstart ▼
Alt [CTRL]	keineFunktion	
Alt Umsch. [CTRL]	keineFunktion	
OK Anwenden	Abbruch	

Bild 3.1-32 'VT510-Tasteneditor' : Funktionen

Mit der Definition von Funktionstasten können Sie alle Funktionstasten auf der Terminaltastatur auf andere Tasten legen. Vorsicht ist allerdings mit den sogenannten Umschalttasten "ALT", "SHIFT" etc. geboten, da hier bei einer solchen Zuweisung die Kombinationsmöglichkeit mit anderen Umschalttasten entfällt.

Das Umlegen einer Taste auf eine andere gelingt am einfachsten mit dem Definitionspunkt "Kopie Tastenvoreinstellung", der ebenfalls mit Hilfe der Cursortasten aktiviert werden muß. Danach ist die Taste "EINGABE"/"ENTER" zu drücken. Nun muß die neue Taste gedrückt werden und danach der Cursor mit den Cursortasten "⇑" und "⇓" auf die Schaltflächen "OK" oder "Anwenden" bewegt werden. Mit der Taste "EINGABE"/"ENTER" wird die Umleitung aktiviert.

3.2 Der Terminalserver

Ein Terminalserver ist ein kleiner dezentraler Vorrechner zur Bedienung von Terminals. An einen Terminalserver werden lokal 8, 16, 32 ... Terminals (je nach Typ und Ausbaustufe) angeschlossen, die dieser verwaltet und bedient. Der Terminalserver besitzt selbst keine Speichermedien wie Platte, Band usw. und ist deswegen ein reiner Hauptspeicherrechner. Der Terminalserver ist über das **Ethernet-Kabel** hardware-mäßig mit den OpenVMS-Rechnern im Rechnernetz verbunden. Da der Server keine eigenen Platten besitzt, von denen er sich sein Betriebssystem laden kann, ist er auf ein funktionierendes Rechnernetz angewiesen. Mit Hilfe der DECNET-Software bekommt der Terminalserver sein Betriebssystem über das Rechnernetz von einem OpenVMS-Rechner (dem "Loadhost" ; Rechner als "Gastgeber", der die herunterzuladende Software verwaltet) heruntergeladen (Ladevorgang="Download").

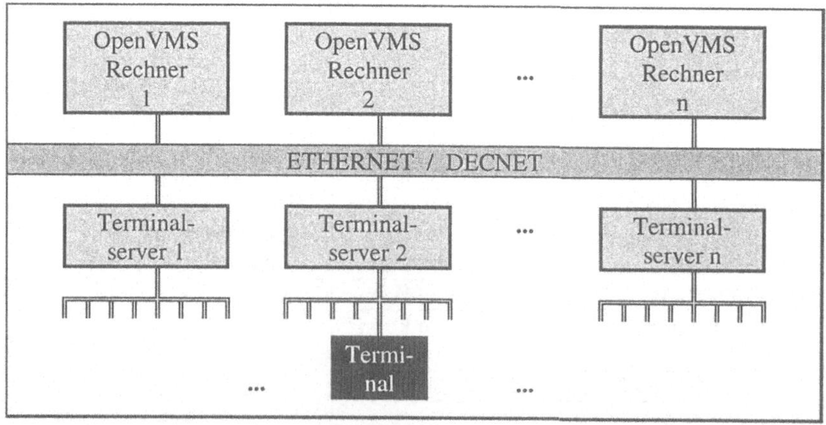

Bild 3.2-1 Terminalserver im Netzwerk

Das Betriebssystem für einen Terminalserver ist ein kleines und spezielles Betriebssystem namens "**LAT**", was soviel wie "**Local Area Transport**" heißt. Einmal in den Terminalserver heruntergeladen bleibt dieses Betriebssystem dort solange aktiv wie der Terminalserver mit Strom versorgt ist und übernimmt die Vermittlungsarbeit zwischen den angeschlossenen Terminals und OpenVMS-Rechner(n) über das Rechnernetz. Im Bild 3.2-1 ist eine solche Konfiguration abgebildet.

Terminals können sich über den Terminalserver bei jedem aktiven OpenVMS-Rechner anmelden. Ein Terminal an einem Terminalserver kann sogar mehrere Sitzungen parallel halten und zwischen diesen hin- und herwechseln.

An einem Anschlußport auf einem Terminalserver lassen sich neben einem Terminal auch ein Drucker, ein Modem und ein spezielles Terminal (BDE-Terminal, Ausweisleser usw.) anschließen. Diese dann besonders zu behandelnden Ports werden bereits beim Systemstart des OpenVMS-Rechners "Loadhost" auf dem Terminalserver fest zugeordnet.

3.2.1 Die Benutzerschnittstelle des Terminalservers 'DECServer 200 / 300'

Nun sollen Ihnen kurz und knapp die Benutzerschnittstelle auf einem Terminalserver vom Typ 'DECServer 200' / 'DECServer 300' vorgestellt werden.

Alle folgend angegebenen Kommandos lassen sich auf die signifikante (=kürzestmögliche eindeutige) Anzahl von Zeichen abkürzen.

Der Prompt der Benutzerschnittstelle zur Eingabeaufforderung lautet

Local>

Erscheint nach mehrmaliger Betätigung der "RETURN"-Taste auf dem Bildschirm die folgende (oder eine ähnliche) Meldung

DECserver 200 Terminal Server V2.0 (BL29) - LAT V5.1

Enter Username >

dann erwartet der Terminalserver einen Benutzernamen zum Einloggen. Geben Sie hier am besten Ihren Namen ein ; diese Eingabe wird nicht überprüft. Nach dem Einloggen meldet sich der Terminalserver mit seinem Prompt "Local>".

Mit dem Kommando "HELP" können Sie HELP-Texte zur Bedienung der Benutzerschnittstelle eines 'DECServer 200' / 'DECServer 300' abrufen.

*Local>***HELP**

Das Kommando "SHOW SERVICES" zeigt Ihnen eine Übersicht der definierten und aktiven Rechner (=Services) mit ihren Servicenamen an, die Sie von diesem Terminalserver aus erreichen können.

Local> **SHOW SERVICES**

Das Kommando "SHOW SESSIONS" listet die Sitzungen mit ihrem Status und dem Service (Rechner), auf dem diese Terminalsitzung stattfindet, auf dem Bildschirm auf.

Local> **SHOW SESSIONS**

Das Kommando "CONNECT *service*" eröffnet auf dem Rechner mit dem Namen *"service"* eine neue Terminalsitzung.

Local> **CONNECT** *service*

Wenn das gelingt, meldet der Terminalserver den Namen *"service"* und die Nummer *"session"* der neuen Terminalsitzung mit

Local -101- Connection to 'service' established as session 'session'

Ist bereits die maximale Anzahl der Terminalsitzungen ausgeschöpft, meldet der Terminalserver das mit

Local -718- Session limit reached

Durch die Betätigung der

Taste "F5"

auf der Funktionstastenreihe der Tastatur wird die aktuelle Terminalsitzung unterbrochen, ohne daß der zugehörige Prozeß beendet wird. Der Terminalserver meldet sich dann wieder mit

Local>

Das Kommando "RESUME *session*" nimmt die Verbindung zu der Terminalsitzung mit der Nummer *"session"* (siehe "SHOW SESSION") wieder in dem Zustand wie bei der Unterbrechung auf. Wird nur "RESUME" ohne eine Nummer *"session"* angegeben, so wird die zuletzt unterbrochene Terminalsitzung fortgesetzt.

Local> **RESUME** *session*
Local> **RESUME**

Das Kommando "DISCONNECT *session*" unterbricht die Terminalsitzung mit der Nummer *"session"* (siehe "SHOW SESSION") ; der zugehörige Prozeß auf dem Rechner wird abgebrochen und beendet. Wird nur "DISCONNECT" ohne eine Nummer *"session"* angegeben, so wird die zuletzt unterbrochene Terminalsitzung abgebrochen.

Local> **DISCONNECT** *session*
Local> **DISCONNECT**

Das Kommando "LOGOUT" loggt den Terminalserver aus. Als Nebeneffekt werden alle Terminalsitzungen abgebrochen und die zugehörigen Prozesse auf den Rechnern abgebrochen und beendet.

Local> **LOGOUT**

Das Kommando "SET PRIV" versetzt Sie in die Lage, alle Ports an diesem Terminalserver zu konfigurieren.

Local> **SET PRIV**
Password : **SYSTEM**

Mit dem Kommando "SHOW PORT *nummer*" können Sie sich die Eigenschaften des Ports mit der Nummer *"nummer"* auf dem Bildschirm anzeigen lassen.

Local> **SHOW PORT** *nummer*

Das Kommando "SET PORT *nummer eigenschaft*" setzt die augenblicklichen Eigenschaften *"eigenschaft"* (siehe Bild 3.2-2) des Ports mit der Nummer *"nummer"*.

```
Port 2:                  Hugo         Server :             B2S30
Character size:          8            Input speed:         9600
Flow control:            XON          Output speed:        9600
Parity:                  None         Modem control:       Disabled

Access:                  Local        Local switch:        None
Backwards switch:        None         Name:                Port_2
Break:                   Local        Session limit:       4
Forward switch:          None         Type:                Soft

Preferred service:       None
Authorized groups:       0
(Current) groups:        0

Enabled characteristics:
Autobaud, Autoprompt, Broadcast, Input Flow Control, Loss Notification,
Message Codes, Output Flow Control, Verification
```

Bild 3.2-2 Die Port-Eigenschaften auf dem 'DECServer 200 / 300'

Local> **SET PORT** *nummer eigenschaft*

Das Kommando "DEFINE PORT *nummer eigenschaft*" setzt die langfristigen Eigenschaften *"eigenschaft"* des Ports mit der Nummer *"nummer"*.

Local> **DEFINE PORT** *nummer eigenschaft*

Den privilegierten Zustand können Sie entweder mit "LOGOUT" oder mit dem Kommando "SET NOPRIV" beenden.

Local> **SET NOPRIV**

3.2.2 Die Benutzerschnittstelle des Terminalservers 'DECServer 90'

In diesem Abschnitt lernen Sie in einem Schnelldurchlauf die Benutzerschnittstelle auf einem Terminalserver 'DECServer 90' kennen.

Alle folgend angegebenen Kommandos lassen sich auf die signifikante (=kürzestmögliche eindeutige) Anzahl von Zeichen abkürzen.

Der Prompt der Benutzerschnittstelle zur Eingabeaufforderung lautet hier

->

Mit dem Kommando "HELP" können Sie HELP-Texte zur Bedienung der Benutzerschnittstelle des DECServers 90 abrufen.

->HELP

Das Kommando "CONNECT *service*" oder auch nur *"service"* eröffnet auf dem Rechner mit dem Namen *"service"* eine neue Terminalsitzung.

-> CONNECT *service*
-> *service*

Wenn das gelingt, meldet der Terminalserver das mit

->%DS90L - 108   ' service' session 'session' established

Ist bereits die maximale Anzahl der erlaubten Terminalsitzungen ausgeschöpft, meldet der Terminalserver das mit

-> %DS90L - 305   Maximum session limit exists

Durch die Betätigung der

Taste "F5"

auf der Funktionstastenreihe der Tastatur wird die aktuelle Terminalsitzung unterbrochen und "eingefroren", ohne daß der zugehörige Prozeß beendet wird. Der Terminalserver meldet sich dann wieder mit seinem Prompt "->".

Erscheint (nach einer Eingabe) auf dem Bildschirm eine wachsende Reihe von Punkten "...", dann versucht der Terminalserver eine Verbindung mit einem Rechner (=Service) aufzunehmen. Wenn ihm das aber nicht gelingt, weil die erfolgte Eingabe kein Name eines Services ist, dann kann dieser schiefgegangene Versuch ebenfalls mit der Taste "F5" abgebrochen werden.

Das Kommando "RESUME *session*" oder auch "> *session*" nimmt die Verbindung zu der Terminalsitzung mit der Nummer *"session"* wieder in dem eingefrorenen Zustand wie bei der Unterbrechung auf. Wird nur "RESUME" oder ">" ohne die Nummer *"session"* angegeben, so wird die zuletzt unterbrochene Terminalsitzung reaktiviert.

> -> **RESUME** *session*
> -> **>** *session*
> -> **RESUME**
> -> **>**
> -> *%DS90L- 112 'service' session 'session' resumed*

Das Kommando "DISCONNECT *session*" oder auch "< *session*" unterbricht die Terminalsitzung mit der Nummer *"session"* ; der zugehörige Prozeß auf dem Rechner wird abgebrochen und beendet. Wird nur "DISCONNECT" oder "<" angegeben, so bezieht sich der Abbruch auf die zuletzt unterbrochene Terminalsitzung.

> -> **DISCONNECT** *session*
> -> **<** *session*
> -> **DISCONNECT** *session*
> -> **<** *session*
> -> *%DS90L - 107 'service' session 'session' disconnected*

Mit dem Kommando "SHOW" können Sie sich Informationen über einzelne oder alle Ports, über den Terminalserver, über Rechnerverbindungen (preferred = vorzugsweise oder dedicated = zugeordnet) anzeigen lassen.

Mit dem Kommando "SHOW" bewirken Sie die Ausgabe des folgenden Menüs :

```
-> SHOW
| 1  PORT_1
| 2  PORT_2
| ...
| 8  PORT_8
| P  Ports
| S  Server
| D  Dedicated / Preferred Services
```

Durch die Eingabe des Kürzels aus der ersten Spalte dieser Menüausgabe gefolgt von der "RETURN"-Taste bekommen Sie die zugehörige Information angezeigt. Der Stern "*" bei dieser Informationsausgabe kennzeichnet den Port, an dem Ihr Terminal angeschlossen ist.

Mit dem Kommando "SET" können Sie die Eigenschaften einzelner Ports, des Terminalservers und Rechnerverbindungen (preferred = vorzugsweise oder dedicated = zugeordnet) definieren. Mit dem Kommando "SET" bewirken Sie die Ausgabe des folgenden Menüs :

```
-> SET
|  1            PORT_1
|  2            PORT_2
|  ...
|  8            PORT_8
|  AUTH         Authorized
|  AUTO         AutoConfigure
|  D            Dedicated  Services
|  M            Manager
|  O            On-Demand Loading
|  PA           Password
|  PO           Port
|  PR           Preferred Services
|  S            Server
```

Durch die Eingabe des Kürzels aus der ersten Spalte dieser Menüausgabe gefolgt von der "RETURN"-Taste bekommen Sie das entsprechende Untermenü ausgegeben, wo Sie wiederum durch die Eingabe des Kürzels aus der ersten Spalte Ihre Auswahl treffen. Dies gilt auch pro Spalte in einer mehrspaltigen Tabelle. Der Stern "*" bei dieser Menüausgaben kennzeichnet die Eigenschaften, die gerade aktuell eingestellt sind.

Damit einmal gesetzte Eigenschaften nicht so schnell durch Unbefugte verändert werden können, wird ein privilegierter Modus, unter dem globale Veränderungen nur erlaubt sind, bei der Installation des Terminalservers einmalig eingeschaltet mit der Befehlsfolge

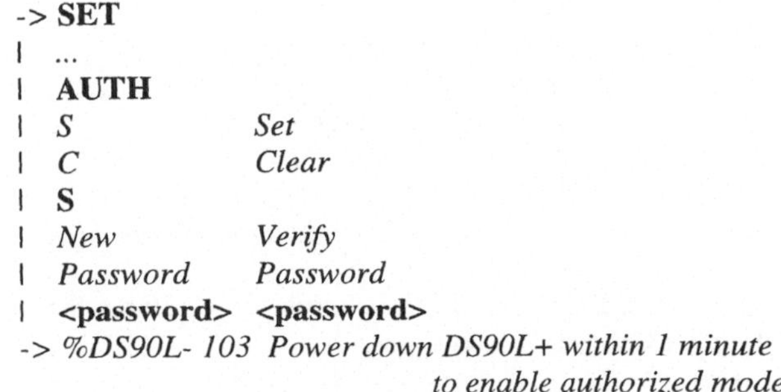

```
-> SET
| ...
| AUTH
| S          Set
| C          Clear
| S
| New        Verify
| Password   Password
| <password> <password>
-> %DS90L- 103  Power down DS90L+ within 1 minute
                       to enable authorized mode
```

Danach muß der Terminalserver innerhalb einer Minute aus- und wieder eingeschaltet werden ; nur dann wird dieser privilegierte Modus und das Paßwort gespeichert.

Den privilegierten Zugriffsmodus auf den Terminalserver zum Ändern der Eigenschaften des Terminalservers, der Ports etc. etablieren Sie mit der Befehlsfolge

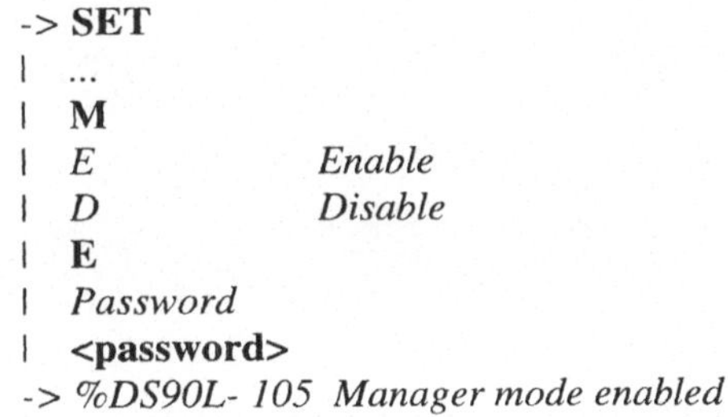

```
-> SET
| ...
| M
| E          Enable
| D          Disable
| E
| Password
| <password>
-> %DS90L- 105  Manager mode enabled
```

Das Paßwort zum Einstieg in den privilegierten Zugriffsmodus dürfen Sie ändern ; das erreichen Sie mit der Befehlsfolge

```
-> SET
| ...
| PA
| Old        New        Verify
| Password   Password   Password
| <password> <password> <password>
-> %DS90L- 103  Password changed
```

Den privilegierten Zugriffsmodus auf den Terminalserver verlassen Sie mit der Befehlsfolge

```
-> SET
|  ...
|  M
|  E            Enable
|  D            Disable
|  D
-> %DS90L- 105  Manager mode disabled
```

Das Bild 3.2-3 listet Ihnen die Eigenschaften eines Ports für ein Terminal auf dem Terminalserver 'DECServer 90' auf.

```
Name          PORT_5
Speed         9600
In Flow       ENA / on
Out Flow      ENA / on
Type          TERM
Break         LOCAL
Rem Mod       DIS
Test          NO
AutoConf      ENA
ODL           DIS
Status        CONN
Service       MIAMI *      PARIS
Node          MIAMI        PARIS
Port          LTA254       LTA355
Preferred     MIAMI        MIAMI              5
Fram          Err
```

Bild 3.2-3 Die Port-Eigenschaften auf dem 'DECServer 90'

4. OpenVMS, praktisch angewandt

In diesem Kapitel erfahren Sie Ihre erste Terminalsitzung. Weiterhin lernen Sie die Eigenschaften des OpenVMS-Dateisystems und der Kommandosprache DCL kennen. Der Großteil dieses Kapitels bleibt dem Lexikon der Kommandosprache vorbehalten, das Ihnen die DCL-Kommandos erklärt. Den Abschluß bildet dann die Vorstellung von drei wichtigen Dienstprogrammen.

Das Ziel dieses Kapitels ist es, Ihnen die erste Bekanntschaft mit OpenVMS zu ermöglichen. Später soll es Ihnen als Nachschlagewerk für die OpenVMS-Kommandos dienen.

Die einzelnen Themen:

4.1   Die erste Terminalsitzung

4.2   Das Dateisystem von OpenVMS

4.3   Eigenschaften und Konzepte von DCL

4.4   Das DCL-Kommandolexikon

4.5   Der elektronische Postdienst 'MAIL'

4.6   Der elektronische Telefondienst 'PHONE'

4.7   Datensicherung

4.1 Die erste Terminalsitzung

Jetzt ist es soweit ! Gemeinsam wollen wir es wagen, die ersten Schritte mit OpenVMS zu versuchen. Sie werden sehr schnell erfahren, wie leicht und komfortabel Ihre erste Terminalsitzung an dem OpenVMS-Rechner stattfindet.

Die einzelnen Themen:

4.1.1   Wer kann mit OpenVMS arbeiten ?

4.1.2   Anmeldung bei OpenVMS

4.1.3   Die ersten Schritte mit OpenVMS - Verändern das Paßwortes

4.1.4   Die ersten Schritte mit OpenVMS - einige 'Schnupperkommandos'

4.1.5   Abmeldung bei OpenVMS

4.1.1 Wer kann mit OpenVMS arbeiten ?

Jeder, der mit einem Terminal an einem Rechner mit OpenVMS arbeiten möchte, muß auf dieser Anlage ein dort bekannter **Benutzer** oder **User** sein. Die Eintragung als erlaubter Benutzer kann in der Regel nur ein anderer Benutzer vornehmen, der **Systemverwalter** oder **Systemmanager** . Dieser Systemverwalter ist mit **übergeordneten Rechten** ausgestattet. Der Name dieses besonderen Benutzers ist auf allen OpenVMS-Rechnern **SYSTEM** .

Der Systemverwalter sorgt bei der Eintragung des neuen Benutzers für die Hinterlegung folgender Informationen :

- ❏ Name des Benutzers (**Username**), mit dem sich der Benutzer später bei OpenVMS anmeldet.

- ❏ Geheimes Codewort als Paßwort (**Password**), mit dem sich der Benutzer als berechtigter OpenVMS-Benutzer identifizieren muß ; dieses Paßwort läßt sich dann später nach der ersten Anmeldung vom Benutzer ändern.

- ❏ Gruppenkennummer und eine Mitgliedskennummer innerhalb dieser Gruppe (**UIC=User Identification Code**).

- ❏ Angabe, auf welcher Platte unter welchem Zweig innerhalb des Dateisystems der Benutzer seine Haupt-Directory besitzt.

- ❏ Angabe des Programms, das nach der erfolgreichen Anmeldung automatisch gestartet werden soll.

- ❏ Zuteilung der erlaubten Zugriffsrechte auf Systemressourcen (**Quotas**) und der zugelassenen Privilegien (**Privileges**).

Solch ein Benutzereintrag heißt auch **Account** (Der Begriff 'Account' kommt von Abrechnungskonto für die verwendete Rechenzeit).

Sie sollten das Paßwort, das Ihnen der Systemverwalter zugeordnet hat, aus Sicherheitsgründen nach dem ersten Anmelden verändern. Geraten Sie einmal in die unglückliche Lage, Ihr Paßwort vergessen zu haben, so besitzt der Systemverwalter immer die Möglichkeit, Ihren Benutzereintrag wieder mit einem neuen Paßwort zu versehen. Das ist übrigens eine gute Gelegenheit, Ihrem Systemverwalter eine kleine Freude zu bereiten ...

4.1.2 Anmeldung bei OpenVMS

Nachdem die Voraussetzung erfüllt ist, daß Sie einen eigenen Benutzerbereich besitzen, können Sie sich nun auf dem Rechner anmelden, um mit OpenVMS zu arbeiten. Dieser Vorgang des Anmeldens heißt auch **Login** - Sie melden sich an, wenn Sie sich einloggen. Damit OpenVMS weiß, daß Sie sich einloggen wollen, müssen Sie einfach einmal die "RETURN"-Taste drücken. Als Reaktion darauf meldet sich OpenVMS mit der Aufforderung an Sie, Ihren Benutzernamen einzugeben :

Beispiel: Anforderung des Benutzernamens beim Login-Vorgang

Der Unterstrich markiert die aktuelle Cursorposition, an der Sie dann Ihren Benutzernamen eingeben können. Zum Abschluß der Namenseingabe müssen Sie einmal die "RETURN"-Taste drücken. OpenVMS meldet sich dann mit der Aufforderung an Sie, sich mit Ihrem Paßwort auszuweisen :

Beispiel: Anforderung des Paßwortes beim Login-Vorgang

Die Eingabe des Paßwortes geschieht aus Sicherheitsgründen ohne die Anzeige am Bildschirm; Sie möchten ja sicher auch nicht, daß beispielsweise bei der Benutzung eines Geldautomaten ein Fremder Ihre Geheimnummer erfährt. OpenVMS überprüft Ihre beiden Eingaben; wenn Sie sich vertippt haben oder gar keine Berechtigung besitzen, sich einzuloggen, weist OpenVMS Sie mit der Meldung zurück :

OpenVMS-Fehlermeldung bei fehlerhaftem Login-Versuch

Der Versuch, ins System zu gelangen, ist fehlgeschlagen. Durch nochmaliges Drücken der "RETURN"-Taste wird die Eingabe des Benutzernamens wiederholt. Wenn Sie dreimal vergeblich versucht haben, sich einzuloggen oder wenn Sie bei einer der Eingabeanforderungen zu lange warten, dann verabschiedet sich der Login-Vorgang. In diesem Fall müssen Sie diesen Vorgang erneut in Gang setzen durch ein nochmaliges Drücken der "RETURN"-Taste. Gelingt es Ihnen überhaupt nicht, sich bei dem OpenVMS-Rechner anzumelden, obwohl Sie sich nicht vertippen, sollten bei Sie Ihrem Systemverwalter nachfragen.

4.1.3 Die ersten Schritte mit OpenVMS - Verändern das Paßwortes

Angenommen es sind keine Schwierigkeiten aufgetreten und Sie sind nun zum ersten Mal in OpenVMS eingeloggt. Wenn Ihnen der Systemverwalter nicht einen Bereich eingerichtet hat, der sofort ein Anwendungsprogramm startet, sondern einen 'normalen' OpenVMS-Benutzerbereich, dann sollte Sie OpenVMS mit einem blinkenden **Cursor** (die blinkende Schreibmarke) hinter einem **Prompt** (ein Prompt ist eine Zeichenkette zu einer Aufforderung zu einer Eingabe, standardmäßig das Dollar-Zeichen "$") zu Ihren ersten Schritten mit OpenVMS einladen.

Als erste Maßnahme wird das vom Systemverwalter vorgegebene Paßwort umdefiniert. Das Setzen eines eigenen Paßwortes geschieht wie folgt :

```
$ SET PASSWORD

Old Password :        MEIER

New Password :        BOOTSFAHRT

Verification :        BOOTSFAHRT
```

Beispiel: Kommando zum Ändern des eigenen Paßwortes

Die unterstrichenen Eingabe der drei Paßworte sind ebenfalls wie beim Login-Vorgang unsichtbar. Die Änderung Ihres Paßwortes können Sie immer wieder durchführen. Wichtig zu bemerken ist noch, daß das alte und das neue Paßwort nicht identisch sein und -je nach Vorgabe vom Systemverwalter- eine bestimmte Minimallänge nicht unterschreiten darf. Das neue Paßwort muß durch eine zweite identische Eingabe bestätigt (Verification) werden. Machen Sie hierbei einen Fehler, so weist sie OpenVMS darauf hin. Und sollte der Gültigkeit des Paßwortes vom Systemverwalter eine

Verfallszeit bei der Einrichtung Ihres Bereiches zugeordnet worden sein, so fordert Sie OpenVMS bei Ablauf dieser Verfallszeit zu einer erneuten Änderung des Paßwortes auf.

Nach dieser Definition sind Sie der einzige Benutzer, der den aktuellen Wert des Paßwortes kennt. Sie sollten es sich gut merken und keinem anderen Benutzer mitteilen, um ungerechtfertigten Zugriff auf Ihren Bereich zu unterbinden. Auch der Systemmanager kann keinen Einblick in die von Benutzern gewählten Paßworte nehmen, da OpenVMS sie mit einer systeminternen Verschlüsselung vor jeglichem Zugriff versteckt.

4.1.4 Die ersten Schritte mit OpenVMS - einige 'Schnupperkommandos'

Mit einigen "Schnupperkommandos" soll die erste Terminalsitzung noch abgerundet werden. Die folgenden Kommandos zeigen die Informationen aus der Benutzerumgebung, unter der Sie sich eingeloggt haben. In dem ersten Beispiel wird das Datum und die Uhrzeit der Rechneruhr abgefragt.

```
$ SHOW  TIME

14-JUL-19xx 12:34:34
```

Beispiel: Kommando für die Anzeige der Systemzeit

Das nächste Beispiel zeigt die Information, unter welchem Zweig innerhalb des Dateisystems und auf welcher Platte Ihr Benutzerbereich angesiedelt worden ist.

```
$ SHOW  DEFAULT

DUA0:[MEIER]
```

Beispiel: Kommando für die Anzeige der aktuellen Arbeitsumgebung

Mit dem folgenden Kommando können Sie überprüfen, ob das Terminal, an dem Sie jetzt gerade arbeiten, die richtigen Einstellungen besitzt und mit dem Terminal-Setup übereinstimmt:

$ SHOW TERMINAL

Beispiel: Kommando für die Anzeige der Terminal-Eigenschaften

OpenVMS listet die Eigenschaften des Terminals in Form einer Tabelle auf. An dieser Stelle interessieren Sie sich nur für die Angabe des Gerätetypes (**Device_Type**). Bei dieser Anzeige der Eigenschaften des Terminals, die OpenVMS von Ihrem Terminal verwaltet, sollten Sie überprüfen, daß für ein Terminal 'VT510' der Typ 'VT500_Series, für ein Terminal 'VT420' der Typ 'VT400_Series', für ein Terminal 'VT320' der Typ 'VT300_Series' und für ein Terminal 'VT220' der Typ 'VT200_Series' eingestellt ist.

Ein Beispiel für solch eine Anzeige sehen Sie im Bild 4.1-1.

```
Terminal: _LTA51014:          Device_Type: VT400_Series        Owner : MEIER
LAT Server/Port: B2S26/PORT_5


Input :        9600    LRfill :        0   Width :       80   Parity : None
Output :       9600    CRfill :        0   Page :        24


Terminal Characteristics:
Interactive          Echo              Type_ahead         No Escape
No Hostsync          TTSync            Lowercase          Tab
Wrap                 Scope             No Remote          Eightbit
Broadcast            No Readsync       No Form            Fulldup
No Modem             No Local_echo     No Autobaud        Hangup
No Brdcstmbx         No DMA            No Altypeahd       Set_Speed
No Commsync          Line Editing      Overstrike editing No Fallback
No Dialup            No Secure Server  No Disconnect      No Pasthru
No Syspassword       No Sixel Graphics Soft Characters    Printer Port
Numeric Keypad       ANSI_CRT          No Regis           No Block_mode
Advanced_video       Edit_mode         DEC_CRT            DEC_CRT2
DEC_CRT3             DEC_CRT4          No DEC_CRT5        No Ansi_Color
VMS Style Input
```

Bild 4.1-1   Anzeige der Terminal-Einstellungen

Sollte der Terminal-Typ in dieser Anzeige nicht mit dem Terminal-Typ Ihres Terminals übereinstimmen, obwohl Sie per Terminal-Setup solch eine Einstellung vorgenommen haben, können Sie OpenVMS veranlassen, die Einstellungen des Terminal-Setups abzufragen und als aktuelle Verwaltungsangaben für Ihr Terminal zu benutzen. Diese Abfrage an Ihr Terminal erreichen Sie mit dem folgenden Kommando, wobei Sie dann das Ergebnis wieder mit "SHOW TERMINAL" überprüfen sollten.

$ SET TERMINAL /INQUIRE

Beispiel: **Kommando zum Setzen der Eigenschaften des Terminals aus den Einstellungen des Terminal-Setups**

Damit Sie sicher sein können, daß die Einstellungen Ihres Terminals jedesmal dann abgefragt und gesetzt werden, wenn Sie sich einloggen, können Sie sich eine Kommandoprozedur anlegen, die beim Login-Vorgang automatisch ausgeführt wird und dort genau die Kommandos hinterlegen, die Ihnen Ihre Arbeitsumgebung definiert. Solch eine Kommandoprozedur heißt **LOGIN.COM** , eine Datei, die der Login-Vorgang auf Ihrem Benutzerbereich verwendet. Entweder hat Ihr Systemverwalter bereits beim Einrichten Ihres Benutzerbereiches eine solche Datei auf Ihrem Bereich untergebracht oder auch nicht. Mit den folgenden Kommandos erzeugen Sie eine neue oder erweitern eine bereits bestehende Login-Kommandoprozedur. Für die Bearbeitung benutzen Sie den **Editor** , ein Dienstprogramm zum Bearbeiten von Textdateien.

Bei der **Editierung** (so heißt der Vorgang des Bearbeitens einer Textdatei mit Hilfe des Dienstprogramms Editor) sind zwei Fälle zu unterscheiden.

Wenn Sie mit dem Editor eine bereits existierende Datei mit der Login-Kommandoprozedur bearbeiten, dann zeigt Ihnen der Editor den aktuellen Inhalt (maximal jedoch die ersten 22 Zeilen) auf dem Bildschirm nach der Eingabe von "C" nach dem ersten "*" an. Sie können in diesem Fall die beiden Zeilen sofort eintippen - Sie sehen, daß mit jedem Zeichen die restlichen Zeichen auf der Zeile nach rechts verschoben werden.

Ist die Datei mit der Login-Kommandoprozedur noch nicht vorhanden, dann ist der Bildschirm nach der Eingabe von "C" leer. Auch hier können Sie die beiden Zeilen sofort eintippen.

Wenn Sie sich vertippen sollten, können Sie das falsche Zeichen gleich mit der Löschtaste wieder entfernen. Durch die Eingabe der "RETURN"-Taste wird eine neue Zeile begonnen. Durch das gleichzeitige Drücken der Tasten "CTRL" und "Z" erreichen Sie die Umschaltung des Editors in eine Kommandoebene, die durch einen Stern "*" angezeigt wird. In diesem Modus können Sie durch die erneute Eingabe von "C" in den Bildschirmmodus umschalten oder sich mit "EXIT" aus dem Editor verabschieden.

Mit der anschließenden Folge von Kommandos editieren Sie Ihre Datei mit der Login-Kommandoprozedur und sorgen durch die eingegebenen Befehle dafür, daß die Eigenschaften Ihres Terminals beim nächsten Einloggen richtig gesetzt werden und daß sich Ihre Login-Kommandoprozedur bei Ihnen mit einer eigenen Ausgabe meldet :

```
$ EDIT /EDT /NOCOMM  LOGIN.COM

* C

$ SET  TERMINAL  /INQUIRE

$ WRITE  SYS$OUTPUT  "Hallo Meier"

Tasten "CTRL" und "Z" gleichzeitig drücken

* EXIT
```

Beispiel: Kommandofolge zum Editieren einer Login-Kommandoprozedur

Nach der erfolgreichen Editierung können Sie nachschauen, ob sich diese Datei mit der Login-Kommandoprozedur in der aktuellen **Directory** (das ist das Inhaltsverzeichnis Ihres Benutzerbereiches) befindet. Danach können Sie sich diese Datei auch noch auf dem Bildschirm anzeigen lassen. Nach der Ausführung dieser beiden Kommandos soll es mit dem ersten Ausflug in die OpenVMS-Welt genug sein.

```
$ DIRECTORY LOGIN.COM

Directory  DUA0:[MEIER]

LOGIN.COM;1

Total of  1  file.
```

Beispiel: Kommandos zum Anzeigen des Eintrags von LOGIN.COM im Verzeichnis

```
$ TYPE LOGIN.COM

$ SET TERMINAL /INQUIRE
$ WRITE SYS$OUTPUT "Hallo Meier"
```

Beispiel: Kommandos zur Anzeige des Inhalts von LOGIN.COM

4.1.5 Abmeldung bei OpenVMS

Zum Beenden einer Terminalsitzung müssen Sie sich als Benutzer wieder ordnungsgemäß vom System abmelden. Dies gelingt Ihnen mit dem Kommando :

```
$ LOGOUT

  MEIER logged out at 14-JUL-19xx  12:48:07
```

Beispiel: Kommando für die Benutzer-Abmeldung

Damit wird Ihre Terminalsitzung komplett beendet. Speicherbereiche und andere System-Ressourcen, die Ihnen OpenVMS im Verlaufe dieser Terminal-Sitzung zugewiesen hat, werden wieder freigegeben und stehen damit anderen Benutzern auf dem OpenVMS-Rechner wieder zur Verfügung. Nach dem **LOGOUT** (Sie melden sich ab, wenn Sie sich ausloggen) können Sie Ihr Terminal ausschalten.

4.2 Das Dateisystem von OpenVMS

Damit Sie nun die Möglichkeiten zur Strukturierung, die Ihnen OpenVMS bietet, ausnutzen und Ihre Dateien mit Hilfe der OpenVMS-Kommandos bearbeiten können, muß jetzt erst über das Dateisystem des OpenVMS-Betriebssystem diskutiert werden. Das Verständnis für das Konzept der Directory-Verzeichnisse und den Aufbau der Dateinamen ist eine wichtige Voraussetzung für die folgenden Kapitel.

Die einzelnen Themen:

4.2.1　　Das Directory-Konzept

4.2.2　　Anlegen von Directories

4.2.3　　Manövrieren in einem Directory-Baum

4.2.4　　Löschen von Directories

4.2.5　　Der Aufbau von Dateinamen

4.2.6　　Standardextensionen in Dateinamen

4.2.7　　Versionsnummern in Dateinamen

4.2.8　　Verwendung von Wild Cards

4.2.9　　Merkmale von Dateien

4.2.10　Zugriffsrechte auf Dateien

4.2.1 Das Directory-Konzept

Das Konzept von **Directories** bestimmt das Dateisystem des OpenVMS. Eine Directory kann als ein Inhaltsverzeichnis oder ein Katalog von Dateinamen angesehen werden. Dieser Katalog von Dateinamen, die Information einer solchen Directory, ist ebenfalls jeweils in einer Datei abgelegt, der Directory-Datei. In einem Directory können Sie daher neben 'normalen' Dateien in dem Inhaltsverzeichnis gegebenenfalls weitere Directory-Dateien finden, die dann wieder Inhaltsverzeichnisse darstellen. Auf diese Weise ergeben sich ganze Hierarchien von Verzeichnissen.

Die graphische Darstellung einer Verzeichnishierarchie sieht aus wie ein umgedrehter Baum (die Wurzel ist oben, die Blätter sind unten). Deswegen wird eine solche Directory-Struktur auch Directory-Baum genannt. Im Bild 4.2-1 ist ein Ausschnitt aus einer solchen Directory-Struktur abgebildet (mit dem Schwerpunkt des Beispielbenutzers MEIER).

Eine Directory dient zum Katalogisieren von Dateien, die auf dem Plattenspeicher abgelegt sind. Nur über ein solches Inhaltsverzeichnis läßt sich eine gespeicherte Datei überhaupt wiederfinden und bearbeiten. Damit Sie sich das Suchen und Wiederfinden von Dateien vereinfachen, empfiehlt es sich, Ihre Dateien in logisch zusammenhängenden Gruppen in jeweils eine Directory zu stellen, wobei das Ordnungskriterium ganz Ihrem Geschmack vorbehalten bleibt. Dadurch dienen Ihnen die Directories als eine hervorragende Möglichkeit zur Strukturierung, die Ihnen (bei entsprechend gewählter Namensgebung für die Directories) Ihre Arbeit innerhalb des OpenVMS-Dateisystems erleichtert.

Es wurde weiter oben bereits erwähnt, daß sich eine Directory-Struktur vom Aufbau her in der Form eines umgedrehten Baumes darstellen läßt. Die Wurzel dieses Baumes bildet die **Master File Directory** - abgekürzt **MFD** genannt. Eine Master File Directory befindet sich auf jedem einzelnen Plattenspeicher und enthält als Äste dieses Baumes alle Benutzerverzeichnisse oder **User File Directories** - abgekürzt **UFD** genannt- auf dieser Platte. Jedes Benutzerverzeichnis kann -wie bereits beschrieben- durch **Sub-Directories** (Unterverzeichnisse) weiter strukturiert werden. Im Bild des Baumes entspricht die Unterstrukturierung den Zweigen. Die Dateien, die sich in den einzelnen Verzeichnissen befinden, sind die Blätter an den Ästen und Zweigen dieses Baumes.

Die Master File Directory besitzt auf allen Plattenspeichern die Bezeichnung "000000". Die Pflege einer Master File Directory obliegt dem Systemverwalter. Weil dort alle Benutzerverzeichnisse abgelegt sind, darf ein nicht-privilegierter Benutzer nicht auf diese zentrale Directory zugreifen.

Beim Einloggen landen Sie als Benutzer automatisch immer auf der **Haupt-Directory** (dem Hauptverzeichnis Ihres Benutzerbereiches). Diese Haupt-Directory hängt direkt an der Master File Directory. Eine Haupt-Directory wird auch manchmal als

Root-Directory (Wurzelverzeichnis eines Benutzerbereiches) oder **Login-Default** (das beim Login verwendete Standardverzeichnis) bezeichnet.

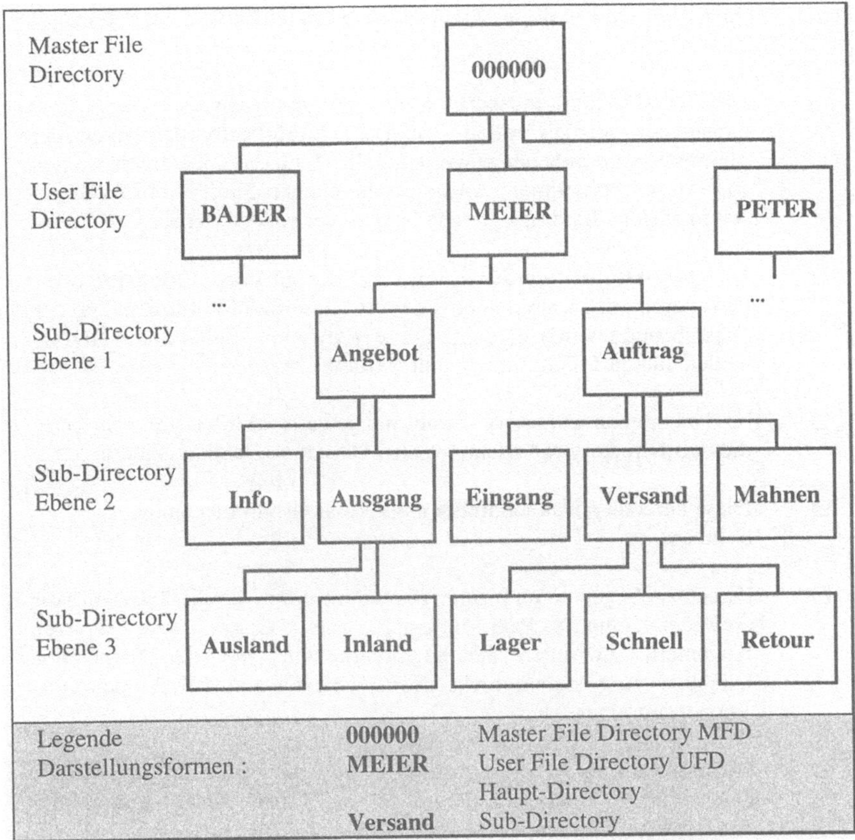

Bild 4.2-1 Beispiel Directory-Baum für den Benutzer 'MEIER'

Innerhalb Ihres Directory-Baumes können Sie beliebig zwischen den einzelnen Sub-Directories und Ihrer Haupt-Directory hin- und herwechseln. Die Directory, auf der Sie sich gerade befinden, heißt dann die aktuelle **Default-Directory** (das aktuelle Standardverzeichnis). Alle Befehle, die Sie ohne zusätzliche Directory-Angaben absetzen, beziehen sich standardmäßig auf die Default-Directory.

Das Anlegen und Löschen einer Directory-Datei sowie das Manövrieren innerhalb des Directory-Baumes kann entweder relativ zur aktuellen Default-Directory oder absolut durch die Angabe des gesamten **Directory-Pfades** -auch **Zugriffspfad** genannt- geschehen. Ein solcher Pfad beschreibt im absoluten Fall die einzelnen Hierarchiestufen beginnend bei der Haupt-Directory bis hin zu dem Zielobjekt. Im relativen Fall bezieht sich der Pfad auf die aktuelle Default-Directory.

Folgende Anmerkungen sollten Sie bei der Behandlung von Directories unbedingt beachten, da OpenVMS anhand dieser Eigenschaften Directory-Dateien erkennt:

- ❑ Directory-Dateien müssen, wenn sie im gleichen Verzeichnis eingetragen werden sollen (wenn sie im Directory-Baum an der gleichen Stelle angehängt werden sollen), einen eindeutigen Namen zugewiesen bekommen. An unterschiedlichen Stellen im Directory-Baum dürfen allerdings gleiche Namen verwendet werden.

- ❑ Directory-Dateien werden immer mit der gleichen **Extension** (eine Erweiterung des Dateinamens, der als Klassifikation für den Typ der Datei benutzt wird) erzeugt. Diese Extension muß immer ".DIR" heißen und darf nicht umbenannt werden.

- ❑ Es darf in einer Directory immer nur jeweils eine Version von einer die Sub-Directory repräsentierenden Directory-Datei existieren.

- ❑ Diese Directory-Dateien müssen als Versionsnummer immer die ";1" besitzen.

- ❑ Directory-Angaben und Zugriffspfade werden eingeschlossen von entweder einem Paar eckiger oder einem Paar spitzer Klammern. Zwischen die Klammern wird nur der Name der Directory eingetragen, nicht aber die Extension ".DIR" oder die Versionsnummer ";1".

- ❑ Hierarchiestufen in einem solchen Directory-Pfad werden durch einen Punkt "." zwischen den einzelnen Directory-Namen markiert. Auch hier werden nur die Namen der Directories verwendet.

Für die folgenden Directory-Angaben liegt das Beispiel aus dem Bild 4.2-1 zugrunde. In den seitlichen verkleinerten Abbildungen dieses Beispiels ist die aktuelle Default-Directory, die jeweilige Ziel-Directory und der Directory-Pfad mit dicken oder doppelten Strichen und mit einem "⇨" gekennzeichnet.

Absolute Angabe der Directory

Bei absoluter Directory-Angabe muß der gesamte Zugriffspfad beginnend bei der Haupt-Directory aufgeführt werden.

[MEIER]
<MEIER>

Zwei Alternativen zur Angabe der Haupt-Directory "[MEIER]".

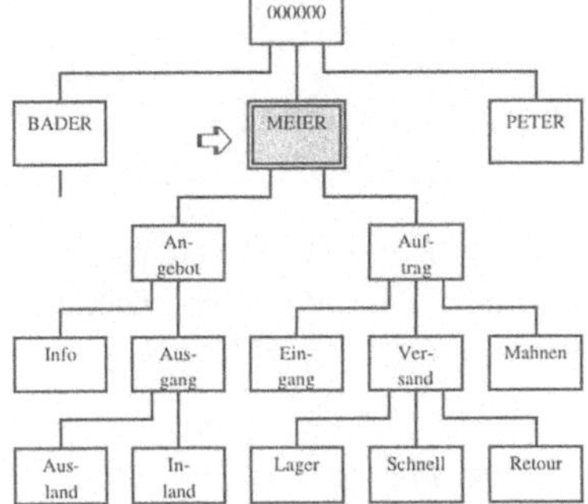

[MEIER.AUFTRAG]

Die Sub-Directory "[AUFTRAG]" unter der Haupt-Directory "[MEIER]".

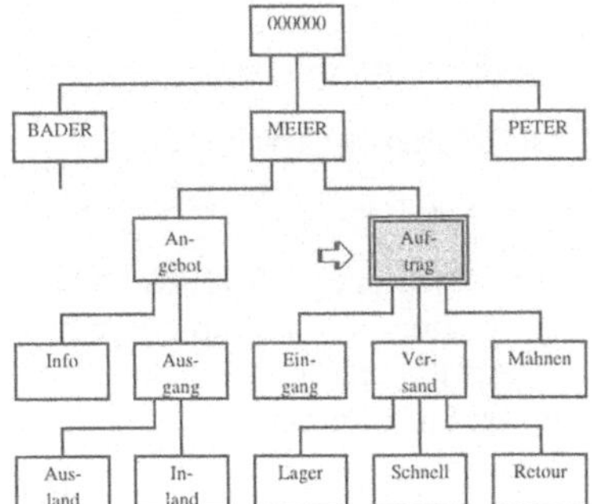

[MEIER.AUFTRAG.VERSAND]

Die Sub-Directory "[VERSAND]" unter der Sub-Directory "[AUFTRAG]" unter der Haupt-Directory "[MEIER]".

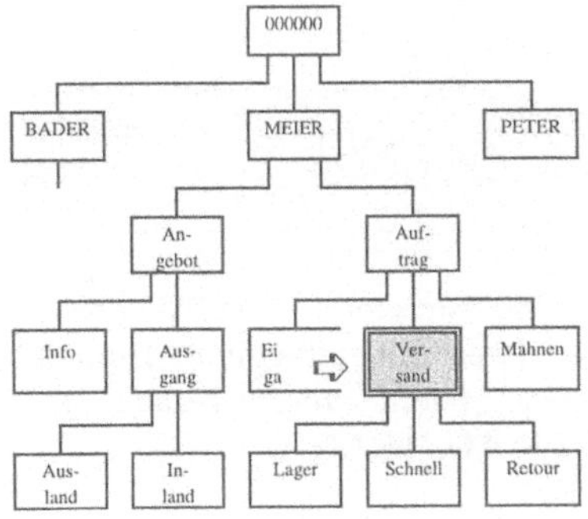

Relative Angabe der Directory

Bei relativer Directory-Angabe bezieht sich der Directory-Pfad auf die Default-Directory, auf der Sie sich gerade befinden. Beachten Sie bitte den Punkt "." als erstes Zeichen nach der öffnenden Klammer !

[.AUFTRAG]

Die Sub-Directory "[AUFTRAG]" relativ unter der aktuellen Default-Directory (hier gerade "[MEIER]").

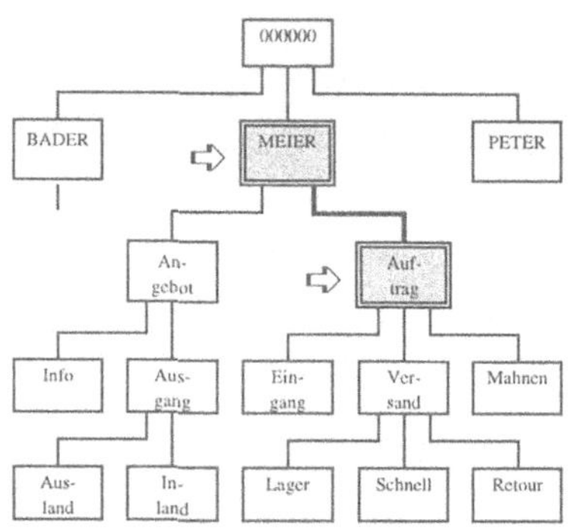

[.AUFTRAG.VERSAND]

Die Sub-Directory "[VERSAND]" unter der Sub-Directory "[AUFTRAG]" relativ unter der aktuellen Default-Directory (steht hier auf "[MEIER]").

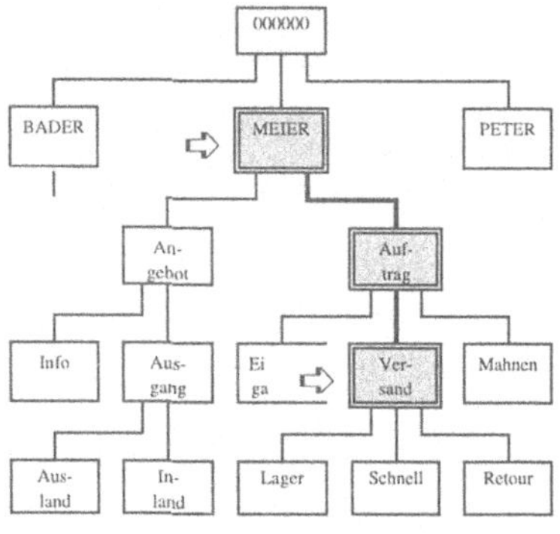

[.EINGANG]

Die Sub-Directory "[EINGANG]" relativ unter der aktuellen Default-Directory (steht hier gerade auf "[MEIER.AUFTRAG]").

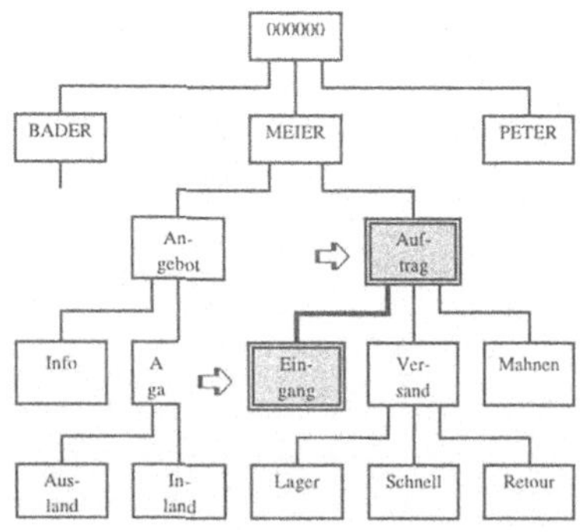

Bei relativer Directory-Angabe können Sie statt des Namens der darüber liegenden Directory auch ein Minuszeichen "-" verwenden. Dieses Zeichen steht für die Aufforderung "gehe relativ eine Hierarchiestufe nach oben".

Relativ eine Hierarchiestufe hinauf von der aktuellen Default-Directory "[MEIER.AUFTRAG.VERSAND]" (Ziel-Directory ist also die Sub-Directory "[MEIER.AUFTRAG]".

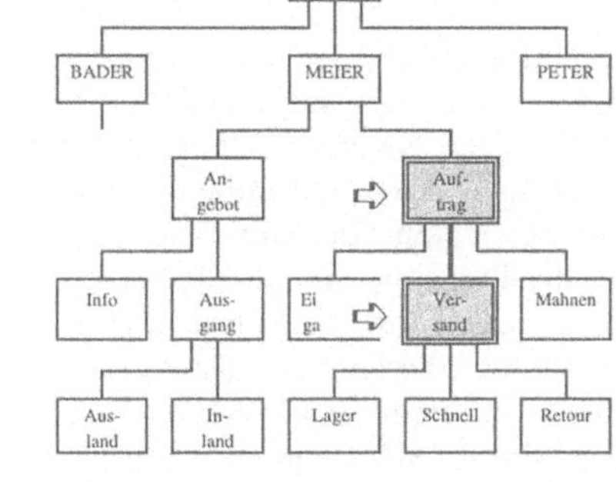

[-.-] oder [--]

Relativ zwei Hierarchiestufen hinauf von der aktuellen Default-Directory "[MEIER.AUFTRAG.VERSAND]" (Ziel-Directory ist also die Haupt-Directory "[MEIER]".

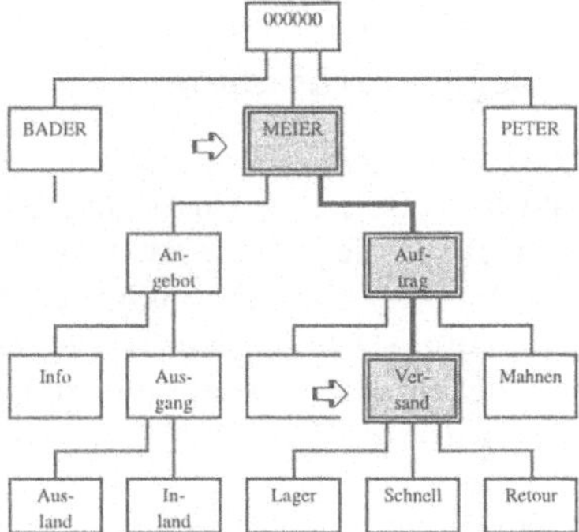

Und nun die hohe Weihe der Directory-Angaben :

[-.-.-.ANGEBOT.AUSGANG]

Von der aktuellen Default-Directory "[MEIER . AUFTRAG . VERSAND . SCHNELL]" drei Stufen nach oben über "[MEIER]" hinunter nach "[MEIER.ANGEBOT.AUSGANG]".

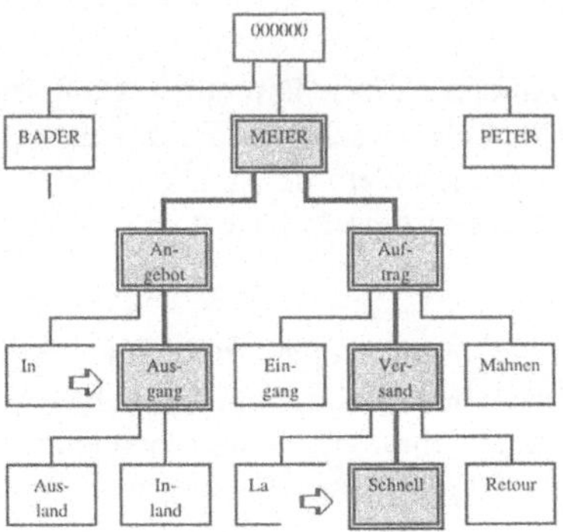

Das letzte Beispiel stellt sozusagen die Krönung der Directory-Angaben dar : Sie können relative Directory-Angaben innerhalb der Hierarchie (hinauf und hinunter) kombinieren, um von einem Directory-Zweig aus auf einen anderen zu verweisen. Verfolgen Sie den gesamten Pfad bis zur Directory zurück, wo der andere Zweig beginnt. Von dort aus können Sie dann in die Tiefe verzweigen.

Als Benutzer haben Sie volle Zugriffsrechte auf das Inhaltsverzeichnis Ihrer Haupt-Directory sowie auf alle Hierarchiestufen (in Form von Dateien und weiteren Sub-Directories), die an dieser Haupt-Directory hängen. Sie können dort in Ihrem Bereich also beliebig Dateien und Directories anlegen oder löschen. Ihnen ist aber nicht erlaubt, in Hierarchiestufen oberhalb Ihrer Haupt-Directory vorzustoßen. Das bedeutet, daß Sie Ihre Haupt-Directory als Inhaltsverzeichnis zwar komplett leeren, als Directory-Datei jedoch nie selber löschen könnten, es sei denn, Sie sind zufällig der Systemmanager mit dem Recht, auf die Hierarchiestufe darüber -der Master File Directory- zu gelangen. Für einen nicht-privilegierten Benutzer ist das nie möglich; auf diese Art und Weise sind die einzelnen OpenVMS-Benutzer voreinander geschützt.

4.2.2 Anlegen von Directories

Innerhalb Ihres Bereiches (Ihrer Haupt-Directory) dürfen Sie als Benutzer beliebig viele Sub-Directories anlegen, um sich die für Sie passende Unterstruktur zu geben. Diese Möglichkeit zur Strukturierung besitzt die Einschränkung auf maximal acht Hierarchiestufen. Dies ist eine Grenze, die zumeist nie erreicht wird. In der Praxis haben sich oft flachere Hierarchien (mit maximal zwei bis drei Stufen) als ausreichend und angenehmer in ihrer Handhabung erwiesen.

Das Erzeugen einer Sub-Directory geschieht mit Hilfe eines Befehls (der weiter unten in diesem Abschnitt vorgestellt wird), mit dem eine Directory-Datei kreiert wird. Eine Directory-Datei ist eine spezielle Datei, deren Dateinamen Sie beim Erzeugen frei wählen dürfen (vgl. dazu auch den Abschnitt 4.2.5 über die Dateinamen).

Das Anlegen einer Directory kann durch die Angabe des absoluten oder relativen Zugriffspfades geschehen. Es besteht die Möglichkeit, gleich mehrere Unterverzeichnisse zu erzeugen, indem der ganze Zugriffspfad mit einem Befehl definiert wird. Alle Sub-Directories in diesem Directory-Pfad, die noch nicht existieren, werden automatisch mit erzeugt.

Da mit einem Befehl nur eine Directory -abgesehen von dem Nebeneffekt der automatischen Erzeugung der Directories auf dem Weg dorthin- kreiert werden kann, müssen gleichrangige Unterverzeichnisse mit jeweils einem einzelnen Befehl angelegt werden. Es gibt keine Gruppenerzeugung von Directories.

Absolute Zugriffspfade

In den folgenden zwei Beispielen werden Sub-Directories mit der Angabe von absoluten Zugriffspfaden kreiert.

```
$ CREATE /DIRECTORY  [MEIER.AUFTRAG]
```

Die Sub-Directory "[AUFTRAG]" wird unter der Haupt-Directory "[MEIER]" erzeugt.

```
$ CREATE /DIRECTORY  [MEIER.ANGEBOT.AUSGANG]
```

Die Sub-Directory "[AUSGANG]" wird unter der Sub-Directory "[MEIER.ANGEBOT]" erzeugt. Sollte die Sub-Directory "[ANGEBOT]" (auf dem Weg dorthin) noch nicht existieren, so wird sie ebenfalls mit erzeugt.

Relative Zugriffspfade

In den nächsten zwei Beispielen erfolgt die Erzeugung der Sub-Directories mit Hilfe von relativen Zugriffspfaden. Hierfür wird angenommen, daß die aktuelle Default-Directory die Haupt-Directory "[MEIER]" ist.

```
$ CREATE /DIRECTORY  [.AUFTRAG]
```

Die Sub-Directory "[AUFTRAG]" wird unter der aktuellen Default-Directory erzeugt.

```
$ CREATE /DIRECTORY  [.ANGEBOT.AUSGANG]
```

Die Sub-Directory "[AUSGANG]" wird unter der Sub-Directory "[ANGEBOT]" unter der aktuellen Default-Directory erzeugt. Sollte die Sub-Directory "[ANGEBOT]" (auf dem Weg dorthin) noch nicht existieren, so wird sie ebenfalls mit erzeugt.

4.2.3 Manövrieren in einem Directory-Baum

Nach dem Einloggen landen Sie immer in Ihrer Haupt-Directory. Von dort aus können Sie nun durchaus alle Befehle abschicken, indem Sie jedesmal den gesamten Zugriffspfad für die Datei mitgeben, die Sie aktuell bearbeiten wollen. Der bequemere Weg ist es in diesem Fall allerdings, wenn Sie Ihre Default-Directory auf genau die Sub-Directory stellen, in der Sie dann aktiv werden wollen. In diesem Abschnitt lernen Sie, wie Sie innerhalb eines Directory-Baumes durch die Umschaltung Ihrer Default-Directory manövrieren können.

Das erste wichtige Kommando sagt Ihnen, auf welcher Default-Directory Sie stehen.

```
$ SHOW  DEFAULT
DUA0:[MEIER]
```

Das Kommando dient zur Anzeige der aktuellen Default-Directory ("DUA0:" ist der Bezeichner der Platte, auf der sich die Haupt-Directory "[MEIER]" befindet). Gäbe es diese Default-Directory nicht, meldet OpenVMS

"... DUA0:[MEIER] does not exist"

Damit Sie sich innerhalb des Directory-Baumes orientieren können, ist ein Kommando recht hilfreich, das Ihnen in der aktuellen Default-Directory die dort vorhandenen Directory-Dateien anzeigt, die die definierten Sub-Directories repräsentieren.

```
$ DIRECTORY  *.DIR

DUA0:[MEIER]
ANGEBOT.DIR;1          AUFTRAG.DIR;1
Total of 2 files.
```

Das Kommando zeigt alle Directory-Dateien (Extension ".DIR") für die Sub-Directories in der aktuellen Default-Directory an. Gibt es dort keine Directory-Dateien (Sub-Directories), zeigt OpenVMS eine der beiden Meldungen an:

... no files found ...
... no such file ...

Das Wechseln der Default-Directory funktioniert mit einem Befehl und der Angabe des neuen, gewünschten Directory-Pfades. Auch hier haben Sie die Wahl zwischen einem absoluten oder einem relativen Zugriffspfad.

Absolute Zugriffspfade

In den folgenden drei Beispielen wird die Default-Directory mit der Angabe eines absoluten Zugriffspfades eingestellt.

```
$ SET  DEFAULT  [MEIER.AUFTRAG]
```

Es wird die Sub-Directory "[MEIER.AUFTRAG]" als neue Default-Directory eingestellt.

```
$ SET  DEFAULT  [MEIER.ANGEBOT.AUSGANG]
```

Die Sub-Directory "[MEIER.ANGEBOT.AUSGANG]" wird als neue Default-Directory eingestellt.

```
$ SET  DEFAULT  [MEIER]
$ SET  DEFAULT  DUA0:[MEIER]
```

Die erste Alternative stellt die Haupt-Directory "[MEIER]" als neue Default-Directory ein. Die zweite Alternative verwendet zusätzlich noch den vorangestellten Plattenbezeichner "DUA0:".

⇨ **Dieser Befehl ist Ihre Rettung, wenn Sie sich in Ihrem Directory-Baum hoffnungslos verlaufen haben.**

Relative Zugriffspfade

In den nächsten drei Beispielen erfolgt das Einstellen einer neuen Default-Directory mit Hilfe eines relativen Zugriffspfades.

$$\textbf{\$ SET DEFAULT \ [.AUFTRAG]}$$

Die Sub-Directory "[AUFTRAG]" unter der aktuellen Default-Directory wird als neue Default-Directory eingestellt.

$$\textbf{\$ SET DEFAULT \ [-]}$$

Die Directory über der aktuellen Default-Directory wird als neue Default-Directory eingestellt.

$$\textbf{\$ SET DEFAULT \ [-.ANGEBOT.AUSGANG]}$$

Die Sub-Directory "[AUSGANG]" wird unter der Sub-Directory "[ANGEBOT]" als neue Default-Directory eingestellt. Dieser Sub-Directory-Zweig der neuen Default-Directory hängt an der Directory über der und parallel zu der aktuellen Default-Directory.

Probieren Sie nun das Einrichten von Sub-Directories mit Hilfe des Kommandos "CREATE /DIRECTORY" und manövrieren Sie sich dann mit Hilfe der drei Kommandos "SHOW DEFAULT", "DIRECTORY" und "SET DEFAULT" durch Ihren Directory-Baum. Sie werden sehr schnell sicher werden in der Handhabung dieser Befehle. Und wenn Sie sich wirklich verirren sollten, dann verwenden Sie die absolute Angabe des Zugriffspfades auf Ihre Haupt-Directory oder loggen Sie sich kurz aus und wieder ein, um sich wieder zurecht zu finden.

Eine wichtige Anmerkung zum Schluß dieses Abschnitts: OpenVMS gestattet bei der Anwendung von "SET DEFAULT" auch die Angabe eines nicht existierenden Zugriffspfades, ohne daß beim Absetzen dieses Befehls dieser Versuch überprüft und als Fehler gemeldet wird. Dies geschieht erst dann, wenn Sie versuchen, auf dieser nicht vorhandenen Directory irgend eine Bearbeitung vorzunehmen. Erst dann meldet OpenVMS diesen Fall mit folgender Fehlermeldung:

$$\textit{... Directory not found ...}$$

OpenVMS-Fehlermeldung bei nicht existierender Default-Directory

4.2.4 Löschen von Directories

Das Löschen von Directories geschieht durch das Löschen der Directory-Datei. Dazu müssen Sie Ihre Default-Directory auf die Directory stellen, in der sich das gewünschte, zu löschende Verzeichnis (Sub-Directory) befindet. Die zweite Möglichkeit besteht darin, daß Sie bei dem Löschbefehl den Directory-Pfad in absoluter oder relativer Schreibweise angeben müssen.

Das Löschen der Directory-Datei funktioniert mit dem gleichen Befehl, mit dem Sie auch Dateien löschen (vgl. Kapitel 4.4.19 über den Befehl "DELETE"). Allerdings können Sie eine Directory nur dann löschen, wenn folgende Bedingungen erfüllt sind :

❑ Die zu löschende Directory muß komplett leer sein. Es darf dort kein einziger Eintrag mehr im Inhaltsverzeichnis stehen.

❑ Die zu löschende Directory-Datei darf nicht geschützt sein. Da OpenVMS beim Anlegen eines Directories die Directory-Datei standardmäßig vor ungewolltem Löschen schützt, müssen Sie Ihr Zugriffsrecht auf die Directory-Datei um das Löschrecht erweitern.

Für das folgende Beispiel sei die Default-Directory auf "[MEIER.ANGEBOT] "gestellt. Es soll die Sub-Directory "[AUSGANG]" zuerst komplett geleert (Löschen aller Dateien in dieser Sub-Directory) und danach die Sub-Directory selbst gelöscht werden.

Schritt 1 :	$ DELETE [.AUSGANG]*.*;*

Löschen aller Dateien aus der Sub-Directory "[AUSGANG]" (eine Hierarchiestufe relativ tiefer als die aktuelle Default-Directory).

Schritt 2 :	$ SET PROTECTION=OWNER:D AUSGANG.DIR

Es wird die Directory-Datei "AUSGANG.DIR" auf der aktuellen Default-Directory mit dem Löschrecht für den Benutzer ausgestattet.

Schritt 3 :	$ DELETE AUSGANG.DIR;1

Die Directory-Datei "AUSGANG.DIR" wird aus der Default-Directory gelöscht. Beachten Sie hierbei die Versionsnummer ";1" !!

Wenn Sie versuchen sollten, eine nicht-leere Directory zu löschen, so meldet OpenVMS
diesen Sachverhalt mit der Fehlermeldung :

> *... Could not mark file for deletion ...*
> *... Directory file is not empty ...*

OpenVMS-Fehlermeldung beim Löschversuch einer nicht-leeren Directory

Wenn Sie für das Löschen der Directory nicht das Löschrecht besitzen, dann gibt
OpenVMS die Fehlermeldung aus :

> *... Could not mark file for deletion ...*
> *... No privilege for attempted operation ...*

OpenVMS-Fehlermeldung bei Löschversuch mit fehlendem Löschrecht

4.2.5 Der Aufbau von Dateinamen

In den vorangegangenen Abschnitten bei der Vorstellung des Directory-Konzepts haben
Sie bereits von Plattenbezeichnern, Extensionen und Versionsnummern gehört. In diesem
Abschnitt soll Ihnen der Aufbau eines Dateinamen (siehe Bild 4.2-2) im Dateisystem
von OpenVMS erklärt werden. Eine vollständige Spezifikation eines Dateinamens (**full
file specification**) besteht aus den folgenden Komponenten (in deutsch und englisch
angegeben) :

Knoten::	Platte:	[Verzeichnis]	Dateibezeichner	.Extension	;Version
1	2	3	4	5	6
Zugriffspfad			Dateiname		
Accesspath			Filename		
1	2	3	4	5	6
Node::	Device:	[Directory]	Filename	.Filetype	;Version

Bild 4.2-2 Aufbau von Dateinamen

1   **Knoten::** -oder- **Node::**

Der maximal 6-stellige DECNET-Knotenname des Rechner, auf dem sich die aktuelle Datei befindet. Die beiden Doppelpunkte "::" gehören zur Syntax des Namens dazu. Standardmäßig kann der Knotenname weggelassen werden, wenn sich die Datei auf dem Rechnerknoten befindet, auf dem Sie sich eingeloggt haben.

2   **Platte:** -oder- **Device:**

Die Plattenbezeichnung der Platte, auf der sich die aktuelle Datei befindet. Der Doppelpunkt ":" gehört zur Syntax der Platte dazu. Standardmäßig kann die Plattenbezeichnung weggelassen werden, wenn sich die Datei in Ihrer aktuellen Login-Directory befindet.

3   **[Verzeichnis]** -oder- **[Directory]**

Die Angabe des Directory-Pfades, auf dem sich die aktuelle Datei befindet. Die einschließenden eckigen "[" und "]" oder spitzen Klammern "<" und ">" gehören zu der Angabe einer Directory dazu (vgl. auch Kapitel 4.2.1). Jeder (Sub-)Directory-Name innerhalb der Angabe des Zugriffspfades kann aus maximal 39 Zeichen bestehen. Befindet sich die Datei auf der gleichen Directory wie Ihre aktuelle Default-Directory, kann die Directory weggelassen werden.

4   **Dateibezeichner** -oder- **Filename**

Der Name der Datei kann aus maximal 39 Zeichen bestehen und muß immer angegeben werden. Es gibt keine standardmäßige Voreinstellung für den Dateinamen. Da auch Directories Dateien sind, dürfen Directory-Namen 39 Zeichen lang sein.

5   **.Extension** -oder- **.Filetype**

Die Erweiterung des Dateinamens dient zumeist einer Klassifikation der Datei. Die Extension kann aus maximal 39 Zeichen bestehen und muß immer angegeben werden bis auf die Ausnahme einiger Befehle, die bei Weglassen der Extension dann eine Standardextension erwarten (Standardextensionen siehe nächsten Abschnitt ; Hinweise auf Default-Werte bei der Befehlsvorstellung).

6	;Version

Die dezimale Versionsnummer der aktuellen Datei. Da OpenVMS es erlaubt, in der gleichen Directory mehrere Dateien mit gleichem Namen und gleicher Extension zu halten, dient die Angabe der Versionsnummer zur Unterscheidung dieser Dateien. Standardmäßig wird immer die Datei mit der höchsten Versionsnummer verwendet.

Beispiele :

B1	**MIAMI::DUA1:[PETER.LIEFER]HUGO.LIEFERUNG;12**	
	Knoten::	MIAMI::
	Platte:	DUA1:
	[Directory]	[PETER.LIEFER]
	Dateibezeichner	HUGO
	.Extension	.LIEFERUNG
	;Version	;12

B2	**LOGIN.COM**	
	Knoten::	Default: der aktuelle OpenVMS-Rechner
	Platte:	Default: die aktuelle Platte
	[Directory]	Default: die aktuelle Default-Directory
	Dateibezeichner	LOGIN
	.Extension	.COM
	;Version	Default: die aktuell höchste Versionsnummer

B3	**DUA3:LOGIN.COM**	
	Knoten::	Default: der aktuelle OpenVMS-Rechner
	Platte:	DUA3:
	[Directory]	Default: die aktuelle Default-Directory
	Dateibezeichner	LOGIN
	.Extension	.COM
	;Version	Default: die aktuell höchste Versionsnummer

B4	**[.MAHNEN]TIGER.SAEUMIG;4**	
	Knoten::	Default: der aktuelle OpenVMS-Rechner
	Platte:	Default: die aktuelle Platte
	[Directory]	Die Sub-Directory [.MAHNEN] unter der aktuellen Default-Directory
	Dateibezeichner	TIGER

Fortsetzung Folgeseite

Fortsetzung B4	.Extension	.SAEUMIG
	;Version	;4

B5	[-.ANGEBOT.INFO]HASE.BRIEF	
Knoten::	Default: der aktuelle OpenVMS-Rechner	
Platte:	Default: die aktuelle Platte	
[Directory]	Die Sub-Directory [ANGEBOT.INFO] im parallelen Directory-Zweig neben der aktuellen Default-Directory ; beide sind unter der gleichen Directory eine Hierarchiestufe darüber angesiedelt.	
Dateibezeichner	HASE	
.Extension	.BRIEF	
;Version	Default: die aktuell höchste Versionsnummer	

4.2.6 Standardextensionen in Dateinamen

Eine Extension ist eine Erweiterung des Dateinamens, die zumeist als Typ zur Klassifizierung dieser Datei dient. Diese Extension kann von Ihnen frei vergeben werden. OpenVMS erwartet jedoch in einigen Fällen standardmäßig vorgegebene Extensionen, die in der folgenden Übersicht aufgelistet sind. Wenn Sie sich dazu entscheiden, eine andere Extension als die jeweilige Standardextension zu verwenden, müssen Sie immer dann, wenn OpenVMS als Eingabe nur einen Dateinamen erwartet und annimmt, daß diese Datei die passende Standardextension besitzt, Ihre selbst gewählte Extension zusätzlich angeben (also Mehrarbeit in Sicht !). Im Bild 4.2-3 sehen Sie eine Auswahl der von OpenVMS standardmäßig verwendeten Extensionen.

Extension	Verwendet von	Verwendung
.C	C-Compiler	Quelldatei als Eingabe für Übersetzung.
.COB	Cobol-Compiler	Quelldatei als Eingabe für Übersetzung.
.FOR	Fortran-Compiler	Quelldatei als Eingabe für Übersetzung.
.LIS	alle Compiler	Datei mit Listing als Ergebnis der Übersetzung.
.MAR	Assembler	Quelldatei als Eingabe für Übersetzung.
.OBJ	alle Compiler und Linker	Datei mit Objektcode als Ergebnis der Übersetzung und als Eingabe für Link-Vorgang.
.PAS	Pascal-Compiler	Quelldatei als Eingabe für Übersetzung.

Bild 4.2-3 Standardextensionen für Compiler

Extension	Verwendet von	Verwendung
.EXE	Linker und lauffähige Programme	Datei mit lauffähigem Maschinen-Code als Ergebnis des Link-Vorgangs.
.MAP	Linker	Datei mit Link-Map als Ergebnis des Link-Vorgangs.
.OPT	Linker	Optionsdatei als Eingabe für Steuerung des Link-Vorgangs.
.HLB	HELP-Textbibliothek	Bibliotheksdatei für HELP-Texte.
.OLB	Objektbibliothek	Bibliotheksdatei für Objektcode.
.TLB	Textbibliothek	Bibliotheksdatei für Texte.
.COM	Kommando-prozeduren	Datei mit interpretierbaren DCL-Befehlen.

Bild 4.2-4 Sonstige Standardextensionen

4.2.7 Versionsnummern in Dateinamen

Das Dateisystem von OpenVMS erlaubt es, mehr als eine Datei mit gleichem Namen und gleicher Extension in einem Verzeichnis zu führen. Die notwendige Eindeutigkeit eines Dateinamens für den Zugriff auf genau eine Datei wird hier durch eine angehängte, nur einmal vorkommende Versionsnummer erreicht.

Bei Zugriffen auf Dateien, wo Sie im Befehl bei der Angabe eines Dateinamens keine Versionsnummer spezifizieren, benutzt OpenVMS immer automatisch die Datei diesen Namens mit der höchsten existierenden Versionsnummer. Bei Dienstprogrammen von OpenVMS, die eine existierende Datei bearbeiten und danach zurückspeichern (wie beispielsweise ein Editor), bleibt die alte Version dieser Datei erhalten; bei Abschluß der Arbeiten wird eine neue Version dieser Datei (mit dem veränderten Stand) mit einer Versionsnummer plus 1 angelegt. Damit ist die neue Datei automatisch die namensgleiche Datei mit der höchsten Versionsnummer, die dann beim nächsten Befehl benutzt wird. Die älteren Versionen bleiben solange bestehen, bis Sie diese Dateien gezielt löschen. Sie dienen Ihnen entweder als Sicherheitskopie oder als Dokumentation Ihrer Arbeitsschritte.

Die Spezifikation der Versionsnummer erfolgt direkt im Anschluß an die Extension : Sie geben einen Semikolon ";" oder einen Punkt "." gefolgt von der gewünschten dezimalen Versionsnummer an.

Bei Weglassen der Versionsnummer oder bei der Eingabe der Versionsnummer ";0" wird automatisch die höchste (letzte) Version dieser Datei benutzt. Mit der Angabe eines negativen Wertes erreichen Sie eine relative Spezifikation der Versionsnummer. Dieser negative Wert wird dann von der aktuell höchsten Versionsnummer subtrahiert.

Versions-nummer	Bedeutung
;23	Es wird die Datei verwendet mit der Versionsnummer 23.
keine Angabe	Es wird die Datei mit der augenblicklich höchsten Versionsnummer verwendet.
;0	Es wird die Datei mit der augenblicklich höchsten Versionsnummer benutzt. Von der aktuell höchsten Versionsnummer wird relativ "0" subtrahiert.
;-1	Es wird die vorletzte Datei-Version benutzt. Von der aktuell höchsten Versionsnummer wird relativ "1" subtrahiert.
;-2	Es wird die vorvorletzte Datei-Version benutzt. Von der aktuell höchsten Versionsnummer wird relativ "2" subtrahiert.

Beispiele : Benutzung von Versionsnummern

4.2.8 Verwendung von Wild Cards

Bei vielen OpenVMS-Befehlen können Sie den Befehl nicht nur auf eine einzige Datei anwenden, sondern auf eine ganze Gruppe von Dateien. Um dieses zu bewerkstelligen, müssen nicht unbedingt alle Dateinamen in einer Liste angegeben werden, sondern es können variable Platzhalter für ganze Portionen von Dateinamen oder Teilen daraus verwendet werden. Für Platzhalter bietet Ihnen OpenVMS spezielle Zeichen mit einer besonderen Bedeutung an: die **Wild Cards** . Drei verschiedene Typen von Wild Cards stehen Ihnen zur Verfügung (siehe Bild 4.2-5 mit den Einsatzmöglichkeiten).

Wild Card	Die Wild Card steht für ...	Die Wild Card kann benutzt werden bei ...			
		Directory-Pfad	Datei-bezeichner	Extension der Datei	Versions-nummer
*	variabel lange Zeichenkette in einer Portion des Dateinamens mit möglicher Länge von 0 bis maximal 39 Zeichen.	ja	ja	ja	ja
%	genau ein einziges Zeichen.	ja	ja	ja	nein
...	kompletter Sub-Directory-Zweig unter der Default-Directory oder unter der angegebenen Directory.	ja	nein	nein	nein

Bild 4.2-5 Wild Cards und ihre Verwendung

Wild Cards dürfen nicht benutzt werden bei OpenVMS-Kommandos, die als zu bearbeitendes Objekt genau eine Datei erwarten. In diesem Fall meldet OpenVMS der mißbräuchlichen Einsatz der Wild Cards mit :

> *... Invalid wild card operation ...* .

OpenVMS-Fehlermeldung bei nicht erlaubter Verwendung von Wild Cards

Beispiele für die Verwendung der Wild Card "*" :

B1

*.COM	
[Directory]	Default: die aktuelle Default-Directory
Dateibezeichner	* : alle möglichen Dateibezeichner
.Extension	.COM
;Version	Default: die aktuell höchste Versionsnummer

B2

LOGIN.*	
[Directory]	Default: die aktuelle Default-Directory
Dateibezeichner	LOGIN
.Extension	.* : alle möglichen Extensionen
;Version	Default: die aktuell höchste Versionsnummer

B3

WOLF.LIS;*	
[Directory]	Default: die aktuelle Default-Directory
Dateibezeichner	WOLF
.Extension	.LIS
;Version	;* : alle möglichen Versionsnummern

B4

B*.*	
[Directory]	Default: die aktuelle Default-Directory
Dateibezeichner	B* : alle möglichen Dateibezeichner, die mit "B" beginnen
.Extension	.* : alle möglichen Extensionen
;Version	Default: die aktuell höchste Versionsnummer

B5	*GO*.TEST	
	[Directory]	Default: die aktuelle Default-Directory
⇨	Dateibezeichner	*GO* : alle möglichen Dateibezeichner, die an beliebiger Stelle die Zeichenkette "GO" enthalten.
	.Extension	.TEST
	;Version	Default: die aktuell höchste Versionsnummer

B6	*GIN.COM	
	[Directory]	Default: die aktuelle Default-Directory
⇨	Dateibezeichner	*GIN : alle möglichen Dateibezeichner, die am Ende des Namens die Zeichenkette "GIN" enthalten.
	.Extension	.COM
	;Version	Default: die aktuell höchste Versionsnummer

B7	[MEIER.A*]LOGIN.*	
⇨	[Directory]	Alle Sub-Directories unter der Haupt-Directory "[MEIER]", deren Name mit "A" beginnt.
	Dateibezeichner	LOGIN
⇨	.Extension	.* : alle möglichen Extensionen
	;Version	Default: die aktuell höchste Versionsnummer

B8	*.*;*	
	[Directory]	Default: die aktuelle Default-Directory
⇨	Dateibezeichner	* : alle möglichen Dateibezeichner
⇨	.Extension	.* : alle möglichen Extensionen
⇨	;Version	;* : alle möglichen Versionsnummern

Beispiele für die Verwendung der Wild Card "%" :

B1	%%%.*	
	[Directory]	Default: die aktuelle Default-Directory
⇨	Dateibezeichner	%%% : alle möglichen dreistelligen Dateibezeichner
⇨	.Extension	.* : alle möglichen Extensionen
	;Version	Default: die aktuell höchste Versionsnummer

<table>
<tr><td>B2</td><td colspan="2" align="center">VOR%%NACH.LIS</td></tr>
<tr><td></td><td>[Directory]</td><td>Default: die aktuelle Default-Directory</td></tr>
<tr><td>⇨</td><td>Dateibezeichner</td><td>VOR%%NACH : alle Dateibezeichner mit :
1.   Der Dateibezeichner ist 9 Stellen lang.
2.   Die ersten 3 Zeichen bestehen aus der Zeichenkette "VOR".
3.   Die folgenden 2 Zeichen sind beliebig.
4.   Die letzten 4 Zeichen bestehen aus der Zeichenkette "NACH".</td></tr>
<tr><td></td><td>.Extension</td><td>.LIS</td></tr>
<tr><td></td><td>;Version</td><td>Default: die aktuell höchste Versionsnummer</td></tr>
</table>

<table>
<tr><td>B3</td><td colspan="2" align="center">[MEIER.%%%%BOT]*.*</td></tr>
<tr><td>⇨</td><td>[Directory]</td><td>[MEIER.%%%%BOT] : alle Sub-Directories unter der Haupt-Directory "[MEIER]" mit :
1.   Der Name der Sub-Directory ist genau 7 Zeichen lang.
2.   Die ersten 4 Zeichen sind beliebig.
3.   Die folgenden 3 Zeichen bestehen aus der Zeichenkette "BOT".</td></tr>
<tr><td>⇨</td><td>Dateibezeichner</td><td>* : alle möglichen Dateibezeichner</td></tr>
<tr><td>⇨</td><td>.Extension</td><td>.* : alle möglichen Extensionen</td></tr>
<tr><td></td><td>;Version</td><td>Default: die aktuell höchste Versionsnummer</td></tr>
</table>

Beispiele für die Verwendung der Wild Card "..." :

<table>
<tr><td>B1</td><td colspan="2" align="center">[MEIER...]BARBARA.LISTE</td></tr>
<tr><td>⇨</td><td>[Directory]</td><td>[MEIER...] : alle Sub-Directory-Bäume unter der Haupt-Directory "[MEIER]".</td></tr>
<tr><td></td><td>Dateibezeichner</td><td>BARBARA</td></tr>
<tr><td></td><td>.Extension</td><td>.LISTE</td></tr>
<tr><td></td><td>;Version</td><td>Default: die aktuell höchste Versionsnummer</td></tr>
</table>

<table>
<tr><td>B2</td><td colspan="2" align="center">[...]*.*;*</td></tr>
<tr><td>⇨</td><td>[Directory]</td><td>[...] : alle möglichen Sub-Directory-Bäume unter der aktuellen Default-Directory.</td></tr>
<tr><td>⇨</td><td>Dateibezeichner</td><td>* : alle möglichen Dateibezeichner</td></tr>
<tr><td>⇨</td><td>.Extension</td><td>.* : alle möglichen Extensionen</td></tr>
<tr><td>⇨</td><td>;Version</td><td>;* : alle möglichen Versionsnummern</td></tr>
</table>

B3	[MEIER.ANGEBOT...]*.LISTE	
⇨	[Directory]	[MEIER.ANGEBOT...] : alle möglichen Sub-Directory-Bäume unter der Sub-Directory "[MEIER.ANGEBOT]".
⇨	Dateibezeichner	* : alle möglichen Dateibezeichner
	.Extension	.LISTE
	;Version	Default: die aktuell höchste Versionsnummer

4.2.9 Merkmale von Dateien

Nachdem Sie nun bereits über die Regeln für die Dateinamen und den logischen Ort einer Datei in einem Directory-Baum informiert sind, sollen Ihnen jetzt noch einige weitere Merkmale einer Datei vorgestellt werden.

Generell ist eine Datei eine Ansammlung von Daten, die in irgendeinem logischen Zusammenhang stehen. Jedes einzelne Datum wird dargestellt als eine Gruppe von mindestens einem bis hin zu beliebig vielen **Bytes** (eine physikalische Speichereinheit bestehend aus 8 Bits). Mehrere solcher Daten bilden eine dann wieder eine andere zusammenhängende logische Einheit, die man als **Satz** oder **Record** bezeichnet. In einer Datei befindet sich minimal ein Satz, meist jedoch eine ganze Menge solcher Sätze. Es gibt Dateien, deren Sätze alle die gleiche Struktur in Form eines festen Rasters besitzen oder deren Sätze wie ein natürlichsprachlicher Text variable Satzlängen besitzen. Im ersten Fall handelt es sich dann zumeist um Anwendungsdateien, im zweiten Fall um Texte oder Programme.

Natürlich gibt es auch noch ganz andere Formate in Dateien, die an dieser Stelle nicht näher diskutiert werden sollen.

Bevor Sie gleich erfahren, wie OpenVMS Dateien auf einer Platte abspeichert, sollen noch einige Anmerkungen zu der Struktur einer Platte vorangestellt werden. Wenn OpenVMS eine neue Platte verwalten soll, muß diese zuerst **formatiert** und **initialisiert** werden. Die Formatierung der Platte besteht aus einer Unterteilung in **Blöcke** (ein Block ist eine Speichereinheit und bildet die Zusammenfassung von 512 Bytes); es werden Blocknummern und Prüfsummen ermittelt und eingetragen sowie fehlerhafte, nicht beschreibbare Blöcke in einem speziellen Bereich auf dieser Platte vermerkt, damit sie später nicht verwendet werden. Diese Formatierung geschieht bereits werksseitig beim Hersteller oder wird bei dem Einbau der Platte in Ihren Rechner von den Servicetechnikern übernommen. Die Initialisierung dagegen muß der Systemmanager selber durchführen. Bei diesem Initialisierungsvorgang wird dafür gesorgt, daß der Inhalt des Master File Directory gelöscht und der Informationsbereich der Platte (mit dem frei wählbaren Namen dieser Platte) neu geschrieben wird.

Die logische Struktur einer Datei mit ihren Sätzen stimmt nun leider mit de physikalischen Struktur einer Platte mit ihren Blöcken in der Regel nicht überein. Da Dateisystem von OpenVMS sorgt daher für die logische Abbildung der Sätze auf di einzelnen physikalischen Blöcke beim Abspeichern und wieder zurück beim Lesen.

Eine Datei mit ihren logischen Sätzen wird auf die physikalischen Blöcke wie folg abgebildet : Der erste Satz wird an den Anfang eines Blockes eingetragen, der nächste direkt im Anschluß an den ersten Satz. Wenn ein Satz nicht vollständig in einen Block (mehr) hineinpaßt, dann wird ein Folgeblock verwendet und an dessen Anfang der noch fehlende zweite Teil des Satzes abgelegt. Im Bild 4.2-6 wird diese Abbildung Sätze auf Blöcke an einem Beispiel graphisch dargestellt.

Block-Nr.	Block-Inhalt		
	Nummern der Bytes (senkrecht) 1----1----2----2--- 1---5----0----5----0----5---	. . .	-5----5----5-5 -0----0----1-1 -0----5----0-2
#3015	AAAAAAAAAAAAAAAAAAAAAABBBBB	. . .	BBBBCCCCCCCC>
#3016	<CCCCCCCCCCCCCCCDDDDDDDDDD	. . .	EEEEEEFFFFFFF>
#3017	<FFFFFFFFGGGGGGGGGGGGGGGGGG	. . .	GGGHHHHHHHHHHHH>
#3018	<HHHJJJJJJJJJJJJ**<EOF>**xxx	. . .	xxxxxxxxxxxxxxxx
#3019	nächste Datei ...	. . .	

Legende:	AAA...A	Datei-Satz
	CCC>	Fortsetzungszeichen bei Überschreitung von
	<CCC	Blockgrenzen (nur zur graphischen Veranschaulichung)
	<EOF>	Markierung des Endes des Datei (End of File)
	xxxx	'verschenkter' Plattenplatz

Bild 4.2-6 Schematische Abbildung Dateisätze auf Plattenblöcke

Die Anzahl der bereitgestellten Blöcke heißt **Allocation** , es wird diese Anzahl von reservierten, aber leeren Blöcken bei der Erzeugung einer Datei reserviert (allociiert). Die zusätzliche Anfügung von Blöcken, wenn der reservierte (allociierte) Platz nicht ausreichen sollte, heißt **Extend** (Erweiterung).

Bei der Abbildung der Sätze auf die allociierten Blöcke kann es sehr oft passieren, daß alle Sätze nacheinander nicht am Ende des letzten Blockes beendet sind, sondern mittendrin. In diesem Fall verzichtet OpenVMS auf die Benutzung des Restes dieses Blockes und trägt dort ein **<EOF>** oder **End of File** (Markierung des Endes der Datei) ein. Und wenn OpenVMS mehr Blöcke allociiert hat als aktuell verwendet werden, verschenkt es sogar noch mehr Speicherplatz auf der Platte, der allerdings durch einen OpenVMS-Befehl dieser Datei wieder abgenommen werden kann. Dieses Verhalten darf nicht etwa als Boshaftigkeit interpretiert werden ; es wird vermutet, daß die betreffende Datei weiter wächst. Um den Verwaltungsaufwand geringer zu halten -jedes Anfordern von Erweiterungsblöcken muß ja bearbeitet und registriert werden- reserviert OpenVMS mitunter gleich eine größere Anzahl von Blöcken. Und wenn diese dann doch nicht in vollem Umfang benötigt werden, kann es zu dem beschriebenen Effekt führen.

OpenVMS führt über die Anzahl der allociierten Blöcke, der aktuell verwendeten Blöcke sowie über den letzten Block mit Daten und dort innerhalb des Blockes über das letzte verwendete Byte in der Datei Buch.

Diese Buchführung bewerkstelligt OpenVMS über einen Beschreibungsblock, den **File-Header** (Dateikopf), in dem diese Daten zusammen mit weiteren spezifischen Daten dieser Datei gespeichert sind.

In dem folgenden Bild 4.2-7 sind die wichtigsten der im File-Header gespeicherten Eigenschaften aufgeführt. Direkt im Anschluß daran wird Ihnen ein Befehl vorgestellt, mit dem Sie sich diese Eigenschaften ansehen können.

Eintrag im Dateikopf	Bedeutung
Dateiname	Dateiname (Portionen Dateibezeichner, Extension, Versionsnummer).
File-ID	Eindeutige interne Dateinummer (Triple).
Allocation	Anzahl der reservierten Blöcke für die Datei.
Extend	Anzahl der Erweiterungsblöcke für die Datei.
End of File Block	Nummer letzter verwendeter Block in der Datei.
End of File Byte	Nummer letztes verwendetes Bytes im letzten Block der Datei.
Satzlänge	die Satzlänge (entweder fester Wert oder maximal auftretende Satzlänge bei variabel langen Sätzen).
Erzeugungsdatum	Datum und die Zeit der Erzeugung der Datei.
Revisionsdatum	Datum und die Zeit der letzten Änderung der Datei.
Verfalldatum	Datum und die Zeit der maximalen Gültigkeit.
Sicherungsdatum	Datum und die Zeit der letzten Datensicherung.
Organisationsform	Form, in der die Sätze in der Datei abgelegt sind.
Satzlänge	Satzlänge (entweder fester Wert oder maximale auftretende Satzlänge bei variabel langen Sätzen).
Satzformat	Angabe über feste oder variable Satzlänge.
Maximale Satzlänge	Für die aktuelle Organisation der Datei maximal erlaubte Satzlänge.
Owner *)	UIC des Besitzers dieser Datei.
Protection *)	Maske der Zugriffsrechte für die einzelnen Benutzerklassen.
Access Control List *)	Anwendungsorientierte Definition einer Liste von Zugriffsrechten.
*) Anmerkung: diese Eigenschaften werden im folgenden Abschnitt näher diskutiert	

Bild 4.2-7 Eigenschaften der Datei im File-Header

```
$ DIRECTORY /FULL LOGIN.COM

Directory  DUA0:[MEIER]

LOGIN.COM;1                  File Id:  File Id:(2578,12,0)
Size:           17/18   Owner:     [MEIER]
Created:        14-JUL-19xx 15:42:52.28
Revised:        16-AUG-19xx 12:00:10.01   (2)
Expires:        <None specified>
Backup:         <No backup recorded>
Effective:      <None specified>
Recording:      <None specified>
File organization:   Sequential
Shelved State:       Online
File attributes:     Allocation: 18, Extend: 0, Global
                     buffer count: 0, No version limit
Record format:       Variable length, maximum 0 bytes,
                     longest 45 bytes
Record attributes:   Carriage return carriage control
RMS attributes:      None
Journaling enabled:  None
File protection:     System:RWED.Owner:RWED,Group:RE,World:
Access Cntrl List:   None

Total of 1 file,   17/18 blocks.
```

Beispiel: Anzeige von Information aus dem File-Header einer Datei

4.2.10 Zugriffsrechte auf Dateien

Im vorigen Abschnitt wurde Ihnen der File-Header vorgestellt. Hier soll Ihnen der Zusammenhang zwischen dem Besitzer der Datei (Owner) und der Maske der Zugriffsrechte im File-Header mit der UIC (User Identification Code oder Kennummer der Gruppe und des Mitglieds) verdeutlicht werden.

Beim Einloggen bekommt Ihre Terminalsitzung automatisch Ihre UIC zugeordnet, die Ihnen der Systemverwalter bei dem Anlegen Ihres Bereiches zugewiesen hat. Alle Dateien, die Sie im Rahmen dieser Terminalsitzung erzeugen, bekommen ebenfalls als Owner ihre UIC im File-Header eingetragen. Damit genießen Sie volle Zugriffsrechte auf diese Datei, können Sie also anlegen, lesen, ändern und auch wieder löschen.

Was dürfen nun andere Benutzer mit Ihrer Datei alles anstellen ? Manchmal ist es ja gewünscht, daß auch sie mit Ihren Dateien arbeiten.

Jede Datei besitzt in ihrem File-Header die Angabe der Protection, die Maske der Zugriffsrechte, die für verschiedene Klassen von Benutzern die erlaubten Zugriffe regelt. OpenVMS teilt die Benutzer in vier Klassen ein, die direkt von der UIC abhängig sind. Jeder dieser Klassen können Sie als Besitzer dieser Datei die erlaubten Zugriffsrechte auf diese Datei einräumen. Im Bild 4.2-8 sehen Sie die vier Benutzerklassen aufgelistet.

Benutzer-klasse	UIC Gruppen-kennnummer	UIC Mitglieds-kennnummer	Einordnung der Benutzerklasse
SYSTEM S	aus dem Inter-vall [1...10]	beliebig	Benutzerklasse für privilegierte Benutzer wie der Systemmanager
OWNER O	Datei-UIC und Login-UIC sind gleich.	Datei-UIC und Login-UIC sind gleich.	Benutzerklasse des Besitzers
GROUP G	Datei-UIC und Login-UIC sind gleich.	Datei-UIC und Login-UIC sind nicht gleich.	Benutzerklasse für die Mitglieder der gleichen Gruppe
WORLD W	Datei-UIC und Login-UIC sind nicht gleich.	Datei-UIC und Login-UIC sind nicht gleich.	Benutzerklasse für alle anderen Benutzer (für den Rest der Welt)

Bild 4.2-8 Benutzerklassen aus Zugehörigkeit zu einer UIC

Pro Benutzerklasse können Sie als Besitzer der Datei die zugelassenen Zugriffsrechte definieren. Im Bild 4.2-9 sind die vier zu vergebenden Zugriffsrechte aufgeführt.

Zugriffsrecht	Bedeutung
READ R	Erlaubnis des lesenden Zugriffs ; die Datei kann von dieser Benutzerklasse gelesen werden.
WRITE W	Erlaubnis des schreibenden Zugriffs ; in die Datei kann von dieser Benutzerklasse geschrieben werden.
EXECUTE E	Erlaubnis der Ausführung (für Programme und Kommando-Dateien) ; die Datei kann von dieser Benutzerklasse ausgeführt werden.
DELETE D	Erlaubnis zum Löschen ; die Datei kann von dieser Benutzerklasse gelöscht werden.

Bild 4.2-9 Zugriffsrechte auf Dateien

Die Zugriffsrechte können Sie sich für jede Datei anzeigen lassen und auch verändern, sofern Sie selber dazu berechtigt sind. Zum Anzeigen der Protection einer Datei verwenden Sie das folgende Kommando:

```
$ DIRECTORY  /PROTECTION  LOGIN.COM

Directory  DUA0:[MEIER]

LOGIN.COM;2                          (RWED,RWED,RE,R)

Total of 1 file.
```

Zugriffsrechte für Benutzerklasse SYSTEM
Zugriffsrechte für Benutzerklasse OWNER
Zugriffsrechte für Benutzerklasse GROUP
Zugriffsrechte für Benutzerklasse WORLD

Anzeige der Maske der Zugriffsrechte der Datei LOGIN.COM. Die einzelnen Benutzerklassen dürfen dabei folgende Zugriffe durchführen:

SYSTEM	darf LOGIN.COM :	*lesen*	*schreiben*	*ausführen*	*löschen*
OWNER	darf LOGIN.COM :	*lesen*	*schreiben*	*ausführen*	*löschen*
GROUP	darf LOGIN.COM :	*lesen*	--	*ausführen*	--
WORLD	darf LOGIN.COM :	*lesen*	--	--	--

Beispiel: Anzeige der Zugriffsrechte einer Datei

Die Veränderung der Zugriffsrechte für eine Datei gelingt Ihnen -wenn Sie dafür die Zugriffsrechte besitzen- mit dem folgenden Kommando :

```
$ SET  PROTECTION=(S:RWE,O:RWED,G:RWE,W:)  LOGIN.COM
```

Die Zugriffsrechte für die Datei LOGIN.COM werden für die einzelnen Benutzerklassen neu definiert. Nun dürfen die Benutzerklassen folgende Zugriffe durchführen :

SYSTEM	darf LOGIN.COM :	*lesen*	*schreiben*	*ausführen*	--
OWNER	darf LOGIN.COM :	*lesen*	*schreiben*	*ausführen*	*löschen*
GROUP	darf LOGIN.COM :	*lesen*	*schreiben*	*ausführen*	--
WORLD	darf LOGIN.COM :	**überhaupt nicht mehr anfassen !**			

Beispiel 1 :   Setzen von Zugriffsrechten für eine Datei

<table>
<tr><td colspan="5" align="center">$ SET PROTECTION=(W:R) LOGIN.COM</td></tr>
<tr><td colspan="5">Die Zugriffsrechte für die Datei für die Benutzerklasse WORLD werden neu definiert:</td></tr>
<tr><td>WORLD   darf LOGIN.COM :</td><td>lesen</td><td>--</td><td>--</td><td>--</td></tr>
</table>

Beispiel 2 :   Setzen von Zugriffsrechten für eine Datei

Neben diesem Zugriffsschutz über die Angabe der Protection im File-Header einer Datei bietet OpenVMS noch eine weitere, eher anwendungsorientierte Möglichkeit für Zugriffsrechte. Diese Protection wird über **ACLs (Access Control Lists** = Listen für die Zugriffskontrolle) realisiert. Im Rahmen dieses Abschnitts soll jedoch nicht darauf eingegangen werden.

Sie haben nun bereits wichtiges Rüstzeug für das Verständnis von OpenVMS parat. Wenn in den folgenden Kapiteln und Abschnitten über Dateinamen, Directories, Zugriffspfade oder Protection geredet werden wird, sind Sie vorbereitet und wissen ja dann, wo Sie gegebenenfalls nochmals nachschlagen können.

4.3 Eigenschaften und Konzepte von DCL

Nachdem Sie nun Ihre erste Terminalsitzung hoffentlich erfolgreich hinter sich gebracht haben und das Dateisystem des OpenVMS komplett verinnerlicht haben, sollen Sie nun in dem folgenden Kapitel erfahren, welche Eigenschaften und Konzepte Ihnen OpenVMS anbietet. Viele dieser Eigenschaften sind so gestaltet, daß Sie Ihnen Ihr Leben an der Schnittstelle zu OpenVMS leichter machen sollen. Außerdem wird Ihnen in diesem Kapitel weitere wichtige Grundlagen für die folgenden Kapitel vermittelt.

Die einzelnen Themen:

4.3.1 DCL-Eigenschaften

Bei Ihrer ersten Terminalsitzung haben Sie einige Kommandos an Ihrem Terminal eingegeben und sich sicher gefreut, daß OpenVMS Ihre Befehle so prompt ausführte. In Wirklichkeit handelte es sich dabei um eine Teamarbeit zwischen dem Betriebssystem OpenVMS, das die Befehle ausführt und der Kommandoschnittstelle, die Sie an Ihrem Terminal bedient.

Zuerst den Namen dieser Schnittstelle: sie heißt **DCL (DEC Command Language =** DEC-Kommandosprache). Sie umhüllt den OpenVMS-Kern wie eine Schale (Schale heißt im Englischen **shell** ; dieser Begriff wird zuweilen gleichwertig mit den Begriffen Benutzerschnittstelle, Kommandoschnittstelle, User-Interface, Command-Shell verwendet, obwohl 'shell' eigentlich aus dem UNIX-Umfeld stammt).

DCL besitzt folgende Eigenschaften :

- ❑ Nach der Ausgabe des DCL-Prompt (standardmäßig "$ ") erwartet DCL die Eingabe eines Befehls.

- ❑ DCL kann Befehle mit einer maximalen Länge von 256 Zeichen verarbeiten.

- ❑ Da das Terminal mit 80 bzw. 132 Spalten nicht die volle mögliche Länge für DCL-Befehle anbietet, ist in DCL ein Folgezeilenmechanismus eingerichtet. Ein Minuszeichen "-" am Ende der Zeile bewirkt die Ausgabe eines Fortsetzungszeilenpromptes, der mit einem Unterstrichzeichen "_" beginnt (standardmäßig "_$ "). Nach diesem Prompt kann dann die nächste Portion des Befehls eingegeben werden. DCL baut sich aus diesen einzelnen Portionen des langen Gesamtbefehl zusammen und führt diesen dann durch.

- ❑ Ein DCL-Befehl wird in der Regel mit der "RETURN"-Taste abgeschlossen und an DCL zur Bearbeitung übergeben.

- ❑ Befehle, Kommandoqualifizierer, Argumentqualifizierer und sonstige Schlüsselworte können abgekürzt werden. DCL reicht bereits die ersten Zeichen des Befehls, wenn diese eindeutig sind. Als Regel gilt, daß - bis auf ganz wenige Ausnahmen - die ersten drei Zeichen bereits signifikant sind, d.h. eindeutig. Geben Sie zu wenig Zeichen ein, die dann nicht mehr eindeutig sind, meldet DCL das mit der Meldung :

> %DCL-W-ABVERB, ambiguous command verb, supply more characters

- ❑ DCL belegt einige Tasten auf der Terminal-Tastatur mit Funktionstasten, die die Schnittstelle sehr vereinfachen (vgl. Kapitel 4.3.2).

❑ DCL führt eine Befehlshistorie, den "RECALL"-Puffer, der letzten 254 Befehle und Eingaben, die Sie sich alle einzeln anschauen und wieder in die aktuelle Eingabezeile holen können, um sie gegebenenfalls zu verändern und erneut abzuschicken (vgl. Kapitel 4.3.3).

❑ Oft gebrauchte Kommandos können Sie mit einem Symbol zu einem eigenen Kommando definieren (vgl. Kapitel 4.3.4 ff.).

❑ Oft gebrauchte Kommandofolgen können Sie mit Hilfe einer DCL-Programmiersprache in Dateien ablegen, die dann diese Abfolgen als Kommandoprozeduren enthalten. Solch eine Kommandoprozedur können Sie mit "@" gefolgt von dem Dateinamen der Datei, in der diese Prozedur abgespeichert ist, aktivieren. Diese Dateien besitzen zumeist die Extension ".COM" (vgl. Kapitel 8 ff.).

❑ DCL erlaubt Ihnen die Definition eigener Funktionstasten, hinter denen Sie oft gebrauchte (Teil-)Befehle abspeichern und per Tastendruck wieder abrufen können (vgl. Kapitel 4.4.18).

❑ Kommentare in DCL kennzeichnen Sie mit einem "!".

❑ In DCL ist ein mächtiges Informationssystem mit Informationen über Befehle usw. integriert, das HELP-System (siehe 4.3.25).

❑ DCL fragt bei vielen Kommandos mit speziellen Prompts nach den Parametern.

❑ Der allgemeine Befehlsaufbau besitzt immer das folgende Muster :

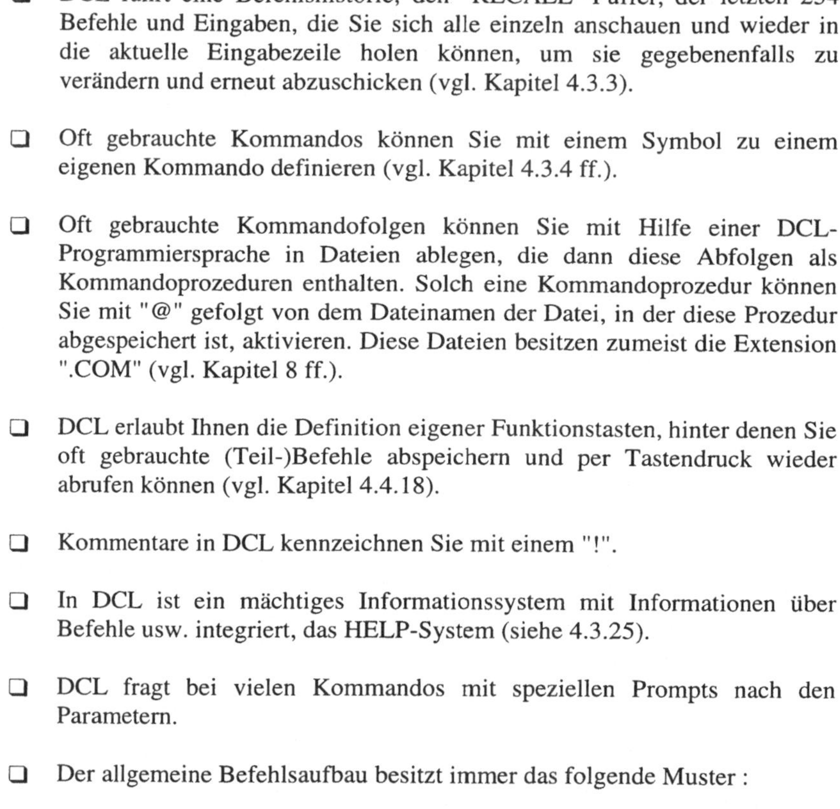

"BEFEHL" ist der Aufruf eines DCL-Kommandos oder eines Dienstprogramm (Utility).

"/KOMMANDOQUALIFIZIERER" steht hier für die Menge der Kommandoqualifizierer (von "0" bis "n"), die den Befehl näher spezifizieren. Ein Kommandoqualifizierer kann mitunter auch Argumente besitzen, die dann nach einem Gleichheitszeichen "=" angegeben werden.

"ARGUMENT" ist das Objekt, das mit dem "BEFEHL" behandelt werden soll. Einige Befehle erwarten mitunter auch mehrere Argumente.

"/ARGUMENTQUALIFIZIERER" spezifiziert eine Behandlung, die nur dem zugehörigen "ARGUMENT" angedeihen soll. Dieser Qualifizierer steht immer direkt hinter dem "ARGUMENT", auf das er wirken soll.

❑ Diese Eigenschaften gelten nicht nur für DCL, sondern auch für Utilities und Dienstprogramme mit einer interaktiven Benutzerschnittstelle.

Beispiele :

| B1 |

```
$  RENAME  /LOG -
_$       ALTE.DATEI   -
_$       NEUE.DATEI
```

Beispiel für den Fortsetzungszeilenmechanismus : DCL verarbeitet die Zeile "RENAME /LOG ALTE.DATEI NEUE.DATEI".

| B2 |

```
$  ! dies ist ein Kommentar von dem "!"-Zeichen an
```

Beispiel für den Kommentar : nach einem Ausrufezeichen "!" interpretiert DCL die Zeile als Kommentar.

| B3 |

```
$  LOGOUT
$  LOG
$  LO
```

Beispiel für den Abkürzungsmechanismus : DCL erkennt Kommandos, Schlüsselworte bereits an der kleinsten eindeutigen Zeichenfolge. "LO" oder "LOG" reicht bereits aus, um "LOGOUT" ausführen zu können.

| B4 |

```
$  PRINT
File :   DATEI.LIS
```

Beispiel für die Promptanfrage nach fehlenden Parametern : DCL fragt nach dem Dateinamen für das "PRINT"-Kommando.

4.3.2 Funktionstasten in DCL

Auf der Kommandoebene von DCL und auch in den interaktiven Dienstprogrammen und Utilities stehen Ihnen als Benutzer einige Funktionstasten zur Verfügung, die Ihnen in dem Übersichtsbild über die Lage der Funktionstasten (siehe Bild 4.3-1) und dann detailliert in der folgenden Tabelle (siehe Bild 4.3-2) vorgestellt werden sollen. Eine Anmerkung zur verwendeten Notation in der Tabelle : <CTRL/Y> bedeutet, daß die

Tasten "CTRL" und "Y" gleichzeitig betätigt werden müssen. Einzelne Tasten werden wie "DELETE" angegeben.

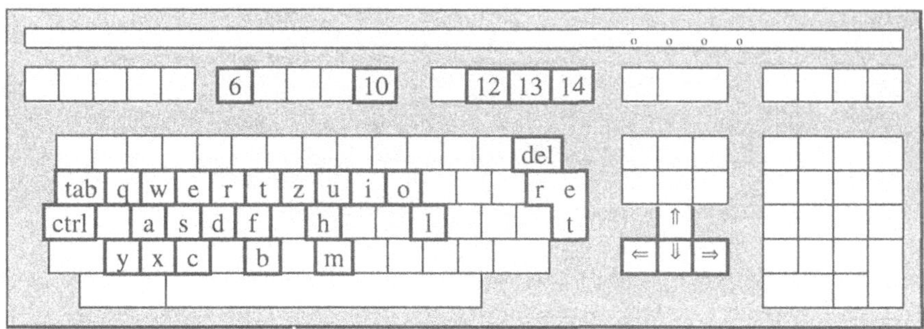

Taste	Bedeutung	Taste	Bedeutung
ctrl	"CTRL"-Umschalttaste.	13	Funktionstaste "F13"
del	"DELETE"-Löschtaste.	14	Funktionstaste "F14"
ret	"RETURN"-Taste.	⇑	Cursortaste "nach oben".
tab	Tabulatortaste.	⇐	Cursortaste "nach links".
6	Funktionstaste "F6"	⇓	Cursortaste "nach unten".
10	Funktionstaste "F10"	⇒	Cursortaste "nach rechts".
12	Funktionstaste "F12"		
Buchstabentasten für Tastenkombinationen mit "CTRL"-Taste.			

Bild 4.3-1 Übersicht über Funktionstasten für DCL

Terminaltaste	Die Terminaltaste ...
<CTRL/A> -oder- **F14**	... dient zum Hin- und Herschalten zwischen dem Überschreibungsmodus (Overstrike) und Einfügungsmodus (Insert) bei der Editierung der aktuellen Eingabezeile.
<CTRL/B> -oder- ⇑ Fortsetzung Folgeseite	... dient zum Holen eines vorangegangenen Befehls aus der Befehlshistorie ("RECALL"-Puffer). Dieser Befehl wird in die aktuelle Eingabezeile kopiert und kann geändert und erneut abgeschickt werden. DCL speichert die letzten 254 Befehle und Eingaben in dem "RECALL"-Puffer und führt einen Zeiger auf dieser Befehlshistorie. Mit dieser Taste verändern Sie den Stand des Zeigers relativ um einen Befehl zurück und dieser Befehl wird angezeigt.

Bild 4.3-2 Funktionstasten in DCL

Terminaltaste	Die Terminaltaste ...
<CTRL/C>	... bewirkt das Abbrechen des zuletzt eingegebenen Befehls. <CTRL/C> entspricht auf der DCL-Ebene der Funktionstaste <CTRL/Y>. In interaktiven Dienstprogrammen jedoch erfolgt eine von <CTRL/Y> unterschiedliche Behandlung : <CTRL/C> meldet sich mit "*CANCEL*", bricht den Befehl innerhalb der Utility ab und gibt den Prompt der Utility aus, während <CTRL/Y> die gesamte Utility abbricht.
<CTRL/D> -oder- ⇐	... stellt den Cursor um eine Stelle nach links bei der Editierung der Eingabezeile.
<CTRL/E>	... stellt den Cursor an das Ende der Eingabezeile bei der Editierung der Eingabezeile.
<CTRL/F> -oder- ⇒	... stellt den Cursor um eine Stelle nach rechts bei der Editierung der Eingabezeile.
<CTRL/G>	... erzeugt den ASCII-Code, der für das akustische Signal ("BELL") des Terminals zuständig ist.
<CTRL/H> -oder- **F12**	... stellt den Cursor an den Anfang der Eingabezeile bei der Editierung der Eingabezeile. Auf älteren Terminals ist diese Funktion auf der Taste "BACKSPACE" untergebracht.
<CTRL/I> -oder- **TAB**	... erzeugt den ASCII-Code für das Tabulatorzeichen (<HT> = Horizontal Tab).
<CTRL/J>	... erzeugt den ASCII-Code für das Zeichen Zeilenvorschub (<LF> = Linefeed).
<CTRL/K>	... erzeugt den ASCII-Code für das Zeichen Vorschub auf dem Drucker (<VT> = Vertical Tab).
<CTRL/L>	... erzeugt den ASCII-Code für das Zeichen Seitenvorschub (<FF> = Formfeed).
<CTRL/M>	... erzeugt den ASCII-Code für das Zeichen Wagenrücklauf (<CR> = Carriage Return).
<CTRL/O>	... ist ein Ein-/Ausschalter und bewirkt bei seiner Aktivierung die Unterdrückung der Ausgabe auf dem Terminal, ohne daß das diese Ausgabe erzeugende Programm unterbrochen wird. Nochmaliges <CTRL/O> setzt die Ausgabe auf dem Terminal wieder fort an der Stelle, wo sich das inzwischen weitergelaufene Programm dann gerade befindet.
<CTRL/Q> Fortsetzung Folgeseite	... schaltet die mit <CTRL/S> oder mit der Terminaltaste "HOLD SCREEN" / "BILDSTOP" unterbrochene Bildschirmausgabe wieder ein und schaltet die Statuslampe "HOLD SCREEN" / "BILDSTOP" aus. Das Programm läuft von der angehaltenen Stelle aus weiter.

Bild 4.3-2 Funktionstasten in DCL   (Fortsetzung)

Terminaltaste	Die Terminaltaste ...
<CTRL/S>	... unterbricht durch das Anhalten der Bildschirmausgabe die Ausführung des gerade laufenden Programms und schaltet die Statuslampe "HOLD SCREEN" / "BILDSTOP" an. <CTRL/S> wirkt wie die einmalig betätige Terminaltaste "HOLD SCREEN" / "BILDSTOP". Dieses Anhalten ist sehr nützlich bei schneller Bildschirmausgabe und wird auch mit "XON" / "XOFF"-Schnittstelle zum Rechner beschrieben.
<CTRL/U>	... löscht die gesamte Eingabezeile.
<CTRL/X>	... löscht den Bereich der Eingabezeile vom Zeilenanfang bis hin zur aktuellen Cursorposition bei der Editierung der Eingabezeile.
<CTRL/Y> -oder- **F6**	... bewirkt das Abbrechen des zuletzt eingegebenen Befehls. <CTRL/Y> meldet sich mit "*INTERRUPT*", bevor der DCL-Prompt wieder ausgegeben wird.
<CTRL/Z> -oder- **F10**	... entspricht einer Endanweisung. <CTRL/Z> meldet sich mit "*EXIT*", wird aber nur bei Eingabeanforderungen von Programmen und Utilities interpretiert.
DELETE	... löscht das links vom Cursor stehende Zeichen in der Eingabezeile und stellt den Cursor auf diese Position.
ENTER	... entspricht der Taste "RETURN", beendet eine Eingabezeile und stellt die Eingabezeile dem Programm, der Utility oder DCL zur Verfügung, je nachdem, von woher die Eingabeanforderung abgesetzt wurde. In einigen Dienstprogramm (z.B. Editor "EDT") werden "ENTER" und "RETURN" jedoch unterschiedlich behandelt (siehe dort).
F6	... entspricht <CTRL/Y> (siehe dort).
F10	... entspricht <CTRL/Z> (siehe dort).
F12	... entspricht <CTRL/H> (siehe dort).
F13	... löscht das links vom Cursor stehende Wort bis zum Wortanfang. Ein Wortanfang ist durch ein Leerzeichen, durch ein Punkt "." oder ähnlichen Zeichen gekennzeichnet.
F14	... entspricht <CTRL/A> (siehe dort).
RETURN	... beendet eine Eingabezeile und stellt die Eingabezeile dem Programm, der Utility oder DCL zur Verfügung, je nachdem, von woher die Eingabeanforderung abgesetzt wurde.
⇑	... entspricht <CTRL/B> (siehe dort).
⇐	... entspricht <CTRL/D> (siehe dort).
⇓ Fortsetzung Folgeseite	... dient zum Holen eines nachfolgenden Befehls aus der Befehlshistorie ("RECALL"-Puffer). Dieser Befehl wird in die aktuelle Eingabezeile kopiert und kann geändert und erneut abgeschickt werden. DCL speichert die letzten 254 Befehle

Bild 4.3-2 Funktionstasten in DCL   (Fortsetzung)

Terminaltaste	Die Terminaltaste ...
Fortsetzung ⇓	und Eingaben in dem "RECALL"-Puffer und führt einen Zeiger auf dieser Befehlshistorie. Mit dieser Taste verändern Sie den Stand des Zeigers relativ um einen Befehl vorwärts ; dieser Befehl wird angezeigt.
⇒	... entspricht <CTRL/F> (siehe dort).

Bild 4.3-2 Funktionstasten in DCL   (Fortsetzung)

4.3.3 Die Befehlshistorie in DCL

DCL und die meisten Dienstprogramme führen eine Befehlshistorie, den "RECALL"-Puffer. In diesem "RECALL"-Puffer ("RECALL" = erinnern, wieder hervorrufen) stehen die letzten 254 Befehle und Eingaben, die Sie sich alle einzeln anschauen und wieder in die aktuelle Eingabezeile holen können, um sie gegebenenfalls zu verändern und erneut abzuschicken. Der Mechanismus des "RECALL"-Puffer ist so organisiert, daß bei Eintragung einer neuen Eingabe alle Puffereinträge um einen Platz nach oben 'rutschen' und auf Platz 1 die neue Eingabe eingetragen wird. Dabei wird die ehemalige Eintragung auf Platz 254 'vergessen'.

Auf diesem "RECALL"-Puffer gibt es einen Zeiger, der auf einen Platz darin zeigt. Bei jedem abgeschickten Befehl wird dieser Zeiger wieder zurück auf die aktuelle Eingabezeile gestellt. Mit der Cursortaste "⇑" bzw. <CTRL/B> können Sie den Zeiger um einen Platz in Richtung Vergangenheit bewegen, mit der Cursortaste "⇓" bewegen Sie den Zeiger um einen Platz wieder zurück in Richtung Gegenwart. Bei dieser Zeigerbewegung wird Ihnen jeweils der Inhalt des Platzes in der aktuellen Eingabezeile angezeigt, auf den der Zeiger zeigt.

Anschauen des gesamten "RECALL"-Puffers oder Anschauen und Wiederholung eines einzelnen Platzes daraus ermöglicht Ihnen das DCL-Kommando "RECALL" (vgl. Kapitel 4.4.35).

4.3.4 Symbole in DCL

Ein Symbol ist eine DCL-Variable, unter der ein numerischer Wert, eine Zeichenkette oder ein logischer Wert gespeichert ist. Die Menge der Symbole sind in Symboltabellen hinterlegt, die pro Prozeß vom Einloggen bis zum Ausloggen existieren. Bei der Kommandointerpretation überprüft DCL, ob in der Eingabezeile ein Symbol angesprochen wird und ersetzt dieses gegebenenfalls durch seinen Wert.

Symbole werden für folgende Einsatzgebiete verwendet :

❑ als Abkürzung für ein DCL-Kommando,

❑ als eine Programmvariable in Kommandoprozeduren (vgl. Kapitel 8 ff.),

❑ als Parameter für Kommandoprozeduren (vgl. Kapitel 8 ff.),

❑ als Statusvariablen des OpenVMS-Betriebssystems,

❑ als Definition eines "FOREIGN" Kommandos.

Wie bereits weiter oben erwähnt, werden Symbole in Symboltabellen abgelegt. DCL stellt zwei Typen von Symboltabellen zur Verfügung : lokale und globale Symboltabellen. Dabei führt DCL für jedes Kommandolevel eine eigene lokale Symboltabelle und eine gemeinsame globale Symboltabelle für alle Kommandolevels. Unterschiedliche Kommandolevels ergeben sich, wenn auf der DCL-Ebene eine Kommandoprozedur mit "@" aufgerufen wird. DCL kennt in einem tiefen Kommandolevel nur die Symbole aus der Symboltabelle dieses Levels und die Symbole aus den Kommandolevels darüber (natürlich auch die globalen Symbole), nicht jedoch die Symbole aus noch tieferen Kommandolevels. Daraus leitet sich auch die Reihenfolge ab, in der DCL die Symbole durchsucht : zuerst die lokale Symboltabelle des aktuellen Kommandolevels, danach die Symboltabellen der Kommandolevels darüber und zum Schluß die globale Symboltabelle. Bei Verlassen eines tieferen Kommandolevels auf eine Ebene höher wird die lokale Symboltabelle des tieferen Levels gelöscht. Die folgende Abbildung (siehe Bild 4.3-3) zeigt die Gültigkeiten der Symboltabellen :

Bild 4.3-3 Symboltabellen in DCL

4.3.5 Von DCL vordefinierte Symbole

Beim Einloggen erzeugt DCL sofort die lokale Symboltabelle des ersten Kommandolevels und die globale Symboltabelle und stellt dort bereits einige Symbole ab. In der Tabelle (siehe Bild 4.3-4) sind diese Symbole aufgeführt :

Symbolname	Symbol-tabelle	Das Symbol wird verwendet für ...	
P1 ... P8	lokal	... Parameterübergabe an Kommandoprozeduren (vgl. Kapitel 8 ff.).	
$RESTART	global	... die Steuerung von Batchjobs und deren Möglichkeiten zum Wiederstart (Restart) nach einem Zusammenbruch des Rechnersystems.	
$SEVERITY	global	... die Fehlerklassifikation nach der Ausführung eines Kommandos oder einer Kommandoprozedur.	
		0	Warnung aufgetreten beim Kommando.
		1	Erfolgreiche Abarbeitung des Kommandos.
		2	Fehler aufgetreten beim Kommando.
		3	Hinweis zur Abarbeitung des Kommandos.
		4	Fataler Fehler aufgetreten beim Kommando.
$STATUS	global	... den bei der Ausführung des letzten Kommandos aufgetretenen OpenVMS-Fehlercode.	

Bild 4.3-4 Von DCL eingetragene Symbole

4.3.6 Definition von Symbolen

Die Definition von Symbolen geschieht wie folgt :

- ❑ mit einer Zuweisung in die lokale oder globale Symboltabelle,

- ❑ mit einem "READ"-Kommando (vgl. Kapitel 4.4.34) in einer Kommandoprozedur,

- ❑ mit einem "INQUIRE"-Kommando (vgl. Kapitel 8.3.6) in einer Kommandoprozedur.

Die Möglichkeiten zur Definition von Symbolen über eine Zuweisung sind in der folgenden Tabelle aufgeführt (siehe Bild 4.3-5) :

Symbol-tabelle	Typ des Symbols	Anweisung
lokal	numerisch	Symbol = *zahlenwert*
lokal	Zeichenkette	Symbol = "*zeichenkette*"
lokal	Zeichenkette	Symbol := *zeichenkette*
global	numerisch	Symbol == *zahlenwert*
global	Zeichenkette	Symbol == "*zeichenkette*"
global	Zeichenkette	Symbol :== *zeichenkette*
wobei :	= / == *zahlenwert*	weist dem Symbol einen numerischen Zahlenwert oder ein numerischen Ausdruck mit einer Zahl als Ergebnis zu.
	:= / :== *zeichenkette*	weist dem Symbol eine beliebige Zeichenkette zu, die auch Leerzeichen enthalten darf. Kleinbuchstaben werden in Großbuchstaben und mehrfache Leer- oder Tabulatorzeichen in ein Leerzeichen umgewandelt.
	= / == "*zeichenkette*"	weist dem Symbol eine beliebige Zeichenkette zu, die auch Leerzeichen enthalten darf. Kommen in dieser Zeichenkette Anführungszeichen ´"´ vor, so müssen sie dort doppelt angegeben werden ´""´. Der Inhalt der Zeichenkette wird nicht angepaßt.

Bild 4.3-5 Definition von Symbolen

Numerische Symbole

Der Wert, der einem numerischen Symbol zugewiesen werden soll, kann wie folgt spezifiziert werden (siehe Bild 4.3-6) :

Wert	Bedeutung	Wert	Bedeutung
wert	positiver dezimaler Wert.	%H*wert*	positiver hexadezimaler Wert.
+ *wert*	positiver dezimaler Wert.	+%H*wert*	positiver hexadezimaler Wert.
%D*wert*	positiver dezimaler Wert.	-%H*wert*	negativer hexadezimaler Wert.
+%D*wert*	positiver dezimaler Wert.	%O*wert*	positiver oktaler Wert.
-*wert*	negativer dezimaler Wert.	+%O*wert*	positiver oktaler Wert.
-%D*wert*	negativer dezimaler Wert.	-%O*wert*	negativer oktaler Wert.

Bild 4.3-6 Definition von numerischen Symbolen

Ein dezimaler Wert kann aus den Zeichen "0...9", ein hexadezimaler Wert aus den Zeichen "0...9" und "A...F", ein oktaler Wert aus den Zeichen "0...7" bestehen.

Außerdem kann ein numerischer Ausdruck mit Hilfe der folgenden Operatoren angegeben werden (siehe Bild 4.3-7) :

Operator	Bedeutung	Operator	Bedeutung
+	Addition.	*	Multiplikation.
-	Subtraktion.	/	Division.
(...)	Klammerausdrücke werden von innen nach außen aufgelöst.		

Bild 4.3-7 Definition von numerischen Symbolen mit Ausdrücken

⇨ Ein Tip am Rande : Mit Hilfe dieser ausrechenbaren numerischen Ausdrücke haben Sie einen Taschenrechner verfügbar (wenn auch nur mit ganzen Zahlen) : Definieren Sie solch ein Symbol als numerischen Ausdruck und schauen Sie sich danach das Ergebnis mit dem DCL-Befehl "SHOW SYMBOL" (vgl. Kapitel 4.4.64) an.

Beispiele :

ZAHL = 13	Dem lokalen Symbol "ZAHL" wird der dezimale Wert "13" zugewiesen.
ZAHL = -14	Dem lokalen Symbol "ZAHL" wird der dezimale Wert "-14" zugewiesen.
ZAHL = %X00D	Dem lokalen Symbol "ZAHL" wird der hexadezimale Wert "%X00D" = "13" dezimal zugewiesen.
ZAHL = -%XE	Dem lokalen Symbol "ZAHL" wird der hexadezimale Wert "-%XE" = "-14" dezimal zugewiesen.
ZAHL = 7 + 6	Dem lokalen Symbol "ZAHL" wird nach dem Ausrechnen von "7 + 6" der Wert "13" zugewiesen.
ZAHL = (7 + 8 - 1) * -1	Dem lokalen Symbol "ZAHL" wird nach dem Ausrechnen des Ausdrucks "(7 + 8 - 1) * -1" der Wert "-14" zugewiesen.

Bit-Overlay-Symbole

Ein spezieller Fall eines numerischen Symbols ist ein Bit-Overlay-Symbol, mit denen nicht darstellbare ASCII-Codes, die in der Regel als Steuerzeichen verwendet werden (<ESC>, <CR>, <FF> usw.) einem Symbol zugewiesen werden können. Dies geschieht mit Hilfe der Zuweisung :

Symbol[0,32] = *wert*

Beispiel :

ESCAPE[0,32] = 27	Dem lokalen Symbol "ESCAPE" wird der Wert des ASCII-Codes für <ESC> (="27") zugewiesen.

Zeichenkettensymbole

Der Wert, der einem Zeichenkettensymbol zugewiesen werden soll, kann - wie weiter oben bereits beschrieben - mit der Zuweisung "=" bzw. "==" und der gewünschten Zeichenkette eingeschlossen in Anführungszeichen ´"´ angegeben werden. In diesem Fall bleibt die Zeichenkette unverändert. Anführungszeichen in der Zeichenkette müssen doppelt angegeben werden, damit DCL dort nicht das Ende der Zeichenkette annimmt. Bei Verwendung der Zuweisung ":=" bzw. ":==" werden Klein- in Großbuchstaben gewandelt und mehrfache Leer- und Tabulatorzeichen auf ein einzelnes Leerzeichen reduziert. Die Länge eines Zeichenkettensymbols ist auf 1024 Zeichen beschränkt.

Außerdem kann ein Zeichenkettensymbol als ein Ausdruck mit Hilfe der folgenden Operatoren angegeben werden (siehe Bild 4.3-8) :

Operator	Bedeutung
"A" + "B"	Aneinanderhängen der zwei Zeichenketten "A" und "B" in der Form "AB".
"A" - "B"	Herauslösen des ersten Auftretens der subtrahierten Zeichenkette "B" aus der Zeichenkette "A".

Bild 4.3-8 Definition von Zeichenkettensymbolen mit Ausdrücken

Beispiele :

KETTE = "Hallo"	Dem lokalen Symbol "KETTE" wird die Zeichenkette "Hallo" zugewiesen.
KETTE = "H a l l o"	Dem lokalen Symbol "KETTE" wird die Zeichenkette "H a l l o" zugewiesen.
KETTE := Hal lo	Dem lokalen Symbol "KETTE" wird die Zeichenkette "HAL LO" zugewiesen (nur noch ein Leerzeichen zwischen "HAL" und "LO").
KETTE = "Sag ""JA"" "	Dem lokalen Symbol "KETTE" wird die Zeichenkette ´Sag "JA"´ zugewiesen.
KETTE := Sag "JA"	Dem lokalen Symbol "KETTE" wird die Zeichenkette ´SAG "JA"´ zugewiesen.

4.3.7 Definition von eigenen Kommandos

Die in den vorigen Abschnitten vorgestellten Symbole versetzen Sie in die Lage, sich Ihre eigenen Kommandos zu definieren (und sich dadurch bei langen Kommandos viel Tipparbeit zu sparen). Beachten Sie hierbei, daß eine eigene Symboldefinition sogar DCL-Kommandos für Ihre Terminalsitzung überschreibt. Wenn also ein DCL-Kommando nicht mehr funktioniert, überprüfen Sie mit dem DCL-Kommando "SHOW SYMBOL" (vgl Kapitel 4.4.64), ob Sie mit einem eigenen Symbol den gewünschten DCL-Befehl überdefiniert haben.

Ein eigenes Kommando definieren Sie sich in Form eines Zeichenkettensymbols :

$$U := SHOW \ USER \ /FULL$$

Mit der Eingabe von "U" wird nun der Befehl "SHOW USER /FULL" ausgeführt.

Um Ihnen das Leben noch leichter zu machen, bietet Ihnen DCL einen Abkürzungsmechanismus an :

$$U*SER := SHOW \ USER \ /FULL$$

Die Zeichen im Symbolnamen links vom Sternzeichen "*" müssen angegeben werden, die Zeichen rechts vom Sternzeichen "*" dagegen können weggelassen oder angegeben werden. Damit erreichen Sie nun mit der Eingabe von "U", "US", "USE" und "USER" die Ausführung des Befehls "SHOW USER /FULL".

Ein spezieller Fall der Definition eigener Kommandos ist die Definition von "FOREIGN COMMANDS" (=fremde Kommandos), die wie der Aufruf von DCL-Kommandos funktionieren. Wenn Sie ein eigenes Programm nicht mehr mit dem DCL-Kommando "RUN *programm*" (vgl. Kapitel 4.4.37) aufrufen wollen, sondern mit einem Kommando in der Form "*programm*", dann definieren Sie sich dieses Kommando als "FOREIGN" mit

$$KALK := \$DUA0:[MEIER.PROG]BERECHNE$$

Das Dollarzeichen "$" vor dem Programmnamen "DUA0:[MEIER.PROG]BERECHNE" kennzeichnet diese Symboldefinition als ein "foreign" Kommando. Sie können nun dieses Programm mit "KALK" aufrufen. Ein weiterer Vorteil eines "foreign" Kommandos besteht darin, daß Sie bereits in der Kommandozeile bis zu 8 Parameter an das Programm übergeben können, sofern das Programm Parameter vom Terminal anfordert. Würde "BERECHNE" zwei Werte vom Terminal abfragen, so könnten Sie folgenden Aufruf absetzen : "KALK *wert1 wert2*".

4.3.8 Der Login-Vorgang

In diesem Abschnitt sollen Sie erfahren, was eigentlich alles beim Einloggen in den OpenVMS-Rechner passiert.

❑ Sie betätigen eine Taste, die in OpenVMS einen Interrupt (= eine zu behandelnde Unterbrechung) erzeugt (z.B. die Taste "RETURN").

❑ Die Behandlung dieser Unterbrechung besteht in der Erzeugung eines Prozesses. Dieser Prozeß startet das OpenVMS-Dienstprogramms "LOGINOUT.EXE", das die Ausgabe der Login-Maske auf Ihrem Bildschirm bewirkt und Sie auffordert, nach dem Prompt "Username :" Ihren Benutzernamen einzugeben.

❑ Sie geben Ihren Benutzernamen ein und beenden die Eingabe mit der Taste "RETURN".

❑ OpenVMS fordert Sie mit dem Prompt "Password :" auf, sich mit Ihrem Paßwort 'auszuweisen'.

❑ Sie geben Ihr Paßwort ein und beenden diese Eingabe mit der Taste "RETURN".

❑ OpenVMS liest den Eintrag aus der Autorisationsdatei "SYSUAF.DAT" auf der System-Directory "SYS$SYSTEM:" ein und überprüft Ihr eingegebenes Paßwort mit dem dort hinterlegten Paßwort. Ist es identisch, wird grünes Licht gegeben. Stimmt es nicht überein, so wird die Meldung "User authorization failure" ausgegeben.

❑ Der Prozeß führt nun die zentrale Kommandoprozedur "SYLOGIN.COM" auf der System-Directory "SYS$MANAGER:" aus. Diese Prozedur wird für alle Benutzer immer durchlaufen und bietet dem Systemmanager die Gelegenheit, Befehle und Einstellung zentral vorzunehmen, die allen Benutzern zur Verfügung gestellt werden sollen.

❑ Danach stellt sich der Prozeß auf die Platte und die Haupt-Directory ein, die im Eintrag in der Autorisationsdatei hinterlegt sind.

❑ Zum Abschluß führt der Prozeß noch die Kommandoprozedur für den Login-Vorgang aus, deren Name ebenfalls im Eintrag in der Autorisationsdatei hinterlegt ist. In der Regel handelt es sich dabei um die Datei "LOGIN.COM", die meistens jeweils auf der Haupt-Directory der Benutzerbereiche steht. Dort in diesem "LOGIN.COM" besitzen Sie nun die Möglichkeit, sich Ihre Arbeitsumgebung mit Ihren Kommandos und Einstellungen selber zu gestalten.

❏ Dieser hier beschriebene Login-Vorgang findet übrigens nicht nur für interaktive Benutzer statt, sondern auch für nicht-interaktive Batchprozesse. Hierbei entfällt lediglich der Dialog mit den Fragen nach "Username:" und "Paßwort:" ; ein Batchprozeß wird ja interaktiv verursacht, wozu Sie sich ja schon autorisiert eingeloggt haben müssen.

4.3.9 Die Zeitformate im VMS

Bei einigen DCL-Kommandos besteht die Möglichkeit, die Ausführung des Kommandos zeitabhängig zu steuern. Die Zeitangabe kann sich auf die Zukunft beziehen (mit dem Kommandoqualifizierer "/AFTER") oder orientiert sich entweder an dem Zeitpunkt der Erzeugung oder der letzten Änderung einer Datei (mit den Kommandoqualifizierern "/BEFORE", "/SINCE" in Zusammenarbeit mit "/MODIFIED").

OpenVMS unterscheidet zwischen zwei Zeitformaten :

❏ Das **Absolute Zeitformat** wird für feste Zeitpunkte und die Systemzeit verwendet.

❏ Das **Delta-Zeitformat** dient zur Spezifikation einer relativen Zeitspanne.

Absolutes Zeitformat

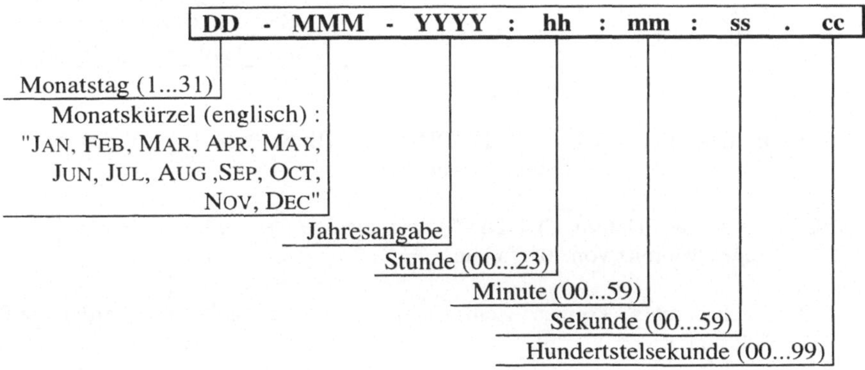

❏ Es kann nur das Datum "DD-MMM-YYYY" oder nur die Zeit "hh:mm:ss.cc" verwendet werden.

❏ Wird das Datum "DD-MMM-YYYY" weggelassen, so gilt automatisch das heutige Datum.

❑ Nach 'rechts' können Zeitformatportionen weggelassen werden (z.B. "hh:mm"). Diese fehlenden Portionen werden auf Null gesetzt.

❑ Es gibt drei vereinbarte Schlüsselworte : "YESTERDAY" für das gestrige Datum um "0:00", "TODAY" für das heutige Datum um "0:00" und "TOMORROW" für das morgige Datum um "0:00".

Beispiele :

16-JUN-1953:23:58:03.00	23:58:03 am 16. Juni 1953.
3-OCT-1990	0:00 am 3. Oktober 1990.
31-DEC-1995:23	23:00 am 31.Dezember 1995.
15	15:00 am heutigen Tag.
24-JUN	0:00 am 24. Juni diesen Jahres.
00:00:00.2	2 Hundertstelsekunden nach heute Mitternacht.
18:30	18:30 am heutigen Tag.

Delta-Zeitformat

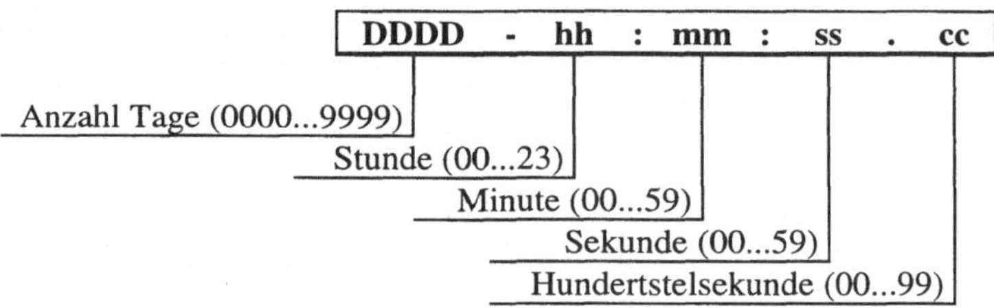

❑ Es kann nur das Datum "DDDD-" (mit Bindestrich !) oder nur die Zeit "hh:mm:ss.cc" verwendet werden.

❑ Wird das Datum "DDDD-" weggelassen, so gilt automatisch eine Tagesdifferenz von "0" Tagen.

❑ Nach 'rechts' können Zeitformatportionen weggelassen werden (z.B. "hh:mm").

Beispiele :

31-	31 Tage von heute.
15:30	15 Stunden und 30 Minuten von jetzt.
2-3	2 Tage und 3 Stunden von jetzt.
00:00:04	4 Sekunden von jetzt.

4.3.10 Das Konzept der 'logischen Namen'

Logische Namen (logical names) stellen ein einfaches, aber wirksames Mittel dar, Programme und Kommandoprozeduren unabhängig von physikalischen Spezifikationen von Geräten, Dateinamen oder Teilen davon zu machen. Logische Namen und ihre aktuelle Werte (Äquivalenznamen) stehen als Einträge in Logical-Name-Tabellen. Aus diesen Tabellen lesen die Programme und Kommandoprozeduren dann zur Laufzeit den unter diesem logischen Namen eingetragenen Wert und ersetzen den logischen Namen durch den Wert. Es ist sicher einleuchtend, daß der Umstellungsaufwand drastisch zurückgeht, wenn Sie zum Zugriff auf eine Datei statt eines physikalischen Plattenbezeichners einen logischen Namen verwendet haben und nun diese Datei plötzlich auf einer anderen Platte liegt. Im ungünstigen Fall müßten Sie nun alle physikalischen Plattenbezeichner auf die neue Umgebung 'umbiegen', im günstigen Fall ändern Sie lediglich eine Logical-Name-Zuweisung.

Logische Namen können als Wert wiederum einen logischen Namen besitzen. OpenVMS löst solche Kaskaden in einer Schleife solange auf, bis der Wert sich nicht mehr weiter auflösen läßt, es sei denn, Sie haben einen logischen Namen als "concealed" (=verborgen) definiert, d.h. dieser soll nicht mehr weiter aufgelöst werden.

Logische Namen werden nicht nur für Dateinamen und Geräte benutzt. Sie können u.a. auch benutzt werden für Kommunikation zwischen Prozessen oder als Merkzettel oder ...

Standardmäßig stellt OpenVMS insgesamt vier Logical-Name-Tabellen zur Verfügung (siehe Bild 4.3-9). Diese vier Logical-Name-Tabellen werden in der angegebenen Reihenfolge nach dem zu ersetzenden logischen Namen durchsucht. Wird ein logischer Name nicht in der ersten Logical-Name-Tabelle gefunden, so wird der Name in der zweiten Tabelle gesucht, danach in der dritten und dann in der vierten.

Reihen-folge	Logical-Name-Tabelle	Diese Logical-Name-Tabelle ist ...
1	LNM$PROCESS	... prozeßspezifisch ; nur der eigene Prozeß kann darauf lesen und schreiben.
2	LNM$JOB	... für alle Prozesse im aktuellen Prozeßbaum zugänglich, die alle darauf lesen und schreiben dürfen.
3	LNM$GROUP	... für alle Prozesse aus der gleichen Gruppen-UIC lesbar. Schreiben erfordert das Privileg "GRPNAM".
4	LNM$SYSTEM	... lesbar von allen Prozessen auf dem Rechnersystem. Zum Schreiben ist das Privileg "SYSNAM" erforderlich.

Bild 4.3-9 Standardmäßige Logical-Name-Tabellen des VMS

4.3.11 Gültigkeitsbereiche der 'logischen Namen'

In dem Bild 4.3-10 sehen Sie die Gültigkeitsbereiche der standardmäßigen Logical-Name-Tabellen "LNM$PROCESS", "LNM$JOB", "LNM$GROUP" und "LNM$SYSTEM". Jeder Prozeß greift auf seine eigene Logical-Name-Tabelle "LNM$PROCESS" zu. Der Job "80CD5E80" besteht aus zwei Prozessen (PIDs : "202004E5" und "202004E7") ; beide Prozesse besitzen Zugriff auf die Logical-Name-Tabelle "LNM$JOB_80CD5E80". Der Job "80211112" besteht aus einem Prozeß (PID : "20200834"), der erstmal auf seine eigene Logical-Name-Tabelle "LNM$PROCESS" und dann auf die Logical-Name-Tabelle "LNM$JOB_80211112" zugreifen darf. Diese beiden Jobs gehören zur gleichen Gruppe (Gruppen-UIC "257"), daher können alle Prozesse aus diesen beiden Jobs auf die Logical-Name-Tabelle "LNM$GROUP_000257" lesend zugreifen. Zum Schreiben ist das Privileg "GRPNAM" erforderlich. Alle Prozesse auf dem Rechnersystem dürfen lesend auf die Logical-Name-Tabelle "LNM$SYSTEM" zugreifen. Zum Schreiben in diese Logical-Name-Tabelle wird das Privileg "SYSNAM" benötigt.

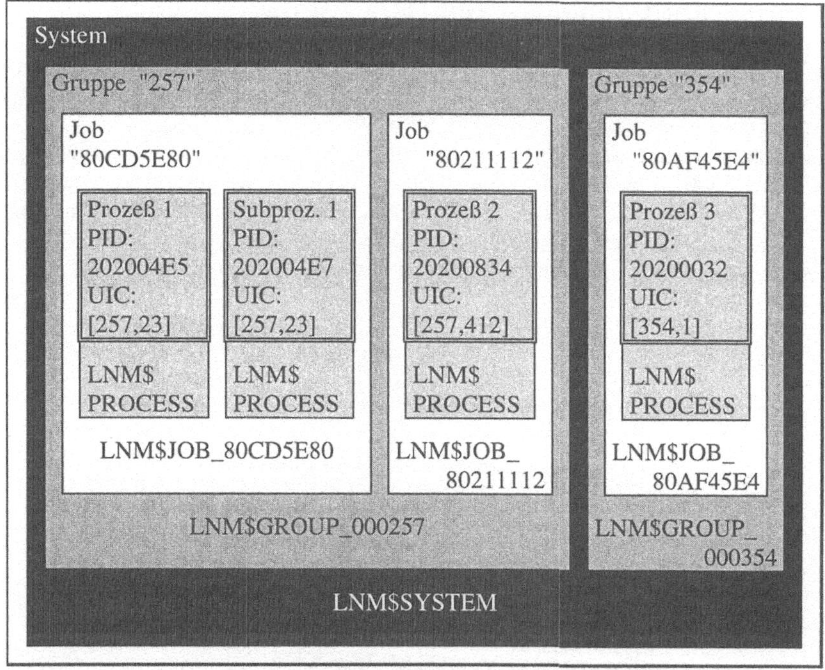

Bild 4.3-10 Gültigkeitsbereiche der Logical-Name-Tabellen

4.3.12 DCL-Kommandos für 'logische Namen'

Ein logischer Name kann mit dem DCL-Kommando "ASSIGN" (vgl. Kapitel 4.4.4) oder mit dem DCL-Kommando "DEFINE" (vgl. Kapitel 4.4.17) in die gewünschte Logical-Name-Tabelle eingetragen werden, das Privileg für den Schreibzugriff vorausgesetzt. Aus einer Logical-Name-Tabelle läßt sich ein logischer Name mit Hilfe des DCL-Kommandos "DEASSIGN" (vgl. Kapitel 4.4.15) entfernen. Ein logischer Name läßt sich entweder mit dem DCL-Kommando "SHOW LOGICAL" (vgl. Kapitel 4.4.56) oder mit "SHOW TRANSLATION" (vgl. Kapitel 4.4.68) auf dem Terminal anzeigen.

4.3.13 Vordefinierte 'logische Namen'

Im Bild 4.3-11 sehen Sie eine Auswahl der wichtigsten vordefinierten logischen Namen :

Logischer Name	Name der Tabelle	Der logische Name ist ...	
DBG$INPUT	LNM$SYSTEM	... der Eingabekanal, den der Debugger benutzt ; er steht auf "SYS$INPUT".	
DBG$OUTPUT	LNM$SYSTEM	... der Ausgabekanal, den der Debugger benutzt ; er wird auf "SYS$OUTPUT" umgeleitet.	
SYS$COMMAND	LNM$PROCESS	... das lokale Device, von dem DCL seine Kommandoeingaben einliest.	
		Interaktiv	Terminal.
		Kommandoprozedur	Terminal.
		Batch	Platte *).
SYS$ERROR	LNM$PROCESS	... das lokale Device, auf das DCL Fehlermeldungen schickt.	
		Interaktiv	Terminal.
		Kommandoprozedur	Terminal.
		Batch	Logprotokoll.
SYS$INPUT	LNM$PROCESS	... das lokale Device, von dem DCL seine Eingaben (Daten) einliest.	
		Interaktiv	Terminal.
		Kommandoprozedur	Platte *).
		Batch	Platte *).
*) Platte : die Dateneingabe steht in Zeilen ohne "$" in der Kommandoprozedur.			
Fortsetzung Folgeseite			

Bild 4.3-11 Vordefinierte logische Namen und ihre Werte

Logischer Name	Name der Tabelle	Der logische Name ist ...	
SYS$LOGIN	LNM$JOB	... die Platte und das Directory, auf dem der Prozeß nach dem Login steht.	
SYS$LIBRARY	LNM$SYSTEM	... die Platte und die Directory, auf der sich Systembibliotheken befinden.	
SYS$MANAGER	LNM$SYSTEM	... die Platte und die Directory, auf der Dateien des Systemmanagers stehen.	
SYS$OUTPUT	LNM$PROCESS	... das lokale Device, auf das DCL seine Ausgaben schickt.	
		Interaktiv	Terminal.
		Kommandoprozedur	Terminal.
		Batch	Logprotokoll.
SYS$SYSTEM	LNM$SYSTEM	... die Platte und die Directory, auf der sich die Programme und Utilities des Betriebssystems OpenVMS befinden.	
TT	LNM$PROCESS	... der Default-Gerätebezeichner für das Terminal.	

Bild 4.3-11 Vordefinierte logische Namen und ihre Werte (Fortsetzung)

4.3.14 Verzeichnis der Logical-Name-Tabellen

Alle Logical-Name-Tabellen werden in zwei Verzeichnistabellen verwaltet. In der Verzeichnistabelle "LNM$PROCESS_DIRECTORY" stehen die prozeßspezifischen Einträge (siehe Bild 4.3-12) :

Logischer Name	Der Wert des logischen Namens ist der Name der ...
LNM$GROUP	... Logical-Name-Tabelle "LNM$GROUP_xxx", wobei "xxx" für die Gruppen-UIC des eigenen Prozesses steht. Damit zeigt "LNM$GROUP" auf die 'richtige' Gruppentabelle.
LNM$JOB	... Logical-Name-Tabelle "LNM$JOB_xxx", wobei "xxx" für die eindeutige Jobidentifikation des eigenen Prozeßbaums steht. Damit zeigt "LNM$JOB" auf die 'richtige' Jobtabelle.
LNM$PROCESS	... Logical-Name-Tabelle "LNM$PROCESS_TABLE", die den Namen der eigenen Prozeßtabelle enthält.
LNM$PROCESS_ DIRECTORY	... eigenen Prozeßdirectory-Logical-Name-Tabelle.

Bild 4.3-12 Verzeichnistabelle 'LNM$PROCESS_DIRECTORY'

In der Verzeichnistabelle "LNM$SYSTEM_DIRECTORY" sind die systemweiten Logical-Name-Tabellen eingetragen (siehe Bild 4.3-13) :

Logischer Name	Der Wert des logischen Namens ist ...
LNM$DIRECTORIES	... der Verweis auf die Verzeichnis-Logical-Name-Tabellen "LNM$PROCESS_DIRECTORY" und "LNM$SYSTEM_DIRECTORY".
LNM$FILE_DEV	... die Reihenfolge, in der die Logical-Name-Tabellen durchsucht werden sollen ("LNM$PROCESS", "LNM$JOB", "LNM$GROUP" und "LNM$SYSTEM").
LNM$GROUP_xxx	... die Liste aller Gruppen-Logical-Name-Tabellen, wobei "xxx" für die jeweiligen Gruppen-UICs steht.
LNM$JOB_xxx	... die Liste aller Job-Logical-Name-Tabellen, wobei "xxx" für die jeweiligen Jobidentifikationen steht.
LNM$SYSTEM	... die Tabelle "LNM$SYSTEM_TABLE", die wiederum den Namen der System-Logical-Name-Tabelle enthält.
LNM$SYSTEM_DIRECTORY	... der Name der eigenen Systemdirectory-Logical-Name-Tabelle.

Bild 4.3-13 Verzeichnistabelle 'LNM$SYSTEM_DIRECTORY'

4.3.15 Selbstdefinierte Logical-Name-Tabellen

OpenVMS erlaubt sogar die Definition eigener Logical-Name-Tabellen. Prozeßspezifische selbstdefinierte Logical-Name-Tabellen landen in der Verzeichnistabelle "LNM$PROCESS_DIRECTORY", systemweite selbstdefinierte Logical-Name-Tabellen müssen in die Verzeichnistabelle "LNM$SYSTEM_DIRECTORY" eingetragen werden. Das Erzeugen einer selbstdefinierten Logical-Name-Tabelle gelingt mit dem DCL-Kommando "CREATE /NAME_TABLE" (vgl. Kapitel 4.4.13), das Löschen einer selbstdefinierten Logical-Name-Tabelle besorgt das DCL-Kommando "DEASSIGN" (vgl. Kapitel 4.4.15). Ansonsten gelten die gleichen Befehle und Bedingung wie für die standardmäßig vorhandenen Logical-Name-Tabellen.

4.3.16 Einige Tips und Tricks zum Umgang mit 'logischen Namen'

Den folgenden Betrachtungen liegt noch einmal das Beispiel des Directory-Baumes aus Bild 4.2-1 zugrunde (siehe Bild 4.3-14). Es wird die Definition eines logischen Namens als logische Platte für eine Sub-Directory und die Definition eines logischen Namens als logisches 'Master File Directory' für einen Directory-Teilbaum diskutiert.

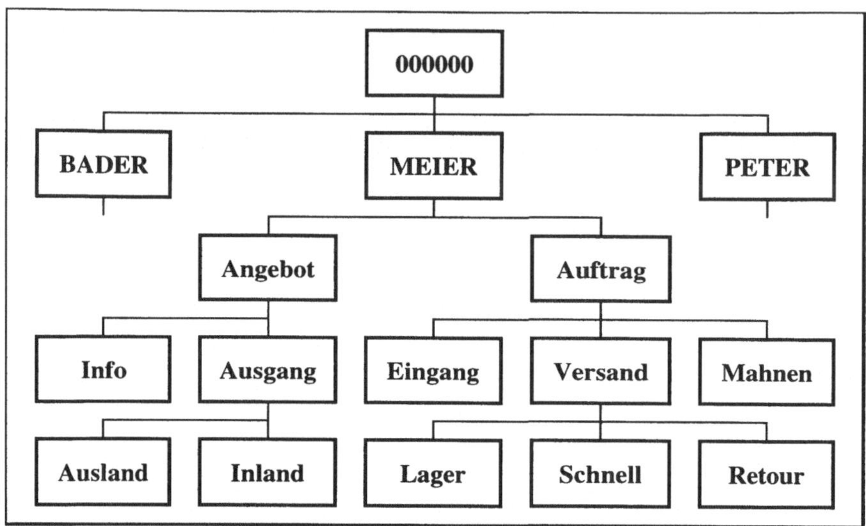

Bild 4.3-14 Beispiel Directory-Baum

Für eine Directory, mit der sehr häufig gearbeitet werden soll, bietet sich die Definition eines logischen Namens an, der genau den Zugriffspfad als Wert beinhaltet. Statt immer den vollständigen Zugriffspfad mit der physikalischen Platte und dem Directory-Pfad

$$\text{DUA0:[MEIER.ANGEBOT.AUSGANG.AUSLAND]}$$

anzugeben, definieren Sie einmal eine logische Platte für diese Sub-Directory mit

$$\text{ASSIGN DUA0:[MEIER.ANGEBOT.AUSGANG.AUSLAND] AUSLAND}$$

und können von nun an auf diese Sub-Directory mit der Angabe der logischen Platte

$$\text{AUSLAND:}$$

zugreifen (der Doppelpunkt ":" kennzeichnet Platten - sowohl physikalische als auch logische).

Für einen Directory-Teilbaum, der beliebig unter einem Directory-Pfad angehängt werden soll, wird häufig eine logische Master File Directory als eine 'concealed' (=verborgene) logische Platte angelegt. Der logische Name enthält als Wert genau den Zugriffspfad bis zu dieser Master File Directory. Wenn für Sie der Directory-Teilbaum unter der Sub-Directory "VERSAND" interessant ist, können Sie statt immer den vollständigen Zugriffspfad mit der physikalischen Platte und dem Directory-Pfad

DUA0:[MEIER.AUFTRAG.VERSAND.LAGER]

anzugeben eine logische Platte als 'concealed' für diese Sub-Directory mit

**ASSIGN /TRANSLATION=CONCEALED
DUA0:[MEIER.AUFTRAG.VERSAND.] VERSAND**

definieren (beachten Sie den Punkt "." vor der schließenden Klammer). Auf die Sub-Directory "VERSAND" greifen Sie quasi als logische Master File Directory zu mit

VERSAND:[000000]

Auf die Sub-Directory "LAGER" greifen Sie quasi als Haupt-Directory unter der logischen Master File Directory "VERSAND:" zu mit

VERSAND:[LAGER]

Diese Konstruktion erlaubt Ihnen das beliebige Anhängen dieses Directory-Teilbaums an irgendeinen Zugriffspfad ; Sie definieren einmal die logische Master File Directory "VERSAND" und sind unabhängig von der Ansiedelung dieses Teilbaums.

4.3.17 Batchjobs in Batchqueues

Es gibt Programme mit einem großen Arbeitspensum, die deswegen sehr lange laufen. Wenn Sie solch ein Programm interaktiv am Terminal starten, blockieren Sie sich bei Ihrer Arbeit : solange das Programm läuft, steht Ihnen dieser Prozeß (und damit das Terminal) nicht für andere Arbeiten zur Verfügung. OpenVMS bietet hier eine Lösung in Form eines Batchjobs an, den Sie nicht-interaktiv in einer Batchqueue ablaufen lassen können. Und ganz wichtig hierbei : das Terminal können Sie während dieser Zeit wieder uneingeschränkt nutzen.

Ein Batchjob wird in eine Batchqueue eingetragen, die wie eine Warteschlange funktioniert. Der Batchjob selber besteht aus einer Kommandofolge, die mit einem Editor in Form einer Kommandoprozedur (siehe Kapitel 8 ff.) geschrieben und abgespeichert worden ist, da ein Batchjob ohne Möglichkeit einer Eingabe über das Terminal auskommen muß. Dieser Eintrag wartet in der Batchqueue, bis er aktiviert werden kann, genau dann, wenn alle Vorgänger in dieser Warteschlange abgearbeitet sind und dort ein Arbeitsplatz frei geworden ist. Dieser Batchjob loggt sich dann wie ein interaktiver Prozeß ein und durchläuft die Login-Prozedur. Im Anschluß daran wird die Kommandoprozedur ausgeführt und dann dieser Batchprozeß durch Ausloggen beendet. Während der Dauer dieser Bearbeitung belegt der Batchjob einen Arbeitsplatz in der Batchqueue (Anzahl der Arbeitsplätze in einer Batchqueue = "JOB_LIMIT").

Die Verwaltung der Batchqueues, aller wartenden oder gerade ausgeführten Batchjobs übernimmt ein Dienstprogramm von OpenVMS, der Jobqueuemanager.

4.3.18 Verwaltung von Batchqueues durch den Systemmanager

Batchqueues werden vom Systemmanager gewartet, da für diese Aktionen Systemprivilegien erforderlich sind. Zu dieser Pflege der Batchqueues gehören folgende Arbeiten :

- ❏ das Einrichten einer Batchqueue inklusive aller ihrer Eigenschaften mit dem DCL-Kommando "INITIALIZE /QUEUE" (vgl. Kapitel 7.2.4),

- ❏ das (Wieder-) Starten einer Batchqueue mit dem DCL-Kommando "START /QUEUE" (vgl. Kapitel 7.2.8),

- ❏ das Stoppen einer Batchqueue mit dem DCL-Kommando "STOP /QUEUE" (vgl. Kapitel 7.2.9),

- ❏ schließlich auch das Löschen einer Batchqueue mit dem DCL-Kommando "DELETE /QUEUE" (vgl. Kapitel 7.2.3).

- ❏ Bevor eine Batchqueue gestartet werden kann, muß zuerst der Jobqueuemanager des OpenVMS mit dem DCL-Kommando "START /QUEUE /MANAGER" (vgl. Kapitel 7.2.8) gestartet worden sein.

- ❏ Diesen Jobqueuemanager kann der Systemmanager mit dem DCL-Kommando "STOP /QUEUE /MANAGER" (vgl. Kapitel 7.2.9) auch wieder beenden.

4.3.19 Kommandos für die Benutzung von Batchqueues

Folgende DCL-Kommandos stehen Ihnen als Benutzer zur Verfügung, um Batchjobs in eine Batchqueue einzutragen, zu beobachten und gegebenenfalls wieder zu löschen :

- ❏ Das Eintragen eines Batchjobs geschieht mit dem DCL-Kommando "SUBMIT" (vgl. Kapitel 4.4.73), wobei verschiedene Möglichkeiten zur Auswahl stehen : Sie können die Batchqueue aus der Menge der vom Systemmanager eingerichteten Batchqueues bestimmen, in der der Batchjob abgearbeitet werden soll. Sie können die Ausführung des Batchjobs zu einem bestimmten Zeitpunkt veranlassen. Sie bestimmen, ob sich dieser Batchjob nach der Abarbeitung bei Ihnen melden soll.

❏ Mit dem DCL-Kommando "SHOW QUEUE" lassen sich die Einträge in Batchqueues beobachten (vgl. Kapitel 4.4.61).

❏ Ein Batchjob (egal ob wartend oder aktiv) läßt sich mit dem DCL-Kommando "DELETE /ENTRY" (vgl. Kapitel 4.4.20) löschen.

4.3.20 Die Protokolldatei eines Batchjobs

Da ein Batchjob in einer Batchqueue ohne interaktive Kontrolle mit der Möglichkeit des sofortigen Eingriffs arbeitet, kann nur nachträglich in einer Protokolldatei nachgeprüft werden, ob die Batchverarbeitung fehlerfrei geklappt hat. Diese Protokolldatei - auch Batch-Logfile genannt - enthält :

❏ alle Ausgaben (auf das lokale Device "SYS$OUTPUT"), die normalerweise auf dem Terminal ausgegeben werden,

❏ alle Systemmeldungen,

❏ alle Kommandozeilen, die in der Kommandoprozedur durchlaufen werden, sofern diese Protokollierung nicht mit "SET NOVERIFY" (vgl. Kapitel 4.4.51) abgeschaltet worden ist,

❏ die Meldung des Ausloggens mit Statistiken.

Aktivieren läßt sich diese Protokolldatei beim Eintragen des Batchjobs in die Batchqueue mit "SUBMIT" (vgl. Kapitel 4.4.73) ; dort mit dem Qualifizierer "/LOG=...". Diese Protokolldatei wird sofort ausgedruckt, es sei denn, der Qualifizierer "/NOPRINTER" verhindert dies. In diesem Fall kann die Protokolldatei weiter analysiert werden.

4.3.21 Druckjobs in Printqueues

Auch Ausdrucke können wegen ihrer Länge und der Geschwindigkeit des Druckers, auf dem sie ausgegeben werden, entsprechend lange dauern. Wenn Sie einen solchen Druck interaktiv am Terminal starten würden, blockieren Sie sich bei Ihrer Arbeit : während des Ausdruckens steht Ihnen dieser Prozeß (und damit das Terminal) nicht für andere Arbeiten zur Verfügung. Unter OpenVMS ist die hier skizzierte direkte Druckeransteuerung aber gottlob die exotische Ausnahme, in der Regel werden Ausdrucke in Form eines Druckjobs nicht-interaktiv in einer Printqueue abgearbeitet.

Ein Druckjob wird in eine Printqueue eingetragen, die einem physikalischen Druckgerät zugeordnet ist und die wie eine Warteschlange funktioniert. Der Druckjob wartet in der

Printqueue, bis er aktiviert werden kann, genau dann, wenn alle Vorgänger in dieser Warteschlange abgearbeitet sind (Paralleles Drucken auf einem Drucker geht nicht !).

Die Verwaltung der Printqueues, aller wartenden oder sich gerade in Ausführung befindlichen Druckjobs übernimmt ebenfalls der Jobqueuemanager des OpenVMS.

4.3.22 Verwaltung von Printqueues durch den Systemmanager

Printqueues werden vom Systemmanager gewartet, da für diese Aktionen Systemprivilegien erforderlich sind. Zu dieser Pflege der Printqueues gehören folgende Arbeiten :

- ❑ das Einrichten einer Printqueue inklusive aller ihrer Eigenschaften mit dem DCL-Kommando "INITIALIZE /QUEUE" (vgl. Kapitel 7.2.4),

- ❑ das (Wieder-) Starten einer Printqueue mit dem DCL-Kommando "START /QUEUE" (vgl. Kapitel 7.2.8),

- ❑ das Stoppen einer Printqueue mit dem DCL-Kommando "STOP /QUEUE" (vgl. Kapitel 7.2.9),

- ❑ schließlich auch das Löschen einer Printqueue mit dem DCL-Kommando "DELETE /QUEUE" (vgl. Kapitel 7.2.3).

- ❑ Bevor eine Printqueue gestartet werden kann, muß zuerst der Jobqueuemanager des OpenVMS mit dem DCL-Kommando "START /QUEUE /MANAGER" (vgl. Kapitel 7.2.8) gestartet worden sein.

- ❑ Diesen Jobqueuemanager kann der Systemmanager mit dem DCL-Kommando "STOP /QUEUE /MANAGER" (vgl. Kapitel 7.2.9) beenden.

4.3.23 Kommandos für die Benutzung von Printqueues

Folgende DCL-Kommandos stehen Ihnen als Benutzer zur Verfügung, um Druckjobs in eine Printqueue einzutragen, zu beobachten und auch wieder zu löschen :

- ❑ Das Eintragen eines Druckjobs geschieht mit dem DCL-Kommando "PRINT" (vgl. Kapitel 4.4.32), wobei verschiedene Möglichkeiten zur Auswahl stehen : Sie können die Printqueue aus der Menge der vom Systemmanager eingerichteten Printqueues bestimmen, in der der Druckjob abgearbeitet werden soll. Sie können die Ausführung des

Druckjobs zu einem bestimmten Zeitpunkt veranlassen. Sie bestimmen die Anzahl der Kopien, die Anzahl der Titelseiten usw..

❏ Mit dem DCL-Kommando "SHOW QUEUE" lassen sich die Einträge in Printqueues beobachten (vgl. Kapitel 4.4.61).

❏ Ein Druckjob (egal ob wartend oder aktiv) läßt sich mit dem DCL-Kommando "STOP /QUEUE /ABORT" (vgl. Kapitel 7.2.9) oder "DELETE /ENTRY" (vgl. Kapitel 4.4.20) löschen.

4.3.24 Druckformulare für Printqueues

Eine wichtige Rolle beim Ausdrucken spielen die Druckformulare. Jede Printqueue muß mit einem Druckformular arbeiten, um überhaupt ausdrucken zu können. Druckformulare sind die Zusammenfassung von Eigenschaften für einen Ausdruck (wie beispielsweise Seitenlänge, Breite der Seite, bedruckbarer Platz auf einer Druckseite, Schriftgröße usw.). OpenVMS stellt ein Druckformular als Default namens "DEFAULT" zur Verfügung.

Eine wichtige Steuervariable bei Druckformularen ist die Angabe des verwendeten Papiers ("STOCK"). Alle Druckformulare besitzen eine eindeutige Zuordnung zu einem "STOCK". Auch die Printqueue ist mit einem "STOCK" eingerichtet. Ausdrucke, die ein Druckformular benutzen, dessen "STOCK" gleich dem "STOCK" der Printqueue ist, werden sofort ausgedruckt. Bei Ungleichheit werden die Druckjobs zurückgehalten. Damit verhindert der Jobqueuemanager, daß beispielsweise ein langes Programmlisting ("STOCK" = "DEFAULT") auf teuerem Spezialpapier wie Lohnscheine ("STOCK" = "LOHN") ausgedruckt und hinterher wegen Unbrauchbarkeit weggeworfen wird.

❏ Die Verwendung des Druckformulars und des "STOCK" (über das Druckformular) für den Ausdruck wird bei "PRINT" angegeben (vgl. Kapitel 4.4.32).

❏ Die Zuordnung des "STOCK" für die Printqueue wird mit "START /QUEUE" (vgl. Kapitel 7.2.8) bzw. "INITIALIZE /QUEUE" (vgl. Kapitel 7.2.4) festgelegt.

❏ Die Definition eines Druckformulars gelingt - nur dem Systemmanager - mit dem DCL-Kommando "DEFINE /FORM" (vgl. Kapitel 7.2.1).

❏ Löschen eines Druckformulars kann der Systemmanager mit dem DCL-Kommando "DELETE /FORM" (vgl. Kapitel 7.2.2).

❏ Information über ein Druckformular anzeigen läßt sich mit dem DCL-Kommando "SHOW QUEUE /FORM" (vgl. Kapitel 4.4.62).

4.3.25 Das HELP-System

Eine sehr wichtige Unterstützung bei der Arbeit am Bildschirm bietet das interaktive HELP-System. Wenn Sie einen Befehl und seine Kommandoqualifizierer im Moment nicht genau kennen und Sie sich auch nicht durch die Handbücher "wühlen" wollen, können Sie in das HELP-System einsteigen und sich die gewünschte Information am Terminal anzeigen lassen. Dieses HELP-System steht Ihnen nicht nur auf der DCL-Ebene zur Verfügung, sondern auch in allen Dienstprogrammen / Utilities, die eine interaktive Benutzerschnittstelle besitzen.

Der Aufbau der HELP-Information ist wie ein umgedrehter Baum aufgebaut mit den Wurzeln oben und den Blättern unten (siehe Bild 4.3-15). Je tiefer Sie innerhalb dieses Baumes gelangen, desto spezieller wird die dort abgelegte Information.

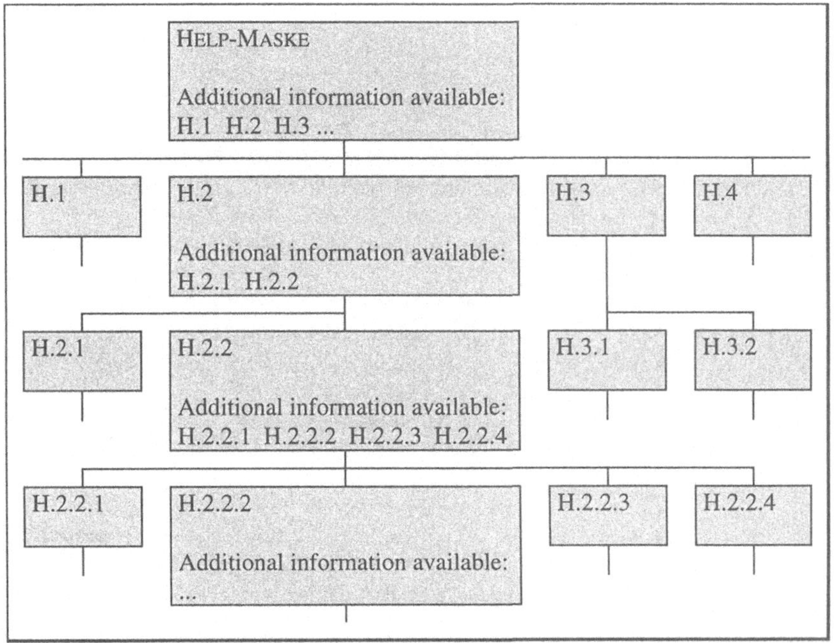

Bild 4.3-15 Der HELP-Baum

Die HELP-Texte "H.1", "H.2", "H.3" ... hängen direkt unter dem Einstieg in HELP-System. Unter "H.2" sind die weiterführenden HELP-Texte "H.2.1" und "H.2.2" angesiedelt, unter "H.2.2" beispielsweise dann die HELP-Texte "H.2.2.1", "H.2.2.2", "H.2.2.3" und "H.2.2.4" usw..

4.3.26 Der Aufruf des HELP-Systems

Der Aufruf des HELP-Systems gelingt mit dem Kommando "HELP", woraufhin die HELP-Maske ausgegeben wird (siehe Bild 4.3-16).

```
HELP


Additional information available :

:=              =               @               ACCOUNT.    ALLOCATE    ANALYZE         APPEND
ASSIGN          ATTACH          AUTHORIZE       AUTOGEN     BACKUP      Berkeley_R_Comm
CALL            CANCEL          CLOSE           CONNECT     CONTINUE    CONVERT         COPY
CREATE          DEALLOCATE      DEASSIGN        DEBUG       DECK        DECThreads
DEC_TCP/IP      DEFINE          DELETE          DEPOSIT     DIFFERENCES                 DIRECTORY
DISABLE         DISCONNECT      DISMOUNT        Documentation           DSR             DUMP
EDIT            ENABLE          ENDSUBROUTINE               EOD         EOJ             Errors
EXAMINE         EXCHANGE        EXIT            FDL         FONT        FTP
FTP_overview                    GENCAT          GOSUB       GOTO        HELP            Hints
ICONV           IF              INITIALIZE      INQUIRE     INSTALL     Instructions
INTERNET_MAIL                   JOB             LANCP       LATCP       Lexicals        LIBRARY
LICENSE         Line_editing                    LINK        LMCP        LOCALE          LOGIN
LOGOUT          LPQ             LPRM            MACRO       MAIL        MERGE           MESSAGE
MONITOR         MOUNT           NCP             NCS         NFS         nslookup        ON
OPEN            PASSWORD        PATCH           PHONE       Portmapper                  PRINT
Print_(LPR/LPD)                 Print_(network)             PRODUCT     PSWRAP          PURGE
Queues          READ            RECALL          RECOVER     RENAME      REPLY           REQUEST
RETURN          REXEC           RLOGIN          RMS         RSH         RTL_Routines
RUN             RUNOFF          R_Comm.         SEARCH      SET         SHOW            SMTP
SORT            SPAWN           Specify         START       STOP        SUBMIT
SUBROUTINE      Symbol_Assign                   SYNCHRONIZE             SYSGEN          SYSMAN
System_files                    System_Services             TCPIPTRACE  TCP_for_VMS
TELNET          TELNET_Overview                 TFF         TN3270      TYPE            UCX
UCX$TRACE       UNLOCK          V62_Features                VIEW        WAIT            WRITE
```

Bild 4.3-16 Die erste HELP-Maske des VMS-HELP-Systems

Graph des Befehlsformats :

thema Das Argument *"thema"* steht für den Begriff oder die Liste von Begriffen (entsprechend dem Befehlsformat, über das ein HELP-Text angefordert wird), der den Pfad zu dem gewünschten HELP-Text spezifiziert. Bei Weglassen von *"thema"* wird die erste HELP-Maske ausgegeben.

Beispiele :

B1	$ **HELP**

Das HELP-System gibt die erste HELP-Maske aus.

B2	$ **HELP SHOW TIME /EXAMPLES**

Das HELP-System wird mit dem HELP-Textbaumpfad "SHOW TIME /EXAMPLES" aufgerufen. Es wird die "/EXAMPLES"-Maske von "SHOW TIME" ausgegeben.

4.3.27 Manövrieren im HELP-System

Für das Manövrieren innerhalb eines HELP-Textbaumes stehen folgende Kommandos zur Verfügung :

- ❏ Mit der Angabe des "Topics" oder "Subtopics", die in der Tabelle am Ende des HELP-Textes unter der Überschrift "Additional information available" aufgeführt sind, wird der zugehörige HELP-Text ausgegeben und intern eine Hierarchiestufe tiefer im HELP-Textbaum geschaltet.

- ❏ Mit der Angabe eines kompletten Pfades von "Sub-/Topic" und weiteren "Subtopics" in einer Reihe werden die Zwischenstufen übersprungen und sofort der zugehörige HELP-Text ausgegeben. Intern erfolgt die Umschaltung auf die entsprechende Hierarchiestufe im HELP-Textbaum.

- ❏ Mit der Eingabe des Fragezeichens "?" wird der gerade ausgegebene, aktuelle HELP-Text erneut ausgegeben.

- ❏ Mit der Taste "RETURN" wird im HELP-Textbaum eine Hierarchiestufe nach oben zurückgegangen und dieser HELP-Text ausgegeben. Auf der obersten Ebene schließlich wird das HELP-System beendet.

- ❏ Mit der Tastenkombination <CTRL/Z> wird das HELP-System beendet.

Im Bild 4.3-17 ist das Manövrieren im HELP-Textbaum an einem Beispiel veranschaulicht ; dabei wurde nicht beachtet, daß auch in den tieferen Hierachiestufen durch eine komplette Angabe eines Pfades HELP-Texte übersprungen werden können.

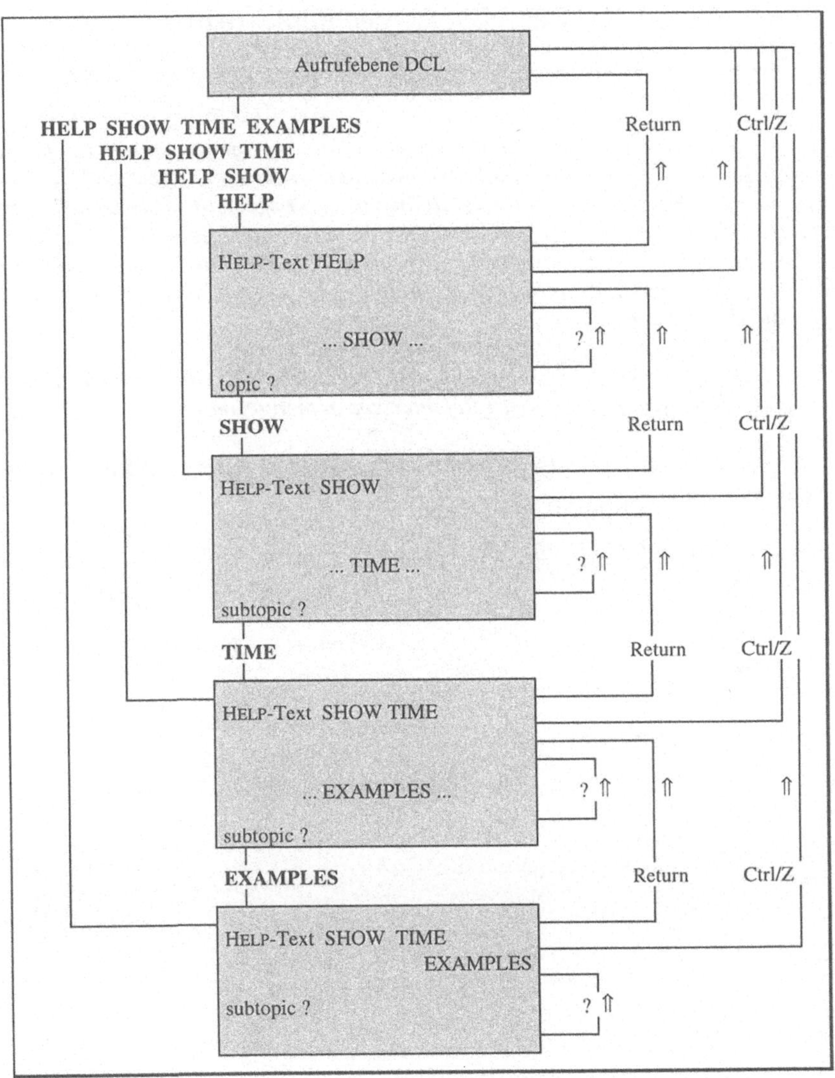

Bild 4.3-17 Beispielgraph für 'HELP SHOW TIME EXAMPLES'

4.4 Das DCL-Kommandolexikon

In diesem Kapitel sollen Sie DCL in seiner vollen Schönheit -sprich Funktionalität- kennenlernen. Eine große Auswahl der wichtigsten DCL-Befehle und Aufrufe der Utilities werden hier in alphabetischer Reihenfolge vorgestellt, deswegen der im Titel verwandte Begriff Lexikon. Diese Auswahl behandelt natürlich nicht den kompletten Funktionsumfang von DCL - das würde den Umfang dieses Buches sprengen - sondern eine von mir ausgesuchte Untermenge der Befehle, die Sie als 'normaler' Benutzer sicher gut gebrauchen können.

Für den Zugang zu DCL über bestimmte Fragestellungen sind bei den Übersichten Tabellen mit thematisch gegliederten Befehlen zusammengestellt.

Auf die Vorstellung der einzelnen Themen soll an dieser Stelle verzichtet werden ; hier finden Sie (fast) alles von

ALLOCATE   *bis*   WRITE.

4.4.1 ALLOCATE

Das Kommando "**ALLOCATE**" dient zur exklusiven Reservierung eines Gerätes durch den aktuellen Prozeß. Andere Benutzer haben solange keinen Zugriff auf das Gerät, bis es wieder freigegeben wird - entweder durch den Befehl "DEALLOCATE" (vgl. Kapitel 4.4.14) oder als Nebeneffekt beim Logout des Prozesses.

Graph des Befehlsformats :

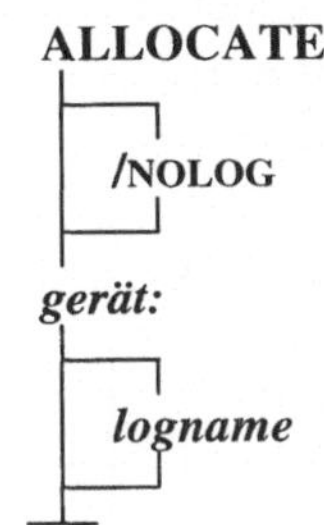

gerät: Das Argument *"gerät:"* bezeichnet das Gerät, das exklusiv reserviert werden soll.

logname   Das Argument *"logname"* ist ein logischer Name, der für das exklusiv reservierte *"gerät"* in der Logical-Name-Tabelle "LNM$PROCESS" eingetragen wird.

/NOLOG   Der Kommandoqualifizierer "/NOLOG" unterdrückt die Meldung, daß die Reservierung des Gerätes *"gerät"* geklappt hat.

Beispiele :

B1

```
$ ALLOCATE  MUA0:
%DCL-I-ALLOC, MUA0: allocated
```

Das Gerät mit dem Bezeichner "MUA0:" wird dem Prozeß exklusiv reserviert. Die erfolgreiche Zuordnung wird gemeldet.

B2

```
$ ALLOCATE  /NOLOG  MUA0:  MEIER_BAND
```

Das Gerät mit dem Bezeichner "MUA0:" wird dem Prozeß exklusiv ohne Meldung reserviert. Nebenbei wird diesem Gerät noch der logische Name "MEIER_BAND" zugewiesen und in die Logical-Name-Tabelle "LNM$PROCESS" eingetragen.

4.4.2 ANALYZE /RMS_FILE

Das Kommando "**ANALYZE /RMS_FILE**" dient zur Analyse einer Datei. Eingesetzt wird es bei der Untersuchung von indexsequentiellen oder relativen RMS-Dateien (RMS=Record-Management-System). Die Ergebnisse der Untersuchung umfassen die Länge und Position von Schlüsseln, Füllgrad, Belegung und Verteilung der einzelnen Areas (Speicherbereiche innerhalb der Dateien), die Satzlänge und File-Header-Informationen. Die Untersuchungsergebnisse werden entweder im Analyseformat oder in Form einer FDL-Beschreibung geliefert (FDL=File Description Language, die Beschreibungssprache für RMS-Dateien).

Graph des Befehlsformats :

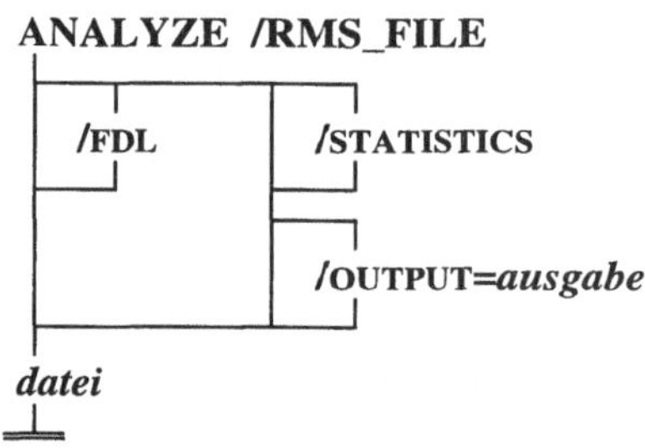

datei	Das Argument *"datei"* gibt den Dateinamen der zu analysierenden Datei an.
/FDL	Der Kommandoqualifizierer "/FDL" veranlaßt die Ausgabe einer FDL-Beschreibung der zu analysierenden Datei.
/OUTPUT **=** *ausgabe*	Der Kommandoqualifizierer "/OUTPUT" zusammen mit dem Dateinamen *"ausgabe"* gibt den Dateinamen der Datei an, die die Analyseergebnisse enthalten soll. Bei Weglassen von "/OUTPUT" erfolgt die Ausgabe auf dem Terminal.
/STA-TISTICS	Der Kommandoqualifizierer "/STATISTICS" sorgt für zusätzliche statistische Auswertungen bei der Analyse der Datei *"datei"*.

Beispiele :

B1	**$ ANALYZE /RMS_FILE RECHNUNGEN.IDX**

Die Datei "RECHNUNGEN.IDX" wird analysiert. Die Ausgabe dieser Untersuchungsergebnisse im Analyseformat erfolgt auf dem Terminal.

| B2 | **\$ANALYZE /RMS_FILE /OUTPUT=IST.ANA IST.DAT** |

Die Datei "IST.DAT" wird analysiert und die Ergebnisse der Analyse im Analyseformat in die Datei "IST.ANA" geschrieben.

| B3 | **\$ ANALYZE /RMS_FILE /FDL DISPO.SYS** |

Die Datei "DISPO.SYS" wird analysiert und in Form einer FDL-Beschreibung in die Datei "DISPO.FDL" geschrieben.

| B4 | **\$ ANALYZE /RMS_FILE /STATISTIC DISPO.SYS** |

Die Datei "DISPO.SYS" wird analysiert. Die Ausgabe der Untersuchungsergebnisse im Analyseformat mit zusätzlichen statistischen Auswertungen erfolgt auf dem Terminal.

4.4.3 APPEND

Das Kommando "**APPEND**" dient zum Anhängen einer oder mehrerer Quelldateien an das Ende einer Zieldatei. Dieses Zusammenkopieren ist zumeist nur sinnvoll für sequentielle (editierbare) Dateien.

Graph des Befehlsformats :

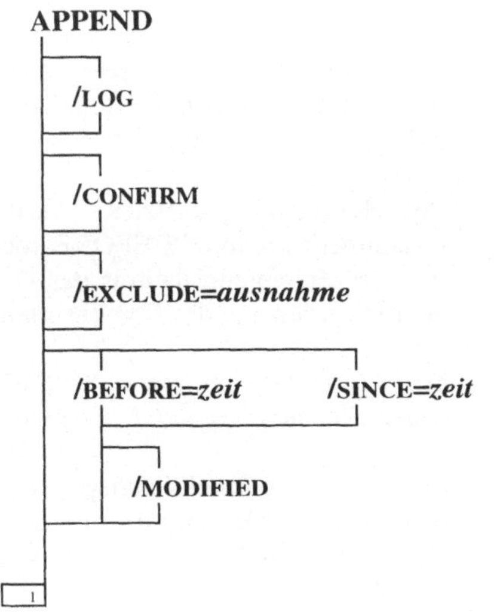

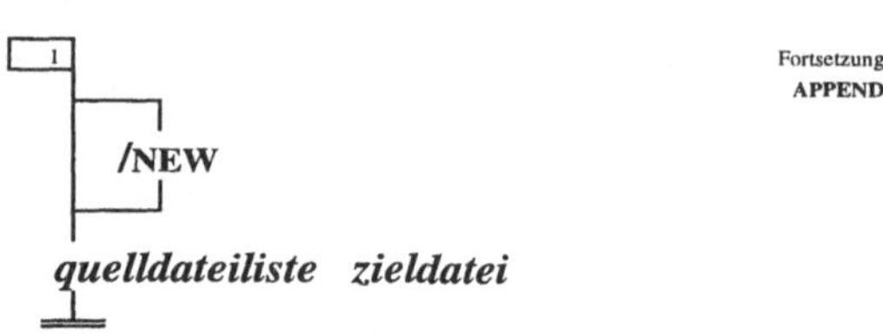

/BEFORE **=** *zeit*	Der Kommandoqualifizierer "/BEFORE" beschränkt das Auswahlkriterium *"quelldateiliste"* auf die Untermenge der Dateien, die vor dem Zeitpunkt *"zeit"* erzeugt worden sind (siehe weiter unten die Möglichkeiten für *"zeit"*).

/CON-
FIRM

Der Kommandoqualifizierer "/CONFIRM" bietet jeden Dateinamen aus der *"quelldateiliste"* zum Kopieren an. Die Kopierfrage kann mit folgenden Antworten bedient werden :

YES oder TRUE	Die betreffende Datei wird kopiert.
NO oder FALSE	Die betreffende Datei wird *nicht* kopiert.
QUIT oder <CTRL/Z>	Das Kommando wird abgebrochen.
ALL	Alle noch folgenden Dateien werden ohne weitere Kopierfrage an die Zieldatei ankopiert.

/EX-
CLUDE
=
aus-
nahme

Der Kommandoqualifizierer "/EXCLUDE" zusammen mit dem Argument *"ausnahme"* benennt die Dateien, die in der Ausgabe explizit ausgelassen werden sollen. Wild Cards sind erlaubt.

/LOG

Der Kommandoqualifizierer "/LOG" veranlaßt "APPEND" die Meldung des gerade kopierten Dateinamens und des Zieldateinamens auf dem Terminal auszugeben.

/MODI-
FIED

Der Kommandoqualifizierer "/MODIFIED" ist nur sinnvoll im Zusammenhang mit "/BEFORE" oder "/SINCE", wo er bewirkt, daß statt des Erzeugungsdatums das Datum der letzten Veränderung für die Einschränkung der Ergebnismenge benutzt wird.

/NEW

Der Argumentqualifizierer "/NEW" sorgt für die Erzeugung einer neuen Zieldatei *"zieldatei"*, wenn diese noch nicht existieren sollte.

quell-
datei-
liste

Das Argument *"quelldateiliste"* steht für einen Dateinamen oder für eine Liste von Dateinamen (durch je ein Komma getrennt), die an die Datei *"zieldatei"* herankopiert werden soll(en). Wild Cards sind erlaubt.

/SINCE
=
zeit

Der Kommandoqualifizierer "/SINCE" beschränkt das Auswahlkriterium *"quelldateiliste"* auf die Untermenge der Dateien, die nach dem Zeitpunkt *"zeit"* erzeugt worden sind (siehe weiter unten die Möglichkeiten für *"zeit"*).

zeit

Das Argument *"zeit"* dient zur zeitbedingten Einschränkung des Auswahlkriteriums *"quelldateiliste"*. Folgende Angaben sind erlaubt:

BOOT	Zeitpunkt des letzten Rechnerstarts.
LOGIN	Zeitpunkt des Einloggens.
TODAY	Zeitpunkt "heutiges Datum" 00:00 Mitternacht.
TOMORROW	Zeitpunkt "morgiges Datum" 00:00 Mitternacht.
YESTERDAY	Zeitpunkt "gestriges Datum" 00:00 Mitternacht.
Zeitangabe	Beliebiger Zeitpunkt (für das Format der OpenVMS-Zeitangabe siehe Kapitel 4.3.9).
keine Angabe	wie "TODAY".

ziel-
datei

Das Argument *"zieldatei"* steht für den Namen der Zieldatei, an die die Dateien aus der *"quelldateiliste"* herankopiert werden sollen. Wild Cards sind erlaubt.

Beispiele :

B1

```
$ APPEND /LOG REIN.TXT RAUS.TXT
%APPEND-S-APPENDED, DUA0:[MEIER.ANGEBOT]REIN.
                                       TXT;27
appended to DUA0:[MEIER.ANGEBOT]RAUS.TXT;4
                                  (51 records)
```

Die Datei "REIN.TXT" auf der aktuellen Default-Directory "DUA0:[MEIER.ANGEBOT]" wird an das Ende der Datei "RAUS.TXT" kopiert. Die Zieldatei "RAUS.TXT" muß dazu auf der aktuellen Default-Directory bereits existieren.

B2

```
$ APPEND  DUA0:[MEIER.INFO]INFILE1.TXT,-
_$  DUA1:[XYZ]INFILE2.LIS  -
_$  DUA0:[MEIER.INFO]ZIEL.DAT
```

Die Datei "DUA0:[MEIER.AUFTRAG]INFILE1.TXT" und die Datei "DUA1:[XYZ]INFILE2.LIS" werden nacheinander an das Ende der Zieldatei auf der Directory "DUA0:[MEIER.INFO]" namens "ZIEL.DAT" kopiert, die dort bereits existieren muß.

B3	$ APPEND INFILE.TXT;* OUTFILE.TXT /NEW

Es werden alle Versionen der Datei "INFILE.TXT" auf der aktuellen Default-Directory nacheinander an das Ende der Zieldatei "OUTFILE.TXT" kopiert, die sich ebenfalls auf der aktuellen Default-Directory befindet. Wenn die Zieldatei noch nicht existieren sollte, wird sie automatisch erzeugt.

B4	$ APPEND /CONFIRM TEMP*.DAT;* SAMMEL.DAT

```
Append DUA0:[MEIER.ANGEBOT]TEMPO.DAT;1 to
    DUA0:[MEIER.ANGEBOT]SAMMEL.DAT;2 ? [N] : Y
Append DUA0:[MEIER.ANGEBOT]TEMPO.DAT;4 to
    DUA0:[MEIER.ANGEBOT]SAMMEL.DAT;2 ? [N] : N
Append DUA0:[MEIER.ANGEBOT]TEMPO.DAT;45 to
    DUA0:[MEIER.ANGEBOT]SAMMEL.DAT;2 ? [N] : N
Append DUA0:[MEIER.ANGEBOT]TEMPOLIMIT.DAT;1 to
    DUA0:[MEIER.ANGEBOT]SAMMEL.DAT;2 ? [N] : Y
Append DUA0:[MEIER.ANGEBOT]TEMPORA.DAT;1 to
    DUA0:[MEIER.ANGEBOT]SAMMEL.DAT;2 ? [N] : Q
```

Alle Versionen der Dateien, deren Dateibezeichner mit "TEMP" beginnt, mit der Extension ".DAT" auf der aktuellen Default-Directory werden nacheinander zum Hintereinanderkopieren angeboten und -je nach Beantwortung der Kopierfrage- entweder kopiert oder nicht.

4.4.4 ASSIGN

Das Kommando "**ASSIGN**" dient zum Eintragen einer Zeichenkette unter einem logischen Namen in eine Logical-Name-Tabelle. Dieser Eintrag kann in die standardmäßig von OpenVMS zur Verfügung gestellten oder in eine der selbstdefinierten Logical-Name-Tabellen erfolgen (vgl. Kapitel 4.3.10 über das Konzept der logischen Namen).

Das Kommando "ASSIGN" entspricht genau dem Kommando "DEFINE" (vgl. Kapitel 4.4.17) bis auf die Anordnung der Parameter: ASSIGN-Anweisungen werden nach dem Motto "Weise den WERT dem LOGICAL-NAME zu" aufgebaut, DEFINE-Anweisungen nach "Definiere LOGICAL-NAME als WERT".

Graph des Befehlsformats :

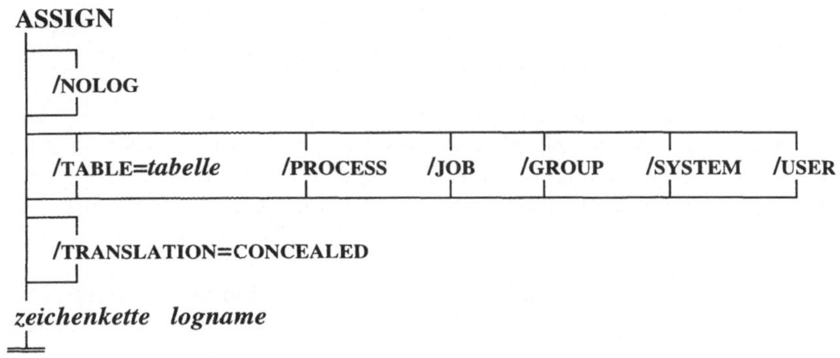

/GROUP   Die Eintragung erfolgt in die Logical-Name-Tabelle "LNM$GROUP". Der Prozeß muß dazu das Privileg "GRPNAM" besitzen.

/JOB   Die Eintragung erfolgt in die Logical-Name-Tabelle "LNM$JOB".

logname   Das Argument *"logname"* ist der logische Name, unter dem die zugewiesene *"zeichenkette"* gespeichert wird.

/NOLOG   Der Kommandoqualifizierer "/NOLOG" unterdrückt die Meldung der gerade durchgeführten Zuweisung des logischen Namens auf dem Terminal.

/PROCESS   Die Eintragung erfolgt in die Logical-Name-Tabelle "LNM$PROCESS".

/SYSTEM   Die Eintragung erfolgt in die Logical-Name-Tabelle "LNM$SYSTEM". Der Prozeß muß dazu das Privileg "SYSNAM" besitzen.

**/TABLE
=
tabelle**   Der Kommandoqualifizierer "/TABLE=*tabelle*" spezifiziert, in welche der Logical-Name-Tabellen der logische Name *"logname"* mit seinem Wert *"zeichenkette"* eingetragen werden soll. Fehlt die Angabe der Zieltabelle, so wird automatisch die Tabelle "LNM$PROCESS" benutzt. Für "/TABLE=*tabelle*" können folgende Angaben stehen :

/TABLE=LNM$PROCESS	wie "/PROCESS".
/TABLE=LNM$JOB	wie "/JOB".
/TABLE=LNM$GROUP	wie "/GROUP".

Fortsetzung Folgeseite

Fortsetzung /**TABLE** = *tabelle*	/TABLE=LNM$SYSTEM	wie "/SYSTEM".
	/TABLE=*name*	Die Eintragung erfolgt in die selbstdefinierte Logical-Name-Tabelle namens *"name"*.

/TRANS-LATION = CON-CEALED   Der Kommandoqualifizierer "/TRANSLATION=CONCEALED" unterbindet die weitere Übersetzung des logischen Namens bei seiner Verwendungsauflösung ('concealed' = verborgen). Häufig definiert diese Konstruktion mit Angabe eines Zugriffspfades eine logische Platte (quasi als eine Art 'Master File Directory').

/USER   wie "/PROCESS", jedoch besteht die Eintragung in die Logical-Name-Tabelle "LNM$PROCESS" nur für die Dauer der Ausführung des nächsten Programmes (Images).

zeichen-kette   Das Argument *"zeichenkette"* ist der Wert, der dem logischen Namen *"logname"* zugewiesen wird.

Beispiele :

B1

```
$ ASSIGN  INFILE.SYS  KONFIG
%DCL-I-SUPERSEDE, previous value of KONFIG has
                          been superseeded
```

Die Zeichenkette mit dem Dateinamen "INFILE.SYS" wird unter dem logischen Namen "KONFIG" in die Logical-Name-Tabelle "LNM$PROCESS" eingetragen. Eine eventuell dabei auftretende Überschreibung des Logical-Name-Eintrags wird gemeldet.

B2

```
$ ASSIGN /JOB /NOLOG  SONNTAG.DAT  TAGDAT
```

Die Zeichenkette mit dem Dateinamen "SONNTAG.DAT" wird unter dem logischen Namen "TAGDAT" in die Logical-Name-Tabelle "LNM$JOB" eingetragen. Eine eventuell auftretende Überschreibung des Logical-Name-Eintrags wird nicht gemeldet.

B3

```
$ ASSIGN /GROUP  /NOLOG  "halli hallo"  -
_$              GRUSSWORT
```

Die Zeichenkette "halli hallo" wird unter dem logischen Namen "GRUSSWORT" in die Logical-Name-Tabelle "LNM$GROUP" eingetragen. Eine eventuell dabei auftretende Überschreibung des Logical-Name-Eintrags wird nicht gemeldet.

<table>
<tr><td>B4</td><td>$ ASSIGN /TRANSLATION=CONCEALED /LOG -
_$ DUA1:[MEIER.]   MEINE_PLATTE
%DCL-I-SUPERSEDE, previous value of
        MEINE-PLATTE has been superseeded</td></tr>
</table>

Die Zeichenkette mit dem Zugriffspfad "DUA1:[MEIER.]" wird unter dem logischen Namen "MEINE_PLATTE" in die Logical-Name-Tabelle "LNM$PROCESS" mit Meldung eingetragen. Wegen "concealed" wird der Logical-Name und damit der Zugriffspfad als eine logische Platte behandelt. Beachten Sie den Punkt nach der Angabe des Zugriffspfades vor der schließenden Klammer !!

<table>
<tr><td>B5</td><td>$ ASSIGN /TABLE=PRIVAT   INFILE.SYS   DATEI</td></tr>
</table>

Die Zeichenkette "INFILE.SYS" wird in eine selbstdefinierte Logical-Name-Tabelle namens "PRIVAT" unter dem logischen Namen "DATEI" eingetragen.

4.4.5 ATTACH

Das Kommando "**ATTACH**" dient zum Wechseln von Prozessen innerhalb des eigenen Prozeßbaumes (auch Job genannt). Dieser Wechsel wird von dem aktuellen Prozeß angestoßen, der sich damit 'schlafen legt'. Der Zielprozeß wird der neue aktuelle Prozeß. Dieser Prozeßwechsel kann zwischen allen existierenden Prozessen des aktuellen Jobs erfolgen : vom Haupt- zum Subprozeß und zurück sowie zwischen Subprozessen.

Graph des Befehlsformats :

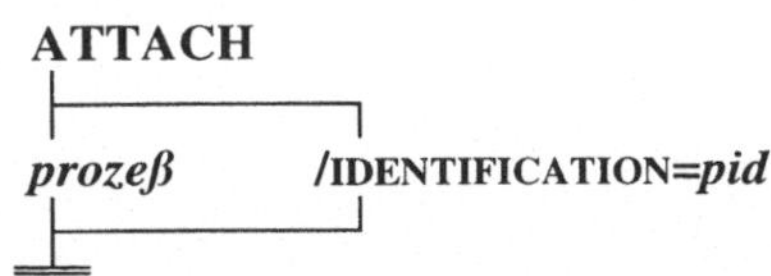

/IDENTI-FICA-TION =pid	Der Kommandoqualifizierer "/IDENTIFICATION=*pid*" bewirkt das Überwechseln auf den Prozeß mit der Prozeßidentifikation *"pid"*.
prozeß	Das Argument *"prozeß"* steht für den Prozeßnamen des Prozesses, auf den übergewechselt werden soll.

Beispiele :

B1	*$ ATTACH MEIER_1*

Die Kontrolle wechselt vom aktuellen Prozeß zum Prozeß mit dem Prozeßname "MEIER_1" über.

B2	*$ ATTACH /IDENTIFICATION=0000204E*

Die Kontrolle wechselt vom aktuellen Prozeß zum Prozeß mit der PID (Prozeß-Identifikations-Code) "0000204E" über.

4.4.6 BACKUP

Hinter dem Kommando "**BACKUP**" verbirgt sich ein sehr mächtiges Dienstprogramm, das zum Sichern und Kopieren von Dateien dient. Mit "BACKUP" können gesamte Directory-Bäume oder Teile davon in eine Sicherungsdatei (Saveset) auf Magnetband, Magnetbandkassette oder Platte oder aus einer Sicherungsdatei zurück auf eine Platte kopiert werden. Es können Directory-Bäume oder Teil davon wahlweise unter Beibehaltung der Directory-Struktur von Platte nach Platte kopiert werden. Außerdem kann der Inhalt einer Sicherungsdatei aufgelistet werden. "BACKUP" wird bei Datensicherungen benutzt (vgl. Kapitel 4.7.1). Weitere Funktionen von "BACKUP" sollen hier in diesem Rahmen nicht diskutiert werden.

Graph des Befehlsformats :

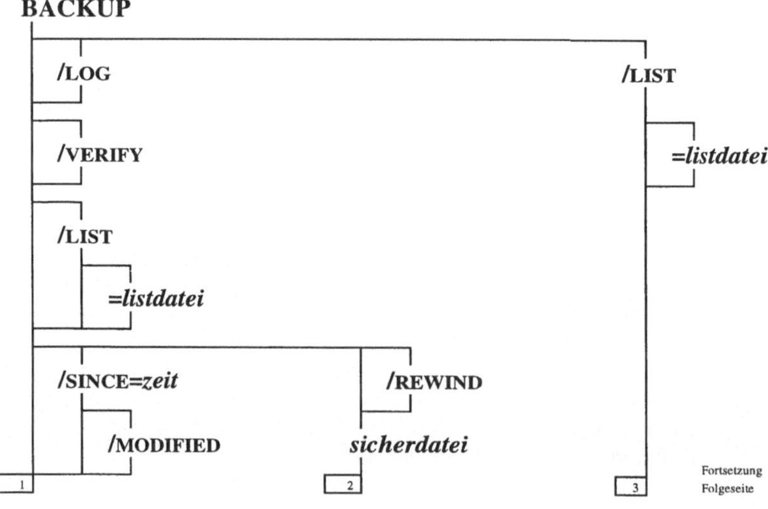

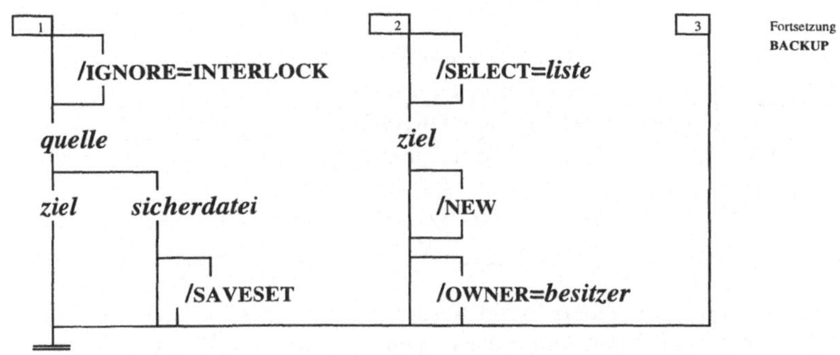

/IGNORE **=** **INTER-** **LOCK**	Der Kommandoqualifizierer "/IGNORE=INTERLOCK" weist "BACKUP" an, Dateien, die zu diesem Zeitpunkt gerade von einem anderen Prozeß geöffnet sind, zu kopieren. Es besteht hierbei jedoch die Gefahr, daß dann inkonsistente Dateiinhalte gesichert werden.
/LIST	Der Kommandoqualifizierer "/LIST" bewirkt die Ausgabe eines Listprotokolls. Bei der Angabe von "/LIST" in Verbindung mit dem Argument *"listdatei"* geschieht die Protokollierung in die Datei diesen Namens, ohne dieses Argument auf dem Terminal.
=list- **datei**	Das Argument *"listdatei"* steht für den Dateinamen des Listprotokolls.
/LOG	Der Kommandoqualifizierer "/LOG" bewirkt die Anzeige der vollständigen Dateinamen der kopierten Dateien auf dem Terminal.
/MODI- **FIED**	Der Kommandoqualifizierer "/MODIFIED" ist nur sinnvoll im Zusammenhang mit "/SINCE". Dort bewirkt er, daß statt des Erzeugungsdatums das Datum der letzten Veränderung benutzt wird.
/NEW	Zurückzuspielende Dateien aus dem Saveset *"sicherdatei"* werden wegen des Argumentqualifizierers "/NEW" mit der derzeit höchsten Versionsnummer angelegt. Dadurch wird sichergestellt, daß mit diesen Dateiversionen weitergearbeitet wird.
/OWNER **=** **besitzer**	Der Kommandoqualifizierer "/OWNER" zusammen mit dem Argument *"besitzer"* steuert die UIC der Zieldatei(en) beim Zurückspeichern aus einem Saveset. Die ursprüngliche UIC bleibt standardmäßig erhalten. Folgende Angaben steuern die Ziel-UIC :

/OWNER= ORIGINAL	Die ursprüngliche UIC der Dateien im Saveset bleibt beim Zurückspeichern erhalten. Zugriff auf eine andere UIC erfordert das Privileg "SYSPRV".

Fortsetzung Folgeseite

Fortsetzung /OWNER= *besitzer*	/OWNER= PARENT	Beim Zurückspeichern der Dateien aus dem Saveset bekommen diese die UIC zugeordnet, die der Zielbereich besitzt.
	keine Angabe	Default ; wie ORIGINAL.
	/OWNER= [ggg,mmm]	Beim Zurückspeichern wird versucht, den Zieldateien die angegebene UIC "[ggg,mmm]" zuzuordnen, wozu für andere UICs als die eigene das Privileg "SYSPRV" erforderlich ist.

quelle   Das Argument *"quelle"* steht für die Angabe eines Dateinamens oder einer ganzen Liste von Dateinamen, die mit "BACKUP" in einen Saveset *"sicherdatei"* oder von Platte nach Platte kopiert werden sollen. Bei Angabe einer Liste müssen die einzelnen Dateinamen durch ein Komma voneinander getrennt werden. Es dürfen Wild Cards verwendet werden.

/REWIND   Der Kommandoqualifizierer "/REWIND" gilt nur bei der Benutzung eines Magnetbandes. Er sorgt für das Zurückspulen des Bandes an den Bandanfang.

/SAVESET   Der Argumentqualifizierer "/SAVESET" kennzeichnet das Kopierziel als einen Saveset. Dieser Qualifizierer wird nur beim Kopieren von Platte nach Platte verwendet, wo entweder Quell- nach Zieldateien oder Quelldateien in einen Saveset kopiert werden können. Bei Magnetbändern kann "/SAVESET" entfallen, da hier immer nur ein Saveset geschrieben wird.

/SELECT = liste   Der Argumentqualifizierer "/SELECT" zusammen mit dem Argument *"liste"* gibt die Dateinamen (oder Teile von Dateinamen) der Dateien an, die aus dem Saveset *"sicherdatei"* auf den Zielbereich *"ziel"* kopiert werden sollen. Bei der Angabe der Dateinamen können Wild Cards verwendet werden. Nicht erlaubt sind Plattenbezeichner. Bei mehr als einer Namensangabe muß die *"liste"* in ein Klammerpaar "(" und ")" eingeschlossen und die einzelnen Dateinamen durch jeweils ein Komma getrennt werden.

sicher- datei   Das Argument *"sicherdatei"* steht für den Namen eines Savesets, in den zu sichernde Dateien kopiert werden sollen / worden sind.

/SINCE = zeit   Der Kommandoqualifizierer "/SINCE" beschränkt die Menge der Dateien auf die Dateien, die vor dem Zeitpunkt *"zeit"* erzeugt worden sind. Für *"zeit"* kann angegeben werden :

Fortsetzung Folgeseite	BOOT	Zeitpunkt des letzten Rechnerstarts.
	LOGIN	Zeitpunkt des Einloggens.

Fortsetzung /SINCE = *zeit*	TODAY	Zeitpunkt "heutiges Datum" 00:00 Mitternacht.
	YESTERDAY	Zeitpunkt "gestriges Datum" 00:00 Mitternacht.
	Zeitangabe	Beliebiger Zeitpunkt (für das Format der OpenVMS-Zeitangabe siehe Kapitel 4.3.9).
	keine Angabe	wie "TODAY".

/VERIFY   Der Kommandoqualifizierer "/VERIFY" sorgt dafür, daß nach der Kopieraktion die Quell- und Zieldateien in einem zweiten Durchlauf aus Sicherheitsgründen miteinander verglichen werden.

ziel   Das Argument *"ziel"* steht für die Angabe eines Dateinamens oder eines Zugriffspfades, der als Kopierzielvorgabe aus einem Saveset oder von Platte nach Platte dient. Wild Cards sind erlaubt.

Beispiele :

B1

```
$ BACKUP /LIST  DUA0:[BILL...]  DUA3:[PIT...]
Listing of BACKUP operation
Written by:          SYSTEM
UIC:                 [000001,000001]
Date:                24-SEP-19xx 19:38:15.71
Command:             BACKUP DUA0:[BILL...]
                     DUA3:[PIT...]
Operating system:    OpenVMS VAX version V6.2
BACKUP version:      V6.2
CPU ID register:     0A000005
Node name:           _MIAMI::
Written on:          _MIAMI$DUA3:
Block size:          33040
Group size:          10
Buffer count:        39

DUA0:[BILL]AKTIV.COM;1        1 24-SEP-19xx 19:28
DUA0:[BILL]LOGIN.COM;3        1 24-SEP-19xx 19:29
DUA0:[BILL.TTT]TEST.DAT;3 23 24-SEP-19xx 19:30
Total of 3 files,25 blocks
End of BACKUP operation
```

Der Systemmanager (wegen der Zugriffsrechte) kopiert einen gesamten Benutzer-Bereich : der Directory-Baum "DUA0:[BILL...]" wird 1:1 unter der Beibehaltung seiner Directory-Struktur auf eine andere Platte in die Directory "DUA3:[PIT...]" kopiert. Alle Dateien befinden sich nach dem Kopieren im Ziel-Directory-Baum an der gleichen Stelle wie im Quell-Directory-Baum. Auf gleiche Weise ließe sich auch der Bereich "DUA0:[BILL...]" auf eine andere Platte "DUA1:[BILL...]" (z.B. für eine Datensicherung) kopieren.

B2

$ BACKUP DUA0:[BADER...] *

Die gesamte Directory "DUA0:[BADER]" wird auf die aktuelle
Default-Directory kopiert. Die Struktur der Directory des Bereiches
"DUA0:[BADER]" wird dabei aufgegeben; alle Dateien landen in
der aktuellen Default-Directory. Auch die Directory-Dateien mit der
Extension ".DIR" der einzelnen Sub-Directories werden alle auf die
Default-Directory kopiert, sie sind jedoch leer.

B3

$ BACKUP /IGNORE=INTERLOCK ARBEIT.DAT -
_$ ARBEIT.NEUDAT

Die Datei "ARBEIT.DAT" auf der aktuellen Default-Directory wird
in die Datei "ARBEIT.NEUDAT" kopiert. Dabei wird ignoriert, daß
die Quelldatei "ARBEIT.DAT" vielleicht von einem anderen Prozeß
zur Bearbeitung geöffnet worden ist mit der Folge, daß das Ergebnis
"ARBEIT.NEUDAT" inkonsistente Dateiinhalte enthalten kann.

B4

```
$ BACKUP  /LIST  MUA0:
Listing of save set(s)
Save set:             MEIER.SAVE
Written by:           MEIER
UIC:                  [000257,000001]
Date:                 24-SEP-19xx 19:10:15.71
Command:              BACKUP   DUA0:[PIT...]
                      MUA0:MEIER.SAVE
Operating system:     OpenVMS VAX version V6.2
BACKUP version:       V6.2
CPU ID register:      0A000005
Node name:            _MIAMI::
Written on:           _MIAMI$MUA0:
Block size:           8192
Group size:           10
Buffer count:         36

DUA0:[PIT.TEST]TEE.DAT;3  23   24-SEP-19xx 9:30
Total of 1 file, 23 blocks
End of save set
```

Es wird das Inhaltsverzeichnis des mit "BACKUP" beschriebenen
Magnetbandes auf der Bandstation "MUA0:" mit der Information
über den Saveset auf dem Terminal ausgegeben.

B5

```
$ BACKUP  /LOG  DUA0:[MEIER...]*.* -
_$          MUA0:MEIER.SAVE
%BACKUP-S-COPIED, COPIED
                    DUA0:[MEIER.ANGEBOT]UTE.LIS;1
%BACKUP-S-COPIED, COPIED  ...
```

Der gesamte Bereich "DUA0:[MEIER...]" wird auf ein Magnetband auf dem Gerät "MUA0:" in einen Saveset namens "MEIER.SAVE" kopiert. Dabei wird die Information über die Directory-Struktur mitgespeichert, so daß bei einem späteren Zurückkopieren aus dem Saveset die ehemalige Directory-Struktur wieder hergestellt werden kann und alle Dateien im Ziel-Directory-Baum an der gleichen Stelle wie im ehemaligen Quell-Directory-Baum landen.

B6

```
$ BACKUP  /VERIFY  DUA0:[MEIER.INFO] -
_$ DUA1:[MEIER.BACKUP]MEIER.SAVE  /SAVESET
%BACKUP-I-STARTVERIFY,
                    starting verification pass
```

Alle Dateien aus der Sub-Directory "DUA0:[MEIER.INFO]" werden wegen "/SAVESET" in einen Saveset namens "MEIER.SAVE" auf der Directory "DUA1:[MEIER.BACKUP]" geschrieben. Danach wird wegen "/VERIFY" jede kopierte Datei im Saveset mit der Originaldatei verglichen, wobei etwaige Unterschiede protokolliert werden.

B7

```
$ BACKUP  /REWIND  MSA0:MEIER.SAVE -
_$     /SELECT=(*.EXE)     DUA0:[PETER.LIB]*.*
```

Der Saveset namens "MEIER.SAVE" wird von dem Magnetband auf der Bandstation "MSA0:" eingelesen. Alle Dateien in diesem Saveset mit der Extension ".EXE", werden in die angegebene Ziel-Directory "DUA0:[PETER.LIB]" übertragen. Zuvor wird das Magnetband wegen "/REWIND" an den Bandanfang zurückgespult.

B8

```
$ BACKUP  MUA0:MEI.SAV  /SELECT=([000000...]) -
_$ DUA0:[BADER...]  /NEW  /OWNER=PARENT
```

Dieses Kommandoformat spielt einen ganzen Bereich (z.B. "[MEIER...]") von einem Band auf die Platte in den Bereich [BADER...]" zurück.

Der Saveset namens "MEI.SAV" mit der Kopie des Bereiches "MEIER" wird von dem Magnetband auf der Bandstation "MUA0:" eingelesen. Alle Dateien, die sich in diesem Saveset befinden, werden wegen "/SELECT=([000000...])" durch die Wiederherstellung der ursprünglichen Directory-Struktur in die entsprechenden (ehemaligen) Sub-Directories unter der Directory "DUA0:[BADER]" untergebracht. Durch "/SELECT=([000000...])" wird "BACKUP" angewiesen, den ehemaligen Directory-Baum "[MEIER...]" nicht als einen Sub-Directory-Baum unter "[BADER]" anzuhängen, sondern diesen aus Sicht der Master File Directory über den Directory-Baum "[BADER...]" überzublenden. Dabei wird die Directory-Stufe "MEIER" mit "BADER" gleichgesetzt und beim Einspielen "MEIER" durch "BADER" ersetzt.

Wenn der Zielbereich nicht leer sein sollte, dann werden eingelesene Dateien, die eventuell dort bereits existierende Versionen besitzen, wegen "/NEW" mit einer höheren Versionsnummer neu angelegt.

 Die Dateien auf dem Zielbereich gehören nicht dem Benutzer "MEIER", von dem aus sie mal in den Saveset geschrieben wurden, sondern wegen der Angabe "/OWNER=PARENT" dem Benutzer, auf dessen Bereich sie aktuell eingespielt werden (also "BADER").

4.4.7 CLOSE

Das Kommando "**CLOSE**" dient zum Schließen einer Datei, die mit dem Kommando "OPEN" (vgl. Kapitel 4.4.31) geöffnet worden ist. Nebenbei wird der logische Name, der für diese Datei beim "OPEN" angelegt worden ist, wieder aus der Logical-Name-Tabelle "LNM$PROCESS" gelöscht.

Dieses Kommando wird in der Regel nur in Kommandoprozeduren verwendet. Außerdem kann "CLOSE" bei einem abnormalem Ende einer Kommandoprozedur verwendet werden, um eventuell noch offene Dateien nachträglich zu schließen.

Graph des Befehlsformats :

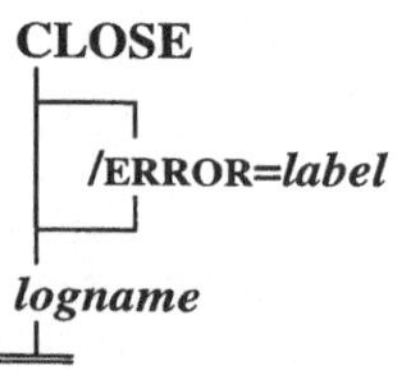

/ERROR = *label*	Der Kommandoqualifizierer "/ERROR" zusammen mit der Angabe eines *"label"* kann nur in einer Kommandoprozedur verwendet werden. "/ERROR" weist "CLOSE" an, im Fehlerfall zu diesem Label *"label"* in einer Kommandoprozedur zu verzweigen.
logname	Das Argument *"logname"* steht für den logischen Namen, der der zu schließenden Datei beim "OPEN" zugeordnet worden ist.

Beispiele :

B1	`$ CLOSE   INFILE`

Die Datei, der beim "OPEN" der logische Name "INFILE" zugewiesen wurde, wird geschlossen. Der logische Name "INFILE" wird aus der Logical-Name-Tabelle "LNM$PROCESS" gelöscht.

B2	`$ CLOSE   /ERROR=CLOSE_FEHLER   OUTFILE`

Die Datei, der beim "OPEN" der logische Name "OUTFILE" zugeordnet worden ist, wird geschlossen. Der logische Name "OUTFILE" wird aus der Logical-Name-Tabelle "LNM$PROCESS" gelöscht. Bei einem Fehler beim Schließen der Datei wird innerhalb der Kommandoprozedur zum Label "CLOSE_FEHLER" verzweigt.

4.4.8 CONTINUE

Das Kommando "**CONTINUE**" setzt die Ausführung eines mit <CTRL/Y> abgebrochenen Programms/Befehls/Utility in dem Zustand fort, in dem der Abbruch erfolgt ist. Da <CTRL/Y> nicht sofort den Programmkontext zerstört, kann "CONTINUE" das <CTRL/Y> wieder rückgängig machen. Ansonsten ist "CONTINUE" ein Befehl ohne Auswirkung.

Zwischen <CTRL/Y> und "CONTINUE" können sogar noch einige Kommandos ausgeführt werden, die den Programmkontext des abgebrochenen Programmes nicht zerstören. Der Aufruf eines weiteren Programmes allerdings führt dann aber zum Aufbau eines neuen Kontexts mit der Folge, daß das abgebrochene Programm nicht mehr weitergeführt werden kann. Im Bild 4.4-1 können Sie die meisten mit "CONTINUE" verträglichen Kommandos aufgelistet sehen, die den Programmkontext nicht zerstören.

Graph des Befehlsformats :

CONTINUE

= (Assignments)	DEFINE	RECALL	SHOW QUOTA
ALLOCATE	DEFINE /KEY	RETURN	SHOW STATUS
ASSIGN	DELETE /SYMBOL	SET CONTROL	SHOW SYMBOL
ATTACH	EXIT	SET DEFAULT	SHOW TIME
CLOSE	GOSUB	SET ON	SPAWN
CONTINUE	GOTO	SET SECURITY	STOP
CREATE	IF	SET UIC	WAIT
/NAME_TABLE	INQUIRE	SET VERIFY	WRITE
DEALLOCATE	ON	SHOW DEFAULT	
DEASSIGN	OPEN	SHOW KEY	
DEBUG	READ	SHOW PROTECTION	

Bild 4.4-1 CONTINUE-verträgliche Kommandos

Beispiel :

| B1 |
```
$ RUN   AUSWERTUNG
<CTRL/Y>
*INTERRUPT*
$ SHOW   TIME
$ CONTINUE
```

Das Programm "AUSWERTUNG" wird während seiner Ausführung durch die Eingabe von <CTRL/Y> unterbrochen. Der DCL-Prompt "$" wird ausgegeben, das Kommando "SHOW TIME" zeigt die Systemzeit an, ohne den Kontext von "AUSWERTUNG" zu zerstören. Das anschließende "CONTINUE" setzt die Ausführung von "AUSWERTUNG" in dem Zustand fort, der bei der Eingabe von <CTRL/Y> bestand.

4.4.9 CONVERT /FDL

Das Kommando "**CONVERT /FDL**" dient zum Konvertieren einer Quelldatei in eine Zieldatei mit einer eventuellen Formatänderung. So kann aus einer sequentiellen Datei eine indexsequentielle oder relative RMS-Datei und umgekehrt aus einer indexsequentiellen oder relativen RMS-Datei eine sequentielle Datei werden. Bei einer Konvertierung einer indexsequentiellen Datei in eine indexsequentielle geht das Konvertieren einher mit der internen Reorganisation der Zieldatei und wird daher häufig als Maßnahme zur Verbesserung der Performance angewendet.

Graph des Befehlsformats :

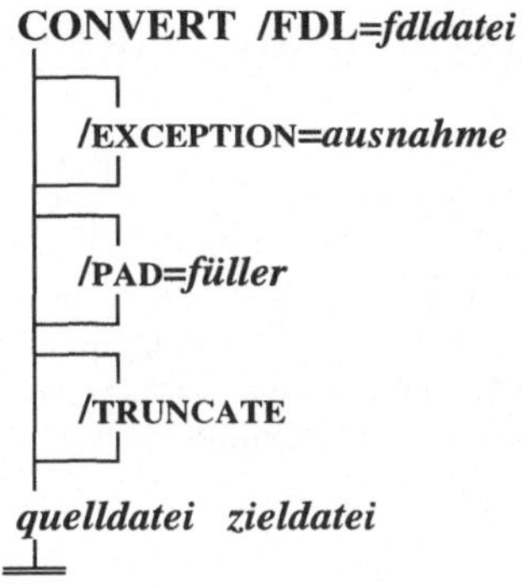

/EXCEPTION = ausnahme	Der Kommandoqualifizierer "/EXCEPTION" mit dem Argument *"ausnahme"* bewirkt die Ausgabe eventueller Fehlermeldungen bei der Konvertierung in der Ausgabedatei *"ausnahme"*. Bei Weglassen dieses Qualifizierers erfolgt die Fehlerausgabe auf dem Terminal.
fdldatei	Das Argument *"fdldatei"* gibt den Dateinamen mit der FDL-Beschreibung für die zu konvertierte Zieldatei an.
/PAD = füller	Der Kommandoqualifizierer "/PAD" zusammen mit *"füller"* gibt das Füllzeichen an, das zum Auffüllen kürzerer Sätze aus der Quelldatei beim Schreiben in die Zieldatei benutzt werden soll. Der ASCII-Code für *"füller"* wird hexadezimal ("%X"), dezimal ("%D") oder oktal ("%O") angegeben (z.B. Blank = %X20 = %D32 = %O40).
quelldatei	Das Argument *"quelldatei"* benennt den Dateinamen der zu konvertierenden Datei. Wild Cards sind nicht erlaubt.
/TRUNCATE	Der Kommandoqualifizierer "/TRUNCATE" schneidet längere Sätze aus der Quelldatei beim Schreiben in die Zieldatei auf die in der *"fdldatei"* angegebene Satzlänge ab.
zieldatei	Das Argument *"zieldatei"* ist der Dateiname der gemäß den Angaben aus der FDL-Beschreibung *"fdldatei"* konvertierten Zieldatei.

Beispiele :

B1	**$ CONVERT /FDL=VIP.FDL PERSON.DAT VIP.DAT**

Die Quelldatei "PERSON.DAT" wird in die Zieldatei "VIP.DAT" gemäß der FDL-Beschreibung "VIP.FDL" konvertiert.

<table>
<tr><td>B2</td><td>

$ CONVERT /FDL=ARTIKEL.FDL /PAD=%X20 -
_$ /EXCEPTION=ARTIKEL.EXC   /TRUNCATE
_$ ARTIKEL.EDT   ARTIKEL.NEU

</td></tr>
</table>

Die (editierte) Quelldatei "ARTIKEL.EDT" auf der aktuellen Default-Directory wird dort in die indexsequentielle Zieldatei "ARTIKEL.DAT" konvertiert. Kürzere Sätze in der Datei "ARTIKEL.EDT" werden mit dem ASCII-Zeichen "%X20" (=Leerzeichen) aufgefüllt, längere Sätze wegen "TRUNCATE" abgeschnitten. Fehlerhafte Sätze werden in der Ausgabedatei "ARTIKEL.EXC" protokolliert.

4.4.10 COPY

Das Kommando "**COPY**" dient zum Kopieren einer Quelldatei in eine Zieldatei oder zum Kopieren einer Gruppe von mehreren Quelldateien in eine Gruppe von Zieldateien. Außerdem können mehrere Quelldateien zu einer Zieldatei zusammenkopiert werden.

Wenn Sie keine Versionsnummer bei der Angabe des Dateinamens spezifizieren, so erzeugt "COPY" immer Zieldateien mit den aktuell jeweils höchsten Versionsnummern.

Verwenden Sie bei der Angabe des Dateinamens jedoch Versionsnummern, dann können beim Kopieren ungewollte Effekte auftreten, wenn Sie *unvorsichtig* mit Versionsnummern umgehen. Dabei ist es unerheblich, ob eine Versionsnummer direkt oder per Wildcard '*' spezifiziert wird.

Worin besteht die Gefahr beim Kopieren mit Versionsnummern ? "COPY" versucht bei der Angabe der Versionsnummer bei der Quelldatei, die gleiche Versionsnummer beizubehalten. Das gelingt genau dann, wenn keine Zieldatei mit der gleichen Versionsnummer existiert. Ein Kopierversuch in eine Zieldatei, die mit der gleichen Versionsnummer bereits vorhanden ist, wird mit der folgenden Fehlermeldung abgelehnt :

```
%COPY-E-OPENOUT, error opening ... as output
-RMS-E-FEX, file already exists, not superseeded
%COPY-W-NOTCOPIED, ... not copied
```

Existiert bereits eine Zieldatei mit einer höheren Versionsnummer und ist die Versionsnummer der Quelldatei zwar kleiner, aber noch frei, dann wird mit einer Hinweismeldung kopiert, daß noch eine höhere Version vorhanden ist.

> *%COPY-W-HIGHVER, higher version of ...*
> *already exists*
> *%COPY-S-COPIED, ... copied to ... (... blocks)*

Genau dieser Tatbestand ist häufig der Grund, daß trotz erfolgreichem Kopierens mit der älteren Version (mit der dann höheren Versionsnummer) weitergearbeitet wird, daß dann unerklärlicherweise wieder 'alte Kartoffeln' auftauchen. Um das zu vermeiden, müssen Sie vorsichtig bei der Angabe von Versionsnummern beim Kopieren umgehen.

Oder Sie beherzigen den Tip: möglichst *ohne* Angabe der Versionsnummer kopieren, wenn dieses nicht nötig ist.

Graph des Befehlsformats :

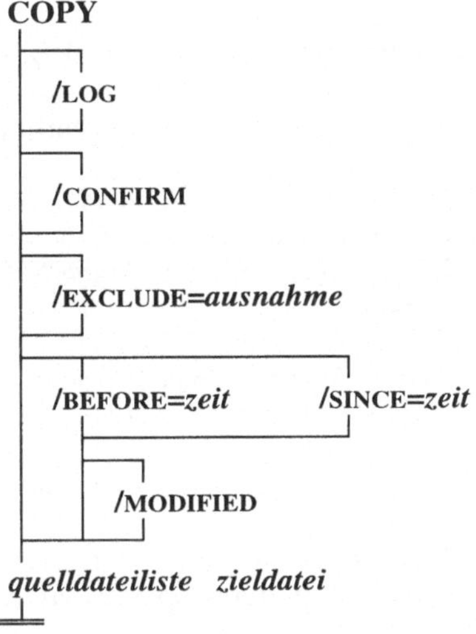

/BEFORE **=** *zeit*	Der Kommandoqualifizierer "/BEFORE" beschränkt das Auswahlkriterium *"quelldateiliste"* auf die Untermenge der Dateien, die vor dem Zeitpunkt *"zeit"* erzeugt worden sind (siehe weiter unten die Möglichkeiten für *"zeit"*).
/CON- **FIRM**	Der Kommandoqualifizierer "/CONFIRM" bietet jeden Dateinamen aus der *"quelldateiliste"* zum Kopieren an. Die Kopierfrage kann mit folgenden Antworten bedient werden :

Fortsetzung	YES oder TRUE	Die betreffende Datei wird kopiert.
Folgeseite	NO oder FALSE	Die betreffende Datei wird *nicht* kopiert.

Fortsetzung /CON-FIRM	QUIT oder <CTRL/Z>	Das Kommando wird abgebrochen.
	ALL	Alle noch folgenden Dateien werden ohne weitere Kopierfrage an die Zieldatei kopiert.

/EX-CLUDE = aus-nahme

Der Kommandoqualifizierer "/EXCLUDE" zusammen mit dem Argument *"ausnahme"* benennt die Dateien, die in der Ausgabe explizit ausgelassen werden sollen. Wild Cards sind erlaubt.

/LOG

Der Kommandoqualifizierer "/LOG" veranlaßt "COPY" die Meldung des gerade kopierten Dateinamens und des Zieldateinamens auf dem Terminal auszugeben.

/MODI-FIED

Der Kommandoqualifizierer "/MODIFIED" ist nur sinnvoll im Zusammenhang mit "/BEFORE" oder "/SINCE", wo er bewirkt, daß statt des Erzeugungsdatums das Datum der letzten Veränderung für die Einschränkung der Ergebnismenge benutzt wird.

quell-datei-liste

Das Argument *"quelldateiliste"* steht für einen Dateinamen oder für eine Liste von Dateinamen (durch je ein Komma getrennt), die an die Datei *"zieldatei"* herankopiert werden soll(en). Wild Cards sind erlaubt.

/SINCE = zeit

Der Kommandoqualifizierer "/SINCE" beschränkt das Auswahlkriterium *"quelldateiliste"* auf die Untermenge der Dateien, die nach dem Zeitpunkt *"zeit"* erzeugt worden sind (siehe weiter unten die Möglichkeiten für *"zeit"*).

zeit

Das Argument *"zeit"* dient zur zeitbedingten Einschränkung des Auswahlkriteriums *"quelldateiliste"*. Folgende Angaben sind erlaubt:

BOOT	Zeitpunkt des letzten Rechnerstarts.
LOGIN	Zeitpunkt des Einloggens.
TODAY	Zeitpunkt "heutiges Datum" 00:00 Mitternacht.
TOMORROW	Zeitpunkt "morgiges Datum" 00:00 Mitternacht.
YESTERDAY	Zeitpunkt "gestriges Datum" 00:00 Mitternacht.
Zeitangabe	Beliebiger Zeitpunkt (für das Format der OpenVMS-Zeitangabe siehe Kapitel 4.3.9).
keine Angabe	wie "TODAY".

ziel-datei

Das Argument *"zieldatei"* steht für den Namen der Zieldatei, an die die Dateien aus der*"quelldateiliste"* herankopiert werden sollen. Wild Cards sind erlaubt.

Beispiele :

B1

```
$ COPY /LOG INDU.TXT  OUTFILE.LIS
%COPY-S-COPIED, DUA0:[MEIER.ANGEBOT]INDU.TXT;4
                                      copied to
 DUA0:[MEIER.ANGEBOT]OUTFILE.LIS;1 (10 blocks)
```

Die Quelldatei "INDU.TXT" auf der aktuellen Default-Directory wird dort in die Zieldatei "OUTFILE.TXT" kopiert. Die erfolgte Kopieraktion wird mit dem vollständigen Dateinamen auf dem Terminal protokolliert.

B2

```
$ COPY /NOLOG  -
_$       DUA0:[MEIER.ANGEBOT]*.TXT  *.LIS
```

Alle Dateien auf der Directory "DUA0:[MEIER.ANGEBOT]" mit der Extension ".TXT" werden auf die aktuelle Default-Directory kopiert. Dabei wird der Dateibezeichner beibehalten, die Extension in ".LIS" geändert. Es erfolgt keine Meldung auf dem Terminal.

B3

```
$ COPY  DUA1:[XYZ.EDT]INFILE1.TXT,-
_$ DUA1:[BADER]INFILE2.LIS  -
_$ DUA0:[MEIER.ANGEBOT]OUTFILE.TMP
```

Die beiden Quelldateien "DUA1:[XYZ.EDT]INFILE1.TXT" und "DUA1:[BADER]INFILE2.LIS" werden nacheinander in die Zieldatei "DUA0:[MEIER.ANGEBOT]OUTFILE.TMP" kopiert.

B4

```
$ COPY /CONFIRM TEMPO*.DAT  SAMMEL.DAT
Copy DUA0:[MEIER.ANGEBOT]TEMPO.DAT;1 to
    DUA0:[MEIER.ANGEBOT]SAMMEL.DAT;1 ? [N] : Y
Copy DUA0:[MEIER.ANGEBOT]TEMPO.DAT;4 to
    DUA0:[MEIER.ANGEBOT]SAMMEL.DAT;2 ? [N] : Y
Copy DUA0:[MEIER.ANGEBOT]TEMPO1.DAT;13 to
    DUA0:[MEIER.ANGEBOT]SAMMEL.DAT;3 ? [N] : N
Copy DUA0:[MEIER.ANGEBOT]TEMPORA.DAT;1 to
    DUA0:[MEIER.ANGEBOT]SAMMEL.DAT;4 ? [N] : Q
```

Alle Dateien, deren Dateibezeichner mit "TEMPO" beginnt, mit beliebiger Extension auf der aktuellen Default-Directory werden nacheinander zum Kopieren in Dateien mit dem Namen "SAMMEL.DAT" angeboten und -je nach Beantwortung der Kopierfrage- entweder kopiert oder nicht.

B5	*$* **COPY HUGO.RECHNUNG HUGO.RECHNUNG**

Die Quelldatei "HUGO.RECHNUNG" wird auf der aktuellen Default-Directory durch das Kopieren dupliziert. Es wird eine gleichnamige Zieldatei mit einer höheren Versionsnummer angelegt.

B6	*$* **COPY BARBARA.LISTE;2 NORMA.VERSUCH**

Die Datei "BARBARA.LISTE;2" auf der aktuellen Default-Directory wird in die Datei "NORMA.VERSUCH" kopiert, wenn die Zieldatei "NORMA.VERSUCH;2" noch nicht existiert. Ist diese Versionsnummer frei, dann wird "NORMA.VERSUCH;2" angelegt unabhängig von der Existenz anderer Dateiversionen "NORMA.VERSUCH".

B7	*$* **COPY SYS$INPUT: BARBARA.LISTE**

Die 'Datei' "SYS$INPUT" (der Eingabekanal des aktuellen Terminals) wird kopiert in die Zieldatei "BARBARA.LISTE" auf der aktuellen Default-Directory. Die Beendigung der Eingabe geschieht durch <CTRL/Z>. Dies ist eine einfache Möglichkeit, Text zu erfassen, ohne einen Editor zu benutzen.

4.4.11 CREATE /DIRECTORY

Das Kommando "**CREATE /DIRECTORY**" dient zum Erzeugen einer neuen Directory.

Dieses Kommando verwendet der Systemmanager, um eine Haupt-Directory in die Master File Directory einer Platte einzutragen. Hierfür wird das Privileg "SYSPRV" oder "BYPASS" benötigt.

Ein Benutzer kann mit diesem Kommando seine Sub-Directory-Struktur aufbauen. Durch die Angabe eines gesamten Directory-Pfades können alle Sub-Directories auf dem Weg miterzeugt werden, wenn diese noch nicht existieren sollten (vgl. dazu auch Kapitel 4.2.2 über das Anlegen von Sub-Directories).

Graph des Befehlsformats :

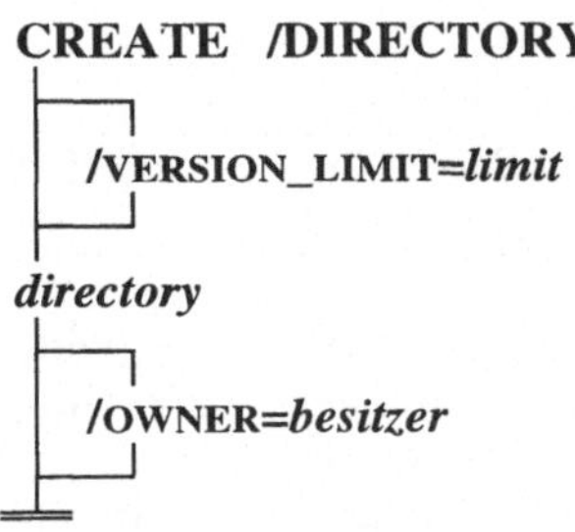

directory   Das Argument *"directory"* bezeichnet den absoluten oder relativen Zugriffspfad der zu erzeugenden Directory.

/OWNER = besitzer   Der Argumentqualifizierer "/OWNER" zusammen mit dem Argument *"besitzer"* spezifiziert eine abweichende UIC in Form des Benutzernamens (User Identifier). Standardmäßig erhält die zu erzeugende Directory die UIC des Prozesses, der diesen Befehl absetzt. Durch die Angabe *"besitzer"* kann der Systemmanager eine Directory einem Benutzer zuordnen.

/VER- SION_ LIMIT = limit   Der Kommandoqualifizierer "/VERSION_LIMIT" zusammen mit dem Argument *"limit"* beschränkt die Aufnahmekapazität der zu erzeugenden Directory : die Anzahl der Versionen gleichnamiger Dateien in dieser Directory wird auf *"limit"* Versionen eingestellt.

Beispiele :

| **B1** | *$* **CREATE /DIRECTORY [MEIER.ANGEBOT]** |

Die Sub-Directory "ANGEBOT" wird in der Haupt-Directory "MEIER" als Unterverzeichnis eingerichtet.

| **B2** | *$* **CREATE /DIRECTORY [.INFO]** |

Die Sub-Directory "INFO" wird unter der aktuellen Default-Directory als Unterverzeichnis angelegt.

| **B3** | *$* **CREATE /DIRECTORY [MEIER.ANGEBOT.INFO]** |

Die Sub-Directory "INFO" wird unter der Sub-Directory "ANGEBOT" unter der Haupt-Directory "MEIER" als ein

Unterverzeichnis angelegt. Wenn die Sub-Directory "ANGEBOT" noch nicht existieren sollte, so wird sie automatisch miterzeugt.

B4

> **$ CREATE /DIRECTORY /VERSION_LIMIT=2 -**
> **_$ [.MAHNUNG]**

Die Sub-Directory "MAHNUNG" wird unter der aktuellen Default-Directory als Unterverzeichnis eingerichtet. Die Anzahl der Versionen für Dateien, gleichen Namens, die in diesem Unterverzeichnis geführt werden, ist auf "2" beschränkt. Dies betrifft nur von diesem Zeitpunkt ab neu angelegte Dateien.

B5

> **$ CREATE /DIRECTORY   DUA0:[MEIER] -**
> **_$ /OWNER=MEIER**

Die Haupt-Directory "MEIER" wird auf der Platte "DUA0:" erzeugt. Der Owner dieser Haupt-Directory ist "MEIER" (User Identifier aus dem Eintrag des Systemmanagers in die Datenbasis von "AUTHORIZE"). Zum Kreieren von Haupt-Directories wird das Recht zum Schreiben in der Master File Directory der aktuellen Platte oder das Privileg "SYSPRV" oder "BYPASS" benötigt.

4.4.12 CREATE /FDL

Das Kommando "**CREATE /FDL**" dient zum Erzeugen einer RMS-Datei (meist mit indexsequentiellem oder relativem Dateiformat) gemäß der Definition, die in einer FDL-Beschreibungsdatei (FDL=File Description Language, die Beschreibungssprache für RMS-Dateien) abgelegt ist.

Graph des Befehlsformats :

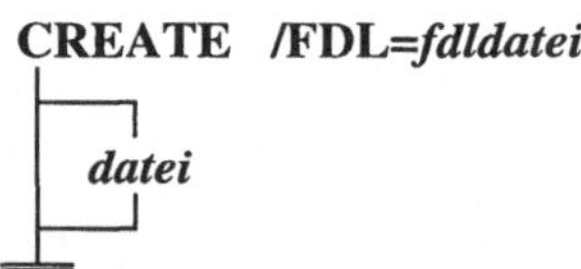

datei   Das Argument *"datei"* ist der Dateiname der zu erzeugenden Datei. Ohne *"datei"* benutzt "CREATE/FDL" den Dateinamen aus der FDL-Beschreibung.

fdldatei   Das Argument *"fdldatei"* gibt den Dateinamen mit der FDL-Beschreibung für die zu erzeugende Datei an.

Beispiele :

| B1 | **$ CREATE /FDL=[MEIER.INFO]ARTIKEL.FDL** |

      Auf der aktuellen Default-Directory wird eine Datei erzeugt. Der Name und die Eigenschaften dieser Datei sind in der FDL-Beschreibungsdatei "[MEIER.INFO]ARTIKEL.FDL" definiert.

| B2 | **$ CREATE /FDL=[MEIER.ANGEBOT]MAHN.FDL -**
 _$ [MEIER.AUFTRAG]MAHNUNG.DAT |

      Auf der Directory "[MEIER.AUFTRAG]" wird die Datei "MAHNUNG.DAT" gemäß der der FDL-Beschreibungsdatei "[MEIER.ANGEBOT]MAHN.FDL" erzeugt.

4.4.13 CREATE /NAME_TABLE

Das Kommando "**CREATE /NAME_TABLE**" dient zum Kreieren einer Logical-Name-Tabelle neben den von OpenVMS standardmäßig vorgegebenen Logical-Name-Tabellen (vgl. Kapitel 4.3.10 über das Konzept der logischen Namen).

Diese anwendungsspezifische Logical-Name-Tabelle besitzt einen Namen, der maximal aus 31 Zeichen bestehen darf. Entweder ist diese Logical-Name-Tabelle prozeßprivat oder systemweit eingerichtet. Für den letzteren Fall wird das Priviieg "SYSNAM" benötigt.

Der Name einer prozeßprivaten Logical-Name-Tabelle wird in die Logical-Name-Tabelle "LNM$PROCESS_DIRECTORY" eingetragen, in der alle prozeßspezifischen Logical-Name-Tabellen verwaltet werden. Die Eintragung des Namens einer systemweit zugänglichen Logical-Name-Tabelle erfolgt in die Logical-Name-Tabelle "LNM$SYSTEM_DIRECTORY".

Graph des Befehlsformats :

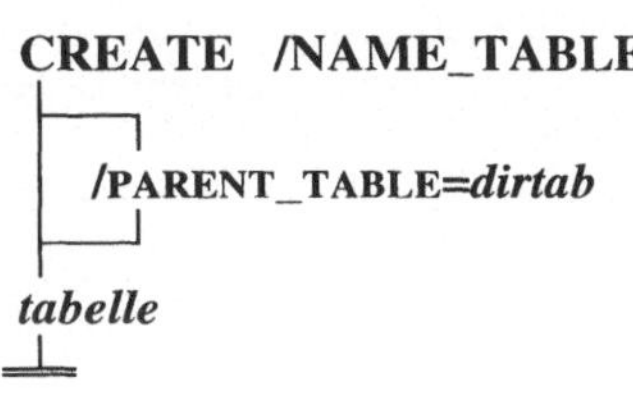

/PARENT _TABLE = dirtab   Der Kommandoqualifizierer "/PARENT_TABLE" zusammen mit Argument *"dirtab"* gibt den Namen der Logical-Name-Tabelle an, in die der Name der zu erzeugenden Logical-Name-Tabelle *"tabelle"* eingetragen werden soll. Wird "/PARENT_TABLE" weggelassen, so erfolgt dieser Eintrag defaultmäßig in die Logical-Name-Tabelle "LNM$PROCESS_DIRECTORY".

tabelle   Das Argument *"tabelle"* gibt den Namen der zu erzeugenden Logical-Name-Tabelle an.

Beispiele :

| B1 | **$ CREATE /NAME_TABLE PRIVAT** |

Die prozeßprivate Logical-Name-Tabelle "PRIVAT", die nur der aktuelle Prozeß kennt, wird kreiert. In die Logical-Name-Tabelle "LNM$PROCESS_DIRECTORY", in der alle Logical-Name-Tabellen für den aktuellen Prozeß als logische Namen verwaltet werden, wird der Name "PRIVAT" eingetragen.

B2	**$ CREATE /NAME_TABLE -**
	_$ /PARENT_TABLE=LNM$SYSTEM_DIRECTORY -
	_$ SHARE

Die Logical-Name-Tabelle "SHARE" wird kreiert. Diese Logical-Name-Tabelle wird systemweit als 'shared' behandelt, das heißt, daß alle Prozesse auf dem Rechner auf diese Tabelle lesenden Zugriff besitzen. Den Namen dieser Logical-Name-Tabelle trägt "CREATE" in die Logical-Name-Tabelle "LNM$SYSTEM_DIRECTORY" ein, auf die alle Prozesse lesen dürfen ; für den Schreibzugriff auf diese Logical-Name-Tabelle ist das Privileg "SYSPRV" erforderlich.

4.4.14 DEALLOCATE

Das Kommando "**DEALLOCATE**" dient zur Aufhebung eines exklusiven Zugriffs auf ein Gerät durch den aktuellen Prozeß. Dieser exklusive Zugriff ist durch den Befehl "ALLOCATE" (vgl. Kapitel 4.4.1) erreicht worden. Dabei vereinbarte logische Namen bleiben trotz der Freigabe erhalten.

Graph des Befehlsformats :

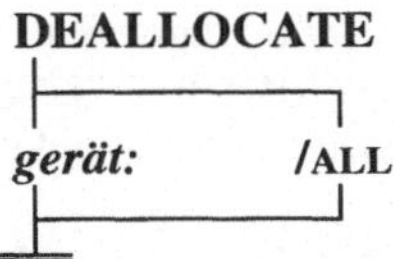

/ALL	Der Kommandoqualifizierer "/ALL" weist "DEALLOCATE" an, alle für den Prozeß exklusiv reservierten Geräte wieder freizugeben.
gerät:	Das Argument *"gerät:"* bezeichnet das freizugebende, für den Prozeß exklusiv reservierte Gerät.

Beispiel :

B1	$ DEALLOCATE MUA0:

Das für den aktuellen Prozeß exklusiv reservierte Gerät mit dem Bezeichner "MUA0:" wird wieder freigegeben.

4.4.15 DEASSIGN

Das Kommando "**DEASSIGN**" dient zum Löschen eines logischen Namens aus einer Logical-Name-Tabelle. Außerdem wird es verwendet, um selbstdefinierte Logical-Name-Tabellen komplett zu löschen (vgl. Kapitel 4.3.10 über das Konzept der logischen Namen).

Graph des Befehlsformats :

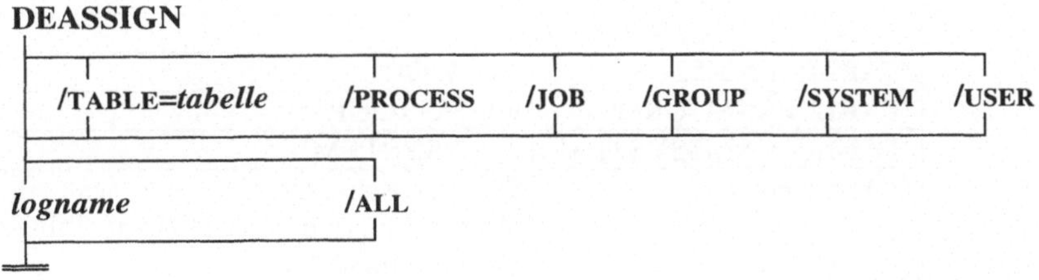

/ALL	Es werden alle Eintragungen aus der aktuellen Logical-Name-Tabelle gelöscht. Die Löschanweisung bezieht sich auch auf alle logischen Namen, die sich in weniger privilegierten Logical-Name-Tabellen befinden.

/GROUP   Die Löschung des logischen Namen *"logname"* erfolgt aus der Logical-Name-Tabelle "LNM$GROUP". Bei Verwendung von "/ALL" werden alle logischen Namen aus den Logical-Name-Tabellen "LNM$GROUP", "LNM$JOB" und "LNM$PROCESS" gelöscht. Der Prozeß muß dazu das Privileg "GRPNAM" besitzen.

/JOB   Die Löschung des logischen Namen *"logname"* erfolgt aus der Logical-Name-Tabelle "LNM$JOB". Bei "/ALL" werden alle logischen Namen aus den Logical-Name-Tabellen "LNM$JOB" und "LNM$PROCESS" gelöscht.

logname   Das Argument *"logname"* ist der logische Name, der aus der gewünschten Logical-Name-Tabelle gelöscht werden soll.

/PROCESS   Die Löschung des logischen Namen *"logname"* erfolgt aus der Logical-Name-Tabelle "LNM$PROCESS". Bei "/ALL" werden alle logischen Namen aus der Logical-Name-Tabelle "LNM$PROCESS" gelöscht.

/SYSTEM   Die Löschung des logischen Namen *"logname"* erfolgt aus der Logical-Name-Tabelle "LNM$SYSTEM". Bei "/ALL" werden alle logischen Namen aus den Logical-Name-Tabellen "LNM$SYSTEM", "LNM$GROUP", "LNM$JOB" und "LNM$PROCESS" gelöscht. Der Prozeß muß dazu das Privileg "SYSNAM" besitzen.

**/TABLE = ** *tabelle*   Der Kommandoqualifizierer "/TABLE=*tabelle*" benennt die Logical-Name-Tabelle, aus der der logische Name *"logname"* gelöscht werden soll. Fehlt die Angabe der Zieltabelle, so wird automatisch die Tabelle "LNM$PROCESS" benutzt. Für "/TABLE=*tabelle*" können folgende Angaben stehen :

/TABLE=LNM$PROCESS	wie "/PROCESS".
/TABLE=LNM$JOB	wie "/JOB".
/TABLE=LNM$GROUP	wie "/GROUP".
/TABLE=LNM$SYSTEM	wie "/SYSTEM".
/TABLE=*name*	Die Löschung erfolgt aus der selbstdefinierten Logical-Name-Tabelle namens *"name"*.

/USER   wie "/PROCESS" für den logischen Namen, der nur für die Dauer der Ausführung des nächsten Programmes (Images) besteht.

Beispiele :

| B1 | **$ DEASSIGN KONFIG** |

Der logische Name "KONFIG" wird aus der Logical-Name-Tabelle "LNM$PROCESS" gelöscht.

| B2 | **$ DEASSIGN /JOB TAGESDATEI** |

Der logische Name "TAGESDATEI" wird aus der Logical-Name-Tabelle "LNM$JOB" gelöscht.

| B3 | **$ DEASSIGN /GROUP GRUSS** |

Der logische Name "GRUSS" wird aus der Logical-Name-Tabelle "LNM$GROUP" gelöscht. Privileg "GRPNAM" ist dazu notwendig.

| B4 | **$ DEASSIGN /SYSTEM SYS$DISK** |

Der logische Name "SYS$DISK" wird aus der Logical-Name-Tabelle "LNM$SYSTEM" gelöscht. Dazu ist das Privileg "SYSNAM" notwendig.

| B5 | **$ DEASSIGN /TABLE=PRIVAT GRUSSWORT** |

Der logische Name "GRUSSWORT" wird aus der prozeßprivaten Logical-Name-Tabelle "PRIVAT" gelöscht.

| B6 | **$ DEASSIGN /TABLE=LNM$PROCESS_DIRECTORY -**
_$ PRIVAT |

Der Logical-Name-Tabelle unter dem logischen Namen "PRIVAT" in der Logical-Name-Tabelle "LNM$PROCESS_DIRECTORY" wird gelöscht. Da in dieser Logical-Name-Tabelle alle dem Prozeß bekannten Logical-Name-Tabellen verwaltet werden, ist mit dem Löschen des logischen Namens einer Logical-Name-Tabelle auch der gesamte Inhalt dieser betreffenden Logical-Name-Tabelle und damit die ganze Tabelle gelöscht.

B7   *$* **DEASSIGN /TABLE=LNM$SYSTEM_DIRECTORY -**
             _*$* SHARE

Der Logical-Name-Tabelle unter dem logischen Namen "SHARE" in der Logical-Name-Tabelle "LNM$SYSTEM_DIRECTORY" wird gelöscht. Da in dieser Logical-Name-Tabelle alle allen Prozessen gemeinsam bekannten Logical-Name-Tabellen verwaltet werden, ist mit dem Löschen des logischen Namens einer Logical-Name-Tabelle auch der gesamte Inhalt dieser betreffenden Logical-Name-Tabelle und damit die gesamte Tabelle gelöscht. Da erforderliche Privileg für diese Löschaktion ist "SYSPRV" oder "SYSNAM".

4.4.16 DEBUG

Das Kommando "**DEBUG**" setzt die Ausführung eines mit <CTRL/Y> abgebrochenen Programms in dem Zustand fort, in dem der Abbruch erfolgt ist. Die Fortführung des Programms geschieht unter der Kontrolle des Debuggers. Die Voraussetzung dafür ist, daß das Programm mit Debug-Option übersetzt und gelinkt worden ist. "DEBUG" entspricht von seiner Funktionsweise dem Kommando "CONTINUE" (vgl. Kapitel 4.4.8). Bei <CTRL/Y> wird nicht sofort der Programmkontext zerstört; daher kann "DEBUG" das <CTRL/Y> wieder rückgängig machen und das Programm unter dem Debugger fortsetzen.

Auch hier können zwischen <CTRL/Y> und "DEBUG" die mit "CONTINUE" verträglichen Kommandos ausgeführt werden, ohne daß der Programmkontext des abgebrochenen Programms zerstört wird. Die erlaubten mit "CONTINUE" verträglichen Kommandos können Sie im Bild 4.4-1 im Kapitel 4.4.8 aufgelistet sehen.

Graph des Befehlsformats :

DEBUG

4.4.17 DEFINE

Das Kommando "**DEFINE**" dient zum Eintragen einer Zeichenkette unter einem logischen Namen in eine Logical-Name-Tabelle. Dieser Eintrag kann in die standardmäßig von OpenVMS zur Verfügung gestellten oder in eine selbstdefinierte Logical-Name-Tabellen erfolgen (vgl. Kapitel 4.3.10 über das Konzept der logischen Namen). Das Kommando "DEFINE" entspricht genau dem Kommando "ASSIGN" (vgl. Kapitel 4.4.4) bis auf die Anordnung der Parameter: ASSIGN-Anweisungen werden nach dem Motto "Weise den WERT dem LOGICAL-NAME zu" aufgebaut, DEFINE-Anweisungen nach "Definiere LOGICAL-NAME als WERT".

Graph des Befehlsformats :

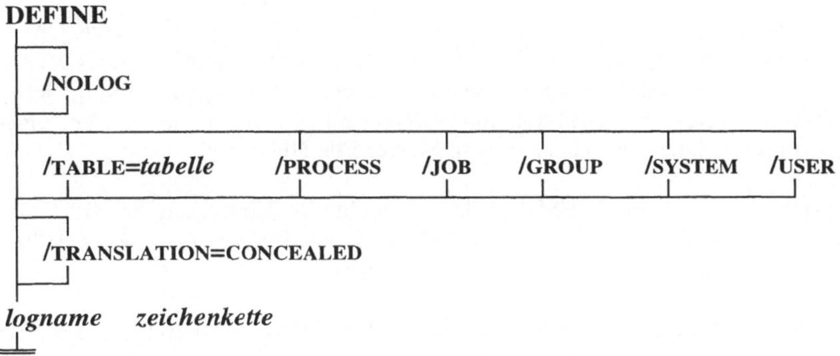

/GROUP Die Eintragung erfolgt in die Logical-Name-Tabelle "LNM$GROUP", wenn der Prozeß das Privileg "GRPNAM" besitzt.

/JOB Die Eintragung erfolgt in die Logical-Name-Tabelle "LNM$JOB".

logname Das Argument *"logname"* ist der logische Name, unter dem die zugewiesene *"zeichenkette"* gespeichert wird.

/NOLOG Der Kommandoqualifizierer "/NOLOG" unterdrückt die Meldung der aktuellen Zuweisung des logischen Namens auf dem Terminal.

/PROCESS Die Eintragung erfolgt in die Logical-Name-Tabelle "LNM$PROCESS".

/SYSTEM Wenn der Prozeß das Privileg "SYSNAM" besitzt, erfolgt die Eintragung in die Logical-Name-Tabelle "LNM$SYSTEM".

/TABLE = tabelle Der Kommandoqualifizierer "/TABLE=*tabelle*" spezifiziert, in welche der Logical-Name-Tabellen der logische Name *"logname"* mit seinem Wert *"zeichenkette"* eingetragen werden soll. Fehlt die Angabe der Zieltabelle, so wird automatisch die Tabelle "LNM$PROCESS" benutzt. Für "/TABLE=*tabelle*" können folgende Angaben stehen :

/TABLE=LNM$PROCESS	wie "/PROCESS".
/TABLE=LNM$JOB	wie "/JOB".
/TABLE=LNM$GROUP	wie "/GROUP".

Fortsetzung Folgeseite

Fortsetzung /TABLE = tabelle	/TABLE=LNM$SYSTEM	wie "/SYSTEM".
	/TABLE=name	Die Eintragung erfolgt in die selbstdefinierte Logical-Name-Tabelle namens *"name"*.

/TRANS-LATION = CON-CEALED

Der Kommandoqualifizierer "/TRANSLATION=CONCEALED" unterbindet die weitere Übersetzung des logischen Namens bei seiner Verwendungsauflösung ('concealed' = verborgen). Häufig definiert diese Konstruktion mit Angabe eines Zugriffspfades eine logische Platte (quasi als eine Art 'Master File Directory').

/USER

wie "/PROCESS", jedoch besteht die Eintragung in die Logical-Name-Tabelle "LNM$PROCESS" nur für die Dauer der Ausführung des nächsten Programmes (Images).

zeichen-kette

Das Argument *"zeichenkette"* ist der Wert, der dem logischen Namen *"logname"* zugewiesen wird.

Beispiele :

B1

```
$ DEFINE  KONFIG  INFILE.SYS
%DCL-I-SUPERSEDE, previous value of KONFIG has
                             been superseeded
```

Die Zeichenkette mit dem Dateinamen "INFILE.SYS" wird unter dem logischen Namen "KONFIG" in die Logical-Name-Tabelle "LNM$PROCESS" eingetragen. Eine eventuell dabei auftretende Überschreibung des Logical-Name-Eintrags wird gemeldet.

B2

```
$ DEFINE  /JOB  /NOLOG  TAG  MONTAG
```

Die Zeichenkette "MONTAG" wird unter dem logischen Namen "TAG" in die Logical-Name-Tabelle "LNM$JOB" eingetragen. Eine eventuell auftretende Überschreibung des Logical-Name-Eintrags wird nicht gemeldet.

B3

```
$ DEFINE  /GROUP  /NOLOG  GRUSS  "hallo"
```

Die Zeichenkette "halli" wird unter dem logischen Namen "GRUSS" in die Logical-Name-Tabelle "LNM$GROUP" eingetragen. Eine eventuell dabei auftretende Überschreibung des Logical-Name-Eintrags wird nicht gemeldet.

<table>
<tr><td>B4</td><td>

$ DEFINE /TRANSLATION=CONCEALED -
_$ MEINE_PLATTE   DUA1:[MEIER.]
%DCL-I-SUPERSEDE, previous value of
*   MEINE-PLATTE has been superseeded*

</td></tr>
</table>

Die Zeichenkette mit dem Zugriffspfad "DUA1:[MEIER.]" wird unter dem logischen Namen "MEINE_PLATTE" in die Logical-Name-Tabelle "LNM$PROCESS" mit Meldung eingetragen. Wegen "concealed" wird der Logical-Name und damit der Zugriffspfad wird als eine logische Platte behandelt. Beachten Sie den Punkt nach der Angabe des Zugriffspfades vor der schließenden Klammer !!

<table>
<tr><td>B5</td><td>$ DEFINE /TABLE=PRIVAT DATEI INFILE.SYS</td></tr>
</table>

Unter dem logischen Namen "DATEI" wird "INFILE.SYS" in die selbstdefinierte Logical-Name-Tabelle "PRIVAT" eingetragen.

4.4.18 DEFINE /KEY

Das Kommando **"DEFINE /KEY"** weist einer Taste auf der Tastatur eine Zeichenkette zu und dient so als Möglichkeit zur Definition eigener Funktionstasten. Nach dem Betätigen dieser Taste wird die Zeichenkette auf dem Bildschirm angezeigt, wie eine Tastatureingabe behandelt und gegebenenfalls sofort ausgeführt.

Die Namen der einzelnen Tasten auf der Tastatur sind in den folgenden Bildern 4.4-3 und 4.4-2 aufgeführt. Die Tasten auf dem numerischen Tastaturblock müssen gegebenenfalls mit "SET TERMINAL /APPLICATION" bzw. "/NONUMERIC" (vgl. Kapitel 4.4.50) als Funktionstasten aktiviert werden.

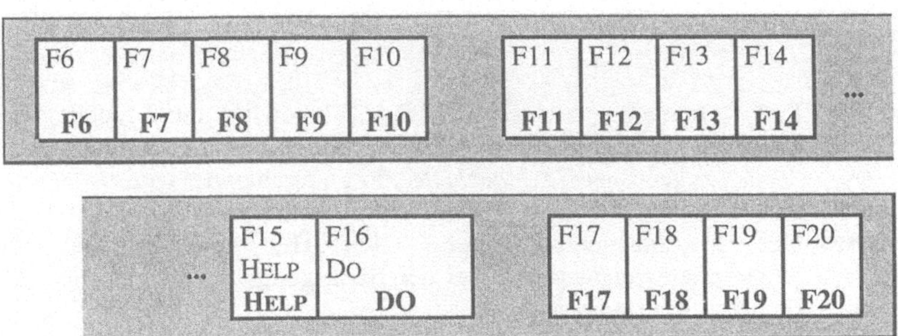

Bild 4.4-2 Tastennamen Funktionstastenreihe

FIND	INSERT HERE	REMOVE	PF1	PF2	PF3	PF4
E1	**E2**	**E3**	**PF1**	**PF2**	**PF3**	**PF4**
SELECT	PREV. ⇑⇑⇑	NEXT ⇓⇓⇓	7	8	9	-
E4	**E5**	**E6**	**KP7**	**KP8**	**KP9**	**MINUS**
	⇑ UP		4	5	6	,
			KP4	**KP5**	**KP6**	**COMMA**
⇐ LEFT	⇓ DOWN	⇒ RIGHT	1	2	3	ENTER
			KP1	**KP2**	**KP3**	
			0		.	ENTER
			KP0		**PERIOD**	

Bild 4.4-3 Tastennamen numerischer Tastaturblock und Cursorblock

Graph des Befehlsformats :

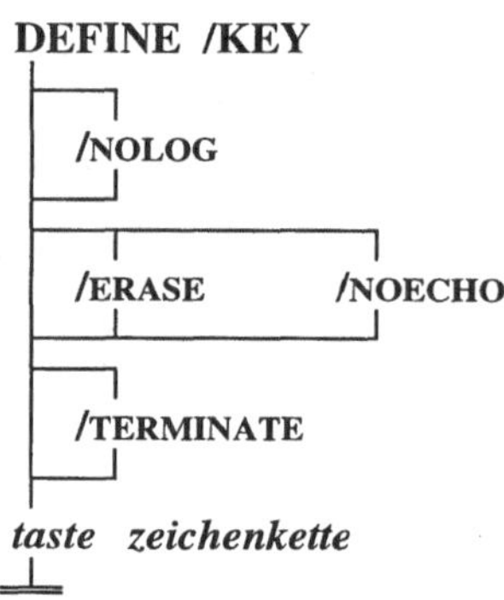

/ERASE Der Kommandoqualifizierer "/ERASE" bewirkt die Löschung der aktuellen Zeile bei der Betätigung der *"taste"*, bevor die dieser *"taste"* zugeordnete *"zeichenkette"* dort eingeblendet wird.

/NO-ECHO Der Kommandoqualifizierer "/NOECHO" bewirkt, daß die zugeordnete *"zeichenkette"* bei der Betätigung der *"taste"* nicht auf dem Bildschirm angezeigt wird.

/NOLOG Der Kommandoqualifizierer "/NOLOG" sorgt bei der Definition der Taste, daß keine Meldung auf dem Terminal ausgegeben wird.

taste	Das Argument *"taste"* ist der Tastenname, für den eine *"zeichenkette"* zugeordnet werden soll.
/TERMI-NATE	Der Kommandoqualifizierer "/TERMINATE" veranlaßt, daß bei der Betätigung der *"taste"* die zugeordnete *"zeichenkette"* sofort mit einer "RETURN"-Taste abgeschickt wird.
zeichen-kette	Das Argument *"zeichenkette"* spezifiziert den Wert, der der *"taste"* zugeordnet werden soll.

Beispiele :

B1
```
$ DEFINE /KEY  PF4  "LOGOUT"
%DCL-I-DEFKEY,DEFAULT key PF4 has been defined
```

Der Taste "PF4" wird die Zeichenkette "LOGOUT" zugewiesen. Bei Drücken der Taste "PF4" wird die Zeichenkette "LOGOUT" auf dem Bildschirm an der aktuellen Cursorposition angezeigt, aber nicht ausgeführt.

B2
```
$ DEFINE /KEY /TERMINATE /NOLOG  PF4  "LO"
```

Der Taste "PF4" wird die Zeichenkette "LO" ohne Meldung auf dem Terminal zugewiesen. Bei Drücken der Taste "PF4" wird die Zeichenkette "LO" an der aktuellen Cursorposition angezeigt und wegen "/TERMINATE" sofort ausgeführt.

B3
```
$ DEFINE /KEY /TERMINATE /NOECHO  -
_$   /NOLOG   PF2  "HELP"
```

Der Taste "PF2" wird die Zeichenkette "HELP"ohne Meldung auf dem Terminal zugewiesen. Bei Betätigung von "PF2" wird die Zeichenkette "HELP" wegen "/NOECHO" nicht auf dem Bildschirm angezeigt, aber wegen "/TERMINATE" sofort ausgeführt.

B4
```
$ DEFINE /KEY /ERASE /NOLOG PF3 "DIR"
```

Der Taste "PF3" wird die Zeichenkette "DIR" ohne Meldung auf dem Terminal zugewiesen. Bei Drücken der Taste "PF3" wird zuerst die aktuelle Zeile komplett gelöscht, danach die Zeichenkette "DIR" auf dem Bildschirm in dieser Zeile angezeigt, aber nicht ausgeführt.

<table>
<tr><td>B5</td><td>

$ DEFINE /KEY /NOLOG PF1 "SHOW"
$ DEFINE /KEY /NOLOG /TERMINATE PF2 "USER"
$ DEFINE /KEY /NOLOG /TERMINATE PF3 "TIME"

</td></tr>
</table>

Dieses Beispiel zeigt die Möglichkeit für zusammengesetzte Funktionstasten. Nach dem Drücken der Taste "PF1" wird die Zeichenkette "SHOW" angezeigt. Durch anschließendes Betätigen der Taste "PF2" wird die Zeichenkette "USER" an "SHOW" angehängt und wegen "/TERMINATE" der Befehl "SHOW USER" ausgeführt. Bei der Taste "PF3" wird "SHOW TIME" ausgeführt.

4.4.19 DELETE

Das Kommando "**DELETE**" dient zum Löschen von einer oder mehreren Dateien. Bei der Angabe des Dateinamens ist zu beachten, daß immer eine Versionsnummer angegeben werden muß, entweder als direkter Wert oder als Wild Card '*'.

Graph des Befehlsformats :

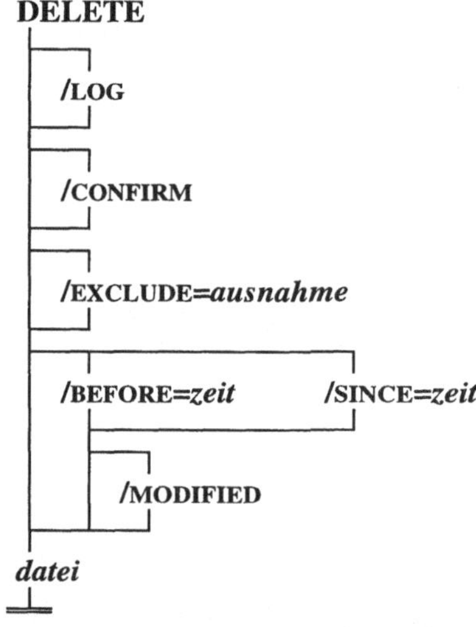

/BEFORE **=** *zeit*	Der Kommandoqualifizierer "/BEFORE=*zeit*" beschränkt das Auswahlkriterium *"datei"* auf die Untermenge der Dateien, die vor dem Zeitpunkt *"zeit"* erzeugt worden sind (siehe weiter unten die Möglichkeiten für *"zeit"*).
/CON- **FIRM**	Der Kommandoqualifizierer "/CONFIRM" bietet jeden Dateinamen, der das Auswahlkriterium *"datei"* erfüllt, zum Löschen an. Die Löschfrage kann mit folgenden Antworten bedient werden :

YES oder TRUE	Die betreffende Datei wird gelöscht.
NO oder FALSE	Die betreffende Datei wird *nicht* gelöscht.
QUIT oder <CTRL/Z>	Das Kommando wird abgebrochen.
ALL	Alle noch folgenden Dateien werden ohne weitere Löschfrage gelöscht.

datei	Das Argument *"datei"* gibt das Auswahlkriterium an. Die Dateien, die es erfüllen, werden gelöscht. Die Verwendung von Wild Cards ist erlaubt.
/EX- **CLUDE** **=** *aus-* *nahme*	Der Kommandoqualifizierer "/EXCLUDE" zusammen mit dem Argument *"ausnahme"* benennt die Dateien, die in der Ausgabe explizit ausgelassen werden sollen. Wild Cards sind erlaubt.
/LOG	Der Kommandoqualifizierer "/LOG" bewirkt die Meldung des vollständigen Dateinamens jeder gelöschten Datei auf dem Terminal.
/MODI- **FIED**	Der Kommandoqualifizierer "/MODIFIED" ist nur sinnvoll im Zusammenhang mit "/BEFORE" oder "/SINCE", wo er bewirkt, daß statt des Erzeugungsdatums das Datum der letzten Veränderung für die Einschränkung der Ergebnismenge benutzt wird.
/SINCE **=** *zeit*	Der Kommandoqualifizierer "/SINCE=*zeit*" beschränkt das Auswahlkriterium *"datei"* auf die Untermenge der Dateien, die nach dem Zeitpunkt *"zeit"* erzeugt worden sind (siehe weiter unten die Möglichkeiten für *"zeit"*).
zeit	Das Argument *"zeit"* dient zur zeitbedingten Einschränkung des Auswahlkriteriums *"datei"*. Folgende Angaben sind erlaubt:

BOOT	Zeitpunkt des letzten Rechnerstarts.
LOGIN	Zeitpunkt des Einloggens.
TODAY	Zeitpunkt "heutiges Datum" 00:00 Mitternacht.
TOMORROW	Zeitpunkt "morgiges Datum" 00:00 Mitternacht.

Fortsetzung Folgeseite

Fortsetzung *zeit*	YESTERDAY	Zeitpunkt "gestriges Datum" 00:00 Mitternacht.
	Zeitangabe	Beliebiger Zeitpunkt (für das Format der OpenVMS-Zeitangabe siehe Kapitel 4.3.9).
	keine Angabe	wie "TODAY".

Beispiele :

B1

```
$ DELETE  AKTIV.COM;*
```

Alle Versionen der Datei "AKTIV.COM" auf der aktuellen Default-Directory werden gelöscht.

B2

```
$ DELETE  AKTIV.*;*
```

Alle Versionen der Dateien mit dem Dateibezeichner "AKTIV" und beliebiger Extension auf der Default-Directory werden gelöscht.

B3

```
$ DELETE  *.*;*
```

Alle Dateien auf der aktuellen Default-Directory werden gelöscht.

B4

```
$ DELETE  DUA0:[MEIER.ANGEBOT]B*.LISTE;*
```

Alle Dateien auf der Directory "DUA0:[MEIER.ANGEBOT]", deren Dateibezeichner mit "B" beginnt und die die Extension "LISTE" besitzen, werden gelöscht.

B5

```
$ DELETE /CONFIRM  TEMPO.*;*
Delete DUA0:[MEIER.INFO]TEMPO.LIS;2 ? [N] : Y
Delete DUA0:[MEIER.INFO]TEMPO.LIS;4 ? [N] : Y
Delete DUA0:[MEIER.INFO]TEMPO.MAN;13 ? [N] : N
Delete DUA0:[MEIER.INFO]TEMPO.OBJ;1 ? [N] : Q
```

Alle Versionen der Dateien mit dem Dateibezeichner "TEMPO" mit beliebiger Extension auf der aktuellen Default-Directory werden nacheinander zum Löschen angeboten. Jeder Dateiname, der dieses Auswahlkriterium erfüllt, wird mit einer Löschfrage auf dem Bildschirm angeboten und -je nach Beantwortung der Löschfrage- entweder gelöscht oder nicht.

<table>
<tr><td>B6</td><td>$ DELETE   /LOG   [.INFO]BERT.MEMO;3
%DELETE-I-FILDEL, DUA0:[MEIER.INFO]BERT.MEMO;3
                                deleted   (5 blocks)</td></tr>
</table>

Die Datei "BERT.MEMO;3" auf der Sub-Directory "INFO" unter der aktuellen Default-Directory wird gelöscht und der vollständige Dateiname dieser Datei auf dem Terminal protokolliert.

<table>
<tr><td>B7</td><td>$ DELETE   /BEFORE=YESTERDAY   *.*;*</td></tr>
</table>

Alle Dateien auf der aktuellen Default-Directory, die vor dem gestrigen Datum erzeugt worden sind, werden gelöscht.

<table>
<tr><td>B8</td><td>$ DELETE   /SINCE=12-JUL-1990   *.*;*</td></tr>
</table>

Alle Dateien auf der aktuellen Default-Directory, die seit dem "12. Juli 1990" erzeugt worden sind, werden gelöscht.

4.4.20 DELETE /ENTRY

Das Kommando "**DELETE /ENTRY**" dient zum Löschen eines Eintrags aus einer Warteschlange (Batchqueue oder Printqueue). Dazu muß der Benutzer diesen Job auch abgeschickt haben (Owner des Jobs sein). Ansonsten wird das Privileg "OPER" benötigt.

Graph des Befehlsformats :

DELETE   /ENTRY=_jobliste_

    queue

jobliste Das Argument _"jobliste"_ spezifiziert die Einträge mit ihren Jobnummern, die aus der _"queue"_ gelöscht werden sollen. Bei Angabe mehrerer Jobnummern werden diese durch jeweils ein Komma getrennt und in ein Paar Klammern "(" und ")" eingefaßt.

queue Das Argument _"queue"_ bezeichnet den Namen der Warteschlange, aus der Einträge gelöscht werden sollen. Bei Weglassen von _"queue"_ sucht "DELETE /ENTRY" den entsprechenden Job in allen Queues.

Beispiele :

| B1 | **$ DELETE   /ENTRY=1024   SYS$PRINT** |

Der Eintrag in der Printqueue "SYS$PRINT" mit der Jobnummer "1024" wird gelöscht. Bei einem aktiven Job wird der Ausdruck gestoppt.

| B2 | **$ DELETE   /ENTRY=(100,101,103)   SYS$BATCH** |

Die Einträge in der Batchqueue "SYS$BATCH" mit den Jobnummern "100", "101" und "103" werden gelöscht. Ist einer der zu löschenden Batchjobs gerade aktiv, so wird seine Ausführung abgebrochen.

4.4.21 DELETE /KEY

Das Kommando "**DELETE /KEY**" dient zum Löschen einer mit dem Kommando "DEFINE /KEY" (vgl. Kapitel 4.4.18) definierten Funktionstaste.

Graph des Befehlsformats :

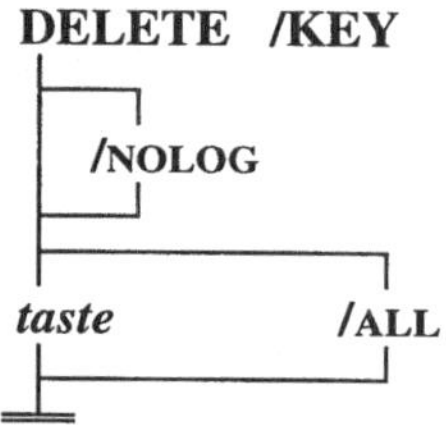

/ALL   Der Kommandoqualifizierer "/ALL" bewirkt die Löschung aller definierten Funktionstasten.

/NOLOG   Der Kommandoqualifizierer "/NOLOG" unterdrückt die Meldung auf dem Terminal beim Löschen der Definition der Taste.

taste   Das Argument *"taste"* ist der Name der zu löschenden Funktionstaste.

Beispiele :

| B1 | $ DELETE /KEY /NOLOG   PF2 |

Die Definition der Funktionstaste "PF2" wird gelöscht. Die Löschung wird auf dem Terminal nicht gemeldet.

| B2 | $ DELETE /KEY PF3 |
| | `%DCL-I-DELKEY,DEFAULT key PF3 has been deleted` |

Die Definition der Funktionstaste "PF3" wird gelöscht. Die Löschung wird auf dem Bildschirm gemeldet.

4.4.22 DELETE /SYMBOL

Das Kommando **"DELETE /SYMBOL"** dient zum Löschen einer Symboldefinition aus der lokalen oder globalen Symboltabelle (vgl. Kapitel 4.3.4 über Symbole in DCL).

Graph des Befehlsformats :

DELETE /SYMBOL

/GLOBAL

/LOG

symbol   /ALL

/ALL   Der Kommandoqualifizierer "/ALL" bewirkt die Löschung aller Symboldefinitionen aus der spezifizierten Symboltabelle.

/GLOBAL   Der Kommandoqualifizierer "/GLOBAL" gibt die globale, Weglassen von "/GLOBAL" die lokale Symboltabelle an.

/LOG   Der Kommandoqualifizierer "/LOG" veranlaßt die Protokollierung der Symbollöschung auf dem Terminal.

symbol   Das Argument *"symbol"* gibt den zu löschenden Symbolnamen an.

Beispiele :

| B1 | `$ DELETE  /SYMBOL  X` |

Die Symboldefinition für "X" wird aus der lokalen Symboltabelle ohne Meldung auf dem Terminal gelöscht.

| B2 | `$ DELETE  /SYMBOL  /LOG  X`
`%DCL-I-DELSYM, LOCAL symbol X has been deleted` |

Die Symboldefinition für "X" wird aus der lokalen Symboltabelle mit einer Meldung auf dem Terminal gelöscht.

| B3 | `$ DELETE  /SYMBOL  /GLOBAL  /LOG  DRUCKER`
`%DCL-I-DELSYM, GLOBAL symbol DRUCKER has been`
`                                        deleted` |

Die Symboldefinition für "DRUCKER" wird aus der globalen Symboltabelle mit einer Meldung auf dem Terminal gelöscht.

| B4 | `$ DELETE  /SYMBOL  /ALL` |

Alle lokalen Symboldefinitionen werden ohne Meldung auf dem Terminal gelöscht.

| B5 | `$ DELETE  /SYMBOL  /GLOBAL  /ALL` |

Es werden alle globalen Symboldefinitionen ohne Meldung auf dem Terminal gelöscht.

4.4.23 DIFFERENCES

Das Kommando "**DIFFERENCES**" dient zum Vergleich des Inhalts zweier Dateien und der Anzeige der unterschiedlichen Sätze aus diesen beiden Dateien. Bei einer festgestellten Ungleichheit wird in beiden Dateien eine bestimmte Anzahl von Sätzen weitergelesen, um den nächsten identischen Teil der Datei zu finden. Die Ausgabe zeigt die unterschiedlichen Sätze an, wobei der letzte Satz einer solchen unterschiedlichen Portion jeweils der erste Satz ist, von dem ab die Dateien wieder gleich sind.

Graph des Befehlsformats :

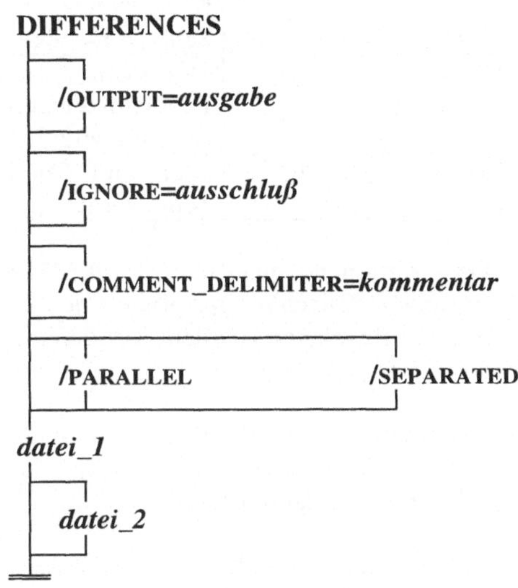

/COM- MENT_ DELIMI- TER = kommen- tar	Der Kommandoqualifizierer "/COMMENT_DELIMITER" zusammen mit dem Argument *"kommentar"* erlaubt die Angabe der Zeichen, die als Kommentarzeichen erkannt werden sollen. Jedes Zeichen wird von einem Anführungszeichen- oder Apostrophpaar eingeschlossen. Bei Mehrfachangaben trennt jeweils ein Komma ; die ganze Liste wird von einem Paar Klammern "(" und ")" eingefaßt. Dieser Qualifizierer ist eng gekoppelt mit "/IGNORE".
datei_1	Das Argument *"datei_1"* nennt den Dateinamen der ersten zu vergleichenden Datei.
datei_2	Das Argument *"datei_2"* nennt den Dateinamen der zweiten zu vergleichenden Datei. Wird *"datei_2"* weggelassen, dann erfolgt der Vergleich zwischen der letzten und vorletzten Version der Datei *"datei_1"*.
/IGNORE= aus- schluß	Der Kommandoqualifizierer "/IGNORE" zusammen mit dem Argument *"ausschluß"* bestimmt die Fälle, die trotz Unterschieden in den beiden Dateien *"datei_1"* und *"datei_2"* nicht als solche protokolliert werden sollen. Sollen mehr als ein solcher Fall ausgeschlossen werden, so sind die einzelnen Schlüsselwörter durch jeweils ein Komma zu trennen und von einem Paar Klammern "(" und ")" einzuschließen. Folgende Fälle können bei Vergleichen ausgeschlossen werden :

Fortsetzung Folgeseite

Fortsetzung **/IGNORE** **=** *ausschluß*	BLANK_LINES	Leerzeilen werden ignoriert.
	COMMENTS	Kommentarzeilen werden ignoriert.
	FORM_FEEDS	Seitenvorschübe werden ignoriert.
	SPACING	Mehrfach vorkommende Leer- und Tabulatorzeichen werden für den Vergleich auf ein Leerzeichen reduziert.
	TRAILING_SPACES	Leer- und Tabulatorzeichen am Ende einer Zeile werden ignoriert.

/OUTPUT= *ausgabe*   Der Kommandoqualifizierer "/OUTPUT" zusammen mit dem Argument *"ausgabe"* spezifiziert den Dateinamen der Ergebnisdatei mit den Resultaten aus dem Vergleich der beiden Dateien *"datei_1"* und *"datei_2"*.

/PARAL- LEL   Der Kommandoqualifizierer "/PARALLEL" steuert die Ausgabe der Vergleichsergebnisse : unterschiedliche Zeilen werden parallel nebeneinander ausgegeben.

/SEPA- RATED   Der Kommandoqualifizierer "/SEPARATED" steuert die Ausgabe der Vergleichsergebnisse : zuerst werden alle unterschiedliche Zeilen der Datei *"datei_1"*, danach die der Datei *"datei_2"* ausgegeben.

Beispiele :

Für die folgenden Beispiele seien hier vorab die beiden zu vergleichenden Dateien angegeben, damit die Interpretation der Ausgabe von "DIFFERENCES" einfacher wird.

```
Beispieldatei 1 :
DUA0:[MEIER]LOGIN.COM;4

1  $!--------------------------------
2  $! Operator-Login
3  $!--------------------------------
4  $ TX:==@DUA0:<TEXTE>TX
5  $!--------------------------------
6  $! Ende des Operator-Logins
7  $!--------------------------------
```

```
Beispieldatei 2 :
DUA0:[MEIER]AKTIV.COM;2

1  $!--------------------------------
2  $! Operator-Login /geändert BS
3  $!--------------------------------
4
5  $ TX   :== @DUA0:<TEXTE>TX
6  $!--------------------------------
7  $! Ende des Operator-Logins
8  $!--------------------------------
```

Beide Dateien unterscheiden sich in Zeile 2 : dort ist in "AKTIV.COM" der Text "/geändert BS" hinzugefügt worden. Weitere Unterschiede sind die zusätzliche Leerzeile in Zeile 4 von "AKTIV.COM". Außerdem sind in "AKTIV.COM" in Zeile 5 "$ TX..." einige Leerzeichen mehr als in der ansonsten identischen Zeile 4 von "LOGIN.COM" eingestreut.

<table><tr><td>B1</td><td>

```
$ DIFFERENCES   /OUTPUT=ERGEBNIS.LIS -
_$ AKTIV.COM   LOGIN.COM
```

</td></tr></table>

Der Inhalt der Datei "AKTIV.COM" und der Inhalt der Datei "LOGIN.COM" auf der aktuellen Default-Directory wird satzweise verglichen. Gefundene unterschiedliche Sätze werden in Gruppen untereinander in die Ergebnisdatei "ERGEBNIS.LIS" geschrieben.

<table><tr><td>B2</td><td>

```
$ DIFFERENCES  LOGIN.COM  AKTIV.COM
* * * * * * * * * * *
File DUA0:[MEIER]LOGIN.COM;4
2    $! Operator-Login
3    $!------------------------------------
4    $ TX:==@DUA0:<TEXTE>TX
5    $!------------------------------------
* * * * * *
File DUA0:[MEIER]AKTIV.COM;2
2    $! Operator-Login  /geändert BS
3    $!------------------------------------
4
5    $ TX     :==        @DUA0:<TEXTE>TX
6    $!------------------------------------
* * * * * * * * * * *


Number of difference sections found: 1
Number of difference records found: 4

DIFFERENCES /IGNORE=()/MERGED=1   -
     DUA0:[MEIER]LOGIN.COM;4   -
     DUA0:[MEIER]AKTIV.COM;2   -
```

</td></tr></table>

Die beiden Dateien "LOGIN.COM" und "AKTIV.COM" werden miteinander verglichen und alle Unterschiede auf dem Bildschirm protokolliert.

<table><tr><td>B3</td><td>

```
$ DIFFERENCES   /IGNORE=(BLANK_LINES,-
_$   FORM_FEEDS,SPACING,-
_$   TRAILING_SPACES,COMMENTS) -
_$   /COMMENT_DELIMITER=("*","!") -
_$   AKTIV.COM   LOGIN.COM
```

</td></tr></table>

Der Inhalt der Datei "AKTIV.COM" und der Inhalt der Datei "LOGIN.COM" wird satzweise verglichen, wobei Leerzeilen und Kommentarzeilen, die mit "*" oder "!" beginnen, nicht berücksichtigt werden. Formfeeds (Seitenvorschubzeichen) und unterschiedliche Anzahl Leer- und/oder Tabulatorzeichen im Satz und am Ende des Satzes werden nicht beachtet. Trotz dieser Einschränkung immer noch unterschiedliche Sätze werden auf dem Terminal angezeigt.

B4	

```
$ DIFFERENCES /IGNORE= -
_$ (SPACING,TRAILING_SPACES,BLANK_LINES) -
_$ LOGIN.COM  AKTIV.COM
* * * * * * * * * * *
File DUA0:[MEIER]LOGIN.COM;4
2    $! Operator-Login
3    $!-----------------------------------------
4    $ TX:==@DUA0:<TEXTE>TX
* * * * * *
File DUA0:[MEIER]AKTIV.COM;2
2    $! Operator-Login  /geändert BS
3    $!-----------------------------------------
5    $ TX :==   @DUA0:<TEXTE>TX
* * * * * * * * * * *


Number of difference sections found: 1
Number of difference records found: 3

DIFFERENCES -
/IGNORE=(SPACING,TRAILING_SPACES,BLANK_LINES)/
MERGED=1 -
     DUA0:[MEIER]LOGIN.COM;4   -
     DUA0:[MEIER]AKTIV.COM;2   -
```

Der Inhalt der beiden Dateien "LOGIN.COM" und "AKTIV.COM" unterscheidet sich wegen "/IGNORE" nur noch an zwei Stellen, da Leerzeilen ignoriert werden. Obwohl mehrere Leerzeichen auf ein Leerzeichen für den Vergleich reduziert werden, ist die Zeile "$TX" immer noch unterschiedlich. Alle anderen Unterschiede werden ebenfalls weiterhin auf dem Terminal protokolliert.

<table>
<tr><td>B5</td><td>

```
$ DIFFERENCES  /OUTPUT=ERG.LIS  /PARALLEL -
_$ AKTIV.COM   LOGIN.COM
```

</td></tr>
</table>

Der Inhalt der Datei "AKTIV.COM" und der Inhalt der Datei "LOGIN.COM" wird satzweise verglichen. Unterschiedliche Sätze werden nebeneinander in die Ergebnisdatei "ERG.LIS" geschrieben.

<table>
<tr><td>B6</td><td>

```
$ DIFFERENCES  /OUTPUT=ERG.LIS  /SEPARATED -
_$ AKTIV.COM   LOGIN.COM
```

</td></tr>
</table>

Der Inhalt der Datei "AKTIV.COM" und der Inhalt der Datei "LOGIN.COM" wird satzweise verglichen. Es werden zuerst alle gefundenen unterschiedlichen Sätze für "AKTIV.COM" in die Ergebnisdatei "ERG.LIS" geschrieben, danach alle Sätze für "LOGIN.COM".

<table>
<tr><td>B7</td><td>

```
$ DIFFERENCES  LOGIN.COM
Number of difference sections found: 0
Number of difference records found: 0

DIFFERENCES /IGNORE=()/MERGED=1   -
     DUA0:[MEIER]LOGIN.COM;2   -
     DUA0:[MEIER]LOGIN.COM;1   -
```

</td></tr>
</table>

Der Inhalt der beiden letzten Versionen der Datei "LOGIN.COM" werden satzweise miteinander verglichen. Beide Versionen sind identisch.

4.4.24 DIRECTORY

Das Kommando "**DIRECTORY**" dient zur Anzeige des Inhalts von Verzeichnissen sowie der Anzeige von File-Header-Informationen von Dateien.

Graph des Befehlsformats :

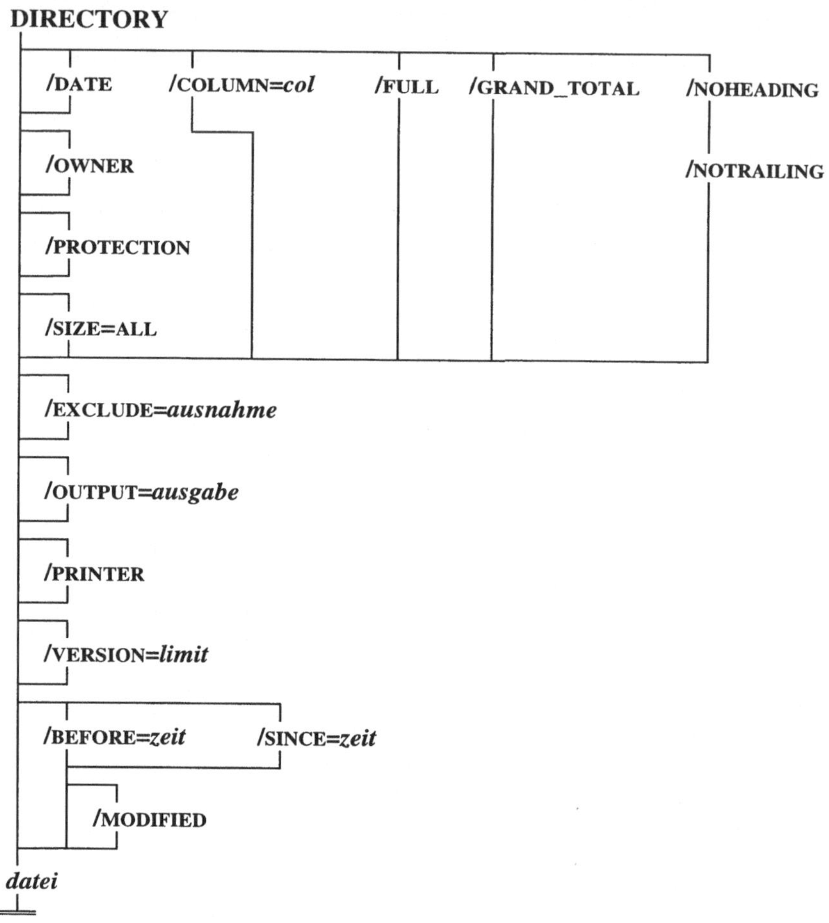

/BEFORE **=** *zeit*	Der Kommandoqualifizierer "/BEFORE" beschränkt das Auswahlkriterium *"datei"* auf die Untermenge der Dateien, die vor dem Zeitpunkt *"zeit"* erzeugt worden sind (siehe weiter unten die Möglichkeiten für *"zeit"*).
/CO- **LUMN** **=** *col*	Der Kommandoqualifizierer "/COLUMN" zusammen mit der Angabe *"col"* für die Anzahl der gewünschten Spalten gibt an, in wieviel Spalten die Ausgabe der Dateinamen erfolgen soll. Ohne diesen Qualifizierer werden standardmäßig 4 Spalten ausgegeben.

/DATE	Der Kommandoqualifizierer "/DATE" bewirkt die einspaltige Ausgabe der Dateinamen ergänzt um das Erzeugungsdatum jeder einzelnen Datei.
datei	Das Argument *"datei"* steht für Menge der Dateien (ein oder mehrere Dateiname(n) oder Zugriffspfad(e)), für die die gewünschte Information angezeigt werden sollen. Wild Cards sind erlaubt.
/EX-CLUDE = *aus-nahme*	Der Kommandoqualifizierer "/EXCLUDE" zusammen mit dem Argument *"ausnahme"* benennt die Dateien, die in der Ausgabe explizit ausgelassen werden sollen. Wild Cards sind erlaubt.
/FULL	Der Kommandoqualifizierer "/FULL" veranläßt die Ausgabe der vollständigen Informationen aus dem File-Header für die betroffene Menge der Dateien *"datei"*.
/MODI-FIED	Der Kommandoqualifizierer "/MODIFIED" ist nur sinnvoll im Zusammenhang mit "/BEFORE" oder "/SINCE", wo er bewirkt, daß statt des Erzeugungsdatums das Datum der letzten Veränderung für die Einschränkung der Ergebnismenge benutzt wird.
/NO-HEADING	Der Kommandoqualifizierer "/NOHEADING" bewirkt die einspaltige Ausgabe der Dateinamen. Diese werden als vollständige Dateinamen mit Platte, Directory, Dateibezeichner, Extension und Versionsnummer ausgegeben.
/NO-TRAILING	Der Kommandoqualifizierer "/NOTRAILING" unterdrückt die Summationszeile am Ende der Directory-Ausgabe. Zusammen mit "/NOHEADING" ist diese Form der Ausgabe sehr gut als Basis für Kommandoprozeduren geeignet, für die eine Liste von Dateinamen benötigt wird.
/OUTPUT = *ausgabe*	Der Kommandoqualifizierer "/OUTPUT" zusammen mit dem Argument *"ausgabe"* bestimmt die Datei namens *"ausgabe"* als Zieldatei für die Directory-Ausgabe. Ohne diesen Qualifizierer erfolgt die Ausgabe auf dem Terminal.
/OWNER	Der Kommandoqualifizierer "/OWNER" bewirkt die einspaltige Ausgabe der Dateinamen ergänzt um den Namen des Besitzers (User Identifier) jeder einzelnen Datei.
/PROTEC-TION	Der Kommandoqualifizierer "/PROTECTION" bewirkt die einspaltige Ausgabe der Dateinamen ergänzt um die Maske der Zugriffsrechte jeder einzelnen Datei.

/PRINTER	Der Kommandoqualifizierer "/PRINTER" gibt an, daß die Directory-Ausgabe auf dem Drucker erfolgen soll, der der Printqueue "SYS$PRINT" zugeordnet ist.
/SINCE = *zeit*	Der Kommandoqualifizierer "/SINCE" beschränkt das Auswahlkriterium *"datei"* auf die Untermenge der Dateien, die nach dem Zeitpunkt *"zeit"* erzeugt worden sind (siehe weiter unten die Möglichkeiten für *"zeit"*).
/SIZE = **ALL**	Der Kommandoqualifizierer "/SIZE=ALL" bewirkt die einspaltige Ausgabe der Dateinamen ergänzt um die Anzahl der reservierten und die Anzahl der tatsächlich belegten Speicherblöcke.
/VER- **SION** = *limit*	Der Kommandoqualifizierer "/VERSION" zusammen mit dem Argument *"limit"* spezifiziert die Anzahl der anzuzeigenden Versionen für jede einzelne Datei.
zeit	Das Argument *"zeit"* dient zur zeitbedingten Einschränkung des Auswahlkriteriums *"datei"*. Folgende Angaben sind erlaubt :

BOOT	Zeitpunkt des letzten Rechnerstarts.
LOGIN	Zeitpunkt des Einloggens.
TODAY	Zeitpunkt "heutiges Datum" 00:00 Mitternacht.
TOMORROW	Zeitpunkt "morgiges Datum" 00:00 Mitternacht.
YESTERDAY	Zeitpunkt "gestriges Datum" 00:00 Mitternacht.
Zeitangabe	Beliebiger Zeitpunkt (für das Format der OpenVMS-Zeitangabe siehe Kapitel 4.3.9).
keine Angabe	wie "TODAY".

Beispiele :

B1

```
$ DIRECTORY DING.*

DUA0:[MEIER.ANGEBOT]

DING.AUF;1   DING.AUF;2   DING.LI;23   DING.LOG;1
DING.SAV;2   DING.ZZZ;4

Total of 6 files.
```

Die Dateinamen aller Dateien mit dem Dateibezeichner "DING" in der aktuellen Default-Directory werden auf dem Terminal angezeigt.

B2 | **$ DIRECTORY**

Es werden die Dateinamen aller Dateien in der aktuellen Default-Directory auf dem Bildschirm angezeigt.

B3 | **$ DIRECTORY *.***

Es werden die Dateinamen aller Dateien in der aktuellen Default-Directory auf dem Bildschirm angezeigt.

B4 | **$ DIRECTORY *.*;***

Es werden die Dateinamen aller Dateien in der aktuellen Default-Directory auf dem Bildschirm angezeigt.

B5 | **$ DIRECTORY DUA0:[MEIER.ANGEBOT]*GIN.TXT**

Es werden die Dateinamen aller Dateien aus der Directory "DUA0:[MEIER.ANGEBOT]" auf dem Bildschirm angezeigt, deren Dateibezeichner mit "GIN" endet und deren Extension "TXT" heißt.

B6 | **$ DIRECTORY DUA0:[...]BARBARA.***

Es werden die Dateinamen aller Dateien mit dem Dateibezeichner "BARBARA" mit beliebiger Extension aus der aktuellen Default-Directory sowie allen untergeordneten Sub-Directories auf dem Bildschirm angezeigt.

B7 |

```
$ DIRECTORY /DATE /SIZE=ALL  BARBARA.*

DUA0:[MEIER.ANGEBOT]

BARBARA.AUF;1        13/15        14-AUG-19xx  15:43
BARBARA.AUF;2        15/15        14-AUG-19xx  15:56
BARBARA.LISTE;11     28/30        20-AUG-19xx  12:01
BARBARA.OBJ;3         6/6         31-OCT-19xx   0:17
BARBARA.OBJ;4         6/6          1-NOV-19xx  11:56

Total of 5 files, 68/72 blocks.
```

Es werden die Dateinamen aller Dateien, die den Dateibezeichner "BARBARA" besitzen und sich in der aktuellen Default-Directory befinden, auf dem Terminal angezeigt. Die Anzeige besteht aus dem Dateinamen, der Anzahl benutzter Blöcke und reservierter Blöcke sowie der Systemzeit der Erzeugung der jeweiligen Datei.

<table>
<tr><td>

B8

</td><td>

```
$ DIRECTORY /DATE   /PROTECTION  HUGO.*

DUA0:[MEIER.ANGEBOT]

HUGO.AUF;1    14-AUG-19xx  15:43   (RWED,RWED,RE,)
HUGO.AUF;2    14-AUG-19xx  15:56   (RWED,RWED,RE,)
HUGO.1;11     20-AUG-19xx  12:01   (RWED,RWED,RE,)
HUGO.OBJ;3    31-OCT-19xx   0:17   (RWE,RWE,RE,RE)
HUGO.OBJ;4     1-NOV-19xx  11:56   (RWE,RWE,RE,RE)

Total of 5 files.
```

</td></tr>
</table>

Es werden die Dateinamen aller Dateien, die den Dateibezeichner "BARBARA" besitzen und sich in der aktuellen Default-Directory befinden, auf dem Terminal angezeigt. Die Anzeige besteht aus dem Dateinamen, der Systemzeit der Erzeugung der jeweiligen Datei sowie der Maske der Zugriffsrechte für die einzelnen Benutzerklassen.

<table>
<tr><td>

B9

</td><td>

```
$ DIRECTORY /DATE   /OWNER  BARBARA.*

DUA0:[MEIER.ANGEBOT]

BARBARA.AUF;1        14-AUG-19xx  15:43   [MEIER]
BARBARA.AUF;2        14-AUG-19xx  15:56   [MEIER]
BARBARA.LISTE;11     20-AUG-19xx  12:01   [MEIER]
BARBARA.OBJ;3        31-OCT-19xx   0:17   [SYSTEM]
BARBARA.OBJ;4         1-NOV-19xx  11:56   [MEIER]

Total of 5 files.
```

</td></tr>
</table>

Es werden die Dateinamen aller Dateien, die den Dateibezeichner "BARBARA" besitzen und sich in der aktuellen Default-Directory befinden, auf dem Terminal angezeigt. Die Anzeige besteht aus dem Dateinamen, der Systemzeit der Erzeugung der jeweiligen Datei sowie dem Owner (UIC des Besitzer bzw. User Identifier).

B10 $ **DIRECTORY   /OUTPUT=DIR.LIS *.***

Es werden die Dateinamen aller Dateien aus der aktuellen Default-
Directory nicht auf dem Terminal angezeigt, sondern in gleicher
Form in eine Datei namens "DIR.LIS" geschrieben.

B11 $ **DIRECTORY   /PRINTER *.***

Es werden die Dateinamen aller Dateien aus der aktuellen Default-
Directory nicht auf dem Terminal angezeigt, sondern auf dem
Drucker ausgedruckt, der der Printqueue "SYS$PRINT" zugeordnet
ist. Für die Zeit des Ausdrucks existiert eine temporäre
Zwischendatei namens "DIRECTORY.LIS", die nach dem Ausdruck
wieder automatisch gelöscht wird.

B12 $ **DIRECTORY   /COLUMN=1 *.COM**

Es werden die Dateinamen aller Dateien aus der aktuellen Default-
Directory mit der Datei-Extension "COM" auf dem Terminal
angezeigt. Die Ausgabe erfolgt einspaltig.

B13 $ **DIRECTORY   /VERSIONS=2 *.***

Es werden die Dateinamen aller Dateien aus der aktuellen Default-
Directory auf dem Bildschirm angezeigt. Es werden dabei maximal
die beiden letzten Versionen für die Ausgabe berücksichtigt.

B14 $ **DIRECTORY   /BEFORE=YESTERDAY *.***

Es werden die Dateinamen aller Dateien auf der aktuellen Default-
Directory, die vor dem gestrigen Datum erzeugt worden sind, auf
dem Terminal angezeigt.

B15 $ **DIRECTORY   /SINCE=12-JUL-1990 *.***

Es werden die Dateinamen aller Dateien auf der aktuellen Default-
Directory, die seit dem "12. Juli 1990" erzeugt worden sind, auf dem
Bildschirm angezeigt.

<table>
<tr><td>B16</td><td>

$ DIRECTORY /MODIFIED /SINCE=13-AUG-1990 -
_$ /EXCLUDE=TEMPO.LIS *.*

</td></tr>
</table>

Es werden die Dateinamen aller Dateien auf der aktuellen Default-Directory, die seit dem "13. August 1990" verändert worden sind, mit der Ausnahme aller Dateien mit dem Dateinamen "TEMPO.LIS" auf dem Bildschirm angezeigt.

<table>
<tr><td>B17</td><td>

$ DIRECTORY /FULL BARBARA.AUF

```
Directory DUA0:[MEIER.ANGEBOT]
BARBARA.AUF;2              File ID:  (7447,124,0)
Size:            15/15   Owner:     [MEIER]
Created:      14-AUG-19xx   15:56:04.34
Revised:      30-SEP-19xx   12:03:34.56   (3)
Expires:      <None specified>
Backup:       <No backup recorded>
Effective:    <None specified>
Recording:    <None specified>
File organization:   Sequential
Shelved state:       Online
File attributes:     Allocation: 21, Extend: 0,
                     Global buffer count: 0,
                     No version limit
Record format:       Variable length, maximum 0
                     bytes, longest 63 bytes
Record attributes:   Carriage return carriage
                     control
RMS attributes:      None
Journaling enabled:  None
File Protection:     System: RWED, Owner: RWED,
                     Group: RE, World:
Access Cntrl List:   None

Total of 1 file, 15/15 blocks.
```

</td></tr>
</table>

Der Verzeichniseintrag der Datei "BARBARA.AUF" auf der aktuellen Default-Directory wird mit der File-Header-Information angezeigt.

<table>
<tr><td>B18</td><td>

$ DIRECTORY /NOHEADING /NOTRAILING TIGER.*

```
DUA0:[MEIER.ANGEBOT]TIGER.ANGEBOT;1
DUA0:[MEIER.ANGEBOT]TIGER.ANGEBOT;2
DUA0:[MEIER.ANGEBOT]TIGER.LISTE;23
DUA0:[MEIER.ANGEBOT]TIGER.OBJ;4
```

</td></tr>
</table>

Die Dateinamen aller Dateien auf der aktuellen Default-Directory mit dem Dateibezeichner "TIGER" werden einspaltig mit dem vollständigen Dateinamen ohne Überschrift und Fußzeile ausgegeben.

4.4.25 DISMOUNT

Das Kommando "**DISMOUNT**" dient zum Abmelden eines Mediums (Platte, Magnetband, Magnetbandkassette) auf dem Gerät, auf dem es zuvor mittels des Kommandos "MOUNT" (vgl. Kapitel 4.4.30) angemeldet worden sind.

Graph des Befehlsformats :

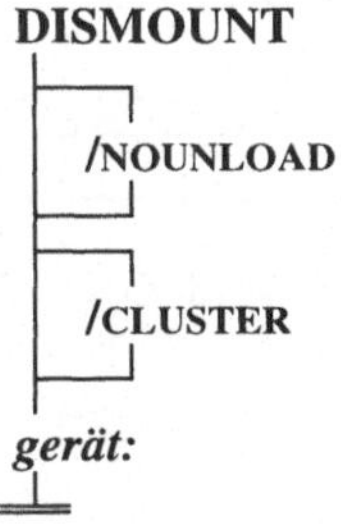

/CLU-
STER
Die Abmeldung des Gerätes *"gerät"* geschieht in einem Rechner-Cluster auf allen beteiligten Rechnerknoten. Dieser Qualifizierer besitzt keine Auswirkungen, wenn der aktuelle Rechner kein Knoten eines Clusters ist.

gerät:
Das Argument *"gerät:"* bezeichnet das abzumeldende Gerät.

/NOUN-
LOAD
Der Kommandoqualifizierer "/NOUNLOAD" bewirkt beim Abmelden des Gerätes *"gerät"*, daß bei einem Bandgerät das Band oder die Kassette an den Anfang zurückgespult und nicht herausgespult wird, und bei einer Platte, daß sie hochgefahren bleibt.

Beispiele :

B1	$ **DISMOUNT DUA1:**

Die Platte "DUA1:" wird abgemeldet und heruntergefahren.

<table><tr><td>B2</td><td>$ DISMOUNT   MUA0:</td></tr></table>

Das Magnetband bzw. die Magnetbandkassette auf dem Gerät "MUA0:" wird abgemeldet. Das Band wird dabei automatisch an den Bandanfang zurückgespult und dann herausgespult. Ein erneutes Anmelden mit "MOUNT" ist ohne ein Wiedereinlegen des Bandes nicht möglich.

<table><tr><td>B3</td><td>$ DISMOUNT   /NOUNLOAD   MUA0:</td></tr></table>

Das Magnetband bzw. die Magnetbandkassetten auf dem Gerät "MUA0:" wird abgemeldet. Das Band wird dabei automatisch auf den Bandanfang zurückgespult und kann danach wieder mit "MOUNT" angemeldet werden.

<table><tr><td>B3</td><td>$ DISMOUNT   DUA1:</td></tr></table>

Die Platte "DUA1:" wird abgemeldet und heruntergefahren.

4.4.26 DUMP

Das Kommando "**DUMP**" dient zur Ausgabe des Inhalts einer Datei auf Platte, Magnetband oder Magnetbandkassette in einer der physikalischen Speicherung entsprechenden Repräsentationsform. "DUMP" ist ein sehr nützliches Werkzeug, wenn beispielsweise nicht darstellbare ASCII-Codes in einer Datei auf ihre Korrektheit überprüft werden sollen.

Interpretationshilfe :

Da das Ausgabeformat eines Dumps auf breites Druckerpapier ausgerichtet ist, so daß ein Beispiel viel zu sehr verkleinert werden müßte, um an dieser Stelle detailliert abgebildet werden zu können, sollen hier stattdessen anhand eines reduzierten Ausdrucks Hilfen zur Interpretation eines Dumps angegeben werden (siehe Bild 4.4-4).

Die erste Überschriftszeile eines Dumps beinhaltet den vollständigen Dateinamen, die Systemzeit der Erstellung des Dumps und die intern verwendete, eindeutige Dateinummer (File-ID) innerhalb des Dateisystems. Die zweite Überschriftszeile zeigt die Anzahl der reservierten (allocated) Speicherblöcke der Datei, die Blocknummer des Speicherblockes, der das Ende der Datei enthält gefolgt von der Anzahl der angezeigten

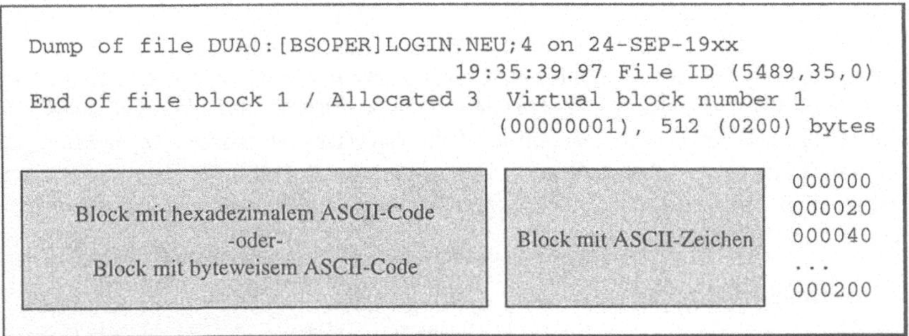

Bild 4.4-4 Ausgabeformat eines Dumps

Bytes in diesem Speicherblock (dezimal und hexadezimal). Darunter folgen drei abgesetzte Blöcke : links mit der Darstellung der hexadezimalen oder byteweisen ASCII-Codes, in der Mitte mit der Anzeige der ASCII-Zeichen und rechts die Numerierung der Bytes (hexadezimal). Pro Zeile werden 32 Bytes (= "20" hexadezimal) ausgegeben.

Im folgenden Bild 4.4-5 ist der hexadezimale Block mit den ASCII-Codes und der Block mit den ASCII-Zeichen abgebildet. Die Interpretation geschieht wie folgt : immer 2 Stellen im hexadezimalen Block repräsentieren ein Byte. Der Block mit den ASCII-Zeichen wird normal von links nach rechts gelesen, der (hexadezimale) Block mit den ASCII-Codes umgekehrt von rechts nach links.

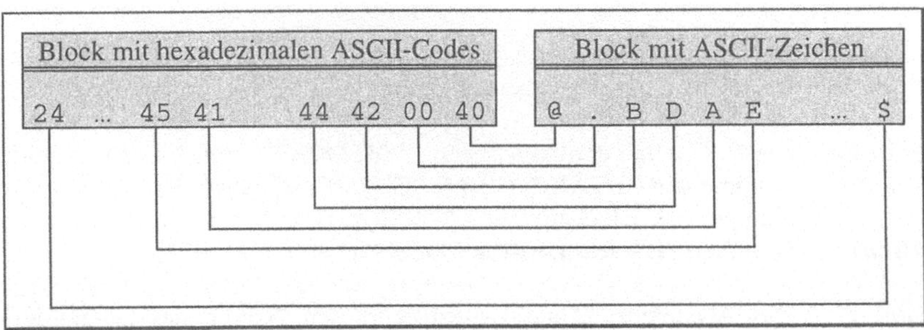

Bild 4.4-5 Interpretation der Ausgabe eines Dumps

In diesem Beispiel gilt also:

'40' = '@' / '00' ist ein nicht darstellbarer ASCII-Code (Binär-Null), wird durch '.' gekennzeichnet / '42' = 'B' / '44' = 'D' / '41' ='A' / '45' = 'E' / ... / '24' = '$'

Bei sequentiellen, editierbaren Dateien steht vor jedem Satz mit variabler Satzlänge die Anzahl der Zeichen (Bytes) in diesem Satz. Diese Länge wird in hexadezimaler Darstellung durch die Zusammenfassung von 2 Bytes (= 1 Wort) angegeben. In dem obigen Beispiel ist die Länge des ersten Satzes "0040" hexadezimal, was "64" in dezimaler Notation entspricht. Danach sind die 64 Bytes Nutzdaten gespeichert, gefolgt von der Satzlänge des nächsten Satzes. Bei ungerader Anzahl von Bytes wird ein Byte verschenkt. Der Wert dieses verschenkten Bytes kann beliebig sein und wird nicht beachtet.

Graph des Befehlsformats :

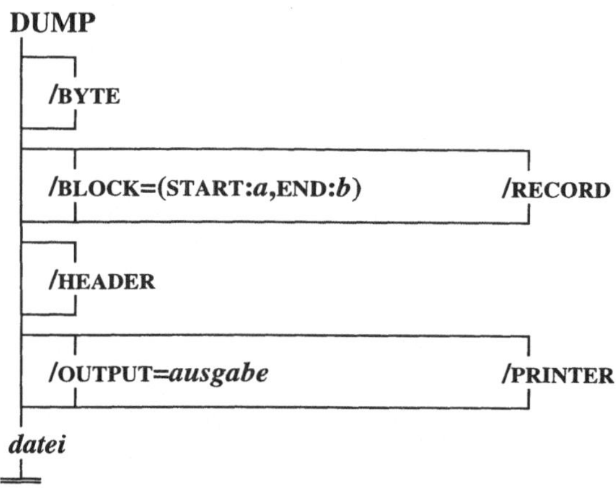

/BYTE	Der Kommandoqualifizierer "/BYTE" veranlaßt die byteweise Darstellung der Ausgabe des Dumps in Blöcken von 512 Bytes.
/BLOCK= **(START:** *a,* **END:***b***)**	Der Kommandoqualifizierer "/BLOCK" mit seinen beiden Argumenten "START:*a*" und "END:*b*" schränkt die Ausgabe des Dumps (in Blöcken von 512 Bytes) auf die Blöcke mit den Nummern aus dem Intervall "[*a...b*]" ein.
datei	Das Argument *"datei"* spezifiziert den Namen des Datei, deren Dump erzeugt und ausgegeben werden soll.
/HEADER	Der Kommandoqualifizierer "/HEADER" bewirkt die Ausgabe des File-Header mit allen Informationen über die aktuelle Datei *"datei"*.
/OUTPUT **=** *ausgabe*	Der Kommandoqualifizierer "/OUTPUT" zusammen mit dem Argument *"ausgabe"* lenkt die Ausgabe des Dumps von *"datei"* in die Ausgabe datei *"ausgabe"*. Bei Weglassen dieses Qualifizierers erfolgt die Ausgabe auf dem Terminal.

/RECORD Der Kommandoqualifizierer "/RECORD" stellt das Ausgabeformat des Dumps um von der Ausgabe von Blöcken zu 512 Bytes auf die Ausgabe von Sätzen.

/PRIN- Der Kommandoqualifizierer "/PRINTER" lenkt die Ausgabe des
TER Dumps auf den Drucker , der der Printqueue "SYS$PRINT" zugeordnet ist.

Beispiele :

| B1 | `$ DUMP   LOGIN.COM` |

Der Inhalt der Datei "LOGIN.COM" wird in Form eines Dumps auf dem Terminal ausgegeben. Block 1 enthält die hexadezimale Darstellung und Block 2 die entsprechenden ASCII-Zeichen. Die Ausgabe ist in Einheiten von jeweils 512 Bytes unterteilt.

| B2 | `$ DUMP /BLOCKS=(START:2,END:3)  LOGIN.COM` |

Der Teil des Inhalts der Datei "LOGIN.COM", der sich in den Blöcken "2" bis "3" befindet, wird in Form eines Dumps auf dem Terminal ausgegeben. Block 1 enthält die hexadezimale Darstellung und Block 2 die entsprechenden ASCII-Zeichen. Die Ausgabe ist in Einheiten von jeweils 512 Bytes unterteilt.

| B3 | `$ DUMP   /BYTE   /HEADER   -`
`_$ /OUTPUT=DUMP.LIS   ARTIKEL.DAT` |

Der Dump der Datei "ARTIKEL.DAT" wird in die Ausgabedatei "DUMP.LIS" geschrieben. Block 1 enthält die byteweise Darstellung und Block 2 die entsprechenden ASCII-Zeichen. Die Ausgabe erfolgt in Einheiten von jeweils 512 Bytes. Zu Beginn steht der gesamte File-Header mit allen Informationen über die Datei.

| B4 | `$ DUMP   /RECORD   /PRINTER   KONFIG.SYS` |

Der Dump der Datei "KONFIG.SYS" wird auf dem Drucker ausgedruckt, der der Printqueue "SYS$PRINT" zugeordnet ist. Block 1 enthält die hexadezimale Darstellung und Block 2 die entsprechenden ASCII-Zeichen. Die Ausgabe erfolgt in einzelne Sätze (Records) unterteilt.

4.4.27 INITIALIZE

Das Kommando "**INITIALIZE**" dient zur Initialisierung eines Mediums (Platte, Magnetband, Magnetbandkassette). Der Informationsbereich auf dem betreffenden Medium wird gelöscht und ein neuer Name (Label) dort eingetragen. Das Medium muß dazu hochgefahren sein, darf aber nicht in Benutzung oder angemeldet sein.

Graph des Befehlsformats :

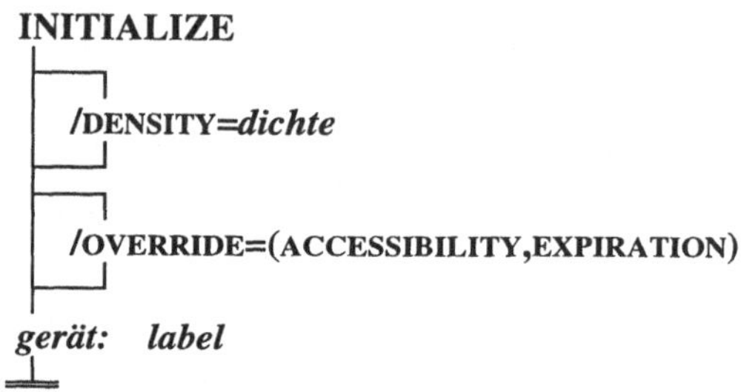

/DEN-SITY **=** *dichte*	Der Kommandoqualifizierer "/DENSITY" zusammen mit dem Argument *"dichte"* gibt für die Initialisierung des Bandes auf dem Bandgerät, dessen Hardware verschiedene Schreibdichten eingebaut hat, die vom Standard abweichende Schreibdichte *"dichte"* an.
gerät:	Das Argument *"gerät:"* bezeichnet das Gerät, auf dem ein Medium (Band, Kassette oder Platte) initialisiert werden soll.
label	Das Argument *"label"* spezifiziert den beim Initialisieren neu einzutragenden Namen (Label) auf dem Medium.
/OVER-RIDE = **(ACCES-SIBILITY, EXPIRA-TION)**	Der Kommandoqualifizierer "/OVERRIDE" zusammen mit der Argumentenliste "ACCESSIBILITY, EXPIRATION" überschreibt beim Initialisieren eines Bandes dort eventuell gespeicherte Zugriffsschutzdaten. Dieser Qualifizierer ist besonders nützlich, wenn fabrikneue Bänder beim allerersten "INITIALIZE"-Versuch einfach durchlaufen.

Beispiele :

B1	$ INITIALIZE MUA0: MEIER

Das Magnetband bzw. die Magnetbandkassette auf dem Gerät "MUA0:" wird initialisiert und mit dem Label "MEIER" versehen.

<pre>
| B2 | $ INITIALIZE   /DENSITY=1600 MSA0: BAD
</pre>

Das Magnetband auf der Bandstation "MSA0:" wird mit der Schreibdichte "1600" bpi und mit dem Label "BAD" initialisiert.

<pre>
| B3 | $ INITIALIZE   -
          _$ /OVERRIDE=(ACCESSIBILITY,EXPIRATION) -
          _$ MSA0: BADER
</pre>

Das Magnetband auf der Bandstation "MSA0:" wird mit der standardmäßig vorgegebenen Schreibdichte initialisiert und mit dem Label "BADER" versehen. Für den Fall, daß ein fabrikneues und werkseitig getestetes Magnetband beim ersten "INITIALIZE" zum Durchlaufen führt, muß es bei einem zweiten Initialisierungsversuch mit den Optionen bei "/OVERRIDE" initialisiert werden.

<pre>
| B4 | $ INITIALIZE DUA3:   RECHNUNG
</pre>

Die Platte "DUA3:" wird mit dem Label "RECHNUNG" initialisiert.

4.4.28 LOGIN-Vorgang

Der "**LOGIN**"-Vorgang eröffnet eine interaktive Terminalsitzung. Hierbei handelt es sich nicht um ein Kommando, sondern eigentlich um eine Prozedur, die auf einem nicht benutzten Terminal in Gang kommt, wenn dort die "RETURN"-Taste betätigt wird. Diese Prozedur fragt zuerst nach dem Benutzernamen und dem Paßwort. Ist dieser Benutzer vom Systemmanager für dieses Rechnersystem autorisiert worden, dann werden folgende Schritte durchgeführt :

1. Überprüfung, ob dieser Benutzer mit dem eingegebenen Paßwort die Berechtigung besitzt, mit dem System zu arbeiten.

2. Zuordnung der Zugriffsrechte, Quoten und Privilegien aus der Datenbasis von "AUTHORIZE" sowie die Vergabe des eindeutigen Prozeßnamens für die Terminalsitzung (Benutzername oder Identifikation des Terminals).

3. Ausführung einer systemweiten Kommandoprozedur mit dem Namen "SYLOGIN.COM", die allgemeingültige Definitionen vereinbart.

4. Ausführung der Kommandoprozedur "LOGIN.COM" auf der Haupt-Directory des Benutzerbereiches.

Im Abschnitt über die erste Terminalsitzung haben Sie bereits eine Login-Prozedur kennengelernt (vgl. dazu Kapitel 4.1.2).

Graph des Befehlsformats :

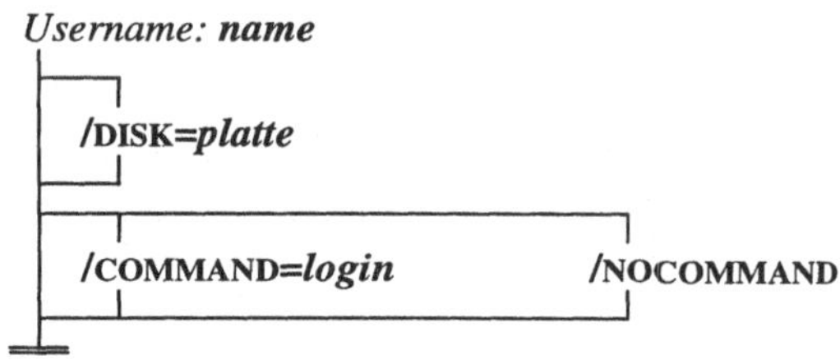

/COM- MAND = login	Der Kommandoqualifizierer "/COMMAND" zusammen mit dem Argument *"login"* spezifiziert als auszuführende Login-Prozedur nicht die vom Systemmanager in der Datenbasis von "AUTHORIZE" festgelegte Login-Prozedur, sondern *"login"*.
/DISK = platte name	Der Kommandoqualifizierer "/DISK" zusammen mit dem Argument *"platte"* gibt die Platte *"platte"* als Ziel des Login's an und nicht die vom Systemmanager in "AUTHORIZE" festgelegte Platte. Das Argument *"name"* ist der Benutzername, mit dem sich der Zugang zum OpenVMS-System bewerkstelligen läßt.
/NOCOM- MAND	Der Kommandoqualifizierer "/NOCOMMAND" unterbindet die Ausführung der vom Systemmanager in der Datenbasis von "AUTHORIZE" festgelegten Login-Prozedur.

Beispiele :

B1	
| | ```
<RETURN>
Username:    MEIER
Password:    <verdeckte Paßworteingabe>

Welcome to VAX/OpenVMS Version 5.5-2 on node
MIAMI
Last interactive login on monday
                24-SEP-19xx  09:15:28.14
Last non-interactive login on friday
                21-SEP-19xx  12:34:56.01
2 failures since last successful login
WARNING - Primary password has expired;
                        update immediately
``` |
```

Dieses Beispiel zeigt einen Login-Vorgang mit mehreren Fällen. Nach der Eingabe des Benutzernamens und des Paßwortes meldet sich OpenVMS mit der Begrüßung "Welcome...". In den zwei folgenden Zeilen wird dem Benutzer mitgeteilt, wann dieser sich das letzte Mal interaktiv und nicht-interaktiv im Batch eingeloggt hat. Die folgende Zeile "2 failures..." weist auf zwei vergebliche Versuche hin, in den Benutzerbereich "MEIER" zu gelangen. Vielleicht ein Hacker...? Ist das Haltbarkeitsdatum des Paßwortes abgelaufen, wird die Meldung "WARNING..." ausgegeben.

B2	*Username:* **MEIER /DISK=DUA1:**

Der Benutzer "MEIER" meldet sich diesmal mit einer abweichenden Login-Prozedur bei OpenVMS an : nach der Eingabe des Paßwortes landet der Prozeß auf der Haupt-Directory auf der Platte "DUA1:[MEIER]" und die dortige "LOGIN.COM" wird ausgeführt.

B3	*Username:* **MEIER /NOCOMMAND**

Der Benutzer "MEIER" meldet sich hier ohne die Ausführung der Login-Prozedur bei OpenVMS an. Der Prozeß landet auf der Haupt-Directory "DUA0:[MEIER]".

B4	*Username:* **MEIER /COMMAND=TESTLOGIN.COM**

Der Benutzer "MEIER" meldet sich bei OpenVMS an. Es erfolgt eine abweichende Login-Prozedur : nach der Eingabe des Paßwortes landet der Prozeß auf der Haupt-Directory "DUA0:[MEIER]", es wird dort aber "TESTLOGIN.COM" ausgeführt.

4.4.29 LOGOUT

Das Kommando "**LOGOUT**" beendet eine interaktive Terminalsitzung.

Graph des Befehlsformats :

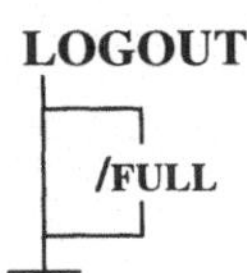

/FULL   Der Kommandoqualifizierer "/FULL" veranläßt beim "LOGOUT" die Ausgabe einer Statistik ("Accounting information") auf dem Terminal.

Beispiele :

B1
```
$ LOGOUT  /FULL
MEIER     logged out at 24-SEP-19xx 17:51:20.15
Accounting information:
Buffered I/O count:  24 Peak working set
                                      size: 98
Direct I/O count:    14 Peak virtual size:  67
Page faults:         78 Mounted volumes:     0
Charged CPU time:    0 00:01:43.03
Elapsed time:        0 00:00:15.04
```

Die aktuelle interaktive Terminalsitzung mit der Ausgabe einer Statistik (Accounting information) auf dem Terminal beendet.

B2
```
$ LOGOUT
MEIER     logged out at 24-SEP-19xx 17:48:34.82
```

Die aktuelle interaktive Terminalsitzung wird mit einer kurzen LOGOUT-Meldung beendet.

4.4.30 MOUNT

Das Kommando "**MOUNT**" dient zum Anmelden von Platten und Magnetbänder bzw. Magnetbandkassetten. Platten können sowohl exklusiv für den aktuellen Prozeß als auch 'shared' (für alle anderen Benutzer zugriffsbereit) systemweit angemeldet werden. Ein Magnetband oder eine Magnetbandkassette kann immer nur exklusiv für einen Prozeß angemeldet werden.

Graph des Befehlsformats :

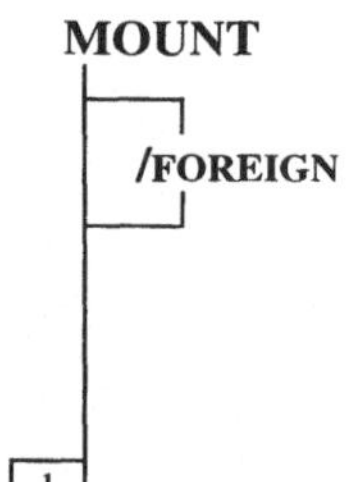

Fortsetzung Folgeseite

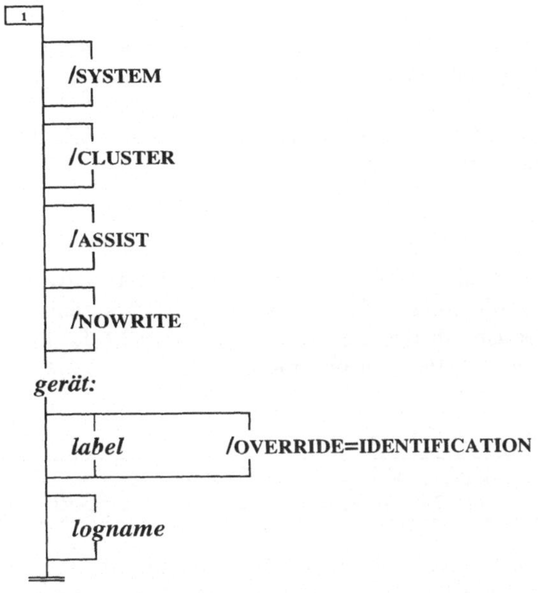

/ASSIST Der Kommandoqualifizierer "/ASSIST" erlaubt es, im Falle eines schiefgegangenen "MOUNT" einzugreifen und die Fehlerursache zu beheben. Ohne "/ASSIST" wird der Anmeldevorgang abgebrochen.

/CLU-STER Der Kommandoqualifizierer "/CLUSTER" meldet ein bereits auf dem aktuellen Rechnerknoten angemeldetes Gerät auf allen Rechnerknoten eines OpenVMS-Clusters an.

/FO-REIGN Der Kommandoqualifizierer "/FOREIGN" meldet das Medium *"gerät:"*als 'fremd' an. Bei Benutzung der DEC-Utility "BACKUP" muß ein Magnetband mit "/FOREIGN" angemeldet sein.

gerät: Das Argument *"gerät:"* gibt den Namen des Gerätes mit dem Medium an, das exklusiv oder systemweit angemeldet werden soll.

label Das Argument *"label"* gibt das Label des Mediums auf dem Gerät *"gerät:"* an. Dieses *"label"* wird mit dem auf dem Medium eingetragenen Label verglichen.

logname Das Argument *"logname"* nennt einen logischen Namen für das anzumeldende Gerät *"gerät:"*, der bei einer exklusiven Anmeldung in die Logical-Name-Tabelle "LNM$PROCESS" und bei einer systemweiten Anmeldung in die Logical-Name-Tabelle "LNM$SYSTEM" eingetragen werden soll.

/NO-WRITE	Der Kommandoqualifizierer "/NOWRITE" meldet das Gerät im schreibgeschützten Modus an. Auf ein so angemeldetes Gerät kann nicht -auch nicht versehentlich- geschrieben werden.
/OVER-RIDE = IDENTIFI-CATION	Der Kommandoqualifizierer "/OVERRIDE=IDENTIFICATION" unterbindet die Prüfung des auf dem Medium eingetragenen Labels.
/SYSTEM	Der Kommandoqualifizierer "/SYSTEM" bewirkt die Anmeldung des Mediums auf dem Gerät *"gerät:"* systemweit und nicht nur exklusiv für den eigenen Prozeß. Dazu ist das Privileg "SYSNAM" oder "SYSPRV" erforderlich.

Beispiele :

B1

```
$ MOUNT   /FOREIGN   MUA0:
%MOUNT-I-MOUNTED,   MEIER mounted on MUA0:
```

Das Magnetband auf der Bandstation "MUA0:" wird exklusiv für den aktuellen Prozeß angemeldet. Das eingelegte Band besitzt das Label "MEIER".

B2

```
$ MOUNT   /OVERRIDE=IDENTIFICATION   MUA0:
```

Das Magnetband bzw. die Magnetbandkassette auf dem Gerät "MUA0:" wird für den exklusiven Zugriff vom aktuellen Prozeß angemeldet und das Label im Header des Magnetbandes überlesen.

B3

```
$ MOUNT   /SYSTEM   DUA2:   FEST2   DISK$USER
```

Die Platte "DUA2:" mit dem Label "FEST2" wird systemweit angemeldet. Nach erfolgtem Anmelden ist diese Platte dann von allen berechtigten Benutzern mit dem logischen Namen "DISK$USER" oder dem Gerätebezeichner "DUA2:" ansprechbar.

B4

```
$ MOUNT   DJA0:   TESTPLATTE
```

Die Platte "DJA0:" mit dem Label "TESTPLATTE" wird für den aktuellen Prozeß exklusiv angemeldet.

4.4.31 OPEN

Das Kommando "**OPEN**" dient zum Öffnen einer Datei zum Zwecke des Lesens oder Schreibens. Nebenbei wird der logische Name, der für diese Datei beim "OPEN" angegeben werden muß, in die Logical-Name-Tabelle "LNM$PROCESS" eingetragen. Eine mit "OPEN" geöffnete Datei bleibt offen, bis sie explizit mit dem Kommando "CLOSE" (vgl. Kapitel 4.4.7) oder als Nebeneffekt beim Logout des Prozesses wieder geschlossen wird. Dieses Kommando wird schwerpunktmäßig in Kommandoprozeduren verwendet.

Graph des Befehlsformats:

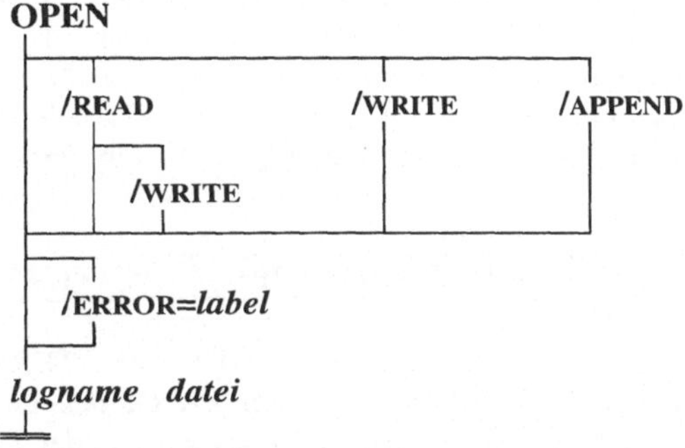

/APPEND	Der Kommandoqualifizierer "/APPEND" öffnet die existierende sequentielle Datei *"datei"* zum Zwecke des Schreibens. Nach dem Öffnen steht der Recordpointer nach dem letzten geschriebenen und somit vor dem ersten, noch nicht geschriebenen Satz.
datei	Das Argument *"datei"* nennt den Namen der Datei, die geöffnet werden soll. Wild Cards sind nicht erlaubt.
/ERROR **=** *label*	Der Kommandoqualifizierer "/ERROR" zusammen mit dem Label *"label"* spezifiziert eine Sprungmarke in der aktuellen Kommandoprozedur, zu der im Fehlerfall hin verzweigt werden soll.
logname	Das Argument *"logname"* ist der logische Name, der für die zu öffnende Datei *"datei"* für die Dauer des Offenseins in die Logical-Name-Tabelle "LNM$PROCESS" eingetragen wird.
/READ	Der Kommandoqualifizierer "/READ" bewirkt das Öffnen einer existierenden Datei zum Zwecke des Lesens. Nach dem Öffnen steht der Recordpointer vor dem ersten Satz.

/WRITE   Der Kommandoqualifizierer "/WRITE" - allein benutzt - erzeugt beim Öffnen eine neue sequentielle Datei, die zum Schreiben geöffnet ist. Nach dem Öffnen steht der Recordpointer vor dem ersten, noch nicht geschriebenen Satz. In Zusammenhang mit "/READ" bewirkt dieser Qualifizierer das Öffnen einer existierenden indexsequentiellen oder relativen Datei zum Schreiben und Lesen. Hier steht der Recordpointer nach dem Öffnen am Anfang der Datei.

Beispiele:

B1   `$ OPEN /READ  INPUT  SAMMEL.LIS`

Es wird die existierende sequentielle Datei "SAMMEL.LIS" auf der aktuellen Default-Directory zum Zweck des Lesens geöffnet. Gleichzeitig wird der logische Name "INPUT", über den die Datei ansprechbar ist, in die Logical-Name-Tabelle "LNM$PROCESS" eingetragen. Der interne Recordpointer steht vor dem ersten Satz.

B2   `$ OPEN /READ /ERROR=PECH  IN  TERMIN.TMP`

Es wird die existierende sequentielle Datei "TERMIN.TMP" auf der aktuellen Default-Directory zum Zweck des Lesens geöffnet. Bei einem Fehler während des Öffnens wird in der Kommandoprozedur zu dem Label "PECH" verzweigt. Die Datei "TERMIN.TMP" ist ansprechbar über den logischen Name "IN", der in der Logical-Name-Tabelle "LNM$PROCESS" eingetragen wird. Der interne Recordpointer steht vor dem ersten Satz.

B3   `$ OPEN /WRITE  OUTPUT  ERGEBNIS.DAT`

Es wird eine neue sequentielle Datei namens "ERGEBNIS.DAT" auf der aktuellen Default-Directory erzeugt. Für diese Datei wird der logische Name "OUTPUT" in der Logical-Name-Tabelle "LNM$PROCESS" angelegt. Nach dem erfolgten Öffnen ist die Datei leer ; der Recordpointer steht vor dem ersten (noch nicht geschriebenen) Satz.

B4   `$ OPEN   /APPEND  /ERROR=APPEND_FEHLER  -`
                  `_$  AN    KUMULAT.SYS`

Es wird versucht, die existierende sequentielle Datei mit dem Namen "KUMULAT.SYS" auf der aktuellen Default-Directory zum Zweck des Schreibens zu öffnen. Gibt es beim Öffnen dieser Datei einen Fehler, so wird in der Kommandoprozedur zum Label "APPEND_FEHLER" verzweigt. Die Datei ist ansprechbar über den logischen Namen "AN", der in der Logical-Name-Tabelle "LNM$PROCESS" angelegt wird. Nach dem Öffnen steht der interne Recordpointer am Ende der Datei (vor dem ersten noch nicht geschriebenen Satz).

<table>
<tr><td>B5</td><td>$ OPEN /READ /WRITE /ERROR=FEHLER -
_$ ART   [MEIER.ANGEBOT]ARTIKEL.DAT</td></tr>
</table>

Es wird versucht, die existierende Datei mit dem Namen "ARTIKEL.DAT" auf der Directory "[MEIER.ANGEBOT]" zum Zweck des Lesens und Schreibens zu öffnen. Diese Art zu öffnen ist nur für indexsequentielle und relative Dateien sinnvoll. Gibt es beim Öffnen dieser Datei einen Fehler, so wird in der Kommandoprozedur zum Label "FEHLER" verzweigt. Die Datei ist ansprechbar über den logischen Namen "ART", der in der Logical-Name-Tabelle "LNM$PROCESS" angelegt wird. Nach dem Öffnen steht der interne Recordpointer am Beginn der Datei.

4.4.32 PRINT

Das Kommando "**PRINT**" dient zum Einreihen eines Druckauftrages für eine oder mehrere Datei(en) in eine Printqueue zum Ausdruck auf dem Drucker, der dieser Printqueue zugeordnet ist.

Graph des Befehlsformats :

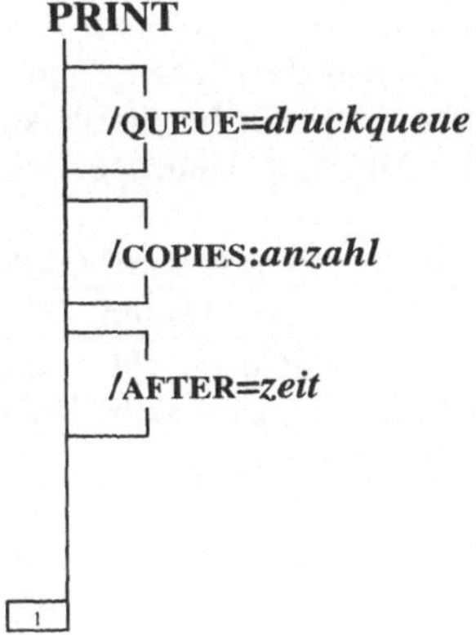

Fortsetzung
Folgeseite

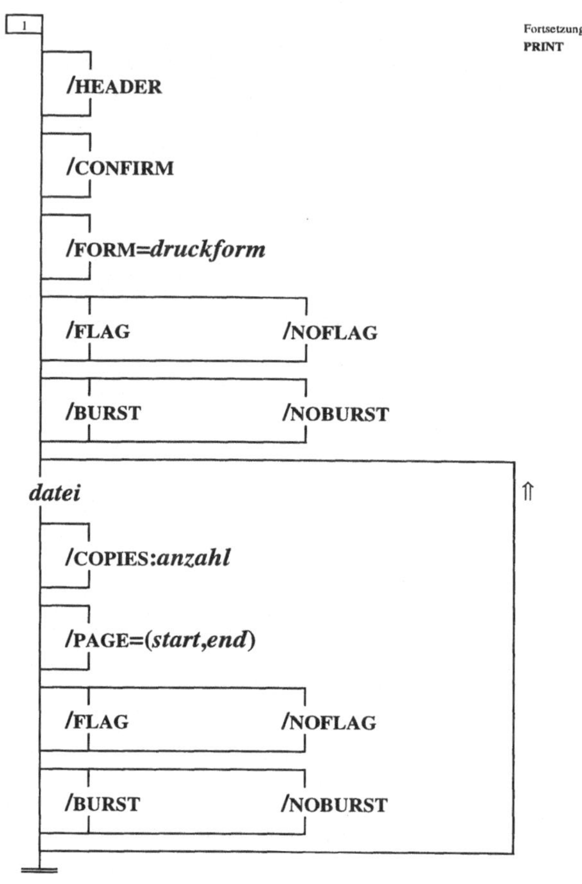

/AFTER = zeit	Der Kommandoqualifizierer "/AFTER" zusammen mit der Zeitangabe *"zeit"* beeinflußt die zeitliche Steuerung des Druckauftrags. Bei der Zeitangabe lassen sich verschiedene Vorgaben angeben. Ist dieser Zeitpunkt bereits verstrichen, so wird der Ausdruck sofort gestartet. Für *"zeit"* kann spezifiziert werden :

TODAY	Zeitpunkt "heutiges Datum" 00:00 Mitternacht.
TOMORROW	Zeitpunkt "morgiges Datum" 00:00 Mitternacht.
Zeitangabe	Beliebiger Zeitpunkt (für das Format der OpenVMS-Zeitangabe siehe Kapitel 4.3.9).
keine Angabe	wie "TODAY".

/BURST — Der Kommandoqualifizierer "/BURST" bewirkt die Ausgabe von 2 Titelseiten. Steht "/BURST" vor der Angabe der zu druckenden Dateien, werden die Titelseiten vor dem Druckjob gedruckt. Steht "/BURST" hinter einem Dateinamen, so werden vor dieser Datei die Titelseiten gedruckt.

/CON-FIRM — Der Kommandoqualifizierer "/CONFIRM" bietet jeden Dateinamen, der das Auswahlkriterium *"datei"* erfüllt, zum Ausdruck an. Die Druckfrage kann mit folgenden Antworten bedient werden :

YES oder TRUE	Die betreffende Datei wird gedruckt.
NO oder FALSE	Die betreffende Datei wird *nicht* gedruckt.
QUIT oder <CTRL/Z>	Das Kommando wird abgebrochen.
ALL	Alle noch folgenden Dateien werden ohne weitere Druckfrage gedruckt.

/COPIES:*anzahl* — Der Kommandoqualifizierer "/COPIES:*anzahl*" stellt die Anzahl der Kopien ein, die mit diesem Druckauftrag ausgedruckt werden sollen. Ohne diesen Qualifizierer wird als Default "1" angenommen. Steht "/COPIES" vor der Angabe der zu druckenden Dateien, bezieht sich die Anzahl *"anzahl"* auf alle folgend angegebenen Dateien, steht "/COPIES" hinter einem Dateinamen, so wird diese Datei *"anzahl"* mal gedruckt.

datei — Das Argument *"datei"* benennt die zu druckende Datei. Wild Cards sind erlaubt. Bei der Angabe einer ganzen Liste von Dateinamen sind diese jeweils durch ein Komma zu trennen.

/FLAG — Der Kommandoqualifizierer "/FLAG" bewirkt die Ausgabe einer Titelseite. Steht "/FLAG" vor der Angabe der zu druckenden Dateien, wird die Titelseite vor dem Druckjob gedruckt. Steht "/FLAG" hinter einem Dateinamen, so wird vor dieser Datei die Titelseite gedruckt.

/FORM = *druck-form* — Der Kommandoqualifizierer "/FORM" zusammen mit dem Namen des Druckformulars *"druckform"* gibt das für den Ausdruck zu verwendende Druckerformular an. Bei Weglassen dieses Qualifizierers wird automatisch das Default-Druckformular benutzt.

/HEADER — Der Kommandoqualifizierer "/HEADER" steuert die Ausgabe einer Kopfzeile auf jeder Druckseite. Bei Weglassen dieses Qualifizierers wird diese Kopfzeile nicht gedruckt.

/NO-BURST — Der Kommandoqualifizierer "/NOBURST" unterdrückt die Ausgabe von 2 Titelseiten (sonst siehe "/BURST").

/NOFLAG   Der Kommandoqualifizierer "/NOFLAG" unterdrückt die Ausgabe einer Titelseite (sonst siehe "FLAG").

/PAGE **=** **(start,** **end)**   Der Kommandoqualifizierer "/PAGE" zusammen mit den Argumenten *"start"* und *"end"* beschränkt den Ausdruck der Datei auf das angegebene Seitenintervall. Folgende Fälle können bei der Angabe des Seitenintervalls verwendet werden :

/PAGE=*end*	Druck von Seite 1 bis Seite *"end"*.
/PAGE=(*start,end*)	Druck von Seite *"start"* bis Seite *"end"*.
/PAGE=(*start, ""*)	Druck von Seite *"start"* bis Dateiende.

Beispiele :

B1

```
$ PRINT RECHNUNG.LISTE
Job RECHNUNG (queue SYS$PRINT, entry 244)
                                   pending
```

Der Dateiname "RECHNUNG.LISTE" wird als Druckauftrag in die Printqueue "SYS$PRINT" eingereiht. Da dort zur Zeit ein anderer Druckauftrag behandelt wird, bekommt dieser Druckjob das Attribut "pending" (wartend in der Warteschlange).

B2

```
$ PRINT /QUEUE=LN03  BEST.DAT
Job BEST (queue LN03, entry 23) started on
                                       LN03
```

Der Dateiname "BEST.DAT" wird als Druckauftrag in die Printqueue "LN03" eingereiht, der Ausdruck sofort gestartet.

B3

```
$ PRINT /QUEUE=LN03 -
_$  DUA0:[MEIER.ANGEBOT]TIGER.LIS/COPIES:2,-
_$  DUA1:[XYZ]STATISTIK.DAT/COPIES:3
```

Die Dateinamen "DUA0:[MEIER.ANGEBOT]TIGER.LIS" und "DUA1:[XYZ]STATISTIK.DAT" werden als ein gemeinsamer Druckauftrag in die Printqueue "LN03" eingehängt. "TIGER.LIS" wird zweimal, "STATISTIK.DAT" wird dreimal ausgedruckt. Der Ausdruck dieser fünf Dateien erfolgt auf dem Drucker, dem die Printqueue "LN03" zugeordnet ist.

B4 | *$* **PRINT   /COPIES:5   LOGIN.COM,TEMPO.LIS**

Die Dateinamen "LOGIN.COM" und "TEMPO.LIS" werden als ein gemeinsamer Druckauftrag in die Printqueue "SYS$PRINT" eingehängt. Beide Dateien werden je fünfmal hintereinander ausgedruckt. Der Ausdruck dieser zehn Dateien erfolgt auf dem Drucker, dem die Printqueue "SYS$PRINT" zugeordnet ist.

B5 | *$* **PRINT   /AFTER=TODAY   TEMPO.LIS**

Der Dateiname "TEMPO.LIS" wird als Druckauftrag in die Printqueue "SYS$PRINT" eingereiht. Der Ausdruck von "TEMPO.LIS" auf der aktuellen Default-Directory erfolgt nach Mitternacht auf dem Drucker, dem die Printqueue "SYS$PRINT" zugeordnet ist.

B6 | *$* **PRINT   DRUCK.LIS,TEMPO.LIS/PAGE=3**

Die Dateinamen "DRUCK.LIS" und "TEMPO.LIS" werden als Druckauftrag in die Printqueue "SYS$PRINT" eingereiht. Der Ausdruck von der gesamten Datei "DRUCK.LIS" und der ersten drei Seiten von "TEMPO.LIS" auf der Default-Directory erfolgt auf dem Drucker, dem die Printqueue "SYS$PRINT" zugeordnet ist.

B7 | *$* **PRINT /CONFIRM TEMPO.*;***

```
Print  DUA0:[MEIER.ANGEBOT]TEMPO.LIS;2  ?  [N]:  Y
Print  DUA0:[MEIER.ANGEBOT]TEMPO.LIS;4  ?  [N]:  Y
Print  DUA0:[MEIER.ANGEBOT]TEMPO.LIS;3  ?  [N]:  N
Print  DUA0:[MEIER.ANGEBOT]TEMPO.OB;1  ?  [N]:  Q
```

Alle Versionen der Dateien mit dem Dateibezeichner "TEMPO" mit beliebiger Extension auf der aktuellen Default-Directory werden nacheinander zum Ausdrucken angeboten und -je nach Beantwortung der Druckfrage- entweder ausgedruckt oder nicht.

B8 | *$* **PRINT /HEADER BERECHNE.COB**

Der Dateiname "BERECHNE.COB" wird als Druckauftrag in die Printqueue "SYS$PRINT" eingereiht. Der Ausdruck von "BERECHNE.COB" auf der aktuellen Default-Directory erfolgt auf dem Drucker über die Printqueue "SYS$PRINT". Auf jeder Seite wird eine zusätzliche Kopfzeile ausgegeben, die den Dateinamen "BERECHNE.COB" beinhaltet.

| B9 | **$ PRINT   /FLAG   BERECHNE.COB** |

Der Dateiname "BERECHNE.COB" wird als Druckauftrag in die Printqueue "SYS$PRINT" eingereiht. Der Ausdruck von "BERECHNE.COB" auf der aktuellen Default-Directory erfolgt auf dem Drucker über die Printqueue "SYS$PRINT". Vor dem Druck wird wegen "/FLAG" eine Flagpage (Titelseite) ausgegeben.

| B10 | **$ PRINT   /NOFLAG   HARDCOPY.HDC** |

Der Dateiname "HARDCOPY.HDC" wird als Druckauftrag in die Printqueue "SYS$PRINT" eingereiht. Der Ausdruck von "HARDCOPY.HDC" auf der aktuellen Default-Directory erfolgt auf dem Drucker über die Printqueue "SYS$PRINT". Der Ausdruck erfolgt wegen "/NOFLAG" ohne eine Flagpage (Titelseite).

| B11 | **$ PRINT /BURST   BERECHNE.COB** |

Wie Beispiel B9 ; jedoch werden vor dem Druck wegen "/BURST" eine Burstpage und eine Flagpage (2 Titelseiten) ausgegeben.

4.4.33 PURGE

Das Kommando "**PURGE**" dient zum Löschen von Dateien bis auf die letzte bzw. die letzten Versionen.

Graph des Befehlsformats :

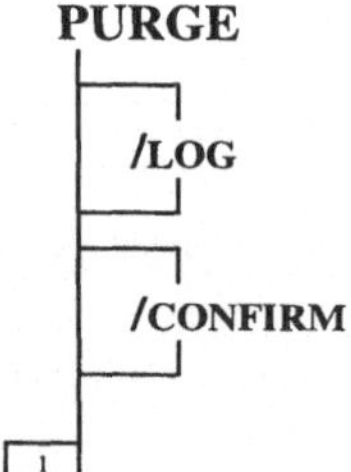

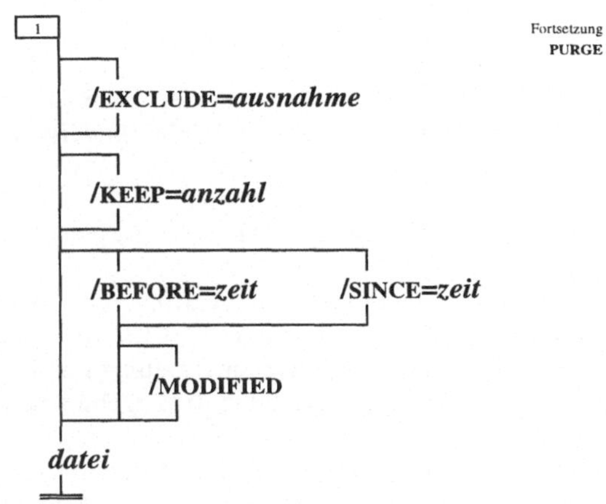

/BEFORE = zeit	Der Kommandoqualifizierer "/BEFORE" beschränkt das Auswahlkriterium *"datei"* auf die Untermenge der Dateien, die vor dem Zeitpunkt *"zeit"* erzeugt worden sind (siehe weiter unten die Möglichkeiten für *"zeit"*).

/CON- FIRM	Der Kommandoqualifizierer "/CONFIRM" bietet jeden Dateinamen, der das Auswahlkriterium *"datei"* erfüllt, bis auf die Datei mit der/den höchsten Versionsnummer(n) zum Löschen an. Die Löschfrage kann mit folgenden Antworten bedient werden :

YES oder TRUE	Die betreffende Datei wird gelöscht.
NO oder FALSE	Die betreffende Datei wird *nicht* gelöscht.
QUIT oder <CTRL/Z>	Das Kommando wird abgebrochen.
ALL	Alle noch folgenden Dateien werden ohne weitere Löschfrage gelöscht.

datei	Das Argument *"datei"* spezifiziert Dateinamen der Datei(en), deren ältere Versionen bis auf die letzte(n) *"anzahl"* Versionen gelöscht werden sollen. Wild Cards sind erlaubt. Es darf nie eine Versionsnummer angegeben werden.

/EX- CLUDE = aus- nahme	Der Kommandoqualifizierer "/EXCLUDE" zusammen mit dem Argument *"ausnahme"* benennt die Dateien, die bei Löschen explizit ausgelassen werden sollen. Wild Cards sind erlaubt.

/KEEP **=** *anzahl*	Der Kommandoqualifizierer "/KEEP" zusammen mit dem Argument *"anzahl"* bestimmt die Anzahl der nicht zu löschenden Versionen gleichnamiger Dateien namens *"datei"*. Bei Weglassen dieses Qualifizierers wird defaultmäßig "1" angenommen.

/LOG	Der Kommandoqualifizierer "/LOG" bewirkt die Anzeige des vollständigen Dateinamens jeder gelöschten Datei auf dem Terminal.

/MODI- **FIED**	Der Kommandoqualifizierer "/MODIFIED" ist nur sinnvoll im Zusammenhang mit "/BEFORE" oder "/SINCE", wo er bewirkt, daß statt des Erzeugungsdatums das Datum der letzten Veränderung für die Einschränkung der Ergebnismenge benutzt wird.

/SINCE **=** *zeit*	Der Kommandoqualifizierer "/SINCE" beschränkt das Auswahlkriterium *"datei"* auf die Untermenge der Dateien, die nach dem Zeitpunkt *"zeit"* erzeugt worden sind (siehe weiter unten die Möglichkeiten für *"zeit"*).

zeit	Das Argument *"zeit"* dient zur zeitbedingten Einschränkung des Auswahlkriteriums *"datei"*. Folgende Angaben sind erlaubt :

BOOT	Zeitpunkt des letzten Rechnerstarts.
LOGIN	Zeitpunkt des Einloggens.
TODAY	Zeitpunkt "heutiges Datum" 00:00 Mitternacht.
TOMORROW	Zeitpunkt "morgiges Datum" 00:00 Mitternacht.
YESTERDAY	Zeitpunkt "gestriges Datum" 00:00 Mitternacht.
Zeitangabe	Beliebiger Zeitpunkt (für das Format der OpenVMS-Zeitangabe siehe Kapitel 4.3.9).
keine Angabe	wie "TODAY".

Beispiele :

B1

```
$ PURGE /LOG   TEMPO.*
%PURGE-I-FILPURG, DUA0:[MEIER.TEST]TEMPO.LIS;1
                          deleted (3 blocks)
%PURGE-I-FILPURG, DUA0:[MEIER.TEST]TEMPO.SAV;1
                          deleted (9 blocks)
%PURGE-I-TOTAL, 2 files deleted (12 blocks)
```

Alle älteren Versionen von Dateien mit dem Dateibezeichner "TEMPO" bis auf die letzte Version werden mit der Meldung des vollständigen Dateinamens auf dem Terminal gelöscht.

B2   **$ PURGE   DUA0:[MEIER...]**

Es werden alle mehrfach vorkommenden Dateien in der Directory
"DUA0:[MEIER]" sowie in dem darunterliegenden Sub-Directory-
Baum gelöscht bis auf die Dateien mit der jeweils höchsten
Versionsnummer.

B3   **$ PURGE   [...]**

Es werden alle mehrfach vorkommenden Dateien in der aktuellen
Default-Directory sowie in dem darunterliegenden Sub-Directory-
Baum gelöscht bis auf die Dateien mit der jeweils höchsten
Versionsnummer. Dieser Befehl wird sinnvollerweise von der
Haupt-Directory eines Bereichs abgesetzt, um diesen Bereich von
überflüssigen Dateien zu putzen.

B4   **$ PURGE   /KEEP=2   *.EXT**

Es werden alle mehrfach vorkommenden Dateien mit der Extension
".EXT" auf der aktuellen Default-Directory gelöscht bis auf beiden
letzten Versionen jeder Datei; die jüngsten Dateien mit der letzten
und der vorletzten Versionsnummer bleiben erhalten.

B5   **$ PURGE /CONFIRM   PIPO.***

```
Delete DUA0:[MEIER.ANGEBOT]PIPO.LIS;2 ? [N]: Y
Delete DUA0:[MEIER.ANGEBOT]PIPO.LIS;3 ? [N]: Y
Delete DUA0:[MEIER.ANGEBOT]PIPO.LIS;4 ? [N]: N
Delete DUA0:[MEIER.ANGEBOT]PIPO.TEX;2 ? [N]: Q
```

Alle älteren Versionen von Dateien mit dem Dateibezeichner "PIPO"
werden nacheinander zum Löschen angeboten und -je nach
Beantwortung dieser Löschfrage- gelöscht oder auch nicht.

4.4.34 READ

Das Kommando "**READ**" dient zum Lesen eines Satzes aus einer mit "OPEN /READ"
(vgl. Kapitel 4.4.31) geöffneten Datei.

Dieses Kommando wird schwerpunktmäßig in Kommandoprozeduren verwendet.

Bei sequentiellen Dateien wird immer der Satz gelesen, auf den der interne Recordpointer zeigt (d.h. der interne Recordpointer steht vor dem aktuellen Satz). Bei indexsequentiellen und relativen Dateien wird der Satz gelesen, der durch eine vollständige Spezifikation ausgewählt ist. Dazu gehört die Angabe des Schlüsselwertes (Satznummer bei relativen Dateien), die Angabe des Zugriffspfades und die gewünschte Zugriffsart. Ein von dem Recordpointer abhängiger Zugriff wie bei sequentiellen Dateien ist hierbei nicht möglich.

Der Zugriff auf die Datei geschieht über den dieser Datei zugeordneten logischen Name in der Logical-Name-Tabelle "LNM$PROCESS".

Die sogenannten lokalen Devices "SYS$INPUT", "SYS$OUTPUT", "SYS$ERROR" und "SYS$COMMAND", die meist dem aktuellen Terminal zugeordnet sind, können ebenfalls bei "READ" verwendet werden. Diese müssen dazu nicht extra mit "OPEN /READ" geöffnet worden sein.

Graph des Befehlsformats :

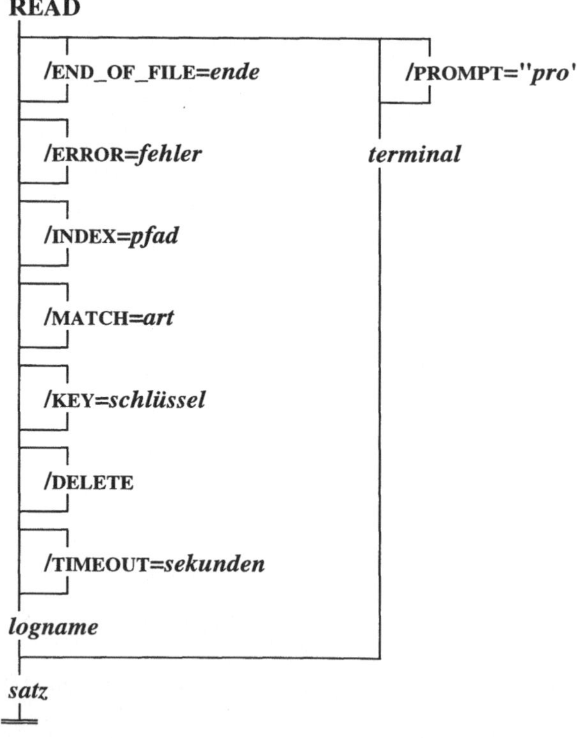

/DELETE Der Kommandoqualifizierer "/DELETE" verursacht das Löschen des gelesenen Satzes nach dem Lesen aus einer indexsequentiellen Datei. Diese Datei muß dazu mit "/READ" und "/WRITE" geöffnet sein.

/END_
OF_
FILE
=
ende
  Der Kommandoqualifizierer "/END_OF_FILE" zusammen mit der Sprungmarke *"ende"* wird nur in Kommandoprozeduren benutzt und nennt die Sprungmarke , zu der verzweigt werden soll, wenn beim Lesen das Dateiende (End-of-File) erkannt wird. Bei Weglassen dieses Qualifizierers wird diese Situation als Fehler interpretiert.

/ERROR
=
fehler
  Der Kommandoqualifizierer "/ERROR" zusammen mit der Sprungmarke *"fehler"* wird nur in Kommandoprozeduren benutzt und gibt dort die Sprungmarke an, zu der in einem Fehlerfall beim Lesen verzweigt werden soll. Ist "/ERROR..." nicht angegeben, wird die standardmäßige Fehlerbehandlung durchgeführt.

/INDEX
=
pfad
  Der Kommandoqualifizierer "/INDEX=*pfad*" bestimmt den Zugriffspfad bei einer Leseoperation auf einer indexsequentiellen Datei. Bei Weglassen des Qualifizierers bei einem indexsequentiellem "READ" gilt "/INDEX=0". Für *"pfad"* steht hier :

/INDEX=0	Primary Key	/INDEX=1	Alternate Key 1
/INDEX=2	Alternate Key 2	...	...

/KEY
=
schlüs-
sel
  Der Kommandoqualifizierer "/KEY=*schlüssel*" spezifiziert den Schlüsselwert, mit dem über den Zugriffspfad *"pfad"* mit der Zugriffsart *"art"* lesend auf die indexsequentielle Datei über den logischen Namen *"logname"* zugegriffen werden soll.

logname Das Argument *"logname"* ist der logische Name, der für die aktuelle Datei beim Öffnen in der Logical-Name-Tabelle "LNM$PROCESS" angelegt worden ist.

/MATCH
=
art
  Der Kommandoqualifizierer "/MATCH=*art*" bestimmt die Zugriffsart bei einer Leseoperation auf einer indexsequentiellen Datei. Wird dieser Qualifizierer bei einem indexsequentiellem "READ" weggelassen, so gilt automatisch "/MATCH=EQ". Für *"art"* kann angegeben werden :

EQ	Suche nach einem Satz mit exakt gleichem Schlüsselwert wie angegeben.
GE	Suche nach einem Satz mit gleichem oder größerem Schlüsselwert wie angegeben.
GT	Suche nach einem Satz mit größerem Schlüsselwert als angegeben.

/PROMPT = "pro"	Der Kommandoqualifizierer "/PROMPT" zusammen mit der Zeichenkette *"pro"* (sie muß in Anführungs- oder Apostrophzeichen eingeschlossen werden !) gibt den Prompt an, mit dem vom Terminal *"terminal"* eine Eingabe angefordert werden soll. Wird dieser Qualifizierer weggelassen bei einem "READ" vom Terminal, so wird der Default-Prompt "DATA:" benutzt.
satz	Das Argument *"satz"* steht für den Namen des Symbols, unter dem die eingelesene Zeichenkette aus der Datei oder vom Terminal abgelegt werden soll.
terminal	Das Argument *"terminal"* spezifiziert den logischen Namen eines lokalen Devices, die normalerweise dem aktuellen Terminal zugeordnet sind : "SYS$COMMAND", "SYS$ERROR", "SYS$INPUT" oder "SYS$OUTPUT".
/TIME_ OUT= sekunden	Der Kommandoqualifizierer "/TIME_OUT" zusammen mit *"sekunden"* nennt die Anzahl der Sekunden, die die Leseoperation auf ihre Beendigung maximal warten soll. *"sekunden"* stammt aus dem Intervall [0...255]. Ist "/ERROR..." angegeben, so verzweigt die Kommandoprozedur zur Sprungmarke, die den Fehlerfall behandelt. Ansonsten wird der Ablauf der angegebenen Wartezeit wie eine Fehlersituation behandelt.

Beispiele :

B1

```
$ READ  /END_OF_FILE=SCHLUSS -
_$ /ERROR=FEHLER   TEMPO   PUFFER
```

Es wird aus der sequentiellen Datei, der beim "OPEN" der logische Name "TEMPO" zugeordnet worden ist, der nächste Satz eingelesen und dem Symbol "PUFFER" zugewiesen. Der interne Recordpointer wird auf den nächst folgenden Satz eingestellt. Wird bei der Leseoperation das Ende der Datei (End-of-File) festgestellt, wird in der Kommandoprozedur zu dem Label "SCHLUSS" verzweigt, bei allen anderen Lesefehlern zum Label "FEHLER".

B2

```
$ READ  SYS$INPUT  RECORD
DATA:
```

Es wird von dem lokalen Device "SYS$INPUT" eine Eingabe angefordert mit gleichzeitiger Ausgabe des Prompts "Data:". Die Eingabe landet in dem Symbol "RECORD".

<table>
<tr><td>B3</td><td>$ READ /PROMPT="Eingabe>" SYS$INPUT SATZ
EINGABE></td></tr>
</table>

Es wird von dem lokalen Device "SYS$INPUT" eine Eingabe angefordert mit gleichzeitiger Ausgabe des Prompts "Eingabe>". Die Eingabe landet in dem Symbol "SATZ".

<table>
<tr><td>B4</td><td>$ READ /ERROR=FEHLER -
_$ /INDEX=0 /MATCH=EQ -
_$ /KEY=MUELLER KUNDE PUFFER</td></tr>
</table>

Es wird aus der indexsequentiellen Datei, der beim "OPEN" der logische Name "KUNDE" zugeordnet worden ist, der Satz eingelesen, dessen Schlüsselwert im Zugriffspfad über den Primary Key ("/INDEX=0") genau gleich ("/MATCH=EQ") dem Schlüsselwert "MUELLER" ist. Der eingelesene Satz wird dem Symbol "PUFFER" zugewiesen. Der interne Recordpointer wird auf den nächst folgenden Satz eingestellt. Tritt Beim Lesen des Satzes ein Fehler auf, dann erfolgt die Verzweigung zum Label "FEHLER".

4.4.35 RECALL

Das Kommando "**RECALL**" steht nur interaktiven Benutzern zur Verfügung und dient zur Anzeige der letzten 254 abgesetzten Befehle oder Eingaben auf dem Terminal. Aus dieser Befehlshistorie können einzelne Kommandos in der aktuellen Eingabezeile angezeigt, modifiziert und schließlich erneut ausgeführt werden.

Graph des Befehlsformats :

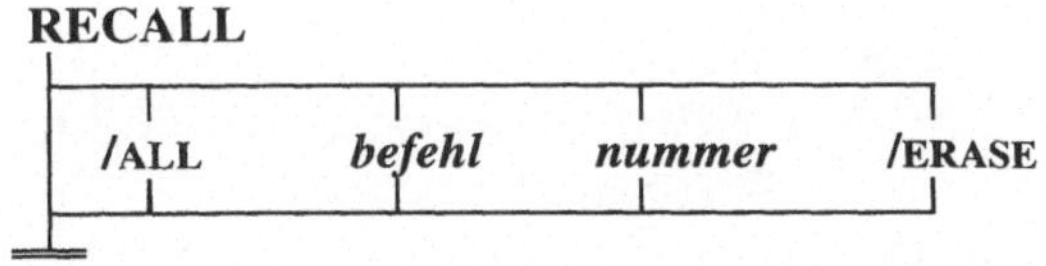

/ALL   Der Kommandoqualifizierer "/ALL" bewirkt die Anzeige der kompletten Befehlshistorie (die letzten maximal 254 Befehle und Eingaben) auf dem Terminal.

befehl   Das Argument *"befehl"* bewirkt die Anzeige des letzten Befehls *"befehl"* aus der Befehlshistorie auf dem Terminal.

/ERASE   Der Kommandoqualifizierer "/ERASE" löscht die gesamte Befehlshistorie.

nummer   Das Argument *"nummer"* zeigt den Befehl auf dem Terminal an, der gerade unter dieser Nummer in der Befehlshistorie gespeichert ist. Die Zahl *"nummer"* muß aus dem Intervall [1...254] stammen.

Beispiele :

| B1 |
```
$ RECALL  /ALL
1   SET   DEFAULT   [MEIER.ANGEBOT]
2   DIRECTORY   *.LIS
3   PRINT   RECHNUNG.LIS
4   DELETE   RECHNUNG.LIS;*
```

Es werden die letzten maximal 254 abgesetzten Befehle oder Eingaben für Kommandos auf dem Terminal angezeigt.

| B2 |
```
$ RECALL  3
PRINT   RECHNUNG.LIS
```

Es wird das Kommando angezeigt, das aktuell unter der Nummer "3" in der Befehlshistorie steht.

| B3 |
```
$ RECALL  DIRECTORY
DIRECTORY   *.LIS
```

Es wird das letzte "DIRECTORY"-Kommando aus der Befehlshistorie angezeigt.

4.4.36 RENAME

Das Kommando **"RENAME"** dient zum Umbenennen von Dateien. Die Umbenennung einer Datei kann sich erstrecken auf

- ❏ eine Directory (zumeist unter einer Haupt-Directory),
- ❏ einen Dateibezeichner,
- ❏ eine Extension,
- ❏ eine Versionsnummer.

Wenn Sie keine Versionsnummer bei der Angabe des Dateinamens spezifizieren, so erzeugt "RENAME" immer Zieldateien mit den aktuell höchsten Versionsnummern. Verwenden Sie bei der Angabe des Dateinamens jedoch Versionsnummern, dann können beim Umbenennen ungewollte Effekte auftreten, wenn Sie *unvorsichtig* mit Versionsnummern umgehen. Dabei ist es unerheblich, ob eine Versionsnummer direkt oder per Wildcard '*' spezifiziert wird.

Worin besteht die Gefahr beim Umbenennen mit Versionsnummern ? "RENAME" versucht bei der Angabe der Versionsnummer bei der Quelldatei, die gleiche Versionsnummer beizubehalten. Das gelingt genau dann, wenn keine Zieldatei mit der gleichen Versionsnummer existiert. Ein Umbenennung in eine Zieldatei mit gleicher bereits vorhandener Versionsnummer wird mit der folgenden Fehlermeldung abgelehnt :

> %RENAME-E-OPENIN, *error opening ... as input*
> -RMS-E-ENT, *ACP enter function failed*
> SYSTEM-W-DUPFILENAME, *duplicate file name*

Existiert bereits eine Zieldatei mit einer höheren Versionsnummer und ist die Versionsnummer der Quelldatei zwar kleiner, aber noch frei, dann wird entweder 'erbarmungslos' oder mit einer Hinweismeldung "Higher version exists" umbenannt, daß noch eine höhere Version vorhanden ist.

Genau dieser Tatbestand ist häufig der Grund, daß trotz erfolgreichem Umbenennens mit einer falschen oder älteren Version (mit der dann höheren Versionsnummer) weitergearbeitet wird, daß dann wieder längst vergessen geglaubte Versionen von Dateien fröhliche Urstände feiern. Vermeiden können Sie das nur bei vorsichtigem Umgang mit Versionsnummern beim Umbenennen. Halten Sie sich an die goldene Regel: möglichst *ohne* Angabe der Versionsnummer "RENAME" durchführen, wenn dieses nicht unbedingt nötig ist.

Graph des Befehlsformats :

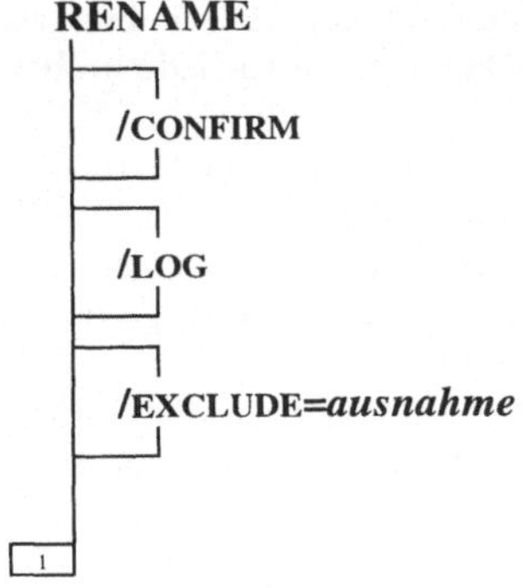

Fortsetzung
Folgeseite

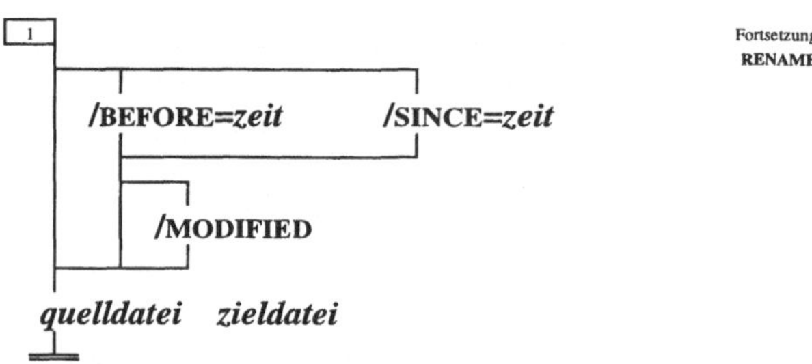

/BEFORE = zeit	Der Kommandoqualifizierer "/BEFORE" beschränkt das Auswahlkriterium *"datei"* auf die Untermenge der Dateien, die vor dem Zeitpunkt *"zeit"* erzeugt worden sind (siehe weiter unten die Möglichkeiten für *"zeit"*).

/CON- FIRM	Der Kommandoqualifizierer "/CONFIRM" bietet jeden Dateinamen, der das Auswahlkriterium *"quelldatei"* erfüllt, zum Umbenennen an. Die Umbenennungsfrage kann mit folgenden Antworten bedient werden :

YES oder TRUE	Die betreffende Datei wird umbenannt.
NO oder FALSE	Die betreffende Datei wird *nicht* umbenannt.
QUIT oder <CTRL/Z>	Das Kommando wird abgebrochen.
ALL	Alle noch folgenden Dateien werden ohne weitere Umbenennungsfrage umbenannt.

/EX- CLUDE = aus- nahme	Der Kommandoqualifizierer "/EXCLUDE" zusammen mit dem Argument *"ausnahme"* benennt die Dateien, die beim Umbenennen explizit ausgelassen werden sollen. Wild Cards sind erlaubt.

/LOG	Der Kommandoqualifizierer "/LOG" bewirkt die Protokollierung des alten und neuen Dateinamens für jede umbenannte Datei.

/MODI- FIED	Der Kommandoqualifizierer "/MODIFIED" ist nur sinnvoll im Zusammenhang mit "/BEFORE" oder "/SINCE", wo er bewirkt, daß statt des Erzeugungsdatums das Datum der letzten Veränderung für die Einschränkung der Ergebnismenge benutzt wird.

quell- datei	Das Argument *"quelldatei"* steht für den Dateinamen der umzubenennenden Datei(en). Wild Cards sind erlaubt.

/SINCE
=
zeit

Der Kommandoqualifizierer "/SINCE" beschränkt das Auswahlkriterium *"datei"* auf die Untermenge der Dateien, die nach dem Zeitpunkt *"zeit"* erzeugt worden sind (siehe weiter unten die Möglichkeiten für *"zeit"*).

zeit

Das Argument *"zeit"* dient zur zeitbedingten Einschränkung des Auswahlkriteriums *"datei"*. Folgende Angaben sind erlaubt :

BOOT	Zeitpunkt des letzten Rechnerstarts.
LOGIN	Zeitpunkt des Einloggens.
TODAY	Zeitpunkt "heutiges Datum" 00:00 Mitternacht.
TOMORROW	Zeitpunkt "morgiges Datum" 00:00 Mitternacht.
YESTERDAY	Zeitpunkt "gestriges Datum" 00:00 Mitternacht.
Zeitangabe	Beliebiger Zeitpunkt (für das Format der OpenVMS-Zeitangabe siehe Kapitel 4.3.9).
keine Angabe	wie "TODAY".

ziel-
datei

Das Argument *"zieldatei"* steht für den neuen Dateinamen nach der Umbenennung. Wild Cards sind erlaubt.

Beispiele :

B1

```
$ RENAME /LOG TEMPO.*  AKTIV.*
%RENAME-I-RENAMED, DUA0:[MEIER.NEU]TEMPO.LIS;1
            renamed to DUA0:[MEIER.NEU]AKTIV.LIS;1
%RENAME-I-RENAMED, DUA0:[MEIER.NEU]TEMPO.UNO;2
            renamed to DUA0:[MEIER.NEU]AKTIV.UNO;1
%RENAME-I-RENAMED, DUA0:[MEIER.NEU]TEMPO.ZOO;9
            renamed to DUA0:[MEIER.NEU]AKTIV.ZOO;2
```

Alle Dateien auf der aktuellen Default-Directory mit dem Dateibezeichner "TEMPO" werden in "AKTIV" umbenannt unter Beibehaltung der jeweiligen Extension.

B2

```
$ RENAME /CONFIRM TEMPO.*  AKTIV.*
Rename DUA0:[MEIER.ANGEBOT]TEMPO.LIS;1 to
    DUA0:[MEIER.ANGEBOT]AKTIV.LIS;1 ? [N] :  Y
Rename DUA0:[MEIER.ANGEBOT]TEMPO.UNO;23 to
    DUA0:[MEIER.ANGEBOT]AKTIV.UNO;1 ? [N] :  N
Rename DUA0:[MEIER.ANGEBOT]TEMPO.ZOO;24 to
    DUA0:[MEIER.ANGEBOT]AKTIV.ZOO;2 ? [N] :  Q
```

Alle Dateien auf der aktuellen Default-Directory mit dem Dateibezeichner "TEMPO" werden nacheinander zum Umbenennen nach "AKTIV" angeboten und -je nach Beantwortung der Frage- entweder umbenannt oder nicht.

B3	**$ RENAME LOGIN.NEU LOGIN.COM**

Die letzte Version der Datei "LOGIN.NEU" auf der aktuellen Default-Directory wird dort umbenannt in "LOGIN.COM".

B4	**$ RENAME *.*;* *.*;1**

Alle Dateien auf der aktuellen Default-Directory werden mit der Versionsnummer "1" versehen; es findet keine weitere Namensänderung statt. Vor dieser Aktion sollte mit "PURGE" sichergestellt worden sein, daß nur jeweils eine Version pro Dateiname existiert.

B5	**$ RENAME [MEIER.ANGEBOT] [MEIER.AUFTRAG]**

Alle Dateien auf der Sub-Directory "[MEIER.ANGEBOT]" werden durch diese Umbenennungsaktion - ohne physikalisches Kopieren - in die Sub-Directory "[MEIER.AUFTRAG]" umgehängt. Dieses Kommando kann nur innerhalb eines Bereichs - oder bei entsprechender Privilegierung - nur auf einer Platte durchgeführt werden. (So einfach werden aus Angeboten Aufträge...)

4.4.37 RUN

Das Kommando "**RUN**" dient zum Starten eines ausführbaren Programmes (Image). Die von OpenVMS erwartete standardmäßige Extension für solch eine ausführbare Programmdatei ist ".EXE".

Wenn beim Linklauf für dieses Image die Debug-Option angegeben worden ist, dann wird beim Aufruf von "RUN" automatisch der Debugger mitgestartet ; die Ausführung des Images geschieht unter der Kontrolle des Debuggers. Wenn beim Linklauf für dieses Image die Debug-Option nicht mit angegeben worden ist, dann erfolgt der Start direkt.

Graph des Befehlsformats :

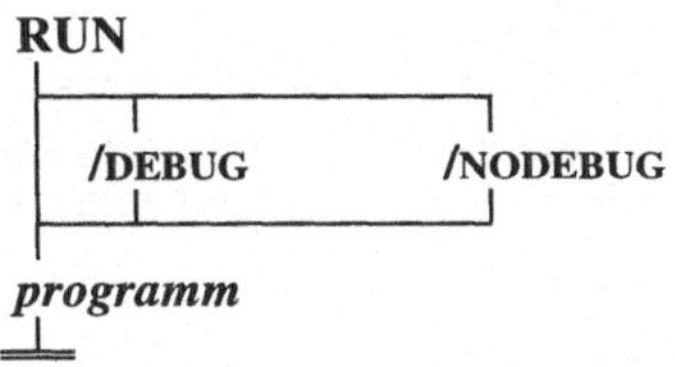

/DEBUG	Der Kommandoqualifizierer "/DEBUG" bewirkt den Start des Programms (Image) unter der Kontrolle des Debuggers. Dieser Qualifizierer ist nur dann sinnvoll, wenn das Image auch mit Debug-Option beim Linklauf erzeugt worden ist.
/NO-DEBUG	Der Kommandoqualifizierer "/NODEBUG" schaltet die Kontrolle durch den Debugger beim Start des Programms *"programm"* aus.
pro-gramm	Das Argument *"programm"* ist der Dateiname des zu startenden Programms. Wird die Extension nicht spezifiziert, gilt automatisch die Extension ".EXE".

Beispiele :

B1	**$ RUN AKTIV**

Das ausführbare Image "AKTIV.EXE" wird auf der aktuellen Default-Directory gestartet. Je nach Angabe der Debug-Option beim Linklauf wird der Debugger aktiviert oder nicht.

B2	**$ RUN /NODEBUG TEST**

Das ausführbare Image "TEST.EXE" auf der aktuellen Default-Directory wird ohne Start des Debuggers aktiviert, unabhängig davon, ob die Debug-Option beim Linklauf angegeben worden ist oder nicht.

B3	**$ RUN /DEBUG [MEIER.TEST]BERECHNE**

Das ausführbare Image "[MEIER.TEST]BERECHNE.EXE" wird mit Start des Debuggers aktiviert, wenn beim Linklauf die Debug-Option angegeben worden ist.

4.4.38 SEARCH

Das Kommando "**SEARCH**" dient zum Suchen nach einer bestimmten Zeichenkette in einer oder mehreren Datei(en). Ist die Suche erfolgreich, werden die Zeilen, die die gesuchte Zeichenkette enthalten, sowie die Namen der betroffenen Dateien als Ergebnis ausgegeben.

Graph des Befehlsformats :

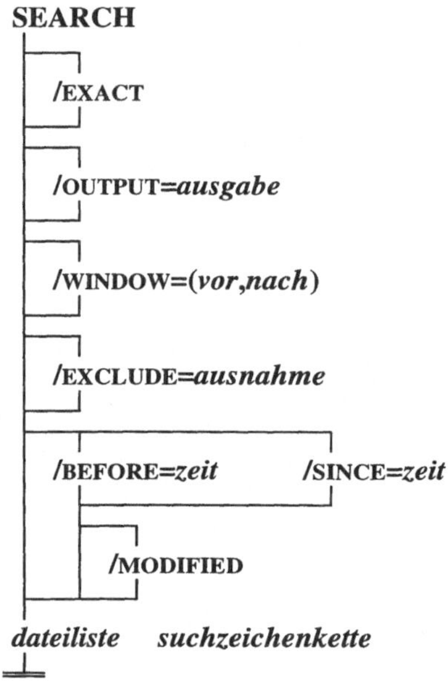

/BEFORE **=** *zeit*	Der Kommandoqualifizierer "/BEFORE" beschränkt das Auswahlkriterium *"dateiliste"* auf die Untermenge der Dateien, die vor dem Zeitpunkt *"zeit"* erzeugt worden sind (siehe weiter unten die Möglichkeiten für *"zeit"*).
datei- ***liste***	Das Argument *"dateiliste"* spezifiziert die Liste der Dateien, die nach der *"suchzeichenkette"* durchsucht werden sollen. Wild Cards sind erlaubt. Bei Angabe von mehr als einem Dateinamen sind diese voneinander jeweils durch ein Komma zu trennen.
/EXACT	Der Kommandoqualifizierer "/EXACT" bewirkt die Suche nach der *"suchzeichenkette"* in genau der Schreibweise (also Groß- und Kleinschrift) wie angegeben. Ohne diesen Qualifizierer wird nicht zwischen Groß- und Kleinbuchstaben unterschieden.

/EX-CLUDE = *ausnahme*
Der Kommandoqualifizierer "/EXCLUDE" zusammen mit dem Argument *"ausnahme"* benennt die Dateien, die bei Durchsuchen explizit ausgelassen werden sollen. Wild Cards sind erlaubt.

/MODI-FIED
Der Kommandoqualifizierer "/MODIFIED" ist nur sinnvoll im Zusammenhang mit "/BEFORE" oder "/SINCE", wo er bewirkt, daß statt des Erzeugungsdatums das Datum der letzten Veränderung für die Einschränkung der Ergebnismenge benutzt wird.

/OUTPUT = *ausgabe*
Der Kommandoqualifizierer "/OUTPUT" zusammen mit dem Argument *"ausgabe"* lenkt die Ausgabe in die Ausgabedatei *"ausgabe"*. Fehlt dieser Qualifizierer, erfolgt die Terminal-Ausgabe.

/SINCE = *zeit*
Der Kommandoqualifizierer "/SINCE" beschränkt das Auswahlkriterium *"dateiliste"* auf die Untermenge der Dateien, die nach dem Zeitpunkt *"zeit"* erzeugt worden sind (siehe weiter unten die Möglichkeiten für *"zeit"*).

such-zeichen-kette
Das Argument *"suchzeichenkette"* spezifiziert die Zeichenkette, nach der in den Dateien aus der *"dateiliste"* gesucht werden soll. Sind in der Suchzeichenkette Leer- oder Sonderzeichen wie "@" (das normalerweise als Aufruf einer Kommandoprozedur interpretiert wird) enthalten, muß die *"suchzeichenkette"* in Anführungs- oder Apostrophzeichen eingeschlossen werden.

/WIN-DOW = (*vor*, *nach*)
Der Kommandoqualifizierer "/WINDOW" mit den Argumenten *"vor"* und *"nach"* gibt die Anzahl der Zeilen an, die *"vor"* und *"nach"* dem Auftreten der *"suchzeichenkette"* herum mit ausgegeben werden sollen. Ohne diesen Qualifizierer wird nur die Zeile mit der *"suchzeichenkette"* ausgegeben.

zeit
Das Argument *"zeit"* dient zur zeitbedingten Einschränkung des Auswahlkriteriums *"dateiliste"*. Folgende Angaben sind erlaubt :

BOOT	Zeitpunkt des letzten Rechnerstarts.
LOGIN	Zeitpunkt des Einloggens.
TODAY	Zeitpunkt "heutiges Datum" 00:00 Mitternacht.
TOMORROW	Zeitpunkt "morgiges Datum" 00:00 Mitternacht.
YESTERDAY	Zeitpunkt "gestriges Datum" 00:00 Mitternacht.
Zeitangabe	Beliebiger Zeitpunkt (für das Format der OpenVMS-Zeitangabe siehe Kapitel 4.3.9).
keine Angabe	wie "TODAY".

Beispiele :

| B1 | `$ SEARCH   *.COM   "XYZ"` |

Es wird in allen Dateien mit der Extension ".COM" in der aktuellen Default-Directory nach der Zeichenkette "XYZ" ohne Unterscheidung nach Groß- und Kleinbuchstaben gesucht. Jeder Satz, in dem diese Zeichenkette auftritt, wird unter dem aktuellen Dateinamen auf dem Terminal protokolliert.

| B2 | `$ SEARCH   /OUTPUT=ERG.LIS   *.COM   "@a bc"` |

Es wird in allen Dateien mit der Extension ".COM" auf der aktuellen Default-Directory nach der Zeichenkette "@a bc" gesucht. Da diese Zeichenkette ein Leerzeichen und das Sonderzeichen "@" enthält, das OpenVMS normalerweise als Aufruf einer Kommandoprozedur interpretiert, muß die gesuchte Zeichenkette in Anführungszeichen eingeschlossen werden. Groß- und Kleinbuchstaben werden nicht unterschieden. Jeder Satz, in dem diese Zeichenkette auftritt, wird unter dem aktuellen Dateinamen in der Ausgabedatei "ERG.LIS" protokolliert.

| B3 | `$ SEARCH   /EXACT   *.COM,*.LIS   Hallo` |

Es wird in allen Dateien mit der Extension ".COM" und mit der Extension ".LIS" auf der aktuellen Default-Directory nach der Zeichenkette "Hallo" in exakt der angegebenen Schreibweise gesucht. Jeder Satz, in dem diese Zeichenkette auftritt, wird unter dem aktuellen Dateinamen auf dem Terminal protokolliert.

| B4 | `$ SEARCH   /WINDOW=(3,5)   *.*   "EXIT"` |

Es wird in allen Dateien auf der aktuellen Default-Directory nach der Zeichenkette "EXIT" gesucht. Groß- und Kleinbuchstaben werden nicht unterschieden. Jeder Satz, in dem diese Zeichenkette auftritt, wird unter dem aktuellen Dateinamen auf dem Terminal mit seinen "3" Vorgängerzeilen und "5" Nachfolgerzeilen protokolliert.

4.4.39 SET BROADCAST

Das Kommando "**SET BROADCAST**" dient zum Ein- und Ausblenden von Klassen von (System-)Meldungen, die auf dem aktuellen Terminal ausgegeben werden und mitunter wichtige Information auf dem Bildschirm (nur dort; keine Angst !!) überschreiben können.

Graph des Befehlsformats :

SET BROADCAST=_klasse_

klasse   Das Argument *"klasse"* spezifiziert die Klassen von Meldungen, die auf dem Terminal ausgegeben oder unterdrückt werden sollen. Bei Angabe einer ganzen Liste solcher Klassen müssen die einzelnen Klassennamen jeweils durch ein Komma getrennt und diese Liste in ein Paar Klammer "(" und ")" eingefaßt werden. Es gibt folgende Klassen :

ALL	Alle Meldungsklassen werden ausgegeben.
DCL / NODCL	"SPAWN"- und <CTRL/T>-Meldungen werden ausgegeben bzw. unterdrückt.
GENERAL / NOGENERAL	"REPLY"-Meldungen werden ausgegeben bzw. unterdrückt.
MAIL / NOMAIL	"MAIL"-Meldungen werden ausgegeben bzw. unterdrückt.
NONE	Alle Meldungsklassen werden unterdrückt.
PHONE / NOPHONE	"PHONE"-Meldungen werden ausgegeben bzw. unterdrückt.
QUEUE / NOQUEUE	Meldungen von Jobs aus Batch- oder Printqueues werden ausgegeben bzw. unterdrückt.
SHUTDOWN / NOSHUT-DOWN	Meldungen vom "SHUTDOWN" werden ausgegeben bzw. unterdrückt.
URGENT / NOURGENT	"URGENT REPLY"-Meldungen werden ausgegeben bzw. unterdrückt.

Beispiele :

B1	$ SET BROADCAST=ALL

Meldungen aller Meldungsklassen werden auf dem aktuellen Terminal ausgegeben.

216

B2　　$ SET　BROADCAST=NONE

Meldungen aller Meldungsklassen werden auf dem aktuellen Terminal ausgeblendet.

B3　　$ SET　BROADCAST=PHONE

Anrufsmeldungen der Utility "PHONE" werden auf dem aktuellen Terminal ausgegeben.

B4　　$ SET　BROADCAST=(MAIL,NOPHONE,QUEUE)

Meldungen von Jobs in Batch- oder Printqueues sowie Empfangsmeldungen der Utility "MAIL" werden auf dem aktuellen Terminal ausgegeben, während die Meldungen der Utility "PHONE" unterdrückt werden.

4.4.40 SET CONTROL

Das Kommando "**SET CONTROL**" dient zur Steuerung der Tastenerkennung und Behandlung von <CTRL/T> und <CTRL/Y>.

Graph des Befehlsformats :

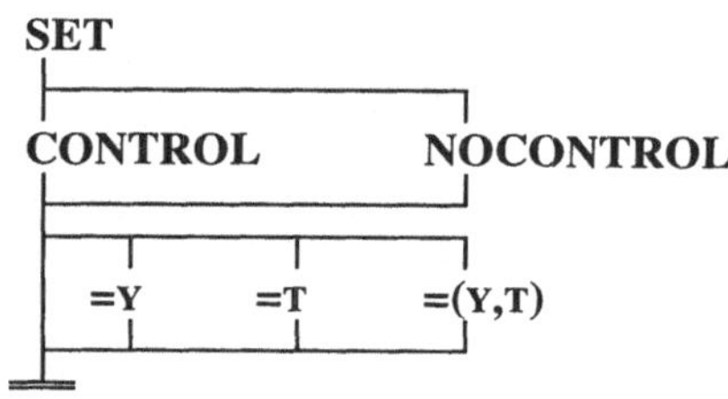

CON-
TROL　　Das Kommando "SET CONTROL" schaltet die Tastenerkennung von <CTRL/Y> und <CTRL/T> ein.

NOCON-
TROL　　Das Kommando "SET NOCONTROL" schaltet die Tastenerkennung von <CTRL/Y> und <CTRL/T> aus.

T   Das Argument "T" spezifiziert die Tastenkombination <CTRL/T>, mit der eine einzeilige Prozeßstatistik ausgegeben werden kann. Der Prozeß muß dazu mit "SET BROADCAST=DCL" (vgl. Kapitel 4.4.39) in die Lage versetzt worden sein.

Y   Das Argument "Y" spezifiziert die Tastenkombination <CTRL/Y> als Aufforderung zu einem Programmabbruch.

Beispiele :

| **B1** | `$ SET   NOCONTROL` |

OpenVMS wird beauftragt, die Tastenkombination <CTRL/Y> zu erkennen und zu ignorieren.

| **B2** | `$ SET   CONTROL=Y` |

OpenVMS behandelt beim Erkennen der Tastenkombination <CTRL/Y> diese als Aufforderung zu einem Programmabbruch.

| **B3** | `$ SET   CONTROL=T` |

OpenVMS wird beauftragt, beim Erkennen der Tastenkombination <CTRL/T> eine einzeilige Prozeßstatistik auszugeben.

| **B4** | `$ SET   CONTROL=(T,Y)` |

OpenVMS wird beauftragt, die Tastenkombinationen <CTRL/T> und <CTRL/Y> zu erkennen und entsprechend zu behandeln (siehe auch vorige Beispiele).

4.4.41 SET DEFAULT

Das Kommando "**SET DEFAULT**" dient zum Manövrieren in Directory-Bäumen auf Platten. "SET DEFAULT" stellt den aktuellen Prozeß auf die eingegebene Default-Directory ein (vgl. Kapitel 4.2.3). Mit diesem Kommando kann auch die Platte bestimmt werden, auf der die neue Default-Directory liegen soll. Wird nur ein Plattenbezeichner angegeben, so bleibt der Directory-Zugriffspfad unverändert. Bei Spezifikation nur von Directory-Angaben bleibt die Platte unverändert.

Graph des Befehlsformats :

SET DEFAULT *directory*

direc-
tory   Das Argument *"directory"*spezifiziert den neu einzustellenden Zugriffspfad.

Beispiele :

B1	`$ SET  DEFAULT  [MEIER]`

Die aktuelle Default-Directory wird auf die Haupt-Directory "[MEIER]" auf der eingestellten Platte umgeleitet.

B2	`$ SET  DEFAULT  DUA0:[MEIER.AUFTRAG]`

Die aktuelle Default-Directory wird eingestellt auf die Platte "DUA0:" und dort auf die Sub-Directory "[MEIER.AUFTRAG]".

B3	`$ SET DEFAULT  DUA1:`

Die aktuelle Default-Directory wird unter Beibehaltung des Directory-Pfades auf die Platte "DUA1:" umgeleitet. War vorher "DUA0:[MEIER.ANGEBOT.INFO]" die Default-Directory, dann ist sie jetzt "DUA1:[MEIER.ANGEBOT.INFO]" .

B4	`$ SET  DEFAULT  [.INFO]`

Die neue Default-Directory wird auf die Sub-Directory "INFO" unter der aktuellen Default-Directory auf der gleichen Platte umgestellt.

B5	`$ SET  DEFAULT  [-]`

Die neue Default-Directory wird auf die Directory umgestellt, die genau eine Hierarchiestufe über der aktuellen Default-Directory im Directory-Baum liegt. War die Default-Directory vorher "DUA0:[MEIER.ANGEBOT.INFO]", dann ist sie jetzt "DUA0:[MEIER.ANGEBOT]" .

| **B6** | *$* **SET DEFAULT [-.AUFTRAG]** |

Die neue Default-Directory wird auf die Directory umgestellt, die sich auf der gleichen Hierarchiestufe parallel zur aktuellen Default-Directory befindet. Um dorthin zu gelangen, muß im Directory-Baum zuerst eine Stufe höher und dann wieder eine Stufe tiefer manövriert werden. War vorher "DUA0:[MEIER.ANGEBOT]" die Default-Directory, dann ist sie jetzt "DUA1:[MEIER.AUFTRAG]" .

| **B7** | *$* **SET DEFAULT SYS$MANAGER:** |

Die aktuelle Default-Directory wird auf die Directory "SYS$MANAGER" eingestellt. "SYS$MANAGER" ist ein logischer Name, der eine logische Platte definiert.

| **B8** | *$* **SET DEFAULT MEINE_PLATTE:[PROG]** |

Die aktuelle Default-Directory wird auf die Directory "[PROG]" auf der logischen Platte "MEINE_PLATTE:" umgestellt.

4.4.42 SET DIRECTORY

Das Kommando "**SET DIRECTORY**" dient zum Verändern von Eigenschaften einer Directory (einer Directory-Datei).

Graph des Befehlsformats :

$$
\begin{array}{l}
\textbf{SET DIRECTORY}\\
\quad|\\
\textbf{/VERSION=}\textit{limit}\\
\quad|\\
\quad\textit{directory}\\
\quad\underline{|}
\end{array}
$$

direc-tory	Das Argument *"directory"* spezifiziert den Namen der zu ändernden Directory.
/VERSION = limit	Der Kommandoqualifizierer "/VERSION=*limit*" beschränkt die Versionen gleichnamiger Dateien auf *"limit"*. Ein gesetztes Limit löscht automatisch die ältesten Dateien, sobald durch neue Versionen *"limit"* überschritten wird. Nachträgliches Setzen des *"limit"* bewirkt aber kein nachträgliches Löschen bereits vorhandener Dateien.

Beispiel :

<table>
<tr><td>B1</td><td>$ SET DIRECTORY /VERSION_LIMIT=3 -
_$ [MEIER.ANGEBOT]</td></tr>
</table>

Alle Dateien, die in der Directory "[MEIER.ANGEBOT]" von dem Zeitpunkt des Absetzens dieses Befehls erzeugt werden, können dort höchstens "3" Versionen besitzen. Bei Überschreitung dieser Grenze erfolgt automatisch die Löschung der ältesten Version die mit der kleinsten Versionsnummer.

4.4.43 SET ENTRY

Das Kommando "**SET ENTRY**" dient zum Ändern des Status oder von Eigenschaften eines Jobs in einer Batch- oder Printqueue. Der zu ändernde Job darf zu diesem Zeitpunkt des Änderns noch nicht aktiv sein. Änderungen an einem Job darf nur der Benutzer durchführen, der diesen Job auch abgesetzt hat. Benutzer aus den anderen Benutzerklassen benötigen ansonsten dazu das Privileg "OPER".

Graph des Befehlsformats :

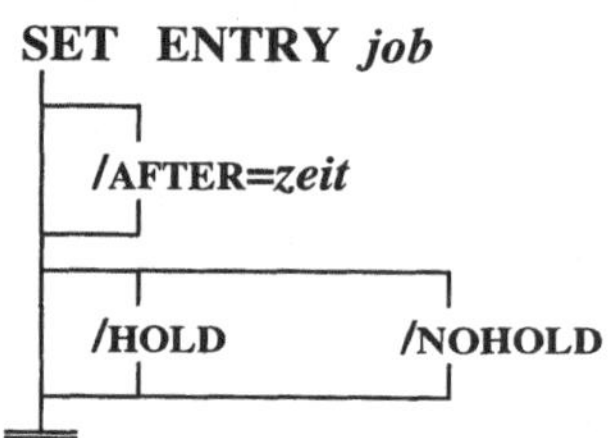

/AFTER = zeit	Der Kommandoqualifizierer "/AFTER" zusammen mit der Angabe der *"zeit"* gibt den Startzeitpunkt des Jobs *"job"* in der Batch- oder Printqueue an. Folgende Angaben für *"zeit"* sind erlaubt :

TODAY	Zeitpunkt "heutiges Datum" 00:00 Mitternacht.
TOMORROW	Zeitpunkt "morgiges Datum" 00:00 Mitternacht.
Zeitangabe	Beliebiger Zeitpunkt (für das Format der OpenVMS-Zeitangabe siehe Kapitel 4.3.9).
keine Angabe	wie "TODAY".

/HOLD	Der Kommandoqualifizierer "/HOLD" sperrt den Job mit der Jobnummer*"job"* in der Batch- oder Printqueue und hält ihn damit für eine spätere Ausführung zurück.

job   Das Argument *"job"* spezifiziert die eindeutige Nummer des Jobs in der Batch- oder Printqueue, der geändert werden soll.

/NO-HOLD   Der Kommandoqualifizierer "/NOHOLD" gibt den zurückgehaltenen Job *"job"* in der Batch- oder Printqueue zur Ausführung frei.

Beispiele :

| B1 | $ **SET ENTRY 1984   /AFTER=TOMORROW** |

Die Startzeit des Jobs mit der Jobnummer "1984" in einer Batch- oder Printqueue wird auf Mitternacht in der kommenden Nacht eingestellt.

| B2 | $ **SET ENTRY 10 /HOLD** |

Der Job mit der Jobnummer "10" in einer Batch- oder Printqueue wird gesperrt und damit für eine spätere Ausführung zurückgehalten.

| B3 | $ **SET ENTRY 10 /NOHOLD** |

Der zurückgehaltene Job mit der Jobnummer "10" in einer Batch- oder Printqueue wird zur Ausführung freigegeben. Solch eine Zurückhaltung eines Jobs kann durch "/HOLD", "/AFTER" oder "/RETAIN" beim Absetzen dieses Jobs oder während seiner Wartezeit in der Queue mit "SET ENTRY" verursacht worden sein.

4.4.44 SET FILE

Das Kommando "**SET FILE**" dient zum Verändern der Eigenschaften von Dateien Diese Änderungen betreffen Informationen im File-Header der betreffenden Dateien.

Graph des Befehlsformats :

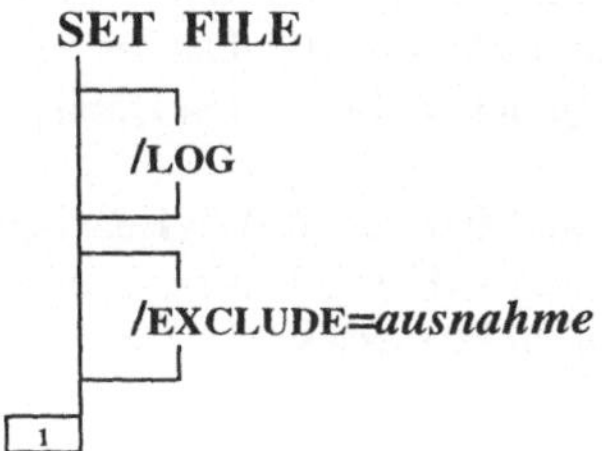

Fortsetzung
Folgeseite

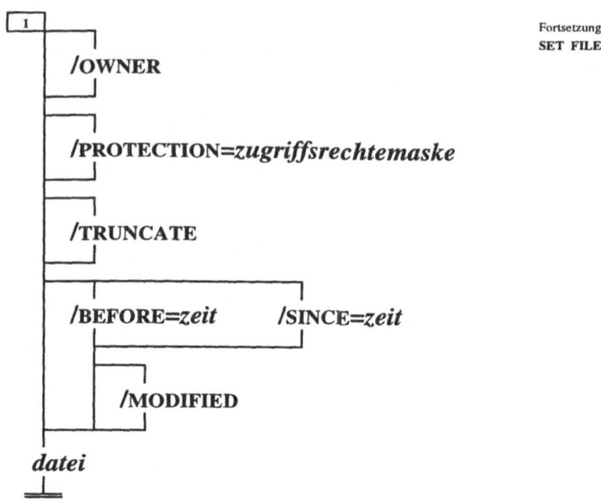

/BEFORE **=** *zeit*	Der Kommandoqualifizierer "/BEFORE" beschränkt die Angabe der Dateien *"datei"* auf die Untermenge, die vor dem Zeitpunkt *"zeit"* erzeugt worden sind (*zeit"* siehe weiter unten).
datei	Das Argument *"datei"* steht für Menge der Dateien (ein oder mehrere Dateiname(n) oder Zugriffspfad(e)), für die die gewünschte Änderung im File-Header durchgeführt werden soll. Wild Cards sind erlaubt.
/EX- **CLUDE =** *aus-* *nahme*	Der Kommandoqualifizierer "/EXCLUDE" zusammen mit dem Argument *"ausnahme"* benennt die Dateien, die bei der Änderung im File-Header explizit ausgelassen werden sollen. Wild Cards sind erlaubt.
/LOG	Der Kommandoqualifizierer "/LOG" bewirkt die Anzeige der vollständigen Dateinamen auf dem Terminal, für die die Änderung im File-Header durchgeführt wird.
/MODI- **FIED**	Der Kommandoqualifizierer "/MODIFIED" ist nur sinnvoll im Zusammenhang mit "/BEFORE" oder "/SINCE", wo er bewirkt, daß statt des Erzeugungsdatums das Datum der letzten Veränderung für die Einschränkung der zu ändernden Dateien benutzt wird.
/OWNER	Der Kommandoqualifizierer "/OWNER" bewirkt die Umstellung des Namens des Besitzers (User Identifier) jeder einzelnen Datei auf den Owner des aktuellen Prozesses.

/PRO- TEC-TION = *zugriffs-* *rechte-* *maske*	Der Kommandoqualifizierer "/PROTECTION" zusammen mit der *"zugriffsrechtemaske"* dient zum Setzen der Zugriffsrechte für einzelne Benutzerklassen für die betreffende(n) Datei(en). Bei der Angabe von mehreren Benutzerklassen muß die gesamte *"zugriffsrechtemaske"* in ein Paar Klammern "(" und ")" eingefaßt und die einzelnen Masken durch jeweils ein Komma getrennt werden. Eine solche *"zugriffsrechtemaske"* besitzt folgendes Format : *BENUTZERKLASSE:ZUGRIFFSRECHTE*. Die Tabellen zeigen die Benutzerklassen und Zugriffsrechte (vgl. auch Kapitel 4.2.10) :

Benutzerklassen		
O	Owner	Besitzer.
S	System	Privilegierte Benutzer.
G	Group	Mitglieder der gleichen Gruppe.
W	World	Alle anderen Benutzer.

Zugriffsrechte		
R	Read	Leserecht.
W	Write	Schreibrecht.
E	Execute	Ausführungs-recht.
D	Delete	Löschrecht.

/SINCE = *zeit*	Der Kommandoqualifizierer "/SINCE" beschränkt das Auswahlkriterium *"datei"* auf die Untermenge der Dateien, die nach dem Zeitpunkt *"zeit"* erzeugt worden sind (siehe weiter unten die Möglichkeiten für *"zeit"*).
/TRUN- CATE	Der Kommandoqualifizierer "/TRUNCATE" bewirkt die Reduzierung der Dateien von der reservierten (größeren) Anzahl Speicherblöcke auf die tatsächlich benötigte.
zeit	Das Argument *"zeit"* dient zur zeitbedingten Einschränkung des Auswahlkriteriums *"datei"*. Folgende Angaben sind erlaubt :

BOOT	Zeitpunkt des letzten Rechnerstarts.
LOGIN	Zeitpunkt des Einloggens.
TODAY	Zeitpunkt "heutiges Datum" 00:00 Mitternacht.
TOMORROW	Zeitpunkt "morgiges Datum" 00:00 Mitternacht.
YESTERDAY	Zeitpunkt "gestriges Datum" 00:00 Mitternacht.
Zeitangabe	Beliebiger Zeitpunkt (für das Format der OpenVMS-Zeitangabe siehe Kapitel 4.3.9).
keine Angabe	wie "TODAY".

Beispiele :

B1	**$ SET FILE /TRUNCATE /MODIFIED /SINCE *.***

Alle Dateien in der aktuellen Default-Directory, die seit heute verändert worden sind, werden von der jeweiligen reservierten Blockgröße auf die tatsächlich benötigte Blockgröße reduziert.

| B2 | `$ SET FILE /TRUNCATE /EXCLUDE=TEMPO.* *.*` |

Alle Dateien in der aktuellen Default-Directory mit der Ausnahme der Dateien mit dem Dateibezeichner "TEMPO" werden von ihrer jeweils reservierten Blockgröße auf die tatsächlich benötigte Blockgröße reduziert, die sich an der Angabe der Marke "End-of-File" im File-Header orientiert.

| B3 | `$ SET FILE /OWNER [...]TIGER.*` |

Alle Dateien mit dem Dateibezeichner "TIGER" in dem Directory-Baum beginnend auf der aktuellen Default-Directory bekommen als Besitzer dieser Datei (Owner) die UIC (User Identifier) des aktuellen Prozesses zugewiesen.

| B4 | `$ SET FILE -`
`_$ /PROTECTION=(S:RWED,O:RWED,G:RE,W) *.*` |

Alle Dateien in der aktuellen Default-Directory bekommen eine neue Zugriffsrechtemaske zugeordnet. Ein Prozeß aus der privilegierten Benutzerklasse benutzt für den Dateizugriff die Zugriffsrechtemaske "S:RWED" ; dieser darf alle Dateien lesen, schreiben, ausführen und löschen. Ein Prozeß aus der gleichen Benutzerklasse (gleiche UIC (User Identifier) wie die Dateien) benutzt die Maske der Zugriffsrechte "O:RWED" und darf alle Dateien lesen, schreiben, ausführen und löschen. Ein Prozeß mit der Benutzerklasse mit der gleichen Gruppennummer in der UIC wie die Dateien benutzt die Zugriffsrechtemaske "G:RE" ; dieser darf alle Dateien lesen und ausführen. Ein Prozeß mit einer fremden UIC besitzt wegen der leeren Zugriffsrechtemaske "W" keine Zugriffsrechte auf die Dateien.

| B5 | `$ SET FILE /PROTECTION=(W:RE) -`
`_$ /SINCE=14-AUG-1990 *.*` |

Alle Dateien in der aktuellen Default-Directory, die seit dem "14. August 1990" erzeugt worden sind, bekommen eine neue Zugriffsrechtemaske für die Benutzerklasse mit fremden UICs zugeordnet. Alle anderen Zugriffsrechtemasken bleiben unverändert bis auf "W:RE" ; ein Prozeß dieser Benutzerklasse darf die betreffenden Dateien lesen und ausführen.

4.4.45 SET HOST

Das Kommando "**SET HOST**" dient zum Durchgreifen aus der aktuellen Terminalsitzung auf dem eigenen Rechner auf einen anderen Rechner. Beide Rechner müssen Knoten in einem Rechnernetz sein und mit **DECNET** (dem Netzwerk-Software-Produkt von DEC) ausgestattet und verbunden sein.

Mit "SET HOST" wird auf dem angegebenen Zielrechner eine **remote** (entfernte), aber sonst ganz normale Terminalsitzung eröffnet. Während dieser Zeit bleibt der Prozeß auf dem eigenen Rechner "stehen" und dient nur als Weitervermittler für die Terminaleingabe/-ausgabe, die über das Rechnernetz weitergereicht wird. Das Beenden einer 'remote' Terminalsitzung auf einem anderen Rechnerknoten geschieht ganz normal durch das Ausloggen.

Eine zweite Möglichkeit zur Beendigung einer 'remote' Terminalsitzung erreichen Sie durch mindestens zweimaliges Betätigen der Tastenkombination <CTRL/Y>. In diesem Fall muß die Frage nach einem gewünschten Abbruch dann mit 'Y' (=YES) beantwortet werden.

Graph des Befehlsformats :

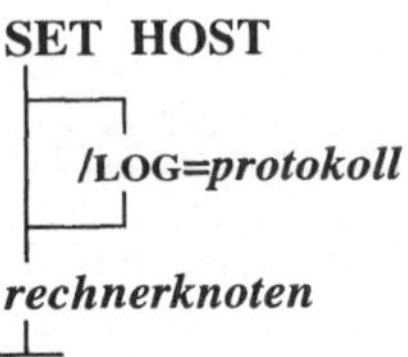

/LOG **=** ***protokoll***	Der Kommandoqualifizierer "/LOG" zusammen mit dem Dateinamen *"protokoll"* benennt den Namen der Datei, in die das Protokoll der 'remote' Terminalsitzung geschrieben werden soll.
rechner- ***knoten***	Das Argument *"rechnerknoten"* spezifiziert den Namen des Rechnerknotens im Rechnernetz, auf dem eine 'remote' Terminalsitzung eröffnet werden soll. Wird statt des Namens eine "0" angegeben, so wird auf den eigenen Rechner kurzgeschaltet. So wird dann zusammen mit "/LOG..." die Protokollierung einer Terminalsitzung auf dem eigenen Rechner ermöglicht.

Beispiele :

<pre>
  B1 $ SET HOST MIAMI
        Username: MEIER
        Password: <verdeckte Paßworteingabe>
        Welcome to OpenVMS VAX V6.2 on Node MIAMI
        $ LOGOUT
        MEIER   logged out at 20-OCT-19xx 11:04:23.01
        %REM-S-END, control returned to node BERLIN
</pre>

Es wird eine 'remote' Terminalsitzung über das Rechnernetz auf dem Rechnerknoten "MIAMI" eröffnet, wo der Benutzer "MEIER" auch einen Benutzerbereich besitzen muß, und mit "LOGOUT" beendet.

<pre>
  B2 $ SET HOST /LOG=SITZUNG.LOG 0
        Username: MEIER
        Password: <verdeckte Paßworteingabe>
        Welcome to OpenVMS VAX V6.2 on Node BONNI
        <CTRL/Y><CTRL/Y>
        Are you repeating ^Y to abort the remote
                                            session ?
        YES
        %REM-S-END, control returned to node BONNI
</pre>

Es wird eine 'remote' Terminalsitzung durch eine Kurzschaltung auf dem eigenen Rechnerknoten "0" eröffnet und durch <CTRL/Y> abgebrochen. Alle Terminaleingaben/-ausgaben landen in der Protokolldatei "SITZUNG.LOG" auf der aktuellen Default-Directory des Prozesses , der "SET HOST" aufgerufen hat.

4.4.46 SET PASSWORD

Das Kommando "**SET PASSWORD**" erlaubt die Definition eines neuen Paßworts durch den Benutzer. Es wird zuerst aus Sicherheitsgründen die Eingabe des alten Paßwortes angefordert. Damit ist sichergestellt, daß die Veränderung des Paßwortes auch berechtigt durchgeführt wird. Erst dann kann ein neues Paßwort spezifiziert werden, daß mit dem alten Paßwort nicht identisch sein darf. Jede Eingabe eines Paßwortes geschieht ohne die Anzeige auf dem Bildschirm. Um zu vermeiden, durch eventuelle Tippfehler bei der Eingabe des neuen Paßwortes dessen Schreibweise nicht mehr zu kennen und damit sich den Zugang zum Rechner zu versperren, muß eine zweite identische Eingabe die neue Definition bestätigen.

Graph des Befehlsformats :

SET PASSWORD

Beispiel :

| B1 | `$ SET  PASSWORD`
`Old Password` : **HUGO**
`New Password` : **CHINCHILLA**
`Verification` : **CHINCHILLA** |

Das alte Paßwort "HUGO" wird ersetzt durch das neue Paßwort "CHINCHILLA".. Die drei angeforderten Paßworteingaben werden auf dem Terminal nicht angezeigt.

4.4.47 SET PROCESS

Das Kommando "**SET PROCESS**" dient zum Ändern der Eigenschaften eines Prozesses. Sollen andere Prozesse als der eigene beeinflußt werden, so ist das Privileg "GROUP" für Prozesse mit der gleichen Gruppen-UIC oder das Privileg "WORLD" für Prozesse mit fremden UICs erforderlich.

Graph des Befehlsformats :

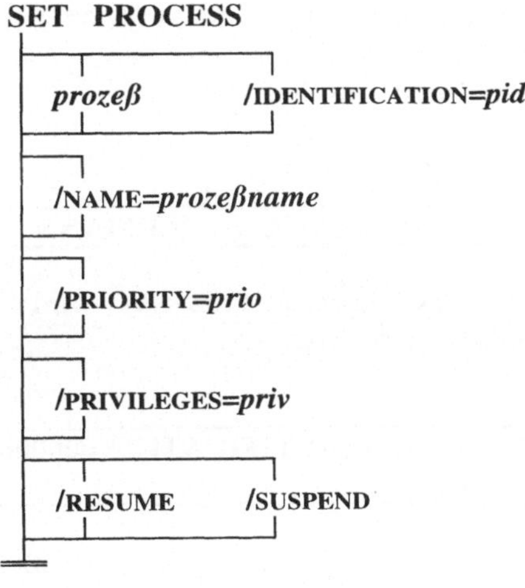

/IDENTI-FICA-TION *=pid*	Der Kommandoqualifizierer "/IDENTIFICATION=*pid*" spezifiziert den Prozeß mit der Prozeßidentifikation *"pid"* für die anstehende Änderung der Prozeßeigenschaften.
/NAME = *prozeß-name*	Der Kommandoqualifizierer "/NAME" zusammen mit *"prozeßname"* gibt den gewünschten neuen Namen des zu ändernden Prozesses an. Dieser neue Prozeßname muß eindeutig sein.
/PRIO-RITY *= prio*	Der Kommandoqualifizierer "/PRIORITY" zusammen mit der Angabe der *"prio"* stellt die Laufpriorität des zu ändernden Prozesses um. Hierfür ist das Privileg "ALTPRI" erforderlich.
/PRIVI-LEGES = *priv*	Der Kommandoqualifizierer "/PRIVILEGES" zusammen mit dem Argument *"priv"* gibt die Privilegien an, die dem zu ändernden Prozeß zugewiesen werden sollen. Bei mehreren Privilegien ist diese Liste von einem Paar Klammern "(" und ")" einzufassen und die einzelnen Privilegnamen durch ein Komma zu trennen. Die Privilegien werden im Abschnitt 7.1.1 diskutiert.
prozeß	Das Argument *"prozeß"* steht für den Prozeßnamen des Prozesses, dessen Eigenschaften geändert werden sollen. Bei Weglassen von *"prozeß"* ist dann der eigene Prozeß gemeint.
/RESUME	Der Kommandoqualifizierer "/RESUME" weckt einen suspendierten Prozeß wieder auf und setzt dessen Ausführung fort.
/SUS-PEND	Der Kommandoqualifizierer "/SUSPEND" bewirkt, daß der zu ändernde Prozeß suspendiert (zeitweise von seinen Aufgaben entbunden und 'schlafengelegt') wird.

Beispiele :

B1

```
$ SET  PROCESS  /NAME=SUPERMANN
```

Der Name des eigenen Prozesses wird auf den Namen "SUPERMANN" geändert.

B2

```
$ SET PROCESS  /IDENTIFICATION=000002AF -
_$ /PRIORITY=5
```

Der Prozeß mit der hexadezimalen Prozeßidentifikation (PID) "000002AF" wird mit der Priorität "5" ausgestattet. Hierfür ist das Privileg "ALTPRI" erforderlich.

| B3 | `$ SET  PROCESS   BATCH_904  /SUSPEND` |

Der Prozeß mit dem Namen "BATCH_904" wird suspendiert (zeitweise von seinen Aufgaben entbunden und 'schlafengelegt').

| B4 | `$ SET  PROCESS  BATCH_904  /RESUME` |

Der suspendierte Prozeß "BATCH_904" wird wieder aufgeweckt und weiter ausgeführt.

| B5 | `$ SET  PROCESS  /PRIVILEGES=ALL` |

Der eigene Prozeß wird mit allen Privilegien ausgestattet. Dazu ist zumindest das Privileg "SYSPRV" oder "SETPRV" erforderlich.

4.4.48 SET PROMPT

Das Kommando "**SET PROMPT**" dient zum Einstellen des DCL-Prompts, eine Zeichenkette, die zur Aufforderung einer Eingabe dient.

Graph des Befehlsformats :

$$SET \ \ PROMPT \ \ = "prompt"$$

prompt   Das Argument *"prompt"* gibt den neuen DCL-Prompt an.

Beispiel :

| 1 | `$ SET  PROMPT  = "[MEIER]_$ "`
`[MEIER]_$` |

Der DCL-Prompt wird auf "[MEIER]_$" eingestellt.

4.4.49 SET SECURITY

Das Kommando "**SET SECURITY**" setzt die Zugriffsrechte auf Dateien.

Graph des Befehlsformats :

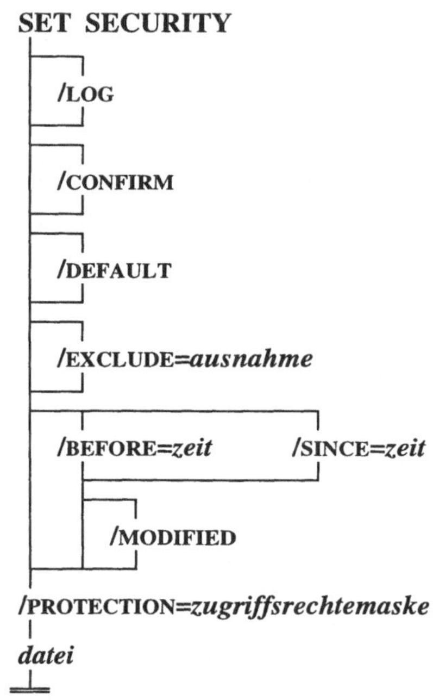

/BEFORE **=** *zeit*	Der Kommandoqualifizierer "/BEFORE" beschränkt das Auswahlkriterium *"datei"* auf die Untermenge der Dateien, die vor dem Zeitpunkt *"zeit"* erzeugt worden sind (siehe weiter unten die Möglichkeiten für *"zeit"*).
/CON- **FIRM**	Der Kommandoqualifizierer "/CONFIRM" bietet jeden Dateinamen *"datei"* zum Ändern der Maske der Zugriffsrechte an. Die Änderungsfrage kann mit folgenden Antworten bedient werden :

YES oder TRUE	Die Zugriffsrechte für die betreffende Datei werden geändert.
NO oder FALSE	Die Zugriffsrechte für die betreffende Datei werden *nicht* geändert.
QUIT oder <CTRL/Z>	Das Kommando wird abgebrochen.
ALL	Die Zugriffsrechte aller noch folgenden Dateien werden ohne weitere Frage geändert.

datei	Das Argument *"datei"* steht für Menge der Dateien (ein oder mehrere Dateiname(n) oder Zugriffspfad(e)), für die die Maske der Zugriffsrechte im File-Header durchgeführt werden soll. Wild Cards sind erlaubt.

/DEFAULT

Der Kommandoqualifizierer "/DEFAULT" dient zum Setzen der Default-Werte für die Zugriffsrechte, wie sie der aktuelle Prozeß den Dateien bei ihrer Erzeugung zuweisen würde.

/EXCLUDE = *ausnahme*

Der Kommandoqualifizierer "/EXCLUDE" zusammen mit dem Argument *"ausnahme"* benennt die Dateien, die beim Ändern der Maske der Zugriffsrechte explizit ausgelassen werden sollen. Wild Cards sind erlaubt.

/LOG

Der Kommandoqualifizierer "/LOG" bewirkt die Anzeige der vollständigen Dateinamen auf dem Terminal, für die die Änderung der Maske der Zugriffsrechte im File-Header durchgeführt wird.

/MODIFIED

Der Kommandoqualifizierer "/MODIFIED" ist nur sinnvoll im Zusammenhang mit "/BEFORE" oder "/SINCE", wo er bewirkt, daß statt des Erzeugungsdatums das Datum der letzten Veränderung für die Einschränkung der Ergebnismenge benutzt wird.

/SINCE = *zeit*

Der Kommandoqualifizierer "/SINCE" beschränkt das Auswahlkriterium *"dateiliste"* auf die Untermenge der Dateien, die nach dem Zeitpunkt *"zeit"* erzeugt worden sind (siehe weiter unten die Möglichkeiten für *"zeit"*).

zeit

Das Argument *"zeit"* dient zur zeitbedingten Einschränkung des Auswahlkriteriums *"datei"*. Folgende Angaben sind erlaubt :

BOOT	Zeitpunkt des letzten Rechnerstarts.
LOGIN	Zeitpunkt des Einloggens.
TODAY	Zeitpunkt "heutiges Datum" 00:00 Mitternacht.
TOMORROW	Zeitpunkt "morgiges Datum" 00:00 Mitternacht.
YESTERDAY	Zeitpunkt "gestriges Datum" 00:00 Mitternacht.
Zeitangabe	Beliebiger Zeitpunkt (für das Format der OpenVMS-Zeitangabe siehe Kapitel 4.3.9).
keine Angabe	wie "TODAY".

zugriffsrechtemaske
Fortsetzung Folgeseite

Das Argument *"zugriffsrechtemaske"* nennt die Änderung der Zugriffsrechte für die einzelnen Benutzerklassen. Bei der Angabe von mehreren Benutzerklassen muß die gesamte *"zugriffsrechtemaske"* in ein Paar Klammern "(" und ")" eingefaßt und die einzelnen Masken durch jeweils ein Komma getrennt werden. Eine solche *"zugriffsrechtemaske"* besitzt folgendes Format : *BENUTZERKLASSE:ZUGRIFFSRECHTE.* In den folgenden Tabellen sind die Benutzerklassen und Zugriffsrechte aufgelistet (vgl. auch Kapitel 4.2.10) :

Benutzerklassen		
O	Owner	Besitzer.
S	System	Privilegierte Benutzer.
G	Group	Mitglieder der gleichen Gruppe.
W	World	Alle anderen Benutzer.

Zugriffsrechte		
R	Read	Leserecht.
W	Write	Schreibrecht.
E	Execute	Ausführungsrecht.
D	Delete	Löschrecht.

Beispiele :

B1

```
$ SET SECURITY -
_$  /PROTECTION=(S:RWED,O:RWED,G:RE,W) *.*
```

Alle Dateien in der aktuellen Default-Directory bekommen eine neue Zugriffsrechtemaske zugeordnet.

Ein Prozeß aus der privilegierten Benutzerklasse benutzt für den Dateizugriff die Zugriffsrechtemaske "S:RWED" und darf alle Dateien lesen, schreiben, ausführen und löschen. Ein Prozeß aus der gleichen Benutzerklasse (gleiche UIC wie die Dateien) benutzt die Zugriffsrechtemaske "O:RWED" und darf alle Dateien lesen, schreiben, ausführen und löschen. Ein Prozeß aus der Benutzerklasse mit der gleichen Gruppen-UIC wie die Dateien benutzt die Maske der Zugriffsrechte "G:RE" und darf alle Dateien lesen und ausführen. Ein Prozeß mit einer fremden UIC darf wegen der leeren Zugriffsrechtemaske "W" nicht auf die Dateien zugreifen.

B2

```
$ SET  SECURITY -
-$  /PROTECTION=O:RWED  INFO.DIR
```

Die Directory-Datei "INFO.DIR" auf der aktuellen Default-Directory bekommt die neuen Zugriffsrechte "O:RWED" zugewiesen. Der Besitzer dieser Directory-Datei darf besitzt nun alle Zugriffsrechte darauf. Dieser Befehl ist sehr nützlich, um leere Sub-Directories zu löschen, da diese beim Kreieren generell nicht mit dem Löschrecht für den Besitzer ausgestattet werden.

4.4.50 SET TERMINAL

Das Kommando "**SET TERMINAL**" dient zum Setzen der OpenVMS-internen Eigenschaften für ein Terminal. Normalerweise können Attribute für das eigene Terminal geändert werden; hierbei ist allerdings darauf zu achten, daß die OpenVMS-seitigen Terminal-Eigenschaften, die mit "SET TERMINAL" gesetzt werden, und das Terminal-Setup einander entsprechen müssen. Für das Ändern von prozeßfremden Terminals sind Systemprivilegien erforderlich. Die üblichen Standardeinstellungen der Werte für ein Terminal vom Typ 'VT420' sind im Bild 4.4-6 angegeben.

```
Device_Type : VT400
Input :            9600       LFfill :    0       Width :   80      Parity :     None
Output :           9600       CRfill :    0       Page :    24

Interactive          Echo                 Type_ahead           No Escape
No Hostsync          TTsync               Lowercase            Tab
Wrap                 Scope                No Remote            Eightbit
Broadcast            No Readsync          No Form             Fulldup
No Modem             No Local_echo        No Autobaud         Hangup
No Brdcstmbx         No DMA               No Altypeahd        Set_speed
No Commsync          Line Editing         Overstrike editing  No Fallback
No Dialup            No Secure server     No Disconnect       No Pasthru
No Syspassword       No SIXEL Graphics    Soft Character      No Printer port
Numeric Keypad       ANSI_CRT             No Regis            No Block_mode
Advanced_ video      Edit_mode            DEC_CRT             DEC_CRT2
DEC_CRT3             DEC_CRT4             No DEC_CRT5         No Ansi_Color
VMS Style Input
```

Bild 4.4-6 OpenVMS-interne Werte und Schalter für ein VT420-Terminal

Alle diese Werte und Schalter lassen sich mit "SET TERMINAL" setzen. Das Ein- und Ausschalten der Schalter geschieht durch die Angabe des Schlüsselwortes aus obiger Tabelle. Ein "NO" vor dem Schlüsselwort bedeutet "ausschalten", ein fehlendes "NO" vor dem Schlüsselwort bedeutet "einschalten". Eine Spezifikation eines Wertes geschieht durch das Schlüsselwort gefolgt von einem Gleichheitsszeichen "=" und dem gewünschten Wert danach.

Normalerweise ist das explizite Setzen von Terminalparametern für den Benutzer jedoch nicht nötig, da OpenVMS mit einem "SET TERMINAL" auch die hardware-mäßig eingestellten Werte aus dem Terminal-Setup abfragen kann und diese dann zur Einstellung der OpenVMS-seitigen Terminalparameter verwendet.

Graph des Befehlsformats :

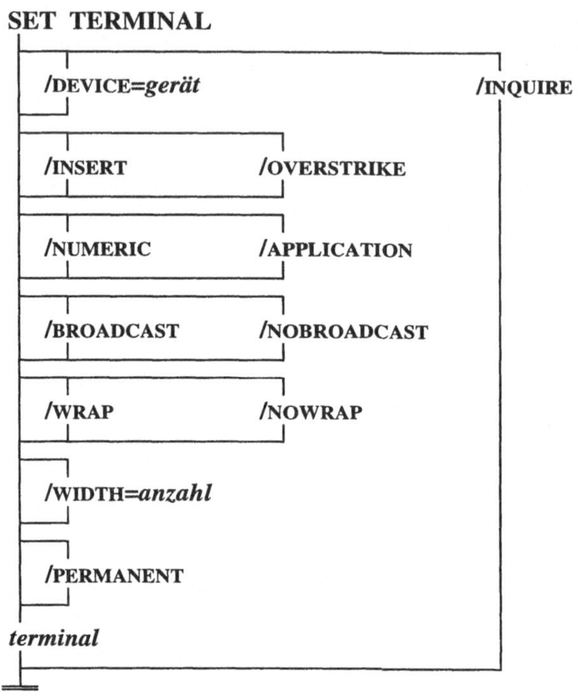

/APPLI-CATION		Der Kommandoqualifizierer "/APPLICATION" schaltet den numerischen Tastenblock auf Funktionstastatur um. Damit können diese Tasten ebenfalls mit "DEFINE /KEY" (vgl. Kapitel 4.4.18) belegt werden.

/APPLI-
CATION
Der Kommandoqualifizierer "/APPLICATION" schaltet den numerischen Tastenblock auf Funktionstastatur um. Damit können diese Tasten ebenfalls mit "DEFINE /KEY" (vgl. Kapitel 4.4.18) belegt werden.

/BROAD-
CAST
Der Kommandoqualifizierer "/BROADCAST" schaltet das Terminal auf Empfang für Systemmeldungen.

/DEVICE
=
gerät
Der Kommandoqualifizierer "/DEVICE" zusammen mit dem Argument *"gerät"* spezifiziert das Terminal als ein Gerät vom Typ *"gerät"*. Die folgende Tabelle nennt häufig benötigte Geräte :

VT200	Terminal VT220	VT300	Terminal VT320
VT400	Terminal VT420	VT500	Terminal VT510

/IN-QUIRE Der Kommandoqualifizierer "/INQUIRE" bewirkt die Einstellung der OpenVMS-seitigen Terminalparameter gemäß Terminal-Setup.

/INSERT Der Kommandoqualifizierer "/INSERT" stellt das Terminal auf den Einfügemodus. Alle Zeichen werden an der Cursorposition eingefügt und alle Zeichen rechts davon entsprechend nach rechts verschoben.

/NO-BROAD-CAST Der Kommandoqualifizierer "/NOBROADCAST" schaltet die Empfangsbereitschaft des Terminals für Systemmeldungen aus.

/NO-WRAP Der Kommandoqualifizierer "/NOWRAP" schaltet den Umbruch bei Zeilen, die länger als eine Bildschirmzeile sind, aus.

/NUME-RIC Der Kommandoqualifizierer "/NUMERIC" schaltet den numerischen Tastenblock auf numerische Tastatur um.

/OVER-STRIKE Der Kommandoqualifizierer "/OVERSTRIKE" stellt das Terminal auf den Überschreibungsmodus um. Jedes Zeichen überschreibt bei der Eingabe ein an der Cursorposition stehendes Zeichen.

/PERMA-NENT Der Kommandoqualifizierer "/PERMANENT" speichert die Definitionen für das Terminal *"terminal"* permanent, wofür die Systemprivilegien "LOG_IO" oder "PHY_IO" erforderlich sind.

terminal Das Argument *"terminal"* spezifiziert den Gerätebezeichner für das umzudefinierende Terminal. Wird *"terminal"* weggelassen, so gelten die Angaben automatisch für das eigene Terminal.

/WIDTH = *anzahl* Der Kommandoqualifizierer "/WIDTH" zusammen mit dem Argument *"anzahl"* stellt das Terminal auf *"anzahl"* Spalten um. Erlaubte Werte für Anzahl sind "80" und "132".

/WRAP Der Kommandoqualifizierer "/WRAP" bewirkt den automatischen Zeilenumbruch bei Zeilen, die länger als eine Bildschirmzeile sind.

Beispiele :

B1	**$ SET TERMINAL /INQUIRE**

Die Werte aus dem Terminal-Setup werden abgefragt und für die Einstellung der OpenVMS-seitigen Terminalparameter verwendet.

B2	**$ SET TERMINAL /INSERT /NUMERIC**

Das aktuelle Terminal wird auf den Einfügemodus bei der Eingabe und der numerische Tastenblock auf numerische Eingabe eingestellt.

| B3 | **$ SET TERMINAL /OVERSTRIKE /APPLICATION** |

Das eigene Terminal wird auf den Überschreibungs-Eingabemodus und der numerische Tastenblock auf Funktionstastatur gestellt.

| B4 | **$ SET TERMINAL /DEVICE=VT200 -**
 _$ /PERMANENT /BROADCAST TXA3: |

Das Terminal mit dem Gerätebezeichner "TXA3:" wird permanent als ein Terminal vom Typ "VT220" definiert und auf Empfangsbereitschaft für Systemmeldungen geschaltet.

4.4.51 SET VERIFY

Das Kommando "**SET VERIFY**" dient zum Ein-/Ausschalten der Protokollierung der auszuführenden Befehle einer Kommandoprozedur. Dieses Kommando ist sehr nützlich für das Austesten von Kommandoprozeduren. Die Protokollierung erfolgt normalerweise auf dem Terminal. Bei Batchjobs landet die Protokollierung in der anzugebenden Ausgabedatei für das Batch-Protokoll.

Graph des Befehlsformats :

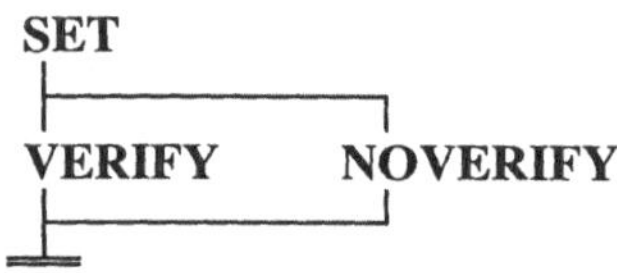

NO-   Das Kommando "SET NOVERIFY" schaltet den Testmodus für
VERIFY   Kommandoprozeduren aus.

VERIFY   Das Kommando "SET VERIFY" schaltet den Testmodus für Kommandoprozeduren ein.

4.4.52 SHOW BROADCAST

Das Kommando "**SHOW BROADCAST**" dient zur Anzeige des Status aller Klassen von Systemmeldungen, die mit dem Kommando "SET BROADCAST" (vgl. Kapitel 4.4.39) ein-/ausgeschaltet worden sind.

Graph des Befehlsformats :

SHOW   BROADCAST

/OUTPUT=*ausgabe*

/OUTPUT **=** *ausgabe*	Der Kommandoqualifizierer "/OUTPUT" zusammen mit dem Argument *"ausgabe"* benennt die Ausgabedatei, in die das Ergebnis von "SHOW BROADCAST" geschrieben werden soll. Wird dieser Qualifizierer weggelassen, erfolgt die Ausgabe auf dem Terminal.

Beispiele :

B1

```
$ SHOW  BROADCAST
Broadcasts are enabled for all classes
```

Alle Meldungsklassen werden auf dem Terminal ausgegeben.

B2

```
$ SHOW  BROADCAST
Broadcasts are currently disabled for :
     MAIL
```

Alle Klassen von (System)-Meldungen werden auf dem Terminal ausgegeben bis auf die Empfangsmeldungen der Utility "MAIL".

4.4.53 SHOW DEFAULT

Das Kommando "**SHOW DEFAULT**" zeigt die aktuelle Default-Directory bestehend aus dem Plattenbezeichner und dem Directory-Pfad auf dem Terminal an.

Graph des Befehlsformats :

SHOW   DEFAULT

Beispiele :

B1

```
$ SHOW  DEFAULT
DUA0:[MEIER.ANGEBOT]
```

Die aktuelle Default-Directory ist "DUA0:[MEIER.ANGEBOT]".

<table>
<tr><td>B2</td><td>

```
$ SHOW DEFAULT
DUA0:[MEIER.QUA]
%DCL-I-INVDEF, DUA0:[MEIER.QUA] does not exist
```

</td></tr>
</table>

Die eingestellte Default-Directory "DUA0:[MEIER.QUA]" existiert nicht. Es erfolgt die Ausgabe einer entsprechenden Fehlermeldung.

4.4.54 SHOW DEVICES

Das Kommando "**SHOW DEVICES**" zeigt die Gerätebezeichner und den Status von physikalischen Geräten wie Platten, Magnetbandstationen, Terminals und logischen Devices wie Mailboxes an.

Graph des Befehlsformats :

SHOW DEVICES

    /FULL   /FILES   /MOUNTED   /ALLOCATED

    /OUTPUT=*ausgabe*

gerät

/ALLO- CATED	Der Kommandoqualifizierer "/ALLOCATED" listet die Geräte und Devices auf, die aktuell exklusiv reserviert (allociiert) sind.
/FILES	Der Kommandoqualifizierer "/FILES" funktioniert nur im Zusammenhang mit einer Platte als *"gerät"*. Es werden die Dateinamen aller offenen Dateien auf dieser Platte mit den Prozeßidentifikationen, die auf diese Dateien zugreifen, angezeigt.
/FULL	Der Kommandoqualifizierer "/FULL" veranlaßt die Ausgabe der vollständigen Geräte- und Statusinformationen über das *"gerät"*.
gerät	Das Argument *"gerät"* spezifiziert den Namen des physikalischen Gerätes oder des logischen Devices, über das Informationen ausgegeben werden soll. Ohne die Angabe von *"gerät"* erfolgt die Ausgabe der Information über alle Geräte und Devices. Verkürzte Namensangabe (z.B. nur ein Anfangsbuchstabe) beschränkt die Ausgabe auf Geräte, deren Name mit diesem/n Zeichen beginnen.

/MOUN-TED	Der Kommandoqualifizierer "/MOUNTED" zeigt die Geräte und Devices an, auf denen ein Medium derzeit angemeldet ist.
/OUTPUT = *ausgabe*	Der Kommandoqualifizierer "/OUTPUT" zusammen mit dem Argument *"ausgabe"* benennt die Ausgabedatei, in die das Ergebnis von "SHOW DEVICES" geschrieben werden soll. Wird dieser Qualifizierer weggelassen, erfolgt die Ausgabe auf dem Terminal.

Beispiele :

B1

```
$ SHOW    DEVICES
  Device      Device     Error   Volume    Free    Trans    Mnt
  Name        Status     Count   Label    Blocks   Count    Cnt
SP$DUA0:    Mounted        0     SYSTEM    38928    121       1
SP$DUA1:    Online         0
SP$DUA2:    Mounted        0     DISK_2    11983     89       1
SP$DUA3:    Mounted        0     DISK_3    98746    133       1
SP$MUA0:    Online         0     BACK3
            mounted
            allocated
. . .
```

Für alle Geräte wird angezeigt : der Gerätebezeichner (Device Name), der Status des Gerätes (Device Status), der Fehlerzähler für das Gerät (Error Count), das Label des Gerätes (Volume Label), die Anzahl der freien Speicherblöcke, die Anzahl Transaktionen und die Anzahl der Anmeldungsanforderungen (Mount Count).

B2

```
$ SHOW    DEVICE  /FILES DUA1:
Files accessed on device SP$DUA1: on 21-SEP-19xx
                                       13:57:10.79
Process name     PID        File name
                 00000000   [000000]INDEXF.SYS;1
MEIER            00000264   [MEIER]LOGIN.COM;4
MEIER            00000264   [MEIER.TEST]RECHNE.EXE;1
MEIER            00000264   [MEIER.INFO]ERGEBNIS.DAT;1
BADER            00000312   [BADER.WERT]WERT.DAT
```

Es werden alle zur Zeit geöffneten Dateien auf der Platte "DUA1:" angezeigt. Die Anzeige umfaßt den Namen und die Nummer (PID) des Prozesses, der die jeweilige Datei geöffnet hat, sowie den vollständigen Namen der betroffenen Datei.

<table>
<tr><td>B3</td><td>

$ SHOW   DEVICES D   /OUTPUT=DISK.LIS   -
_$ /MOUNTED

</td></tr>
</table>

Die Statusinformation aller mit "MOUNT" angemeldeten Geräte und Devices, deren Namen mit dem Buchstaben "D" (z.B. "D" = Disks = Platten) beginnen, werden in der Datei "DISK.LIS" ausgegeben.

<table>
<tr><td>B4</td><td>

```
$ SHOW   DEVICE /FULL DKA0:
Disk SP$DKA0:, device type RZ57, is online, mounted,
file-oriented device, shareable, available to cluster,
error logging is enabled, compaction enabled.
Error count                  0 Operations completed  11500
Owner process              " " Owner UIC            [SYSTEM]
Owner process ID      00000000 Dev Prot  S:RWPL,O:RWPL,G:R,
Reference count            133 Default buffer size       512
Total blocks           1954050 Sectors per track          71
Total cylinders           1835 Tracks per cylinder        15
Volume label           "DISK5" Relative volume number      0
Cluster size                 3 Transaction count         216
Free blocks             489451 Maximum files allowed   30000
Extend quantity              5 Mount count                 1
Mount status            System Cache name
                                      "_SP$DKA0:XQPCACHE"
Extent cache size           64 Maximum blocks in        8945
                                      extent cache
File ID cache size          64 Blocks currently in      1176
                                      extent cache
Quota cache size             0 Maximum buffers in        980
                                      FCP cache
Volume owner UIC         [1,1] Vol Prot        S:RWCD,O:RWCD,
                                              G:RWCD,W:RWCD
Volume status:         subject to mount verification,
                       write-through caching enabled.
```

</td></tr>
</table>

Es wird die vollständige Information über die angemeldete Platte "DKA0:" angezeigt : der Name der Platte, Informationen über Status und Attribute, Fehlerzähler, das Label dieser Platte, Information über verfügbare und freie Blöcke, über den Cache-Speicher usw..

4.4.55 SHOW KEY

Das Kommando **"SHOW KEY"** dient zur Anzeige einer oder aller per "DEFINE /KEY" (vgl. Kapitel 4.4.18) definierten Funktionstasten.

Graph des Befehlsformats :

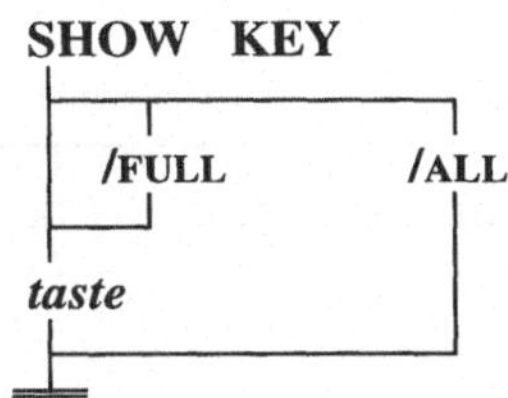

/ALL Der Kommandoqualifizierer "/ALL" bewirkt die Anzeige aller definierten Funktionstasten auf dem Terminal.

/FULL Der Kommandoqualifizierer "/FULL" fordert die Anzeige aller Attribute für die Funktionstaste *"taste"* auf dem Terminal an.

taste Das Argument *"taste"* spezifiziert die Taste, für die die Definition der Funktionstaste auf dem Terminal ausgegeben werden soll.

Beispiele :

| B1 |

```
$ SHOW  KEY  PF2
Default keypad definitions:
PF2   =   "SHOW DEFAULT"
```

Die Definition der Funktionstaste für "PF2" wird angezeigt.

| B2 |

```
$ SHOW  KEY  /FULL  PF3
Default keypad definitions:
PF3   =   "SET DEFAULT"   (noecho,noterminate)
```

Die Definition für die Funktionstaste "PF3" wird mit allen Attributen auf dem Terminal angezeigt.

4.4.56 SHOW LOGICAL

Das Kommando "**SHOW LOGICAL**" dient zur Anzeige von logischen Namen und ihren Werten, die mit "ASSIGN" (vgl. Kapitel 4.4.4) bzw. "DEFINE" (vgl. Kapitel 4.4.17) definiert worden sind. Nach der Ausführung dieses Kommandos sind logische Namen, die mit dem Qualifizierer "/USER" definiert worden sind, gelöscht.

Graph des Befehlsformats :

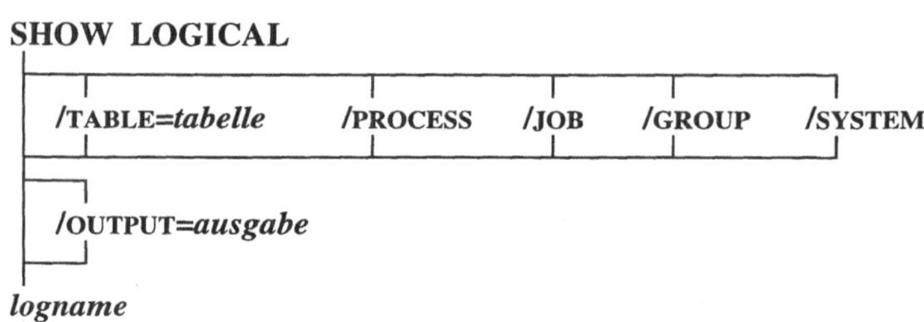

/GROUP   Die Suche nach dem logischen Namen *"logname"* findet in der Logical-Name-Tabelle "LNM$GROUP" statt.

/JOB   Die Suche nach dem logischen Namen *"logname"* findet in der Logical-Name-Tabelle "LNM$JOB" statt.

logname   Das Argument *"logname"* ist der logische Name, dessen aktuelle(r) Wert(e) auf dem Terminal angezeigt werden soll(en).

/OUTPUT = *ausgabe*   Der Kommandoqualifizierer "/OUTPUT" zusammen mit dem Argument *"ausgabe"* benennt die Ausgabedatei, in die das Ergebnis von "SHOW LOGICAL" geschrieben werden soll. Wird dieser Qualifizierer weggelassen, erfolgt die Ausgabe auf dem Terminal.

/PROCESS   Die Suche nach dem logischen Namen *"logname"* findet in der Logical-Name-Tabelle "LNM$PROCESS" statt.

/SYSTEM   Die Suche nach dem logischen Namen *"logname"* findet in der Logical-Name-Tabelle "LNM$SYSTEM" statt.

/TABLE = *tabelle*   Der Kommandoqualifizierer "/TABLE=*tabelle*" spezifiziert, in welcher der Logical-Name-Tabellen der logische Name *"logname"* gesucht werden soll. Bei Weglassen dieses Qualifizierers wird die standardmäßige Reihenfolge verwendet : "LNM$PROCESS", "LNM$JOB", "LNM$GROUP" und "LNM$SYSTEM". Für "/TABLE=*tabelle*" können folgende Angaben stehen :

/TABLE=LNM$PROCESS	wie "/PROCESS".
/TABLE=LNM$JOB	wie "/JOB".
/TABLE=LNM$GROUP	wie "/GROUP".
/TABLE=LNM$SYSTEM	wie "/SYSTEM".
/TABLE=*tabelle*	Die Suche findet in der Logical-Name-Tabelle namens *"tabelle"* statt.

Beispiele :

| B1 |

```
$ SHOW  LOGICAL  /PROCESS  SYS$D*
(LNM$PROCESS_TABLE)
        "SYS$DISK" [super] = "DISK$USER0:"
        "SYS$DISK" [exec] = "DISK$USER0:"
```

Es werden alle logischen Namen, die mit "SYS$D" beginnen, aus der Logical-Name-Tabelle "LNM$PROCESS" auf dem Terminal angezeigt.

| B2 |

```
$ SHOW  LOGICAL  /GROUP  /OUTPUT=GROUP.LIS
```

Es werden alle Definitionen von logischen Namen aus der angegebenen Logical-Name-Tabelle "LNM$GROUP" in die Ausgabedatei "GROUP.LIS" geschrieben.

| B3 |

```
$ SHOW  LOGICAL
(LNM$PROCESS_TABLE)
      "ANGEFANGEN" = "JA"
      "BEENDET" = "NEIN"
. . .
      "SYS$LOGIN" = "SYS$DISK:[MEIER]"
      "SYS$OUTPUT" [super] = "_MIAMI$LTA96:"
      "SYS$OUTPUT" [exec] = "_MIAMI$LTA96:"
      "TT" = "_LTA96:"
(LNM$JOB_00000264)
      "SYS$LOGIN" = "DISK$USER0:[MEIER]"
(LNM$GROUP_000257)
      "MEIER_PLATTE" = "DUA0:[MEIER]"
(LNM$SYSTEM_TABLE)
      "DBG$INPUT" = "SYS$INPUT:"
. . .
      "SYS$SYSROOT" = "SP$DUA0:[SYS0.]"
                    = "SYS$COMMON:"
```

Alle logischen Namen und ihre aktuellen Werte in allen Logical-Name-Tabellen werden gemäß der definierten Suchreihenfolge auf dem Terminal angezeigt (Auszug aus der Anzeige).

4.4.57 SHOW MEMORY

Das Kommando "**SHOW MEMORY**" zeigt die aktuelle Belegung und die Verfügbarkeit der Hauptspeicher-bezogenen Ressourcen (benutzte und freie Bereiche im Hauptspeicher, Verwaltungslisten, Auslagerungsbereiche auf der Platte usw.) an.

Graph des Befehlsformats :

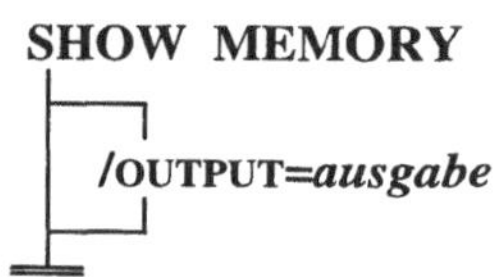

/OUTPUT = *ausgabe* Der Kommandoqualifizierer "/OUTPUT" zusammen mit dem Argument *"ausgabe"* benennt die Ausgabedatei, in die das Ergebnis von "SHOW MEMORY" geschrieben werden soll. Wird dieser Qualifizierer weggelassen, erfolgt die Ausgabe auf dem Terminal.

Beispiel :

```
$ SHOW  MEMORY
System Memory Resources on 21-SEP-19xx 13:57:44.42

Physical Memory Usage      Total      Free    In Use    Modi-
          (pages)                                        fied
Main Memory (32.00Mb)      65536      35681    27348     2507
Virtual I/O Cache Usage    Total      Free    In Use    Maxi-
          (pages)                                        mum
Cache Memory                 617          0      617     6050
Slot Usage (slots)         Total      Free    Resid.   Swapp.
Process Entry Slots          240        208       32        0
Balance Set Slots            216        186       30        0
Dynamic Memory Usage       Total      Free    In Use     Lar-
          (bytes)                                        gest
Nonpaged Dynamic Memory   999999     432212   567787   139224
Paged Dynamic Memory      999999     644833   355166   481456

Paging File Usage (pages)             Free   Revers.    Total
DISK$VMSRL5:[SYS0.SYSEXE]            17296     17296    17296
SWAPFILE.SYS
DISK$VMSRL5:[SYS0.SYSEXE]           109186     52690   113960
PAGEFILE.SYS
Of the physical pages in use, 9242 pages are
permanently allocated to OpenVMS.
```

Es wird die aktuelle Belegung und die Verfügbarkeit der Hauptspeicher-bezogenen Ressourcen (Verwaltungseinheiten wie benutzte und freie Hauptspeicherbereiche, Verwaltungslisten, Auslagerungsbereiche in den Systemdateien auf der Platte usw.) angezeigt.

4.4.58 SHOW NETWORK

Das Kommando "**SHOW NETWORK**" zeigt das aktuell verfügbare Rechnernetzwerk mit den erreichbaren Rechnerknoten an.

Graph des Befehlsformats :

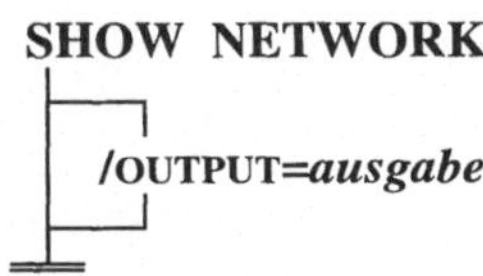

/OUTPUT **=** *ausgabe*	Der Kommandoqualifizierer "/OUTPUT" zusammen mit dem Argument *"ausgabe"* benennt die Ausgabedatei, in die das Ergebnis von "SHOW NETWORK" geschrieben werden soll. Wird dieser Qualifizierer weggelassen, erfolgt die Ausgabe auf dem Terminal.

Beispiel :

```
B1    $ SHOW  NETWORK
      OpenVMS Network Status for local node 1.31 MIAMI
                                    on 20-SEP-19xx 13:43:01.34
      The next hop to the nearest area router ist node 1.10
                                                              PARIS

              Node     Links   Cost  Hops  Next    Hop to Node
      1.31  MIAMI          0      0     0  Local   -> 1.31    MIAMI
      1.10  PARIS          0      8     1  UNA-0   -> 1.10    PARIS
      1.11  ROMA           0     13     2  UNA-0   -> 1.10    PARIS
      Total of 3 nodes.
```

Das aktuell verfügbare Rechnernetzwerk wird auf dem Terminal angezeigt.

4.4.59 SHOW PROCESS

Das Kommando "**SHOW PROCESS**" dient zur Anzeige von Informationen über einen Prozeß und allen abhängigen Subprozessen in dem aktuellen Job (Prozeßbaum). Sollen andere Prozesse als der eigene mit ihren Informationen angezeigt werden, so ist das Privileg "GROUP" für Prozesse aus der Benutzerklasse mit der gleichen Gruppen-UIC oder das Privileg "WORLD" für Prozesse aus der Benutzerklasse der Fremd-UICs erforderlich.

Neben der einmaligen Ausgabe der Informationen über einen Prozeß gibt es eine zyklisch aufgefrischte Überwachungsanzeige. Wegen des in der Regel sehr kurzen Zeitintervalls zwischen zwei Auffrischungen kann die Ausgabe nur auf einem Terminal erfolgen. Beenden der zyklischen Auffrischung gelingt durch die Eingabe des Buchstaben "E". Durch die Eingabe des Buchstabens "V" wird die Anzeige des virtuellen Adreßraums des Prozesses verursacht. Durch die Eingabe eines Leerzeichens " " wird wieder auf die ursprüngliche Ausgabe zurückgesprungen.

Graph des Befehlsformats :

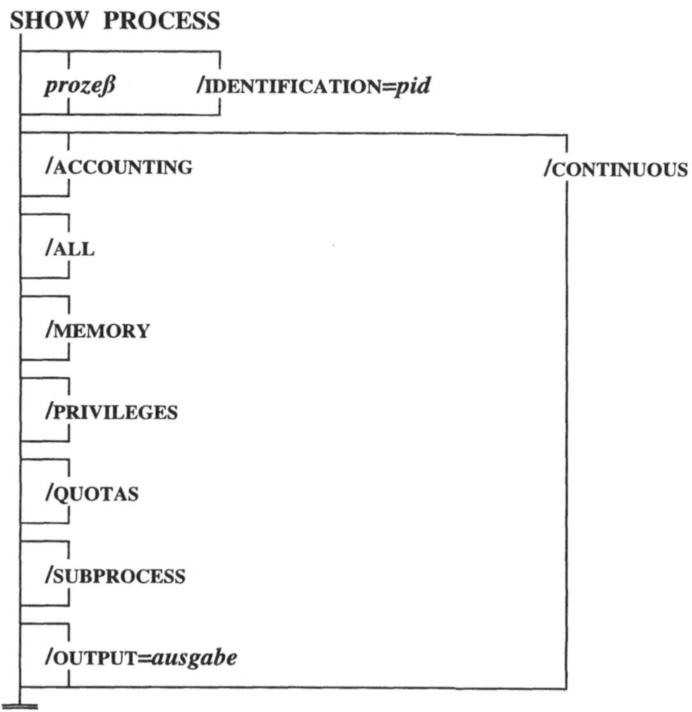

/AC- COUN- TING	Der Kommandoqualifizierer "/ACCOUNTING" schränkt die Ausgabe der Informationen über den gewünschten Prozeß auf die Verbrauchsstatistik ein.
/ALL	Der Kommandoqualifizierer "/ALL" bewirkt die Ausgabe der vollständigen Information über den gewünschten Prozeß.
/CONTI- NUOUS	Der Kommandoqualifizierer "/CONTINUOUS" veranlaßt die zyklische Terminalanzeige von Daten über den gewünschten Prozeß.

/IDENTI-FICATION =pid	Der Kommandoqualifizierer "/IDENTIFICATION=*pid*" benennt den gewünschten Prozeß mit der Prozeßidentifikation *"pid"*.
/ME-MORY	Der Kommandoqualifizierer "/MEMORY" schränkt die Ausgabe der Informationen über den gewünschten Prozeß auf die Werte des 'Dynamic Memory' (Hauptspeicherbereiche wie Pools etc.) ein.
/OUTPUT = *ausgabe*	Der Kommandoqualifizierer "/OUTPUT" zusammen mit dem Argument *"ausgabe"* benennt die Ausgabedatei, in die das Ergebnis von "SHOW PROCESS" geschrieben werden soll. Wird dieser Qualifizierer weggelassen, erfolgt die Ausgabe auf dem Terminal.
/PRIVI-LEGES	Der Kommandoqualifizierer "/PRIVILEGES" schränkt die Ausgabe der Informationen über den gewünschten Prozeß auf Privilegien ein.
prozeß	Das Argument *"prozeß"* steht für den Prozeßnamen des Prozesses, über den Informationen ausgegeben werden sollen.
/QUOTAS	Der Kommandoqualifizierer "/QUOTAS" schränkt die Ausgabe der Informationen über den gewünschten Prozeß auf die aktuellen Verbrauchswerte (Prozeßquoten und -limits) ein.
/SUB-PROCESS	Der Kommandoqualifizierer "/SUBPROCESS" schränkt die Ausgabe der Informationen der Hierarchie der Subprozesse ein, die im Prozeßbaum unter dem aktuellen Prozeß hängen.

Beispiel :

```
  B1    $ SHOW  PROCESS  /ALL
        21-SEP-19xx 13:56:39.23   User:MEIER   Proc. ID:00000266
                                  Node:MIAMI   Proc. name:"MEIER"


        Terminal: LTA96: (B2S23/PORT_5)
        User Identifier: [MEIER]
        Base priority: 4
        Default file spec: DISK$USER0:[MEIER]
        Devices allocated: MIAMI$LTA96:


        Process Quotas:
        Account name: MEIER
        Cpu limit:                Infinite Direct I/O limit       100
        Buffered I/O byte count            Buffered I/O limit     100
                         quota 10000
        Timer queue entry quota        10 Open file quota          40
        Paging file quota           35000 Subprocess quota          8
        Default page fault clu.        64 AST quota                24
        Enqueue quota                 600 Shared file limit         0
        Max detached processes          0 Max active jobs           0
```

```
Accounting information:
Buffered I/O count:        1705 Peak working set size    554
Direct I/O count:           121 Peak virtual size:      3095
Page faults:               2842 Mounted volumes:           0
Images activated:            17
Elapsed CPU time:      0 00:00:08.11
Connect time:          0 00:21:12.07

Authorized privileges:
LOG_IO        NETMBX        OPER          PHY_IO        TMPMBX

Process privileges:
LOG_IO                      may do logical i/o
TMPMBX                      may create temporary mailbox
OPER                        operator privilege
NETMBX                      may create network device
PHY_IO                      may do physical i/o

Process rights:
      INTERACTIVE
      LOCAL    SYS$NODE_MIAMI

System rights:
      SYS$NODE_SP4

Auto-unshelve: on

Image dump: off

Process Dynamic Memory Area
Current Size (bytes)  25600 Current Total Size
                                        (pages)       50
Free Space (bytes)    21856 Space in Use (bytes)    3744
Size of Largest Block  2177 Size of Smallest Block     8
Number of Free Blocks     5 Free Blocks LEQU 64 Bytes  3

There is 1 process in this job:
MEIER (*)
```

Die vollständige Information über den aktuellen Prozeß wird auf dem Terminal ausgegeben. Mit Hilfe der Kommandoqualifizierer läßt sich die Anzeige auf Teilaspekte beschränken.

4.4.60 SHOW PROTECTION

Das Kommando "**SHOW PROTECTION**" dient zur Anzeige der standardmäßigen Zugriffsrechte (Protection) auf Dateien, die während der Laufzeit des aufrufenden Prozesses von diesem erzeugt werden.

Graph des Befehlsformats :

SHOW PROTECTION

Beispiel :

<table>
<tr><td>B1</td><td>

$ SHOW PROTECTION
SYSTEM=RWED,OWNER=RWE,GROUP=RE,WORLD=NO ACCESS
</td></tr>
</table>

Die aktuelle Zugriffsrechtemaske erlaubt für die Benutzerklassen folgende Zugriffsrechte : privilegierte Benutzer dürfen lesen, schreiben, ausführen und löschen, der eigene Benutzer darf lesen, schreiben und ausführen, Gruppen-UIC-Mitglieder dürfen lesen und ausführen und Fremd-UIC-Mitglieder besitzen keine Zugriffsrechte.

4.4.61 SHOW QUEUE

Das Kommando "**SHOW QUEUE**" dient zur Ausgabe von Informationen über Batch- und Printqueues und die Jobs, die in diesen Queues behandelt werden. Pro Queue werden alle Jobs angezeigt, die der gleichen Benutzerklasse angehören wie der aktuelle Prozeß. Für die Anzeige der Jobs aus der Benutzerklasse mit der gleichen Gruppennummer in der UIC wird das Privileg "GROUP" benötigt, für die Anzeige aller eingetragenen Jobs aus allen Benutzerklassen ist das Privileg "OPER" erforderlich.

Graph des Befehlsformats :

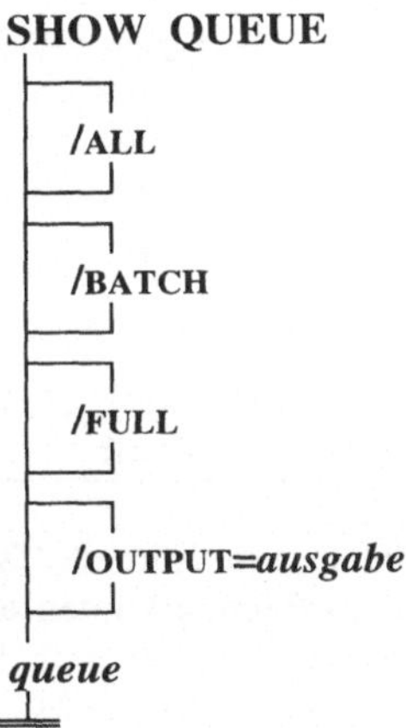

/ALL   Der Kommandoqualifizierer "/ALL" bewirkt die Anzeige aller eingetragenen Jobs in der Queue *"queue"*, die entsprechend der Privilegien des Benutzers sichtbar sind.

/BATCH   Der Kommandoqualifizierer "/BATCH" schränkt die Ausgabe auf Batchqueues ein.

/FULL   Der Kommandoqualifizierer "/FULL" veranläßt die Ausgabe der vollständigen Information über die Queue (Name und Typ der Queue sowie deren Attribute).

/OUTPUT = Der Kommandoqualifizierer "/OUTPUT" zusammen mit dem Argument *"ausgabe"* benennt die Ausgabedatei, in die das Ergebnis *ausgabe* von "SHOW QUEUE" geschrieben werden soll. Wird dieser Qualifizierer weggelassen, erfolgt die Ausgabe auf dem Terminal.

queue   Das Argument *"queue"* spezifiziert den Namen der Queue, über die Information ausgegeben werden soll. Wird *"queue"* weggelassen, so erfolgt die Ausgabe über alle Queues. Wild Cards sind erlaubt.

Beispiele :

```
B1    $ SHOW  QUEUE  /ALL
      Terminal queue LN03, busy, on MIAMI::TTA0:,
               mounted form LN03FORM (stock=DEFAULT)

      Entry Jobname Username  Blocks Status
       1021 MAHNUNG    MEIER      34 Printing at
                                               block 1
       1022 BARBARA    MEIER     123 Pending

      Batch queue SYS$AUFTRAG, busy, on MIAMI::

      Entry Jobname Username Status
       1064  RECHNE    MEIER Executing
       1925   COBOL    PETER Executing
       1926   COBOL    PETER Executing
       1927 FORTRAN    PETER Pending

      Batch queue SYS$BATCH, stopped, on MIAMI::

      Entry Jobname Username Status
        964 AUFTR02    PETER Pending
```

Es werden alle Queues mit Namen, Typ (Batch- oder Printqueue) und Status sowie dem Rechnerknoten auf dem Terminal angezeigt. Zu jeder Queue werden die dort eingetragenen Jobs mit Jobname, intern vergebener Jobnummer, Jobstatus und dem Namen des Benutzers, der diesen Job abgeschickt hat, eingeblendet. In der Batchqueue "SYS$AUFTRAG" können 3 Jobs parallel aktiv bearbeitet werden (executing). In der Batchqueue "SYS$BATCH" wartet der einzige dort eingetragene Auftrag (pending), weil diese Queue gestoppt ist. Gleiche Jobnamen bedeuten nicht unbedingt inhaltlich gleiche Jobs. Beispielsweise können sich hinter den Jobs "COBOL" zwei verschiedene Läufe des Cobol-Compilers verbergen.

B2

```
$ SHOW  QUEUE  /FULL
Terminal queue LN03, idle, on MIAMI::TTA0:,
        mounted form LN03FORM (stock=DEFAULT)
 /BASE_PRIORITY=4/DEFAULT=(FEED,FORM=LN03FORM
 (stock=DEFAULT))/LIBRARY=LN03SETUP Lowercase
 /OWNER=[SYSTEM] /PROCESSOR=LATSYM
 /PROTECTION=(S:E,O:D,G:R,W:W)/SCHEDULE=SIZE

Batch queue SYS$AUFTRAG, idle, on MIAMI::
 /BASE_PRIO=4/DISABLE_SWAPPING/JOB_LIMIT=4
 /OWNER=[SYSTEM]/PROTECTION=(S:E,O:D,G:R,W:W)
 /WSEXTENT=8000  /WSQUOTA=1000

Batch queue SYS$BATCH, stopped, on MIAMI::
 /BASE_PRIORITY=3 /JOB_LIMIT=1/OWNER=[SYSTEM]
 /PROTECTION=(S:E,O:D,G:R,W:W)
```

Es werden alle Queues mit den vollständigen Informationen über Namen, Typ (Batch- oder Printqueue), Eigenschaften, Status sowie dem Rechnerknoten auf dem Terminal angezeigt.

B3

```
$ SHOW  QUEUE  /FULL  /ALL L*
Terminal queue LN03, on MIAMI::TTA0:, mounted
                form LN03FORM (stock=DEFAULT)
 /BASE_PRIORITY=4/DEFAULT=(FEED,FORM=LN03FORM
 (stock=DEFAULT))/LIBRARY=LN03SETUP Lowercase
 /OWNER=[SYSTEM]   /PROCESSOR=LATSYM
 /PROTECTION=(S:E,O:D,G:R,W:W) /SCHEDULE=SIZE

 Jobname  Username  Entry  Blocks Status
  MAHNUNG    MEIER    1021       34 Printing
Submitted  21-SEP-1990 18:28
 /FORM=LN03FORM  (stock=DEFAULT)/PRIORITY=100
File:_MIAMI$DUA0:[MEIER.INFO]MAHNUNG.LIS;1
(printing)
  BARBARA    MEIER    1022      123 Pending
Submitted  21-SEP-1990 18:30
 /FORM=LN03FORM (stock=DEFAULT) /PRIORITY=100
File:_MIAMI$DUA0:[MEIER.TEST]BARBARA.REC;23
(pending)
```

Es werden alle Queues, die mit "L" beginnen, angezeigt. Hier ist das die Printqueue "LN03", die mit den vollständigen Informationen über Namen, Typ (Batch- oder Printqueue), Eigenschaften, Status sowie dem Rechnerknoten auf dem Terminal ausgegeben wird. Außerdem erfolgt die Auflistung aller eingetragener Jobs aus dieser Queue mit der kompletten Spezifikation der Dateinamen und den Parametern, die für jeden Job definiert worden sind.

```
B4    $ SHOW  QUEUE
      Terminal queue LN03, idle, on MIAMI::TTA0:,
               mounted form LN03FORM (stock=DEFAULT)

      Batch queue SYS$AUFTRAG, idle, on MIAMI::

      Batch queue SYS$BATCH, stopped, on MIAMI::
```

Es werden alle Queues mit ihrem Namen, Typ (Batch- oder Printqueue), Status und Rechnerknoten auf dem Terminal angezeigt.

4.4.62 SHOW QUEUE /FORM

Das Kommando "**SHOW QUEUE /FORM**" dient zur Anzeige der Druckformulare, die aktuell für die Printqueues auf dem Rechner definiert worden sind, zur Zeit aber nicht unbedingt von einer Printqueue verwendet werden müssen (vgl. Kapitel 7.2.1).

Graph des Befehlsformats :

SHOW QUEUE /FORM

    /FULL

    /OUTPUT=_ausgabe_

    formname

form- name	Das Argument _"formname"_ spezifiziert den Namen des Druckformulars, über das Informationen ausgegeben werden sollen. Wird dieses Argument weggelassen, so erfolgt die Ausgabe der Informationen über alle Druckformulare. Wild Cards sind erlaubt.
/FULL	Der Kommandoqualifizierer "/FULL" veranlaßt die Ausgabe der vollständigen Information über das/die Druckformular(e).

/OUTPUT = *ausgabe*   Der Kommandoqualifizierer "/OUTPUT=*ausgabe*" lenkt das Ergebnis von "SHOW QUEUE /FORM" in die Datei *"ausgabe"*. Ohne diesen Qualifizierer erfolgt die Ausgabe auf dem Terminal.

Beispiele :

B1

```
$ SHOW  QUEUE  /FORM
Form name              Number Description
DEFAULT                     0 System-defined default
A4H (stock=DEFAULT)         2 Laserdruck DIN A4 hoch
A4Q (stock=DEFAULT)         3 Laserdruck DIN A4 quer
```

Es werden alle definierten Druckformulare mit ihrem Namen, ihrer Nummer und einer Kurzbeschreibung auf dem Terminal aufgelistet.

B2

```
$ SHOW  QUEUE  /FORM  /FULL   A4H
Form name              Number Description
A4H (stock=DEFAULT)         2 Laserdruck DIN A4 hoch
/LENGTH=66 /MARGIN=(TOP=3,BOTTOM=6,LEFT=6)
/SETUP=(RESET,9CPI)/STOCK=A1/TRUNCATE/WIDTH=80
```

Name, Nummer, Kurzbeschreibung und definierte Eigenschaften des Druckformulars "A4H" werden auf dem Terminal ausgegeben.

4.4.63 SHOW STATUS

Das Kommando "**SHOW STATUS**" zeigt aktuelle Statusinformation für den eigenen Prozeß auf dem Terminal an. Dieses Kommando entspricht <CTRL/T>.

Graph des Befehlsformats :

SHOW STATUS

Beispiel :

B1

```
$ SHOW  STATUS
Status on 21-SEP-19xx 18:25:51.76
Elapsed CPU : 0 00:00:02.98
Buff.I/O:     294 Cur.ws.:     389 Open files:       1
Dir.I/O:      158 Phys.Mem.:   229 Page faults:  1673
```

Die Statusausgabe des aktuellen Prozesses erfolgt auf dem Terminal.

4.4.64 SHOW SYMBOL

Das Kommando "**SHOW SYMBOL**" dient zur Anzeige des Wertes eines Symbols, das entweder durch eine Zuweisung (vgl. Kapitel 4.3.4), durch "READ" (vgl. Kapitel 4.4.34), durch "INQUIRE" (vgl. Kapitel 8.3.6) oder durch die Übergabe von Parametern bei Kommandoprozeduren (vgl. Kapitel 8.1.4) gesetzt wird. Wenn nicht explizit angegeben, wird zuerst in der lokalen Symboltabelle und danach in der globalen Symboltabelle nach dem Symbol gesucht und das erste Auftreten angezeigt.

Graph des Befehlsformats :

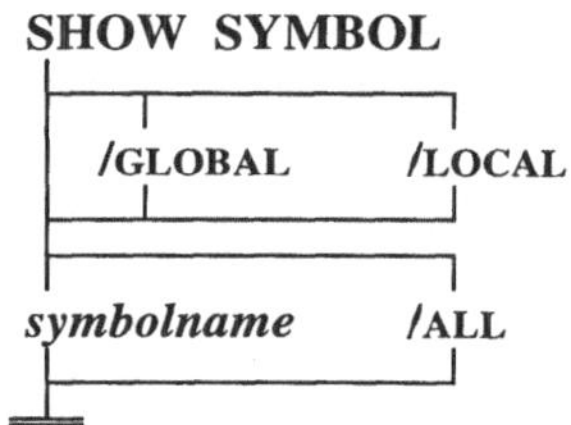

/ALL   Der Kommandoqualifizierer "/ALL" verursacht die Anzeige aller definierten Symbole aus der lokalen oder globalen Symboltabelle.

/GLOBAL   Der Kommandoqualifizierer "/GLOBAL" bewirkt die Suche nach dem Symbol *"symbolname"* in der globalen Symboltabelle.

/LOCAL   Der Kommandoqualifizierer "/LOCAL" bewirkt die Suche nach dem Symbol *"symbolname"* in der lokalen Symboltabelle."/LOCAL" ist gleichzeitig der Default-Wert.

symbol-name   Das Argument *"symbolname"* spezifiziert den Namen des anzuzeigenden Wertes des Symbols *"symbolname"*. Wild Cards sind erlaubt. Ein einfaches Gleichheitszeichen "=" bei der Ausgabe weist auf die lokale Symboltabelle hin, ein doppeltes Gleichheitszeichen "==" auf die globale Symboltabelle.

Beispiele :

```
B1     $ SHOW SYMBOL DE*
       DEA = "DEASSIGN"
       DEL = "DELETE /LOG"
```

Es werden die in der lokalen Symboltabelle definierten Symbole, die mit dem Namen "DE" beginnen, ausgegeben.

```
 ┌──────┐   $ SHOW  SYMBOL  /GLOBAL  /ALL
 │  B2  │   $RESTART   ==  "FALSE"
 └──────┘   $SEVERITY  ==  "1"
            $STATUS    ==  "%X00000001"
            DD    ==   "DIRECTORY /DATE /SIZE=ALL"
            SQ    ==   "SHOW   QUEUE"
```

Alle in der globalen Symboltabelle definierten Symbole - auch die Systemvariablen "$RESTART", "$SEVERITY" und "$STATUS" - werden mit ihren aktuellen Werten auf dem Terminal ausgegeben.

4.4.65 SHOW SYSTEM

Das Kommando "**SHOW SYSTEM**" zeigt eine Liste von Prozessen im System mit der zugehörigen Statusinformation an. Diese Information beinhaltet pro Prozeß im System : Prozeßname, Prozeßidentifikation (PID), Status des Prozesses, seine Priorität, die aufgelaufene Anzahl von Plattenzugriffen, die bislang verbrauchte CPU-Zeit, die Summe der 'page faults' (Anforderung zur Einlagerung von in den Pagefile ausgelagerten Seiten in den Hauptspeicher), der aktuell belegte Hauptspeicher und der Typ des Prozesses.

Graph des Befehlsformats :

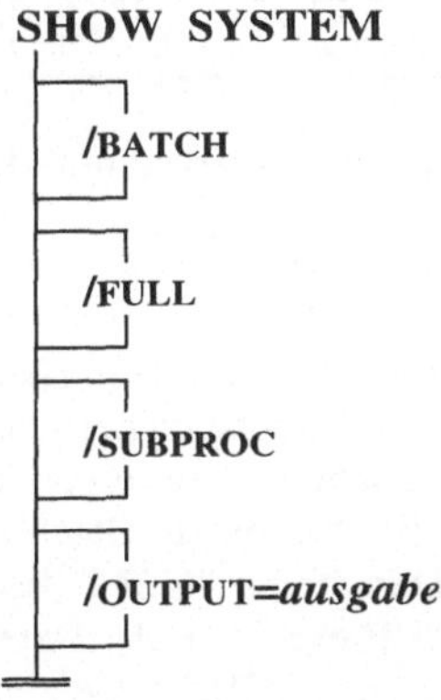

/BATCH   Der Kommandoqualifizierer "/BATCH" schränkt die Anzeige der Prozesses auf die Untermenge aller im Batch laufenden Prozesse ein.

/FULL   Der Kommandoqualifizierer "/FULL" bewirkt die Anzeige aller Prozesse mit der vollständigen Statusinformation und der zusätzlichen Angabe der UIC (User Identification).

/OUTPUT = *ausgabe*	Der Kommandoqualifizierer "/OUTPUT=*ausgabe*" lenkt das Ergebnis von "SHOW SYSTEM" in die Ausgabedatei *"ausgabe"*. Ohne diesen Qualifizierer erfolgt die Ausgabe auf dem Terminal.
/SUB- PROC	Der Kommandoqualifizierer "/SUBPROC" zeigt die Untermenge aller Subprozesse im System an.

Beispiele :

B1

```
$ SHOW SYSTEM /BATCH /OUTPUT=SYSTEM.LIS
```

Alle Batchprozesse im System werden mit der zugehörigen Information über ihren Status in die Datei "SYSTEM.LIS" geschrieben. Das Ausgabeformat siehe im folgenden Beispiel.

B2

```
$ SHOW SYSTEM
OpenVMS 6.2 on Node SP 5-JAN-19xx 09:01:00.32
                                Uptime  39   22:05:03
  PID      Process  State    I/O      CPU        Page  Pages
           Name       Pri                        flts
00000101  SWAPPER  HIB  16     0  0 00:15:04.12     0     0
00000107  OPCOM    HIB   8   620  0 00:01:04.78   558   234
000018D4  MEIER    CUR   4   144  0 00:00:45.09   832   512
0000149D  MEIER_1  COM   5    21  0 00:01:02.76   144   199 S
000083EF  BADER    LEF   4   844  0 00:03:39.75   963   883 N
00001AB3  PETER    LEF   7    23  0 00:37:01.73   896   933
00000123  BATCH_2  COM   4   112  0 00:00:01.34   234   900 B
```

Alle Prozesse im System werden mit der Information über ihren Status auf dem Terminal angezeigt. Die Anzeige besteht aus : Prozeßnummer (PID), Prozeßname, Prozeßstatus, Prozeßpriorität, aufgelaufene Anzahl I/Os, verbrauchte CPU-Zeit, Anzahl Einlagerungsanforderungen in den Hauptspeicher (page faults), aktueller Verbrauch an Hauptspeicher und Prozeßtyp. In der letzten Spalte steht ein Leerzeichen " " für einen interaktiven Prozeß, "S" für einen Subprozeß, "B" für einen Batchprozeß und "N" für einen DECNET-Prozeß. Der Status "COM" bedeutet "laufbereit", "LEF" bedeutet "warten auf Ereignis" (z.B. Dateizugriff ist fertig), "CUR" ist der aktuelle Prozeß und "HIB" bedeutet "schlafender Prozeß".

4.4.66 SHOW TERMINAL

Das Kommando "**SHOW TERMINAL**" dient zur Anzeige der aktuellen OpenVMS-seitig definierten Eigenschaften eines Terminals.

Graph des Befehlsformats :

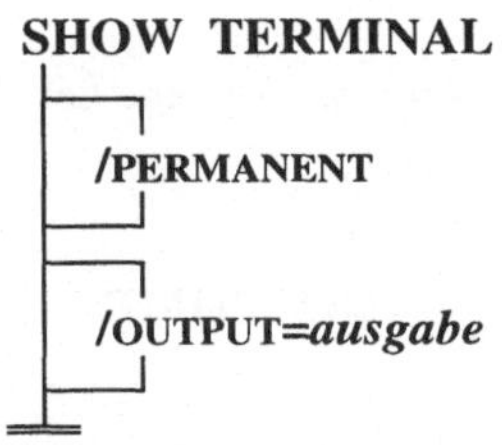

/OUTPUT = *ausgabe*	Der Kommandoqualifizierer "/OUTPUT=*ausgabe*" lenkt das Ergebnis von "SHOW TERMINAL" in die Ausgabedatei *"ausgabe"*. Ohne diesen Qualifizierer , erfolgt die Ausgabe auf dem Terminal.
/PERMA- NENT	Der Kommandoqualifizierer "/PERMANENT" zeigt permanente, OpenVMS-seitig definierte Eigenschaften des Terminals an. Dieser Befehl erfordert das Privileg "LOG_IO" oder "PHY_IO".

Beispiel :

```
B1    $ SHOW   TERMINAL
      Terminal:_LTA501:    Device_Type: VT400_Series        Owner : MEIER
      LAT Server/Port: B2S26/PORT_5

      Input :        9600    LRfill :        0    Width :    80    Parity : None
      Output :       9600    CRfill :        0    Page :     24

      Terminal Characteristics:
      Interactive          Echo              Type_ahead         No Escape
      No Hostsync          TTSync            Lowercase          Tab
      Wrap                 Scope             No Remote          Eightbit
      Broadcast            No Readsync       No Form            Fulldup
      No Modem             No Local_echo     No Autobaud        Hangup
      No Brdcstmbx         No DMA            No Altypeahd       Set_Speed
      No Commsync          Line Editing      Overstrike         No Fallback
      No Dialup            No Secure Serv.   No Disconnect      No Pasthru
      No Syspassw.         No Sixel Graph.   Soft Chars.        Printer Port
      Num. Keypad          ANSI_CRT          No Regis           No Block_mode
      Advanced_vid         Edit_mode         DEC_CRT            DEC_CRT2
      DEC_CRT3             DEC_CRT4          No DEC_CRT5        No  Ansi_Color
      VMS Style Input
```

Es werden die OpenVMS-seitig vereinbarten Standardwerte für das aktuelle Terminal auf dem Bildschirm angezeigt.

4.4.67 SHOW TIME

Das Kommando "**SHOW TIME**" dient zur Anzeige der Systemzeit auf dem Terminal.

Graph des Befehlsformats :

SHOW TIME

Beispiel :

| B1 | ```$ SHOW TIME```
```14-SEP-19xx 20:09:14``` |

    Die aktuelle Systemzeit wird auf dem Terminal angezeigt.

4.4.68 SHOW TRANSLATION

Das Kommando "**SHOW TRANSLATION**" dient zur Anzeige eines logischen Namen und seines Wertes, der mit "ASSIGN" (vgl. Kapitel 4.4.4) bzw. "DEFINE" (vgl. Kapitel 4.4.17) definiert worden sind. Dieses Kommando entspricht "SHOW LOGICAL" (vgl. Kapitel 4.4.56) mit dem Unterschied, daß bei "SHOW TRANSLATION" nur bis zum ersten gefundenen logischen Namen gesucht wird. Nach der Ausführung dieses Kommandos sind die logischen Namen, die mit "/USER" definiert worden sind, weiterhin definiert, während sie bei "SHOW LOGICAL" verschwunden wären.

Graph des Befehlsformats :

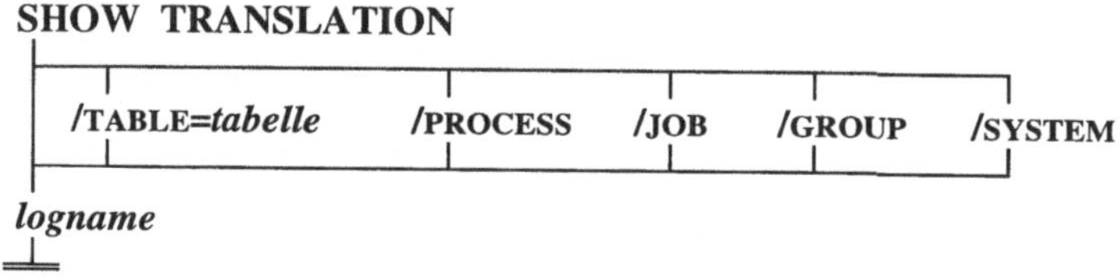

/GROUP   Die Suche nach dem logischen Namen *"logname"* findet in der Logical-Name-Tabelle "LNM$GROUP" statt.

/JOB   Die Suche nach dem logischen Namen *"logname"* findet in der Logical-Name-Tabelle "LNM$JOB" statt.

logname   Das Argument *"logname"* ist der logische Name, dessen aktueller Wert auf dem Terminal angezeigt werden soll.

/PROCESS Die Suche nach dem logischen Namen *"logname"* findet in der Logical-Name-Tabelle "LNM$PROCESS" statt.

/SYSTEM Die Suche nach dem logischen Namen *"logname"* findet in der Logical-Name-Tabelle "LNM$SYSTEM" statt.

/TABLE = tabelle Der Kommandoqualifizierer "/TABLE=*tabelle*" spezifiziert, in welcher der Logical-Name-Tabellen der logische Name *"logname"* gesucht werden soll. Bei Weglassen dieses Qualifizierers wird die standardmäßige Reihenfolge verwendet : "LNM$PROCESS", "LNM$JOB", "LNM$GROUP" und "LNM$SYSTEM". Für "/TABLE=*tabelle*" können folgende Angaben stehen :

/TABLE=LNM$PROCESS	wie "/PROCESS".
/TABLE=LNM$JOB	wie "/JOB".
/TABLE=LNM$GROUP	wie "/GROUP".
/TABLE=LNM$SYSTEM	wie "/SYSTEM".
/TABLE=*tabelle*	Die Suche findet in der Logical-Name-Tabelle namens *"tabelle"* statt.

Beispiele :

B1

```
$ SHOW TRANSLATION ART*
ART = "DUA1:[BADER]ART.DAT"    (LNM$GROUP000257)
```

Es wird in allen Logical-Name-Tabellen in der aktuellen Suchreihenfolge nach dem logischen Namen, der mit "ART" beginnt, gesucht. Die erste gefundene Definition mit diesem logischen Namen befindet sich in der Logical-Name-Tabelle "LNM$GROUP000257" ; diese wird auf dem Terminal ausgegeben.

B2

```
$ SHOW TRANSLATION /JOB DATEI
DATEI = "DUA0:[MEIER.TIP]"    (LNM$JOB20200B3F)
```

Es wird in der Logical-Name-Tabelle "LNM$JOB" nach dem logischen Namen "DATEI" gesucht. Die erste gefundene Definition aus dieser Tabelle wird auf dem Terminal ausgegeben.

B3   **$ SHOW TRANSLATION /SYSTEM SYSPLATTE**
SYSPLATTE = "DUA0:"   *(LNM$SYSTEM)*

Es wird in der Logical-Name-Tabelle "LNM$SYSTEM" nach der Definition des logischen Namens "SYSPLATTE" gesucht. Die erste gefundene Definition wird auf dem Terminal ausgegeben.

4.4.69 SHOW USERS

Das Kommando "**SHOW USERS**" zeigt eingeloggte Benutzer des Systems mit ihren Benutzernamen an.

Graph des Befehlsformats :

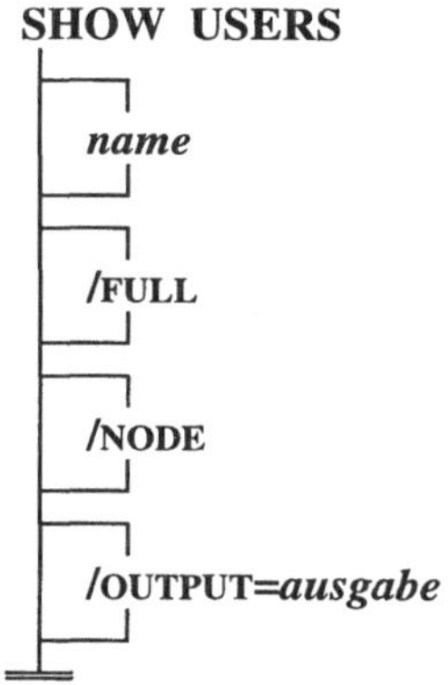

/FULL   Der Kommandoqualifizierer "/FULL" zeigt die vollständige Information über die aktuellen Benutzer auf dem Rechner an.

name   Das Argument *"name"* nennt den Benutzernamen für die Anzeige von Informationen. Wild Cards sind erlaubt. Bei Weglassen von *"name"* werden alle eingeloggten Benutzer angezeigt.

/NODE   Der Kommandoqualifizierer "/NODE" beschränkt die Ergebnismenge auf die am eigenen Rechner eingeloggten Benutzer.

/OUTPUT = *ausgabe*   Der Kommandoqualifizierer "/OUTPUT=*ausgabe*" lenkt das Ergebnis von "SHOW USERS" in die Ausgabedatei *"ausgabe"*. Ohne diesen Qualifizierer erfolgt die Ausgabe auf dem Terminal.

Beispiele :

| B1 |

```
$ SHOW  USERS  /FULL
OpenVMS User Processes at 21-SEP-19xx 13:54:53.60
Total number of users = 6,   number of processes = 8

Username    Process Name      PID  Terminal
<login>     _LTA9:         202000DB LTA9:     (SRV2/PORT_2)
BOLWIES     BOLWIES        20200095 LTA21:    (SRV2/PORT_7)
BOLWIES     BOLWIES_1      20200099 (subprocess of 20200095)
MEIER       _LTA32:        2020135B LTA32:    (SRV1/PORT_2)
MEIER       BATCH_953      20200277 (batch)
MEIER       MEIER          20200123 LTA11:    (SRV3/PORT_4)
SYSTEM      SYSTEM         202075A9 LTA19:    (SRV2/PORT_5)
TEST        TEST           2020003B LTA34:    (SRV1/PORT_3)
```

Der Benutzer "MEIER" ist interaktiv an zwei Terminals eingeloggt (zwei Prozesse mit verschiedenen Prozeßnamen) und hat einen zusätzlichen Batchjob abgeschickt. Der Benutzer "<login>" deutet auf einen gerade angefangenen Login-Vorgang hin. Der Benutzer "BOLWIES" arbeitet mit einem zusätzlichen Subprozeß. Die Spalte 'Terminal' beinhaltet neben der Angabe der logischen OpenVMS-seitigen Terminalidentifikation die Information, an welchem Anschluß (Port) auf welchem Terminalserver das aktuelle Terminal angeschlossen ist.

| B2 |

```
$ SHOW  USERS
OpenVMS User Processes at 21-SEP-19xx 13:54:53.60
Total number of users = 5,   number of processes = 7

Username         Interactive         Subprocess         Batch
<login>              1
BOLWIES              1                    1
MEIER                2
TEST                 1                    -                  1
```

Der Benutzer "MEIER" ist interaktiv an zwei Terminals eingeloggt. Der Benutzer "BOLWIES" besitzt zu seinem interaktiven Prozeß noch einen zusätzlichen Subprozeß. Der Benutzer "TEST" arbeitet interaktiv und hat gleichzeitig in einer Batchqueue einen Batchprozeß zu laufen.

4.4.70 SORT

Das Kommando "**SORT**" dient zum Sortieren einer oder mehrerer Datei(en) nach bestimmten Sortierkriterien. Für den Sortiervorgang sind bis zu 255 verschiedene

Sortierfelder kombinierbar (ineinander verschachtelt), wobei jedes einzelne Sortierfeld aufsteigend oder absteigend angeordnet werden kann. Das Ergebnis steht dann in einer entsprechend sortierten Ausgabedatei.

Graph des Befehlsformats :

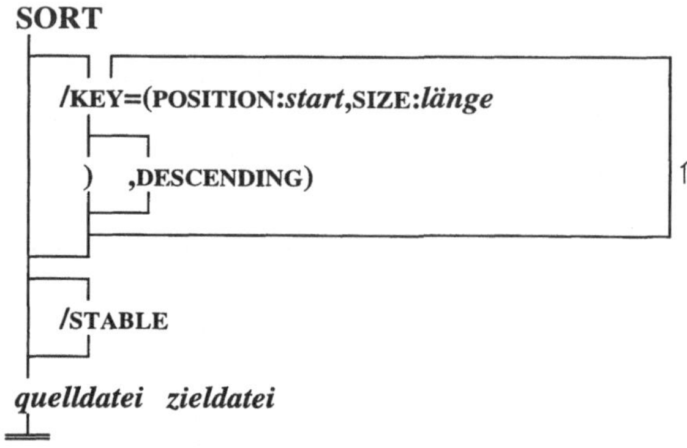

/KEY=... Der Kommandoqualifizierer "/KEY=..." zusammen mit den Argumenten "POSITION:*start*, SIZE:*länge*" sowie dem wahlweise angehängten "DESCENDING" nennt das Sortierkriterium, nach dem die *"quelldatei"* sortiert werden soll. Dabei beschreibt die erste "/KEY"-Angabe das erste Sortierkriterium, eine weitere eventuelle "/KEY"-Angabe das zweite Sortierkriterium, das bei gleichen Werten des ersten Sortierkriteriums angewendet werden soll usw.. Das Argument "POSITION:" zusammen mit der Angabe *"start"* besagt pro Sortierschlüssel, wo dieser an welcher Stelle im Satz beginnt. Das Argument "SIZE:" zusammen mit der Angabe *"länge"* nennt die Länge dieses Sortierschlüssels in Bytes. Die Angabe "DESCENDING" bewirkt die absteigende Reihenfolge bei der Sortierung dieses Sortierschlüssels, ein Weglassen von "DESCENDING" die aufsteigende Sortierreihenfolge. Ein Weglassen von "/KEY=..." sortiert den gesamten Satz.

quell-
datei Das Argument *"quelldatei"* spezifiziert den Dateinamen der zu sortierenden Datei. Wild Cards sind nicht erlaubt.

/STABLE Der Kommandoqualifizierer "/STABLE" veranlaßt bei gleichen Sortierwerten die Sortierung nach der Reihenfolge der Sätze, wie sie auch in der *"quelldatei"* stehen.

ziel-
datei Das Argument *"zieldatei"* benennt den Dateinamen der sortierten Datei. Wild Cards sind nicht erlaubt.

Beispiele :

| B1 |
```
$ SORT  /KEY=(POSITION:1,SIZE:10) -
_$    UNSORTIERT.DAT    SORTIERT.DAT
```

Die Eingabedatei für den Sortiervorgang "UNSORTIERT.DAT" wird sortiert. Der Sortierschlüssel in den Eingabesätzen zum Sortieren beginnt an der Stelle "1" und besitzt die Länge "10". Die Sortierung erfolgt in aufsteigender Reihenfolge. Das Sortierergebnis befindet sich in der Ergebnisdatei "SORTIERT.DAT".

| B2 |
```
$ SORT  /KEY=(POSITION:1,SIZE:10)  -
_$    /KEY=(POS:30,SIZE:1,DESCENDING) -
_$    EIN.DAT  AUS.DAT
```

Die Eingabedatei für den Sortiervorgang "EIN.DAT" wird sortiert. Der erste Sortierschlüssel in den Eingabesätzen zum Sortieren beginnt an der Stelle "1" und besitzt die Länge "10". Die Sortierung nach diesem Sortierschlüssel soll in aufsteigender Reihenfolge erfolgen. Innerhalb dieser Sortierung ist eine weitere Sortierung angefordert : beginnend an Stelle "30" mit der Länge "1" soll dann in absteigender Reihenfolge sortiert werden. Das Sortierergebnis befindet sich in der Ergebnisdatei "AUS.DAT".

| B3 |
```
$ SORT  /KEY=(POSITION:12,SIZE:5) /STABLE -
_$    UNSORTIERT.DAT    SORTIERT.DAT
```

Die Eingabedatei für den Sortiervorgang "UNSORTIERT.DAT" wird sortiert. Der Sortierschlüssel in den Eingabesätzen zum Sortieren beginnt an der Stelle "12" und besitzt die Länge "5". Die Sortierung erfolgt in aufsteigender Reihenfolge. Bei gleichen Sortierbegriffen soll dann die Reihenfolge verwendet werden, wie sie aus der Eingabedatei vorliegt. Das Sortierergebnis befindet sich in der Ergebnisdatei "SORTIERT.DAT".

4.4.71 SPAWN

Das Kommando "**SPAWN**" dient zur Erzeugung eines Subprozesses zu dem aktuellen Prozeß. Dieser Subprozeß erbt (fast) die ganze Umgebung des aktuellen Prozesses und führt das übergebene Kommando aus. Es bestehen zwei Möglichkeiten für die Erzeugung des Subprozesses : bei synchroner Arbeitsweise bleibt der Vaterprozeß "stehen", bis der

Subprozeß die Kontrolle durch seine Beendigung mit "LOGOUT" (vgl. Kapitel 4.4.29) oder durch einen Prozeßwechsel mit "ATTACH" (vgl. Kapitel 4.4.5) wieder an den Vaterprozeß zurückgibt. Bei asynchroner Arbeitsweise wird der Subprozeß gestartet und arbeitet parallel, ohne daß der Vaterprozeß wartet.

Zu beachten ist hierbei, daß "SPAWN" relativ viel CPU-Zeit benötigt, die für die Erzeugung des Subprozesses verbraucht wird.

Graph des Befehlsformats :

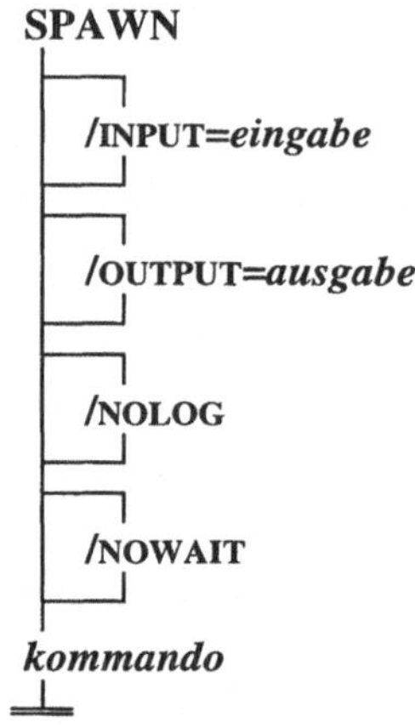

/INPUT = *eingabe*	Der Kommandoqualifizierer "/INPUT=*eingabe*" benennt den Dateinamen *"eingabe"* einer Kommandoprozedur, die im erzeugten Subprozeß vor der Bearbeitung des Kommandos *"kommando"* ausgeführt werden soll. Bei asynchronen Subprozessen empfiehlt sich die Angabe "INPUT=NL:", die den Eingabekanal des Subprozesses auf das Nulldevice "NL:" umlenkt und diesen dadurch vor einem <CTRL/Y> für den Vaterprozeß abschirmt.
kom- mando	Das Argument *"kommando"* spezifiziert das Kommando, das im erzeugten Subprozeß ausgeführt werden soll. In diesem Fall führt der Subprozeß das Kommando aus und beendet sich automatisch wieder. Wird *"kommando"* weggelassen, so wird ein interaktiver Subprozeß eröffnet, der dann mit "LOGOUT" beendet werden muß.
/NOLOG	Der Kommandoqualifizierer "/NOLOG" unterdrückt Start- und Endemeldung des erzeugten Subprozesses.

/NOWAIT Der Kommandoqualifizierer "/NOWAIT" bewirkt die asynchrone Arbeitsweise des Subprozesses. Der Subprozeß wird gestartet und das Kommando *"kommando"* dort ausgeführt, ohne das der Vaterprozeß auf die Beendigung des Subprozesses wartet.

/OUTPUT = *ausgabe* Der Kommandoqualifizierer "/OUTPUT=*ausgabe*" spezifiziert den Dateinamen der Ausgabedatei *"ausgabe"*, die alle Ausgaben der abgearbeiteten Kommandos im Subprozeß protokolliert.

Beispiele :

| B1 |

```
$ SPAWN   COPY  DUA0:[BADER.KUNDEN]*.*   -
_$  DUA0:[MEIER.ANGEBOT]*.*
```

Es wird ein Subprozeß kreiert, der das übergebene Kommando "COPY ..." ausführt. Während dieser Zeit 'schläft' der aktuelle aufrufende Prozeß. Nach dem Kopieren aller Dateien von der Directory "DUA0:[BADER.KUNDEN]" auf die Directory "DUA0:[MEIER.ANGEBOT]" wird der Subprozeß beendet und der aktuelle Prozeß wieder geweckt.

| B2 |

```
$ SPAWN   /INPUT=AKTION.COM  -
_$  /OUTPUT=ERGEBNIS.LIS
```

Es wird ein Subprozeß kreiert, der die Kommandoprozedur "AKTION.COM" auf der aktuellen Default-Directory ausführt, der aktuelle Prozeß wird suspendiert. Alle Ausgaben der ausgeführten Kommandos werden in die Ausgabedatei "ERGEBNIS.LIS" geschrieben. Nach der Abarbeitung der Kommandoprozedur wird der Subprozeß beendet und der aktuelle Prozeß wieder geweckt.

| B3 |

```
$ SPAWN   /NOLOG /NOWAIT /INPUT=NL: -
_$  /OUTPUT=ERGEBNIS.LIS    @AKTION
```

Es wird ein Subprozeß kreiert, der das Kommando "@AKTION" (die Kommandoprozedur "AKTION.COM" auf der aktuellen Default-Directory) ausführt, und der aktuelle Prozeß suspendiert. Alle Ausgaben der dabei abgearbeiteten Kommandos werden in die Ausgabedatei "ERGEBNIS.LIS" geschrieben. Start und Ende des Subprozesses werden nicht auf dem Terminal protokolliert. Die asynchrone Ausführung der Kommandoprozedur "AKTION.COM" im Subprozeß führt dazu. daß der aufrufende Prozeß nicht auf die Abarbeitung des Subprozesses wartet. Damit der asynchronen Subprozeß auch nicht durch <CTRL/Y> des aufrufenden Prozesses gestört werden kann, ist dessen Eingabekanal auf das Nulldevice "NL:" eingestellt und damit deaktiviert. Nach der Abarbeitung der Kommandoprozedur wird der Subprozeß beendet und der aktuelle Prozeß wieder geweckt.

<table>
<tr><td>B4</td><td>

```
$ ED  LISTE.LIS
<CTRL/Y>
$ SPAWN
%DCL-S-SPAWNED, process OPERATOR spawned
%DCL-S-ATTACHED, terminal now attached to
                          process OPERATOR
$ LOGOUT
Process OPERATOR logged out at 1-JAN-19xx
                               14:00:00.23
%DCL-S-RETURNED, control returned to process
                                     SYSTEM
$ CONTINUE
```

</td></tr>
</table>

Eine typische Anwendung von "SPAWN" : während des Editierens von "LISTE.LIS" wird mit <CTRL/Y> die Editorsitzung unterbrochen und mit "SPAWN" ein Subprozeß erzeugt, in dem jedes beliebige Kommando ausgeführt werden kann. Mit "LOGOUT" schließlich beendet sich der Subprozeß, die Kontrolle geht wieder an den Prozeß mit der unterbrochenen Editorsitzung zurück, die dann mit "CONTINUE" wieder fortgesetzt werden kann.

4.4.72 STOP

Das Kommando "**STOP**" dient zum Anhalten eines Prozesses. Sollen andere Prozesse als der eigene gestoppt werden, so ist das Privileg "GROUP" für Prozesse mit der gleichen Gruppen-UIC oder das Privileg "WORLD" für andere Prozesse erforderlich.

Graph des Befehlsformats :

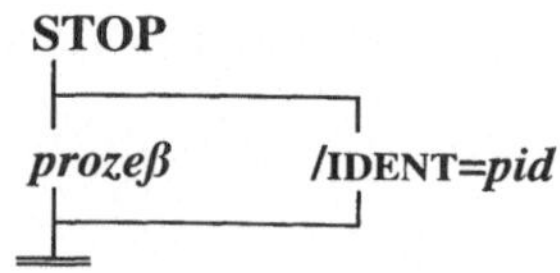

/IDENT =pid	=Der Kommandoqualifizierer "/IDENT=*pid*" bewirkt das Stoppen des Prozesses mit der Prozeßidentifikation *"pid"*.
prozeß	Das Argument *"prozeß"* steht für den Prozeßnamen des Prozesses, der gestoppt werden soll.

Beispiele :

B1	$ STOP HUGO

Der Prozeß mit dem Prozeßnamen "HUGO" wird gestoppt.

B2	$ STOP /IDENT=03A4

Der Prozeß mit der Prozeßidentifikation "03A4" wird gestoppt.

4.4.73 SUBMIT

Das Kommando "**SUBMIT**" dient zum Eintragen eines Auftrages unter einer eindeutigen Jobnummer zur Ausführung einer Kommandoprozedur in einer Batchqueue. Für diesen Batchjob wird in der Batchqueue vor der Ausführung der Kommandoprozedur ein vollständiger Login-Vorgang durchlaufen. Dadurch gelten alle während des Login-Vorgangs getroffenen Festlegungen auch für den aktuellen Batchjob. So landet der Batchjob nach Abschluß des Login-Vorgangs standardmäßig auf der Haupt-Directory. Eine der ersten Aufgaben einer solchen Kommandoprozedur muß es also sein, die gewünschte Default-Directory einzustellen, wenn es nicht die Haupt-Directory sein soll. Um einen Auftrag in eine Batchqueue einzutragen, ist entweder das Privileg "OPER" erforderlich oder eines der beiden Zugriffsrechte "WRITE" oder "EXECUTE" auf die Batchqueue. Standardmäßig wird jede Ausgabe, die der Batchjob produziert, in eine Logprotokolldatei geschrieben, die dann bei Abschluß des Batchjobs auf dem Drucker ausgedruckt wird, der der Printqueue "SYS$PRINT" zugeordnet ist.

Graph des Befehlsformats :

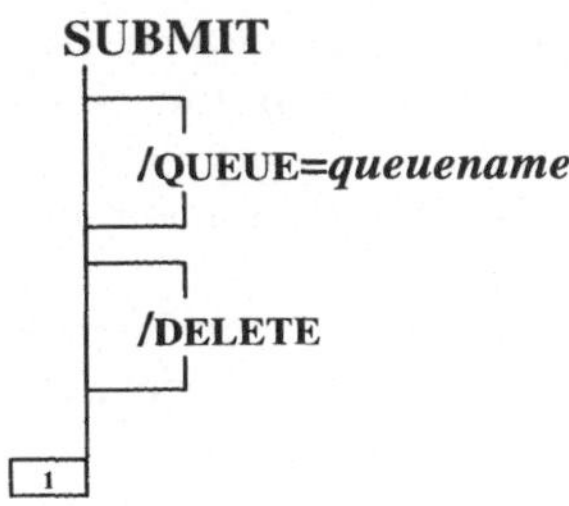

Fortsetzung
Folgeseite

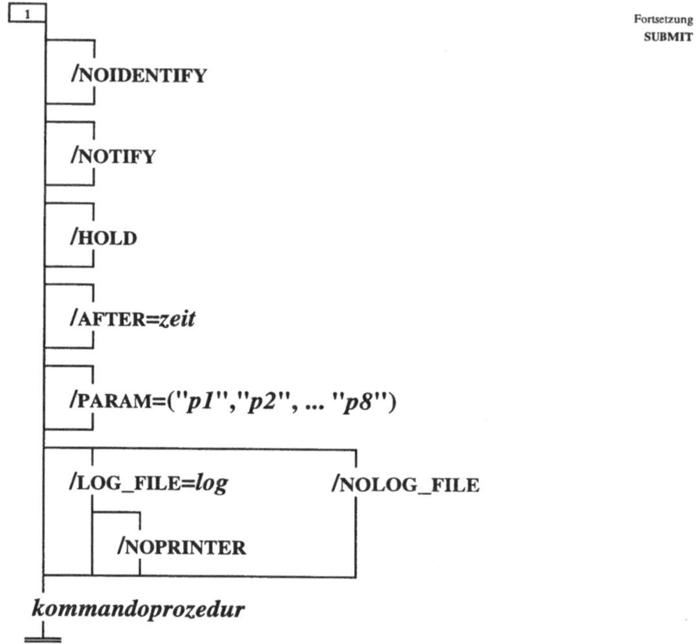

/AFTER **=** *zeit*	Der Kommandoqualifizierer "/AFTER=*zeit*" bestimmt den Startzeitpunkt des Batchjobs. Ist dieser Zeitpunkt bereits verstrichen, so wird der Batchjob sofort gestartet. Für *"zeit"* kann stehen :

TODAY	Zeitpunkt "heutiges Datum" 00:00 Mitternacht.
TOMORROW	Zeitpunkt "morgiges Datum" 00:00 Mitternacht.
Zeitangabe	Beliebiger Zeitpunkt (für das Format der OpenVMS-Zeitangabe siehe Kapitel 4.3.9).
keine Angabe	wie "TODAY".

/DELETE	Der Kommandoqualifizierer "/DELETE" löscht nach dem ordnungsgemäßen Ende des Batchjobs die *"kommandoprozedur"*.
/HOLD	Der Kommandoqualifizierer "/HOLD" bewirkt die Eintragung des Batchjobs im Zustand "angehalten" in die Batchqueue. Dieser Eintrag steht in der Batchqueue und wird nicht ausgeführt bis zur Freigabe mit "SET ENTRY /NOHOLD" (siehe Kapitel 4.4.43).
kom- mando- prozedur	Das Argument *"kommandoprozedur"* spezifiziert den Namen der Datei, in der die im Batchjob auszuführende Kommandoprozedur gespeichert ist.

/LOG_ FILE = *log* Der Kommandoqualifizierer "/LOG_FILE=*log*" bewirkt die Bearbeitung der *"kommandoprozedur"* im Batchjob mit der Erstellung eines Logprotokolls; dieses landet in der Logdatei *"log"*.

/NO- IDENTIFY Der Kommandoqualifizierer "/NOIDENTIFY" unterdrückt die Meldung, daß die *"kommandoprozedur"* in die Batchqueue *"queuename"* eingetragen worden ist.

/NOLOG_ FILE Der Kommandoqualifizierer "/NOLOG_FILE" bewirkt die Bearbeitung der *"kommandoprozedur"* im Batchjob ohne die Erstellung eines Logprotokolls.

/NO- PRINTER Der Kommandoqualifizierer "/NOPRINTER" unterdrückt den standardmäßig vorgesehenen Ausdruck des Logprotokolls des Batchjobs.

/NOTIFY Der Kommandoqualifizierer "/NOTIFY" bewirkt, daß ein abgeschlossener Batchjob auf allen Terminals, die unter dem Benutzer eingeloggt sind, der diesen Batchjob auch abgeschickt hat, seine Fertigmeldung ausgibt.

/PARAM= (*"p1"*, *"p2"*, ... *"p8"*) Der Kommandoqualifizierer "/PARAM" mit den wahlfreien Argumenten *"p1"*, *"p2"* bis maximal *"p8"* bietet die Möglichkeit einer Versorgung der *"kommandoprozedur"* mit übergebenen Parametern. Die Liste der Parameter wird von einem Paar Klammern "(" und ")" eingefaßt. Jeder Parameterwert wird in Anführungszeichen eingeschlossen. Bei Angabe von mehr als einem Parameterwert trennt diese Parameter jeweils ein Komma. Die Übergabe von Parametern an eine Kommandoprozedur wird im Kapitel 8.1.4 behandelt.

/QUEUE= *queue- name* Der Kommandoqualifizierer "/QUEUE=*queuename*" spezifiziert den Namen der Batchqueue, in der die *"kommandoprozedur"* bearbeitet werden soll.

Beispiele :

```
 B1     $ SUBMIT /QUEUE=BATC /NOTIFY  NUN.COM
        Job NUN (queue BATC, entry 29) started on BATC
        . . .
        Job NUN (queue BATC, entry 29) completed
```

Die Kommandoprozedur "NUN.COM" auf der aktuellen Default-Directory wird als Auftrag in die Batchqueue "BATC" eingehängt und sofort gestartet, da dort das erlaubte Joblimit nicht überschritten worden ist. Nach Beendigung des Batchjobs wird eine Fertigmeldung auf allen Terminals ausgegeben, die unter dem gleichen Benutzernamen eingeloggt sind. Das Logprotokoll des Batchjobs wird auf dem Drucker ausgegeben, der der Printqueue "SYS$PRINT" zugeordnet ist und danach gelöscht.

B2

```
$ SUBMIT /QUEUE=SYS$KALK RECHNE.COM
Job RECHNE (queue SYS$KALK, entry 124) pending
```

Die Kommandoprozedur "RECHNE.COM" auf der aktuellen Default-Directory wird als Auftrag in die Batchqueue "SYS$KALK" im Zustand 'wartend' (pending) eingehängt, weil dort das erlaubte Joblimit bereits voll ausgelastet ist. Bei Beendigung des Batchjobs wird das Logprotokoll auf dem Drucker ausgedruckt, der der Printqueue "SYS$PRINT" zugeordnet ist und dann gelöscht.

B3

```
$ SUBMIT /QUEUE=SYS$BATCH  /DELETE -
_$  /AFTER=TOMORROW NACHT.COM
Job SOFORT (queue SYS$BATCH, entry 1229)
                holding until 23-SEP-19xx 00:00
```

Die Kommandoprozedur "NACHT.COM" auf der aktuellen Default-Directory wird als Auftrag in die Batchqueue "SYS$BATCH" mit der Startzeit Mitternacht in der morgigen Nacht eingehängt. Nach der Abarbeitung des Batchjobs wird das Logprotokoll auf dem Drucker ausgedruckt, der der Printqueue "SYS$PRINT" zugeordnet ist. Danach wird das Logprotokoll und die Kommandoprozedur "NACHT.COM" gelöscht.

B4

```
$ SUBMIT  /QUEUE=SYS$BATCH /NOPRINTER -
_$   /LOG_FILE=TEMPO.LOG  BATCHJOB.COM
```

Die Kommandoprozedur "BATCHJOB.COM" auf der aktuellen Default-Directory wird in die Batchqueue "SYS$BATCH" an das Ende der Warteschlange eingetragen. Sind in dieser Queue gerade weniger Jobs aktiv als erlaubt, wird der aktuelle Batchjob zur Ausführung von "BATCH.COM" sofort gestartet. Das Logprotokoll des Batchjobs wird in die Protokolldatei "TEMPO.LOG" auf der Default-Directory beim Einloggen (=Haupt-Directory) geschrieben und nicht automatisch ausgedruckt.

<table>
<tr><td>B5</td><td>

```
$ SUBMIT  /QUEUE=SYS$RECHNE  /NOIDENTIFY  -
_$ /NOLOG_FILE /PARAMETER=("ABC","1","ALL")  -
_$     PARAM.COM
```

</td></tr>
</table>

Die Kommandoprozedur "PARAM.COM" auf der aktuellen Default-Directory wird in die Batchqueue "SYS$RECHNE" an das Ende der Warteschlange ohne Meldung eingetragen. Sind in dieser Queue gerade weniger Jobs aktiv als erlaubt, wird der aktuelle Batchjob zur Ausführung von "PARAM.COM" sofort gestartet. Es wird kein Logprotokoll des Batchjobs erzeugt. Die Kommandoprozedur "PARAM.COM" wird mit Übergabeparametern versorgt : der Wert "ABC" landet in dem lokalen Symbol "P1", der Wert "1" in dem lokalen Symbol "P2" und der Wert "ALL" in dem lokalen Symbol "P3".

4.4.74 TYPE

Das Kommando "**TYPE**" dient zur Anzeige des Inhalts einer Datei oder einer Gruppe von Dateien auf dem Terminal.

Graph des Befehlsformats :

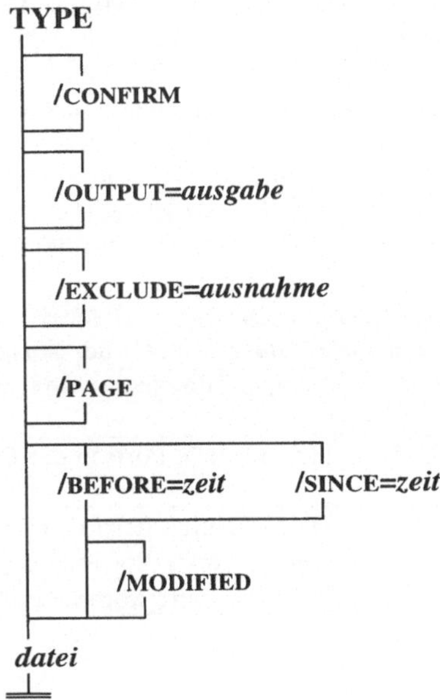

/BEFORE = *zeit*	Der Kommandoqualifizierer "/BEFORE" beschränkt die Datei(en) *"datei"* auf die Untermenge, die vor dem Zeitpunkt *"zeit"* erzeugt worden sind (siehe weiter unten die Möglichkeiten für *"zeit"*).

/CON-
FIRM

Der Kommandoqualifizierer "/CONFIRM" bietet jeden Dateinamen *"datei"* zum Anzeigen an. Die Anzeigefrage kann mit folgenden Antworten bedient werden :

YES oder TRUE	Die betreffende Datei wird angezeigt.
NO oder FALSE	Die betreffende Datei wird *nicht* angezeigt.
QUIT oder <CTRL/Z>	Das Kommando wird abgebrochen.
ALL	Alle noch folgenden Dateien werden ohne weitere Anzeigefrage angezeigt.

datei

Das Argument *"datei"* steht für Menge der Dateien (ein oder mehrere Dateiname(n)), die angezeigt werden sollen. Wild Cards sind erlaubt. Bei Angabe einer Liste von Dateinamen müssen die einzelnen Dateinamen durch jeweils ein Komma getrennt werden.

/EX-
CLUDE =
*aus-
nahme*

Der Kommandoqualifizierer "/EXCLUDE" zusammen mit dem Argument *"ausnahme"* benennt die Dateien, die bei der Anzeige explizit ausgelassen werden sollen. Wild Cards sind erlaubt.

/MODI-
FIED

Der Kommandoqualifizierer "/MODIFIED" ist nur sinnvoll im Zusammenhang mit "/BEFORE" oder "/SINCE", wo er bewirkt, daß statt des Erzeugungsdatums das Datum der letzten Veränderung für die Einschränkung auf die anzuzeigenden Dateien benutzt wird.

/OUTPUT
=
ausgabe

Der Kommandoqualifizierer "/OUTPUT=*ausgabe*" bestimmt die Datei namens *"ausgabe"* als Zieldatei für die Ausgabe. Ohne diesen Qualifizierer erfolgt die Ausgabe auf dem Terminal.

/PAGE

Der Kommandoqualifizierer "/PAGE" bewirkt die seitenweise Anzeige der Datei *"datei"*. Nach der Ausgabe jeder Seite wird eine Meldung ausgegeben, auf die geantwortet werden kann mit :

"RETURN"- Taste	Die nächste Portion der Datei wird angezeigt.
<CTRL/Z>	Die Anzeige der aktuellen Datei wird abgebrochen und die erste Portion der nächsten Datei angezeigt.
<CTRL/Y>	"TYPE" wird komplett abgebrochen.

/SINCE **=** *zeit*	Der Kommandoqualifizierer "/SINCE" beschränkt die Datei(en) *"datei"* auf die Untermenge, die nach dem Zeitpunkt *"zeit"* erzeugt worden sind (siehe weiter unten die Möglichkeiten für *"zeit"*).
zeit	Das Argument *"zeit"* dient zur zeitbedingten Einschränkung des Auswahlkriteriums *"datei"*. Folgende Angaben sind erlaubt :

BOOT	Zeitpunkt des letzten Rechnerstarts.
LOGIN	Zeitpunkt des Einloggens.
TODAY	Zeitpunkt "heutiges Datum" 00:00 Mitternacht.
TOMORROW	Zeitpunkt "morgiges Datum" 00:00 Mitternacht.
YESTERDAY	Zeitpunkt "gestriges Datum" 00:00 Mitternacht.
Zeitangabe	Beliebiger Zeitpunkt (für das Format der OpenVMS-Zeitangabe siehe Kapitel 4.3.9).
keine Angabe	wie "TODAY".

Beispiele :

B1

```
$ TYPE  RECHNE.COB
```

Die Datei "RECHNE.COB" auf der aktuellen Default-Directory wird auf dem Terminal ausgegeben.

B2

```
$ TYPE LOG.1 , DUA1:[BADER]LOG.NEU
```

Die Ausgabe zeigt erst "LOG.1" auf der aktuellen Default-Directory und dann "LOG.NEU" auf der Directory "DUA1:[BADER]".

B3

```
$ TYPE /BEFORE=YESTERDAY  DUA1:[NEU]ALT.*
```

Alle Dateien mit Dateibezeichner "ALT" mit beliebiger Extension auf der Directory "DUA1:[NEU]", die vor dem gestrigen Datum erzeugt worden sind, werden auf dem Terminal angezeigt.

B4

```
$ TYPE   /SINCE=12-JUL-19xx   AUFTRAG.DAT;*
```

Alle Versionen der Dateien mit dem Namen "AUFTRAG.DAT" auf der aktuellen Default-Directory, die seit dem "12. Juli 19xx" erzeugt worden sind, werden auf dem Terminal angezeigt.

B5   *$ TYPE /PAGE *.TEXT*

Alle Dateien auf der aktuellen Default-Directory mit der Extension ".TEXT" werden auf dem Terminal ausgegeben. Die Ausgabe geschieht jeweils seitenweise. Ist eine Bildschirmseite voll, wird mit einer entsprechenden Meldung eine Eingabe angefordert. Die nächste Portion der aktuellen Datei wird "RETURN" ausgegeben. <CTRL/Z> beendet die Ausgabe der aktuellen Datei und beginnt mit der Ausgabe der nächsten Datei. <CTRL/Y> bricht "TYPE" ab.

B6   *$ TYPE /CONFIRM NEU.*;**
Type DUA0:[MEIER.TAT]NEU.COM;2 ? [N] : **Y**
Type DUA0:[MEIER.TAT]NEU.COM;4 ? [N] : **Y**
Type DUA0:[MEIER.TAT]NEU.LISTE;13 ? [N] : **N**
Type DUA0:[MEIER.TAT]NEU.OBJ;1 ? [N] : **Q**

Alle Versionen der Dateien mit dem Dateibezeichner "NEU" mit beliebiger Extension auf der aktuellen Default-Directory werden nacheinander zur Ausgabe auf dem Terminal angeboten und -je nach Beantwortung der Anzeigefrage- entweder ausgegeben oder nicht.

4.4.75 WRITE

Das Kommando "**WRITE**" dient zum Schreiben eines Satzes in eine mit "OPEN /WRITE" oder "OPEN /APPEND" (vgl. Kapitel 4.4.31) geöffneten Datei.

Es wird immer der Satz geschrieben, auf den der interne Recordpointer zeigt (d.h. der interne Recordpointer steht vor dem aktuell zu schreibenden Satz). Diese Position ist bei sequentiellen Dateien immer der erste, noch nicht geschriebene Satz nach dem letzten Satz in der Datei. Durch die Schreibaktion wird dieser Recordpointer auf den nächsten (noch nicht geschriebenen) Satz umgestellt. Bei indexsequentiellen und relativen Dateien ist diese Position der Satz, der gerade zuvor gelesen worden ist.

Der Zugriff auf die Datei geschieht über den dieser Datei zugeordneten logischen Name in der prozeßspezifischen Logical-Name-Tabelle "LNM$PROCESS".

Die sogenannten lokalen Devices "SYS$INPUT", "SYS$OUTPUT", "SYS$ERROR" und "SYS$COMMAND", die meist dem aktuellen Terminal zugeordnet sind, können ebenfalls bei "WRITE" verwendet werden. Diese müssen dazu nicht extra mit "OPEN /WRITE" geöffnet worden sein.

Dieses Kommando wird schwerpunktmäßig in Kommandoprozeduren verwendet.

Graph des Befehlsformats :

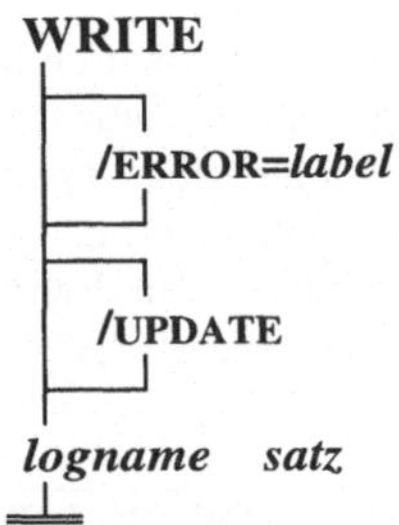

/ERROR = *fehler*	Der Kommandoqualifizierer "/ERROR" zusammen mit der Sprungmarke *"fehler"* wird nur in Kommandoprozeduren benutzt und gibt dort die Sprungmarke an, zu der in einem Fehlerfall beim Schreiben verzweigt werden soll. Ist "/ERROR..." nicht angegeben, wird die standardmäßige Fehlerbehandlung durchgeführt.
logname	Das Argument *"logname"* ist der logische Name, der für die aktuelle Datei beim Öffnen in der Logical-Name-Tabelle "LNM$PROCESS" angelegt worden ist.
satz	Das Argument *"satz"* steht für den Namen des Symbols, unter dem die in die Datei zu schreibende Zeichenkette abgelegt ist.
/UPDATE	Der Kommandoqualifizierer "/UPDATE" überschreibt den zuvor mit "READ" (vgl. Kapitel 4.4.34) aus einer indexsequentiellen Datei eingelesenen Satz in dieser Datei. Die Datei muß dazu mit "/READ" und "/WRITE" geöffnet worden sein.

Beispiele :

B1

```
$ WRITE  SYS$OUTPUT  "Hallo"
Hallo
```

Es wird auf dem lokalen Device "SYS$OUTPUT", das meist dem Terminal zugeordnet ist, die Zeichenkette "Hallo" ausgegeben.

B2

```
$ WRITE SYS$ERROR "Status ist : ",$STATUS
Status ist : %X10000001
```

Es wird auf dem lokalen Device "SYS$ERROR" die Zeichenkette "Status ist : " gefolgt von dem Wert des Symbols "$STATUS" ausgegeben.

| **B3** |

```
$ WRITE  /ERROR=SCHADE AKTIV  RECPUFFER
```

Es wird in die sequentielle Datei, der beim "OPEN" der logische
Name "TEMPO" zugeordnet worden ist, der nächste Satz
geschrieben mit dem Inhalt des Symbols "RECPUFFER". Der
interne Recordpointer wird auf den nächst folgenden Satz eingestellt.
Wird bei der Schreiboperation ein Fehler festgestellt, wird in der
Kommandoprozedur zu dem Label "SCHADE" verzweigt.

| **B4** |

```
$ WRITE  /UPDATE KUNDE PUFFER
```

Es wird in die indexsequentielle Datei, der beim "OPEN" der
logische Name "KUNDE" zugeordnet worden ist, der Satz
zurückgeschrieben, der mit der vorangegangenen Leseoperation
eingelesen worden ist.

4.5 Der elektronische Postdienst 'MAIL'

Dieser Abschnitt ist dem elektronischen Postdienst von OpenVMS namens "MAIL" gewidmet. Dieser Postdienst versetzt Sie in die Lage, mit anderen Benutzern auf dem gleichen Rechner und im ganzen angeschlossenen Rechnernetz Nachrichten auszutauschen. Wenn also Herr X aus der Vertriebsabteilung ewig und drei Tage telefoniert, er aber dringend Ihre Informationen benötigt, schicken Sie ihm am besten gleich eine 'Mail'. In dieser Sektion lernen Sie mit dieser Utility "MAIL" umzugehen.

Die einzelnen Themen:

4.5.1   Die Utility 'MAIL'

4.5.2   'SEND' - Versenden von Nachrichten

4.5.3   'READ' - Lesen von Nachrichten

4.5.4   'PRINT' - Drucken von Nachrichten

4.5.5   'EXTRACT' - Extrahieren von Nachrichten

4.5.6   'DIRECTORY' - Verzeichnis der Nachrichten

4.5.7   'FORWARD' - Nachrichten als Rundbrief

4.5.8   'DELETE' - Löschen von Nachrichten

4.5.9   Kommandos für das Ablagesystem von 'MAIL'

4.5.10   Sonstige Kommandos in 'MAIL'

4.5.11   Die Kommandoschnittstelle von 'MAIL'

4.5.1 Die Utility 'MAIL'

In der Einleitung zu diesem Abschnitt haben Sie bereits erfahren, daß die Utility "MAIL" als elektronischer Postdienst von OpenVMS dient. Nebenbei lassen sich mit "MAIL" noch vielfältige andere, damit zusammenhängende Aufgaben erledigen. So gehört ein automatischer Verteiler, eine Rundbrief- oder Umlaufbehandlung und ein Ablagesystem zum Leistungsumfang.

Mails (Nachrichten oder Briefe) können an jeden vom Systemmanager eingerichteten Benutzer geschickt werden. Dieser Benutzer kann auf dem gleichen Rechner oder irgendwo im über DECNET angeschlossenen Rechnernetz angesiedelt sein.

Um Post zu erhalten, müssen Sie als Empfänger nicht notwendigerweise eingeloggt sein. Nachrichten werden wie Briefe in einem Briefkasten in einer Datei abgelegt, die sich zumeist in der Haupt-Directory eines Benutzerbereiches befindet und "**MAIL.MAI**" heißt. Zuweilen werden noch weitere "MAIL"-Empfangsdateien benutzt (bei sehr umfangreichen Nachrichten beispielsweise), deren Namen ebenfalls mit "**MAIL**" beginnen, gefolgt von einer Zahl, und deren Extension "**.MAI**" heißt.

Die Utility "MAIL" wird in den allermeisten Fällen interaktiv aufgerufen und bedient. Dieser Aufruf gelingt mit dem Kommando "MAIL" ohne die Spezifikation von Kommandoqualifizierern oder Parametern. Nach dem Abschicken meldet sich "MAIL" mit dem Prompt "MAIL>" und erwartet die Eingabe eines Kommandos. Weitere Daten werden mit entsprechenden Prompts angefragt.

<table>
<tr><td>Interaktiv</td><td>$ MAIL
MAIL> Eingabe eines "MAIL"-Kommandos</td></tr>
</table>

Für bestimmte Anwendungsfälle in Kommandoprozeduren gibt es nebenbei noch die Kommandoschnittstelle von "MAIL". Hierbei wird der Aufruf von "MAIL" mit Kommandoqualifizierern und Parametern ausgestattet, wobei dann die interaktive interaktive Schnittstelle mit dem Prompt "MAIL>" entfällt.

<table>
<tr><td>Kommando-
schnittstelle</td><td>$ MAIL /Kommando /Qualifizierer Parameter</td></tr>
</table>

Das Ablagesystem von "MAIL" verwendet Folder (Aktenordner) für die Organisation der Ablage. Dazu werden standardmäßig bereits drei Ordner verwendet. Neben diesen Aktenordnern können noch beliebig eigene Ordner angelegt werden. Im Bild 4.5-1 wird das Organisationsschema des Ablagesystems dargestellt.

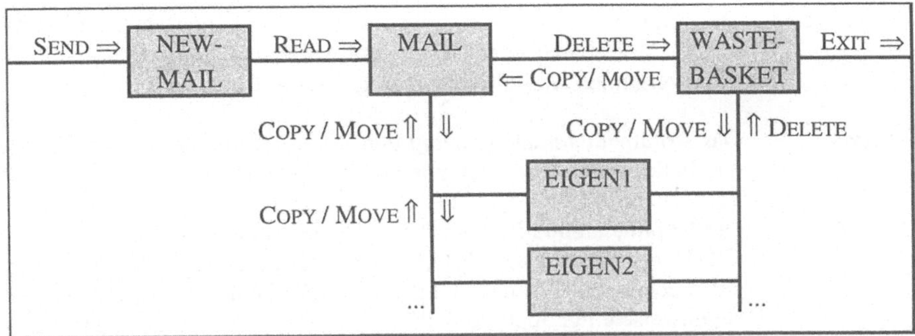

Bild 4.5-1   Organisationsschema für die 'MAIL'-Folder

Eingehende Nachrichten landen im Ordner "NEWMAIL" (neue Post). Mit "READ" werden diese neue Nachrichten in den Ordner "MAIL" übertragen und im Ordner "NEWMAIL" automatisch gelöscht. Mit "MOVE" oder "COPY" werden Nachrichten zwischen Ordnern kopiert, mit "DELETE" aus dem aktuellen Ordner gelöscht und in den Papierkorb "WASTEBASKET" weggeworfen. Dort bleiben sie dann bis zum "EXIT", können aber gegebenenfalls mit "MOVE" oder "COPY" hervorgeholt werden.

4.5.2 'SEND' - Versenden von Nachrichten

Mit dem Kommando "**SEND**" läßt sich auf drei verschiedene Arten eine Nachricht versenden. Zwei dieser Möglichkeiten erfordern die interaktive Eingabe der Nachricht, die dritte erlaubt das Verschicken einer vorfabrizierten Datei. "MAIL" fordert mit dem Prompt "to:" den oder die Empfänger und mit "subj:" das Thema der Nachricht an. Die verschickte Nachricht können Sie zu Ablagezwecken auch an sich selbst senden.

Graph des Befehlsformats :

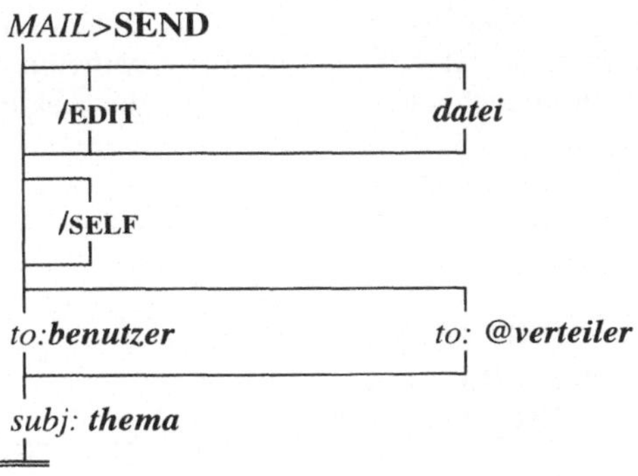

benutzer Das Argument *"benutzer"* gibt die Benutzernamen an, an die eine Nachricht gesendet werden soll. Bei der Spezifikation von mehreren Benutzernamen sind diese jeweils durch ein Komma zu trennen.

datei Das Argument *"datei"* benennt den Dateinamen einer vorfabrizierten und in der Datei *"datei"* abgelegten zu versendenden Nachricht.

/EDIT Der Kommandoqualifizierer "/EDIT" bewirkt den Aufruf des Editors "EDT" (vgl. Kapitel 5.1), zur Erzeugung der Nachricht im entsprechenden Format. Ohne "/EDIT" kann die Nachricht nur zeilenweise eingetippt werden.

/SELF Der Kommandoqualifizierer "/SELF" sorgt für die gleichzeitige Versendung der Nachricht an den Absender (zu Ablagezwecken).

thema Das Argument *"thema"* gibt eine Überschrift zu der zu versendenden Nachricht an.

verteiler Das Argument *"verteiler"* ist der Dateiname einer Verteilerdatei, in der die Empfänger der Nachricht mit einem Benutzernamen pro Zeile eingetragen sind. Diese Verteilerdatei muß die Extension ".DIS" besitzen.

Beispiele :

| B1 |

```
MAIL> SEND
to:  BADER
subj:  TERMIN-SITZUNG
Enter your message below.
Press CTRL/Z when complete, CTRL/C to quit.
```

Mit "SEND" wird eine kurze Nachricht erzeugt und gleich verschickt. Der Empfänger "BADER" bekommt die Nachricht zu dem Thema "TERMIN-SITZUNG", die nach der Meldungsausgabe "Enter your message..." am Terminal zeilenweise eingetippt wird. Diese Form bietet sich nur für kurze Mitteilungen an, da sich die Korrekturmöglichkeiten nur auf die aktuelle Eingabezeile beschränken. Mit <CTRL/Z> wird die Eingabe beendet und die Nachricht sofort an den Empfänger abgeschickt. Mit <CTRL/C> wird die Nachricht weggeworfen und nicht versendet.

| B2 |

```
MAIL> SEND EINLADUNG.TXT
to:  BADER,PETER,SYSTEM
subj:  BERGFEST-EINLADUNG
```

Mit der Eingabe von "SEND EINLADUNG.TXT" wird die vorgefertigte Datei "EINLADUNG.TXT" auf der aktuellen Default-Directory sofort verschickt. Die Empfänger, denen eine "BERGFEST-EINLADUNG" zukommen soll, sind hier die Benutzer "BADER", "PETER" und "SYSTEM".

<table>
<tr><td>B3</td><td>

```
MAIL> SEND /EDIT
to:   PETER
subj: FEHLER RECHNE.COB
*
[EOB]
```

</td></tr>
</table>

Mit "SEND /EDIT" wird die Nachricht zuerst interaktiv mit dem Editor "EDT" erzeugt, bevor der Nachrichtentext zu dem Thema "FEHLER RECHNE.COB" an den Empfänger "PETER" verschickt wird. "EDT" meldet sich mit dem Prompt "*" aus dem Zeilenmodus (siehe Kapitel 5.1 ff.). Wird der Editor mit "EXIT" verlassen, dann wird die Nachricht an den Empfänger abgeschickt. Bei Verlassen des Editors mit "QUIT" wird sie nicht verschickt.

<table>
<tr><td>B4</td><td>

```
MAIL> SEND /SELF EINSTAND.TXT
to:   @VERTEILER.DIS
subj: EINSTANDSLAGE
```

</td></tr>
</table>

Mit der Eingabe von "SEND EINSTAND.TXT" wird die vorgefertigte Datei "EINSTAND.TXT" auf der aktuellen Default-Directory sofort verschickt. Wegen "/SELF" wird diese Nachricht auch an den Absender (für die eigene Ablage) geschickt. Die Empfänger, denen eine "EINSTANDSLAGE" winkt, sind die Benutzer, deren Namen zeilenweise in der Verteilerdatei "VERTEILER.DIS" auf der aktuellen Default-Directory eingetragen sind. Diese Verteilerdatei muß die Extension ".DIS" besitzen. Damit "MAIL" erkennen kann, daß es sich um eine Verteilerdatei handelt, muß vor dem Dateinamen das Zeichen "@" stehen.

Die Verteilerdatei für die Empfänger aus Beispiel 2 müßte wie folgt aussehen:

```
BADER
PETER
SYSTEM
```

4.5.3 'READ' - Lesen von Nachrichten

Mit dem Kommando "**READ**" können empfangene Nachrichten gelesen werden. Jedesmal, wenn eine neue Nachricht für Sie eintrifft und Sie eingeloggt sind, werden Sie mit der Meldung

New Mail on node MIAMI from PARIS::PETER (13:23:34)

darüber unterrichtet, wenn Sie diese Hinweismeldung nicht mit "SET BROADCAST" (vgl. Kapitel 4.4.39) ausgeschlossen haben. Hier arbeiten Sie als der Empfänger auf dem Rechnerknoten "MIAMI" und empfangen um "13:23:34" eine Nachricht vom Benutzer "PETER" auf dem Rechnerknoten "PARIS". Sind Sie nicht eingeloggt, werden Sie beim nächsten Login über inzwischen eingegangene Nachrichten informiert mit der Meldung

You have 2 new messages.

Für das Lesen von empfangenen Nachrichten stehen verschiedene Möglichkeiten zur Verfügung. So können nacheinander alle oder nur alle bisher noch nicht gelesenen Nachrichten angezeigt werden. Einzelne Nachrichten können hierbei übersprungen werden oder ganz gezielt mit ihrer internen Zählnummer ausgewählt und auf dem Terminal ausgegeben werden.

Graph des Befehlsformats :

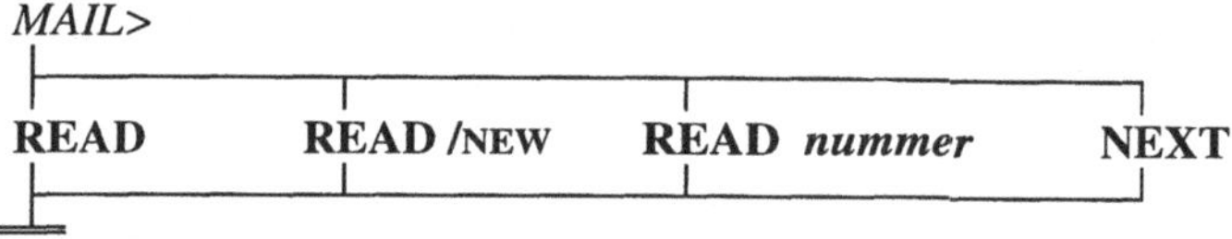

/NEW	Der Kommandoqualifizierer "/NEW" bewirkt die Anzeige der neuen, noch nicht gelesenen Nachrichten.
NEXT	Das Kommando "NEXT" veranlaßt das Überspringen der nächsten Nachricht, die übernächste wird auf dem Terminal angezeigt.
nummer	Das Argument *"nummer"* bewirkt die Anzeige der Nachricht mit der internen Zählnummer *"nummer"* auf dem Terminal.

Beispiele :

B1	`MAIL>` **READ**

Die empfangenen Nachrichten werden der Reihe nach einzeln nacheinander auf dem Terminal angezeigt. Die Betätigung der

"RETURN"-Taste bewirkt die Ausgabe der jeweils nächsten Nachricht. Die Reihenfolge der Ausgabe ist folgende : zuerst werden alle noch nicht gelesenen Nachrichten angezeigt (aus dem Ordner "NEWMAIL"), danach alle Nachrichten aus dem Ordner "MAIL".

B2	*MAIL>* **READ /NEW**

Nur die neuen, noch nicht gelesenen Nachrichten werden nacheinander auf dem Terminal angezeigt. Durch Betätigung der "RETURN"-Taste wird die jeweils nächste Nachricht ausgegeben.

B3	*MAIL>* **READ 12**

Die Nachricht mit der internen Zählnummer "12" wird auf dem Terminal angezeigt.

4.5.4 'PRINT' - Drucken von Nachrichten

Mit dem Kommando "**PRINT**" lassen sich empfangene Nachrichten "schwarz auf weiß" auf Papier ausdrucken.

Graph des Befehlsformats :

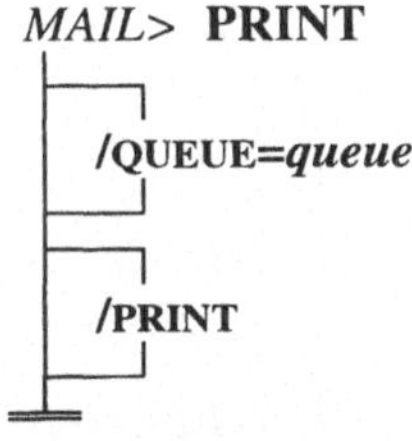

/PRINT   Der Kommandoqualifizierer "/PRINT" gibt alle Druckaufträge aus "MAIL" sofort zum Ausdrucken frei. Ohne diesen Qualifizierer erfolgt der Ausdruck erst bei Verlassen von "MAIL".

/QUEUE=   Der Kommandoqualifizierer "/QUEUE=*queue*" spezifiziert den
queue   Namen der Printqueue, auf dem die gerade gelesene Nachricht ausgedruckt werden soll. Weglassen dieses Qualifizierers bedeutet die Verwendung der Printqueue "SYS$PRINT".

Beispiele :

| B1 | `MAIL>` **PRINT** |

Die aktuell gelesene Nachricht wird bei Verlassen von "MAIL" auf dem Drucker ausgedruckt, der der Printqueue "SYS$PRINT" zugeordnet ist.

| B2 | `MAIL>` **PRINT /QUEUE=LN03** |

Die aktuell gelesene Nachricht wird bei Verlassen von "MAIL" auf dem Drucker ausgegeben, der der Printqueue "LN03" zugeordnet ist.

| B3 | `MAIL>` **PRINT /PRINT** |

Alle in die Printqueues eingehängten Druckaufträge von Nachrichten werden zum sofortigen Druck freigegeben.

4.5.5 'EXTRACT' - Extrahieren von Nachrichten

Das Kommando "**EXTRACT**" ermöglicht für eine Weiterverarbeitung, empfangene Nachrichten aus den Ordnern zu extrahieren und in eine sequentielle Datei zu schreiben.

Graph des Befehlsformats :

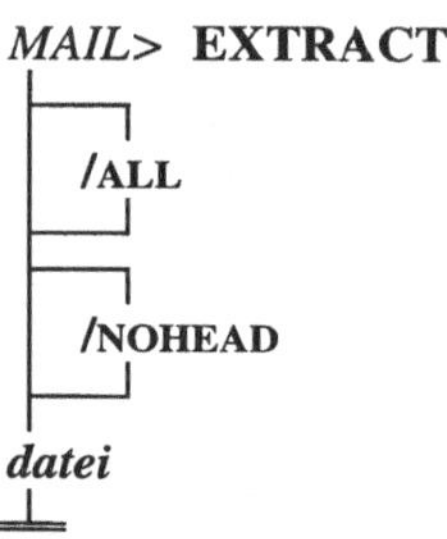

/ALL   Der Kommandoqualifizierer "/ALL" veranlaßt das Extrahieren aller vorhandenen Nachrichten in die Datei *"datei"*.

datei   Das Argument *"datei"* spezifiziert den Dateinamen der Datei, in die die extrahierten Nachrichten geschrieben werden sollen.

/NO-HEAD Der Kommandoqualifizierer "/NOHEAD" bewirkt die Unterdrückung der Kopfzeilen beim Schreiben der extrahierten Nachrichten in die Datei *"datei"*.

Beispiele :

| **B1** | *MAIL>* **EXTRACT DBLIB.MAIL** |

Die gerade gelesene Nachricht wird in die sequentielle Datei "DBLIB.MAIL" auf der aktuellen Default-Directory geschrieben.

| **B2** | *MAIL>* **EXTRACT /NOHEAD TEMPO.LIS** |

Die aktuell gelesene Nachricht wird ohne Kopfzeilen in die sequentielle Datei "TEMPO.LIS" auf der aktuellen Default-Directory geschrieben.

| **B3** | *MAIL>* **EXTRACT /ALL MEGA.LIS** |

Alle vorhandenen Nachrichten werden nacheinander in die sequentielle Datei "MEGA.LIS" auf der aktuellen Default-Directory kopiert.

4.5.6 'DIRECTORY' - Verzeichnis der Nachrichten

Mit dem Kommando "**DIRECTORY**" läßt sich ein Verzeichnis aller empfangenen Nachrichten ausgeben. Zuerst werden nur die noch nicht gelesenen, neuen Nachrichten mit ihrer internen Zählnummer, dem Namen des Senders, Datum und Thema der Nachricht aufgelistet. Wenn keine neuen Nachrichten eingetroffen sind, dann beinhaltet die Übersicht alle vorhandenen Nachrichten. Außerdem kann das Verzeichnis aller definierten Aktenordner (Folder) ausgegeben werden.

Graph des Befehlsformats :

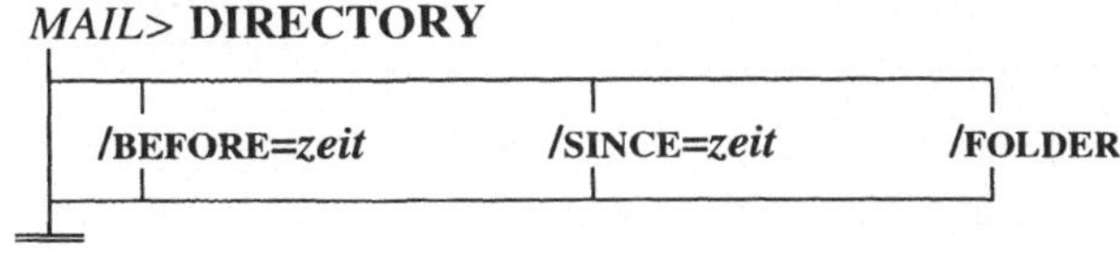

/BEFORE **=** *zeit*	Der Kommandoqualifizierer "/BEFORE" beschränkt die Anzeige des Nachrichtenverzeichnisses auf die Untermenge, die vor dem Zeitpunkt *"zeit"* erzeugt worden sind (*"zeit"* siehe weiter unten).
/FOLDER	Der Kommandoqualifizierer "/FOLDER" zeigt die Namen aller definierten Ordner an. Ohne diesen Qualifizierer wird ein Verzeichnis der Nachrichten ausgegeben.
/SINCE **=** *zeit*	Der Kommandoqualifizierer "/SINCE" beschränkt die Anzeige des Nachrichtenverzeichnisses auf die Untermenge, die nach dem Zeitpunkt *"zeit"* erzeugt worden sind (*"zeit"* siehe weiter unten).
zeit	Das Argument *"zeit"* dient zur zeitbedingten Einschränkung der Anzeige. Folgende Angaben sind erlaubt :

TODAY	Zeitpunkt "heutiges Datum" 00:00 Mitternacht.
YESTERDAY	Zeitpunkt "gestriges Datum" 00:00 Mitternacht.
OpenVMS-Zeitangabe	Beliebiger Zeitpunkt (für das Format der OpenVMS-Zeitangabe siehe Kapitel 4.3.9).
keine Angabe	wie "TODAY".

Beispiele :

B1

```
MAIL> DIRECTORY /FOLDER
Listing of folders in DUA0:[MEIER]MAIL.MAI;1
Press CTRL/C to cancel listing

EIGEN_1                     EIGEN_2
MAIL                        NEWMAIL
WASTEBASKET
```

Das Verzeichnis der definierten Ordner in der "MAIL"-Datei wird angezeigt.

B2

```
MAIL> DIRECTORY
You have 2 new messages.
#    From      Date                Subject

1    BADER     26-SEP-19xx         Einladung Dia-Show
2    SYSTEM    27-SEP-19xx         Benutzertreffen
```

Das Verzeichnis der neuen, bisher ungelesenen Nachrichten wird angezeigt. Sind neue, bisher ungelesene Nachrichten eingetroffen, werden nur diese angezeigt, ansonsten alle vorhandenen.

B3	*MAIL>* **DIRECTORY /SINCE=13-SEP-19xx**

Das Verzeichnis des Briefkastens mit allen Nachrichten wird ausgegeben, die am und nach dem "13-SEP-19xx" eingetroffen sind.

4.5.7 'FORWARD' - Nachrichten als Rundbrief

Das Kommando "**FORWARD**" dient zum Weiterleiten der gerade mit "READ" (vgl. Kapitel 4.5.3) gelesenen Nachricht wie bei einem Umlauf oder Rundbrief. Die Benutzung erfolgt analog zu dem Kommando "SEND" (vgl. Kapitel 4.5.2).

Graph des Befehlsformats :

MAIL> **FORWARD**

4.5.8 'DELETE' - Löschen von Nachrichten

Mit dem Kommando "**DELETE**" können Nachrichten einzeln oder in Gruppen auch wieder gelöscht werden.

Graph des Befehlsformats :

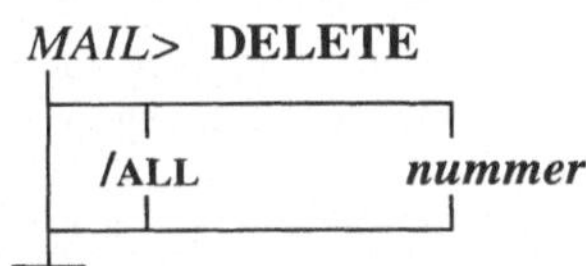

/ALL   Der Kommandoqualifizierer "/ALL" bewirkt das Löschen aller vorhandenen Nachrichten.

nummer   Das Argument *"nummer"* spezifiziert die interne Zählnummer(n) der Nachricht(en), die gelöscht werden soll(en). Es kann sowohl nur eine Zählnummer als auch ein Intervall von Zählnummern in der Form *VON:BIS* bzw. *VON-BIS* angegeben werden. Bei mehreren Zählnummern/-intervallen sind die Listenelemente jeweils durch ein Komma zu trennen. Bei Weglassen der *"nummer"* wird die gerade gelesene Nachricht gelöscht.

288

Beispiele :

| B1 | *MAIL>* **DELETE** |

Die aktuell gelesene Nachricht wird gelöscht.

| B2 | *MAIL>* **DELETE /ALL** |

Alle vorhandenen Nachrichten werden gelöscht.

| B3 | *MAIL>* **DELETE 1,3,5:7,9-11** |

Die Nachrichten mit den Zählnummern "1", "3", "5", "6", "7", "9", "10" und "11" werden gelöscht.

4.5.9 Kommandos für das Ablagesystem von 'MAIL'

In diesem Abschnitt sind die Befehle zusammengestellt, die Sie für die Behandlung der Aktenordner (Folder) benötigen. Mit dem Befehl **"SET FOLDER"** wählen Sie den gewünschten Ordner aus. Mit dem Befehl **"COPY"** können Sie eine Nachricht von einem Ordner in einen anderen kopieren, so daß nun die Nachricht in beiden Ordnern eingetragen ist. Mit dem Befehl **"MOVE"** wird eine Nachricht aus einem Ordner herausgenommen und in einen anderen übertragen. Bei "COPY" und "MOVE" wird gegebenenfalls ein neuer Ordner mit dem angegebenen Namen angelegt, wenn dieser noch nicht existieren sollte. "SET FOLDER" dagegen erwartet, daß der spezifizierte Ordner bereits existiert.

Graph der Befehlsformate :

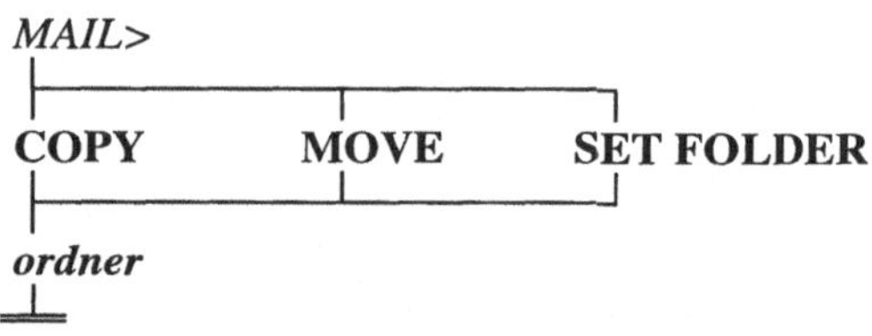

ordner   Das Argument *"ordner"* spezifiziert den Namen des gewünschten Zielordners.

Beispiel :

<table>
<tr><td>B1</td><td>

MAIL> **SET FOLDER EIGEN_1**
MAIL> **READ 13**
MAIL> **COPY EIGEN_1**
MAIL> **MOVE MAIL**

</td></tr>
</table>

Der aktuelle Aktenordner wird auf den existierenden Ordner mit dem Namen "EIGEN_1" umgeschaltet. Danach wird daraus mit "COPY" die Nachricht mit der Zählnummer "13" gelesen und in den Ordner "EIGEN_2" dupliziert und zum Schluß diese Nachricht mit "MOVE" in den Ordner "MAIL" kopiert bei gleichzeitiger Löschung aus dem Ordner "EIGEN_1".

4.5.10 Sonstige Kommandos in 'MAIL'

In diesem Abschnitt werden noch weitere nützliche Kommandos für die Utility "MAIL" zusammengestellt.

Mit dem Kommando "**HELP**" wird das HELP-System innerhalb von "MAIL" aufgerufen (vgl. Kapitel 4.3.25).

Mit den Kommandos "**EXIT**" und "**QUIT**" wird "MAIL" verlassen. Bei "EXIT" wird der Papierkorb "WASTEBASKET" gelöscht, bei "QUIT" bleibt er erhalten.

4.5.11 Die Kommandoschnittstelle von 'MAIL'

Neben der interaktiven Benutzung der Utility "MAIL" existiert auch eine Kommandoschnittstelle, die zumeist in Kommandoprozeduren Verwendung findet. Hier soll aber über den Rahmen eines Beispiels keine weitere Vertiefung dieser Möglichkeit erfolgen.

Beispiel :

<table>
<tr><td>B1</td><td>

$ MAIL /SUBJECT="LUPO" -
_$ SCHNITTSTELLE.MEMO SYSTEM,BADER

</td></tr>
</table>

Der vorher editierte Text "SCHNITTSTELLE.MEMO" auf der aktuellen Default-Directory wird unter dem Thema "LUPO" an die Benutzer "SYSTEM" und "BADER" als Mail geschickt.

4.6 Der elektronische Telefondienst 'PHONE'

Neben dem im vorigen Abschnitt behandelten elektronischen Postdienst von OpenVMS namens "MAIL" hält OpenVMS noch einen weiteren Postdienst für Sie bereit: den Telefonservice aus dem Telekom-Bereich. Mit diesem Telefonservice mit dem Namen "PHONE" können Sie wie beim Telefonieren mit einem anderen Gesprächspartner in den Dialog treten und sogar gleichzeitig "sprechen" (d.h. eintippen) und "hören" (d.h. lesen), was der Partner dazu zu "sagen" hat.

Die einzelnen Themen:

4.6.1   Die Utility 'PHONE'

4.6.2   Der Aufruf von 'PHONE'

4.6.3   'PHONE'-Kommandos

4.6.1 Die Utility 'PHONE'

In der Einleitung zu diesem Abschnitt wurde Ihnen die Utility "PHONE" als der Telefonservice von OpenVMS vorgestellt. Anrufen können Sie jeden vom Systemmanager eingerichteten eingeloggten Benutzer, der auf dem gleichen Rechner oder irgendwo im über DECNET angeschlossenen Rechnernetz angesiedelt sein kann. Wie beim Telefonieren muß der Gesprächspartner den Anruf natürlich auch beantworten. Dazu ist es erforderlich, daß der Angerufene ebenfalls eingeloggt ist. Aus dieser Dialogeigenschaft folgt sofort, daß "PHONE" nur interaktiv benutzbar ist. Außerdem gilt wie beim Telefonieren, daß die ausgetauschten Nachrichten nicht gespeichert werden, sondern nur am Bildschirm angezeigt.

Nach dem Aufruf der Utility "PHONE" wird auf dem Terminal die zweigeteilte "PHONE"-Maske ausgegeben (siehe Bild 4.6-1). In der oberen Hälfte können Sie Ihre eingetippten Nachrichten sehen, während in der unteren Hälfte parallel dazu der Text eingeblendet wird, den Ihr Gesprächspartner gerade eingegeben hat. Dabei können Sie munter drauflos schreiben, ohne auf die Antwort des Gesprächspartners warten zu müssen.

Wenn Sie von einem anderen Benutzer über die Utility "PHONE" angerufen werden, 'klingelt' es auf Ihrem Terminal, sofern Sie nicht Meldungen von "PHONE" mit dem Kommando "SET BROADCAST" (vgl. Kapitel 4.4.39) ausgeschaltet haben. Auf Ihrem Terminal erscheint in regelmäßigen 'Klingel'-Abständen die Meldung

ANRUFER is phoning you on RECHNERKNOTEN

(ANRUFER und RECHNERKNOTEN werden mit aktuellen Daten ersetzt), z.B. ist bei

PARIS::BADER is phoning you on MIAMI::

"BADER" der Name des Anrufers und "PARIS" der Name des Rechnerknotens, auf dem der Anrufer arbeitet. Sie selbst werden auf dem Rechnerknoten "MIAMI" angerufen.

```
  ┌──────────────────────────────────────────────────────────────┐
  │          ┌────────────────────────────────┐                    │
  │          │ OpenVMS Phone Facility         │    12-SEP-19xx     │
  │ %        └────────────────────────────────┘                    │
  │──────────────────────────────────────────────────────────────│
  │                    MIAMI::MEIER                                │
  │                                                                │
  │──────────────────────────────────────────────────────────────│
  │                    PARIS::PETER                                │
  │                                                                │
  └──────────────────────────────────────────────────────────────┘
```

Bild 4.6-1   Die 'PHONE'-Maske

In der oberen Zeile befindet sich die Kommandozeile der Utility "PHONE" gekennzeichnet durch den Prompt "%". In diese Kommandozeile gelangen Sie durch die Eingabe des "%"-Zeichens gefolgt von der "RETURN"-Taste. Dort können dann die gewünschten "PHONE"-Befehle eingegeben werden. Wenn Sie das "%"-Zeichen für Ihr Telefonat benötigen, können Sie ein anderes "PHONE"-Kommandozeichen wählen.

4.6.2 Der Aufruf von 'PHONE'

Mit dem Kommando **"PHONE"** wird die Utility "PHONE" aufgerufen und die zweigeteilte "PHONE"-Maske ausgegeben. Nun kann der gewünschte Gesprächspartner angerufen oder ein Anruf beantwortet werden.

Graph des Befehlsformats :

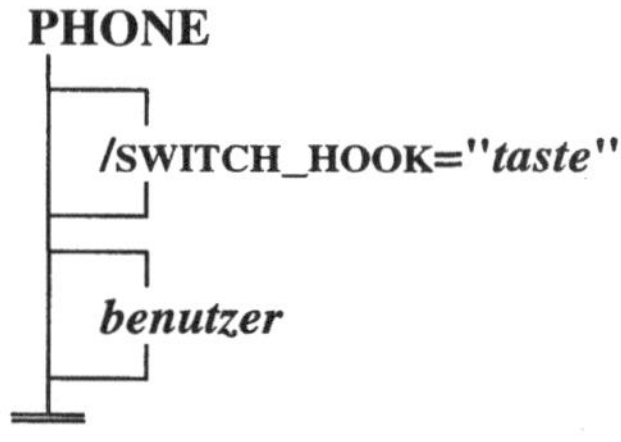

benutzer Das Argument *"benutzer"* spezifiziert den Namen des anzurufenden Benutzers auf dem gleichen Rechner oder auf einem Rechnerknoten im Rechnernetz. Wird kein Benutzername angegeben, so wird nur die "PHONE"-Maske ausgegeben ; es wird dann die Eingabe von "PHONE"-Kommandos erwartet.

/SWITCH_ HOOK = "taste" Der Kommandoqualifizierer "/SWITCH_HOOK" mit dem Argument *"taste"* gibt das Sonderzeichen an, mit dessen Eingabe in die Kommandozeile auf der "PHONE"-Maske umgeschaltet werden soll. Das Default-Sonderzeichen ist "%".

Beispiele :

B1	*$ PHONE BADER*

Mit dem Aufruf der Utility "PHONE" wird die "PHONE"-Maske ausgegeben und gleichzeitig der ebenfalls eingeloggte Benutzer "BADER" angerufen.

B2 | **$ PHONE /SWITCH_HOOK="$" BADER**

Die Utility "PHONE" wird aufgerufen, die "PHONE"-Maske wird ausgegeben. Gleichzeitig wird der ebenfalls eingeloggte Benutzer "BADER" angerufen. Das Zeichen "$" wird für die Umschaltung auf die "PHONE"-Kommandozeile verwendet.

4.6.3 'PHONE'-Kommandos

In der Kommandozeile von "PHONE" können Kommandos eingegeben werden, mit denen ein anderer Benutzer angerufen oder ein Anruf beantwortet werden kann. Wenn der Gesprächspartner Ihren Anruf nicht beantwortet, können Sie sogar mit Hilfe der Utility "MAIL" (vgl. Kapitel 4.5 ff.) einen Mechanismus wie einen automatischen Anrufbeantworter ausnutzen und eine Nachricht im Empfangsbriefkasten des Angerufenen hinterlassen.

Graph der Befehlsformate :

```
%
 ┬──────────────┬──────────────┬──────────────┬──────────────
 │              │              │              │
DIAL          ANSWER         MAIL           REJECT         EXIT
 │                            │
benutzer                    benutzer
 │                            │
                           "nachricht"
```

ANSWER   Das Kommando "ANSWER" beantwortet einen Anruf.

DIAL   Das Kommando "DIAL *benutzer*" ruft bei dem OpenVMS-Benutzer
benutzer   namens *"benutzer"* an.

EXIT   Das Kommando "EXIT" beendet die Utility "PHONE". Gleiches wird auch mit <CTRL/Z> erreicht.

MAIL   Das Kommando "MAIL *benutzer "nachricht"* " hinterläßt die
benutzer   Nachricht *"nachricht"* beim Benutzer *"benutzer"*in dessen
"nach-   Empfangsbriefkasten von "MAIL". Die Nachricht muß in
richt"   Anführungszeichen eingeschlossen werden.

REJECT   Das Kommando "REJECT" weist einen Anrufer ab. Der Anrufer wird mit einer Meldung darüber informiert, daß der Angerufene nicht mit ihm "reden" will.

Beispiele :

| **B1** | `% ANSWER` |

Nach dem "PHONE"-Kommandoprompt "%" wird durch "ANSWER" ein eingehender Anruf beantwortet.

| **B2** | `% DIAL  PARIS::PETER` |

Nach dem "PHONE"-Kommandoprompt "%" wird das Kommando "DIAL" gefolgt von dem Name des Benutzers angegeben, der angerufen werden soll. Hier wird versucht, den Benutzer "PETER" auf dem Rechnerknoten "PARIS" zu erreichen.

| **B3** | `% MAIL PARIS::PETER "Melde Dich mal bei MEIER"` |

Nach dem "PHONE"-Kommandoprompt "%" wird mit dem Kommando "MAIL" dem Benutzer "PETER" auf dem Rechnerknoten "PARIS", der den Anruf nicht entgegengenommen hat, die Kurznachricht "Melde Dich mal bei MEIER" übermittelt.

| **B4** | `% EXIT` |

Die Utility PHONE wird beendet.

4.7 Datensicherung

Obwohl die Verbesserung der Computertechnologie rasend schnell voranschreitet und die mittlere Zeitspanne zwischen Ausfällen von Rechnerkomponenten immer größer wird, droht trotzdem eine unangenehme Gefahr. Was ist, wenn Ihre Dateien mit wichtigen Daten oder Programmen plötzlich wegen eines Plattenfehlers durch mechanische Abnutzungserscheinungen oder wegen einer Fehlbedienung (wie versehentliches Löschen) nicht mehr vorhanden sind ? Neben der Methode 'Heulen und Zähneklappern' und danach zu versuchen, alles aus dem Gedächtnis oder aus Listings abzulesen und wieder einzutippen, können Sie natürlich auch die klügere Variante wählen und eine Datensicherung durchführen. Solch eine Datensicherung garantiert Ihnen zwar nicht, daß nicht trotzdem ein Datenverlust auftreten kann, aber das Vorhandensein eines gesicherten und zeitlich nicht allzu alten Sicherungsstandes verringert deutlich die nachzuholende Arbeit im Fall der Fälle. Mein Vorschlag lautet : gewöhnen Sie sich am besten das Ritual einer täglichen Datensicherung an.

In diesem Abschnitt sollen Ihnen einige Möglichkeiten zur Sicherung Ihrer Daten vorgestellt werden.

Die einzelnen Themen:

4.7.1   Methoden zur Datensicherung

4.7.2   Kommandos zur Datensicherung

4.7.3   Eine Kommandoprozedur zur Datensicherung

4.7.4   Kommandos zur Datenrestaurierung

4.7.1 Methoden zur Datensicherung

Sollte Ihnen die Einleitung zu diesem Abschnitt Befürchtungen hervorgerufen haben, so ist eine gewisse Sensibilisierung für ein wichtiges Thema schon erfolgt. Eine Datensicherung erscheint Ihnen solange als eine überflüssige Investition in Zeit, solange alles problemlos klappt. Es verhält sich wie beim Auto : Sie geben es regelmäßig zu einer Inspektion, die Sie erstmal nur Geld kostet, ohne daß Ihnen ein sofortiger Nutzen daraus entsteht. Es besteht aber die Chance, daß z.B. ein Fehler im Bremssystem erkannt wird. Sie können natürlich auch warten, bis der Fehler in einer 'weniger angenehmen' Situation auf der Autobahn auftritt. Ein "Hätte ich doch ... " kommt in diesem Fall zu spät. Ganz genauso verhält es sich mit der Datensicherung. Ein Tip : investieren Sie die Zeit dafür, es lohnt sich !

Es gibt jede Menge Methoden und Verfahrensweisen zur Datensicherung. Generell wird zwischen dem Verfahren **"Full Backup"** (=vollständige Datensicherung) und **"Incremental Backup"** (=Datensicherung der Veränderungen seit dem letzten Full Backup) unterschieden, wobei eine vollständige Datensicherung naturgemäß mehr Zeit kostet. Hier sollen Ihnen einige 'machbare' und miteinander kombinierbare Verfahren vorgestellt werden :

- ❑ Full Backup : Sie kopieren Ihren kompletten Bereich unter Beibehaltung der Directory-Struktur auf eine andere Platte. Dies setzt voraus, daß genug Plattenplatz zur Verfügung steht.

- ❑ Full Backup : Sie kopieren Ihren kompletten Bereich unter Beibehaltung der Directory-Struktur auf Magnetband oder -kassette.

- ❑ Incremental Backup : Basierend auf einem Full Backup kopieren Sie die seit dem Full Backup veränderten Dateien auf eine andere Platte. Auch hier ist das Verfahren abhängig von dem zur Verfügung stehenden Plattenplatz.

- ❑ Incremental Backup : Basierend auf einem Full Backup kopieren Sie die seit dem Full Backup veränderten Dateien auf Magnetband oder -kassette.

- ❑ Incremental Backup : Wenn der Zeitaufwand oder die Anzahl der zu sichernden Dateien in die Größenordnung eines Full Backup ansteigt, ist wieder mal ein Full Backup fällig.

4.7.2 Kommandos zur Datensicherung

Die Datensicherung (Full oder Incremental Backup) auf eine andere Platte ist nur möglich, wenn Sie auf dieser anderen Platte ebenfalls einen Benutzerbereich besitzen.

Ausnahme ist der Systemmanager, der aufgrund seiner Privilegien problemlos von Platte nach Platte kopieren kann. Das Kopieren selbst wird mit dem Kommando "BACKUP" (vgl. Kapitel 4.4.6) vollzogen mit folgendem Format :

Full Backup	BACKUP DUA0:[MEIER...] DUA1:[MEIER...]
Incremental Backup	BACKUP /SINCE=13-SEP-19xx /MODIFIED DUA0:[MEIER...] DUA1:[MEIER...]

Beim Full Backup werden alle Dateien unter Beibehaltung der Directory-Struktur vom Bereich "DUA0:[MEIER...]" auf den Bereich "DUA1:[MEIER...]" kopiert. Beim Incremental Backup werden die Dateien auf die seit dem "13-SEP-19xx" veränderten beschränkt.

Die Datensicherung auf Magnetband bzw. -kassette geht in mehreren Schritten vonstatten :

❏ Als allererste Aktion ist das Medium (Magnetband oder -kassette) in das Bandgerät einzulegen, hochzufahren und auf 'online' zu schalten.

❏ Danach sollte das Medium aus Sicherheitsgründen mit dem DCL-Kommando "INITIALIZE" (vgl. Kapitel 4.4.27) initialisiert werden.

❏ Anschließend kann das Medium exklusiv für den Prozeß, der jetzt Daten sichern möchte, mit dem DCL-Kommando "MOUNT" (vgl. Kapitel 4.4.1) angemeldet werden.

❏ Mit "BACKUP" (vgl. Kapitel 4.4.6) findet nun die eigentliche Datensicherung statt.

❏ Zum Abschluß wird das Medium mit dem DCL-Kommando "DISMOUNT" (vgl. Kapitel 4.4.25) wieder abgemeldet und das Medium dabei automatisch zurückgespult.

Das Kopieren selbst geschieht mit "BACKUP" in folgendem Format :

Full Backup	BACKUP DUA0:[MEIER...] MUA0:DASI.SAV
Incremental Backup	BACKUP /SINCE=13-SEP-19xx /MODIFIED DUA0:[MEIER...] MUA0:DASI.SAV

Beim Full Backup werden alle Dateien unter Beibehaltung der Directory-Struktur vom Bereich "DUA0:[MEIER...]" in den Saveset (=Sicherungsdatei) namens "DASI.SAV" auf dem Gerät "MUA0:" kopiert. Beim Incremental Backup werden die Dateien auf die seit dem "13-SEP-19xx" veränderten beschränkt.

4.7.3 Eine Kommandoprozedur zur Datensicherung

Im Vorgriff auf das Kapitel über Kommandoprozeduren (vgl. Kapitel 8 ff.) soll Ihnen hier eine nützliche Kommandoprozedur namens "DASI.COM" (mit ausreichendem Kommentar !) vorgestellt werden, die Sie bei der Datensicherung wirksam unterstützen kann (siehe Bild 4.7-1) :

```
$!---------------        Kommandoprozedur zur Datensicherung --------
$! Parameter P1 :        Dateinamen bzw. Zugriffspfade
$! Parameter P2 :        Datum der letzten FULL BACKUP Sicherung
$!                       fehlt P2, wird FULL BACKUP durchgeführt
$!---------------
$ SINCE = " "            ! Since-Qualifizierer ist leer für FULL BACKUP
$ IF P2 .NES. ""         ! Wenn Parameter P2 leer ist, dann wird SINCE
$ THEN                   ! gesetzt für Incremental Backup
$       SINCE = "/SINCE=' ' P2'  /MODIFIED"
$ ENDIF
$!
$ INITIALIZE  MUA0:   DASI                       !Bandinitialisierung
$ IF $STATUS THEN  GOTO  MOUNT_BAND              ! Fehler dabei ?
$ WRITE  SYS$OUTPUT "Fehler beim INIT"           ! Meldung und
$ EXIT                                           ! Ende
$!
$ MOUNT_BAND:
$ MOUNT  /FOREIGN MUA0:                          !Bandanmeldung
$ IF $STATUS THEN  GOTO  BACKUP_BAND             ! Fehler dabei ?
$ WRITE  SYS$OUTPUT "Fehler beim MOUNT"          ! Meldung und
$ EXIT                                           ! Ende
$!
$ BACKUP_BAND:
$! Durchführung des BACKUPs mit Listing nach "MUA0.LIS".
$! Der SINCE-Qualifizierer ist oben gesetzt worden.
$! P1 sind die zu sichernden Dateien.
$! Saveset ist MUA0:DASI.SAV.
$!
$ BACKUP  /LIST=MUA0.LIS 'SINCE'  'P1'  MUA0:DASI.SAV
$!
$ DISMOUNT MUA0:                                 ! Bandabmeldung
$ WRITE  SYS$OUTPUT "Datensicherung fertig"
$ EXIT
```

Bild 4.7-1 Kommandoprozedur 'DASI.COM' für die Datensicherung

Beispiele :

| **B1** | $ @DASI   DUA0:[MEIER...] |

Der gesamte Benutzerbereich "DUA0:[MEIER...]" wird mit einem Full Backup gesichert.

| **B2** | $ @DASI   DUA0:[MEIER.ANGEBOT]HUGO.RECH |

Die Datei "DUA0:[MEIER.ANGEBOT]HUGO.RECH" wird mit einem Full Backup gesichert.

| **B3** | $ @DASI   DUA0:[MEIER...]   13-SEP-19xx |

Der gesamte Benutzerbereich "DUA0:[MEIER...]" wird mit einem Incremental Backup (seit dem "13-SEP-19xx) gesichert.

4.7.4 Kommandos zur Datenrestaurierung

In diesem Abschnitt soll Ihnen noch verraten werden , wie Sie im Fall aller Fälle Dateien aus einer Datensicherung wieder zurück auf Ihren Bereich bekommen können. Steht die Datensicherung oder die gesicherte Datei, die Sie restaurieren wollen, auf einer Platte, so gelingt Ihnen das bei einer einzelnen Datei mit dem DCL-Kommando "COPY" (vgl. Kapitel 4.4.10). Bei einem ganzen Bereich ist das Kommando "BACKUP" (vgl. Kapitel 4.4.6) bequemer :

```
BACKUP DUA0:[MEIER...] DUA1:[MEIER...]
```

Die Datenrestaurierung von Dateien auf Magnetband bzw. -kassette zurück in Ihren Benutzerbereich geht in mehreren Schritten vonstatten :

- ❑ Als allererste Aktion ist das Medium (Magnetband oder -kassette) in das Bandgerät einzulegen, hochzufahren und auf 'online' zu schalten.

- ❑ Anschließend kann das Medium exklusiv für den Prozeß, der jetzt Daten restaurieren möchte, mit dem DCL-Kommando "MOUNT" (vgl. Kapitel 4.4.2) angemeldet werden.

- ❑ Mit "BACKUP" (vgl. Kapitel 4.4.6) findet nun die eigentliche Datenrestaurierung statt.

❑ Zum Abschluß wird das Medium mit dem DCL-Kommando "DISMOUNT" (vgl. Kapitel 4.4.25) wieder abgemeldet und das Medium dabei automatisch zurückgespult.

Das Restaurieren (mit Einstellen der Dateien in die ehemaligen Directories) geschieht mit "BACKUP" in folgendem Format :

kompletter Bereich	BACKUP MUA0:DASI.SAV /SELECT=([000000...]) DUA0:[MEIER...] /NEW

einzelne Dateien	BACKUP MUA0:DASI.SAV /SELECT=(RECHNE.COB,ADDIER.COB) DUA0:[MEIER...] /NEW

Bei der Wiederherstellung des kompletten Bereiches "DUA0:[MEIER...]" wird die auf dem Medium im Saveset "DASI.SAV" auf dem Gerät "MUA0:" gespeicherte Directory-Struktur beibehalten und gegebenenfalls restauriert. "/SELECT=([000000])" sorgt für die Restaurierung des Directory-Baumes direkt unter der Master File Directory der Platte und damit des Directory-Baumes "[MEIER...]". Deswegen sollte dieses Kommando übrigens nur von der Haupt-Directory aus gestartet werden. Bei der Restaurierung von einzelnen Dateien bestimmt "SELECT" hier die Dateinamen "RECHNE.COB" und "ADDIER.COB", die aus dem Saveset "MUA0:DASI.SAV" auf den Bereich "DUA0:[MEIER...]" zurückkopiert werden sollen.

5. Editoren unter OpenVMS

Ein Editor - so steht es in vielen Büchern über Betriebssysteme - wird im Duden als Herausgeber von Zeitschriften und Büchern definiert. Wie kommt es dann dazu, daß in dem "Chinesisch" der EDV'ler eine Gruppe von wichtigen Dienstprogrammen ebenso heißt ? Der Bogen läßt sich verhältnismäßig einfach spannen : genauso wie ein Herausgeber Texte bearbeitet mit dem Ziel, sie dann zu veröffentlichen, bearbeitet das Dienstprogramm Editor (unter Ihrer Federführung) auch Texte. Diese müssen dann nicht unbedingt in Buchform gedruckt werden, sie können Programme, Briefe, Dokumentationen, Botschaften usw. sein.

Erweitern wir also die Definition eines Editors : ein Editor ist erstens ein Herausgeber und zweitens ein Dienstprogramm auf einem Computer, mit dem Texte erstellt, verändert und gepflegt werden können.

Nachdem nun die Definitionsseite geklärt worden ist, können Sie nun in die Beschreibung von zwei weit verbreiteten Editoren unter OpenVMS einsteigen : die Editoren "EDT" und "EVE". Welchen der beiden Sie zu Ihrem Favoriten küren, bleibt ganz Ihrer Vorliebe überlassen. Und lassen Sie sich nicht von der vorgestellten Befehlsvielfalt abschrecken. Mit einigen wenigen Befehlen können Sie nämlich bereits Ihre Texte eingeben und bearbeiten, ohne daß Sie die hohe Schule der kompletten Editorbenutzung absolviert haben, die - wie gesagt - nicht notwendig, aber doch hilfreich ist. Am besten probieren Sie die Editorkommandos aus, die dann Ihren persönlichen Befehlsvorrat bilden und schlagen auch später für weitergehende Editorkommandos in diesem Kapitel nach.

Die einzelnen Themen:

5.1   Der Editor EDT

5.2   Der Editor EVE

5.1 Der Editor EDT

Nun gilt es, wieder einmal in die Praxis einzutauchen : in diesem Kapitel lernen Sie den Standardtexteditor EDT kennen. Dieser Editor versetzt Sie in die Lage, beliebigen Text zu erzeugen und zu verändern. Und dieser Abschnitt versetzt Sie (hoffentlich) in die Lage, EDT so effizient einzusetzen wie es sich die Erfinder dieses mächtigen Instrument zur Textpflege in ihren kühnsten Träumen vorzustellen wagten. Auch hier gilt : Probieren beim Studieren !

Die einzelnen Themen:

5.1.1 Die Eigenschaften des EDT

Der Editor EDT ist der Standardtexteditor von DEC. Dieser Editor steht Ihnen nicht nur unter OpenVMS zur Verfügung, sondern auch unter anderen Betriebssystemen von DEC (wie auf der PDP-11 unter den Betriebssystemen RSX-11M oder RSTS/E). Mit diesem Editor lassen sich fast alle Textdateien erzeugen oder verändern. Die einzige Einschränkung besteht in der maximalen Satzlänge, die EDT bearbeiten kann (diese entspricht auch der maximalen Kommandolänge in DCL) :

> maximale Satzlänge : 255 Zeichen

5.1.2 Die Arbeitsweise des Editors EDT

EDT wird hauptsächlich interaktiv am Terminal benutzt. Daher liegt der Schwerpunkt dieses Kapitels auch auf dieser Arbeitsweise. Trotzdem sei hier darauf hingewiesen, daß sich bestimmte Abläufe als fest vorgegebene Arbeitsschritte in einer Kommandoprozedur durchaus auch nicht-interaktiv durchführen lassen. Die Benutzung des EDT in dieser Form läßt sich am besten mit einer Art Blindflug vergleichen, während die interaktive Arbeit durch die Kontrollmöglichkeiten eher einem Sichtflug entspricht.

EDT wird mit dem eindeutigen Dateinamen der Datei aufgerufen, die editiert werden soll. Wild Cards in dieser Namensangabe sind nicht erlaubt. Sollte die zu editierende Datei noch nicht existieren, so wird sie neu erzeugt.

EDT verändert beim Editieren die ursprüngliche Datei nicht, diese bleibt unverändert. Vielmehr wird die zu editierende Datei in einen EDT-Arbeitsspeicherbereich eingelesen. Alle Veränderungen durch das Editieren geschehen nur dort. Bei Beendigung des Editiervorgangs speichert EDT die geänderte Version in eine neue Datei gleichen Namens mit der derzeit höchsten Versionsnummer ab.

5.1.3 Die drei Textbearbeitungsformen des Editors EDT

EDT stellt insgesamt drei unterschiedliche Textbearbeitungsformen zur Verfügung. Sie können beliebig zwischen diesen Ebenen hin- und herwechseln und so die jeweils am besten geeignete Möglichkeit für den nächsten Editierschritt wählen.

Editmodus 1 ist die eher zeilenorientiert aufgebaute Kommandoebene, die sowohl interaktiv als auch in Kommandoprozeduren verwendet werden kann. Dieser Modus wird auch mit **Line Editing** oder **Line Mode** (= Zeilenmodus) bezeichnet. Erkennbar ist dieser Modus an seinem Prompt "*", nach dem dann die jeweiligen Kommandos eingegeben werden können.

Editmodus 2 ist die bildschirmorientierte und auf der Verwendung von Funktionstasten basierende Editierebene, die ausschließlich interaktiv angewendet werden kann. Diese Bildschirmebene klassifiziert den EDT als einen **Full Screen Editor** (Bildschirmeditor). Daher stammt auch der Name dieses Modus: **Screen Mode** oder **Funktionstastenmodus**. Die Benutzung von Funktionstasten für EDT-Kommandos nennt man **Keypad Editing** (Editieren mit dem Funktionstastaturblock). Aus dem Funktionstastenmodus heraus lassen sich Kommandos des Zeilenmodus auszuführen. Im Funktionstastenmodus befindet sich EDT automatisch im **Insert Mode** oder **Einfügemodus**.

Im Editmodus 3 erfolgt die Anzeige des Editierfensters, in dem Sie sich gerade bewegen, zwar bildschirmorientiert, die Eingabe der Kommandos jedoch am unteren Ende des Bildschirms. Diese müssen dann jeweils mit der "RETURN"-Taste ausgelöst werden. Dieser Modus heißt **Nokeypad Mode** oder **Bildschirmmodus** (Editieren ohne Benutzung von Funktionstasten), diese Form der Editierung **Nokeypad Editing**. Die dort verwendeten Kommandos werden als Basis für die Definition eigener Funktionstasten für den Funktionstastenmodus verwendet.

Im Bild 5.1-1 ist das Organisationsschema für die drei Editmodi und die Befehle zum Wechseln dazwischen dargestellt.

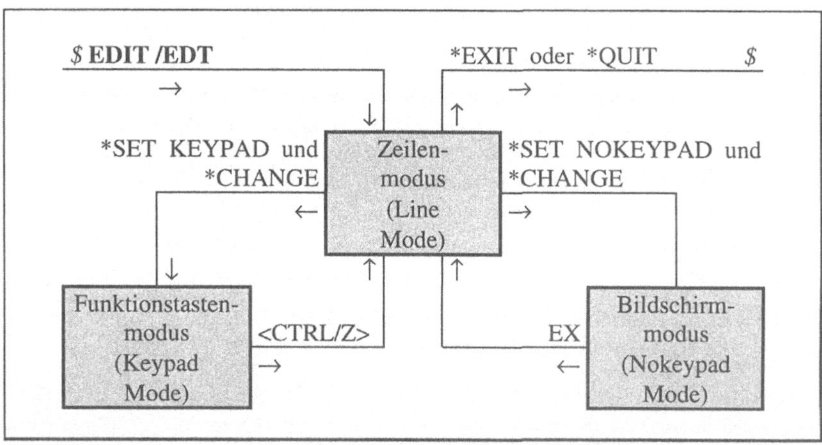

Bild 5.1-1 Organisationsschema für die drei Editmodi

Standardmäßig landet EDT nach dem Aufruf im Zeilenmodus, wenn nicht eine abweichende Definition in der Initialisierungsdatei erfolgt ist. Mit dem Befehl

"SET KEYPAD" stellen Sie den Funktionstastenmodus, mit dem Befehl "SET NOKEYPAD" stellen Sie den Bildschirmmodus als Zielmodus ein. Diese Einstellung bleibt bis zum nächsten SET-Kommando oder bis zum Ende der Editierung so bestehen.

Ist "SET KEYPAD" ausgewählt worden und wird nun im Zeilenmodus das Kommando "CHANGE" eingegeben, so gelangen Sie in den Funktionstastenmodus. Durch das gleichzeitige Betätigen der Tastenkombination "<CTRL/Z>" geht es wieder zurück in den Zeilenmodus.

Ist dagegen "SET NOKEYPAD" ausgewählt worden und wird dann im Zeilenmodus das Kommando "CHANGE" eingegeben, so wechseln Sie nun in den Bildschirmmodus. Von dort zurück in den Zeilenmodus gelangen Sie mit Hilfe des Befehls "EX".

Es gibt keine direkte Übergangsmöglichkeit vom Funktionstastenmodus in den Bildschirmmodus und umgekehrt.

Mit dem Befehl "EXIT" oder "QUIT" verlassen Sie den EDT.

5.1.4 Der EDT-Sicherungsmechanismus JOURNAL

Bei dem Aufruf von EDT wird eine Protokollierungsdatei erzeugt, in der jeder einzelne Tastendruck (und damit der Text, jedes Kommando, jede Funktionstaste) während des Editiervorgangs protokolliert wird. Diese Protokolldatei heißt **Journal** und besitzt standardmäßig den gleichen Namen wie die editierte Datei mit der Extension ".JOU". Die Journaldatei leistet wertvolle Dienste bei einem ungeplanten Abbruch von EDT, sei es durch die Unterbrechung der Stromversorgung des OpenVMS-Rechners oder durch das versehentliche Betätigen der Tastenkombination <CTRL/Y>. Durch einen speziellen Aufruf der zu editierenden Datei können Sie EDT veranlassen, die abgebrochene Editierung per "/RECOVER " (Wiederherstellung) wieder in den Zustand zu bringen, der beim Abbruch existierte oder kurz davor, denn es kann vorkommen, daß die letzte Aktion noch nicht in die Journaldatei eingetragen worden ist. Dazu werden alle protokollierten Einträge aus der Journaldatei eingelesen und wiederholt, so daß Sie dann am Bildschirm den Schnelldurchlauf des vorangegangenen Editiervorgangs wie einen Film ablaufen sehen. Nach der Abarbeitung der Protokolldatei können Sie dann mit der Editierung wieder an der gleichen Stelle fortfahren, wo Sie unterbrochen worden sind.

Die Journaldatei läßt sich ebenfalls editieren. Wenn in dem aufgezeichneten Protokoll auch entscheidende Editierfehler journaliert worden sind, können Sie diese vor dem Wiederherstellen aus dieser Journaldatei gegebenenfalls löschen.

Wird EDT mit den Kommandos "EXIT" oder "QUIT" normal verlassen, dann erfolgt auch die automatische Löschung der Journaldatei. Beim Verlassen des Editors mit "EXIT/SAVE" oder "QUIT/SAVE" bleibt die Journaldatei erhalten. Wenn Sie auf Ihrer

Default-Directory solche Journaldateien finden, die Sie nicht mehr brauchen, dann können Sie diese problemlos löschen.

5.1.5 Die Möglichkeit zur Konfiguration von EDT

Bei dem Aufruf versucht EDT, seine aktuelle und gegebenenfalls von der Standardeinstellung abweichende Konfiguration aus einer Initialisierungsdatei mit benutzerdefinierten Kommandos, Funktionstasten und Eigenschaften einzulesen und einzustellen. Wird beim Aufruf von EDT keine Initialisierungsdatei explizit angegeben, sucht EDT nach einer Initialisierungsdatei mit dem Namen "EDTINI.EDT" auf der aktuellen Default-Directory. Ist diese Suche nicht erfolgreich, dann verwendet EDT eine von DEC vorgesehene Default-Einstellung.

Per Konfiguration stellen Sie zum Beispiel ein, ob EDT sich bei seinem Aufruf im Zeilenmodus und bereits im Funktionstastenmodus befinden soll.

Die Möglichkeiten zur Konfiguration umfassen außerdem die Definition von Funktionstasten für die Benutzung im Funktionstastenmodus, unter denen häufig benutzte Kommandos und sogar ganze Kommandofolgen abgelegt werden können, die durch das Drücken dieser Funktionstaste abgerufen werden. Ein Beispiel für eine Konfigurationsdatei finden Sie im Kapitel 5.1.15.

Eine weitere nützliche Möglichkeit zur Konfiguration ist die Definition von sogenannten Macros ("Großbefehle"; zusammengefaßte, wiederkehrende Befehlsfolgen) speziell für den Einsatz im Zeilenmodus (vgl. Kapitel 5.1.14).

5.1.6 Der Aufruf des EDT

In diesem Abschnitt werden die verschiedenen Aufrufe von EDT vorgestellt.

Graph des Befehlsformats :

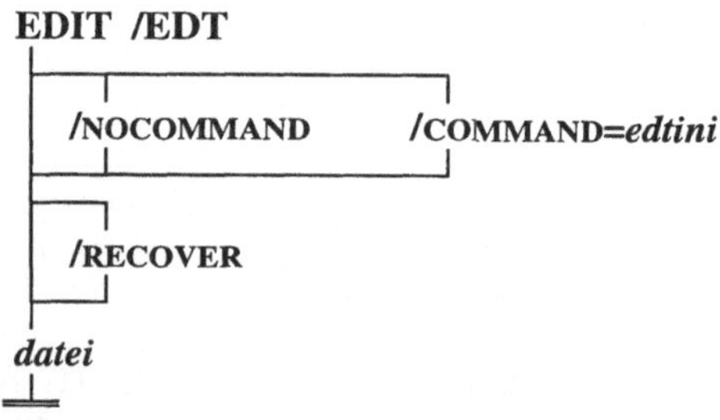

/COM- MAND = *edtini*	Der Kommandoqualifizierer "/COMMAND=*edtini*" spezifiziert den Dateinamen für die EDT-Initialisierungsdatei *"edtini"* mit Definitionen, zusätzlichen oder geänderten Kommandos und Funktionstasten für den Editiervorgang und weist EDT an, diese angegebene Konfiguration zu verwenden. Bei Weglassen von "/COMMAND=*edtini*" wird zuerst versucht, die EDT-Initialisierungsdatei "EDTINI.EDT" auf der aktuellen Default-Directory zu benutzen. Wird "EDTINI.EDT" dort nicht gefunden, gelten die Standardeinstellungen für den EDT.
datei	Das Argument *"datei"* steht für den Dateinamen der zu editierenden Datei. Dieser Dateiname muß eindeutig sein, darf den vollständigen Zugriffspfad beinhalten, darf aber keine Wild Cards enthalten.
/NOCOM- MAND	Der Kommandoqualifizierer "/NOCOMMAND" weist EDT an, die aktuelle EDT-Sitzung explizit ohne EDT-Initialisierungsdatei aufzurufen. Es werden die Standardeinstellungen für den EDT benutzt. Bei Weglassen von "/NOCOMMAND" wird zuerst nach der EDT-Initialisierungsdatei "EDTINI.EDT" auf der aktuellen Default-Directory gesucht und diese benutzt. Wird "EDTINI.EDT" dort nicht gefunden, gelten dann die Standardeinstellungen für den EDT.
/RE- COVER	Der Kommandoqualifizierer "/RECOVER" weist EDT an, vor dem eigentlichen Editiervorgang die Protokolleinträge aus der Journaldatei auf der aktuellen Default-Directory mit dem gleichen Dateibezeichner und der Extension ".JOU" nachzuführen. Dadurch wird der zuvor nicht normal beendete Editiervorgang bis zum Abbruch (oder kurz davor) nachgeholt.

Beispiele :

B1	**$ EDIT /EDT BERECHNE.FOR**

Es wird EDT aufgerufen, um die Datei "BERECHNE.FOR" auf der aktuellen Default-Directory zu editieren. Da keine EDT-Initialisierungsdatei angegeben worden ist, wird zuerst nach der Initialisierungsdatei "EDTINI.EDT" auf der Default-Directory gesucht und -wenn dort keine solche Datei vorhanden sein sollte- die Standardeinstellungen für den EDT benutzt. Es wird parallel während der Editierung eine Journaldatei mit dem Namen "BERECHNE.JOU" geführt. Bei Verlassen des EDT mit "EXIT" wird eine Datei "BERECHNE.FOR" mit der derzeit höchsten Versionsnummer erzeugt (Version 1 bei einer neuen Datei) erzeugt.

B2

$ EDIT /EDT /COMMAND=[MEIER]EDTINI.MEIER -
_$ DUA0:[MEIER.ANGEBOT]BARBARA.TXT

Es wird EDT aufgerufen, um die Datei "BARBARA.TXT" auf der Directory "DUA0:[MEIER.ANGEBOT]" zu editieren. Da hier eine EDT-Initialisierungsdatei namens "EDTINI.MEIER" auf der Directory "[MEIER]" angegeben worden ist, werden die dort abgespeicherten Definitionen, zusätzlichen oder umgeänderten Kommandos und Funktionstasten für diesen Editiervorgang zur Konfiguration des EDT verwendet. Gelingt es EDT nicht, auf die angegebene Initialisierungsdatei zuzugreifen (weil diese beispielsweise nicht existiert), dann kann EDT auch nicht gestartet werden.

Es wird parallel eine Journaldatei "BARBARA.JOU" geführt. Bei Verlassen des EDT mit "EXIT" wird eine neue Datei namens "BARBARA.TXT" mit der derzeit höchsten Versionsnummer angelegt (Version 1 bei einer neuen Datei).

B3

$ EDIT /EDT /NOCOMMAND TEST.1

Es wird EDT aufgerufen, um die Datei "TEST.1" auf der aktuellen Default-Directory zu editieren. Da durch "/NOCOMMAND" die Verwendung einer EDT-Initialisierungsdatei explizit ausgeschlossen worden ist, wird die Standardeinstellungen für den EDT benutzt. Es wird parallel während der Editierung eine Journaldatei mit dem Namen "TEST.JOU" geführt. Bei Verlassen des EDT mit "EXIT" wird eine neue Datei "TEST.1" mit der derzeit höchsten Versionsnummer (Version 1 bei einer neuen Datei) angelegt.

Dieses Kommando wird immer dann gern verwendet, wenn die eigene EDT-Initialisierungsdatei angepaßt werden soll und nicht die dort abgelegten Definitionen verwendet werden sollen oder wenn bei der Verwendung eines Kurzkommandos mit dem festen Bezug auf eine EDT-Initialisierungsdatei diese Initialisierungsdatei nicht (dort) existieren sollte wie angegeben.

B4

$ EDIT /EDT /RECOVER BERECHNE.FOR

Es wird EDT aufgerufen, um die Datei "BERECHNE.FOR" auf der aktuellen Default-Directory zu editieren. Zu Anfang werden die Protokolleinträge des zuvor nicht normal beendeten Editiervorgang nachgeführt. Dazu werden die Protokolleinträge aus der Journaldatei auf der aktuellen Default-Directory namens "BERECHNE.JOU" verwendet. Die Wiederherstellung (Recovery) läuft wie ein Film auf dem Bildschirm ab. Nach der Abarbeitung dieser Einträge schaltet EDT die Eingabefähigkeit wieder ein.

Da keine EDT-Initialisierungsdatei angegeben worden ist, sucht EDT zuerst nach der Initialisierungsdatei "EDTINI.EDT" auf der Default-Directory und benutzt -wenn dort keine solche Datei vorhanden sein sollte- die Standardeinstellungen. Es wird auch hier eine Journaldatei mit dem Namen "BERECHNE.JOU" geführt.

Bei Verlassen des EDT mit "EXIT" wird eine neue Datei "BERECHNE.FOR" mit der derzeit höchsten Versionsnummer (Version 1 bei einer neuen Datei) angelegt.

5.1.7 Die Bildschirmdarstellung der drei Editmodi des EDT

Je nach Einstellung in der eventuell vorhandenen Initialisierungsdatei landet EDT standardmäßig im Zeilenmodus oder bereits umgeschaltet im Funktionstastenmodus oder Bildschirmmodus.

Zeilenmodus

Existiert die zu editierende Textdatei bereits, dann wird im Zeilenmodus in der Folgezeile nach dem Aufruf auf dem Bildschirm die erste Zeile dieser Datei und in der nächsten Zeile der EDT-Prompt '*' ausgegeben. Der Cursor steht blinkend hinter dem '*' :

```
1 Dies ist die erste Zeile aus der Datei
* _
```

Existiert die zu editierende Textdatei noch nicht, dann wird im Zeilenmodus in der ersten Zeile nach dem Aufruf auf dem Bildschirm die Meldung "Input file does not exist", gefolgt von "[EOB]" (End of block = Ende der Datei = Ende des Editierblockes) und in der folgenden Zeile der EDT-Prompt '*' ausgegeben. Der Cursor steht blinkend hinter dem '*' :

```
Input file does not exist
[EOB]
* _
```

Funktionstastenmodus

Im Funktionstastenmodus wird der Bildschirm zuerst gelöscht.

Bei einer bereits existierenden Textdatei werden die ersten 22 Zeilen dieser Datei (oder weniger, wenn die Textdatei kürzer ist) danach beginnend in der obersten Zeile auf dem Bildschirm ausgegeben und der Cursor in die linke obere Ecke plaziert. Am aktuellen Ende der zu editierenden Datei wird immer die Endemarkierung "[EOB]" (End of block = Ende der Datei) angezeigt, die hier aber nur dann sichtbar ist, wenn der Bildschirm wegen einer geringeren Anzahl von Zeilen (kleiner als 22) nicht vollständig gefüllt worden ist.

```
Dies ist die erste Zeile aus der Datei
Dies ist die zweite Zeile aus der Datei
Dies ist die dritte Zeile aus der Datei
...
[EOB]
```

Existiert die angegebene Datei noch nicht, so wird ein leerer Bildschirm ausgegeben. Der Cursor steht links oben auf der Endemarkierung "[EOB]" (End of block = Ende der Datei). In der letzten Zeile auf dem Bildschirm wird die Meldung "Input file does not exist" ausgegeben. EDT befindet sich sofort im Einfügemodus.

```
[EOB]

Input file does not exist
```

Bildschirmmodus

Der Bildschirmmodus verhält sich wie der Funktionstastenmodus. Der einzige Unterschied besteht darin, daß EDT sich nicht im Einfügemodus befindet, sondern alle Eingaben in der untersten Zeile sofort als Kommandos interpretiert.

Wechsel vom Zeilenmodus in den Funktionstastenmodus

Wenn mit "SET KEYPAD" der Ziel-Modus ausgewählt worden ist, können Sie durch die Eingabe von "CHANGE" nach dem Prompt "*" des Zeilenmodus in den Funktionstastenmodus überwechseln. EDT löscht den gesamten Bildschirm und zeigt danach das Editierfenster von 22 Zeilen (oder weniger, wenn die editierte Datei weniger Zeilen umfaßt) beginnend in der obersten Zeile auf dem Bildschirm an. Die aktuelle Zeile, auf der Sie sich gerade im Zeilenmodus befunden haben, wird in der Mitte des

Bildschirms angeordnet. Das Editierfenster im oberen Teil des Bildschirms beinhaltet die Vorgängerzeilen vor und im unteren Teil des Bildschirms die Nachfolgerzeilen nach der aktuellen Zeile. Wenn Sie sich gerade am Anfang der Datei befunden haben, so wird die erste Zeile der Datei in der obersten Zeile auf dem Bildschirm und danach die Nachfolgerzeilen ausgegeben. Am Ende der Datei erfolgt die Ausgabe der letzten Zeile in der Mitte des Bildschirms mit den Vorgängerzeilen davor ; hier bleibt der untere Teil des Bildschirms nach "[EOB]" (End of block = Ende der Datei) leer.

```
. . .
Dies ist die (aktuelle - 1) Zeile
Dies ist die aktuelle Zeile
Dies ist die (aktuelle + 1) Zeile
. . .
[EOB]
```

Wechsel vom Funktionstastenmodus in den Zeilenmodus

Durch die gleichzeitige Betätigung der Tastenkombination "<CTRL/Z>" können Sie aus dem Funktionstastenmodus in den Zeilenmodus überwechseln. Die aktuelle Zeile, auf der Sie sich im Funktionstastenmodus mit dem Cursor befunden haben, bleibt die gleiche. Es wird in der untersten Zeile des Bildschirms der Prompt des Zeilenmodus "*" ausgegeben und der Cursor dahinter positioniert.

```
. . .
Dies ist die (aktuelle - 1) Zeile
Dies ist die aktuelle Zeile
Dies ist die (aktuelle + 1) Zeile
. . .
[EOB]
* _
```

Problem beim Funktionstastenmodus

Der Funktionstastenmodus von EDT funktioniert nur, wenn das Terminal vom Typ VT100 / VT200 / VT300 ist. An einer druckenden Konsole oder an einem falsch eingestellten Terminal ist der Wechsel in den Funktionstastenmodus nicht erlaubt, sondern nur der Zeilenmodus oder **Hardcopy Mode** , wie der Zeilenmodus in diesem Zusammenhang heißt (Hardcopy ist eine Kopie des Bildschirms bzw. der Eingaben und Ausgaben auf Papier). Versuchen Sie es trotzdem, dann geschieht dann folgende Ausgabe :

```
* C
[$]Dies ist die aktuelle Zeile aus der Datei
C*<CTRL/Z>
*
```

Der Funktionstastenmodus ist in dieser Form nicht benutzbar. Aus diesem Zustand können Sie dann durch das gleichzeitige Betätigen der Tastenkombination "<CTRL/Z>" wieder zurück in den Zeilenmodus gelangen. Bei einem Terminal der oben angegebenen Typen ist das ein Hinweis, daß dieses Terminal nicht richtig eingestellt worden ist. Sie sollten in diesem Fall das Terminal-Setup überprüfen und danach mit dem Befehl "SET TERMINAL /INQUIRE" (vgl. Kapitel 4.4.50) die richtige Einstellung des Terminals vornehmen. Danach sollte der EDT wieder problemlos funktionieren.

5.1.8 Der Funktionstastenmodus des EDT

Die folgende Abbildung der Tastatur im Bild 5.1-2 zeigt Ihnen die Lage der standardmäßig vereinbarten Funktionstasten von EDT.

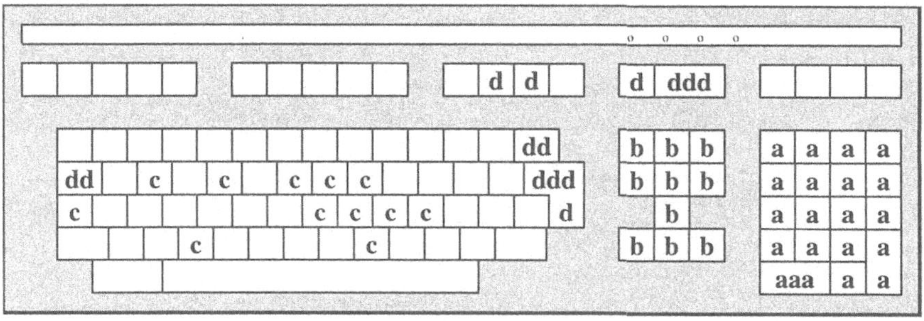

Verschlüsselung der vier Gruppen von Funktionstasten	
a	Funktionstasten auf dem numerischen (dritten) Tastaturblock
b	Funktionstasten auf dem Cursorblock (zweiter Tastaturblock)
c	"CTRL"-Funktionstasten auf dem alphanumerischen (ersten) Tastaturblock
d	sonstige Funktionstasten (erster Tastaturblock, obere Funktionstastenreihe)

Bild 5.1-2 Funktionstasten des EDT im Funktionstastenmodus

Im Funktionstastenmodus des EDT kann für die Eingabe von Nutztext generell nur die alphanumerische Tastatur verwendet werden, da im Funktionstastenmodus die beiden abgesetzten Tastaturblöcke (der zweite Tastaturblock mit den Cursortasten und der numerische Tastaturblock rechts von der alphanumerischen Tastatur) sowie Teile der Funktionstastenreihe entweder auf Funktionstasten umgeschaltet oder nicht benutzt werden.

Im Bild 5.1-3 sehen Sie die Vergrößerung des Ausschnitts des numerischen (dritten) Tastaturblockes und die Belegung mit den standardmäßig vereinbarten Funktionstasten von EDT. Die Erklärung der einzelnen Editierfunktionen finden Sie am Ende dieses Abschnitts.

PF1	PF2	PF3	PF4
GOLD	**HELP**	**FINDNEXT**	**DELETE LINE**
		FIND	*UNDELETE LINE*
7	8	9	−
PAGE	**SECT**	**APPEND**	**DELETE WORD**
COMMAND	*FILL*	*REPLACE*	*UNDELETE WORD*
4	5	6	,
ADVANCE	**BACKUP**	**CUT**	**DELETE CHAR**
BOTTOM	*TOP*	*PASTE*	*UNDELETE CHAR*
1	2	3	ENTER
WORD	**EOL**	**CHAR**	**ENTER**
CHNGCASE	*DEL EOL*	*SPECINS*	
0		.	
LINE		**SELECT**	
OPEN LINE		*RESET*	*SUBS*

Bild 5.1-3 EDT-Funktionstasten auf dem numerischen Tastaturblock

Die Tastenbeschriftungen in dieser Abbildung sind folgendermaßen zu interpretieren : In der linken oberen Ecke jeder Taste steht die Beschriftung der Taste auf der Tastatur zur besseren Orientierung. Auf fast allen dieser Tasten des numerischen Tastaturblockes sind jeweils zwei Editierfunktionen untergebracht. In Fettdruckdarstellung sind die

Editierfunktionen angegeben, die durch die Betätigung dieser Taste allein ausgeführt werden. Durch das Drücken der Funktionstaste 'GOLD' (die Taste '**PF1**' auf diesem Tastaturblock) gefolgt von der entsprechenden Taste wird die Editierfunktion ausgeführt, die in kursiver Fettdruckdarstellung darunter steht. Die Funktionstaste 'GOLD' oder 'PF1' nimmt die Aufgabe eines Umschalters wahr.

Ein Beispiel zur weiteren Veranschaulichung : 'PF4' führt ein 'DELETE LINE' aus ; 'PF1' und danach 'PF4' führt ein 'UNDELETE LINE' aus.

Im Bild 5.1-4 sehen Sie die Vergrößerung des Ausschnitts des zweiten Tastaturblockes (Cursorblock) und die Belegung mit den standardmäßig vereinbarten Funktionstasten von EDT. Die Erklärung der einzelnen Editierfunktionen finden Sie am Ende dieses Abschnitts. In der linken oberen Ecke steht wieder die Tastenbeschriftung auf der Tastatur und darunter in Fettdruckdarstellung die entsprechende Editierfunktion.

FIND	INSERT HERE	REMOVE
FIND	**PASTE**	**CUT**
SELECT	PREVIOUS SCREEN ⇑⇑⇑	NEXT SCREEN ⇓⇓⇓
SELECT	**SECT** (rückwärts)	**SECT** (vorwärts)
	⇑	
	UP ARROW	
⇐	⇓	⇒
LEFT ARROW	**DOWN ARROW**	**RIGHT ARROW**

Bild 5.1-4 EDT-Funktionstasten auf dem Cursorblock

Im Bild 5.1-5 sehen Sie die "CTRL"-Funktionstasten auf dem (ersten) alphanumerischen Tastaturblock, die nur bei gleichzeitiger Betätigung der "CTRL"-Taste und der entsprechenden Buchstabentaste funktionieren. Die Erklärung der einzelnen Editierfunktionen finden Sie am Ende dieses Abschnitts.

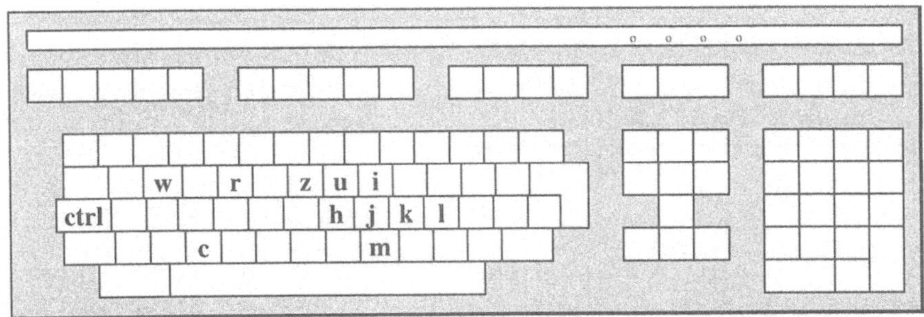

Bild 5.1-5 'CTRL'-Funktionstasten des EDT im Funktionstastenmodus

Im Bild 5.1-6 sind die EDT-Funktionstasten in der Funktionstastenreihe und in dem (ersten) alphanumerischen Tastaturblock (ohne "CTRL"-Taste oder Funktionsumschalter) abgebildet. Die Erklärung der einzelnen Editierfunktionen finden Sie am Ende dieses Abschnitts.

Abk.	Taste	Editierfunktion	Abk.	Taste	Editierfunktion
bs	F12	BACKSPACE	lf	F13	LINEFEED
del	DEL	DELETE	tab	TAB	TAB
do	DO	DO	ret	RETURN	RETURN
h	HELP	HELP			

Bild 5.1-6 Sonstige Funktionstasten des EDT im Funktionstastenmodus

In der folgenden Aufstellung (Bild 5.1-7) werden die Funktionstasten und die Editierfunktionen im einzelnen erklärt. Die Anordnung der Editierfunktionen entspricht der alphabetischen Reihenfolge :

Editierfunktion	Taste(n)	TB	Beschreibung der Editierfunktion
ADVANCE (Vorwärts)	4	N	Die Richtung vorwärts wird für die folgenden Editierfunktionen eingestellt.
APPEND (Text anhängen)	9	N	Der mit "SELECT" ausgewählte Textbereich wird in dem aktuellen Editpuffer gelöscht und an das Ende des PASTE-Puffers kopiert, ohne daß der Inhalt des PASTE-Puffers dabei gelöscht wird.
BACKSPACE (Cursor zum Zeilenanfang)	BACK-SPACE (F12) -oder- CTRL/H	F A	Der Cursor wird an den Anfang der Zeile gestellt. Wenn der Cursor bereits am Zeilenanfang steht, dann wird auf den Zeilenanfang der vorangehenden Zeile positioniert.
BACKUP (Rückwärts)	5	N	Die Richtung rückwärts wird für die folgenden Editierfunktionen eingestellt.
BOTTOM (Ende der Datei)	PF1 / 4	N	Der Cursor wird an das Ende des Textes gestellt und steht nun auf der Endemarkierung der Datei "[EOB]".
CHAR (Zeichen)	3	N	Der Cursor wird um ein Zeichen in der eingestellten Richtung (vorwärts oder rückwärts) umgesetzt.
CHNGCASE (Umwandlung Klein-/ Großschrift)	PF1 / 1	N	Es erfolgt die Umwandlung von Groß- in Kleinbuchstaben und umgekehrt. Folgende Fälle werden hierbei unterschieden : Ist mit "SELECT" ein Textbereich ausgewählt worden, dann werden alle Buchstaben in diesem Bereich entsprechend umgewandelt.

Verschlüsselung für Tastaturblock "TB"	A Alphanumerischer Tastaturblock C Cursorblock F Funktionstastenreihe N Numerischer Tastaturblock	Fortsetzung Folgeseite

Bild 5.1-7 Funktionstasten und Editierfunktionen des EDT

Editierfunktion	Taste(n)	TB	Beschreibung der Editierfunktion
(Fortsetzung) CHNGCASE (Umwandlung Klein-/ Großschrift)	PF1 / 1	N	Steht der Cursor auf einer mit "FIND" oder "FINDNEXT" gefundenen Suchzeichenkette, so werden dort alle Zeichen der Zeichenkette entsprechend umgewandelt. Ansonsten wird in der eingestellten Richtung der aktuelle Buchstabe umgewandelt und der Cursor weiterbewegt.
COMMAND (Zeilenmodus- kommando)	PF1 / 7	N	Es kann ein Kommando aus dem Zeilenmodus ausgeführt werden, ohne daß dazu der Funktionstastenmodus verlassen werden muß. Es wird in der Kommandozeile nach dem Prompt "Command:" die Eingabe eines Kommandos angefordert. Nach dem Abschluß der Eingabe durch die "ENTER"- Taste wird dieses Kommando ausgeführt.
CTRL/C (Abbruch/ Cancel)	CTRL/C	A	Die Ausführung eines EDT-Kommandos wird abgebrochen (beispielsweise die Suche nach einer falschen Suchzeichenkette). Wenn EDT das gerade sich in Ausführung befindliche Kommando abbricht, dann wird die Meldung "Aborted by CTRL/C" ausgegeben. Wenn EDT das gerade sich in Ausführung befindliche Kommando nicht abbrechen kann, dann wird die Meldung "CTRL/C ignored" ausgegeben.
CTRL/K (Definition einer Funktionstaste)	CTRL/K	A	Es läßt sich eine neue Funktionstaste im Funktionstastenmodus definieren, wobei dabei folgende Fälle erlaubt sind : ❑ Eine Taste auf dem numerischen Tastaturblock mit oder ohne "GOLD"- Umschalter.
Verschlüsselung für Tastaturblock "TB"	A C F N		Alphanumerischer Tastaturblock Cursorblock Funktionstastenreihe Numerischer Tastaturblock Fortsetzung Folgeseite

Bild 5.1-7 Funktionstasten und Editierfunktionen des EDT (Fortsetzung)

Editierfunktion	Taste(n)	TB	Beschreibung der Editierfunktion
(Fortsetzung) CTRL/K (Definition einer Funktionstaste)	CTRL/K	A	❏ Eine Taste auf dem Cursorblock oder der Funktionstastenreihe. ❏ Eine Tastenkombination mit der "CTRL"-Taste und einer Taste auf der alphanumerischen Tastatur mit Ausnahme von "C", "O", "P", "Q", "S", "X", "Y" und "[". ❏ Eine Tastenkombination mit der "GOLD"-Taste und einer Taste auf der alphanumerischen Tastatur mit Ausnahme der Ziffern "0" bis "9" und "-". Wenn "CTRL/K" gedrückt worden ist, fordert EDT die zu definierende Taste per Tastendruck an. Diese Anforderung wird mit "Press the key you wish to define" gemeldet. Einige Tasten/-kombination lassen sich wegen vordefinierter EDT-Funktionen nicht eingeben (wie etwa "DELETE" oder "CTRL/U"). Nach der Eingabe der Taste erwartet EDT nun die Definition eines Kommandos, die mit der Meldung "Now enter the definition and press ENTER" angefordert wird. Nach der Eingabe des Kommandos (vgl. Kapitel 5.1.13) und der "ENTER"-Taste ist die neue Funktionstaste verfügbar.
CTRL/L (Formfeed)	CTRL/L	A	Es wird der ASCII-Code "<FF>" für "FORMFEED" (Seitenvorschub) eingefügt.
CTRL/M (Carriage Return)	CTRL/M	A	Es wird der ASCII-Code "<CR>" für "CARRIAGE RETURN" (Wagenrücklauf) eingefügt.

Verschlüsselung für Tastaturblock "TB"		
A	Alphanumerischer Tastaturblock	
C	Cursorblock	
F	Funktionstastenreihe	
N	Numerischer Tastaturblock	Fortsetzung Folgeseite

Bild 5.1-7 Funktionstasten und Editierfunktionen des EDT (Fortsetzung)

Editierfunktion	Taste(n)	TB	Beschreibung der Editierfunktion
CTRL/R (Auffrischung / Refresh des Bildschirms)	CTRL/R -oder- CTRL/W	A A	Der Bildschirm wird wieder aufgefrischt. Diese Funktion ist nützlich während einer Editierung, wenn Systemmeldungen (Mail, Phone, ...) auf dem Bildschirm ausgegeben worden sind und das Abbild der gerade editierten Datei unleserlich gemacht haben.
CTRL/U (Löschen bis zum Zeilenanfang)	CTRL/U	A	Es werden alle Zeichen beginnend beim Zeichen links vom Cursor bis zum Zeilenanfang gelöscht und der Cursor dorthin gestellt. Wenn der Cursor bereits am Zeilenanfang steht, wird bei "CTRL/U" die vorangehende Zeile gelöscht. Die gelöschten Zeichen werden in den Zeilenlöschpuffer kopiert, wobei der vorige Inhalt dieses Puffers verlorengeht. Mit "CTRL/U" können auch angeforderte Eingaben bei "COMMAND", "CTRL/K" oder "FIND" abgebrochen werden und der Cursor wieder in den zu editierenden Text zurückgestellt werden.
CTRL/Z (Wechsel in Zeilenmodus)	CTRL/Z	A	EDT verläßt den Funktionstastenmodus und wechselt über in den Zeilenmodus.
CUT (Text heraus- schneiden)	6 -oder- RE- MOVE	N C	Der mit "SELECT" ausgewählte Textbereich wird in dem aktuellen Editpuffer gelöscht und in den PASTE-Puffers kopiert. Dabei wird der Inhalt des PASTE-Puffers gelöscht.
DELETE (Zeichen löschen)	DEL	A	Das Zeichen links vom Cursor wird gelöscht. Der Cursor wird eine Stelle weiter nach links umgesetzt, der Text auf dieser Zeile rückt um eine Stelle nach links nach.

| Verschlüsselung für Tastaturblock "TB" | A C F N | Alphanumerischer Tastaturblock Cursorblock Funktionstastenreihe Numerischer Tastaturblock | Fortsetzung Folgeseite |

Bild 5.1-7 Funktionstasten und Editierfunktionen des EDT (Fortsetzung)

Editierfunktion	Taste(n)	TB	Beschreibung der Editierfunktion
(Fortsetzung) DELETE (Zeichen löschen)	DEL	A	Steht der Cursor bereits am Zeilenanfang, so wird der Cursor rechts neben das letzte Zeichen der vorangehenden Zeile positioniert. Das gelöschte Zeichen wird in den Zeichenlöschpuffer kopiert, wobei der vorige Inhalt dieses Puffers verloren geht.
DELETE CHAR (Zeichen löschen)	, (Komma)	N	Es wird das Zeichen gelöscht, auf dem der Cursor gerade steht. Das gelöschte Zeichen wird in den Zeichenlöschpuffer kopiert, wobei der vorige Inhalt dieses Puffers verlorengeht. Der Cursor bleibt an der gleichen Position stehen, obwohl durch das Löschen Text aufgerückt wird.
DELETE EOL (Löschen bis zum Zeilenende / End of line)	PF1 / 2	N	Es werden alle Zeichen beginnend beim Zeichen, auf dem der Cursor steht, bis zum Zeilenende gelöscht. Der Cursor bleibt an der Stelle stehen, die dann gleichzeitig das neue Ende dieser Zeile ist. Wenn der Cursor bereits am Zeilenende steht, wird bei "DELETE EOL" die folgende Zeile gelöscht. Die gelöschten Zeichen werden in den Zeilenlöschpuffer kopiert, wobei der vorige Inhalt dieses Puffers verlorengeht.
DELETE LINE (Zeile löschen)	PF4	N	Es werden alle Zeichen inklusive des Zeilenendes in der eingestellten Richtung (vorwärts oder rückwärts) gelöscht. Die gelöschten Zeichen werden in den Zeilenlöschpuffer kopiert, wobei der vorige Inhalt dieses Puffers verlorengeht. Wenn der Cursor auf dem Zeilenanfang steht, wird die komplette Zeile gelöscht. Der Cursor bleibt an der gleichen Position stehen, obwohl durch das Löschen Text aufgerückt wird.

Verschlüsselung für Tastaturblock "TB"		
A	Alphanumerischer Tastaturblock	
C	Cursorblock	
F	Funktionstastenreihe	Fortsetzung
N	Numerischer Tastaturblock	Folgeseite

Bild 5.1-7 Funktionstasten und Editierfunktionen des EDT (Fortsetzung)

Editierfunktion	Taste(n)	TB	Beschreibung der Editierfunktion
DELETE WORD (Wort löschen)	-	C	Es werden alle Zeichen beginnend bei der aktuellen Cursorposition und rechts davon inklusive aller folgenden Leerzeichen bis zum nächsten Wort oder bis zum Zeilenende gelöscht. Die gelöschten Zeichen werden in den Wortlöschpuffer kopiert, wobei der vorige Inhalt dieses Puffers verlorengeht. Wenn der Cursor bereits auf dem Zeilenende steht, wird das Zeilenende gelöscht und die folgende Zeile rechts von dem Cursor hinkopiert. Der Cursor bleibt an der gleichen Position stehen, obwohl durch das Löschen Text aufgerückt wird.
DOWN ARROW (Cursor nach unten)	⇓	C	Der Cursor wird um eine Zeile nach unten positioniert. EDT versucht, die Spalte dabei beizubehalten. Ist die Anzahl der Spalten in der Folgezeile kleiner als die aktuelle Spalte, so wird der Cursor an das Zeilenende gestellt. Trotzdem merkt sich EDT die aktuelle Spalte und positioniert bei längeren Zeilen wieder genau dorthin.
ENTER (Eingabe)	ENTER -oder- DO (F15)	N F	Die in der Kommandozeile eingetippte Eingabe (Kommando bei "COMMAND" ; Definition einer Funktionstaste bei "CTRL/K" ; Suchzeichenkette bei "FIND") wird mit der "ENTER"-Taste beendet und ausgeführt.
EOL (Ende der Zeile / End of line)	2	N	Bei eingestellter Richtung vorwärts wird der Cursor an das Zeilenende gestellt. Steht der Cursor bereits am Zeilenende, dann ist es das Ende der folgenden Zeile. Bei eingestellter Richtung rückwärts wird der Cursor an das Ende der vorangehenden Zeile positioniert.

Verschlüsselung für Tastaturblock "TB"	A	Alphanumerischer Tastaturblock	
	C	Cursorblock	
	F	Funktionstastenreihe	Fortsetzung
	N	Numerischer Tastaturblock	Folgeseite

Bild 5.1-7 Funktionstasten und Editierfunktionen des EDT
    (Fortsetzung)

Editierfunktion	Taste(n)	TB	Beschreibung der Editierfunktion
FILL (Text auffüllen)	PF1 / 8	N	Der mit "SELECT" ausgewählte Textbereich wird umformatiert unter voller Ausnutzung der 80 bzw. 132 Spalten, auf die das Terminal eingestellt ist. Diese Formatierung bringt so viele Worte wie möglich aus einem Abschnitt in jeder Zeile unter. Leerzeilen trennen Abschnitte ; über Trenner hinaus wird nicht formatiert.
FIND (Zeichenkette suchen)	PF1 / PF3 -oder- FIND	N C	Es wird in der Kommandozeile die Eingabe einer Suchzeichenkette angefordert. Nach erfolgter Eingabe und Drücken einer Funktionstaste wird diese Zeichenkette in den Suchpuffer eingetragen, wobei der vorige Inhalt dieses Puffers verlorengeht. Die Suche beginnt bei der aktuellen Cursorposition und geht bei "ADVANCE" vorwärts, bei "BACKUP" rückwärts und bei "ENTER" in die vorher eingestellte Richtung (vorwärts oder rückwärts). Bei erfolgreicher Suche wird der Cursor auf die gefundene Zeichenkette positioniert, ansonsten bleibt die Cursorposition unverändert.
FINDNEXT (Nächste Zeichenkette suchen)	PF3	N	Es wird die Suche nach der Zeichenkette aus dem Suchpuffer ausgeführt, der dazu vorher über "FIND" mit dieser Suchzeichenkette gefüllt worden sein muß. Die Suche beginnt bei der aktuellen Cursorposition und geht in die eingestellte Richtung (vorwärts oder rückwärts). Bei erfolgreicher Suche wird der Cursor auf die gefundene Zeichenkette positioniert, ansonsten bleibt die Cursorposition unverändert.

Verschlüsselung für Tastaturblock "TB"	A Alphanumerischer Tastaturblock C Cursorblock F Funktionstastenreihe N Numerischer Tastaturblock	Fortsetzung Folgeseite

**Bild 5.1-7 Funktionstasten und Editierfunktionen des EDT
(Fortsetzung)**

Editierfunktion	Taste(n)	TB	Beschreibung der Editierfunktion
GOLD (Umschalter)	PF1	N	Diese Taste dient als Umschalter für etliche Editierfunktionstasten und besitzt allein keine Funktion (wie die "SHIFT"-Taste).
HELP (Hilfe)	PF2 -oder- HELP (F16)	N F	Es erfolgt die Anzeige des HELP-Diagramms mit den voreingestellten Funktionstasten von EDT (siehe Bilder 5.1-8 und 5.1-9). Durch das Drücken einer weiteren Taste wird der entsprechende HELP-Text ausgegeben. Durch die Eingabe der Leertaste erfolgt die Zurückschaltung in genau die Situation, aus der "HELP" heraus betätigt worden ist.
LEFT ARROW (Cursor nach links)	⇐	C	Der Cursor wird um eine Spalte nach links positioniert. Befindet sich der Cursor bereits am Zeilenanfang, dann wird rechts neben dem letzten Zeichen am Zeilenende der vorangehenden Zeile positioniert.
LINE (Nächste Zeile)	0	N	Der Cursor wird bei Richtung vorwärts an den Beginn der folgenden Zeile und an den Beginn der vorangehenden Zeile bei Richtung rückwärts gestellt.
LINEFEED (Wort löschen)	LINE-FEED (F13) -oder- CTRL/J	F A	Es werden alle Zeichen links von der aktuellen Cursorposition bis einschließlich zum Wortanfang oder bis zum Zeilenanfang gelöscht. Die gelöschten Zeichen werden in den Wortlöschpuffer kopiert, wobei der vorige Inhalt dieses Puffers verlorengeht. Wenn der Cursor bereits auf dem Zeilenanfang steht, wird das Zeilenende der vorangehenden Zeile gelöscht und die aktuelle Zeile rechts von dem Cursor hinkopiert.

| Verschlüsselung für Tastaturblock "TB" | A C F N | Alphanumerischer Tastaturblock Cursorblock Funktionstastenreihe Numerischer Tastaturblock | Fortsetzung Folgeseite |

Bild 5.1-7 Funktionstasten und Editierfunktionen des EDT (Fortsetzung)

Editierfunktion	Taste(n)	TB	Beschreibung der Editierfunktion
OPEN LINE (Neue Zeile eröffnen)	PF1 / 0	N	Durch das Schreiben einer Markierung für ein Zeilenende an die Cursorposition wird die Zeile geteilt. Alle Zeichen links vom Cursor bleiben stehen, während alle restlichen Zeichen (Cursor und rechts davon) in die neue nächste Zeile geschoben werden. Steht der Cursor am Zeilenanfang, so wird eine leere Zeile nach der aktuellen Zeile eingefügt.
PAGE (Eine Seite blättern)	7	N	Die Cursorposition wird rechts neben die Seitenmarkierung gestellt, die in ist in der Regel ein "FORMFEED" ist, das mit "CTRL/L" eingegeben werden kann. Je nach eingestellter Richtung wird nach der Seitenmarkierung vorwärts oder rückwärts gesucht. Der Anfang und das Ende der Datei gelten ebenfalls als Seitenmarkierung.
PASTE (Text hinein- kopieren (einkleben))	PF1 / 6 -oder- INSERT HERE	N C	Der Text aus dem PASTE-Puffer (mit "CUT" oder "APPEND" dort eingetragen) wird links von der aktuellen Cursorposition kopiert. Der PASTE-Puffer bleibt erhalten.
REPLACE (Text ersetzen)	PF1 / 9	N	Der Text aus dem PASTE-Puffer (mit "CUT" oder "APPEND" dort eingetragen) ersetzt den mit "SELECT" markierten Text. Dieser Text wird dabei gelöscht und in den DELETE-Puffer eingetragen, wobei der vorige Inhalt dieses Puffers verlorengeht. Der PASTE-Puffer bleibt erhalten.
RESET (Zurücksetzen)	PF1 / . (Punkt)	N	Es werden mehrere EDT-Zustände wieder zurückgesetzt und die Richtung wieder auf vorwärts gestellt. Die Zurücksetzung kann folgende Fälle umfassen :

Verschlüsselung für Tastaturblock "TB"	A	Alphanumerischer Tastaturblock	
	C	Cursorblock	
	F	Funktionstastenreihe	Fortsetzung
	N	Numerischer Tastaturblock	Folgeseite

Bild 5.1-7 Funktionstasten und Editierfunktionen des EDT (Fortsetzung)

Editierfunktion	Taste(n)	TB	Beschreibung der Editierfunktion
(Fortsetzung) RESET (Zurücksetzen)	PF1 / . (Punkt)	N	❏ Eine irrtümlich gedrückte "GOLD"-Taste. ❏ Ein mit "SELECT" markierter Text. ❏ Ein teilweise eingegebenes Kommando in der Kommandozeile. ❏ Eine begonnene Definition einer Funktionstaste.
RETURN (Eingabe)	RETURN	A	Mit der "RETURN"-Taste wird links vom Cursor eine Markierung für ein Zeilenende eingetragen. Alle Zeichen rechts vom Cursor inklusive der Cursorposition werden auf den Anfang einer neuen Zeile geschoben und der Cursor dorthin positioniert.
RIGHT ARROW (Cursor nach rechts)	⇒	C	Der Cursor wird um eine Spalte nach rechts positioniert. Befindet sich der Cursor bereits am Zeilenende, dann wird auf den Anfang der folgenden Zeile positioniert.
SECT (Textsektion blättern)	8	N	Je nach eingestellter Richtung wird der Cursor um 16 Zeilen vorwärts oder rückwärts positioniert und der Text dadurch vor- oder zurückgeblättert.
SECT (Textsektion vorblättern)	NEXT PAGE ⇓⇓⇓	C	Der Cursor wird um 16 Zeilen vorwärts positioniert und der Text dadurch vorgeblättert.
SECT (Textsektion rückblättern)	PRE-VIOUS PAGE ⇑⇑⇑	C	Der Cursor wird um 16 Zeilen rückwärts positioniert und der Text dadurch zurückgeblättert.

Verschlüsselung für Tastaturblock "TB"		
A	Alphanumerischer Tastaturblock	
C	Cursorblock	
F	Funktionstastenreihe	Fortsetzung
N	Numerischer Tastaturblock	Folgeseite

**Bild 5.1-7 Funktionstasten und Editierfunktionen des EDT
(Fortsetzung)**

Editierfunktion	Taste(n)	TB	Beschreibung der Editierfunktion
SELECT (Auswahl)	. (Punkt) -oder- SELECT	N C	Mit "SELECT" wird der Beginn eines ausgewählten Textbereichs gekennzeichnet. Mit Hilfe des Cursors kann genau der gewünschte Textbereich markiert werden (EDT zeigt diesen Bereich mit inverser Unterlegung an), auf den sich "APPEND", "CHNGCASE", "CUT", "FILL", "REPLACE" und "SUBS" anwenden lassen.
SPECINS (Spezial- eingabe / Special Insert)	PF1 / 3	N	Jeder ASCII-Code läßt sich in den Text einfügen, der nicht unbedingt auf der Tastatur vorhanden sein muß (beispielsweise unsichtbare Steuerzeichen oder nationale Sonderzeichen). Die Eingabe erfolgt hierbei durch die dezimalen ASCII-Codierung. Die Eingabe solcher Zeichen geschieht mit der folgenden Reihenfolge : Zuerst wird die "GOLD"-Taste gedrückt. Mit den Zifferntasten der alphanumerischen Tastatur läßt sich der gewünschte dezimale ASCII-Code eingeben und mit "SPECINS" beenden.
SUBS (Zeichenkette ersetzen/ substituieren)	PF1 / ENTER	N	Die Suchzeichenkette wird gelöscht und durch den Inhalt des PASTE-Puffers ersetzt. Dazu muß zuerst die Suchzeichenkette mit "FIND" in den Suchpuffer eingetragen worden sein. Außerdem muß der PASTE-Puffer mit "CUT" bzw. "APPEND" ebenfalls gefüllt worden sein. Es gelten die gleichen Bedingungen bei der Zeichenkettensuche wie bei "FIND" und beim Ersetzen wie bei "PASTE". So läßt sich mit "FINDNEXT" jedes Auftreten der Suchzeichenkette nacheinander finden und dann mit "SUBS" durch den Inhalt des PASTE-Puffers ersetzen.

| Verschlüsselung für Tastaturblock "TB" | A C F N | Alphanumerischer Tastaturblock Cursorblock Funktionstastenreihe Numerischer Tastaturblock | Fortsetzung Folgeseite |

Bild 5.1-7 Funktionstasten und Editierfunktionen des EDT (Fortsetzung)

Editierfunktion	Taste(n)	TB	Beschreibung der Editierfunktion
TAB (Tabulator)	TAB -oder- CTRL/I	A A	Der Cursor wird um 'n' Spalten nach rechts auf die nächste Tabulatorposition versetzt, abhängig von der derzeitigen Cursorposition. EDT besitzt eine Voreinstellung für den Tabulator alle acht Spalten. Diese Voreinstellung läßt sich mit dem Zeilenmoduskommando "SET TAB" ändern.
TOP (Anfang der Datei)	PF1 / 5	N	Der Cursor wird an den Anfang des Textes auf das erste Zeichen links oben gestellt.
UNDELETE CHAR (Zeichen ein- fügen/Löschung rückgängig machen)	PF1 / , (Komma)	N	Das zuvor gelöschte, im Zeichenlöschpuffer stehende Zeichen wird an die Stelle links vom Cursor kopiert. Der Cursor und der Folgetext auf dieser Zeile werden um eine Spalte nach rechts verschoben. Der Inhalt des Zeichenlöschpuffers bleibt erhalten.
UNDELETE LINE (Zeile einfügen/ Löschung rückgängig machen)	PF1 / PF4	N	Die zuvor gelöschte, im Zeilenlöschpuffer stehende Zeile (oder Teilzeile) wird an die Stelle links vom Cursor kopiert. Der Cursor und der Folgetext werden entweder nach rechts oder auf die nächste Zeile verschoben, wenn in diesem Puffer eine Markierung für ein Zeilenende enthalten sein sollte. Der Inhalt des Zeilenlöschpuffers bleibt erhalten.
UNDELETE WORD (Wort einfügen/ Löschung rückgängig machen)	PF1 / -	N	Das zuvor gelöschte, im Wortlöschpuffer stehende Wort wird an die Stelle links vom Cursor kopiert. Der Cursor und der Folgetext werden nach rechts oder auf die nächste Zeile verschoben, wenn in diesem Puffer eine Markierung für ein Zeilenende enthalten sein sollte. Der Inhalt des Wortlöschpuffers bleibt erhalten.

Verschlüsselung für Tastaturblock "TB"	A Alphanumerischer Tastaturblock C Cursorblock F Funktionstastenreihe N Numerischer Tastaturblock	Fortsetzung Folgeseite

Bild 5.1-7 Funktionstasten und Editierfunktionen des EDT
     (Fortsetzung)

Editierfunktion	Taste(n)	TB	Beschreibung der Editierfunktion
UP ARROW (Cursor nach oben)	⇑	C	Der Cursor wird um eine Zeile nach oben positioniert. EDT versucht, die Spalte dabei beizubehalten. Ist die Anzahl der Spalten in der Folgezeile kleiner als die aktuelle Spalte, so wird der Cursor an das Zeilenende gestellt. Trotzdem merkt sich EDT die aktuelle Spalte und positioniert bei anderen, wieder längeren Zeilen genau dorthin.
WORD (Wort)	1	N	Der Cursor wird auf den Anfang des nächsten Wortes in der eingestellten Richtung (vorwärts oder rückwärts) gestellt.
Verschlüsselung für Tastaturblock "TB"	A C F N		Alphanumerischer Tastaturblock Cursorblock Funktionstastenreihe Numerischer Tastaturblock

**Bild 5.1-7 Funktionstasten und Editierfunktionen des EDT
(Fortsetzung)**

Anmerkung :

Auf die Vorstellung der speziellen Funktionstasten für Tabulator-Levels

CTRL/A	- Setzen eines neuen Tabulator-Levels
CTRL/D	- Tabulator-Level erniedrigen
CTRL/E	- Tabulator-Level erhöhen
CTRL/T	- Text an Tabulator-Level anpassen

soll hier verzichtet werden.

Im folgenden Bild 5.1-8 ist die erste Maske des EDT-HELPs abgebildet, die beim Betätigen der Taste "HELP" oder "PF2" ausgegeben wird. Mit der Eingabe der Leertaste gelangen Sie jederzeit wieder in die Situation zurück, in der Sie sich beim Drücken dieser "HELP"-Taste befunden haben. Durch das Drücken einer Taste der numerischen Tastatur wird der HELP-Text zu dieser Taste ausgegeben (zweiter HELP-Text, siehe Bild 5.1-9). Weitere HELP-Texte zu anderen Tasten werden durch das Betätigen der entsprechenden Taste angefordert. Die "RETURN"-Taste befördert Sie wieder zurück in die erste Maske mit dem EDT-HELP-Diagramm.

UP ARROW ⇑	DOWN ARROW ⇓	LEFT ARROW ⇐	RIGHT ARROW ⇒

		FNDNXT	DEL L
GOLD	HELP	FIND	UND L
PAGE	SECT	APPEND	DEL W
COMMAND	FILL	REPLACE	UND W
ADVANCE	BACKUP	CUT	DEL C
BOTTOM	TOP	PASTE	UND C
WORD	EOL	CHAR	ENTER
CHNGCASE	DEL EOL	SPECINS	
LINE		SELECT	
OPEN LINE		RESET	SUBS

Key	Function
DELETE	Delete character
LINEFEED	Delete to beginning
BACK-SPACE	Backup to beginning of line
CTRL/A	Compute tab level
CTRL/D	Decrease tab level
CTRL/E	Increase tab level
CTRL/K	Define key
CTRL/R	Refresh screen
CTRL/T	Adjust tabs
CTRL/U	Delete to beginning of line
CTRL/W	Refresh screen
CTRL/Z	Exit to line mode

Press a key for help on that key.
To exit, press the spacebar.

Bild 5.1-8   Die erste Maske des EDT-HELPs

ADVANCE - (4)
Sets the current direction to forward for the CHAR, WORD, LINE, EOL, PAGE, SECT, SUBS, FUND, and FNDNXT keys. ADVANCE means that movement will be toward the end of the buffer ; that is, to the right and down.

BOTTOM - (Gold 4)
Positions the cursor at the end of the text buffer.

To return to the keypad diagram, press the return key.
To exit from HELP, press the spacebar.
For help on any other keypad key, press the key

Bild 5.1-9   Zweite Maske des EDT-HELPs
(Beispiel : Betätigung der Taste '4')

5.1.9 Editpuffer und Editbereiche im EDT

Bevor Sie nun den Zeilenmodus mit seinem Vorrat an Kommandos kennenlernen, soll noch das Konzept der **Editpuffer** und **Editbereiche** (Buffers und Ranges) des EDT vorgestellt werden. Mit verschiedenen Editpuffern können Sie mehrere Textteile oder ganze Dateien parallel in einer EDT-Sitzung bearbeiten, was Ihre Arbeitsweise äußerst effektiv unterstützen kann. Mit Editbereich wird ein Textbereich in einem Editpuffer bezeichnet, der aus einer Zeile (Position) oder einer Gruppe von zusammenhängenden Zeilen (Range) bestehen kann.

Bis auf wenige Ausnahmen (Behandlung des PASTE-Puffers) können Sie im Funktionstastenmodus nicht direkt mit Editpuffern und Editbereichen arbeiten. Sie haben aber durch die "COMMAND"-Funktion die Möglichkeit, Kommandos des Zeilenmodus auch aus dem Funktionstastenmodus heraus aufzurufen. Und nur der Zeilenmodus bietet Ihnen das hier vorgestellte Konzept der Editpuffer und Editbereiche.

In dem Bild 5.1-10 sehen Sie in graphischer Form die einzelnen Positionen für Editbereiche in einem Editpuffer.

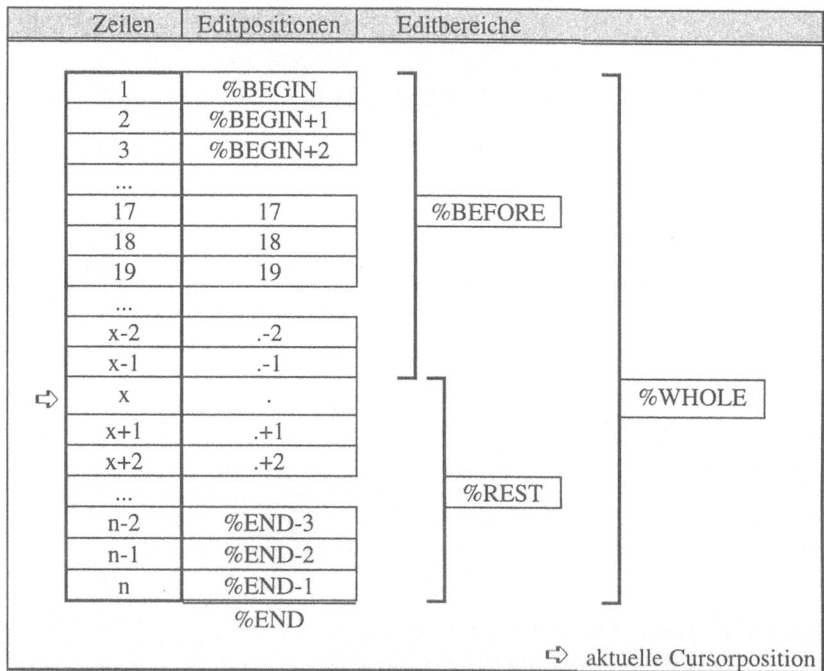

Bild 5.1-10 Editbereiche und Editpositionen in einem Editpuffer

In der folgenden Tabelle (Bild 5.1-11) sind die einzelnen Möglichkeiten für Editpositionen in einem Editpuffer mit Erklärungen, in der darauf folgenden Tabelle (Bild 5.1-12) sind die vordefinierten Editbereiche mit Erklärungen aufgelistet.

Position	Einfache und absolute Editpositionen
. (Punkt)	Aktuelle Zeile (Cursorposition = ⇨).
14	Zeile 14 .
%BEGIN	Erste Zeile des Editpuffers.
%END	Nach der letzten Zeile des Editpuffers.

Position	Relative Editpositionen
. + 3	3 Zeilen nach der aktuellen Zeile (⇨).
. - 2	2 Zeilen vor der aktuellen Zeile (⇨).
%BEGIN + 3	3. Zeile nach dem Beginn des Editpuffers.
%END - 5	5. Zeile vor letzten Zeile des Editpuffers.

Position	Editpositionen mit Suchzeichenkette
"SUCH" / 'SUCH'	Die erste Zeile nach der aktuellen Position, die die Suchzeichenkette "SUCH" enthält.
-"SUCH" / -'SUCH'	Die erste Zeile vor der aktuellen Position, die die Suchzeichenkette "SUCH" enthält.
ALL "SUCH" / ALL 'SUCH'	Alle Zeilen, die die Suchzeichenkette "SUCH" enthalten.

Bild 5.1-11 Angaben für Editpositionen

Editbereich	Erläuterung
%BEFORE	Alle Zeilen vom Beginn des Editpuffers bis eine Zeile über der aktuellen Zeile (Position).
%REST	Alle Zeilen inklusive der aktuellen Zeile (Position) bis zum Ende des Editpuffers.
SEL	Der Bereich, der mit Hilfe der Funktion "SELECT" aus dem Funktionstastenmodus ausgewählt worden ist und nur aus jeweils vollständigen Zeilen bestehen darf.
%WHOLE	Der gesamte Editpuffer.

Bild 5.1-12 Vordefinierte Editbereiche

In der folgenden Tabelle (Bild 5.1-13) sehen Sie die Auflistung von Beispielen für die Angaben von Editbereichen mit dazugehörigen Erklärungen. Die in den Tabellen (Bild 5.1-10 bis Bild 5.1-12) aufgeführten Editpositionen und vordefinierten Editbereiche sind natürlich ebenfalls Editbereiche.

Editbereich	Erläuterung
3,7	Die Zeilen 3 und 7.
3:20	Der Zeilenbereich von Zeile 3 bis Zeile 20 einschließlich.
.-1:.+1	Der Zeilenbereich von der Zeile über der aktuellen Position bis zur Zeile unter der aktuellen Position.
%BEGIN:.-1	Der Zeilenbereich von der ersten Zeile bis eine Zeile über der aktuellen Position (entspricht %BEFORE).
.:%END	Der Zeilenbereich von der aktuellen Position bis zum Ende des Editpuffers (entspricht %REST).
%BEGIN: %END	Der Zeilenbereich von der ersten Zeile bis zum Ende des Editpuffers (entspricht %WHOLE).

Bild 5.1-13 Beispiele für Editbereiche

Nachdem Sie nun wissen, was alles ein Editbereich sein kann, soll die Aufmerksamkeit auf die Editpuffer gelenkt werden. Sobald Sie den EDT aufrufen, werden der Editpuffer "MAIN" für die zu editierende Datei und der anfangs leere Editpuffer "PASTE" (für Operationen mit dem PASTE-Puffer) erzeugt. Außerdem werden bei Bedarf im Funktionstastenmodus noch Editpuffer für Löschoperationen erzeugt, in die Sie aber nicht umschalten können. Sie haben jedoch völlige Freiheit bei der Erzeugung weiterer eigener Editpuffer, die Sie mit beliebigen Namen benennen können. Das erste Zeichen muß jedoch ein Buchstabe sein ; der Name eines Editpuffers kann sich aus Buchstaben, Ziffern und dem Unterstrich "_" zusammensetzen. Da Sie für die Verwaltung dieser Editpuffer verantwortlich sind, sollten Sie auch möglichst sprechende Namen wählen, damit Sie sich unnötige Umschaltaktionen sparen, um sich gegebenenfalls den Inhalt zur Erinnerung wieder ansehen zu müssen.

In dem Bild 5.1-14 ist das Konzept der Editpuffer in graphischer Form dargestellt. Das Umschalten geschieht mit Hilfe des Zeilenmoduskommandos

$$= puffer \quad range$$

mit
   "puffer"   für den Namen des gewünschten Editpuffers,
   "range"   für die optionale Angabe einer Zielposition in diesem Editpuffer.

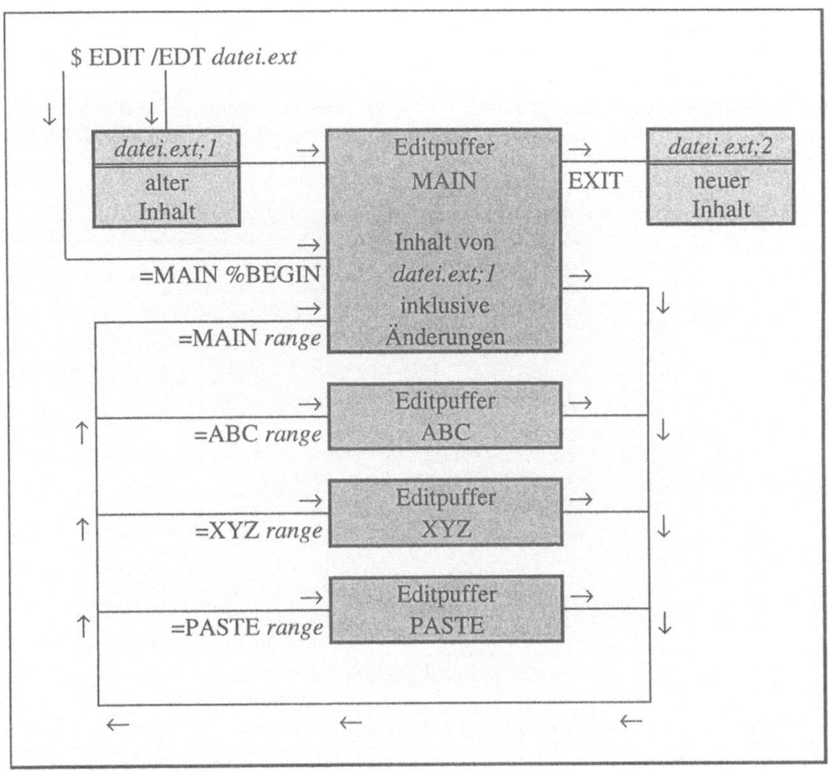

Bild 5.1-14 Konzept der Editpuffer

Diese Graphik zeigt die beiden standardmäßigen Editpuffer "MAIN" und "PASTE" sowie zwei zusätzliche, vom Benutzer definierte Editpuffer mit den Namen "ABC" und "XYZ". Außerdem wird hier auch der Zusammenhang zwischen zu editierender Datei und dem Editpuffer "MAIN" aufgezeigt.

In jedem Editpuffer gelten die Editbereiche wie im Bild 5.1-10 dargestellt. Hier bei der Umschaltung zwischen Editpuffern ist die Angabe eines Editbereiches jedoch optional und kann weggelassen werden. In diesem Fall gilt dann automatisch "%BEGIN" mit der Positionierung auf der ersten Zeile des Editpuffers. Der gesamte Editpuffer wird auf dem Bildschirm ausgegeben, wobei sich diese Anzeige auf Wunsch mit <CTRL/C> abbrechen läßt. Bei Angabe einer Position beim Umschalten wird nur dieser Editbereich angezeigt bzw. bei Benutzung aus dem Funktionstastenmodus heraus dieser Editbereich mit der Umgebung der angegebenen Position.

5.1.10 Der Zeilenmodus des EDT

In der folgenden Aufstellung (Bild 5.1-15) werden die Editierfunktionen des
Zeilenmodus erklärt. Die Anordnung entspricht der alphabetischen Reihenfolge der
Editierfunktionen :

Editierfunktion	Beschreibung der Editierfunktion
CHANGE (Modus ändern)	Der Modus wird - je nach Voreinstellung mit "SET KEYPAD" oder "SET NOKEYPAD" - auf den Funktionstastenmodus oder den Bildschirmmodus umgeschaltet. Der aktuelle Editpuffer und die aktuelle Position in diesem Puffer werden beibehalten.
CHANGE =*puffer* (Modus ändern)	Wie "CHANGE" ; es wird jedoch auf den Editpuffer mit dem Namen *"puffer"* umgeschaltet. Beispiel: CHANGE =XYZ Es wird auf den Editpuffer "XYZ" umgeschaltet.
CHANGE *position* (Modus ändern)	Wie "CHANGE" ; es wird auf die angegebene *"position"* im aktuellen Editpuffer positioniert. Beispiel: CHANGE 17 Es wird beim Umschalten auf die Zeile "17" im aktuellen Editpuffer positioniert.
CLEAR *puffer* (Editpuffer löschen)	Der Inhalt des Editpuffers mit dem Namen *"puffer"* wird gelöscht und aus der Verwaltungsliste der Editpuffer gestrichen. Ausnahmen sind hierbei die Editpuffer "MAIN" und "PASTE", die zwar gelöscht, aber nicht aus der Verwaltungsliste entfernt werden können. Es wird auf die letzte aktuelle Zeile im Editpuffer "MAIN" positioniert. Beispiel: CLEAR ABC Der Editpuffer "ABC" wird gelöscht.
	Fortsetzung Folgeseite

Bild 5.1-15 Editierfunktionen im Zeilenmodus des EDT

Editierfunktion	Beschreibung der Editierfunktion
COPY =*puffer1* TO =*puffer2* (Editpuffer kopieren)	Der gesamte Inhalt des Quelleditpuffers mit dem Namen *"puffer1"* wird in den Zieleditpuffer mit dem Namen *"puffer2"* kopiert. Sollte dieser Zieleditpuffer noch nicht existieren, so wird er erzeugt und in die Verwaltungsliste der Editpuffer eingetragen. Der Quelleditpuffer bleibt erhalten. Es wird auf den Zieleditpuffer umgeschaltet. Beispiel: COPY =A TO =B Der Inhalt des Editpuffers "A" wird in den Editpuffer "B" kopiert bei gleichzeitiger Umschaltung auf "B".
COPY *range1* TO *range2* (Editbereich kopieren)	Der Quelleditbereich *"range1"* im aktuellen Editpuffer wird in den Zieleditbereich *"range2"* im gleichen Editpuffer eingefügt. Der Quelleditbereich bleibt unverändert. Es wird auf den Beginn des Zieleditbereiches positioniert. Beispiel: COPY 2:5 TO 17 Der Editbereich bestehend aus den Zeilen "2" bis "5" wird vor der Zeile "17" eingefügt.
COPY *range1* TO *range2* /QUERY (Teile eines Editbereiches mit Bestätigung kopieren)	Vor dem Kopieren jeder einzelnen Zeile des Quelleditbereiches *"range1"* in den Zieleditbereich *"range2"* im gleichen Editpuffer wird mit dem Prompt "?" eine Bestätigung angefordert. Erlaubte Antworten sind hierbei : Y (Yes) Die aktuelle Zeile wird kopiert. N (No) Die aktuelle Zeile wird nicht kopiert. A (All) Alle folgenden Zeilen werden ohne Frage kopiert. Q (Quit) Die Kopieraktion wird abgebrochen ; die folgenden Zeilen werden nicht kopiert.
	Fortsetzung Folgeseite

Bild 5.1-15 Editierfunktionen im Zeilenmodus des EDT (Fortsetzung)

Editierfunktion	Beschreibung der Editierfunktion
COPY *range1* TO *range2* /DUPLICATE: *n* (Editbereich mehrfach kopieren)	Der Quelleditbereich *"range1"* wird *"n"*-mal in den Zieleditbereich *"range2"* im gleichen Editpuffer kopiert. Der Quelleditbereich bleibt erhalten ; es wird auf den Beginn des Zieleditbereiches positioniert. Beispiel: COPY 1 TO 5 /DUPLICATE:4 Der Inhalt der Zeile "1" wird insgesamt "4" mal vor Zeile "5" kopiert.
COPY =*puffer1 range1* TO =*puffer2 range2* (Editbereich zwischen Editpuffern kopieren)	Der Quelleditbereich *"range1"* in dem Quelleditpuffer mit dem Namen *"puffer1"* wird in den Zieleditbereich *"range2"* im Zieleditpuffer mit dem Namen *"puffer2"* kopiert. Sollte der Zieleditpuffer noch nicht existieren, so wird er erzeugt und sein Name in die Verwaltungsliste der Editpuffer eingetragen. Der Quelleditbereich bleibt erhalten ; es wird auf den Beginn des Zieleditbereiches im Zieleditpuffer positioniert. Beispiel: COPY =C 11:14 TO =D %E Der Inhalt der Zeilen "11" bis "14" im Editpuffer "C" wird an das Ende "%E" des Editpuffers "D" kopiert.
CTRL/C (Cancel/Abbruch)	Die Ausführung eines EDT-Kommandos wird abgebrochen (beispielsweise die Suche nach einer falschen Suchzeichenkette). Bei Abbruch des Kommandos wird die Meldung "Aborted by CTRL/C" ausgegeben. Wenn EDT das gerade sich in Ausführung befindliche Kommando nicht abbrechen kann, dann wird die Meldung "CTRL/C ignored" ausgegeben.
CTRL/R (Refresh/Auffrischen)	Die aktuelle Zeile wird wieder aufgefrischt. Diese Funktion ist nützlich während einer Editierung, wenn System-, Mail-, Phone-Meldungen oder ähnliches auf dem Bildschirm ausgegeben worden sind und das Abbild der gerade editierten Datei unleserlich gemacht haben.
CTRL/Z (Einfügemodus beenden)	Der mit "INSERT" oder "REPLACE" verursachte Einfügemodus wird beendet. Der Prompt "*" des Zeilenmodus wird wieder ausgegeben.
	Fortsetzung Folgeseite

Bild 5.1-15 Editierfunktionen im Zeilenmodus des EDT (Fortsetzung)

Editierfunktion	Beschreibung der Editierfunktion
DEFINE KEY *taste* AS *definition* (Definition einer Funktionstaste)	Die Taste bzw. Tastenkombination *"taste"* wird als Funktionstaste mit der Bedeutung *"definition"* vereinbart. Der Definition von Funktionstasten ist ein separater Abschnitt gewidmet (vgl. Kapitel 5.1.13).
DEFINE MACRO *macro* (Macro-Definition)	Es wird ein Macro mit dem Namen *"macro"* definiert. Der Definition von Macros ist ein separater Abschnitt eingeräumt worden (vgl. Kapitel 5.1.14).
DELETE (Zeile löschen)	Die aktuelle Zeile wird gelöscht.
DELETE =*puffer* (Editpuffer löschen)	Der Inhalt des Editpuffers mit dem Namen *"puffer"* wird gelöscht. Der Editpuffer wird aber nicht aus der Verwaltungsliste der Editpuffer gelöscht. Es wird auf den nun leeren Editpuffer umgeschaltet. Beispiel: DELETE =ZWISCHEN Der Inhalt des Editpuffers "ZWISCHEN" wird gelöscht und dann auf diesen Editpuffer umgeschaltet.
DELETE *range* (Editbereich löschen)	Der Editbereich *"range"* im aktuellen Editpuffer wird gelöscht. Beispiel: DELETE 12:. Die Zeilen beginnend bei Zeile "12" bis zur derzeitigen Position "." im aktuellen Editpuffer werden gelöscht.
DELETE *range* /QUERY (Teile eines Editbereiches mit Bestätigung löschen)	Vor dem Löschen jeder einzelnen Zeile des Editbereiches *"range"* wird mit dem Prompt "?" eine Bestätigung angefordert. Erlaubte Antworten sind hierbei : Y (Yes) Die aktuelle Zeile wird gelöscht. N (No) Die aktuelle Zeile wird nicht gelöscht. A (All) Alle folgenden Zeilen werden ohne Frage gelöscht. Q (Quit) Die Löschaktion wird abgebrochen ; die folgenden Zeilen werden nicht gelöscht.

Fortsetzung Folgeseite

Bild 5.1-15 Editierfunktionen im Zeilenmodus des EDT (Fortsetzung)

Editierfunktion	Beschreibung der Editierfunktion
EXIT (EDT beenden)	Die EDT-Sitzung wird beendet. Der Editpuffer "MAIN" wird in eine Datei gleichen Namens wie beim Aufruf angegeben - jedoch mit einer höheren Versionsnummer - gespeichert. Die Journaldatei mit der mitlaufenden Protokollierung wird gelöscht.
EXIT *dateiname* (EDT mit neuem Dateinamen beenden)	Wie "EXIT" ; die Speicherung des Editpuffers "MAIN" erfolgt nun in der Datei mit dem Dateinamen *"dateiname"*. Beispiel: EXIT PROGRAMM.NEU Der Inhalt des Editpuffers "MAIN" wird in die Datei mit dem Namen "PROGRAMM.NEU" auf der aktuellen Default-Directory geschrieben.
EXIT /SAVE (EDT beenden mit Aufheben der Journaldatei)	Wie "EXIT" ; die Journaldatei mit der mitlaufenden Protokollierung wird jedoch nicht gelöscht.
FILL =*puffer* (Editpuffer umformatieren/ auffüllen)	Der Editpuffer mit dem Namen *"puffer"* wird unter voller Ausnutzung der 80 bzw. 132 Spalten, auf die das Terminal eingestellt ist, umformatiert. Diese Formatierung bringt so viele Worte wie möglich aus einem Abschnitt in jeder Zeile unter. Leerzeilen trennen Abschnitte ; über Trenner hinaus wird nicht formatiert. Beispiel: FILL =SAM Der Inhalt des Editpuffers mit dem Namen "SAM" wird durch Auffüllung umformatiert.
FILL =*range* (Editbereich umformatieren/ auffüllen)	Wie "FILL" mit Editpuffer ; der Editbereich *"range"* im aktuellen Editpuffer wird unter voller Ausnutzung der 80 bzw. 132 Spalten umformatiert. Beispiel: FILL %REST Alle Zeilen von der aktuellen Position bis zum Pufferende werden durch Auffüllung umformatiert.

Fortsetzung Folgeseite

Bild 5.1-15 Editierfunktionen im Zeilenmodus des EDT
(Fortsetzung)

Editierfunktion	Beschreibung der Editierfunktion
FIND *"begriff"* (Zeichenkette suchen)	Die Suchzeichenkette *"begriff"* wird im aktuellen Editpuffer beginnend bei der aktuellen Position bis zum Ende des Editpuffers gesucht. Bei Sucherfolg wird die Position auf diese Zeile umgestellt. Beispiel: FIND "MULTI" Im aktuellen Editpuffer wird vorwärts nach der Zeichenkette "MULTI" gesucht und bei Sucherfolg auf diese Zeile positioniert.
FIND - *"begriff"* (Zeichenkette suchen)	Die Suchzeichenkette wird im aktuellen Editpuffer beginnend bei der aktuellen Position rückwärts bis zum Beginn des Editpuffers gesucht. Bei Sucherfolg wird die Position auf diese Zeile umgestellt.
FIND =*puffer* (Umschaltung von Editpuffern)	Es wird auf den Editpuffer *"puffer"* umgeschaltet ; dabei wird der Inhalt dieses Editpuffers auf dem Bildschirm angezeigt.
FIND =*puffer position* (Umschaltung von Editpuffern)	Es wird auf den Editpuffer *"puffer"* umgeschaltet und dort auf die Zeile *"position"* positioniert. Nur diese Zeile wird auf dem Bildschirm ausgegeben.
FIND *position* (Positionierung im Editpuffer)	Im aktuellen Editpuffer wird auf die Zeile *"position"* positioniert ; diese Zeile wird die neue aktuelle Position und auf dem Bildschirm ausgegeben.
HELP (Hilfe)	Es erfolgt der Aufruf des HELP-Systems innerhalb des EDTs mit Informationstexten über die Editierfunktionen des Zeilenmodus. Eine generelle Beschreibung des HELP-Systems befindet sich im Kapitel 4.3.25.
INCLUDE *datei* (Datei einfügen)	Die Datei *"datei"* wird eingelesen und im aktuellen Editpuffer an die derzeitige Position eingefügt. Beispiel: INCLUDE DUA0:[MEIER.TEXT]IST.LIS Die Datei "DUA0:[MEIER.TEXT]IST.LIS" wird in den aktuellen Editpuffer eingefügt.

Fortsetzung Folgeseite

**Bild 5.1-15 Editierfunktionen im Zeilenmodus des EDT
(Fortsetzung)**

Editierfunktion	Beschreibung der Editierfunktion
INCLUDE *datei =puffer* (Datei einfügen)	Die Datei mit dem Namen *"datei"* wird eingelesen und in den angegebenen Editpuffer mit dem Namen *"puffer"* an die dortige aktuelle Position eingefügt.
INCLUDE *datei position* (Datei einfügen)	Die Datei mit dem Namen *"dateiname"* wird eingelesen und in den aktuellen Editpuffer vor der angegebenen Zeile *"position"* eingefügt.
INSERT (Text einfügen)	Es wird in den Einfügemodus (Insert) umgeschaltet. In diesem Modus können beliebig viele Zeilen Text eingegeben werden, bis durch die Eingabe der Tastenkombination <CTRL/Z> dieser Modus beendet wird. Der Text landet im aktuellen Editpuffer vor der derzeitigen Position. Beispiel : INSERT *dies ist die erste neue Zeile* *dies ist die zweite neue Zeile* *<CTRL/Z>* Vor der aktuellen Position im aktuellen Editpuffer sind die beiden angegebenen neuen Zeilen eingefügt worden. Die Eingabe und damit der Einfügemodus ist mit der Tastenkombination <CTRL/Z> beendet worden.
INSERT *=puffer* (Text einfügen)	Wie "INSERT" ; es wird hier jedoch in den Editpuffer mit dem Namen *"puffer"* umgeschaltet, in dem dann der eingegebene Text an der dortigen Position auch landet.
INSERT *position* (Text einfügen)	Wie "INSERT" ; der eingegebene Text wird über der angegebenen Zeile *"position"* im aktuellen Editpuffer eingefügt.
INSERT *position; eingabe* (Text einfügen)	Über der angegebenen Zeile *"position"* wird die neue Textzeile *"eingabe"* im aktuellen Editpuffer eingefügt. Es wird nicht in den Einfügemodus umgeschaltet. Beispiel: INSERT 23; dies ist jetzt neu Vor der Zeile "23" im aktuellen Editpuffer wird die Textzeile "dies ist jetzt neu" eingefügt.

Fortsetzung Folgeseite

Bild 5.1-15 Editierfunktionen im Zeilenmodus des EDT (Fortsetzung)

Editierfunktion	Beschreibung der Editierfunktion
MOVE *=puffer1* TO *=puffer2* (Editpuffer verschieben)	Der Inhalt des Quelleditpuffers *"puffer1"* wird in den Zieleditpuffer *"puffer2"* mit gleichzeitiger Löschung des Quelleditpuffers kopiert. Wenn der Zieleditpuffer noch nicht existiert, so wird er erzeugt und in die Verwaltungsliste der Editpuffer eingetragen. Es wird auf den Zieleditpuffer umgeschaltet. Beispiel: MOVE =A TO =B Der Inhalt des Editpuffers "A" wird gelöscht und in den Editpuffer "B" kopiert und auf "B" umgeschaltet.
MOVE *range1* TO *range2* (Editbereich verschieben)	Der Quelleditbereich *"range1"* im aktuellen Editpuffer wird in den Zieleditbereich *"range2"* im gleichen Editpuffer eingefügt und an der ursprünglichen Stelle gelöscht. Es wird auf den Beginn des Zieleditbereiches positioniert. Beispiel: MOVE 2:5 TO 17 Der Editbereich bestehend aus den Zeilen "2" bis "5" wird vor der Zeile "17" eingefügt. Der Textbereich der Zeilen "2" bis "5" wird gelöscht.
MOVE *range1* TO *range2* /QUERY (Teile eines Editbereiches mit Bestätigung verschieben)	Vor dem Kopieren jeder einzelnen Zeile des Quelleditbereiches *"range1"* nach *"range2"* (Zielbereich) im gleichen Editpuffer und dem Löschen dieser Zeile an der ursprünglichen Stelle wird mit dem Prompt "?" eine der aufgeführten Bestätigungen angefordert : <table><tr><td>Y</td><td>(Yes)</td><td>Die aktuelle Zeile wird verschoben.</td></tr><tr><td>N</td><td>(No)</td><td>Die aktuelle Zeile wird nicht verschoben.</td></tr><tr><td>A</td><td>(All)</td><td>Alle Folgezeilen werden ohne Frage verschoben.</td></tr><tr><td>Q</td><td>(Quit)</td><td>Das Verschieben wird abgebrochen ; alle Folgezeilen werden nicht verschoben.</td></tr></table>
NEXT (Zeichenkette ersetzen)	Das "SUBSTITUTE"-Kommando wird für das nächste Auftreten der zu ersetzenden Zeichenkette erneut ausgeführt (siehe dort).

Fortsetzung Folgeseite

Bild 5.1-15 Editierfunktionen im Zeilenmodus des EDT (Fortsetzung)

Editierfunktion	Beschreibung der Editierfunktion
PRINT *datei* (Druckausgabe)	Der Inhalt des aktuellen Editpuffers wird im Druckformat in die Datei *"datei"* geschrieben. Das Druckformat besteht aus 60 Zeilen mit einem Seitenvorschub und jeweils 2 zusätzlichen Leerzeilen. Außerdem werden die Zeilennummern zusätzlich mit ausgegeben. Nicht druckbare Zeichen werden in spezieller Form dargestellt : der ASCII-Code "27" (=ESC) als "<ESC>" oder der ASCII-Code "0" als "^@". Beispiel: PRINT DRUCK.LIS Der Inhalt des aktuellen Editpuffers wird im Druckformat in die Datei "DRUCK.LIS" geschrieben.
PRINT *datei* *=puffer* (Druckausgabe eines Editpuffers)	Wie "PRINT" ; es wird der angegebene Editpuffer mit dem Namen *"puffer"* in die Datei mit dem Namen *"datei"* geschrieben. Es erfolgt aber keine Umschaltung auf diesen Editpuffer. Beispiel: PRINT ZWISCHEN.LIS =ZW Der Inhalt des Editpuffers "ZW" wird im Druckformat in die Datei "ZWISCHEN.LIS" geschrieben.
PRINT *datei* *range* (Druckausgabe eines Editbereiches)	Wie "PRINT " ; der angegebene Editbereich *"range"* aus dem aktuellen Editpuffer wird in die Datei *"datei"* geschrieben. Es erfolgt keine Veränderung der Position. Beispiel: PRINT ANFANG.LIS 1:10 Die Zeilen "1" bis "10" aus dem aktuellen Editpuffer werden im Druckformat in die Datei "ANFANG.LIS" geschrieben.
QUIT (EDT abbrechen)	Die EDT-Sitzung wird abgebrochen, ohne daß der Editpuffer "MAIN" in eine Datei (zurück-)gespeichert wird. Die Journaldatei mit der mitlaufenden Protokollierung wird gelöscht.
QUIT /SAVE (EDT abbrechen)	Wie "QUIT" ; die Journaldatei mit der mitlaufenden Protokollierung wird jedoch nicht gelöscht.

Fortsetzung Folgeseite

Bild 5.1-15 Editierfunktionen im Zeilenmodus des EDT
      (Fortsetzung)

Editierfunktion	Beschreibung der Editierfunktion
REPLACE (Text ersetzen und einfügen)	Die aktuelle Zeile wird gelöscht und danach in den Einfügemodus (Insert) umgeschaltet. In diesem Modus können beliebig viele Zeilen Text eingegeben werden, bis durch die Eingabe der Tastenkombination <CTRL/Z> dieser Modus beendet wird. Beispiel: REPLACE *dies ist die erste neue Zeile* *dies ist die zweite neue Zeile* *<CTRL/Z>* Die aktuelle Zeile wird gelöscht und durch die beiden angegebenen neuen Zeilen ersetzt. Die Eingabe wird mit der Tastenkombination <CTRL/Z> beendet.
REPLACE *=puffer* (Text ersetzen und einfügen)	Wie "REPLACE" ; es wird hier jedoch in den Editpuffer mit dem Namen *"puffer"* umgeschaltet, dessen Inhalt durch den dann eingegebenen Text ersetzt wird.
REPLACE *position* (Text ersetzen und einfügen)	Wie "REPLACE" ; der eingegebene Text ersetzt die angegebene Zeile *"position"* im aktuellen Editpuffer.
REPLACE *position*; *eingabe* (Text ersetzen und einfügen)	Die angegebene Zeile *"position"* wird gelöscht und die neue Textzeile *"eingabe"* im aktuellen Editpuffer stattdessen eingefügt. Es wird nicht in den Einfügemodus umgeschaltet. Beispiel: REPLACE 23; dies ist jetzt neu Die Zeile "23" im aktuellen Editpuffer wird durch die Textzeile "dies ist jetzt neu" ersetzt.
RESEQUENCE (Editpuffer durchnumerieren)	Der aktuelle Editpuffer wird neu durchnumeriert. Die Schrittweite beträgt 1 beginnend bei Zeile 1.
RESEQUENCE *=puffer* (Editpuffer durchnumerieren)	Der Editpuffer mit dem angegebenen Namen *"puffer"* wird neu durchnumeriert. Die Schrittweite beträgt 1 beginnend bei Zeile 1.
	Fortsetzung Folgeseite

Bild 5.1-15 Editierfunktionen im Zeilenmodus des EDT
      (Fortsetzung)

Editierfunktion	Beschreibung der Editierfunktion
RETURN (Eingabe)	Im Einfügemodus wird mit der "RETURN"-Taste eine Markierung am Zeilenende eingetragen und auf die nächste Zeile positioniert. Im Zeilenmodus "*" wird die Position auf die nächste Zeile umgestellt.
SET ENTITY PAGE *begrenzer* (Seitenbegrenzer setzen)	Es wird der Begrenzer für eine Seite festgelegt. Standardmäßig ist das ASCII-Zeichen Seitenvorschub (<FF> = FORMFEED) als Seitenbegrenzer definiert. Es kann immer nur eine Definition für den Seitenbegrenzer aktuell sein. Beispiel: SET ENTITY PAGE "<P>" Der neue Seitenbegrenzer ist die Zeichenkette "<P>".
SET ENTITY PARAGRAPH *begrenzer* (Paragraphen- begrenzer setzen)	Es wird der Begrenzer für einen Paragraphen festgelegt. Standardmäßig sind zwei aufeinander folgende ASCII-Zeichen Wagenrücklauf (<CR> = CARRIAGE RETURN) als Paragraphenbegrenzer definiert. Es kann immer nur eine Definition für den Paragraphenbegrenzer aktuell sein. Beispiel: SET ENTITY PARAGRAPH "§" Der neue Paragraphenbegrenzer ist die Zeichenkette "§".
SET ENTITY SENTENCE *begrenzer* (Satzbegrenzer setzen)	Es werden die Begrenzer für einen Satz (Sentence) festgelegt. Standardmäßig sind die ASCII-Zeichen ".", "!" und "?" als Satzbegrenzer definiert. Beispiel: SET ENTITY SENTENCE ".!?"")]" Die neuen Satzbegrenzer sind die Zeichen ´.´, ´!´, ´?´, ´"´ (doppelt angegeben, da die Definition der Satzbegrenzer ebenfalls mit ´"´ eingeschlossen worden ist), ´)´ und ´]´.
SET ENTITY WORD *begrenzer* (Wortbegrenzer setzen)	Es werden die Begrenzer für ein Wort festgelegt. Standardmäßig sind die ASCII-Zeichen " ", Wagenrücklauf (<CR> = CARRIAGE RETURN), Tabulator (<VT> = VERTICAL TAB), Zeilenvorschub

Fortsetzung Folgeseite

**Bild 5.1-15 Editierfunktionen im Zeilenmodus des EDT
(Fortsetzung)**

Editierfunktion	Beschreibung der Editierfunktion
(Fortsetzung) SET ENTITY WORD *begrenzer* (Wortbegrenzer setzen)	(<LF> = LINEFEED) und Seitenvorschub (<FF> = FORMFEED) als Wortbegrenzer definiert. Beispiel: SET ENTITY WORD "<CR><VT>()[]" Die neuen Wortbegrenzer sind der Wagenrücklauf <CR>, der Tabulator <VT> sowie ´(´, ´)´, ´[´und ´]´.
SET KEYPAD (Funktionstasten- modus setzen)	Es wird der Funktionstastenmodus für ein später folgendes "CHANGE" eingestellt.
SET MODE CHANGE (Startmodus auf Funktionstasten- modus setzen)	Es wird der Funktionstastenmodus als der Editmodus eingestellt, der beim Aufruf von EDT benutzt werden soll. Dieser Befehl steht in der Regel in der EDT-Konfigurationsdatei.
SET MODE LINE (Startmodus auf Zeilenmodus setzen)	Es wird der Zeilenmodus als der Editmodus eingestellt, der beim Aufruf von EDT benutzt werden soll. Dieser Befehl steht in der Regel in der EDT-Konfigurationsdatei.
SET NOKEYPAD (Bildschirmmodus setzen)	Es wird der Bildschirmmodus für ein später folgendes "CHANGE" eingestellt.
SET NONUMBERS (Zeilennummern unterdrücken)	Die Zeilennummern werden unterdrückt, d.h. nicht auf dem Bildschirm ausgegeben.
SET NOTAB (Tabulator- funktionen ausschalten)	Die Standardeinstellung des EDT schaltet die speziellen Tabulatorfunktionen aus.
SET NOTRUNCATE (Bildschirmumbruch setzen)	Zeilen, die länger als die am Terminal eingestellte Anzahl von Spalten sind, werden nur auf dem Bildschirm umgebrochen. Diese Umbruchsstelle, die mitten in einem Wort sein kann, wird durch eine Raute gekennzeichnet, da Wortgrenzen nicht beachtet werden.
	Fortsetzung Folgeseite

Bild 5.1-15 Editierfunktionen im Zeilenmodus des EDT
(Fortsetzung)

Editierfunktion	Beschreibung der Editierfunktion
SET NOWRAP (Textumbruch abschalten)	Die Standardeinstellung verursacht keinen automatischen Umbruch des Textes bei Überschreitung der eingestellten Anzahl Spalten auf dem Bildschirm.
SET SCREEN 80 (Bildschirmbreite auf 80 setzen)	Die Bildschirmbreite wird auf 80 Spalten pro Zeile umgesetzt.
SET SCREEN 132 (Bildschirmbreite auf 132 setzen)	Die Bildschirmbreite wird auf 132 Spalten pro Zeile umgesetzt.
SET SEARCH EXACT (Suchart auf exakt setzen)	Die Art des Suchens (bei "FIND" oder "SUBSTITUTE") wird auf exakte Übereinstimmung eingestellt. Damit unterscheiden sich Zeichenketten in Groß- und Kleinschrift voneinander und werden demnach bei einer Suche nicht gefunden.
SET SEARCH GENERAL (Suchart auf generell setzen)	Die Art des Suchens (bei "FIND" oder "SUBSTITUTE") wird auf generelle Übereinstimmung eingestellt. Damit unterscheiden sich Zeichenketten in Groß- und Kleinschrift nicht voneinander und werden bei einer Suche alle gefunden. Auch Zusätze wie Akzente oder Umlautstriche werden ignoriert ; ein solches Zeichen wird wie das Zeichen ohne diesen Zusatz betrachtet.
SET SEARCH CASE INSENSITIVE (Suchart auf exakt ohne Groß-/ Kleinschrift setzen)	Die Art des Suchens (bei "FIND" oder "SUBSTITUTE") wird auf eine strengere generelle Übereinstimmung eingestellt. Damit unterscheiden sich Zeichenketten in Groß- und Kleinschrift nicht voneinander und werden bei einer Suche gefunden. Zusätze wie Akzente oder Umlautstriche dagegen werden als unterschiedliche Zeichen gegenüber dem Zeichen ohne einen solchen Zusatz betrachtet.
SET TRUNCATE (Bildschirmumbruch ausschalten)	Zeilen, die länger als die am Terminal eingestellte Anzahl von Spalten sind, werden auf dem Bildschirm nicht umgebrochen. Solch ein weitergehender Satzteil wird am rechten Rand durch eine Raute gekennzeichnet.
	Fortsetzung Folgeseite

Bild 5.1-15 Editierfunktionen im Zeilenmodus des EDT (Fortsetzung)

Editierfunktion	Beschreibung der Editierfunktion
SET WRAP *spalte* (Textumbruch einschalten)	Es wird versucht, einen automatischen Textumbruch bei Spalte *"spalte"* einzufügen. Worte, die nicht mehr in den zur Verfügung stehenden Platz hineinpassen, werden nach einem Zeilenwechsel in die folgende Zeile geschrieben. Dieser automatische Textumbruch hat Auswirkungen auf den geschriebenen Text ; Sie sehen, wie EDT Ihre Texteingabe gegebenenfalls umformatiert.
SHOW BUFFER (Anzeige Verwaltungsliste der Editpuffer)	Die Verwaltungsliste der Editpuffer mit den Namen aller aktuell vorhandenen Editpuffern inklusive der Anzahl Zeilen, die in jedem dieser Editpuffer stehen, werden auf dem Bildschirm angezeigt. Der Editpuffer, in dem Sie sich derzeit befinden, ist durch ein Gleichheitszeichen "=" gekennzeichnet.
SHOW ENTITY PAGE (Anzeige Seiten-begrenzer)	Es wird der aktuell verwendete (mit "SET ENTITY PAGE" eingestellte) Seitenbegrenzer angezeigt.
SHOW ENTITY PARAGRAPH (Anzeige Para-graphenbegrenzer)	Es wird der aktuell verwendete (mit "SET ENTITY PARAGRAPH" eingestellte) Paragraphenbegrenzer angezeigt.
SHOW ENTITY SENTENCE (Anzeige Satzbegrenzer)	Es werden die aktuell verwendeten (mit "SET ENTITY SENTENCE" eingestellten) Satzbegrenzer angezeigt.
SHOW ENTITY WORD (Anzeige Wortbegrenzer)	Es werden die aktuell verwendeten (mit "SET ENTITY WORD" eingestellten) Wortbegrenzer angezeigt.
SHOW FILES (Anzeige Dateinamen)	Es werden die Dateinamen der gerade editierten Datei und der zukünftigen Ausgabedatei angezeigt.

Fortsetzung Folgeseite

Bild 5.1-15 Editierfunktionen im Zeilenmodus des EDT (Fortsetzung)

Editierfunktion	Beschreibung der Editierfunktion
SHOW KEY *taste* (Anzeige der Definition einer Funktionstaste)	Es wird die Definition der Funktionstaste der Taste bzw. Tastenkombination *"taste"* angezeigt. Ist eine solche *"taste"* nicht definiert, so wird die Meldung "No definition" ausgegeben. Der Definition von Funktionstasten ist ein separater Abschnitt gewidmet (vgl. Kapitel 5.1.13).
SHOW KEYPAD (Anzeige Change-Editmodus)	Es wird der Editmodus (Funktionstastenmodus oder Bildschirmmodus) angezeigt, der für ein späteres "CHANGE"-Kommando mit "SET KEYPAD" bzw. "SET NOKEYPAD" eingestellt worden ist.
SHOW MODE (Anzeige Startmodus)	Es wird der Editmodus angezeigt, der beim Aufruf von EDT benutzt wird.
SHOW SEARCH (Anzeige Suchart)	Die mit "SET SEARCH" eingestellte Art des Suchens wird auf dem Bildschirm angezeigt.
SHOW TRUNCATE (Anzeige Bildschirm- umbruch)	Die mit "SET TRUNCATE" / "SET NOTRUNCATE" eingestellte Art des Bildschirmumbruchs wird auf dem Bildschirm angezeigt.
SHOW WRAP (Anzeige Textumbruch)	Es wird auf dem Bildschirm angezeigt, ob der automatische Textumbruch mit "SET WRAP" eingeschaltet oder mit "SET NOWRAP" ausgeschaltet worden ist.
SUBSTITUTE */text1/text2/ range* (Textersetzung im Editbereich)	Im angegebenen Editbereich *"range"* im aktuellen Editpuffer wird jede Zeichenkette *"text1"* durch die Zeichenkette *"text2"* ersetzt. Der Mechanismus zum Erkennen der Suchzeichenkette *"text1"* wird von der derzeit vereinbarten Suchart (mit "SET SEARCH" definiert) gesteuert. Jede Ersetzung wird auf dem Bildschirm angezeigt. Wird die Suchzeichenkette *"text1"* nicht in dem angegebenen Editbereich gefunden, so meldet EDT "No substitutions". Beide Zeichenketten werden von einem Sonderzeichen (Delimiter) eingeschlossen werden, das nicht in den Zeichenketten vorkommen darf (hier ´/´; erlaubt sind aber auch ´.´, ´-´, ´\´, ´!´, ´*´ usw.).
	Fortsetzung Folgeseite

Bild 5.1-15 Editierfunktionen im Zeilenmodus des EDT (Fortsetzung)

Editierfunktion	Beschreibung der Editierfunktion
(Fortsetzung) SUBSTITUTE */text1/text2/ range* (Textersetzung im Editbereich)	Beispiel: SUBSTITUTE *ALT*NEU* %BE:. Jede Zeichenkette "ALT" vom Beginn des aktuellen Editpuffers bis zur derzeitigen Position wird durch die Zeichenkette "NEU" ersetzt. Delimiter ist hier "*".
SUBSTITUTE */text1/text2/ range* /QUERY (Textersetzung im Editbereich)	Wie "SUBSTITUTE"; vor jedem Ersetzen einer gefundenen Suchzeichenkette *"text1"* im angegebenen Editbereich *"range"* wird eine Bestätigung zum Ersetzen angefordert. Erlaubte Antworten sind hierbei: <table><tr><td>Y</td><td>(Yes)</td><td>Die aktuelle Ersetzung wird durchgeführt.</td></tr><tr><td>N</td><td>(No)</td><td>Die aktuelle Ersetzung findet nicht statt..</td></tr><tr><td>A</td><td>(All)</td><td>Alle folgenden Ersetzungen werden ohne Frage durchgeführt.</td></tr><tr><td>Q</td><td>(Quit)</td><td>Die Ersetzung wird abgebrochen; die folgenden Ersetzungen finden nicht statt.</td></tr></table>
TYPE (Textanzeige)	Die aktuelle Zeile wird erneut auf dem Bildschirm ausgegeben.
TYPE *=puffer* (Textanzeige eines Editpuffers)	Der Editpuffer *"puffer"* wird auf dem Bildschirm ausgegeben und auf diesen Editpuffer umgeschaltet. Beispiel: TYPE =ABC Der Editpuffer "ABC" wird auf dem Bildschirm ausgegeben. Es wird auf diesen Editpuffer umgeschaltet.
TYPE *=puffer*/STAY (Textanzeige eines Editpuffers)	Wie "TYPE"; Es wird nicht auf den angegebenen Editpuffer *"puffer"* umgeschaltet, die Position bleibt unverändert.
TYPE *range* (Textanzeige eines Editbereiches)	Der angegebene Editbereich *"range"* im aktuellen Editpuffer wird auf dem Bildschirm ausgegeben. Beispiel: TYPE .-5:.+5 Der Textbereich 5 Zeilen vor bis 5 Zeilen nach der aktuellen Position wird auf dem Bildschirm angezeigt.
	Fortsetzung Folgeseite

Bild 5.1-15 Editierfunktionen im Zeilenmodus des EDT
    (Fortsetzung)

Editierfunktion	Beschreibung der Editierfunktion
WRITE *datei* (Editpuffer in Datei schreiben)	Der aktuelle Editpuffer wird in eine Datei mit dem Namen *"datei"* geschrieben. Diese Datei bekommt die Standardeigenschaften einer editierbaren sequentiellen Datei zugewiesen. Position und Inhalte der einzelnen Editpuffer werden nicht verändert. Beispiel: WRITE BEREICH.DAT Der aktuelle Editpuffer wird in die Datei mit dem Namen "BEREICH.DAT" geschrieben.
WRITE *datei* =*puffer* (Editpuffer in Datei schreiben)	Wie "WRITE" ; hier wird jedoch der angegebene Editpuffer *"puffer"* in eine Datei mit dem Namen *"datei"* geschrieben. Es wird nicht auf den Editpuffer *"puffer"* umgeschaltet. Beispiel: WRITE RECHNE.COB =RECH Der Inhalt des Editpuffers "RECH" wird in die Datei mit dem Namen "RECHNE.COB" geschrieben.
WRITE *datei* *range* (Editbereich in Datei schreiben)	Wie "WRITE" ; hier wird der angegebene Editbereich *"range"* in die Datei *"datei"* geschrieben. Beispiel: WRITE ZEILE.LIS . Die aktuelle Zeile (".") wird in die Datei "ZEILE.LIS" geschrieben.
=*puffer* (Umschaltung von Editpuffern) [*]	Es wird auf den Editpuffer *"puffer"* umgeschaltet ; dabei wird der Inhalt dieses Editpuffers auf dem Bildschirm angezeigt.
=*puffer position* (Umschaltung von Editpuffern) [*]	Es wird auf den Editpuffer *"puffer"* umgeschaltet und dort auf die Zeile *"position"* positioniert. Nur diese Zeile wird auf dem Bildschirm ausgegeben.
position (Positionierung im Editpuffer) [*]	Im aktuellen Editpuffer wird auf die Zeile *"position"* positioniert ; diese Zeile wird die neue aktuelle Position und auf dem Bildschirm ausgegeben.
[*]	Nicht benutzbar für Definition von Funktionstasten.

Bild 5.1-15 Editierfunktionen im Zeilenmodus des EDT
(Fortsetzung)

5.1.11 Editeinheiten und Editzähler im EDT

Dieser Abschnitt soll Sie mit zwei wichtigen Bestandteilen des Bildschirmmodus vertraut machen : das Konzept der **Editeinheiten** und **Editzähler** (Entities und Counts). Bei vielen Kommandos des Bildschirmmodus kann eine Editeinheit (eine Texteinheit, auf die sich das Kommando beziehen soll) angegeben werden, um dann das spezifizierte Kommando auf diese ganze Einheit wirken zu lassen. Außerdem kann durch das zusätzliche Vorgeben eines Editzählers (als eine Art Multiplikator) das aktuelle Kommando mehrfach hintereinander ausgeführt werden.

In der folgenden Tabelle (Bild 5.1-16) sehen Sie die erlaubten Angaben für eine Editeinheit. Die in dieser Tabelle erwähnten "Begrenzer" werden mit den Zeilenmoduskommandos "SET ENTITY ..." definiert (siehe vorigen Abschnitt).

Editeinheit	Bedeutung	Betroffene Texteinheit
BL	Begin of Line	Beginn der Zeile.
BPAGE	Begin of Page	Beginn der Seite (bis zum Seitenbegrenzer).
BPAR	Begin of Paragraph	Beginn des Abschnitts (bis zum Paragraphenbegrenzer).
BR	Begin of Range	Beginn des mit "SELECT" ausgewählten Editbereiches.
BSEN	Begin of Sentence	Beginn des Satzes (bis zum Satzbegrenzer).
BW	Begin of Word	Beginn des Wortes (bis zum Wortbegrenzer).
C	Character	Zeichen.
EL	End of Line	Ende der Zeile.
EPAGE	End of Page	Ende der Seite (bis zum Seitenbegrenzer).
EPAR	End of Paragraph	Ende des Abschnitts (bis zum Paragraphenbegrenzer).
ER	End of Range	Ende des mit "SELECT" ausgewählten Editbereiches.
ESEN	End of Sentence	Ende des Satzes (bis zum Satzbegrenzer).
EW	End of Word	Ende des Wortes (bis zum Wortbegrenzer).
L	Line	Zeile.
NL	Next Line	Nächste Zeile.
PAGE	Page	Seite.
		Fortsetzung Folgeseite

Bild 5.1-16 Editeinheiten   (Teil 1)

Editeinheit	Bedeutung	Betroffene Texteinheit
PAR	Paragraph	Abschnitt (bis zum Paragraphenbegrenzer).
SEN	Sentence	Satz (bis zum Satzbegrenzer).
SR	Selected Range	Der mit "SELECT" ausgewählte Editbereich.
V	Vertical	Vertikal.
W	Word	Wort (bis zum Wortbegrenzer).
"SUCH"	*"SUCH"*	Das erste Auftreten der Suchzeichenkette *"SUCH"*.
'SUCH'	*'SUCH'*	Wie *"SUCH"*.

Bild 5.1-16 Editeinheiten   (Teil 2 / Fortsetzung)

Ein Editzähler ist ein dem aktuellen Kommando oder der aktuellen Editeinheit zugeordneter Multiplikator, der dafür sorgt, daß dieses Kommando entsprechend oft hintereinander ausgeführt wird. Dieser Multiplikator darf aus dem Intervall [1 ... 32767] stammen. Fehlt die Angabe eines Editzählers, wird automatisch der Wert "1" angenommen.

Außerdem ist es erlaubt, einem Editzähler ein Vorzeichen "+" oder "-" voranzustellen. Dabei bedeutet "+" die Richtung vorwärts und "-" die Richtung rückwärts. Ein fehlendes Vorzeichen bedeutet die gerade eingestellte Richtung.

In der folgenden Tabelle (Bild 5.1-17) sehen Sie Beispiele für erlaubte Angaben einer Editeinheit.

Editeinheit	Bedeutung
2PAR	2 Abschnitte in der eingestellten Richtung (Abschnitt = Paragraph ; gemäß dem vereinbarten Paragraphenbegrenzer).
-4SEN	4 Sätze rückwärts (gemäß den vereinbarten Satzbegrenzern).
+L	1 Zeile vorwärts.
-V	Vertikal eine Zeile rückwärts an der gleichen Spaltenposition.
W	1 Wort in der eingestellten Richtung (gemäß den vereinbarten Wortbegrenzern).
L3W	1 Zeile vorwärts und 3 Worte nach rechts in der eingestellten Richtung.
2(W-2C)	2 mal je 1 Wort vorwärts und 2 Zeichen zurück.
-"SUCH"	Das erste Auftreten der Suchzeichenkette *"SUCH"* in der Richtung rückwärts.

Bild 5.1-17 Beispiele für Editeinheiten

5.1.12 Der Bildschirmmodus des EDT

In der folgenden Aufstellung (Bild 5.1-18) werden die Kommandos des Bildschirmmodus aufgelistet und erklärt. Diese Kommandos können sowohl interaktiv als auch für die Definition von Funktionstasten dienen. Eine Anmerkung zu der Angabe von Editeinheiten und Editzählern : diese werden ohne Leerzeichen direkt vor und nach dem Kommando angeordnet. Die nun folgende Auflistung entspricht der alphabetischen Reihenfolge der Editierfunktionen :

Editierfunktion	Beschreibung der Editierfunktion
ADV (Vorwärts)	Die Richtung vorwärts wird für die folgenden Editierfunktionen eingestellt.
count APPEND · *entity* (Text anhängen)	Die angegebene Editeinheit *"entity"* wird in dem aktuellen Editpuffer gelöscht und Anzahl *"count"* mal an das Ende des PASTE-Puffers kopiert, ohne daß der Inhalt des PASTE-Puffers dabei gelöscht wird. Beispiel: APPENDL Es wird die aktuelle Zeile gelöscht und an das Ende des PASTE-Puffers angehängt.
count APPEND *entity* *=puffer* (Text anhängen)	Wie "APPEND ; statt des PASTE-Puffers wird der Zieleditpuffer *"puffer"* verwendet. Beispiel: APPEND3W=XYZ Es werden die drei aktuellen Worte gelöscht und an das Ende des Editpuffer "XYZ" angehängt.
count (*code*ASC) (Spezial- eingabe)	Jeder ASCII-Code (beispielsweise unsichtbare Steuerzeichen oder nationale Sonderzeichen) läßt sich in den Text einfügen. Die Eingabe des gewünschten dezimalen ASCII-Codes *"code"* kann Anzahl *"count"* mal erfolgen. Bei Weglassen des Editzähler *"count"* können die Klammern entfallen. Beispiel: 3(12ASC) Es werden 3 Seitenvorschübe ("12" = <FF> = FORMFEED) in den Text an die aktuelle Position eingefügt.
	Fortsetzung Folgeseite

Bild 5.1-18 Editierfunktionen im Bildschirmmodus des EDT

Editierfunktion	Beschreibung der Editierfunktion
BACK (Rückwärts)	Die Richtung rückwärts wird für die folgenden Editierfunktionen eingestellt.
count CHGC *entity* (Umwandlung Klein-/ Großschrift)	Es erfolgt die Umwandlung aller Groß- in Kleinbuchstaben und aller Klein- in Großbuchstaben in der angegebenen Editeinheit *"entity"* insgesamt Anzahl *"count"* mal. Beispiel: CHGC4L Alle Großbuchstaben in der aktuellen Zeile und den folgenden 3 Zeilen werden in Kleinbuchstaben und alle Kleinbuchstaben in Großbuchstaben umgewandelt.
count CHGL *entity* (Umwandlung Groß- in Kleinschrift)	Es erfolgt insgesamt Anzahl *"count"* mal die Umwandlung von Groß- in Kleinbuchstaben in der angegebenen Editeinheit *"entity"*. Beispiel: CHGL13C Alle Großbuchstaben in den 13 nächsten Zeichen inklusive der aktuellen Position werden in Kleinbuchstaben umgewandelt.
count CHGU *entity* (Umwandlung Klein- in Großschrift)	Es erfolgt insgesamt Anzahl *"count"* mal die Umwandlung von Klein- in Großbuchstaben in der angegebenen Editeinheit *"entity"*. Beispiel: CHGU2PAR Alle Kleinbuchstaben in dem aktuellen und dem nächsten Paragraphen werden in Großbuchstaben umgewandelt.
CLSS (Suchpuffer löschen)	Der Inhalt des Suchpuffers wird gelöscht.
CTRL/C (Abbruch/ Cancel)	Die Ausführung eines EDT-Kommandos wird abgebrochen (beispielsweise die Suche nach einer falschen Suchzeichenkette). Die Meldung "Aborted by CTRL/C" wird bei erfolgreichem Abbruch des Kommandos ausgegeben, ansonsten die Meldung "CTRL/C ignored".
	Fortsetzung Folgeseite

Bild 5.1-18 Editierfunktionen im Bildschirmmodus des EDT (Fortsetzung)

Editierfunktion	Beschreibung der Editierfunktion
CTRL/Z (Einfügemodus beenden)	Der mit "INSERT" oder "REPLACE" verursachte Einfügemodus wird beendet.
count **CUT** *entity* (Text heraus- schneiden)	Die angegebene Editeinheit *"entity"* wird in dem aktuellen Editpuffer gelöscht und Anzahl *"count"* mal in den PASTE-Puffer kopiert. Dabei wird der Inhalt des PASTE-Puffers gelöscht wird. Beispiel: CUTL Es wird die aktuelle Zeile gelöscht und in den PASTE-Puffer geschrieben.
count **CUT** *entity* *=puffer* (Text heraus- schneiden)	Wie "CUT" ; statt des PASTE-Puffers wird der Zieleditpuffer *"puffer"* verwendet. Beispiel: CUT3W=XYZ Es werden die drei aktuellen Worte gelöscht und in den Editpuffer "XYZ" geschrieben.
count **D** *entity* (Löschen)	Die angegebene Editeinheit *"entity"* wird in dem aktuellen Editpuffer Anzahl *"count"* mal gelöscht. Handelt es sich dabei um die Editeinheit "C", dann wird das gelöschte Zeichen in den Zeichenlöschpuffer übertragen. Gleiches gilt für eine wortbezogene Editeinheit mit der Übertragung in den Wortlöschpuffer und eine zeilenbezogene Editeinheit für die Kopieraktion in den Zeilenlöschpuffer. Dabei wird der Inhalt des entsprechenden Löschpuffers überschrieben. Beispiel: 2DL Es wird die aktuelle und die folgende Zeile gelöscht und die letzte Zeile in den Zeilenlöschpuffer geschrieben. Beispiel: -3DC Die 3 Zeichen links von der aktuellen Position werden gelöscht.

Fortsetzung Folgeseite

Bild 5.1-18 Editierfunktionen im Bildschirmmodus des EDT (Fortsetzung)

Editierfunktion	Beschreibung der Editierfunktion
DATE (Datum / Zeit)	Das aktuelle Systemdatum und die aktuelle Systemzeit werden an der derzeitigen Position in den Text eingefügt.
DESEL (Auswahl zurücksetzen)	Der mit "SEL" ausgewählte Textbereich wird wieder zurückgesetzt.
DOWN ARROW (Cursor nach unten)	Der Cursor wird um eine Zeile nach unten positioniert. Ist die Anzahl der Spalten in der Folgezeile kleiner als die aktuelle Spalte, so wird der Cursor an das Zeilenende gestellt. Sonst wird die aktuelle Spalte beibehalten.
EX (Zurück zum Zeilenmodus)	Der Bildschirmmodus wird verlassen ; es wird zurückgeschaltet in den Zeilenmodus.
EXT *kommando* (Ausführung Zeilenmodus-kommando)	Es wird das angegebene Zeilenmoduskommando *"kommando"* ausgeführt. Es kann auch eine Folge von Kommandos aus dem Zeilenmodus spezifiziert werden. Hierbei sind die einzelnen Kommandos durch ein ";" voneinander zu trennen. Beispiel: EXT SET SCREEN 132 Der Bildschirm wird vom Bildschirmmodus aus auf 132 Zeichen umgestellt. Beispiel: EXT SUBSTITUTE/A/B/=MAIN ; CHANGE ; 12ASC Zuerst wird im Editpuffer "MAIN" jedes "A" durch ein "B" mit dem Zeilenmoduskommando "SUBSTITUTE" ersetzt. Danach erfolgt die Umschaltung zurück auf den Bildschirmmodus mit "CHANGE" und die Einfügung eines Seitenvorschubs (ASCII-Code 12 = <FF> = FORMFEED).
FILL (Text auffüllen)	Der mit "SELECT" ausgewählte Textbereich wird umformatiert unter voller Ausnutzung der 80 bzw. 132 Spalten, auf die das Terminal eingestellt ist. Diese Formatierung bringt so viele Worte wie möglich aus einem Abschnitt in jeder Zeile unter. Leerzeilen trennen Abschnitte ; über Trenner hinaus wird nicht formatiert.

Fortsetzung Folgeseite

Bild 5.1-18 Editierfunktionen im Bildschirmmodus des EDT
     (Fortsetzung)

Editierfunktion	Beschreibung der Editierfunktion
HELP (Hilfe)	Es erfolgt der Aufruf des HELP-Systems innerhalb des EDTs mit Informationstexten über die Editierfunktionen des Zeilenmodus. Eine generelle Beschreibung des HELP-Systems befindet sich im Kapitel 4.3.25.
I (Text einfügen)	Es wird in den Einfügemodus (Insert) umgeschaltet. In diesem Modus können beliebig viele Zeilen Text eingegeben werden, bis durch die Eingabe der Tastenkombination <CTRL/Z> dieser Modus beendet wird. Der Text landet vor der derzeitigen Position. Beispiel: I *dies ist die erste neue Zeile* *dies ist die zweite neue Zeile* *<CTRL/Z>* Vor der aktuellen Position sind die beiden angegebenen neuen Zeilen eingefügt worden. Die Eingabe und damit der Einfügemodus wird mit <CTRL/Z> beendet.
I *eingabe* <CTRL/Z> (Text einfügen)	Über der aktuellen Zeile wird die neue Textzeile *"eingabe"* eingefügt. Es wird nicht in den Einfügemodus umgeschaltet. Beispiel: I Hallo <CTRL/Z> Vor der aktuellen Zeile wird die Textzeile "Hallo" eingefügt.
LEFT ARROW (Cursor nach links)	Der Cursor wird um eine Spalte nach links positioniert. Befindet sich der Cursor bereits am Zeilenanfang, dann wird rechts neben dem letzten Zeichen am Zeilenende der vorangehenden Zeile positioniert.
count PASTE *=puffer* (Text hinein- kopieren (einkleben))	Der Text aus dem angegebenen Editpuffer *"puffer"* wird links von der aktuellen Cursorposition in den aktuellen Editpuffer kopiert. Der Inhalt des Editpuffers bleibt erhalten. Wird die "*=puffer*"-Angabe weggelassen, dann wird automatisch der PASTE-Puffer als Quelleditpuffer verwendet.
QUIT (EDT abbrechen)	Die EDT-Sitzung wird abgebrochen, ohne daß der Editpuffer "MAIN" in eine Datei gespeichert wird. Die Journaldatei mit der mitlaufenden Protokollierung wird gelöscht.
	Fortsetzung Folgeseite

Bild 5.1-18 Editierfunktionen im Bildschirmmodus des EDT
(Fortsetzung)

Editierfunktion	Beschreibung der Editierfunktion

count
R
entity
(Text ersetzen
und einfügen)
	Die aktuelle Editeinheit *"entity"* wird gelöscht. Danach erfolgt die Umschaltung in den Einfügemodus (Insert). In diesem Modus kann beliebig viel Text eingegeben werden, bis durch die Eingabe der Tastenkombination <CTRL/Z> dieser Modus beendet wird.
	
	Beispiel : RL
	  dies ist die erste neue Zeile
	  <CTRL/Z>
	
	Die aktuelle Zeile wird gelöscht und durch die angegebene neue Zeile ersetzt. Die Eingabe wird mit der Tastenkombination <CTRL/Z> beendet.

REF (Auffrischung/ Refresh des Bildschirms)	Der Bildschirm wird wieder aufgefrischt. Diese Funktion ist nützlich während einer Editierung nach der Ausgabe von einer System-, Mail-, Phone-Meldung auf dem Bildschirm, die das Editierbild unleserlich gemacht hat.
RIGHT ARROW (Cursor nach rechts)	Der Cursor wird um eine Spalte nach rechts positioniert. Befindet sich der Cursor bereits am Zeilenende, dann wird auf den Anfang der folgenden Zeile positioniert.
count S/*text1*/*text2*/ (Textersetzung)	An der Stelle des nächsten Auftretens der Zeichenkette *"text1"* wird diese durch die Zeichenkette *"text2"* ersetzt. Diese Ersetzung wird insgesamt Anzahl*"count"* mal durchgeführt bzw. einmal, wenn *"count"* nicht angegeben worden ist. Beide Zeichenketten werden von einem Sonderzeichen (Delimiter) eingeschlossen, das nicht in den Zeichenketten vorkommen darf (hier ´/´; erlaubt sind aber auch ´.´, ´-´, ´\´, ´!´, ´*´ usw.). Beispiel: 2S*ALT*NEU* Die Zeichenkette "ALT" wird an den 2 nächsten Stellen durch die Zeichenkette "NEU" ersetzt. Delimiter ist hier "*".
SEL (Auswahl)	Mit "SEL" wird der Beginn eines ausgewählten Textbereichs gekennzeichnet. Mit Hilfe des Cursors kann genau der gewünschte Textbereich markiert werden, der dann mit der Editeinheit "SR" angesprochen wird.

Fortsetzung Folgeseite

Bild 5.1-18 Editierfunktionen im Bildschirmmodus des EDT
    (Fortsetzung)

Editierfunktion	Beschreibung der Editierfunktion
count SHL (Nach links schieben / Shift)	Mit dem Links-Shift wird der aktuelle Editpuffer unter dem Editierfenster um 8 Stellen nach links geschoben. Ist der Multiplikator *"count"* angegeben, so wird dieser Shift entsprechend oft ausgeführt.
count SHR (Nach rechts schieben / Shift)	Mit dem Rechts-Shift wird der aktuelle Editpuffer unter dem Editierfenster um 8 Stellen nach rechts geschoben. Ist der Multiplikator *"count"* angegeben, so wird dieser Shift entsprechend oft ausgeführt.
count SN (Nächste Zeichenkette ersetzen)	Die mit dem Befehl "S/Text1/Text2/" durchgeführte Ersetzung von Zeichenketten wird erneut für die nächste betreffende Zeichenkette ausgeführt. Ist *"count"* angegeben, so erfolgt diese Ersetzung Anzahl *"count"* mal.
SSEL *"text"* (Zeichenkette suchen und Auswahl setzen)	Der Suchpuffer wird mit der angegebenen Zeichenkette *"text"* überschrieben. Danach wird nach dieser Zeichenkette gesucht und bei Erfolg diese Position als der Beginn eines mit "SEL" markierten Textbereiches gekennzeichnet. Statt der ´"´ können auch ´'´ verwendet werden.
TAB (Tabulator)	Der Cursor wird um 'n' Spalten nach rechts auf die nächste Tabulatorposition versetzt, abhängig von der derzeitigen Cursorposition. EDT besitzt eine Voreinstellung für den Tabulator alle acht Spalten. Diese Voreinstellung läßt sich mit dem Zeilenmoduskommando "SET TAB" ändern.
TGSEL (Auswahl zurücksetzen und neu setzen)	Wenn ein mit "SEL" ausgewählter Textbereich aktiv ist, so wird dieser zurückgesetzt und danach mit "SEL" der Beginn eines ausgewählten Textbereichs gekennzeichnet. Mit Hilfe des Cursors kann genau der gewünschte Textbereich markiert werden, der dann mit der Editeinheit "SR" angesprochen wird.
TOP (Bildschirm-Ausschnitt nach oben setzen)	Die aktuelle Zeile wird an den oberen Rand des Bildschirms in die erste Zeile verschoben, die folgenden Zeilen entsprechend darunter angeordnet. Sind weniger als 21 Zeilen von der aktuellen Zeile bis zum Ende des Editpuffers, dann bewirkt "TOP" nichts.

Fortsetzung Folgeseite

Bild 5.1-18 Editierfunktionen im Bildschirmmodus des EDT (Fortsetzung)

Editierfunktion	Beschreibung der Editierfunktion
count UNDC (Zeichen ein- fügen/Löschung rückgängig machen)	Das zuvor gelöschte, im Zeichenlöschpuffer stehende Zeichen wird Anzahl *"count"* mal (oder einmal, wenn *"count"* nicht angegeben ist) an die Stelle links vom Cursor kopiert. Der Inhalt des Zeichenlöschpuffers bleibt erhalten.
count UNDL (Zeile einfügen / Löschung rückgängig machen)	Die zuvor gelöschte, im Zeilenlöschpuffer stehende Zeile (oder Teil-Zeile) wird Anzahl *"count"* mal (oder einmal, wenn *"count"* nicht angegeben worden ist) an die Stelle links vom Cursor kopiert. Der Cursor und der Folgetext werden entweder nach rechts oder auf die nächste Zeile verschoben, wenn in diesem Puffer eine Markierung für ein Zeilenende enthalten sein sollte. Der Inhalt des Zeilenlöschpuffers bleibt erhalten.
count UNDW (Wort einfügen / Löschung rückgängig machen)	Das zuvor gelöschte, im Wortlöschpuffer stehende Wort wird Anzahl *"count"* mal (oder einmal, wenn *"count"* nicht angegeben worden ist) an die Stelle links vom Cursor kopiert. Der Cursor und der Folgetext werden nach rechts oder auf die nächste Zeile verschoben, wenn in diesem Puffer eine Markierung für ein Zeilenende enthalten sein sollte. Der Inhalt des Wortlöschpuffers bleibt erhalten.
UP ARROW (Cursor nach oben)	Der Cursor wird um eine Zeile nach oben positioniert. Ist die Anzahl der Spalten in der Folgezeile kleiner als die aktuelle Spalte, so wird der Cursor an das Zeilenende gestellt. Sonst wird die aktuelle Spalte beibehalten.
entity (Cursor setzen)	Die Cursorposition wird um die angegebene Editeinheit *"entity"* verändert.

Bild 5.1-18 Editierfunktionen im Bildschirmmodus des EDT
        (Fortsetzung)

Anmerkung :

Auf die Vorstellung der folgenden Funktionen soll hier verzichtet werden:

DLWC	- Umschaltung Großbuchstaben in Kleinbuchstaben
DMOV	- Umschaltung auf Standardbehandlung Groß-/Kleinschrift
DUPC	- Umschaltung Kleinbuchstaben in Großbuchstaben
TADJ	- Tabulator-Level anpassen
TC	- Setzen eines neuen Tabulator-Level
TD	- Tabulator-Level erniedrigen
TI	- Tabulator-Level erhöhen

5.1.13 Definition von Funktionstasten im EDT

Bevor nun Sie nun in die Möglichkeiten zur Definition von Funktionstasten im EDT
eintauchen, sollen zuerst die Tasten bzw. Tastenkombinationen aufgelistet werden, die
für solch eine Funktionstaste in Frage kommen können. Die zur Verfügung stehende
Menge ist groß genug für eine Konfigurierung, die Ihre Arbeitsweise optimal unterstützt.
So ist der numerische Tastaturblock, der Cursorblock und die Funktionstastenreihe neu
definierbar, obwohl EDT für diese Tasten bereits standardmäßige Vorbelegungen
vereinbart hat. Fast alle Tasten auf der gesamten Tastatur sind mit der
Funktionsumschalttaste "GOLD" (="PF1") kombinierbar. Auf der alphanumerischen
Tastatur sind etliche Tasten mit der Taste "CONTROL" (="CTRL") umschaltbar, sogar
auch im Zusammenspiel mit der Taste "GOLD". Die nicht erlaubten Ausnahmen werden
weiter unten ebenfalls aufgelistet.

Alle Tasten des numerischen Tastaturblocks, der Cursorblocks und der
Funktionstastenreihe werden bei der Definition von Funktionstasten mit ihrer EDT-
internen Tastennummer angesprochen. In dem folgenden Bild 5.1-19 sehen Sie die
Tastennummern des numerischen (dritten) Tastaturblockes.

PF1	PF2	PF3	PF4
GOLD	**10**	**11**	**17**
7	8	9	-
7	**8**	**9**	**18**
4	5	6	,
4	**5**	**6**	**19**
1	2	3	ENTER
1	**2**	**3**	
0		.	**21**
	0	**16**	

Bild 5.1-19 Tastennummern auf dem numerischen Tastaturblock

Die Tastennamen für den numerischen Tastaturblock beschränken sich auf die
Tastennummer. Zur Neudefinition der Taste "-" auf dem numerischen Tastaturblock wird
einfach "18" als Tastenname verwendet, zur Neudefinition der Tastenkombination
"GOLD PF3" wird "GOLD 11" angegeben.

Im Bild 5.1-20 sehen Sie den zweiten Tastaturblock (Cursorblock) und die Belegung mit den EDT-internen Tastennummern.

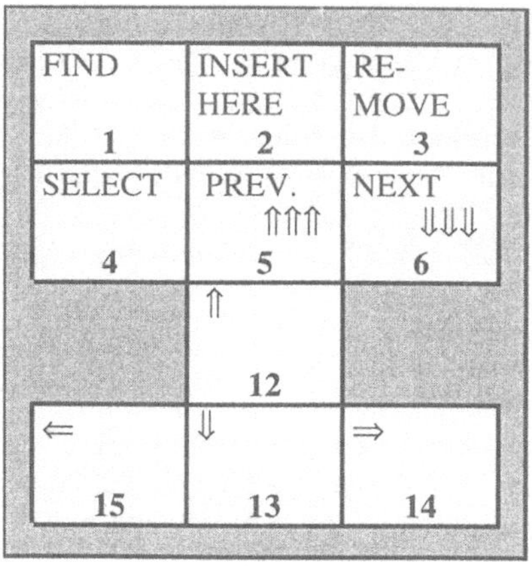

Bild 5.1-20 Tastennummern auf dem Cursorblock

Die Tastennamen für den Cursorblock werden mit "FUNCTION" gefolgt von der Tastennummer angegeben. Zur Neudefinition der Taste "REMOVE" auf dem Cursorblock wird "FUNCTION 3" als Tastenname verwendet, zur Neudefinition der Tastenkombination "GOLD FIND" wird "GOLD FUNCTION 1" angegeben.

Im Bild 5.1-21 sehen Sie die Funktionstastenreihe ("F6" bis "F20") und die Belegung mit den EDT-internen Tastennummern.

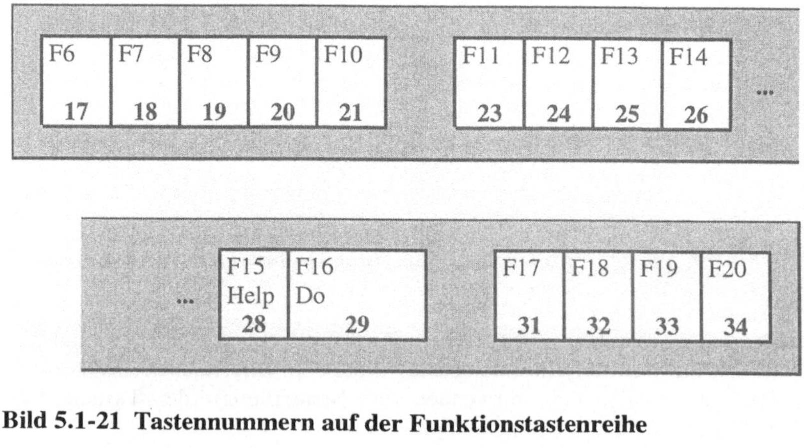

Bild 5.1-21 Tastennummern auf der Funktionstastenreihe

Die Tastennamen für die Funktionstastenreihe werden mit "FUNCTION" gefolgt von der Tastennummer angegeben. Zur Neudefinition der Taste "F18" in der Funktionstastenreihe wird "FUNCTION 32" als Tastenname verwendet, zur Neudefinition der Tastenkombination "GOLD F13" wird "GOLD FUNCTION 25" angegeben.

Im Bild 5.1-22 sind die erlaubten und die nicht erlaubten Tastenkombinationen für die Definition von Funktionstasten angegeben.

Tasten/ Tastenkombinationen	Erlaubte und nicht erlaubte Tasten / Tastenkombinationen
Numerischer Tastaturblock	Alle Tasten erlaubt.
Cursorblock	Alle Tasten erlaubt.
Funktionstastenreihe	Nur im VT200/VT300-Modus ; Alle Tasten erlaubt bis auf die Tasten "F1", "F2", "F3", "F4" und "F5".
DELETE-Taste	Erlaubt.
GOLD + DELETE-Taste	Erlaubt.
GOLD + alphanumerische Taste	Alle Tasten erlaubt bis auf die Zifferntasten "0", "1", "2", "3", "4", "5", "6", "7", "8" und "9" sowie die Taste "-". Sonderbehandlung: Die 4 Tasten /! % " '/ müssen bei der Angabe als Tastenname von Apostroph oder Anführungszeichen eingeschlossen werden.
CTRL + alphanumerische Taste	Alle Tasten erlaubt bis auf die Tasten "C", "O", "P", "Q", "S", "X", "Y" und "[".
CTRL + GOLD + alphanumerische Taste	Alle Tasten erlaubt bis auf die Tasten "C", "O", "P", "Q", "S", "X", "Y" und "[".

Bild 5.1-22 Erlaubte / nicht erlaubte Funktionstasten

Folgende vier im Bild 5.1-23 aufgelisteten Tasten können nur mit der "CTRL"-Tastenkombination angegeben werden.

VT100- Taste	"CTRL"- Tastenkombination	VT200-/VT300- Taste
BACKSPACE	CTRL/H	F12
TAB	CTRL/I	TAB
LINEFEED	CTRL/L	F13
RETURN	CTRL/M	RETURN

Bild 5.1-23 CTRL-Tastenkombinationen für Funktionstasten

Jetzt, wo Sie die Menge der erlaubten Tastennamen für zu definierende Funktionstasten kennen, sollen nun die Möglichkeiten zur Spezifikation von EDT-Befehlen näher betrachtet werden, die sich dann hinter einer solchen Funktionstaste verbergen. Wie bereits in den vorangegangenen Abschnitten erwähnt, dienen diesem Zweck in erster Linie die Kommandos des Bildschirmmodus. Aber auch Kommandos aus dem Zeilenmodus lassen sich durch ein vorangestelltes "EXT" aufrufen.

Bei den meisten Definitionen von Kommandos wird gewünscht, daß dieser Befehl auch gleich ausgeführt wird. Diese Ausführung wird durch das Anhängen eines "." **(Punkt)** am Ende des Befehls erreicht ; dieser Punkt wird in diesem Fall als ein auslösendes "ENTER" interpretiert. Es muß übrigens der Punkt auf der alphanumerischen Tastatur und nicht etwa die Punkttaste auf dem numerischen Tastaturblock verwendet werden.

Bei einigen Befehlen (wie etwa Ersetzung von Zeichenketten, Angabe von Dateinamen oder ähnlichem) wird zur Ausführung des hinter der Funktionstaste abgelegten Kommandos eine oder mehrere Eingaben benötigt. EDT bietet hierfür eine Möglichkeit in Form eines **Fragezeichen "?"** gefolgt von einem Fragetext in der Kommandodefinition an. Vor dem Start des Kommandos wird der Fragetext in der letzten Zeile auf dem Bildschirm ausgegeben und eine Antwort angefordert, die mit der "ENTER"-Taste abgeschlossen werden muß. Diese Eingabe wird dann in die Kommandodefinition vor der Ausführung eingeblendet.

Beispiele :

| B1 | DEFINE KEY 7 AS "+PAR." |

Die Taste "7" auf dem numerischen Tastaturblock wird mit dem Befehl (Bildschirmmodus) "+PAR" belegt. Dieses Kommando positioniert den Cursor auf den Beginn des nächst folgenden Paragraphen. Durch den Punkt als letztes Zeichen wird dieses Kommando bei Tastenbetätigung gleich ausgeführt.

| B2 | DEFINE KEY CONTROL E AS "EXT EXIT." |

Die Tastenkombination "CTRL" und "E" wird mit dem Befehl "EXT EXIT." belegt. Der Befehl "EXT" führt ein Zeilenmoduskommando aus dem Bildschirmmodus heraus aus. "EXIT" veranlaßt das Verlassen des EDT mit Abspeicherung des Editpuffers "MAIN". Durch den Punkt als letztes Zeichen wird dieses Kommando bei Betätigung der Taste gleich ausgeführt.

B3 | **DEFINE KEY GOLD C AS "CUTSR PASTE."**

Die Tastenkombination "GOLD" und "C" wird mit der Befehlsfolge "CUTSR PASTE." belegt. Das erste Kommando "CUTSR" schneidet den selektierten Textausschnitt heraus und kopiert ihn in den PASTE-Puffer. Das anschließende "PASTE" stellt den ursprünglichen Text wieder her durch das Kopieren des PASTE-Puffers an die augenblickliche Position. Dieser Textausschnitt steht nun für weitere Kopieraktionen im PASTE-Puffer zur Verfügung. Auch hier sorgt der Punkt für die sofortige Ausführung des Kommandos. Beide Befehle stammen aus dem Bildschirmmodus.

B4 | **DEFINE KEY GOLD U AS "I$$$^Z"**

Die Tastenkombination "GOLD" und "U" wird mit dem Befehl "I$$$^Z" belegt. "I" schaltet um auf den Einfügemodus, danach wird "$$$" als Text eingefügt und der Einfügemodus durch "<CTRL/Z>" (="^Z") beendet. Da hier kein Punkt das Kommando beendet, muß zur Ausführung "ENTER" gedrückt werden.

B5 | **DEFINE KEY CONTROL "!" AS "EXT FIND=MAIN.."**

Die Tastenkombination "CTRL" und "!" (´!´, ´%´, ´"´ und ´´ muß in Anführungszeichen angegeben werden) wird mit dem Befehl "EXT FIND=MAIN.." belegt. "EXT" aus dem Bildschirmmodus führt ein Kommando aus dem Zeilenmodus aus : das Wechseln in den Editpuffer "MAIN" an die aktuelle Zielposition (der erste Punkt !). Der zweite Punkt sorgt für die Ausführung des Kommandos.

B6 | **DEFINE KEY FUNCTION 23 AS "EXT INCLUDE ?'Einzufügende Datei : '."**

Die Taste "F11" aus der Funktionstastenreihe bekommt den Befehl "EXT INCLUDE ?'Einzufügende Datei :'." zugewiesen. Mit "EXT" aus dem Bildschirmmodus wird das Kommando "INCLUDE" aus dem Zeilenmodus ausgeführt, das eine Datei einfügt. Der Name der einzufügenden Datei wird durch das Fragezeichen "?" mit dem Fragetext "Einzufügende Datei : " in der letzten Zeile des Bildschirms angefordert. Nach der Abschluß der Eingabe durch die "ENTER"-Taste wird das nun vollständige Kommando wegen des Punktes als letztem Zeichen sofort ausgeführt.

<table>
<tr><td>B7</td><td>

<CTRL/K>
Press the key you wish to define
GOLD X
Now enter the definition terminated by ENTER.
EXT FIND=X%BEGIN. <ENTER>

</td></tr>
</table>

Die Tastenkombination "GOLD" und "X" wird diesmal mit "CTRL/K" aus dem Funktionstastenmodus mit dem Befehl "EXT FIND=X%BEGIN." belegt. Der Befehl "EXT" aus dem Bildschirmmodus führt das Zeilenmoduskommando "FIND..." aus zum Wechseln in den Editpuffer "X" an den Anfang. Der Punkt sorgt für die Ausführung des Kommandos bei Tastenbetätigung.

5.1.14 Definition von Macros im EDT

EDT bietet Ihnen die Möglichkeiten, eigene Zeilenmoduskommandos zu definieren. Ein solches Kommando wird **Macro** (etwa Großbefehl) genannt und besteht aus einer Gruppe von Zeilenmoduskommandos. Der Name eines solchen Macros ist gleichzeitig der Name des Editpuffers, in dem dieses Macro für die Dauer der EDT-Sitzung abgespeichert ist. Dieser Name muß eindeutig gewählt werden. Da alle Kommandos aus dem Zeilenmodus in einem Macro verwendet werden können, steht Ihnen mit diesem Macro-Konzept eine sehr mächtige Arbeitserleichterung zur Verfügung.

Die Definition eines Macros besteht aus folgenden Arbeitsschritten :

1.   Umschalten in den Editpuffer für das Macro *"NAME"*,

2.   Eingabe der Zeilenmoduskommandos, die dann später bei Aufruf des Macros ausgeführt werden sollen,

3.   Definition des Namens *"NAME"* des Editpuffers als EDT-Macro.

4.   Verwendung des Macros wie ein Zeilenmoduskommando über Angabe von *"NAME"* nach dem Prompt "*".

An einem Beispiel (Bild 5.1-24) soll Ihnen die Definition eines solchen EDT-Macros verdeutlicht werden. Beachten Sie dabei, daß bei der Eingabe des Macro-Textteils das 'einzeilige' "INSERT"-Kommando verwendet wird. Durch diese Wahl kann dann das Macro in dieser Form auch in einer separaten Datei oder in der EDT-Konfigurationsdatei abgespeichert werden.

Macro-Definition	Erläuterungen
*=BRIEFKOPF	Umschalten in den Editpuffer namens "BRIEFKOPF"
*SET SCREEN 132	Der Bildschirm wird auf 132 Spalten umgeschaltet.
*INSERT; INSERT; PSI AG *INSERT; INSERT; Ku'damm 67 *INSERT; INSERT; 10707 Berlin	Das erste "INSERT" in jeder Zeile schaltet um auf den Einfügemodus für Eingaben in diesen Editpuffer "BRIEFKOPF". Im Editpuffer steht dann nur das zweite "INSERT" und der darauffolgende Text. Das bedeutet später bei Ausführung dieses Macros, daß genau an der aktuellen Cursorposition diese "INSERT"s dann ausgeführt werden und den angegebenen Text einfügen.
*DEFINE MACRO BRIEFKOPF	Definition von Macro "BRIEFKOPF" als neues Zeilenmoduskommando..
*=MAIN.	Zurück zum Editpuffer "MAIN" an die aktuelle Cursorposition.
*BRIEFKOPF	Aufruf des Macros "BRIEFKOPF" mit Einfügen des Briefkopfs an die aktuelle Cursorposition.

Bild 5.1-24 Beispiel für eine EDT-Macro-Definition

5.1.15 Tips und Tricks beim Editieren mit EDT

In diesem Abschnitt sollen Ihnen noch so einige Tips und Tricks für den geschickten Umgang mit EDT verraten werden.

EDT-Konfigurationsdatei

Den Beginn soll ein Beispiel für eine EDT-Konfigurationsdatei machen (Bild 5.1-25). Beachten Sie hierbei die Funktion des Zeichens "!", das als Kommentarzeichen interpretiert wird. Damit können Sie sich Ihre EDT-Konfigurationsdatei sehr übersichtlich gestalten und Kommentare darin unterbringen.

```
!--------------------------------------------------------------
! EDT-Konfiguration
!--------------------------------------------------------------
!
! Definition von Wortbegrenzern
SET ENTITY WORD ' .,?!;:[]()<>*-+=/\'
!
! Definition von Satzbegrenzern
SET ENTITY SENTENCE '. ?!
'
!
! Shift Bildschirm um 1 TAB (= 8 Spalten) nach rechts
DEFINE KEY GOLD 14 AS "SHR."
!
! Shift Bildschirm um 1 TAB (= 8 Spalten) nach links
DEFINE KEY GOLD 15 AS "SHL."
!
! Exit
DEFINE KEY GOLD E AS "EXT EXIT."
!
! Hineinkopieren der angegebenen Datei an die aktuelle Cursorposition
DEFINE KEY GOLD I AS "EXT INCL ?'Hineinkopieren der Datei : '."
!
! Zurück in den Editpuffer MAIN zur letzten aktuellen Cursorposition
DEFINE KEY GOLD M AS "EXT FIND=MAIN.."
!
! Quit
DEFINE KEY GOLD Q AS "EXT QUIT."
!
! Ersetzen der bei 'Ersetze' angegebenen Zeichenkette durch die bei 'durch'
! bei jedem Auftreten im aktuellen Editpuffer
DEFINE KEY GOLD S AS "EXT S/?'Ersetze : '/?  durch : '/%WHOLE."
!
! Der aktuelle Editpuffer wird in die angegebene Datei geschrieben
DEFINE KEY GOLD W AS "EXT WRITE ?'Schreiben in die Datei : '."
!
! Umschalten auf den Editpuffer X auf die aktuelle Zeile
DEFINE KEY GOLD X AS "EXT FIND=X. ."
!
! Gleich in den Funktionstastenmodus umschalten
SET MODE CHANGE
!!-------------------------------------------------------------
! Ende EDTINI.EDT
!--------------------------------------------------------------
```

Bild 5.1-25 Beispiel für eine EDT-Konfigurationsdatei

Kopieren von einer Textzeile im Funktionstastenmodus

Eine einfache Möglichkeit zum Kopieren von einer Textzeile bietet der Funktionstastenmodus. Positionieren Sie den Cursor auf den Anfang der Zeile, die Sie kopieren möchten und löschen Sie diese mit "DELETE LINE" (="PF4"). Dadurch wird diese in den Zeilenlöschpuffer übernommen. Ein anschließendes "UNDELETE LINE" (="GOLD PF4") stellt den ursprünglichen Zustand wieder her. Bewegen Sie nun den Cursor an die Zielposition und kopieren Sie den Inhalt des Zeilenlöschpuffers mit einer weiteren "UNDELETE LINE"-Operation dorthin. Dieses Verfahren eignet sich auch zum Transport von Zeilen zwischen verschiedenen Editpuffern.

Kopieren von Textteilen im Funktionstastenmodus

Das Kopieren von ganzen Textteilen läßt sich im Funktionstastenmodus ebenfalls leicht bewältigen. Positionieren Sie den Cursor auf das eine Ende des ausgewählten Textteiles und markieren Sie diese Position mit "SELECT" (="." (Punkt) auf dem numerischen Tastaturblock). Bewegen Sie danach den Cursor zu dem anderen Ende des ausgewählten Textteiles und schneiden Sie dann mit "CUT" (="6" auf dem numerischen Tastaturblock) diesen Textteil heraus, wobei dieser in den PASTE-Puffer übernommen wird. Ein anschließendes "PASTE" (="GOLD 6" auf dem numerischen Tastaturblock) stellt den ursprünglichen Zustand wieder her. Bewegen Sie nun den Cursor an die Zielposition und kopieren Sie den Inhalt des PASTE-Puffers mit einer weiteren "PASTE"-Operation dorthin. Dieses Verfahren eignet sich auch zum Transport von Textteilen zwischen verschiedenen Editpuffern.

Schreiben einer Textzeile in eine Datei im Funktionstastenmodus

Das Kopieren der aktuellen Textzeile in eine Datei läßt sich mit folgenden Befehlen bewerkstelligen : positionieren Sie den Cursor an den Anfang der Zeile. Danach rufen Sie "COMMAND" (="GOLD 7" auf dem numerischen Tastaturblock) auf. Nach dem Prompt "Command: " geben Sie das Zeilenmoduskommando "WRITE *DATEI.EXT* ." ein, wobei *"DATEI.EXT"* für den Namen der Datei steht, in die Sie die Textzeile schreiben wollen.

Schreiben von Textteilen in eine Datei im Funktionstastenmodus

Das Kopieren von ganzen Textteilen in eine Datei geht mit folgenden Befehlen : positionieren Sie den Cursor auf das eine Ende des ausgewählten Textteiles und markieren Sie diese Position mit "SELECT" (="." (Punkt) auf dem numerischen Tastaturblock). Bewegen Sie danach den Cursor zu dem anderen Ende des ausgewählten Textteiles und rufen Sie danach "COMMAND" (="GOLD 7" auf dem numerischen Tastaturblock) auf. Nach dem Prompt "Command: " geben Sie das Zeilenmoduskommando "WRITE *DATEI.EXT* SEL" ein, wobei *"DATEI.EXT"* für den Namen der Datei steht, in die Sie den Textteil schreiben wollen.

Arbeiten mit mehreren Editpuffern im Funktionstastenmodus

Mit der Ausnutzung von mehreren Editpuffern läßt sich die Editierung sehr wirksam unterstützen. Das Wechseln zwischen Editpuffern gelingt mit "COMMAND" ("GOLD 7" auf dem numerischen Tastaturblock), wobei dann nach dem Prompt "Command: " der gewünschte Puffer *"puffer"* mit dem Kommando *"=puffer."* angegeben wird. Der Punkt positioniert auf die dortige aktuelle Zeile und vermeidet die komplette Anzeige des Zielpuffers. Bequemer ist es jedoch, wenn Sie sich 3 oder 4 Kommandos zum Wechseln zwischen den Editpuffern in Ihre EDT-Konfigurationsdatei eintragen und immer mit diesen Editpuffern arbeiten. Neben dem Zurückwechseln in den Editpuffer "MAIN" bieten sich beispielsweise die Editpuffer "X", "Y" und "Z" an, die Sie mit den folgenden Befehlen in Ihrer Konfigurationsdatei bereits vorbereiten können:

```
!        In den Editpuffer MAIN zur letzten aktuellen Cursorposition
DEFINE KEY GOLD M AS "EXT FIND=MAIN.."
!        In den Editpuffer X zur letzten aktuellen Cursorposition
DEFINE KEY GOLD X AS "EXT FIND=X.."
!        In den Editpuffer Y zur letzten aktuellen Cursorposition
DEFINE KEY GOLD Y AS "EXT FIND=Y.."
!        In den Editpuffer Z zur letzten aktuellen Cursorposition
DEFINE KEY GOLD Z AS "EXT FIND=Z.."
```

Einfügen von Textteilen im Funktionstastenmodus aus einer externen Datei

Das Hineinkopieren von Textteilen aus einer externen Datei geschieht am besten, indem Sie in einen leeren Editpuffer (siehe vorigen Abschnitt) hinüberwechseln, dort mit "COMMAND" (="GOLD 7" auf dem numerischen Tastaturblock) nach dem Prompt "Command: " das Zeilenmoduskommando "INCLUDE *DATEI.EXT*" eingeben, wobei *"DATEI.EXT"* für den Namen der einzulesenden Datei steht. Aus diesem Editpuffer wählen Sie sich mit "SELECT" den Textbereich aus, den Sie dann mit "CUT" in den PASTE-Puffer übertragen und dann ganz analog zum Kopieren von Textteilen behandeln.

Ersetzen von Zeichenketten im Funktionstastenmodus (1)

Das Ersetzen einer Zeichenkette durch eine andere funktioniert im Funktionstastenmodus folgendermaßen : zuerst wird die neue Zeichenkette in den PASTE-Puffer eingetragen. Das geschieht am einfachsten durch "SELECT" ("." auf dem numerischen Tastaturblock) gefolgt von der Eingabe der neuen Zeichenkette gefolgt von "CUT" ("6" auf der numerischen Tastatur). Damit steht diese Ersatzzeichenkette nicht mehr auf dem Bildschirm, sondern nur noch im PASTE-Puffer. Mit "FIND" ("GOLD PF3") wird die zu ersetzende Suchzeichenkette nach dem Prompt "Search: " angefordert und nach der Eingabe in den Suchpuffer übertragen. Mit "ENTER", "ADVANCE" oder "BACKUP"

("4" oder "5" auf dem numerischen Tastaturblock) wird der Suchvorgang gestartet. Bei Sucherfolg kann durch "SUBS" ("GOLD ENTER") die Ersetzung durchgeführt werden oder mit "FINDNEXT" ("PF3") übersprungen werden.

Ersetzen von Zeichenketten im Funktionstastenmodus (2)

Das Ersetzen einer Zeichenkette durch eine andere läßt sich im Funktionstastenmodus auch wie folgt bewerkstelligen : mit "COMMAND" ("PF1 7" auf dem numerischen Tastaturblock) wird die Eingabe eines Zeilenmoduskommandos nach dem Prompt "Command: " angefordert. Hier wird dann "S/*alt*/*neu*/*range*" angegeben, wobei *"alt"* hier für die zu ersetzende Zeichenkette, *"neu"* für die Ersatzzeichenkette und *"range"* für den Wirkungsbereich (Editbereich, siehe dort) steht. Es läßt sich hier auch die Ersetzung interaktiv steuern durch die Verwendung von "/QUERY".

Kopieren von Textzeilen mit einer speziellen Zeichenkette

Das Kopieren von aller Zeilen, die eine bestimmte Zeichenkette beinhalten, in einen anderen Editpuffer läßt sich mit dem Zeilenmoduskommando "COPY ALL *"zeichenkette"* TO =*puffer"* erreichen, wobei *"zeichenkette"* für die entsprechende Zeichenkette und *"puffer"* für den Zieleditpuffer steht. Die Zeilen im ursprünglichen Editpuffer bleiben unverändert, nur die betreffenden Zeilen stehen im Zieleditpuffer. Wird statt "COPY" das Zeilenmoduskommando "MOVE" verwendet, so werden die betreffenden Zeilen im Ursprungseditpuffer gelöscht. Mit "COMMAND" lassen sich diese Kommandos auch aus dem Funktionstastenmodus heraus aufrufen.

Löschen von Textzeilen mit einer speziellen Zeichenkette

Das Löschen von aller Zeilen, die eine bestimmte Zeichenkette beinhalten, kann mit dem Zeilenmoduskommando "DELETE ALL *"zeichenkette"* " erreicht werden, wobei *"zeichenkette"* für die entsprechende Zeichenkette steht. Die betreffenden Zeilen im Ursprungseditpuffer werden gelöscht. Mit "COMMAND" läßt sich dieses Kommando auch aus dem Funktionstastenmodus heraus aufrufen.

5.2 Der Editor EVE

Neben dem Standardtexteditor EDT, den Sie im vorigen Abschnitt kennengelernt haben, gibt es noch weitere Editoren unter dem Betriebssystem OpenVMS. Hier soll Ihnen noch der Editor EVE vorgestellt werden, der auf TPU (oder ausgeschrieben Text Processing Utility) basiert. Ob sich nun EVE oder EDT langfristig zu Ihrem Lieblingseditor entwickelt, bleibt ganz Ihrem Geschmack überlassen. Sicherheit im Umgang mit EVE erwerben Sie nur durch Ausprobieren. Trauen Sie sich !

Die einzelnen Themen:

5.2.1   Die Eigenschaften des EVE

5.2.2   Die Arbeitsweise des Editors EVE

5.2.3   Der EVE-Sicherungsmechanismus JOURNAL

5.2.4   Die Möglichkeit zur Konfiguration von EVE

5.2.5   Der Aufruf des EVE

5.2.6   Die Bildschirmdarstellung im EVE

5.2.7   Die Funktionstasten des EVE im EDT-Modus

5.2.8   Die Funktionstasten des EVE im EVE-Modus

5.2.9   Die Editierfunktionen des EVE

5.2.10 Definition von Funktionstasten im EVE

5.2.11 Tips und Tricks beim Editieren mit EVE

5.2.1 Die Eigenschaften des EVE

TPU (ausgeschrieben Text Processing Utility) heißt eines der Dienstprogamme des OpenVMS zur Textbearbeitung. TPU ist eine umfangreiche und programmierbare Utility, die die Basis für mehrere verschiedene Editoren bildet. Der hier vorgestellte Editor EVE gehört dazu wie auch der zusätzlich erwerbbare LSE (Language Sensitive Editor=sprachsensitiver Editor), ein Editor, der die verschiedenen Formate von Programmiersprachen bei der Editierung bereits überprüft und unterstützt. Die Vorstellung des kompletten TPU und seiner Möglichkeiten würde den Rahmen dieses Buches sprengen. Aus diesem Grund soll Ihnen hier nur eine spezielle Ausprägung des TPU -der Editor EVE- erklärt werden. Da EVE auf TPU basiert, ist dieser Editor mit TPU-Anweisungen programmier- und damit erweiterbar. Daher stammt auch der Name EVE : **Extensible Versatile Editor** oder der erweiterbare clevere Editor. Mit diesem Editor lassen sich fast alle Textdateien erzeugen oder verändern, übrigens mehr als mit dem Editor EDT. Die Einschränkung bei der maximalen Satzlänge ist höher und orientiert sich an der größten möglichen Satzlänge, die OpenVMS bearbeiten kann :

$$\boxed{\text{maximale Satzlänge : 32167 Zeichen}}$$

5.2.2 Die Arbeitsweise des Editors EVE

EVE wird hauptsächlich interaktiv am Terminal benutzt und daher in diesem Kapitel auch so vorgestellt. Trotzdem sei auch hier darauf hingewiesen, daß sich bestimmte Abläufe als fest vorgegebene Arbeitsschritte in einer TPU-Prozedur programmieren und nicht-interaktiv durchführen lassen.

Der Aufruf von EVE erfolgt mit dem eindeutigen Dateinamen der Datei, die editiert werden soll. Wild Cards in dieser Namensangabe sind nicht erlaubt. Sollte die zu editierende Datei noch nicht existieren, so wird sie neu erzeugt.

EVE läßt beim Editieren die ursprüngliche Datei unverändert. Die zu editierende Datei wird in einen EVE-Arbeitsspeicherbereich im Hauptspeicher eingelesen. Alle Veränderungen durch das Editieren beziehen sich nur auf diesen Arbeitsspeicherbereich und geschehen nur dort. Bei Beendigung des Editiervorgangs speichert EVE die geänderte Version in eine neue Datei gleichen Namens mit der derzeit höchsten Versionsnummer ab.

EVE ist ein bildschirmorientierter und auf der Verwendung von Funktionstasten basierender Editor. Dies klassifiziert den Editor EVE als einen **Full Screen Editor** (Bildschirmeditor).

5.2.3 Der EVE-Sicherungsmechanismus JOURNAL

Bei dem Aufruf von EVE kann eine Protokollierungsdatei erzeugt werden, in der jeder einzelne Tastendruck (und damit jede Texteingabe, jedes Kommando, jede Funktionstaste) während des Editiervorgangs protokolliert wird. Diese Datei für die Protokollierung heißt **Journal** , besitzt standardmäßig den gleichen Dateibezeichner wie die editierte Datei mit der Extension ".TJL" und befindet sich auf der aktuellen Default-Directory. Diese Journaldatei erweist sich als wertvoller Dienst bei einem ungeplanten Abbruch von EVE, sei es durch die Unterbrechung der Stromversorgung des OpenVMS-Rechners oder durch das versehentliche Betätigen der Tastenkombination <CTRL/Y>. Durch einen speziellen Aufruf der zu editierenden Datei können Sie EVE veranlassen, die abgebrochene Editierung per "/RECOVER " (Wiederherstellung) wieder in den Zustand zu bringen, der beim Abbruch existierte oder kurz davor, denn es kann vorkommen, daß die allerletzte Aktion noch nicht in die Journaldatei eingetragen worden ist. Alle protokollierten Einträge aus der Journaldatei werden hierbei eingelesen und wiederholt, so daß Sie dann am Bildschirm den Schnelldurchlauf des vorangegangenen abgebrochenen Editiervorgangs wie einen Film ablaufen sehen. Nach der Abarbeitung der Journaldatei können Sie dann mit der Editierung wieder an der gleichen Stelle fortfahren, wo Sie unterbrochen worden sind.

Sie müssen allerdings beachten, daß die Wiederherstellung mit "/RECOVER" sich genau auf die Datei bezieht, mit der EVE aufgerufen worden ist. Sind während der Editierung (beispielsweise durch "WRITE") neuere Versionen dieser Datei entstanden, so müssen Sie beim Aufruf des EVE mit "/RECOVER" den vollständigen Dateinamen der ursprünglich verwendeten Datei mit der alten Versionsnummer angeben.

Die Journaldatei läßt sich ebenfalls editieren. Wenn in dem aufgezeichneten Protokoll auch entscheidende Editierfehler journaliert worden sind, können Sie diese vor dem Wiederherstellen aus dieser Journaldatei gegebenenfalls löschen.

Wird EVE mit den Kommandos "EXIT" oder "QUIT" normal verlassen, dann erfolgt auch die automatische Löschung der Journaldatei. Sollten Sie auf Ihrer Default-Directory solche Journaldateien finden, die Sie nicht mehr brauchen, dann können Sie diese problemlos löschen.

5.2.4 Die Möglichkeit zur Konfiguration von EVE

EVE bietet mehrere Möglichkeiten zur Konfigurierung des Editiervorgangs. Diese Konfigurierung gilt für die aktuelle Editiersitzung und dient zum Festlegen von Funktionstasten, Einstellungen und sogenannten "gelernten" Abläufen - das sind Befehlsfolgen, die EVE bei einer früheren Editiersitzung aufgezeichnet hat und nun beliebig oft wiederholen kann.

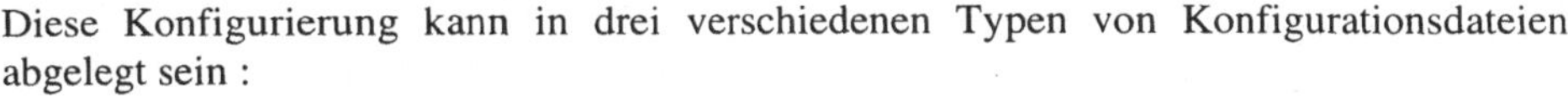

Diese Konfigurierung kann in drei verschiedenen Typen von Konfigurationsdateien abgelegt sein :

- ❏ **Section File** (Sektionsdatei) mit Definitionen von Funktionstasten, Lernabläufen und compilierten TPU-Prozeduren. Diese Datei ist nicht editierbar.

- ❏ **Initialization File** (Initialisierungsdatei) mit Definitionen von Funktionstasten. Diese Datei ist editierbar.

- ❏ **Command File** (Kommandodatei) mit TPU-Prozeduren und TPU-Anweisungen. Diese Datei ist editierbar.

Da im Rahmen dieses Kapitels nicht der gesamte Umfang von TPU behandelt werden soll, werden auch die TPU-Prozeduren nicht angesprochen. Damit beschränkt sich der Umfang der Konfigurationsdateien auf die Möglichkeiten der Sektionsdateien (Section Files) und Initialisierungsdateien (Initialization Files).

Bei dem Aufruf von EVE benötigt dieser Editor immer eine Sektionsdatei. Wird diese nicht angegeben, dann liest EVE seine Konfiguration automatisch aus der Sektionsdatei "EVE$SECTION.TPU$SECTION" auf der System-Directory "SYS$SHARE". Änderungen an dieser Konfigurationsdatei können nur privilegierte Benutzer durchführen, denen der Zugriff auf diese System-Directory "SYS$SHARE" erlaubt ist.

Sie können sich auch eine eigene Sektionsdatei erzeugen. Das läßt sich aus einer Editiersitzung mit dem Kommando "SAVE EXTENDED EVE" mit beliebigem Dateibezeichner und der Default-Extension ".TPU$SECTION" bewerkstelligen. Wenn Sie also nicht mit der Default-Sektionsdatei arbeiten wollen, spezifizieren Sie beim Aufruf von EVE den vollständigen Dateinamen Ihrer Sektionsdatei oder Sie weisen ihn dem logischen Namen "TPU$SECTION" entweder mit "ASSIGN" (vgl. Kapitel 4.4.4) oder mit "DEFINE" (vgl. Kapitel 4.4.17) zu.

Die andere Möglichkeit zur Definition von Eigenschaften und Funktionstasten steht Ihnen in Form einer editierbaren Initialisierungsdatei zur Verfügung. Leider können gelernte Abläufe dort nicht untergebracht werden. Wird keine Initialisierungsdatei angegeben, dann sucht EVE zuerst auf der aktuellen Default-Directory nach einer Initialisierungsdatei namens "EVE$INIT.EVE" und danach auf der Login-Directory. Beim Aufruf von EVE schalten Sie die Verwendung der Initialisierungsdatei entweder explizit aus oder Sie spezifizieren den vollständigen Dateinamen Ihrer Initialisierungsdatei. Dies können Sie beim Aufruf von EVE tun oder Sie weisen diesen Dateinamen dem logischen Namen "EVE$INIT" entweder mit "ASSIGN" (vgl. Kapitel 4.4.4) oder mit "DEFINE" (vgl. Kapitel 4.4.17) zu.

Zuerst liest EVE die Sektionsdatei, danach die Kommandodatei und schließlich die Initialisierungsdatei ein. Das bedeutet, das unterschiedliche Definitionen von

Eigenschaften und Funktionstasten auch in dieser Reihenfolge abgesetzt und dadurch auch umdefiniert werden.

Fortgeschrittene EVE-Benutzer verwenden daher je eine eigene Sektionsdatei und eine eigene Initialisierungsdatei. Im Abschnitt 5.2.11 finden Sie ein Beispiel für solch einen gelernten Ablauf und eine Initialisierungsdatei.

5.2.5 Der Aufruf des EVE

In diesem Abschnitt werden die verschiedenen Aufrufe von EVE vorgestellt.

Graph des Befehlsformats :

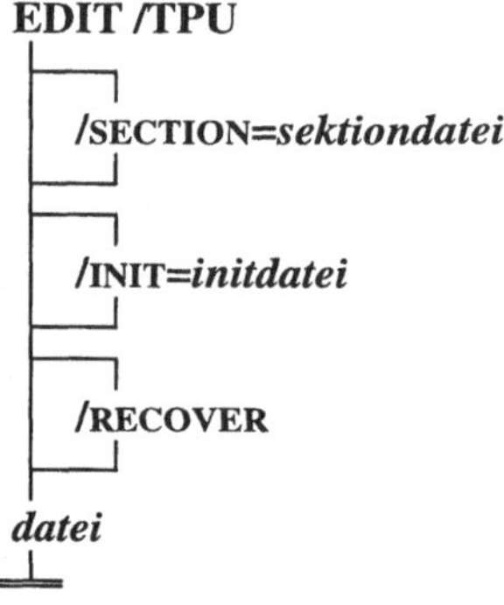

datei	Das Argument "*datei*" steht für den Dateinamen der zu editierenden Datei. Dieser Dateiname muß eindeutig sein, darf den vollständigen Zugriffspfad beinhalten, darf aber keine Wild Cards enthalten.
/INIT = *init-datei*	Der Kommandoqualifizierer "/INIT=*initdatei*" benennt den Dateinamen für die zu verwendende EVE-Initialisierungsdatei "initdatei" mit Definitionen von Eigenschaften und Funktionstasten für den aktuellen Editiervorgang. Diese Kombination weist EVE an, die in "initdatei" angegebene Konfiguration zu benutzen. Bei Weglassen von "/INIT=*initdatei*" benutzt EVE den aktuellen Wert des logischen Namens "EVE$INIT". Wenn Sie diesen logischen Namen nicht auf eine eigene Initialisierungsdatei gesetzt haben, dann sucht EVE mit dem standardmäßig vorgegebenen Dateinamen "EVE$INIT.EVE" zuerst auf der aktuellen Default-Directory und danach auf der Login-Directory nach einer Initialisierungsdatei zwecks Konfigurierung.

/NOINIT Der Kommandoqualifizierer "/NOINIT" weist EVE an, die aktuelle EVE-Sitzung explizit ohne Verwendung einer Initialisierungsdatei aufzurufen.

/RE-COVER Der Kommandoqualifizierer "/RECOVER" weist EVE an, vor dem eigentlichen Editiervorgang die Protokolleinträge aus der Journaldatei auf der aktuellen Default-Directory mit dem gleichen Dateibezeichner und der Extension ".TJL" nachzuführen. Dadurch wird der zuvor nicht normal beendete Editiervorgang bis zum Abbruch (oder kurz davor) nachgeholt.

/SEC-TION = *sektion-datei* Der Kommandoqualifizierer "/SECTION=*sektiondatei*" spezifiziert den Dateinamen für die zu verwendende EVE-Sektionsdatei *"sektiondatei"* mit Definitionen von Eigenschaften, Funktionstasten und gelernten Abläufen für den aktuellen Editiervorgang. Diese Kombination weist EVE an, die in *"sektiondatei"* angegebene Konfiguration zu benutzen. Bei Weglassen von "/SECTION=*sektiondatei*" benutzt EVE den aktuellen Wert des logischen Namens "TPU$SECTION". Wenn Sie diesen logischen Namen nicht auf eine eigene Sektionsdatei gesetzt haben, dann wird EVE mit der standardmäßig vorgesehenen Sektionsdatei "EVE$SECTION.TPU$SECTION" auf der System-Directory "SYS$SHARE:" konfiguriert.

Beispiele :

B1	$ EDIT /TPU BERECHNE.FOR

Es wird EVE aufgerufen, um die Datei "BERECHNE.FOR" auf der aktuellen Default-Directory zu editieren. Es ist keine EVE-Sektionsdatei angegeben. Aus diesem Grund wird die Initialisierungsdatei, deren Name unter dem logischen Namen "TPU$SECTION" gespeichert ist, für die EVE-Sitzung benutzt. Fehlt dieser logische Name, dann wird automatisch die Initialisierungsdatei "EVE$SECTION.TPU$SECTION" auf der System-Directory "SYS$SHARE:" benutzt.

Da auch keine EVE-Initialisierungsdatei angegeben worden ist, wird zuerst nach der Initialisierungsdatei, deren Name unter dem logischen Namen "EVE$INIT" gespeichert ist, gesucht. Bei Fehlen dieses logischen Namens wird nach "EVE$INIT.EVE" auf der Default-Directory und danach auf der Login-Directory gesucht und - wenn dort keine solche Datei vorhanden sein sollte- dann ohne Initialisierungsdatei gearbeitet.

Parallel während der Editierung führt EVE eine Journaldatei mit dem Namen "BERECHNE.TJL". Bei Verlassen des EVE mit "EXIT" wird eine Datei "BERECHNE.FOR" mit der derzeit höchsten Versionsnummer erzeugt (";1" bei einer neuen Datei).

B2	``` $ EDIT /TPU /SECTION=[MEIER.EVE]EVE.SECTION - _$ /INIT=[MEIER.EVE]EVE.INIT - _$ DUA0:[MEIER.ANGEBOT]BARBARA.TXT ```

Es wird EVE aufgerufen, um die Datei "BARBARA.TXT" auf der Directory "DUA0:[MEIER.ANGEBOT]" zu editieren. Da hier eine EVE-Sektionsdatei namens "EVE.SECTION" auf der Directory "[MEIER.EVE]" angegeben worden ist, wird diese mit den dort abgespeicherten Definitionen und gelernten Abläufen für die EVE-Sitzung benutzt. Außerdem ist eine Initialisierungsdatei namens "EVE.INIT" auf der Directory "[MEIER.EVE]" angegeben, deren Inhalt mit den dort abgespeicherten Definitionen ebenfalls zur Konfiguration des EVE verwendet wird. Gelingt es EVE nicht, auf die angegebenen Dateien (Sektionsdatei und Initialisierungsdatei) zuzugreifen (weil diese beispielsweise nicht existiert), dann kann EVE auch nicht gestartet werden.

Es wird parallel eine Journaldatei "BARBARA.JOU" geführt. Bei Verlassen des EVE mit "EXIT" wird eine neue Datei namens "BARBARA.TXT" mit der derzeit höchsten Versionsnummer angelegt (Version 1 bei einer neuen Datei).

B3	``` $ EDIT /TPU /SECTION=[MEIER.EVE]EVE.SECTION - _$ /NOINIT TEST.1 ```

Es wird EVE aufgerufen, um die Datei "TEST.1" auf der aktuellen Default-Directory zu editieren. Auch hier wird die angegebene EVE-Sektionsdatei namens "EVE.SECTION" auf der Directory "[MEIER.EVE]" mit den dort abgespeicherten Definitionen und gelernten Abläufen für die EVE-Sitzung benutzt. Da durch "/NOINIT" die Verwendung einer EVE-Initialisierungsdatei explizit ausgeschlossen worden ist, wird danach auch nicht gesucht.

Es wird parallel während der Editierung eine Journaldatei mit dem Namen "TEST.TJL" geführt. Bei Verlassen des EVE mit "EXIT" wird eine neue Datei "TEST.1" mit der derzeit höchsten Versionsnummer (Version 1 bei einer neuen Datei) angelegt.

<table><tr><td>**B4**</td><td>**$ EDIT /TPU /RECOVER BERECHNE.FOR**</td></tr></table>

Wie Beispiel 1 : Es wird EVE aufgerufen, um die Datei "BERECHNE.FOR" auf der aktuellen Default-Directory zu editieren. Zu Anfang werden jedoch erst die Protokolleinträge der zuvor nicht normal beendeten EVE-Sitzung nachgeholt. Dazu werden die Protokolleinträge aus der Journaldatei auf der aktuellen Default-Directory namens "BERECHNE.TJL" verwendet. Die Wiederherstellung (Recovery) läuft wie ein Film auf dem Bildschirm ab. Nach der Abarbeitung dieser Einträge schaltet EVE die Eingabefähigkeit wieder ein.

Bei Verlassen des EVE mit "EXIT" wird eine neue Datei "BERECHNE.FOR" mit der derzeit höchsten Versionsnummer (Version 1 bei einer neuen Datei) angelegt.

5.2.6 Die Bildschirmdarstellung im EVE

Bei Aufruf des EVE wird der Bildschirm zuerst gelöscht. EVE befindet sich sofort im Einfügemodus.

Bei einer bereits existierenden Textdatei werden die ersten 22 Zeilen dieser Datei (oder weniger, wenn die Textdatei kürzer ist) danach beginnend in der obersten Zeile auf dem Bildschirm ausgegeben und der Cursor in die linke obere Ecke plaziert.

```
Dies ist die erste Zeile aus der Datei
Dies ist die zweite Zeile aus der Datei
Dies ist die dritte Zeile aus der Datei
[End of file]




Buffer BEISPIEL.DAT          | Write | Insert | Forward
3 lines read from file DUA0:[MEIER.INFO]BEISPIEL.DAT
```

Am unteren Ende des Bildschirms wird in inverser Darstellung eine Statuszeile mit folgenden Informationen (aktueller Editpuffer, die Datei wird bei "EXIT" geschrieben (Write), Einfügemodus (Insert) und Richtung vorwärts (Forward)) angezeigt gefolgt von dem Namen der zu editierenden Datei. Am aktuellen Ende der zu editierenden Datei wird immer die Endemarkierung "[End of file]" (= Ende der Datei) angezeigt, die hier aber nur dann sichtbar ist, wenn der Bildschirm wegen einer geringeren Anzahl von Zeilen (kleiner als 22) nicht vollständig gefüllt worden ist.

Existiert die angegebene Textdatei noch nicht, so wird ein leerer Bildschirm ausgegeben. Der Cursor steht links oben auf der Endemarkierung "[End of file]" (= Ende der Datei). Am unteren Ende des Bildschirms wird wiederum in inverser Darstellung eine Statuszeile mit folgenden Informationen (aktueller Editpuffer, die Datei wird bei "EXIT" geschrieben (Write), Einfügemodus (Insert) und Richtung vorwärts (Forward)) angezeigt gefolgt von dem Namen der zu editierenden Datei :

5.2.7 Die Funktionstasten des EVE im EDT-Modus

Der Editor EVE kann -wie weiter oben bereits erwähnt- in verschiedenen Arbeitsweisen betrieben werden. Die standardmäßig vorgesehene Editierweise ist der EDT-Modus, in dem die Funktionen des Funktionstastenmodus des EDT nachempfunden werden. Das bedeutet, daß der numerische Tastaturblock mit den aus dem EDT bekannten Funktionstasten belegt ist. Eine wichtige Einschränkung ist das komplette Fehlen des Zeilenmodus und des Bildschirmmodus des EDT. Hier stehen jedoch genügend entsprechende Funktionen aus dem EVE-Modus zur Verfügung.

In diesem Abschnitt soll Ihnen ein Überblick über die standardmäßig vereinbarten Funktionstasten des EVE im EDT-Modus vermittelt werden. Für die Eingabe von Nutztext wird hauptsächlich die alphanumerische Tastatur verwendet, da die beiden abgesetzten Tastaturblöcke (der zweite Tastaturblock mit den Cursortasten und der numerische Tastaturblock rechts von der alphanumerischen Tastatur) sowie einige Tasten der Funktionstastenreihe auf Funktionstasten umgeschaltet sind.

In den folgenden Abbildungen zur Vertiefung der Funktionstastenbelegung steht in der linken oberen Ecke jeder Taste ihre Beschriftung auf der Tastatur. Auf vielen dieser Tasten sind jeweils zwei Editierfunktionen untergebracht. In Fettdruckdarstellung sind die Editierfunktionen angegeben, die durch die Betätigung dieser Taste allein ausgeführt werden. Durch das Drücken der Funktionstaste **'GOLD'** (im EDT-Modus die Taste **'PF1'** auf dem numerischen Tastaturblock) gefolgt von der entsprechenden Taste wird die Editierfunktion ausgeführt, die in kursiver Fettdruckdarstellung darunter steht. Die Funktionstaste 'GOLD' oder 'PF1' nimmt die Aufgabe eines Umschalters wahr. Ein Beispiel zur Veranschaulichung der Leseweise: 'PF4' führt ein 'ERASE LINE' aus ; 'PF1' und danach 'PF4' führt ein 'RESTORE LINE' aus.

Die Abbildung der Tastatur im Bild 5.2-1 zeigt Ihnen die Lage der standardmäßig vereinbarten Funktionstasten von EVE im EDT-Modus.

Verschlüsselung der fünf Gruppen von Funktionstasten	
a	Funktionstasten auf dem numerischen (dritten) Tastaturblock.
b	Funktionstasten auf dem Cursorblock (zweiter Tastaturblock).
c	"CTRL"-Funktionstasten auf dem alphanumerischen (ersten) Tastaturblock.
d	Sonstige Funktionstasten auf dem alphanumerischen (ersten) Tastaturblock.
e	Funktionstasten auf der Funktionstastenreihe.

Bild 5.2-1 Funktionstasten des EVE im EDT-Modus

Die Erklärung der einzelnen Editierfunktionen für die EVE-Funktionen finden Sie im Abschnitt 5.2.9. Für Editierfunktionen, die Sie dort nicht finden, sei auf den Abschnitt 5.1.4 über den Funktionstastenmodus des EDT verwiesen.

Im Bild 5.2-2 sehen Sie die Vergrößerung des Ausschnitts des numerischen (dritten) Tastaturblockes und die Belegung mit den standardmäßig vereinbarten Funktionstasten von EVE im EDT-Modus.

Im Bild 5.2-3 sehen Sie die Vergrößerung des Ausschnitts des zweiten Tastaturblockes (Cursorblock) und die Belegung mit den standardmäßig vereinbarten Funktionstasten von EVE im EDT-Modus.

Im Bild 5.2-4 sehen Sie die "CTRL"-Funktionstasten des EVE im EDT-Modus auf dem (ersten) alphanumerischen Tastaturblock, die nur bei gleichzeitiger Betätigung der "CTRL"-Taste und der entsprechenden Taste auf dieser Tastatur funktionieren.

Im Bild 5.2-5 sind die EDT-Funktionstasten in der Funktionstastenreihe und in dem (ersten) alphanumerischen Tastaturblock abgebildet.

PF1	PF2	PF3	PF4
GOLD	HELP	FINDNEXT	ERASE LINE
	KEYDEFs	*FIND*	*RESTORE LINE*
7 MOVE BY PAGE	8 SECT	9 APPEND	– ERASE WORD
DO	*FILL*	*REPLACE*	*RESTORE WORD*
4 FORWARD	5 REVERSE	6 REMOVE	, ERASE CHAR
BOTTOM	*TOP*	*INSERT HERE*	*RESTORE CHAR*
1 WORD	2 EOL	3 CHAR	ENTER ENTER
CHNGCASE	*DEL EOL*	*SPECINS*	
0 LINE		. SELECT	
OPEN LINE		*RESET*	*SUBS*

Bild 5.2-2 EVE-Funktionstasten numerischer Tastaturblock

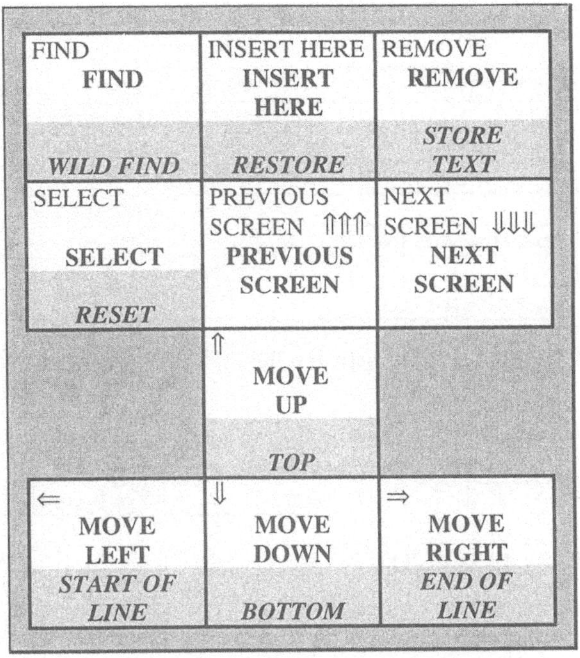

Bild 5.2-3 EVE-Funktionstasten Cursorblock

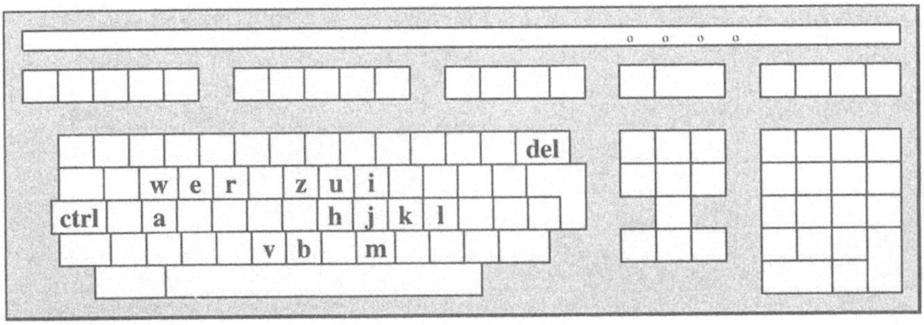

Bild 5.2-4 'CTRL'-Funktionstasten des EVE   (Teil 1)

"CTRL"-Taste	Editierfunktion	"CTRL"-Taste	Editierfunktion
CTRL/A	CHANGE MODE	CTRL/M	RETURN
CTRL/B	RECALL	CTRL/R	REMEMBER
CTRL/E	END OF LINE	CTRL/U	ERASE START OF LINE
CTRL/H	BEGIN OF LINE	CTRL/V	QUOTE
CTRL/I	TAB	CTRL/W	REFRESH
CTRL/J	ERASE PREVIOUS WORD	CTRL/Z	EXIT
CTRL/K	LEARN	CTRL/DEL	ERASE START OF LINE
CTRL/L	INSERT PAGE BREAK		

Bild 5.2-4 'CTRL'-Funktionstasten des EVE   (Fortsetzung / Teil 2)

Taste	Editierfunktion	Taste	Editierfunktion
F10	EXIT	GOLD F15	KEY DEFS
F11	FORWARD / REVERSE	GOLD 1	REPEAT
F12	BEGIN OF LINE	...	...
F13	ERASE PREVIOUS WORD	GOLD 9	REPEAT
F14	INSERT / OVERSTRIKE	DELETE	DELETE
F15 (HELP)	HELP	RETURN	RETURN
F16 (DO)	DO	TAB	TAB
GOLD F13	RESTORE WORD		

Bild 5.2-5 Sonstige EVE-Funktionstasten im EDT-Modus

5.2.8 Die Funktionstasten des EVE im EVE-Modus

Eine weitere Arbeitsweise des Editors EVE ist der eigentliche EVE-Modus. In diesem Abschnitt soll Ihnen ein Überblick über die standardmäßig vereinbarten Funktionstasten des EVE im EVE-Modus vermittelt werden. Für die Eingabe von Nutztext wird hier neben der alphanumerischen Tastatur auch der auf numerische Eingabe umgestellte numerische Tastaturblock verwendet. Nur der zweite Tastaturblock mit den Cursortasten und einige Tasten der Funktionstastenreihe sind als Funktionstasten definiert. Die Abbildung der Tastatur im Bild 5.2-6 zeigt Ihnen die Lage der standardmäßig vereinbarten Funktionstasten von EVE im EVE-Modus.

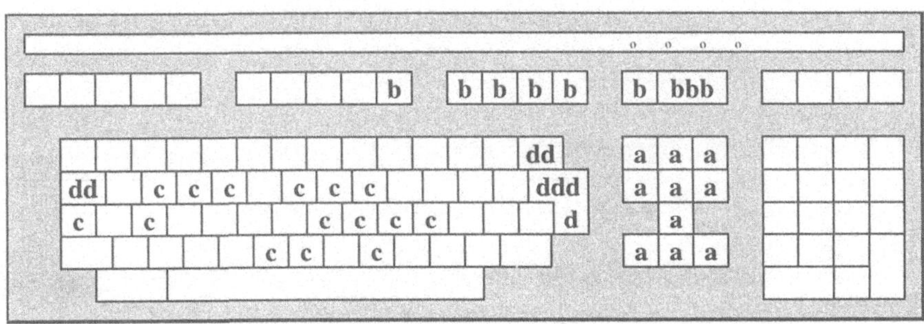

Verschlüsselung der vier Gruppen von Funktionstasten	
a	Funktionstasten auf dem Cursorblock (zweiter Tastaturblock).
b	Funktionstasten auf der Funktionstastenreihe.
c	"CTRL"-Funktionstasten auf dem alphanumerischen (ersten) Tastaturblock.
d	Sonstige Funktionstasten auf dem alphanumerischen (ersten) Tastaturblock.

Bild 5.2-6 Funktionstasten des EVE im EVE-Modus

Folgende Unterschiede und Übereinstimmungen des EVE-Modus mit dem EDT-Modus sind zu verzeichnen :

☐ Der numerische Tastaturblock ist nicht mit Funktionstasten belegt.

☐ Der Tastaturblock mit den Cursortasten ist identisch mit der Belegung im EDT-Modus (siehe hierzu die Abbildung 5.2-3).

☐ Die Funktionstasten auf der Funktionstastenreihe sind identisch mit der Belegung im EDT-Modus (siehe hierzu die Abbildung 5.2-5).

❏ Die "CTRL"-Funktionstasten auf der alphanumerischen Tastatur sind identisch mit der Belegung im EDT-Modus (siehe hierzu die Abbildung 5.2-4).

❏ Die sonstigen Funktionstasten unterscheiden sich von der Belegung im EDT-Modus (siehe hierzu die Abbildung 5.2-7).

Auch hier nimmt die (frei wählbare) Funktionstaste **'GOLD'** wie gehabt die Aufgabe eines Umschalters wahr. Die Erklärung der einzelnen Editierfunktionen finden Sie für die EVE-Funktionen im Abschnitt 5.2.9.

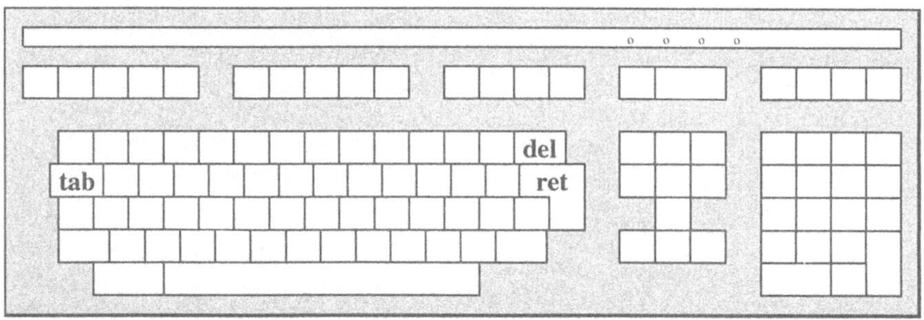

Taste	Editierfunktion	Taste	Editierfunktion
del	DELETE	tab	TAB
ret	RETURN		

Bild 5.2-7 Sonstige Funktionstasten des EVE im EVE-Modus

5.2.9 Die Editierfunktionen des EVE

In der folgenden Aufstellung (Bild 5.2-8) werden die Editierfunktionen des EVE in alphabetischer Reihenfolge vorgestellt und erklärt. Wenn die jeweilige Editierfunktion einer Funktionstaste in verschiedenen Editiermodi eindeutig zugeordnet ist, dann steht ein entsprechender Hinweis in den Tabellenspalten 2 und 3. Ansonsten befindet sich in der 3. Spalte der Hinweis "DO". Generell lassen sich alle diese Editierfunktionen wie folgt ausführen :

DO	*Nach dem Prompt* + **Command: gewünschte Editierfunktion** *eingeben.*	+ **RETURN**

Editierfunktion	Taste(n)	TB	Beschreibung der Editierfunktion
BOTTOM (Ende der Datei)	GOLD/⇓	C	Der Cursor wird an das Ende des Textes im aktuellen Editpuffer auf die Endemarkierung "[End of file]" gestellt.
BUFFER *puffer* (Umschaltung von Editpuffern)		DO	Es wird auf den Editpuffer mit dem Namen *"puffer"* auf die letzte dortige Position bzw. die erste Zeile umgeschaltet ; dabei wird der Inhalt der Umgebung dieser Position im Zieleditpuffer auf dem Bildschirm angezeigt. Existiert noch kein Editpuffer *"puffer"*, so wird ein neuer leerer Editpuffer erzeugt. Beispiel: Command: BUFFER TEST Es wird auf den Editpuffer "TEST" an die dortige aktuelle Position umgeschaltet.
CAPITALIZE WORD (Wort auf Großbuchstabe am Anfang)		DO	In dem mit "SELECT" ausgewählten Textbereich wird in jedem Wort der Anfangsbuchstabe auf Großschrift und die restlichen Buchstaben auf Kleinschrift umgestellt. Ohne die Auswahl über "SELECT" wird nur das Wort so behandelt, auf dem der Cursor gerade steht.
CENTER LINE (Zeilen zentrieren)		DO	Die Zeile, auf der sich der Cursor gerade befindet, wird zentriert. Dazu wird zum Ausgleich am rechten und linken Rand dieser Zeile die notwendige Anzahl von Leerzeichen eingefügt.
CHANGE DIRECTION (Richtung ändern)	F11	F	Die aktuell eingestellte Richtung wird umgedreht : vorwärts auf rückwärts bzw. rückwärts auf vorwärts.

Verschlüsselung für Tastaturblock "TB"		
A	Alphanumerischer Tastaturblock	
C	Cursorblock	
DO	Eingabe des Kommandos über "DO"	Fortsetzung Folgeseite
F	Funktionstastenreihe	

Bild 5.2-8 Funktionstasten und Editierfunktionen des EVE

Editierfunktion	Taste(n)	TB	Beschreibung der Editierfunktion
CHANGE MODE (Eingabemodus ändern)	F14 -oder- CTRL/A	F / A	Der aktuelle Eingabemodus wird umgeschaltet : vom Einfüge- in den Überschreibungsmodus bzw. vom Überschreibungs- in den Einfügemodus.
DCL *kommando* (DCL-Kommando ausführen)		DO	Das DCL-Kommando *"kommando"* wird aus der EVE-Sitzung heraus abgesetzt und bearbeitet, ohne daß dazu der Editor verlassen werden muß. EVE erzeugt für die Ausführung des Kommandos einen Subprozeß sowie einen Editpuffer namens "DCL", in dem die Ausgabe des abgesetzten Kommandos zu finden sind. Beispiel: Command: DCL PRINT TEST.LIS Aus der EVE-Sitzung heraus wird das DCL-Kommando "PRINT TEST.LIS" abgesetzt.
DEFINE KEY =*taste* *definition* (Funktionstaste definieren)		DO	Die Taste bzw. Tastenkombination *"taste"* wird als Funktionstaste mit der Bedeutung *"definition"* vereinbart. Der Definition von Funktionstasten ist ein separater Abschnitt gewidmet (vgl. Kapitel 5.2.10).
DELETE (Zeichen löschen)	DEL	A	Das Zeichen links vom Cursor wird gelöscht, der Cursor eine Stelle nach links umgesetzt. Im Überschreibungsmodus wird dort ein Leerzeichen eingefügt, im Einfügemodus rückt der Text um eine Stelle nach links auf. Das gelöschte Zeichen wird in den Zeichenlöschpuffer eingetragen, wobei der vorige Inhalt dieses Puffers verloren geht.

Verschlüsselung für Tastaturblock "TB"		
A	Alphanumerischer Tastaturblock	
C	Cursorblock	
DO	Eingabe des Kommandos über "DO"	Fortsetzung
F	Funktionstastenreihe	Folgeseite

Bild 5.2-8 Funktionstasten und Editierfunktionen des EVE (Fortsetzung)

Editierfunktion	Taste(n)	TB	Beschreibung der Editierfunktion
DELETE BUFFER *puffer* (Editpuffer löschen)		DO	Der Editpuffer *"puffer"* wird sofort gelöscht, wenn *"puffer"* der aktuelle Editpuffer ist. Löschen eines anderen Editpuffers muß bestätigt werden (erster Buchstabe genügt !) : DELETE_ONLY — Löschen des Editpuffers. WRITE_FIRST — Speichern des Editpuffers vor dem Löschen. QUIT — Die Löschoperation wird abgebrochen. ➡ Default Beispiel: Command: DELETE BUFFER TEST.LIS Der Editpuffer "TEST.LIS" wird gelöscht.
DELETE WINDOW (Editfenster löschen)		DO	Das aktuelle Editfenster wird gelöscht. Der zugehörige Editpuffer bleibt unverändert erhalten.
DO (EVE-Kommando ausführen)	F15 (DO)	F	In der Kommandozeile nach "Command:" wird die Eingabe eines EVE-Kommandos angefordert, das nach der abschließenden "RETURN"-Taste ausgeführt wird.
END OF LINE (Zeilenende)	GOLD/⟹ -oder- CTRL/E	C A	Der Cursor wird an das Ende der aktuellen Zeile gestellt. Befindet der Cursor sich bereits am Zeilenende, dann geschieht nichts.
ENLARGE WINDOW *zeile* (Editfenster vergrößern)		DO	Das aktuelle Editfenster (wo der Cursor gerade steht) wird um die Zeilenanzahl *"zeile"* vergrößert. Die anderen Editfenster auf dem Bildschirm werden in ihrer Größe angepaßt. Der Minimalwert für *"zeile"* ist 2.

Verschlüsselung für Tastaturblock "TB"		
A	Alphanumerischer Tastaturblock	
C	Cursorblock	
DO	Eingabe des Kommandos über "DO"	Fortsetzung
F	Funktionstastenreihe	Folgeseite

Bild 5.2-8 Funktionstasten und Editierfunktionen des EVE
  (Fortsetzung)

Editierfunktion	Taste(n)	TB	Beschreibung der Editierfunktion
ERASE CHARACTER (Zeichen löschen)		DO	Es wird das Zeichen an der Cursorposition gelöscht und in den Zeichenlöschpuffer kopiert, wobei der vorige Inhalt dieses Puffers verlorengeht. Im Einfügemodus wird Text aufgerückt, im Überschreibungsmodus ein Leerzeichen an diese Stelle geschrieben.
ERASE LINE (Zeile löschen)		DO	Es werden alle Zeichen beginnend an der aktuellen Cursorposition inklusive des Zeilenendes gelöscht. Die gelöschten Zeichen werden in den Zeilenlöschpuffer kopiert, wobei der vorige Inhalt dieses Puffers verlorengeht. Wenn der Cursor auf dem Zeilenende steht, wird nur das Zeilenende gelöscht, der Folgetext rückt auf.
ERASE PREVIOUS WORD (Voriges Wort löschen)		DO	Wenn der Cursor sich auf dem Wortanfang oder zwischen zwei Worten befindet, wird das komplette vorangehende Wort links von der Cursorposition gelöscht. Wenn der Cursor in einem Wort steht, so wird genau dieses Wort gelöscht. Steht der Cursor am Zeilenanfang, so wird das Zeilenende der vorigen Zeile gelöscht und alle Folgezeilen aufgerückt. EVE kopiert die gelöschten Zeichen in den Wortlöschpuffer, wobei der vorige Inhalt dieses Puffers verlorengeht.
ERASE START OF LINE (Löschen bis zum Zeilenanfang)	CTRL/U	A	Es werden alle Zeichen beginnend beim Cursor bis zum Zeilenanfang gelöscht und der Cursor dorthin gestellt. Steht der Cursor bereits am Zeilenanfang, dann geschieht nichts. EVE kopiert die gelöschten Zeichen in den Zeilenlöschpuffer. Der vorige Inhalt dieses Puffers geht verloren.

Verschlüsselung für Tastaturblock "TB"	A	Alphanumerischer Tastaturblock
	C	Cursorblock
	DO	Eingabe des Kommandos über "DO"
	F	Funktionstastenreihe

Fortsetzung Folgeseite

Bild 5.2-8 Funktionstasten und Editierfunktionen des EVE (Fortsetzung)

Editierfunktion	Taste(n)	TB	Beschreibung der Editierfunktion
ERASE WORD (Wort löschen)	F13 -oder- CTRL/J	F A	Wenn der Cursor sich auf dem Wortanfang oder zwischen zwei Worten befindet, wird das komplette folgende Wort rechts von der Cursorposition gelöscht. Wenn der Cursor in einem Wort steht, so wird genau dieses Wort gelöscht. Befindet sich der Cursor am Zeilenende, so wird nur das Zeilenende dieser Zeile gelöscht und alle Folgezeilen aufgerückt. EVE kopiert die gelöschten Zeichen in den Wortlöschpuffer. Der vorige Inhalt dieses Puffers geht verloren.
EXIT (EVE beenden)	F10 -oder- CTRL/Z	F A	Die EVE-Sitzung wird beendet mit der Speicherung des aktuellen Editpuffers in einer Datei gleichen Namens wie beim Aufruf angegeben - jedoch mit einer höheren Versionsnummer. Außerdem überprüft EVE alle anderen verwendeten Editpuffer auf dort erfolgte Veränderungen und bietet betroffene Editpuffer ebenfalls zum Abspeichern an.
		N	Der angefragte Editpuffer wird nicht abgespeichert.
		Y	Der angefragte Editpuffer wird abgespeichert.
			Fehlt ein zum Abspeichern notwendiger Dateiname, wird der gewünschte Dateiname abgefragt. Die Journaldatei mit der mitlaufenden Protokollierung wird gelöscht.
FILL (Text auffüllen)		DO	Der mit "SELECT" ausgewählte Textbereich wird umformatiert, wobei so viele Worte wie möglich pro Zeile untergebracht werden.

Verschlüsselung für Tastaturblock "TB"		
A	Alphanumerischer Tastaturblock	
C	Cursorblock	
DO	Eingabe des Kommandos über "DO"	Fortsetzung Folgeseite
F	Funktionstastenreihe	

Bild 5.2-8 Funktionstasten und Editierfunktionen des EVE (Fortsetzung)

Editierfunktion	Taste(n)	TB	Beschreibung der Editierfunktion
FILL PARAGRAPH (Text auffüllen)		DO	Der Paragraph, in dem sich der Cursor gerade befindet, wird umformatiert unter voller Ausnutzung des zur Verfügung stehenden Platzes. Diese Formatierung bringt so viele Worte wie möglich aus einem Abschnitt pro Zeile unter, wobei über Seitenumbrüche, Puffergrenzen, Leerzeilen hinaus nicht formatiert wird.
FIND (Zeichenkette suchen)	FIND	C	Es wird nach der Zeichenkette gesucht, die sich im Suchpuffer befindet. Bei einmaligem Drücken der "FIND"-Taste fordert EVE in der Kommandozeile die Eingabe einer Suchzeichenkette an. Nach erfolgter Eingabe und Drücken einer Funktionstaste wird diese Zeichenkette in den Suchpuffer eingetragen, wobei der vorige Inhalt dieses Puffers verlorengeht. Bei zweimaligem Betätigen der "FIND"-Taste wird (wieder) die im Suchpuffer eingetragene Zeichenkette verwendet. Die Suche beginnt bei der aktuellen Cursorposition und geht bei "FORWARD" vorwärts, bei "REVERSE" rückwärts und bei "RETURN" in die vorher eingestellte Richtung (vorwärts oder rückwärts). Bei erfolgreicher Suche wird der Cursor auf die gefundene Zeichenkette positioniert, ansonsten bleibt die Cursorposition unverändert.
FORWARD (Vorwärts)		DO	Die Richtung vorwärts wird für die folgenden Editierfunktionen eingestellt.
GET FILE *datei* (Datei einlesen)		DO	Es wird die Datei mit dem Dateinamen *"datei"* in das aktuelle Editfenster eingelesen und gegebenenfalls ein neuer Editpuffer mit

Verschlüsselung für Tastaturblock "TB"	A	Alphanumerischer Tastaturblock	
	C	Cursorblock	
	DO	Eingabe des Kommandos über "DO"	Fortsetzung
	F	Funktionstastenreihe	Folgeseite

Bild 5.2-8 Funktionstasten und Editierfunktionen des EVE (Fortsetzung)

Editierfunktion	Taste(n)	TB	Beschreibung der Editierfunktion
(Fortsetzung) GET FILE *datei* (Datei einlesen)		DO	gleichem Namen erzeugt. Existiert bereits ein Editpuffer dieses Namens, fragt EVE nach einem neuen eindeutigen Namen. Wird diese Funktion auf eine Datei angewendet, die in dieser EVE-Sitzung bereits editiert wird, so funktioniert "GET FILE" wie "BUFFER". Es ist erlaubt, bei der Angabe von *"datei"* auch Wild Cards zu verwenden ; EVE zeigt die gefundenen Dateinamen zwecks Auswahl an. Beispiel: Command: GET FILE LISTE.DAT Die Datei "LISTE.DAT" wird in das aktuelle Editfenster eingelesen.
GO TO *marke* (Gehe zur Markierung)		DO	Die aktuelle Cursorposition wird an die mit "MARK" markierte Stelle *"marke"* gesetzt. Wenn sich diese *"marke"* in einem anderen Editpuffer befindet, zeigt EVE diesen Editpuffer im aktuellen Editfenster an.
HELP (Hilfe)	HELP (F16)	F	Es erfolgt die Anzeige des HELP-Diagramms mit den Funktionstasten von EVE (siehe Bilder 5.2-9, 5.2-10 und 5.2-11). Durch das Drücken einer weiteren Taste wird der entsprechende HELP-Text ausgegeben. Durch die Eingabe der "RETURN"-Taste schaltet EVE in genau die Situation zurück, aus der "HELP" heraus betätigt worden ist.
HELP (Hilfe)		DO	Es erfolgt der Aufruf des HELP-Systems innerhalb des EVE. Eine generelle Beschreibung des HELP-Systems befindet sich im Kapitel 4.3.25.

Verschlüsselung für Tastaturblock "TB"		
A	Alphanumerischer Tastaturblock	
C	Cursorblock	
DO	Eingabe des Kommandos über "DO"	Fortsetzung
F	Funktionstastenreihe	Folgeseite

Bild 5.2-8 Funktionstasten und Editierfunktionen des EVE
(Fortsetzung)

Editierfunktion	Taste(n)	TB	Beschreibung der Editierfunktion
(Fortsetzung) HELP (Hilfe)		DO	Beispiel: Command: HELP FORWARD Es wird der HELP-Text für das EVE-Kommando "FORWARD" angezeigt.
INCLUDE FILE *datei* (Datei einfügen)		DO	Die Datei *"datei"* wird im aktuellen Editpuffer vor der aktuellen Zeile eingefügt. Beispiel: Command: INCLUDE FILE [MEIER]IST.A Die Datei "[MEIER]IST.A" wird in den aktuellen Editpuffer eingefügt.
INSERT HERE (Text hinein-kopieren)	INSERT HERE	C	Der Text aus dem INSERT-HERE-Puffer (mit "REMOVE" oder "STORE TEXT" dort eingetragen) wird links von der aktuellen Cursorposition kopiert. Der INSERT-HERE-Puffer bleibt erhalten. Die Cursorposition steht nun am Ende des eingefügten Textes.
INSERT MODE (Einfügemodus einschalten)		DO	Für die Texteingabe in dem aktuellen Editpuffer wird der Einfügemodus eingestellt. In der Statuszeile wird dieser Modus durch "INSERT" angezeigt.
INSERT PAGE BREAK (Seitenumbruch einfügen)	CTRL/L	A	In den Text im aktuellen Editpuffer wird ASCII-Code "<FF>" für "FORMFEED" (Seitenvorschub) auf einer separaten Zeile eingefügt.
LEARN (Befehlsfolge lernen)		DO	EVE beginnt, alle folgenden Eingaben (Text und Funktionstasten) aufzuzeichnen (lernen) und unter einer Funktionstaste zu speichern. Das Ende der Aufzeichnung wird mit

Verschlüsselung für Tastaturblock "TB"		
	A	Alphanumerischer Tastaturblock
	C	Cursorblock
	DO	Eingabe des Kommandos über "DO"
	F	Funktionstastenreihe

Fortsetzung Folgeseite

Bild 5.2-8 Funktionstasten und Editierfunktionen des EVE (Fortsetzung)

Editierfunktion	Taste(n)	TB	Beschreibung der Editierfunktion
(Fortsetzung) LEARN (Befehlsfolge lernen)		DO	"REMEMBER" angegeben, wo dann auch die Taste bzw. Tastenkombination dafür festgelegt wird. Im Abschnitt 5.2.11 wird auf die Lernfähigkeit näher eingegangen.
LINE *zeile* (Gehe zu Zeile)		DO	Der Cursor wird im aktuellen Editpuffer auf die Zeile mit der Nummer *"zeile"* gestellt. Beispiel: Command: LINE 14 Der Cursor wird auf die Zeile "14" im aktuellen Editpuffer gestellt.
LOWERCASE WORD (In Kleinschrift umwandeln)		DO	Der mit "SELECT" ausgewählte Textbereich wird in Kleinschrift umgewandelt. Ist mit "SELECT" kein Textbereich ausgewählt worden, bezieht sich die Umwandlung auf das Wort, in dem sich der Cursor befindet.
MARK *marke* (Markierung setzen)		DO	An der aktuellen Cursorposition wird ein (unsichtbare) Markierung namens *"marke"* eingefügt, zu der dann später mit "GO TO" verzweigt werden kann. Beispiel: Command: MARK TABELLE Es wird an der aktuellen Cursorposition die unsichtbare Marke "TABELLE" eingefügt.
MOVE BY LINE (Cursor auf Zeilenwechsel)	F12	F	Der Cursor wird in Abhängigkeit von der eingestellten Richtung an das Zeilenende (vorwärts) oder den Zeilenanfang (rückwärts) gestellt. Steht der Cursor (bei vorwärts) bereits am Zeilenende, wird auf das Ende der

Verschlüsselung für Tastaturblock "TB"	A C DO F	Alphanumerischer Tastaturblock Cursorblock Eingabe des Kommandos über "DO" Funktionstastenreihe	Fortsetzung Folgeseite

Bild 5.2-8 Funktionstasten und Editierfunktionen des EVE (Fortsetzung)

Editierfunktion	Taste(n)	TB	Beschreibung der Editierfunktion
(Fortsetzung) MOVE BY LINE (Cursor auf Zeilenwechsel)	F12	F	Folgezeile positioniert. Steht der Cursor bereits am Zeilenanfang, wird (bei rückwärts) auf den Anfang der Vorgängerzeile positioniert.
MOVE BY PAGE (Cursor auf Seitenwechsel)		DO	Der Cursor wird in Abhängigkeit von der eingestellten Richtung auf den nächsten Seitenumbruch (<FF> = "FORMFEED") gestellt. Befindet sich in dieser Richtung kein Seitenumbruch (mehr), so wird auf das Ende (vorwärts) bzw. auf den Anfang (rückwärts) des Editpuffers positioniert.
MOVE BY WORD (Cursor auf Wortanfang)		DO	Der Cursor wird in Abhängigkeit von der eingestellten Richtung auf den Anfang des nächsten Wortes gestellt. Bei Richtung vorwärts ist diese Position des Beginn des folgenden Wortes, bei Richtung rückwärts ist diese Position des Anfang des aktuellen Wortes bzw. des Anfang des vorangehenden Wortes, wenn sich der Cursor bereits auf dem Wortanfang befindet.
MOVE DOWN (Cursor nach unten)	⇓	C	Der Cursor wird um eine Zeile nach unten positioniert. Wenn der Cursor mit "SET CURSOR FREE" definiert ist, kann der Cursor beliebig im Editpuffer plaziert werden, egal ob dort Zeichen stehen oder nicht. Bei "SET CURSOR BOUND" versucht EVE die Spalte beizubehalten. Ist die Anzahl der Spalten in der Folgezeile kleiner als die aktuelle Spalte, so wird der Cursor an das Zeilenende gestellt. EVE merkt sich diese Spalte und positioniert bei längeren Zeilen genau dorthin.

Verschlüsselung für Tastaturblock "TB"		
A	Alphanumerischer Tastaturblock	
C	Cursorblock	
DO	Eingabe des Kommandos über "DO"	Fortsetzung
F	Funktionstastenreihe	Folgeseite

Bild 5.2-8 Funktionstasten und Editierfunktionen des EVE (Fortsetzung)

Editierfunktion	Taste(n)	TB	Beschreibung der Editierfunktion
MOVE LEFT (Cursor nach links)	⇐	C	Der Cursor wird um eine Spalte nach links positioniert. Wenn der Cursor mit "SET CURSOR FREE" definiert ist, kann der Cursor beliebig im Editpuffer plaziert werden, egal ob dort Zeichen stehen oder nicht. Ist der Cursor mit "SET CURSOR BOUND" definiert und befindet sich der Cursor bereits am Zeilenanfang, dann wird rechts neben dem letzten Zeichen am Zeilenende der vorangehenden Zeile positioniert.
MOVE RIGHT (Cursor nach rechts)	⇒	C	Der Cursor wird um eine Spalte nach rechts positioniert. Wenn der Cursor mit "SET CURSOR FREE" definiert ist, kann der Cursor beliebig im Editpuffer plaziert werden, egal ob dort Zeichen stehen oder nicht. Ist der Cursor mit "SET CURSOR BOUND" definiert und befindet sich der Cursor bereits am Zeilenende, wird auf dem Zeilenanfang der nächsten Zeile positioniert.
MOVE UP (Cursor nach oben)	⇑	C	Der Cursor wird um eine Zeile nach oben positioniert. Wenn der Cursor mit "SET CURSOR FREE" definiert ist, ist der Cursor beliebig im Editpuffer plazierbar, egal ob dort Zeichen stehen oder nicht. Bei "SET CURSOR BOUND" merkt sich EVE die Spalte und versucht sie beizubehalten. Ist die Anzahl der Spalten in der Vorgängerzeile kleiner als die aktuelle Spalte, steht der Cursor am Zeilenende. Bei längeren Zeilen positioniert EVE wieder genau auf diese aktuelle Spalte.

Verschlüsselung für Tastaturblock "TB"		
A	Alphanumerischer Tastaturblock	
C	Cursorblock	
DO	Eingabe des Kommandos über "DO"	Fortsetzung
F	Funktionstastenreihe	Folgeseite

Bild 5.2-8 Funktionstasten und Editierfunktionen des EVE (Fortsetzung)

Editierfunktion	Taste(n)	TB	Beschreibung der Editierfunktion
NEXT SCREEN (Text vorblättern)	NEXT PAGE ⇓⇓⇓	C	Der Cursor wird um eine Anzahl Zeilen, die in etwa der Größe des aktuellen Editfensters entsprechen, vorwärts positioniert und der Text dadurch vorgeblättert.
NEXT WINDOW (Nächstes Editfenster)		DO	Der Cursor wird in das nächste Editfenster gestellt, sofern mehr als ein Editfenster auf dem Bildschirm angezeigt wird. Steht der Cursor bereits im letzten Editfenster auf dem Bildschirm, schaltet EVE auf das erste Editfenster um.
ONE WINDOW (Ein Editfenster)		DO	Bei Darstellung mehrerer Editfenster auf dem Bildschirm stellt EVE das Editfenster wieder auf Bildschirmgröße, in dem sich der Cursor gerade befindet. Die anderen Editfenster werden auf dem Bildschirm gelöscht, die Editpuffer bleiben erhalten.
OTHER WINDOW (Voriges Editfenster)		DO	Der Cursor wird in das vorige Editfenster gestellt, sofern mehr als ein Editfenster auf dem Bildschirm angezeigt wird. Steht der Cursor bereits im ersten Editfenster auf dem Bildschirm, schaltet EVE auf das letzte Editfenster um.
OVERSTRIKE MODE (Überschreibungsmodus einschalten)		DO	Für die Texteingabe in dem aktuellen Editpuffer wird der Überschreibungsmodus eingestellt. In der Statuszeile wird dieser Modus durch "OVERSTRIKE" angezeigt.
PREVIOUS SCREEN (Text rückblättern)	PRE-VIOUS PAGE ⇑⇑⇑	C	Der Cursor wird um eine Anzahl Zeilen, die in etwa der Größe des aktuellen Editfensters entsprechen, rückwärts positioniert und der Text dadurch rückgeblättert.

Verschlüsselung für Tastaturblock "TB"		
	A	Alphanumerischer Tastaturblock
	C	Cursorblock
	DO	Eingabe des Kommandos über "DO"
	F	Funktionstastenreihe

Fortsetzung Folgeseite

Bild 5.2-8 Funktionstasten und Editierfunktionen des EVE (Fortsetzung)

Editierfunktion	Taste(n)	TB	Beschreibung der Editierfunktion
PREVIOUS WINDOW (Voriges Editfenster)		DO	Der Cursor wird in das vorige Editfenster gestellt, sofern mehr als ein Editfenster auf dem Bildschirm angezeigt wird. Steht der Cursor bereits im ersten Editfenster auf dem Bildschirm, schaltet EVE auf das letzte Editfenster um.
QUIT (EVE abbrechen)		DO	Die EVE-Sitzung wird abgebrochen, ohne daß Editpuffer in eine Datei (zurück-) gespeichert werden. Die Journaldatei mit der mitlaufenden Protokollierung wird gelöscht. Bevor EVE verlassen wird, wird noch die Sicherheitsabfrage "Buffer modifications will not be saved, continue quitting ?" gestellt, auf die wie folgt geantwortet werden kann : N | Abbruch von QUIT, EVE bleibt aktiv. Y | QUIT wird durchgeführt.
QUOTE (Kontroll-zeichen-eingabe)	CTRL/V	A	Ein nicht druckbares Kontrollzeichen (wie etwa Seitenvorschub, Escape-Zeichen etc.) läßt sich in Text oder Kommandos einfügen, indem vor diesem Zeichen die Tastenkombination <CTRL/V> betätigt wird. Nicht erlaubt sind die Angabe von <CTRL/C>, <CTRL/O>, <CTRL/Q>, <CTRL/S>, <CTRL/T> und <CTRL/X>. Beispiel: Command: QUOTE Press the key to be added: <CTRL/[> Es wird ein Escape-Zeichen <ESC> eingefügt.

Verschlüsselung für Tastaturblock "TB"		
	A	Alphanumerischer Tastaturblock
	C	Cursorblock
	DO	Eingabe des Kommandos über "DO"
	F	Funktionstastenreihe

Fortsetzung Folgeseite

Bild 5.2-8 Funktionstasten und Editierfunktionen des EVE (Fortsetzung)

Editierfunktion	Taste(n)	TB	Beschreibung der Editierfunktion
RECALL (EVE-Kommando wiederholen)	CTRL/B	A	Das zuvor abgesetzte EVE-Kommando wird in der Kommandozeile erneut angezeigt, kann dort editiert und wieder abgeschickt werden. Hinweis: Nie das Kommando "RECALL" benutzen, da es sich dann selbst aufruft, sondern immer <CTRL/B> benutzen.
REFRESH (Auffrischung / Refresh des Bildschirms)	CTRL/W	A	Der Bildschirm wird wieder aufgefrischt. Diese Funktion ist nützlich während einer Editierung, wenn Systemmeldungen (Mail, Phone, ...) auf dem Bildschirm ausgegeben worden sind und das Abbild der gerade editierten Datei unleserlich gemacht haben.
REMEMBER (gelernte Befehlsfolge speichern)	CTRL/R	A	EVE wird angewiesen, die mit "LEARN" begonnene Lernreihenfolge abzuschließen und die seitdem erfolgten und gelernten Eingaben (Text und Funktionstasten) unter einer Funktionstaste abzuspeichern. Im Abschnitt 5.2-11 wird auf die Lernfähigkeit näher eingegangen.
REMOVE (Text heraus-schneiden)	RE-MOVE	C	Der mit "SELECT" ausgewählte Textbereich wird in dem aktuellen Editpuffer gelöscht und in den INSERT-HERE-Puffer kopiert, wobei dessen Inhalt gelöscht wird.
REPEAT *anzahl* (Befehl wiederholen)		DO	Der folgende Befehl oder die folgende Funktionstaste wird *"anzahl"* mal ausgeführt. Beispiel: Command: REPEAT 12 Command: ERASE LINE Das Kommando "ERASE LINE" wird "12" mal hintereinander ausgeführt.

Verschlüsselung für Tastaturblock "TB"		
A	Alphanumerischer Tastaturblock	
C	Cursorblock	
DO	Eingabe des Kommandos über "DO"	Fortsetzung
F	Funktionstastenreihe	Folgeseite

Bild 5.2-8 Funktionstasten und Editierfunktionen des EVE (Fortsetzung)

Editierfunktion	Taste(n)	TB	Beschreibung der Editierfunktion
REPLACE *alt neu* (Zeichenkette ersetzen)		DO	EVE sucht im aktuellen Editpuffer nach der Suchzeichenkette *"alt"* und ersetzt diese dort durch die Zeichenkette *"neu"*. Vor jedem Ersetzen wird noch eine Nachfrage gestellt, die wie folgt beantwortet werden kann :

	YES	Die gefundene Suchzeichenkette wird ersetzt und nach dem nächsten Auftreten dieser Suchzeichenkette gesucht.　➡ Default
	NO	Die gefundene Suchzeichenkette wird nicht ersetzt. Die Suche nach dem nächste Auftreten dieser Zeichenkette wird fortgesetzt.
	ALL	Dieser und die folgenden Such- und Ersetzungsvorgänge finden ohne weitere Nachfrage statt.
	LAST	Die gefundene Suchzeichenkette wird ersetzt und dann der Such- und Ersetzungsvorgang abgebrochen.
	QUIT	Der Ersetzungsvorgang wird ohne Änderung abgebrochen.

Werden die Zeichenketten *"alt"* und *"neu"* in Kleinbuchstaben angegeben, so ersetzt EVE die Suchzeichenkette *"alt"* durch die Zeichenkette *"neu"* unter Beibehaltung der Groß- oder Kleinschrift in der gleichen Form, wie *"alt"* im Text steht. Wird bei der Angabe von *"alt"* und *"neu"* jedoch Groß- und Kleinschrift gemischt angegeben, so ersetzt EVE exakt so, wie diese im Befehl angegeben worden sind. Treten in den Zeichenketten *"alt"* oder *"neu"* Leerzeichen auf, dann muß diese Zeichenkette von ´"´

Verschlüsselung für Tastaturblock "TB"	A	Alphanumerischer Tastaturblock	
	C	Cursorblock	
	DO	Eingabe des Kommandos über "DO"	Fortsetzung
	F	Funktionstastenreihe	Folgeseite

Bild 5.2-8 Funktionstasten und Editierfunktionen des EVE (Fortsetzung)

Editierfunktion	Taste(n)	TB	Beschreibung der Editierfunktion
(Fortsetzung) REPLACE *alt neu* (Zeichenkette ersetzen)		DO	eingeschlossen angegeben werden. Beispiel: Command: REPLACE "il mondo" "die welt" Replace? Type yes, no,all, last or quit: ALL Replaced 12 occurrences Im aktuellen Editpuffer werden alle Zeichenketten "il mondo" durch "die welt" ersetzt entsprechend der jeweiligen Schreibweise. "ALL" bei der "REPLACE"-Frage bewirkt das Ändern im gesamten Text.
RESET (Zurücksetzen)	GOLD/ SELECT	C	Es werden mehrere EVE-Zustände zurückgesetzt und die Richtung auf vorwärts gestellt. Die Zurücksetzung kann folgende Fälle umfassen : ❏ Eine irrtümlich gedrückte "GOLD"-Taste. ❏ Einen mit "SELECT" markierten Text. ❏ Ein teilweise eingegebenes Kommando in der Kommandozeile. ❏ Eine Ausgabe eines "SHOW"-Kommandos.
RESTORE (Löschpuffer einfügen / Löschung rückgängig machen)	GOLD/ INSERT HERE	C	Die zuvor ausgeführte Löschaktion wird wieder rückgängig gemacht. Der davon betroffene Löschpuffer wird an die Stelle links vom Cursor kopiert, der Folgetext und der Cursor entsprechend nach rechts verschoben. Der Inhalt des betroffenen Löschpuffers bleibt erhalten.

Verschlüsselung für Tastaturblock "TB"	A	Alphanumerischer Tastaturblock
	C	Cursorblock
	DO	Eingabe des Kommandos über "DO"
	F	Funktionstastenreihe

Fortsetzung Folgeseite

Bild 5.2-8 Funktionstasten und Editierfunktionen des EVE (Fortsetzung)

Editierfunktion	Taste(n)	TB	Beschreibung der Editierfunktion
RESTORE CHARACTER (Zeichen- löschpuffer einfügen / Löschung rückgängig machen)		DO	Das zuvor gelöschte, im Zeichenlöschpuffer stehende Zeichen wird an die Stelle links vom Cursor kopiert. Der Cursor und der Folgetext auf dieser Zeile werden um eine Spalte nach rechts verschoben. Der Inhalt des Zeichenlöschpuffers bleibt erhalten.
RESTORE LINE (Zeilen- löschpuffer einfügen / Löschung rückgängig machen)		DO	Die zuvor gelöschte, im Zeilenlöschpuffer stehende (Teil-) Zeile wird an die Stelle links vom Cursor kopiert. Der Cursor und der Folgetext werden entweder nach rechts oder auf die nächste Zeile verschoben, wenn in diesem Puffer eine Markierung für ein Zeilenende enthalten sein sollte. Der Inhalt des Zeilenlöschpuffers bleibt erhalten.
RESTORE WORD (Wort- löschpuffer einfügen / Löschung rückgängig machen)	GOLD/ F13	F	Das zuvor gelöschte, im Wortlöschpuffer stehende Wort wird an die Stelle links vom Cursor kopiert. Der Cursor und der Folgetext werden nach rechts oder auf die nächste Zeile verschoben, wenn in diesem Puffer eine Markierung für ein Zeilenende enthalten sein sollte. Der Inhalt des Wortlöschpuffers bleibt erhalten.
RETURN (Eingabe)	RETURN -oder- ENTER -oder- CTRL/M	A N A	Links vom Cursor wird eine Markierung für ein Zeilenende eingetragen. Alle Zeichen rechts vom Cursor werden auf den Anfang der neuen Zeile geschoben und der Cursor dorthin gestellt. Außerdem beendet "RETURN" eine "DO"-Kommandoeingabe.
REVERSE (rückwärts)		DO	Die Richtung rückwärts wird für die folgenden Editierfunktionen eingestellt.

Verschlüsselung für Tastaturblock "TB"	A	Alphanumerischer Tastaturblock
	C	Cursorblock
	DO	Eingabe des Kommandos über "DO"
	F	Funktionstastenreihe

Fortsetzung Folgeseite

Bild 5.2-8 Funktionstasten und Editierfunktionen des EVE (Fortsetzung)

Editierfunktion	Taste(n)	TB	Beschreibung der Editierfunktion
SAVE EXTENDED EVE *sektion* (EVE-Konfiguration speichern)		DO	Die Definitionen von Funktionstasten und gelernte Reihenfolgen von Befehlen werden in der Sektionsdatei mit dem Dateinamen *"sektion"* gespeichert. Bei Benutzung des Dateinamens einer bereits existierenden Sektionsdatei bleibt ihr alter Inhalt erhalten ; nur die neuen Definitionen werden dort eingefügt. Einstellungen von Seitenrändern, Tabulatorpositionen oder Cursor werden nicht in der Sektionsdatei gespeichert. Hierfür ist eine Initialisierungsdatei nötig.
SELECT (Auswahl)	SELECT	C	Der Beginn eines ausgewählten Textbereichs wird gekennzeichnet. Mit Hilfe des Cursors wird genau der gewünschte Textbereich markiert (inverse Anzeige), auf den dann EVE-Funktionen wie "REMOVE", "STORE TEXT", "CAPITALIZE WORD", "FILL", "LOWERCASE WORD", "UPPERCASE WORD" angewendet werden können.
SET CURSOR BOUND (Cursor binden)		DO	Der Cursor wird an den Text gebunden und kann nur dorthin positioniert werden, wo sich auch Text auf dem Bildschirm befindet.
SET CURSOR FREE (Cursor freigeben)		DO	Der Cursor ist freigegeben und kann beliebig auf dem Bildschirm positioniert werden, unabhängig davon, ob an dieser Stelle Text angezeigt wird oder nicht.
SET FIND NOWHITE-SPACE (Suchart "exakt" festlegen)		DO	Für die Art des Suchens bei "FIND" wird festgelegt, daß beim Suchen anzugebende Leer- und Tabulatorzeichen alle exakt spezifiziert werden müssen. Zeichenketten, die über einen Zeilenwechsel hinaus gehen, werden nicht gefunden. ➡ Default

Verschlüsselung für Tastaturblock "TB"	A	Alphanumerischer Tastaturblock	
	C	Cursorblock	
	DO	Eingabe des Kommandos über "DO"	Fortsetzung Folgeseite
	F	Funktionstastenreihe	

Bild 5.2-8 Funktionstasten und Editierfunktionen des EVE (Fortsetzung)

Editierfunktion	Taste(n)	TB	Beschreibung der Editierfunktion
SET FIND WHITESPACE (Suchart "Fließtext" festlegen)		DO	Beim Suchen mit "FIND" brauchen Leer- und Tabulatorzeichen nicht exakt spezifiziert zu werden. Stattdessen werden diese Zeichen sowie auch ein Zeilenwechsel als Zwischenraum zwischen Zeichenketten (wie bei einem Fließtext) interpretiert.
SET GOLD KEY *taste* ("GOLD"-Taste festlegen)		DO	Da EVE keine festgelegte Taste für "GOLD" besitzt, kann hiermit die Taste *"taste"* als "GOLD" definiert werden.
SET KEYPAD EDT (EDT-Modus einschalten)		DO	EVE wird im Modus EDT betrieben. Dieser Modus umfaßt die Funktionstasten des Funktionstastenmodus des EDTs, jedoch nicht die Befehle des Zeilenmodus und des Bildschirmmodus. Im EDT-Modus ist automatisch die Taste "PF1" als "GOLD" vereinbart. Die Tasten "ENTER" und "RETURN" sind gleichgeschaltet. Die Tastenkombination <CTRL/C> zum Abbrechen von Editkommandos darf nicht benutzt werden, da sie zu unerwarteten falschen Ergebnissen führen kann. Die Tastenkombination <CTRL/Z> ist mit "EXIT" belegt. Im Abschnitt 5.2.7 werden die einzelnen Tastaturblöcke und die dort vorhandenen Funktionstasten im EDT-Modus vorgestellt.
SET KEYPAD NOEDT (EVE aus dem EDT- in den EVE-Modus umschalten)		DO	EVE wird zurückgeschaltet aus dem EDT-Modus in den EVE-Modus. Die Definitionen der Funktionstasten für den EDT-Modus werden gelöscht. Abschnitt 5.2.8 stellt die einzelnen Tastaturblöcke mit ihren Funktionstasten im EVE-Modus vor.

Verschlüsselung für Tastaturblock "TB"	A	Alphanumerischer Tastaturblock	
	C	Cursorblock	
	DO	Eingabe des Kommandos über "DO"	Fortsetzung Folgeseite
	F	Funktionstastenreihe	

Bild 5.2-8 Funktionstasten und Editierfunktionen des EVE (Fortsetzung)

Editierfunktion	Taste(n)	TB	Beschreibung der Editierfunktion
SET KEYPAD NUMERIC (EVE-Modus einschalten)		DO	EVE wird umgeschaltet in den Standardmodus EVE. Abschnitt 5.2.8 stellt die einzelnen Tastaturblöcke mit ihren Funktionstasten im EVE-Modus vor.
SET LEFT MARGIN *spalte* (Linker Rand)		DO	Die linke Seitenbegrenzung wird für den aktuellen Editpuffer auf die Spalte *"spalte"* eingestellt und für "FILL" und "CENTER LINE" verwendet. "1" ist der Default-Wert. Beispiel: Command: SET LEFT MARGIN 10 Der linke Seitenrand wird auf die Spalte "10" eingestellt.
SET NOGOLD KEY ("GOLD"-Taste löschen)		DO	Die mit "SET GOLD KEY" festgelegte Taste für "GOLD" wird freigegeben (ist nun nicht mehr "GOLD").
SET NOSHIFT KEY ("GOLD"-Taste löschen)		DO	Wie "SET NOGOLD KEY".
SET NOWRAP (Textumbruch abschalten)		DO	Der automatische Umbruch des Textes bei Überschreitung der eingestellten Anzahl Spalten auf dem Bildschirm wird ausgeschaltet. Eingegebener Text kann dadurch rechts "aus dem Bild laufen".
SET RIGHT MARGIN *spalte* (Rechter Rand)		DO	Die rechte Seitenbegrenzung wird für den aktuellen Editpuffer auf die Spalte *"spalte"* eingestellt und für "FILL" und "CENTER LINE" verwendet. "79" ist der Default-Wert

Verschlüsselung für Tastaturblock "TB"		
	A	Alphanumerischer Tastaturblock
	C	Cursorblock
	DO	Eingabe des Kommandos über "DO"
	F	Funktionstastenreihe

Fortsetzung Folgeseite

**Bild 5.2-8 Funktionstasten und Editierfunktionen des EVE
(Fortsetzung)**

Editierfunktion	Taste(n)	TB	Beschreibung der Editierfunktion
(Fortsetzung) SET RIGHT MARGIN *spalte* (Rechter Rand)		DO	bei einer Bildschirmweite von "80" und "131" bei einer Bildschirmweite von "132". Beispiel: Command: SET RIGHT MARGIN 50 Der rechte Seitenrand wird auf die Spalte "50" eingestellt.
SET SCROLL MARGINS *oben unten* (Grenzen für Bildrollen)		DO	Die obere und untere Grenze für das Bildrollen wird für das Editfenster *"oben"* Zeilen vom oberen Editfensterrand bis *"unten"* Zeilen vor dem unteren Editfensterrand festgelegt. Standardwerte für *"oben"*und *"unten"* sind jeweils "0"; hier setzt Bildrollen ein, wenn auf eine Zeile außerhalb des Editfensters positioniert wird. Beispiel: Command: SET SCROLL MARGINS 2 4 Die Bildrollgrenzen werden auf "2" Zeilen vom oberen Rand und "4" Zeilen über den unteren Rand des Editfensters festgelegt.
SET SCROLL MARGINS *oben %* *unten %* (Grenzen für Bildrollen)		DO	Wie "SET SCROLL MARGINS". Die obere und untere Grenze für das Bildrollen werden hier als prozentuale Werte angegeben, was sinnvoll für den Einsatz auf dem großen Graphikbildschirm einer Workstation ist.
SET SHIFT KEY *taste* ("GOLD"-Taste festlegen)		DO	Da EVE keine festgelegte Taste für "GOLD" besitzt, kann hiermit die Taste *"taste"* als "GOLD" definiert werden.

Verschlüsselung für Tastaturblock "TB"		
A	Alphanumerischer Tastaturblock	
C	Cursorblock	
DO	Eingabe des Kommandos über "DO"	Fortsetzung
F	Funktionstastenreihe	Folgeseite

Bild 5.2-8 Funktionstasten und Editierfunktionen des EVE (Fortsetzung)

Editierfunktion	Taste(n)	TB	Beschreibung der Editierfunktion
SET TABS AT *tab1 tab2 ...* (Tabulatoren setzen)		DO	Es werden Tabulatorpositionen in den Spalten *"tab1"*, *"tab2"* usw. festgelegt. Die einzelnen Spaltenangaben *"tab1"*, *"tab2"* usw. werden durch jeweils ein Leerzeichen voneinander getrennt spezifiziert. Beispiel: Command: SET TABS AT 7 8 13 In den Spalten "7", "8" und "13" wird eine Tabulatorposition festgelegt.
SET TABS EVERY *tab* (Tabulatoren setzen)		DO	Es werden Tabulatorpositionen alle *"tab"* Spalten festgelegt. Der Default-Wert ist eine Tabulatorposition alle 8 Spalten. Beispiel: Command: SET TABS EVERY 4 Hiermit ist alle "4" Spalten ist eine Tabulatorposition festgelegt.
SET TABS INSERT (Tabulator einfügen)		DO	Bei Betätigung der "TAB"-Taste oder der Tastenkombination <CTRL/I> wird das ASCII-Zeichen <HT> (=HORIZONTAL TAB=Tab) an der aktuellen Cursorposition eingefügt. ⇒ Default
SET TABS SPACES (Tabulator einfügen)		DO	Bei Betätigung der "TAB"-Taste oder der Tastenkombination <CTRL/I> wird die Anzahl der Leerzeichen bis zur nächsten Tabulatorposition bestimmt und statt des ASCII-Zeichens <HT> die entsprechende Anzahl Leerzeichen eingefügt.
Verschlüsselung für Tastaturblock "TB"	A C DO F	Alphanumerischer Tastaturblock Cursorblock Eingabe des Kommandos über "DO" Funktionstastenreihe	Fortsetzung Folgeseite

Bild 5.2-8 Funktionstasten und Editierfunktionen des EVE
(Fortsetzung)

Editierfunktion	Taste(n)	TB	Beschreibung der Editierfunktion
SET WIDTH *spalten* (Bildschirm- breite setzen)		DO	Die Bildschirmbreite wird auf *"spalten"* Spalten pro Zeile umgesetzt. Standardmäßig gilt die Einstellung auf 80 Spalten. Beispiel: Command: SET WIDTH 132 Die Bildschirmbreite wird auf "132" Spalten umgestellt.
SET WRAP (Textumbruch einschalten)		DO	Es wird versucht, einen automatischen Textumbruch am rechten Seitenrand einzufügen. Worte, die nicht mehr in den zur Verfügung stehenden Platz hineinpassen, werden nach einem Zeilenwechsel in die folgende Zeile geschrieben. Die Auswirkung dieses automatischen Textumbruchs auf den geschriebenen Text können Sie sehen : EVE formatiert Ihre Texteingabe gegebenenfalls um, allerdings nur bei neu eingegebenem Text. EVE veranlaßt keine automatische Wrap-Nachbehandlung.
SHIFT LEFT *spalte* (Editfenster nach links schieben)		DO	Das aktuelle Editfenster wird um *"spalte"* Anzahl Spalten nach links verschoben. Bisher nicht sichtbare Spalten auf der linken Seite werden dadurch sichtbar, auf der rechten Seite rutschen Spalten aus dem Blickwinkel. Beispiel: Command: SHIFT LEFT 12 Window now shifted right 0 columns Das aktuelle Editfenster wird um "12" Spalten nach links verschoben.

Verschlüsselung für Tastaturblock "TB"		
	A	Alphanumerischer Tastaturblock
	C	Cursorblock
	DO	Eingabe des Kommandos über "DO"
	F	Funktionstastenreihe

Fortsetzung Folgeseite

Bild 5.2-8 Funktionstasten und Editierfunktionen des EVE (Fortsetzung)

Editierfunktion	Taste(n)	TB	Beschreibung der Editierfunktion
SHIFT RIGHT *spalte* (Editfenster nach rechts schieben)		DO	Das aktuelle Editfenster wird um *"spalte"* Anzahl Spalten nach rechts verschoben. Bisher nicht sichtbare Spalten auf der rechten Seite werden dadurch sichtbar, auf der linken Seite rutschen Spalten aus dem Blickwinkel. Beispiel: Command: SHIFT RIGHT 69 Window now shifted right 69 columns Das aktuelle Editfenster wird um "69" Spalten nach rechts verschoben.
SHOW BUFFERS (Anzeige Verwaltungs- liste der Editpuffer)		DO	Die Verwaltungsliste mit den Namen aller aktuell vorhandenen Editpuffer wird auf dem Bildschirm angezeigt. Mit den Cursortasten können Sie den Cursor auf den Namen eines Editpuffers stellen. Durch das anschließende Drücken der Taste "SELECT" wird in diesen Editpuffer umgeschaltet (wie bei dem EVE-Kommando "BUFFER"). Drücken Sie stattdessen die Taste "REMOVE", wird dieser Editpuffer gelöscht (wie bei dem EVE-Kommando "DELETE BUFFER").
SHOW DEFAULTS BUFFER (Anzeige der aktuellen Default-Werte)		DO	Die aktuellen Default-Werte der EVE-Sitzung werden angezeigt (Seitenrand, Tabulatorpositionen, eingestellte Richtung, Modus usw.). Sie dienen als Defaults beim Erzeugen jedes weiteren Editpuffers und stehen im Editpuffer "$DEFAULTS$".
SHOW KEY (Anzeige Funktionstaste)		DO	Es wird die Definition der Funktionstaste angezeigt, die bei der Aufforderung von EVE, eine Taste zu drücken, betätigt wird.

Verschlüsselung für Tastaturblock "TB"		
	A	Alphanumerischer Tastaturblock
	C	Cursorblock
	DO	Eingabe des Kommandos über "DO"
	F	Funktionstastenreihe

Fortsetzung Folgeseite

Bild 5.2-8 Funktionstasten und Editierfunktionen des EVE (Fortsetzung)

Editierfunktion	Taste(n)	TB	Beschreibung der Editierfunktion
(Fortsetzung) SHOW KEY (Anzeige Funktionstaste)		DO	Beispiel: Command: SHOW KEY Press the key to describe: GOLD 8 GOLD/KP8 is defined as "fill" in the EDT keypad. Die Definition der Funktionstaste "GOLD/8" auf der numerischen Tastatur im EDT-Modus wird angezeigt.
SHOW SYSTEM BUFFERS (Anzeige Verwaltungs- liste der EVE- System- editpuffer)		DO	Die Verwaltungsliste mit den Namen aller, von EVE erzeugten Systemeditpuffer wird auf dem Bildschirm angezeigt (Editpuffer wie COMMAND, MESSAGE, $CHOICES$, $DEFAULTS$, $MATCHES$ und $RECALL_LINES$). Mit den Cursortasten stellen Sie den Cursor auf den Namen eines Editpuffers und schalten durch das anschließende Drücken der Taste "SELECT" in diesen Editpuffer um (wie bei dem EVE-Kommando "BUFFER"). Löschen der oben angegebenen EVE-Systemeditpuffer ist nicht möglich. Generell sollte kein EVE-Systemeditpuffer, dessen Name mit "$" beginnt, gelöscht werden !
SHRINK WINDOW *zeile* (Editfenster verkleinern)		DO	Das aktuelle Editfenster wird auf Anzahl *"zeile"* Zeilen geschrumpft. Die anderen Editfenster auf dem Bildschirm werden entsprechend vergrößert.
SPAWN *kommando* (Subprozeß starten)		DO	Die aktuelle EVE-Sitzung wird für den Start und die Dauer der Ausführung eines Subprozesses unterbrochen, aber nicht abgebrochen.

| Verschlüsselung für Tastaturblock "TB" | A C DO F | Alphanumerischer Tastaturblock Cursorblock Eingabe des Kommandos über "DO" Funktionstastenreihe | Fortsetzung Folgeseite |

Bild 5.2-8 Funktionstasten und Editierfunktionen des EVE (Fortsetzung)

Editierfunktion	Taste(n)	TB	Beschreibung der Editierfunktion
(Fortsetzung) SPAWN *kommando* (Subprozeß starten)		DO	Beispiel: Command: SPAWN $ PRINT TEST.LIS $ LOGOUT Die EVE-Sitzung wird für die Dauer des erzeugten Subprozesses unterbrochen. Dieser Subprozeß führt hier "PRINT TEST.LIS" aus und wird durch "LOGOUT" beendet. Die EVE-Sitzung wird nun weitergeführt.
SPLIT WINDOW *fenster* (Editfenster aufteilen)		DO	Das aktuelle Editfenster wird in *"fenster"* Editfenster aufgeteilt, wobei alle diese Editfenster anfangs den gleichen Editpuffer als Inhalt besitzen. Bei Weglassen von *"fenster"* wird in 2 Editfenster aufgeteilt. Beispiel: Command: SPLIT WINDOW 3 Das aktuelle Editfenster wird in "3" Editfenster aufgeteilt.
START OF LINE (Zeilenanfang)	GOLD/⇐ -oder- CTRL/H	F A	Der Cursor wird an den Anfang der Zeile gestellt. Wenn der Cursor bereits am Zeilenanfang steht, dann geschieht nichts.
STORE TEXT (Text speichern)	GOLD/ RE- MOVE	C	Der mit "SELECT" ausgewählte Textbereich wird ohne Löschung im aktuellen Editpuffer in den INSERT-HERE-Puffer kopiert, dessen voriger Inhalt verlorengeht.
TAB (Tabulator)	TAB -oder- CTRL/I	A A	Der Cursor wird um 'n' Spalten nach rechts auf die nächste, gemäß der mit "SET TABS" vereinbarten Tabulatorposition versetzt. Default ist alle acht Spalten.

Verschlüsselung für Tastaturblock "TB"		
	A	Alphanumerischer Tastaturblock
	C	Cursorblock
	DO	Eingabe des Kommandos über "DO"
	F	Funktionstastenreihe

Fortsetzung Folgeseite

Bild 5.2-8 Funktionstasten und Editierfunktionen des EVE (Fortsetzung)

Editierfunktion	Taste(n)	TB	Beschreibung der Editierfunktion
TOP (Anfang der Datei)	GOLD/⇑	C	Der Cursor wird an den Anfang des Editpuffers auf das erste Zeichen links oben gestellt.
TWO WINDOWS (Zwei Editfenster)		DO	Der Bildschirm wird in zwei Editfenster aufgeteilt, wobei anfangs beide Editfenster den gleichen Editpuffer als Inhalt besitzen.
UNDEFINE KEY *taste* (Funktionstaste löschen)		DO	Die Taste bzw. Tastenkombination *"taste"*, die mit "LEARN", "DEFINE KEY" oder indirekt über "SET KEYPAD" vereinbart worden ist, wird als Funktionstaste gelöscht.
UPPERCASE WORD (In Großschrift umwandeln)		DO	Der mit "SELECT" ausgewählte Textbereich wird in Großschrift umgewandelt. Ist kein Textbereich mit "SELECT" ausgewählt worden, dann bezieht sich die Umwandlung auf das Wort, in bzw. vor dem sich der Cursor gerade befindet.
WHAT LINE		DO	Es wird die Zeilennummer, auf der sich der Cursor befindet, die Gesamtanzahl von Zeilen in dem Editpuffer und eine prozentuale Angabe der aktuellen Zeile zum Anfang des Editpuffers ausgegeben. Beispiel: Command: WHAT LINE You are on line 12 out of 36 (33%). Es wird die aktuelle Zeilen- und Editpufferinformation ausgegeben.

Verschlüsselung für Tastaturblock "TB"	A	Alphanumerischer Tastaturblock	
	C	Cursorblock	
	DO	Eingabe des Kommandos über "DO"	Fortsetzung
	F	Funktionstastenreihe	Folgeseite

Bild 5.2-8 Funktionstasten und Editierfunktionen des EVE (Fortsetzung)

Editierfunktion	Taste(n)	TB	Beschreibung der Editierfunktion
WILDCARD FIND (Zeichenkette mit Verwendung von Wild Cards suchen)	GOLD/ FIND	C	Es wird nach der Zeichenkette nach der Zeichenkette gesucht, die sich im Suchpuffer befindet. In dieser Suchzeichenkette dürfen Wild Cards als Platzhalter für beliebige Textteile, Buchstaben oder sogar Zeilenwechsel angegeben werden. Bei einmaligem Drücken der Tastenkombination "GOLD/FIND" wird in der Kommandozeile die Eingabe einer Suchzeichenkette angefordert. Nach erfolgter Eingabe und Drücken einer Funktionstaste wird diese Zeichenkette in den Suchpuffer eingetragen, wobei der vorige Inhalt dieses Puffers verlorengeht. Bei zweimaligem Betätigen dieser Tastenkombination wird die im Suchpuffer eingetragene Zeichenkette (wieder) verwendet. Die Suche beginnt bei der aktuellen Cursorposition und geht bei "FORWARD" vorwärts, bei "REVERSE" rückwärts und bei "RETURN" in die vorher eingestellte Richtung (vorwärts oder rückwärts). Bei erfolgreicher Suche wird der Cursor auf die gefundene Zeichenkette positioniert, ansonsten bleibt die Cursorposition unverändert. In der folgenden Tabelle sind die erlaubten Wild Cards mit den jeweiligen Bedeutungen aufgelistet :

*	Ein oder mehrere beliebige(s) Zeichen auf einer Zeile.
**	Ein oder mehrere beliebige(s) Zeichen zeilenübergreifend.
%	Ein einziges beliebiges Zeichen.
\<	Beginn einer Zeile.
\>	Ende einer Zeile.

Verschlüsselung für Tastaturblock "TB"		
	A	Alphanumerischer Tastaturblock
	C	Cursorblock
	DO	Eingabe des Kommandos über "DO"
	F	Funktionstastenreihe

Fortsetzung Folgeseite

Bild 5.2-8 Funktionstasten und Editierfunktionen des EVE (Fortsetzung)

Editierfunktion	Taste(n)	TB	Beschreibung der Editierfunktion	
(Fortsetzung) WILDCARD FIND (Zeichenkette mit Verwendung von Wild Cards suchen)	GOLD/ FIND	C	\[xyz]	Ein beliebiges Zeichen aus dem Wertevorrat "xyz".
			\[a-t]	Ein beliebiges Zeichen aus dem Wertevorrat "a" bis "t".
			\[~jkl]	Ein beliebiges Zeichen, das nicht in dem Wertevorrat "jkl" vorkommt.
			\	Voranzustellendes Zeichen für die Spezifikation von "\", "%", "*" oder "]" in der Suchzeichenkette. "\\" ist ein "\" in der Suchzeichenkette.
			\w	Ein leerer Zwischenraum (Leerzeichen, Tab, Leerzeilen).
			\d	Eine dezimale Ziffer [0...9].
			\o	Eine oktale Ziffer [0...7].
			\x	Eine hexadezimale Ziffer [0...F].
			\a	Ein Buchstabe (inklusive nationaler Sonderzeichen).
			\n	Ein alphanumerisches Zeichen (Buchstaben und Ziffern).
			\s	Ein alphanumerisches Zeichen (Buchstaben, Ziffern, "_", "$", "+").
			\l	Ein Kleinschriftbuchstabe.
			\u	Ein Großschriftbuchstabe.
			\p	Ein Satzzeichen (Punkt, Komma, Semikolon...).
			\f	Ein Formatierungszeichen (TAB, LINEFEED, FORMFEED...).
			\^	Ein Kontrollzeichen.
			Beispiele: Command: WILDCARD FIND \<%er Es wird nach der Zeichenkette "er" beginnend an der 2. Stelle (1.Stelle ist ein	

Verschlüsselung für Tastaturblock "TB"	A	Alphanumerischer Tastaturblock	
	C	Cursorblock	
	DO	Eingabe des Kommandos über "DO"	Fortsetzung Folgeseite
	F	Funktionstastenreihe	

Bild 5.2-8 Funktionstasten und Editierfunktionen des EVE (Fortsetzung)

Editierfunktion	Taste(n)	TB	Beschreibung der Editierfunktion
(Fortsetzung) WILDCARD FIND (Zeichenkette mit Verwendung von Wild Cards suchen)	GOLD/ FIND	C	beliebiges Zeichen wegen "%") am Beginn einer Zeile (wegen "\<") gesucht. Command: WILDCARD FIND Wer\what Es wird nach der Zeichenkette "Wer hat" gesucht, wobei zwischen "Wer" und "hat" irgend ein Zwischenraum sein darf (Leerzeichen, Tabs, Zeilenwechsel...) Command: WILDCARD FIND \[ABab] Es wird nach dem ersten Auftreten eines der Zeichen "A", "B", "a" oder "b" gesucht.
WRITE FILE *datei* (Editpuffer in Datei schreiben)		DO	Der aktuelle Editpuffer wird in eine Datei mit dem Namen *"datei"* geschrieben. Diese Datei bekommt die Standardeigenschaften einer editierbaren sequentiellen Datei zugewiesen. Position und Inhalte der einzelnen Editpuffer werden nicht verändert. Beispiel: Command: WRITE BEREICH.DAT Der aktuelle Editpuffer wird in die Datei mit dem Namen "BEREICH.DAT" geschrieben.
Verschlüsselung für Tastaturblock "TB"	A	Alphanumerischer Tastaturblock	
	C	Cursorblock	
	DO	Eingabe des Kommandos über "DO"	
	F	Funktionstastenreihe	

Bild 5.2-8 Funktionstasten und Editierfunktionen des EVE (Fortsetzung)

Im folgenden Bild 5.2-9 ist die erste Maske des EVE-HELPs im EDT-Modus abgebildet, die beim Betätigen der Taste "HELP" oder "PF2" ausgegeben wird. Mit der Eingabe der "RETURN"-Taste gelangen Sie jederzeit wieder in die Editiersituation zurück, in der Sie sich beim Drücken dieser "HELP"-Taste befunden haben.

Durch die Eingabe von "KEYS" gefolgt von der "RETURN"-Taste wird die Funktionstastenübersicht (zweiter HELP-Text, siehe Bild 5.2-10) ausgegeben. Durch die

Betätigung einer Taste wird Ihnen der vorhandene HELP-Text zu dieser Taste ausgegeben (dritter HELP-Text, siehe Bild 5.2-11). Weitere HELP-Texte zu anderen Tasten werden durch das Betätigen der entsprechenden Taste angefordert.

Aus allen diesen HELP-Masken gelangen Sie durch das Drücken der "RETURN"-Taste zurück in die Editiersituation, von der aus Sie das EVE-HELP aufgerufen haben. Durch die Eingabe von "HELP" gefolgt von der "RETURN"-Taste geht es wieder auf die erste Maske des EVE-HELPs.

GOLD key functions are shown in **reverse**.

To get help on commands type a command or '?' and press RETURN.

To list all key definitions type KEYS and press RETURN or press GOLD HELP.

To show a key definition use SHOW KEY.

HELP	DO		
KEY DEFS			

FIND	INS HERE	RE-MOVE
WILD FIND	RE-STORE	STO TEX
SE-LECT	PREV SCR	NEXT SCR
RESET	PREV WIN	NEXT WIN
	MOVE UP	
	TOP	
MOVE LEFT	MOVE DOWN	MOVE RIGHT
STAOF LINE	BOT-TOM	ENDOF LINE

GOLD KEY	HELP	FND-NXT	DEL L
	KEY DEFS	FIND	RES L
PAGE	SECT	AP-PEND	DEL W
DO	FILL	EDT REPL	RES W
FOR-WARD	RE-VERSE	RE-MOVE	DEL C
BOT-TOM	TOP	INS HERE	RES C
WORD	EOL	CHAR	ENTER
CHNG-CASE	DEL EOL	SPEC-INS	
EDT LINE	SE-LECT		
OPEN LINE	RESET	SUBS	

Buffer : HELP
Press the key that you want help on (RETURN to exit help) :

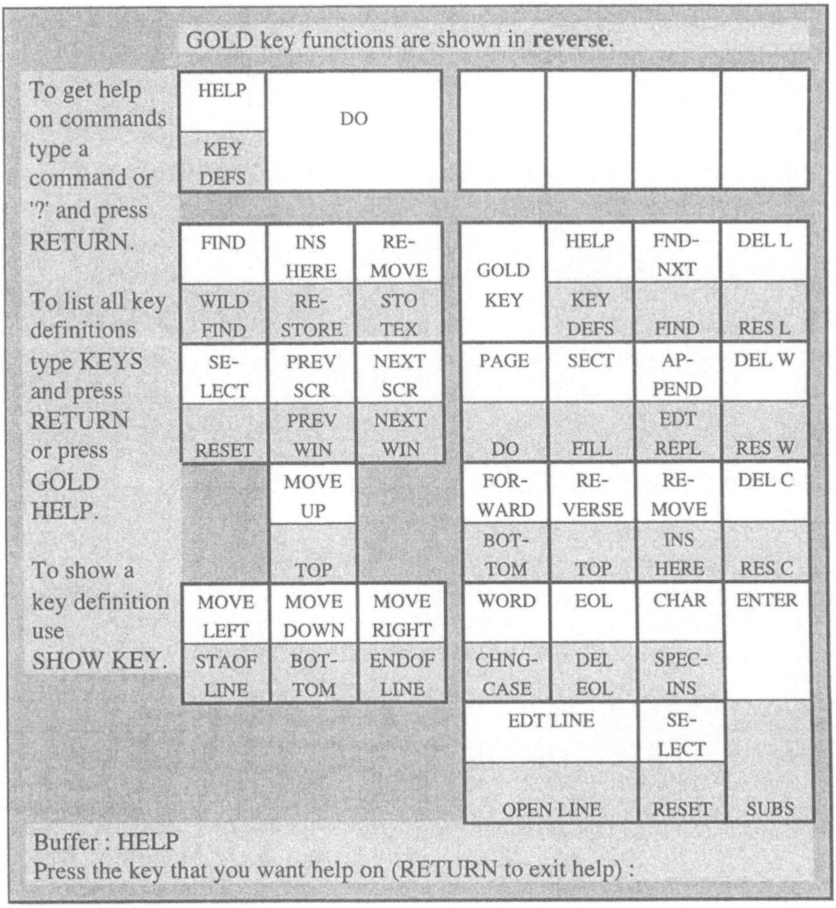

Bild 5.2-9   Erste Maske des EVE-HELPs im EDT-Modus

Key	Function	Gold Sequence (GOLD = PF1)	Function
CTRL/A	Insert overstrike	GOLD-0	Repeat
CTRL/B	Recall	GOLD-1	Repeat
CTRL/E	End of line	GOLD-2	Repeat
...	...	...	...
...	...	...	...
...	...	...	...
CTRL/UP	Move up	GOLD PF3	Find
DOWN	Move down	GOLD PF4	Restore line

Buffer : HELP   To see more, use | Prev Screen | Next Screen
Press the key that you want help on (RETURN to exit help) :

Bild 5.2-10   Zweite Maske des EVE-HELPs im EDT-Modus

EDT Previous Screen

Scrolls vertically to show the previous section of text -- roughly 75 % of the window size.

Key : The EDT keypad defines the PREV_SCREEN key on the mini keypad.

Usage Notes :

o If the cursor is free (the default setting), it moves up in the same column on the screen regardless of whether text is already there or not.

o If the cursor is bound, it moves up to the corresponding line positions, depending on the shape or your text.

Related topics :

SET CURSOR BOUND   SET CURSOR FREE   TOP

Buffer : HELP
Press the key that you want help on (HELP for keypad, RETURN to exit help):

Bild 5.2-11   Dritte Maske des EVE-HELPs im EDT-Modus
(Beispiel : Betätigung der Taste 'PREVIOUS SCREEN')

5.2.10 Definition von Funktionstasten im EVE

Die interaktive Definition von Funktionstasten läßt sich sehr einfach über den Lernmechanismus von EVE (vgl. Kapitel 5.2.11) bewerkstelligen. Eine zweite Möglichkeit ist ebenfalls problemlos über den EVE-Kommando "DEFINE KEY" zu handhaben. Bei Definition von Funktionstasten über eine Initialisierungsdatei wird genau diese Variante benutzt. Dazu benötigen Sie die Voraussetzung, Tasten über ihren Namen anzusprechen und die Ihnen in diesem Abschnitt vorgestellt werden soll.

Die zur Verfügung stehende Menge an frei definierbaren Funktionstasten ist so umfassend, daß Ihre Arbeitsweise optimal unterstützt wird. So ist prinzipiell jede Taste auf der gesamten Tastatur neu definierbar. Obwohl EVE für diese Tasten teilweise bereits standardmäßige Vorbelegungen vereinbart hat, können Sie diese überdefinieren. Fast alle Tasten auf der gesamten Tastatur sind mit der ebenfalls frei wählbaren Funktionsumschalttaste "GOLD" kombinierbar. Auf der alphanumerischen Tastatur sind etliche Tasten mit der Taste "CONTROL" (="CTRL") umschaltbar. Alle Tasten werden über einen Tastennamen angesprochen. Die nicht erlaubten Ausnahmen, die wichtige EVE-Funktionalität beschränken würden, sind im Bild 5.2-16 weiter unten aufgelistet.

In dem folgenden Bild 5.2-12 sehen Sie die EVE-internen Tastennamen des numerischen (dritten) Tastaturblockes.

PF1 **PF1**	PF2 **PF2**	PF3 **PF3**	PF4 **PF4**
7 **KP7**	8 **KP8**	9 **KP9**	- **MINUS**
4 **KP4**	5 **KP5**	6 **KP6**	, **COMMA**
1 **KP1**	2 **KP2**	3 **KP3**	ENTER
0 **KP0**		. **PERIOD**	**ENTER**

Bild 5.2-12 Tastennamen auf dem numerischen Tastaturblock

In den folgenden drei Bildern sehen Sie die Tastaturblöcke und die Belegung mit den EVE-internen Tastennamen : im Bild 5.2-13 der zweite Tastaturblock (Cursorblock), im

Bild 5.2-14 die Funktionstastenreihe ("F6" bis "F20") und im Bild 5.2-15 die alphanumerische Tastatur.

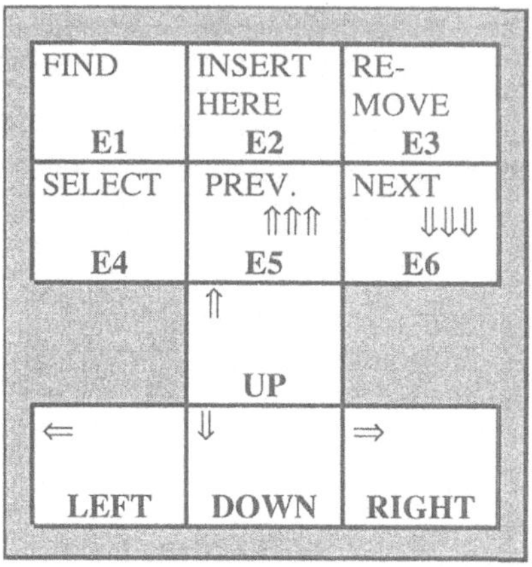

FIND	INSERT HERE	RE-MOVE
E1	E2	E3
SELECT	PREV. ⇑⇑⇑	NEXT ⇓⇓⇓
E4	E5	E6
	⇑ UP	
⇐ LEFT	⇓ DOWN	⇒ RIGHT

Bild 5.2-13 Tastennamen auf dem Cursorblock

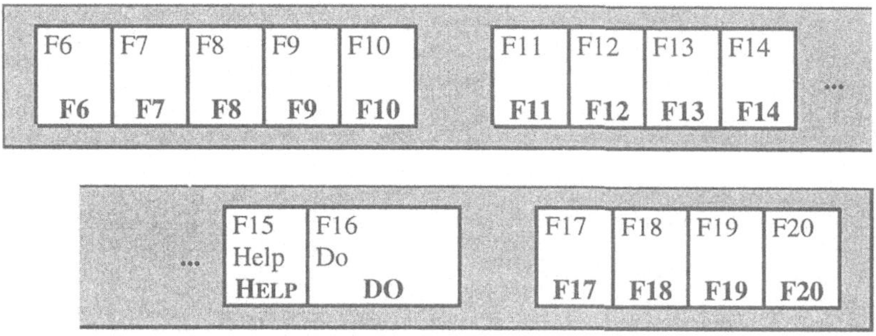

F6	F7	F8	F9	F10		F11	F12	F13	F14
F6	F7	F8	F9	F10	...	F11	F12	F13	F14

F15 Help	F16 Do		F17	F18	F19	F20
HELP	DO	...	F17	F18	F19	F20

Bild 5.2-14 Tastennamen auf der Funktionstastenreihe

Taste	Tastenname	Taste	Tastenname
DELETE	DELETE	CTRL/A	CTRL/A
RETURN	RETURN	...	...
TAB	TAB	CTRL/Z	CTRL/Z

Bild 5.2-15 Tastennamen auf der alphanumerischen Tastatur

Im Bild 5.2-16 sind die nicht erlaubten Tastenkombinationen für die Definition von Funktionstasten angegeben. Diese Tastenkombinationen sind entweder Kontrolltasten für die Terminalansteuerung oder bereits mit wichtigen EVE-Funktionen belegt, bei deren Umdefinition EVE-Funktionalität über Gebühr eingeschränkt werden würde.

CTRL/C	CTRL/R	CTRL/U	DELETE
CTRL/O	CTRL/S	CTRL/X	HELP
CTRL/Q	CTRL/T	CTRL/Y	PF2

Bild 5.2-16 Nicht erlaubte Funktionstasten/-kombinationen

Jetzt, wo Sie die Menge der erlaubten Tastennamen für zu definierende Funktionstasten kennen, sollen einige Beispiele diese Möglichkeiten noch einmal verdeutlichen.

Beispiele :

| B1 | **DEFINE KEY = GOLD-B SHOW BUFFER** |

Die Tastenkombination "GOLD" und "B" wird mit dem EVE-Kommando "SHOW BUFFER" belegt.

| B2 | **DEFINE KEY = CTRL/P MOVE BY PAGE** |

Die Tastenkombination "CTRL" und "P" wird mit dem EVE-Kommando "MOVE BY PAGE" belegt.

| B3 |

```
Command:  DEFINE KEY
EVE command:   TWO WINDOWS
Press the key that you want to define: F20
Key defined
```

Die Taste "F20" wird diesmal interaktiv mit dem EVE-Kommando "TWO WINDOWS" belegt.

5.2.11 Tips und Tricks beim Editieren mit EVE

In diesem Abschnitt sollen Ihnen noch so einige Tips und Tricks für den geschickten Umgang mit EVE verraten werden.

EVE-Initialisierungsdatei

Den Beginn soll ein Beispiel für eine EVE-Initialisierungsdatei machen (Bild 5.2-17).
Beachten Sie hierbei die Funktion des Zeichens "!", das als Kommentarzeichen
interpretiert wird. Damit können Sie sich Ihre EVE-Initialisierungsdatei sehr
übersichtlich gestalten und erklärende Kommentare darin unterbringen. Die Definition
von Funktionstasten entspricht dem Verfahren wie im vorigen Abschnitt beschrieben
(vgl. Kapitel 5.2.10).

```
!--------------------------------------------------------------
!  EVE-Initialisierungsdatei
!--------------------------------------------------------------
!
!  Definition für den EDT-Modus von EVE
!
set keypad edt
!
!        Definition der GOLD-Taste für den EDT-Modus von EVE
!
set gold key pf1
!
!  Definition von Funktionstasten
!
define key=ctrl/e exit
define key=gold-r replace
define key=gold-w wild find
!
!--------------------------------------------------------------
! Ende EVE-Initialisierungsdatei
!--------------------------------------------------------------
```

Bild 5.2-17 Beispiel für eine EVE-Initialisierungsdatei

Kopieren von einer Textzeile im EDT-Modus

Die einfachste Möglichkeit zum Kopieren einer Textzeile bietet der EDT-Modus.
Positionieren Sie den Cursor auf den Anfang der Zeile, die Sie kopieren möchten und
löschen Sie diese mit "ERASE LINE" (="PF4"). Dadurch wird diese in den
Zeilenlöschpuffer übernommen. Ein anschließendes "RESTORE LINE" (="GOLD PF4")
stellt den ursprünglichen Zustand wieder her. Bewegen Sie nun den Cursor an die
Zielposition und kopieren Sie den Inhalt des Zeilenlöschpuffers mit einer weiteren
"RESTORE LINE"-Operation dorthin. Dieses Verfahren eignet sich auch zum Transport
von Zeilen zwischen verschiedenen Editpuffern und Windows.

Kopieren von Textteilen

Das Kopieren von ganzen Textteilen läßt sich mit EVE (im EDT-Modus und im EVE-Modus) leicht bewerkstelligen. Positionieren Sie den Cursor auf das eine Ende des ausgewählten Textteiles und markieren Sie diese Position mit der Taste "SELECT". Bewegen Sie danach den Cursor zu dem anderen Ende des ausgewählten Textteiles und kopieren Sie dann mit "STORE TEXT" (="GOLD REMOVE") diesen Textteil in den INSERT-HERE-Puffer, wobei dessen alter Inhalt überschrieben wird. Bewegen Sie nun den Cursor an die Zielposition und kopieren Sie den Inhalt des INSERT-HERE-Puffers mit der Taste "INSERT HERE" dorthin. Dieses Verfahren eignet sich auch zum Transport von Textteilen zwischen verschiedenen Editpuffern und Windows.

Schreiben von Textteilen in eine Datei

Das Kopieren von ganzen Textteilen in eine Datei geht mit folgenden Befehlen: positionieren Sie den Cursor auf das eine Ende des ausgewählten Textteiles und markieren Sie diese Position mit der Taste "SELECT". Bewegen Sie danach den Cursor zu dem anderen Ende des ausgewählten Textteiles und kopieren Sie dann mit "STORE TEXT" (="GOLD REMOVE") diesen Textteil in den INSERT-HERE-Puffer, wobei dessen alter Inhalt überschrieben wird. Nun rufen Sie danach "DO" (="F16" in der Funktionstastenreihe) auf. Nach dem Prompt "Command: " geben Sie das Kommando "BUFFER INSERT HERE" ein. Ein zweites "DO" benötigen Sie für das Kommando "WRITE *DATEI.EXT*", wobei *"DATEI.EXT"* für den Namen der Datei steht, in die Sie den Textteil schreiben wollen. Ein drittes "DO" brauchen Sie für ein weiteres "BUFFER *PUFFER*", mit dem Sie in den ursprünglichen Editpuffer zurückkehren.

EVE-Lernmechanismus zum Schreiben von Textteilen in eine Datei

Das Kopieren von ganzen Textteilen in eine Datei läßt sich mit Hilfe des Lernmechanismus von EVE vereinfachen. Zuerst positionieren Sie den Cursor auf das eine Ende des ausgewählten Textteiles und markieren Sie diese Position mit der Taste "SELECT". Bewegen Sie danach den Cursor zu dem anderen Ende des ausgewählten Textteiles und kopieren Sie dann mit "STORE TEXT" (="GOLD REMOVE") diesen Textteil in den INSERT-HERE-Puffer, wobei dessen alter Inhalt überschrieben wird. Nun rufen Sie danach "DO" (="F16" in der Funktionstastenreihe) auf und starten die Lernphase von EVE mit dem Kommando "LEARN" nach dem Prompt "Command:". Das zweite "DO" und das dann eingegebene Kommando "MARK WRITE" markiert die Cursorposition im aktuellen Editpuffer. Das dritte "DO" mit dem Kommando "BUFFER INSERT HERE" schaltet um auf diesen Editpuffer. Das vierte "DO" benötigen Sie für das Kommando "WRITE *DATEI.EXT*", wobei *"DATEI.EXT"* für den Namen der Datei steht, in die Sie den Textteil schreiben wollen. Das letzte "DO" bringt sie mit Hilfe des Kommandos "GO TO WRITE" zurück in den ursprünglichen Editpuffer zurückkehren. Nun können Sie diese Reihenfolge mit "CTRL/R" abschliessen und beispielsweise der Funktionstaste "F20" zuweisen, die Ihnen dann für die Dauer dieser EVE-Sitzung zur

Verfügung steht (oder für weitere EVE-Sitzungen, wenn Sie Ihre Definitionen mit "SAVE EXTENDED EVE" speichern). Der einzige Nachteil besteht darin, daß bei dieser Kommandofolge alle Schreibaktionen in gleichnamige Dateien *"DATEI.EXT"* erfolgen.

Arbeiten mit mehreren Editpuffern (1)

Mit der Ausnutzung von mehreren Editpuffern läßt sich die Editierung sehr wirksam unterstützen. Das Wechseln zwischen Editpuffern gelingt mit "DO" (="F16" in der Funktionstastenreihe), wobei dann nach dem Prompt "Command: " der gewünschte Puffer *"puffer"* mit dem Kommando "BUFFER *puffer*" angegeben wird. Bequemer ist es jedoch, wenn Sie sich 3 oder 4 Kommandos zum Wechseln zwischen den Editpuffern in Ihre EVE-Initialisierungsdatei eintragen und neben dem Haupteditpuffer immer mit diesen Hilfseditpuffern (beispielsweise die Editpuffer "X", "Y" und "Z") arbeiten, die Sie mit den folgenden Befehlen in Ihrer Initialisierungsdatei bereits vorbereiten können:

```
!        In den Editpuffer X zur letzten aktuellen Cursorposition
DEFINE KEY=GOLD-X  BUFFER  X
!        In den Editpuffer Y zur letzten aktuellen Cursorposition
DEFINE KEY=GOLD-Y  BUFFER  Y
!        In den Editpuffer Z zur letzten aktuellen Cursorposition
DEFINE KEY=GOLD-Z  BUFFER  Z
```

Arbeiten mit mehreren Editpuffern (2)

Eine andere Möglichkeit zum Wechseln zwischen Editpuffern zur Ausnutzung der Vorteile von mehreren Editpuffern besteht in dem Kommando "SHOW BUFFERS", das nach dem Prompt "Command: " nach der Betätigung der Taste "DO" (="F16" in der Funktionstastenreihe) eingegeben wird. EVE zeigt alle zur Zeit bestehenden Editpuffer an. Mit den Cursortasten stellen Sie den Cursor auf die Zeile mit dem Namen des gewünschten Editpuffers. Drücken Sie die Taste "SELECT", schaltet EVE in diesen Editpuffer um. Drücken Sie jedoch "REMOVE", dann wird dieser Editpuffer mit "DELETE BUFFER" gelöscht, sofern es sich nicht um den Haupteditpuffer handelt.

Einfügen von Textteilen aus einer externen Datei

Das Hineinkopieren von Textteilen aus einer externen Datei geschieht am besten, indem Sie in einen leeren Editpuffer (siehe vorigen Abschnitt) hinüberwechseln, dort mit "DO" (="F16" in der Funktionstastenreihe) nach dem Prompt "Command: " das Kommando "INCLUDE *DATEI.EXT*" eingeben, wobei *"DATEI.EXT"* für den Namen der einzulesenden Datei steht. Aus diesem Editpuffer wählen Sie sich mit "SELECT" den Textbereich aus, den Sie dann mit "STORE TEXT" in den INSERT-HERE-Puffer übertragen und dann ganz analog zum Kopieren von Textteilen behandeln.

Anzeige von und Wechsel in Systemeditpuffern

Die Anzeige des Inhaltes der Systemeditpuffer von EVE soll hier exemplarisch am Logbuch der abgesetzten Editkommandos verdeutlicht werden. Mit "DO" (="F16" in der Funktionstastenreihe) nach dem Prompt "Command: " wird das Kommando "SHOW SYSTEM BUFFERS" abgesetzt. Mit den Cursortasten wird der Cursor auf den Namen des Systemeditpuffers "COMMANDS" gestellt und die "RETURN"-Taste betätigt. EVE schaltet dann um auf diesen Editpuffer und zeigt Ihnen alle Kommandos an, die Sie in Laufe dieser EVE-Sitzung ausgeführt haben.

6. Programmentwicklung unter OpenVMS

In diesem Kapitel soll Ihnen ein kurzer Überblick verschafft werden, wie unter OpenVMS die Entwicklung und das Austesten von eigenen Programmen zu bewerkstelligen ist. Über das Programmieren selbst werden Sie hier kein Sterbenswörtchen finden ; da sei auf entsprechende weiterführende Literatur verwiesen. Dieser Abschnitt soll Ihnen lediglich helfen, die Lücke zwischen Programmierung und dem "Zum-Laufen-bringen" eines Programmes zu schließen.

Die einzelnen Themen:

6.1 Schritte bei der Programmentwicklung unter OpenVMS

6.2 'COMPILER' - die Programmübersetzung

6.3 'LIBRARY' - die Bibliotheksverwaltung

6.4 'LINK' - die Erzeugung von lauffähigen Programmen

6.5 'DEBUG' - die Testhilfe

6.1 Schritte bei der Programmentwicklung unter OpenVMS

Die Entwicklung eigener Programme unter OpenVMS geschieht in folgenden Schritten :

1. Das Programm (Haupt- oder Unterprogramm) wird nach allen Regeln der Kunst entworfen und mit einem Editor (vgl. Kapitel 5 ff.) in der ausgewählten Programmiersprache geschrieben und gespeichert.

2. Jedes einzelne Programm wird mit dem Compiler (Utility zur Übersetzung eines Programms) aus der Programmiersprache in Maschinencode transformiert. Dieser Vorgang heißt compilieren oder übersetzen. Erkennt der Compiler beim Übersetzungsvorgang Fehler, so sind diese mit einem Editor zu beheben und danach das Programm erneut zu compilieren. Dieser Regelkreis wird solange wiederholt, bis das Programm fehlerfrei übersetzt worden ist. Resultat ist das umgewandelte Programm in Maschinencode, der bei OpenVMS auch Objektcode heißt.

3. Bei größeren Programmsystemen, die sich aus einer Vielzahl von einzelnen (Unter-)Programmen zusammensetzen, empfiehlt sich nun der Einsatz der Utility für die Bibliotheksverwaltung "LIBRARY". In dieser Objektbibliothek werden alle Dateien mit Objektcode eingetragen, was die spätere Verwendung für den Link-Vorgang erheblich vereinfacht. Bei kleineren Programmen kann auf eigene Bibliotheken verzichtet werden.

4. Der Linker erzeugt aus den angegebenen Objektdateien ein lauffähiges Programm (Executable). Diese Objektdateien können einzeln angegeben werden oder auch aus Objektbibliotheken stammen. Für den Link-Vorgang bedient sich der Linker außerdem diverser Systembibliotheken (Runtime Libraries), in denen OpenVMS Programmteile für die Umsetzung von Elementen aus der Programmiersprache bereitstellt. Bei größeren Programmsystemen, die sich aus einer Vielzahl von einzelnen Unterprogrammen zusammensetzen, sollte eine spezielle Datei verwendet werden, in der alle für den Link-Vorgang benötigten Programmnamen eingetragen sind : die Optionsdatei. Bei kleineren Programmsystemen kann auf diese Optionsdatei verzichtet werden. Fehler beim Link-Vorgang erfordern ein erneutes Editieren der Programmquelle(n), Compilieren, gegebenenfalls die Eintragung in die Objektbibliothek und schließlich einen weiteren Link-Vorgang, bis dieser endlich fehlerfrei absolviert wird.

5. Nach der fehlerfreien Erzeugung eines lauffähigen Programms muß dieses auf seine Richtigkeit überprüft werden. Eine sehr effektive Testhilfe stellt OpenVMS mit dem Debugger zur Verfügung, mit dem ein Programm während seiner Ausführung mit seinen Datenstrukturen und Befehlsabläufen beobachtet (und teilweise sogar temporär korrigiert) und so auf Herz und Nieren geprüft werden kann.

6.2 'COMPILER' - die Programmübersetzung

Nachdem Sie Ihr Programm in einer Programmiersprache editiert haben, wird dieses mit einem Compiler (Utility zur Übersetzung eines Programms) aus der editierbaren Programmiersprache in nicht-editierbaren Maschinencode transformiert. Gebräuchliche Programmiersprachen und zugehörige Compiler unter OpenVMS sind (siehe Bild 6.2-1, nur um einige zu nennen) :

Programmier-sprache	Compileraufruf	Programmier-sprache	Compileraufruf
Assembler	MACRO	Fortran 77	FORTRAN
Basic	BASIC	Modula 2	MODULA
"C"	CC	Pascal	PASCAL
Cobol 85	COBOL		

Bild 6.2-1 Auswahl Programmiersprachen und zugehörige Compiler

Die Übersetzung eines Programms geschieht nach folgendem Schema (siehe Bild 6.2-2) : Eingabe für den Compiler ist die Quelldatei mit dem editierten Programm. Ausgabe ist bei einem fehlerfreien Übersetzungslauf eine Datei mit Objektcode. Fehlermeldungen von der Übersetzung werden auf dem lokalen Device "SYS$ERROR" gemeldet, das in der Regel dem Terminal zugeordnet ist. Wahlweise kann ein Übersetzungslisting erzeugt werden.

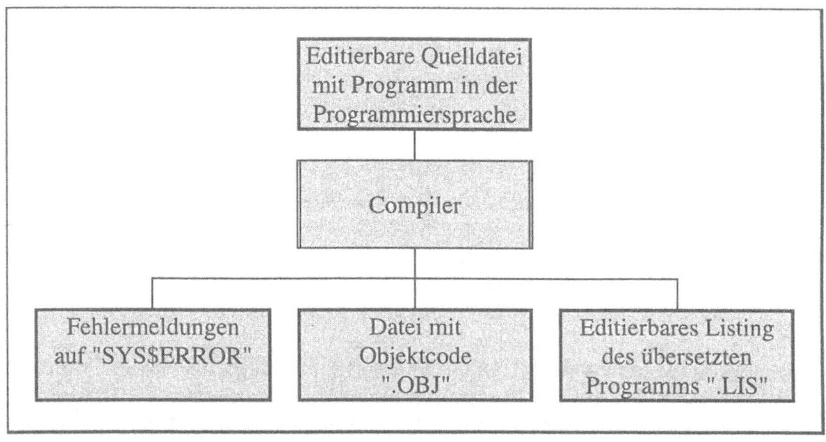

Bild 6.2-2 Schema Compilations-Vorgang

429

Allgemeiner Graph des Befehlsformats :

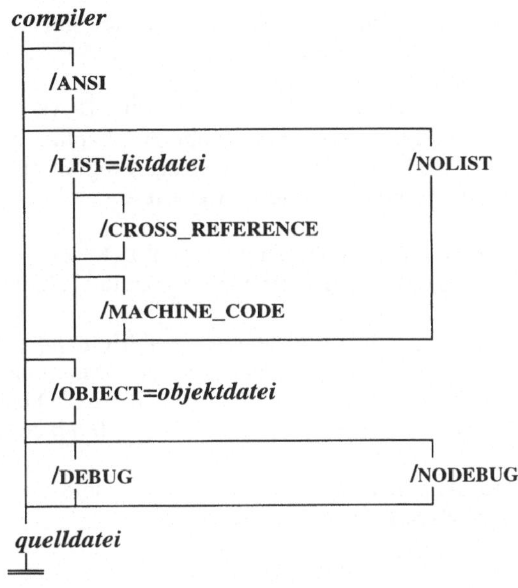

/ANSI	Der Kommandoqualifizierer "/ANSI" bewirkt die Interpretation des Programms in der Quelldatei im ANSI-Format (Cobol).
compiler	Das Kommando *"compiler"* ist der Name des aufzurufenden Compilers (siehe Bild 6.2-1).
/CROSS_ REFE- RENCE	Der Kommandoqualifizierer "/CROSS_REFERENCE" veranlaßt bei der Erstellung eines Listings von dem übersetzten Programm die Erstellung einer zusätzlichen Liste mit Verweisen, wo welche Programmvariablen im Programm angesprochen werden.
/DEBUG	Der Kommandoqualifizierer "/DEBUG" verursacht die Übersetzung des Programms mit der Debug-Option, damit dieses Programm später einmal mit Hilfe des Debuggers getestet werden kann.
/LIST = *listdatei*	Der Kommandoqualifizierer "/LIST=*listdatei*" schaltet für die Übersetzung des Programms die Erzeugung eines Listings ein. Dieses Listing wird in der Ausgabedatei *"listdatei"* abgespeichert. Bei Weglassen des Gleichheitszeichen und des Namens der Ausgabedatei *"listdatei"* heißt die Datei mit dem Listing wie die *"quelldatei"*, jedoch mit der Extension ".LIS".

/MA-
CHINE_
CODE
: Der Kommandoqualifizierer "/MACHINE_CODE" veranläßt bei der Erstellung eines Listings von dem übersetzten Programm die Erstellung einer zusätzlichen Liste mit den maschinennahen Assembler-Anweisungen.

/NO-
DEBUG
: Der Kommandoqualifizierer "/NODEBUG" schaltet die Debug-Option für das übersetzte Programm explizit aus. Damit nimmt der Objektcode weniger Platz ein, das Programm kann dann aber nicht mit dem Debugger getestet werden.

/NOLIST
: Der Kommandoqualifizierer "/NOLIST" schaltet die Erstellung eines Listing von dem übersetzten Programm explizit aus.

/OBJECT
=
objekt-
datei
: Der Kommandoqualifizierer "/OBJECT=*objektdatei*" benennt den Namen der Ausgabedatei, die den Maschinencode (Objektcode) enthalten soll. Bei Weglassen dieses Qualifizierers heißt die Objektdatei wie die *"quelldatei"*, jedoch mit der Extension ".OBJ".

quell-
datei
: Das Argument *"quelldatei"* ist der Name der Datei, in der das zu übersetzende Programm gespeichert ist.

Beispiele :

| B1 |
```
$ PASCAL /NODEBUG ERWIN
```

Das Programm "ERWIN" wird ohne Debug-Option mit dem Compiler "PASCAL" compiliert. Der Objektcode wird in die Datei namens "ERWIN.OBJ" geschrieben.

| B2 |
```
$ COBOL /ANSI /LIST=TEST.LIS /MACHINE_CODE -
_$   /CROSS_REFERENCE MARIA
```

Das Programm "MARIA" wird mit dem ANSI-Format des Compilers "COBOL" übersetzt. Der Objektcode wird in die Datei namens "MARIA.OBJ" geschrieben. Zusätzlich wird ein Listing von der Übersetzung erzeugt, das neben den Assembler-Anweisungen auch noch die Liste der Benutzungsreferenzen beinhaltet.

| B3 |
```
$ MACRO /DEBUG  /OBJECT=HUGO.OBJ EGON
```

Das Programm "EGON" wird mit dem Assembler "MACRO" übersetzt. Der Objektcode landet in der Datei "HUGO.OBJ". Das Programm wird mit eingeschalteter Debug-Option übersetzt.

6.3 'LIBRARY' - die Bibliotheksverwaltung

Bibliotheken sind ein wirksames Werkzeug bei der Programmentwicklung, die Übersichtlichkeit bewirken und weitere Arbeitsschritte (z.B. den Link-Vorgang) erheblich vereinfachen, da hier in einer Datei (der Bibliotheksdatei) viele zu benutzende Objekte abgelegt sind. Diese Objekte könnten zwar auch alle einzeln gespeichert sein, was aber den Aufwand von Öffnen und Schließen dieser Einzeldateien zur Folge hätte und damit erheblichen Mehraufwand, den Sie als Benutzer in längeren Wartezeiten zu spüren bekommen. OpenVMS stellt mehrere Typen von Bibliotheken zur Verfügung :

❑ Objektbibliotheken, auf die sich hier in diesem Abschnitt beschränkt wird, beinhalten eine Sammlung von übersetzten Programmen im Objektcode.

❑ HELP-Bibliotheken beinhalten HELP-Texte.

❑ Textbibliotheken werden für Programmteile (Copy-Strecken bei Cobol, Include-Files bei C und Pascal usw.) verwendet.

Graph des Befehlsformats :

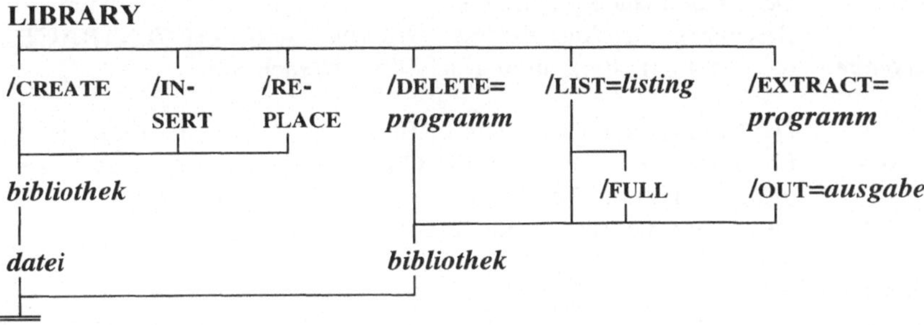

biblio- thek	Das Argument *"bibliothek"* spezifiziert den Namen der (Objekt-) Bibliothek.
/CREATE	Der Kommandoqualifizierer "/CREATE" erzeugt eine neue Objektbibliothek.
datei	Das Argument *"datei"* spezifiziert den Namen der Datei mit Objektcode, die in die Objektbibliothek *"bibliothek"* eingetragen werden soll. Es kann eine ganze Liste von Dateinamen angegeben werden ; diese sind dann jeweils durch ein Komma zu trennen.

/DELETE= **pro-** **gramm** — Der Kommandoqualifizierer "/DELETE=*programm*" benennt den Programmnamen *"programm"*, der mit dem zugehörigen Objektcode aus der Objektbibliothek *"bibliothek"* gelöscht werden soll.

/EX- **TRACT** **=*pro-*** **gramm** — Der Kommandoqualifizierer "/EXTRACT=*programm*" gibt den Programmnamen des Programms *"programm"* an, das aus der Objektbibliothek *"bibliothek"* extrahiert werden soll. Dieser Qualifizierer ist nur sinnvoll zusammen mit "/OUT=...".

/FULL — Der Kommandoqualifizierer "/FULL" liefert eine vollständige Informationsanzeige.

/INSERT — Der Kommandoqualifizierer "/INSERT" bewirkt das Eintragen des neuen Programms aus *"datei"* in die Objektbibliothek *"bibliothek"*. Dieses Programm darf in der Bibliothek noch nicht vorhanden sein.

/LIST **=** **listing** — Der Kommandoqualifizierer "/LIST=*listing*" gibt den Inhalt der (Objekt-) Bibliothek in die Ausgabedatei *"listing"* aus. Neben Informationen über die Bibliothek besteht die Anzeige aus einem Verzeichnis der eingetragenen Elemente. Wird "/LIST" allein angegeben, so erfolgt die Ausgabe auf dem Terminal.

/OUT **=** **ausgabe** — Der Kommandoqualifizierer "/OUT=*ausgabe*" spezifiziert den Dateinamen der Ausgabedatei *"ausgabe"*, in die bei "/EXTRACT..." das extrahierte Programm geschrieben werden soll.

/RE- **PLACE** — Der Kommandoqualifizierer "/REPLACE" bewirkt das Eintragen des Programms aus *"datei"* in die Objektbibliothek *"bibliothek"*. Wenn dieses Programm bereits in der Bibliothek vorhanden ist, wird es durch die neue Version aus *"datei"* ersetzt.

Beispiele :

| B1 | **$ LIBRARY /CREATE EIGEN.OLB   RECHNE.OBJ** |

Es wird die Objektbibliothek "EIGEN.OLB" auf der aktuellen Default-Directory erzeugt und mit ihrem ersten Eintrag, der Datei mit Objektcode mit dem Namen "RECHNE.OBJ" gefüllt.

| B2 | **$ LIBRARY /DELETE=TEXT   EIGEN.OLB** |

Aus der Objektbibliothek "EIGEN.OLB" wird der Eintrag mit dem Programmnamen "TEXT" herausgelöscht.

| B3 | **$ LIBRARY /REPLACE EIGEN.OLB   RECHNE.OBJ,-**
_$ AUSGABE.OBJ,TEXT.OBJ |

In die Objektbibliothek "EIGEN.OLB" werden die Objektdateien "RECHNE.OBJ", "AUSGABE.OBJ" und "TEXT.OBJ" eingetragen. Wenn in der Bibliothek bereits gleichnamige Einträge existieren, so werden diese jetzt von den neuen Dateien überschrieben.

| B4 | **$ LIBRARY /EXTRACT=RECHNE -**
_$ /OUT=RECHNE.EXT   EIGEN.OLB |

Aus der Objektbibliothek "EIGEN.OLB" wird der Eintrag mit dem Programmnamen "RECHNE" herauskopiert in die Ausgabedatei namens "RECHNE.EXT". Der Eintrag in der Bibliothek bleibt unverändert bestehen.

| B5 | **$ LIBRARY /LIST EIGEN.OLB** |

Es wird das Inhaltsverzeichnis der Objektbibliothek "EIGEN.OLB" auf dem Terminal angezeigt.

| B6 | **$ LIBRARY /LIST=INHALT.LIS /FULL EIGEN.OLB** |

Es wird das Inhaltsverzeichnis der Objektbibliothek "EIGEN.OLB" mit vollständiger Information in die Ausgabedatei "INHALT.LIS" geschrieben.

6.4 'LINK' - die Erzeugung von lauffähigen Programmen

Mit der Utility "LINK" können Sie aus einer oder mehreren Objektdateien ein lauffähiges Programm (Image) erzeugen. Beim Link-Vorgang benutzt "LINK" nicht nur die direkt angegebenen Objektdateien bzw. die Objekte aus den angegebenen Objektbibliotheken. sondern auch diverse Systembibliotheken (Runtime Libraries), in denen Sprachkonstrukte der verwendeten Programmiersprache und Aufrufe an das OpenVMS-Betriebssystem untergebracht sind.

Bei kleineren Programmsystemen, die vielleicht nur aus einem Hauptprogramm oder nur sehr wenigen Programmen bestehen, können die zu benutzenden Objekte in der Kommandozeile von "LINK" angegeben werden. Bei größeren Programmsystemen reicht in der Regel die Kommandozeile (max. 256 Zeichen) von der Länge her nicht aus. Hier wird dann eine Optionsdatei verwendet, die diese Beschränkung nicht besitzt.

⇨ Ein Tip am Rande : gewöhnen Sie sich der Eindeutigkeit halber am besten gleich an die Benutzung der Variante Optionsdatei und schreiben Sie Ihr "LINK"-Kommando in eine Kommandoprozedur mit allen Parametern und Qualifizierern, damit Sie sich überflüssige Tipparbeit sparen ; die Erfahrung lehrt, daß doch mehr als einmal ein Link-Vorgang durchgeführt wird.

Die Erstellung eines lauffähigen Programms geschieht nach folgendem Schema (siehe Bild 6.4-1) : Eingabe für die Utility "LINK" ist mindestens ein übersetztes Hauptprogramm, beliebig viele übersetzte Unterprogramme (auch null !), beliebig viele Objektbibliotheken mit Objektcode (auch null !) sowie - ebenfalls freiwillig - eine Optionsdatei. Ausgabe ist eine Datei, die das ausführbare Programm beinhaltet, wobei nicht zwingend notwendig ist, das der Link-Vorgang fehlerfrei durchgeführt wurde. Auf diese Weise lassen sich durchaus Fehler beim Link-Vorgang mit Hilfe des Debuggers (vgl. Kapitel 6.5) finden. Fehlermeldungen vom Link-Vorgang werden auf dem lokalen Device "SYS$ERROR" gemeldet, das in der Regel dem Terminal zugeordnet ist. Wahlweise kann eine Linkmap (Protokoll vom Link-Vorgang) erzeugt werden.

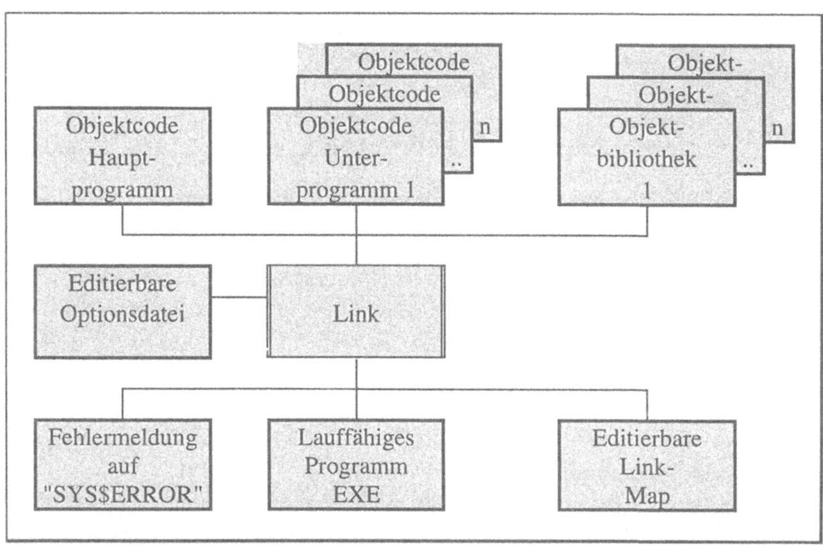

Bild 6.4-1 Schema Link-Vorgang

Egal, ob Sie nun eine Optionsdatei oder die Eingabe über die Kommandozeile verwenden, die Reihenfolge der Objektdateien ist von entscheidendem Einfluß. Folgende Regeln sollten Sie immer beherzigen :

❑ Das erste Objekt muß immer das Hauptprogramm sein. Das Hauptprogramm muß immer explizit angegeben werden.

❑ Nun können als weitere Objekte die Unterprogramme folgen.

❑ Als letztes werden Objektbibliotheken angegeben, aus denen alle restlichen Referenzen implizit befriedigt werden sollen.

❑ Wird ein Programm (Haupt- oder Unterprogramm) als eine einzelne Objektdatei angegeben, so ist der vollständige Dateiname dieser Objektdatei zu spezifizieren. Wenn die Objektdatei die Default-Extension ".OBJ" besitzt, kann die Extension auch weggelassen werden.

❑ Wird ein Programm (Haupt- oder Unterprogramm) explizit aus einer Objektbibliothek angezogen, so ist hier der vollständige Dateiname der Objektbibliothek gefolgt von "/INCL=*programmname*" zu spezifizieren, wobei *"programmname"*der Name des Hauptprogramms ist. Wenn die Objektbibliothek die Default-Extension ".OLB" besitzt, braucht die Extension nicht angegeben zu werden.

❑ Für eine Objektbibliothek wird ihr vollständiger Dateiname gefolgt von "/LIB" spezifiziert. Wenn die Objektbibliothek die Default-Extension ".OLB" besitzt, braucht die Extension nicht angegeben zu werden.

❑ Sehr bequem ist die Ausnutzung des Bibliotheksmechanismus : "LINK" findet beim Durcharbeiten der explizit spezifizierten Objekte Aufrufe von Unterprogrammen, so werden die angegebenen Objektbibliotheken danach durchsucht und diese Referenzen implizit befriedigt (es reicht also das Hauptprogramm und eine Objektbibliothek...).

❑ Die Reihenfolge der angegebenen Objektdateien und Objektbibliotheken ist entscheidend. Sobald "LINK" die Referenz eines Aufrufs eines Unterprogramms befriedigt hat, wird die weitere Suche danach abgebrochen (d.h. die erste gefundene Referenz wird verwendet). Diesen Mechanismus können Sie ausnutzen, wenn Sie beispielsweise ein Unterprogramm in einer Objektbibliothek zu stehen haben und eine kleine Änderung darin testen wollen : tragen Sie dieses Unterprogramm noch nicht in die Bibliothek ein, sondern vollziehen Sie einen Link-Vorgang mit der expliziten Spezifikation des Dateinamens dieses Objekts gleich nach dem Hauptprogramm. Durch die Reihenfolge wird das zu testende Unterprogramm zur Befriedigung der Referenz herangezogen.

Im Bild 6.4-2 sehen Sie ein Beispiel für die Spezifikation der Eingabedateien über die Kommandozeile von "LINK", im Bild 6.4-3 das gleiche Beispiel diesmal unter Verwendung einer Optionsdatei.

```
$ LINK   DUA0:[MEIER.PROGRAMM]HAUPT,-
_$          DUA1:[BADER.TEST]UNTER_1,-
_$          DUA0:[MEIER.TEST]EIGEN/INCL=UNTER_2,-
_$          DUA2:[PETER]WERKZEUGE/LIB
```

Bild 6.4-2 Spezifikation Link-Vorgang über die Kommandozeile

```
$ LINK   DUA0:[MEIER.PROGRAMM]HAUPT/OPTIONS
```

Optionsdatei DUA0:[MEIER.PROGRAMM]HAUPT.OPT :

```
DUA0:[MEIER.PROGRAMM]HAUPT,-
DUA1:[BADER.TEST]UNTER_1,-
DUA0:[MEIER.TEST]EIGEN/INCL=UNTER_2,-
DUA2:[PETER]WERKZEUGE/LIB
```

Bild 6.4-3 Spezifikation Link-Vorgang über eine Optionsdatei

Die Objektdatei des Hauptprogramms "DUA0:[MEIER.PROGRAMM]HAUPT.OBJ"
wird explizit angegeben. Darauf folgt die explizite Spezifikation des Unterprogramms
"DUA!:[BADER.TEST]UNTER_1.OBJ". In der nächsten Zeile wird der Objektcode des
Unterprogramms "UNTER_2" aus der Bibliothek "DUA0:[MEIER.TEST]EIGEN.OLB"
angezogen. Alle restlichen Referenzen werden implizit aus den Systembibliotheken und
der angegebenen Objektbibliothek "DUA2:[PETER]WERKZEUGE.OLB" befriedigt.

Graph des Befehlsformats :

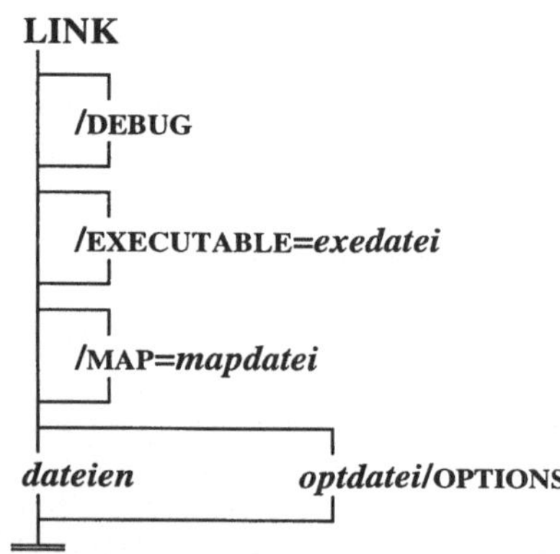

dateien   Das Argument *"dateien"* spezifiziert die Dateinamen der Dateien mit
Fortsetzung   Objektcode, die mit einem Link-Vorgang zu einer lauffähigen
Folgeseite   Programmeinheit (Image) zusammengebunden werden sollen.

Fortsetzung ***dateien***	Werden mehr als ein Dateiname angegeben, so muß der erste Dateiname die Datei bezeichnen, die das Hauptprogramm enthält. Erst danach dürfen Unterprogramme und Objektbibliotheken angegeben werden. Bei mehreren Elementen in der Dateiliste *"dateien"* sind diese jeweils durch ein Komma zu trennen.
/DEBUG	Der Kommandoqualifizierer "/DEBUG" schaltet für das zu erzeugende lauffähige Programm die Debug-Option ein. Ohne diesen Qualifizierer ist die Debug-Option ausgeschaltet.
/EXECU- **TABLE** **=** ***exedatei***	Der Kommandoqualifizierer "/EXECUTABLE=*exedatei*" benennt den Dateinamen der Datei, in der das erzeugte lauffähige Programm gespeichert werden soll. Wird dieser Qualifizierer weggelassen, so heißt dieser Dateiname automatisch wie der erste Dateiname aus *"dateien"*, jedoch mit der Extension ".EXE".
/MAP **=** ***mapdatei***	Der Kommandoqualifizierer "/MAP=*mapdatei*" erzeugt ein Protokoll des Link-Vorgangs mit Informationen, welche Programme zusammengebunden worden sind, welche globalen Referenzen existieren, wo welche Daten- und Programmbereiche innerhalb des lauffähigen Programms liegen usw.. Wird "/MAP" mit dem Argument *"mapdatei"* angegeben, so erfolgt die Protokollierung in eine Datei dieses Namens. Bei Weglassen von *"mapdatei"* wird diese Information auf dem Terminal ausgegeben.
optdatei **/OP-** **TIONS**	Das Argument *"optdatei"* zusammen mit dem Argumentqualifizierer "/OPTIONS" bewirkt, daß "LINK" keine Dateiliste *"dateien"* erwartet, sondern stattdessen auf eine Optionsdatei *"optdatei"* mit Anweisungen für den Link-Vorgang zugreifen soll. Dieses Verfahren eignet sich besonders bei größeren Programmsystemen.

Beispiele :

B1	**$ LINK HUGO**

Die Objektdatei "HUGO.OBJ" beinhaltet ein übersetztes Hauptprogramm, das mit "LINK" zu einem lauffähigen Programm "HUGO.EXE" zusammengebunden wird.

B2	**$ LINK /MAP=TEST.MAP /DEBUG HUGO,EGON**

Die Objektdatei "HUGO.OBJ" mit einem übersetzten Hauptprogramm und die Objektdatei "EGON.OBJ" mit einem übersetzten Unterprogramm werden mit "LINK" zu dem lauffähigen Programm "HUGO.EXE" zusammengebunden. Dieses Image kann mit dem Debugger getestet werden. Von dem Link-Vorgang wird ein Protokoll in der Linkmap "TEST.MAP" erstellt.

B3	**$ LINK /EXECUTABLE=TEST.EXE HAUPT/OPTIONS**

Für den Link-Vorgang wird die Optionsdatei "HAUPT.OPT" auf der aktuellen Default-Directory benutzt. Das zu erzeugende lauffähige Programm soll in die Datei "TEXT.EXE" geschrieben werden.

6.5 'DEBUG' - die Testhilfe

Eine sehr effektive Möglichkeit zum Testen Ihrer eigenen Programme unter OpenVMS ist der interaktive und symbolische **Debugger** (Debug = Entferner von Bugs (Käfer ; im EDV-Chinesisch sind damit Programmierfehler gemeint)). Hier in diesem Abschnitt sollen Sie die Grundausstattung aus dem beträchtlichen Funktionsumfang kennenlernen, mit der Sie bereits gut testen und Fehler finden können.

Die Voraussetzung zum Einsatz des Debuggers sind, daß das zu testende Programm mit der Option "/DEBUG" (vgl. Kapitel 6.2) übersetzt worden ist und die für die Übersetzung verwendete Quellversion unverändert an der gleichen Stelle vorhanden ist, da der Debugger diese für die Anzeige des gerade zu durchlaufenden Quellcodes verwendet. Weiterhin muß auch der Link-Vorgang für das lauffähige Programm (mit der Extension ".EXE") mit der Option "/DEBUG" (vgl. Kapitel 6.4) erfolgt sein.

Der Debugger wird - unter den eben genannten Voraussetzungen - bei dem DCL-Kommando "RUN" (vgl. Kapitel 4.4.37) automatisch gestartet ; "/NODEBUG" schaltet die Kontrolle des Debuggers für ein Programm explizit aus. Wenn ein Programm unter der Kontrolle des Debuggers läuft, meldet sich dieser mit der Ausgabe :

```
         OpenVMS DEBUG Version V6.2-xx

%DEBUG-I-INITIAL, language is ... , module set to ...
DBG>
```

Nach dem Prompt "DBG>" können dann Befehle für den Debugger eingegeben werden.

Der Debugger kann im Zeilenmodus und im Bildschirmmodus betrieben werden. Im Zeilenmodus wird immer in der untersten Zeile der Prompt "DBG>" als Eingabeanforderung ausgegeben, die Zeilen rutschen oben aus dem Bildschirm heraus. Im Bildschirmmodus wird eine dreigeteilte Debug-Maske ausgegeben (siehe Bild 6.5-1).

Im oberen Fenster sehen Sie die Umgebung aus dem Programmcode um den aktuell auszuführenden Befehl, der durch einen Pfeil gekennzeichnet ist. Im mittleren Fenster wird die Befehlshistorie und Inhalte von examinierten Datenfelder angezeigt. Das untere Fenster dient zur Befehlseingabe.

```
- SRC - scroll-source ---------------------------------
    98:  ************************************************
    99: MONITOR SECTION.
   100: BEGINN.
   101:           DISPLAY   "GUTEN TAG".
-> 102:           MOVE  12  TO  ZAHL.
   103:           MOVE  "MONAT"  TO  UEBERSCHRIFT.
   104:           ADD  1  TO ZAHL.
- OUT - output ----------------------------------------
       stepped to BERECHNE\MONITOR\BEGINN\%LINE 101
101:              DISPLAY   "GUTEN TAG".
     GUTEN  TAG
       stepped to BERECHNE\MONITOR\BEGINN\%LINE 101
102:              MOVE  12  TO  ZAHL.
-PROMPT - error - program -prompt ---------------------
DBG>  STEP
DBG>  STEP
DBG>  _
```

Bild 6.5-1 Der Bildschirmmodus des Debuggers

Eine weitere Erleichterung besteht in der Möglichkeit, beim Start des Debuggers automatisch einige Debug-Befehle auszuführen. Hierzu wird eine editierbare Initialisierungsdatei benutzt, die Sie aktivieren können, indem Sie den Namen dieser Datei mit "ASSIGN" (vgl. Kapitel 4.4.4) oder "DEFINE" (vgl. Kapitel 4.4.17) dem logischen Namen "DBG$INIT" zuweisen :

$ ASSIGN MEINE_DEBUG.INI DBG$INIT

Im Bild 6.5-2 ist eine kleine Beispiel-Initialisierungsdatei abgebildet :

```
SET MODULE /ALL
SET LANGUAGE COBOL
SET MODE SCREEN
SET BREAK BERECHNE\MONITOR
GO
```

Bild 6.5-2 Beispiel für eine Initialisierungsdatei des Debuggers

In der folgenden Tabelle (Bild 6.5-3) ist eine Auswahl der wichtigsten Befehle des Debuggers aufgelistet :

Debugfunktion	Beschreibung der Debugfunktion
CANCEL BREAK *break*	Der mit "SET BREAK *break*" gesetzte Unterbrechungspunkt wird gelöscht. Beispiele : CANCEL BREAK BERECHNUNG Der Unterbrechungspunkt auf dem Label "BERECHNUNG" wird gelöscht. CANCEL BREAK %LINE 234 Der Unterbrechungspunkt auf der Programmzeile "234" wird gelöscht.
CANCEL BREAK /ALL	Alle gesetzten Unterbrechungspunkte werden gelöscht.
CANCEL MODULE *modul*	Das Programm *"modul"*, das mit "SET MODULE" für den Testbereich des Debuggers (Debug Scope) aktiviert worden ist, wird deaktiviert.
CANCEL MODULE /ALL	Alle Programme, die mit "SET MODULE" für den Testbereich des Debuggers aktiviert worden sind, werden deaktiviert.
CANCEL WATCH *wache*	Der mit "SET WATCH *wache*" gesetzte Überwachungspunkt auf einem Datenfeld (Programmvariable) wird gelöscht. Beispiel : CANCEL WATCH ERGEBNISFELD Der Überwachungspunkt "ERGEBNISFELD" wird gelöscht.
CANCEL WATCH /ALL	Alle mit "SET WATCH" gesetzten Überwachungspunkte auf Datenfeldern (Programmvariablen) werden gelöscht.
	Fortsetzung Folgeseite

Bild 6.5-3 Die wichtigsten Befehle für den Debugger

Debugfunktion	Beschreibung der Debugfunktion
DEPOSIT /typ *adresse* = *wert*	In das Datenfeld (Programmvariable), auf die die angegebene Adresse *"adresse"* zeigt, wird gemäß *"/typ"* der neue Wert *"wert"* geschrieben (nur für die Laufzeit des Programms). Die Adresse *"adresse"* kann wie folgt spezifiziert werden :

"adresse"	Bedeutung
Datenfeldname	Name einer Programmvariable gemäß den Konventionen der verwendeten Programmiersprache.
absolute Adresse	(Hexadezimale) Zahl bezogen auf den Beginn des Datenbereiches des Programms.
. (Punkt)	Aktuelle Adresse, die mit dem letzten "EXAMINE" eingestellt worden ist.
. + *anzahl*	Aktuelle Adresse des letzten "EXAMINE" plus *"anzahl"* Bytes vorwärts.
. - *anzahl*	Aktuelle Adresse des letzten "EXAMINE" plus *"anzahl"* Bytes rückwärts.

Mit der Angabe des *"typ"* wird gesteuert, in welcher Form an der *"adresse"* der *"wert"* eingetragen werden soll :

"/typ"	Bedeutung für den Wert *"wert"*
keine Angabe	Es wird der Datentyp des Datenfeldes verwendet (nur bei Programmvariablen, nicht bei Adressen).
/ASCII:*anzahl*	Der *"wert"* wird als eine Zeichenkette in der Länge *"anzahl"* Zeichen an die *"adresse"* geschrieben. *"wert"* muß eingeschlossen werden von Anführungszeichen. Ist die Zeichenkette kürzer als *"anzahl"*, so wird sie mit Leerzeichen aufgefüllt.
/BYTE	Der *"wert"* ist der hexadezimale Code für ein einzelnes Byte.
/LONG	Der *"wert"* ist die hexadezimale Codierung für ein Longword (4 Bytes).
/WORD	Der *"wert"* ist die hexadezimale Codierung für ein Word (2 Bytes).

Fortsetzung Folgeseite

Bild 6.5-3 Die wichtigsten Befehle für den Debugger
(Fortsetzung)

Debugfunktion	Beschreibung der Debugfunktion
(Fortsetzung) DEPOSIT /*typ* *adresse* = *wert*	Beispiele : DEPOSIT /ASCII:10 NAME ="HUGO" Beginnend beim Datenfeld "NAME" wird die Zeichenkette "HUGO" und 6 Leerzeichen geschrieben. DEPOSIT /BYTE 024A5=12 In die Adresse "024A5" wird der hexadezimale Wert "12" als ein Byte eingetragen. DEPOSIT /LONG .=345 In die aktuelle Adresse (von "EXAMINE" eingestellt) wird der hexadezimale Wert "345" als Longword (4 Bytes) geschrieben.
EXAMINE /*typ adresse*	Das Datenfeld (Programmvariable), auf die die angegebene Adresse *"adresse"* zeigt, wird gemäß *"/typ"* der aktuelle Wert angezeigt. Die Adresse *"adresse"* kann wie folgt spezifiziert werden :

"adresse"	Bedeutung
keine Angabe	Die nächste Programmvariable im Datenbereich gemäß den Konventionen der verwendeten Programmiersprache.
Datenfeldname	Name einer Programmvariable gemäß den Konventionen der verwendeten Programmiersprache.
absolute Adresse	(Hexadezimale) Zahl bezogen auf den Beginn des Datenbereiches des Programms.
. (Punkt)	Aktuelle Adresse, die mit dem letzten "EXAMINE" eingestellt worden ist.
. + *anzahl*	Aktuelle Adresse des letzten "EXAMINE" plus *"anzahl"* Bytes vorwärts.
. - *anzahl*	Aktuelle Adresse des letzten "EXAMINE" plus *"anzahl"* Bytes rückwärts.

Fortsetzung Folgeseite

**Bild 6.5-3 Die wichtigsten Befehle für den Debugger
(Fortsetzung)**

Debugfunktion	Beschreibung der Debugfunktion
(Fortsetzung) EXAMINE /typ adresse	Mit der Angabe des *"typ"* wird gesteuert, in welcher Form der *"wert"* an der *"adresse"* angezeigt werden soll :

"typ"	Für die Anzeige des Wertes *"wert"* wird ...
keine Angabe	... der Datentyp des Datenfeldes verwendet (nur bei Programmvariablen, nicht bei Adressen).
/ASCII:*anzahl*	... eine Zeichenkette in der Länge *"anzahl"* Zeichen ausgegeben.
/BYTE	... der hexadezimale Code für ein einzelnes Byte verwendet.
/DECIMAL	... die dezimale Darstellung verwendet.
/HEXA-DECIMAL	... die hexadezimale Darstellung verwendet.
/LONG	... die hexadezimale Darstellung für ein Longword (4 Bytes) verwendet.
/WORD	... die hexadezimale Darstellung für ein Word (2 Bytes) verwendet.

Beispiele :

EXAMINE NAME

Es wird der Inhalt des Datenfeldes "NAME" angezeigt.

EXAMINE /ASCII:80 DATEINAME

Es werden beginnend beim Datenfeld "DATEINAME" die nächsten "80" Bytes in ASCII-Darstellung angezeigt.

EXAMINE /BYTE 024A5

Der Inhalt des Bytes an der Adresse "024A5" wird angezeigt.

EXAMINE /LONG .

Der Inhalt an der aktuelle Adresse (von "EXAMINE" eingestellt) wird als Longword (4 Bytes) angezeigt.

Fortsetzung Folgeseite

Bild 6.5-3 Die wichtigsten Befehle für den Debugger (Fortsetzung)

Debugfunktion	Beschreibung der Debugfunktion
EXAMINE /INSTR @PC	Der im nächsten Schritt auszuführende Befehl wird mit seinem Assembler-Code angezeigt.
EXIT	Der Debugger wird beendet.
GO	Das Programm wird bis zum nächsten Unterbrechungspunkt (Break), bis ein überwachtes Datenfeld (Watch) geändert wird oder bis zum Programmende weiter ausgeführt.
SET BREAK *break*	Es wird ein Unterbrechungspunkt auf dem Label *"break"* gesetzt. Ein gleichnamiges Label in mehreren Programmen muß es in der Form *"PROGRAMM\break"* spezifiziert werden. Beispiel : SET BREAK BERECHNE\ADDIER Es wird im Programm "BERECHNE" auf dem Label "ADDIER" ein Unterbrechungspunkt gesetzt.
SET BREAK %LINE *nummer*	Es wird ein Unterbrechungspunkt im aktuellen Programm auf der Zeile mit der Zeilennummer *"nummer"* (siehe Listing des übersetzten Programms) gesetzt. Beispiel : SET BREAK %LINE 367 Es wird ein Unterbrechungspunkt auf Zeile "367" gesetzt.
SET LANGUAGE *sprache*	Die Programmiersprache, in der das zu debuggende Programm geschrieben ist, wird eingestellt, um sprachspezifische Eingaben überhaupt erst zu ermöglichen . *"sprache"* kann z.B. "COBOL", "PASCAL", "C", "MACRO" usw. sein.
SET MODE NOSCREEN	Der Debugger wird auf den Zeilenmodus umgeschaltet.
SET MODE SCREEN	Der Debugger wird auf den Bildschirmmodus umgeschaltet.

Fortsetzung Folgeseite

**Bild 6.5-3 Die wichtigsten Befehle für den Debugger
(Fortsetzung)**

Debugfunktion	Beschreibung der Debugfunktion
SET MODULE *modul*	Das Programm *"modul"*, das mit Debug-Option übersetzt sein muß, wird für den Testbereich des Debuggers (Debug Scope) aktiviert. Damit sind dem Debugger alle Labels und Programmvariablen bekannt.
SET MODULE /ALL	Alle Programme,die mit Debug-Option übersetzt sein müssen, werden für den Testbereich des Debuggers (Debug Scope) aktiviert. Damit sind dem Debugger alle Labels und Programmvariablen bekannt.
SET STEP INTO	Der Debugger wird angewiesen, bei jedem Aufruf eines Unterprogramms oder einer Betriebssystemroutine durch die dortigen Anweisungen bei "STEP" schrittweise durchzugehen.
SET STEP OVER	Der Debugger wird angewiesen, Aufrufe von Unterprogrammen oder Betriebssystemroutinen mit einem Schritt bei "STEP" zu durchlaufen.
SET WATCH *wache*	Es wird ein Überwachungspunkt auf dem Datenfeld *"wache"* eingerichtet.Bei jeder Veränderung dieser Programmvariablen wird der alte und neue Wert dieser Variablen angezeigt und eine weitere Befehlseingabe erwartet, um auf diese Tatsache reagieren zu können. Die Überwachung sollte sich auf Datenfelder und nicht auf ganze Datenstrukturen beziehen. Bei mehreren gleichnamigen Datenfeldern in verschiedenen Datenstrukturen und/oder in verschiedenen Programmen muß der Überwachungspunkt in der Form *"PROGRAMM\wache"* oder *"PROGRAMM\DATENSTRUKTUR\wache"* spezifiziert werden.
SHOW BREAK /ALL	Es werden alle gesetzten Unterbrechungspunkte auf dem Terminal angezeigt.
SHOW LANGUAGE	Es wird die aktuell eingestellte Sprache auf dem Terminal angezeigt.
SHOW MODE	Es werden die eingestellten Modi auf dem Terminal angezeigt.
	Fortsetzung Folgeseite

Bild 6.5-3 Die wichtigsten Befehle für den Debugger (Fortsetzung)

Debugfunktion	Beschreibung der Debugfunktion
SHOW MODULE	Es werden die Programmnamen der Module angezeigt, aus denen das lauffähige Programm besteht, mit der Information pro Programm, ob es für den Testbereich des Debuggers (Debug Scope) aktiviert ist oder nicht.
SHOW WATCH /ALL	Es werden alle gesetzten Überwachungspunkte auf Datenfeldern auf dem Terminal angezeigt.
STEP *schritte*	Die Ausführung des Programms wird um *"schritte"* Anweisungen fortgesetzt. Wird *"schritte"* weggelassen, so gilt ein Default-Wert von "1".

Bild 6.5-3 Die wichtigsten Befehle für den Debugger
(Fortsetzung)

Zum Abschluß dieses sicher viel zu kurz geratenen Kapitels sollen Ihnen noch einige Tips für den Umgang mit dem Debugger auf den Weg mitgegeben werden :

❏ Setzen Sie immer explizit die verwendete Programmiersprache des zu testenden Programms mit "SET LANGUAGE ..." - speziell dann, wenn ein lauffähiges Programm aus Programmen zusammengesetzt ist, die in verschiedenen Programmiersprachen geschrieben worden sind.

❏ Vergessen Sie nicht, den Testbereich des Debuggers (Debug Scope) auf Ihr Programm zu erweitern mit "SET MODULE ...". Der Debugger aktiviert von sich aus immer nur zuerst das Hauptprogramm.

❏ "SET MODULE /ALL" kann bei einem großen Programmsystem sehr lange dauern.

❏ Anzeigen, die im Bildschirmmodus rechts aus dem Rand laufen, werden im Zeilenmodus auf dem Bildschirm umgebrochen. Wechseln Sie bei Bedarf ruhig zwischen beiden Modi mit "SET MODE SCREEN" und "SET MODE NOSCREEN".

7. Eine kleine Einführung in Systemmanagement

Allein für das Systemmanagement ließe sich eine kleine Enzyklopädie schreiben, so viele Themen könnten behandelt werden. Und selbst dort würden Sie bei einem zu lösenden Problem sicher nicht einen Indexeintrag mit einem Verweis auf die entsprechende Lösung finden. Aus dieser Unmenge an zur Verfügung stehenden Themen sei hier das Einrichten und die Pflege eines Benutzereintrags herausgegriffen, wozu Sie die Bedienung des Dienstprogramms "AUTHORIZE" kennenlernen.

Im zweiten Abschnitt dieses Kapitels stellen sich Ihnen einige DCL-Befehle vor, die dem Systemmanager oder einem privilegierten Benutzer vorbehalten sind.

Die einzelnen Themen:

7.1   Benutzereinrichtung mit 'AUTHORIZE'

7.2.   DCL-Kommandos für den Systemmanager

7.1 Benutzereinrichtung mit 'AUTHORIZE'

Wie bereits in den einleitenden Worten zu diesem Kapitel bekanntgegeben, soll Ihnen dieser Abschnitt das Dienstprogramm "AUTHORIZE" vorstellen, mit dem Sie einen Benutzereintrag anlegen, pflegen und auch wieder löschen können. Außerdem werden Sie mit Hilfe eines 'Kochrezeptes' in die Lage versetzt, einen neuen Benutzer auf einem OpenVMS-Rechner einzurichten.

Die einzelnen Themen:

7.1.1   Die Utility 'AUTHORIZE'

7.1.2   Einrichtung eines Benutzerbereiches

7.1.1 Die Utility 'AUTHORIZE'

"**AUTHORIZE**" ist das zentrale Dienstprogramm, mit dessen Hilfe der Systemmanager Benutzer auf dem OpenVMS-Rechner zulassen kann. "AUTHORIZE" speichert die Eigenschaften, Ressourcenquoten, Privilegien usw. in der Autorisationsdatei (zumeist "SYSUAF.DAT" auf der System-Directory "SYS$SYSTEM"). Der Systemmanager kann Benutzereinträge in die Autorisationsdatei einfügen, bestehende Einträge kopieren, umbenennen und verändern und schließlich auch wieder löschen. Außerdem besteht die Möglichkeit, sich einen oder eine Gruppe von Benutzereinträge auf dem Terminal oder in einer Ausgabedatei ausgeben zu lassen. "RUN AUTHORIZE" startet die Utility auf der System-Directory "SYS$SYSTEM", es meldet sich mit dem Prompt "UAF>".

Graph der Befehlsformate :

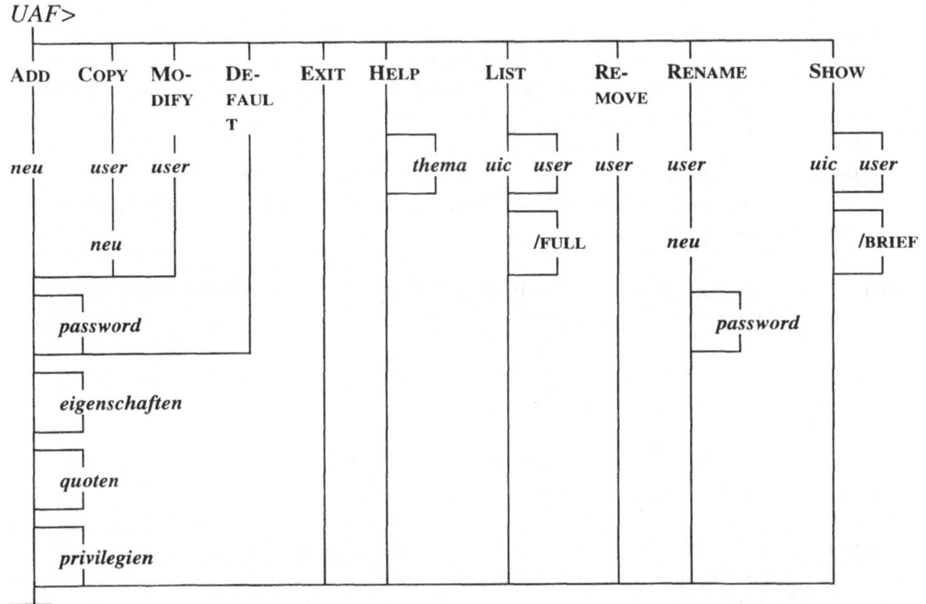

ADD   Die Funktion "ADD" fügt einen neuen Benutzereintrag *"neu"* in die Autorisationsdatei ein (durch Kopieren des Eintrags "DEFAULT").

/BRIEF   Der Kommandoqualifizierer "/BRIEF" veranläßt die Ausgabe des Kurzformats bei der Funktion "SHOW" auf dem Terminal.

COPY   Die Funktion "COPY" kopiert den existierenden Benutzereintrag *"user"* in den Eintrag *"neu"* innerhalb der Autorisationsdatei.

DEFAULT   Die Funktion "DEFAULT" erlaubt die Änderung des Eintrags "DEFAULT" in der Autorisationsdatei.

eigen-   Siehe Bild 7.1-2 für die Möglichkeiten zur Definition und Änderung
schaften   von Eigenschaften für einen Benutzer.

EXIT   Die Funktion "EXIT" verläßt die Utility "AUTHORIZE".

/FULL   Der Kommandoqualifizierer "/FULL" veranlaßt bei der Funktion "LIST" die Ausgabe der kompletten Informationen über Menge der ausgewählten Benutzereinträge aus der Autorisationsdatei.

HELP   Die Funktion "HELP" ruft das HELP-System innerhalb von "AUTHORIZE" auf (vgl. Kapitel 4.3.25).

LIST   Die Funktion "LIST" listet Information über die Menge der ausgewählten Benutzereinträge *"user"* oder *"uic"* aus der Autorisationsdatei in der Ausgabedatei "SYSUAF.LIS" auf. Diese Ausgabedatei landet in der aktuellen Default-Directory.

MODIFY   Die Funktion "MODIFY" erlaubt die Änderung der Eigenschaften, Quoten, Privilegien, des Paßwortes usw. für einen Benutzereintrag *"user"*.

neu   Das Argument *"neu"* gibt den Namen eines neuen Benutzereintrags in der Autorisationsdatei an.

pass-   Siehe Bild 7.1-1 für die Möglichkeiten zur Definition und Änderung
word   von Paßwörtern für einen Benutzer.

privi-   Siehe Bild 7.1-4 für die Möglichkeiten zur Definition und Änderung
legien   von Privilegien für einen Benutzer.

quoten   Siehe Bild 7.1-3 für die Möglichkeiten zur Definition und Änderung von Quoten für einen Benutzer.

REMOVE   Die Funktion "REMOVE" entfernt den Benutzereintrag *"user"* aus der Autorisationsdatei.

RENAME   Die Funktion "RENAME" benennt den Benutzereintrag *"user"* in der Autorisationsdatei um in den neuen Benutzernamen *"neu"*.

SHOW   Die Funktion "SHOW" listet Information über die Menge der ausgewählten Benutzereinträge *"user"* oder *"uic"* aus der Autorisationsdatei auf dem Terminal auf.

thema   Das Argument *"thema"* steht als Platzhalter für die Punkte, über die HELP-Information abrufbar ist. Auf der ersten Ebene sind das vor allem die hier vorgestellten Funktionen von "AUTHORIZE".

uic   Das Argument *"uic"* dient als Auswahlkriterium bei den Anzeigefunktionen "LIST" und "SHOW". Statt die Information über Benutzereinträge über Benutzernamen abzurufen, kann auch die UIC (User Identification) benutzt werden. Die UIC *"uic"* muß in eckige Klammern "[" und "]" eingeschlossen werden. Für die Gruppenkennnummer oder die Mitgliedkennnummer kann auch ein "*" als Wild Card verwendet werden.

user   Das Argument *"user"* dient zur Angabe des Benutzernamens aus der Autorisationsdatei, dessen Eintrag angelegt, geändert, gelöscht oder umbenannt werden soll. Bei den Anzeigefunktionen "LIST" und "SHOW" darf auch ein "*" als Wild Card für den Benutzernamen oder eines Teils daraus benutzt werden.

Für die Definition oder Änderung eines Paßwortes und den zugehörigen Eigenschaften sind die verfügbaren Kommandoqualifizierer in der folgenden Tabelle (siehe Bild 7.1-1) aufgelistet. Sie können aus Sicherheitsaspekten für gezielte Benutzerbereiche sogar ein zweites Paßwort definieren : beim Einloggen in solch einen Bereich sind dann zwei Paßwortanforderungen richtig zu beantworten.

Qualifizierer und Argumente	Mit diesem Qualifizierer wird / werden für den aktuellen Benutzereintrag ...
/PASSWORD=*paß1*	... das (erste) Paßwort auf *"paß1"* gesetzt.
/PASSWORD=(*paß1,paß2*)	... das erste Paßwort auf *"paß1"* und das zweite Paßwort auf *"paß2"* gesetzt.
/PASSWORD=("",*paß2*)	... nur das zweite Paßwort auf *"paß2"* gesetzt, ohne das erste Paßwort zu verändern.
/PASSWORD=(*paß1*,"")	... nur das erste Paßwort auf *"paß1"* gesetzt, ohne das zweite Paßwort zu verändern.
/NOPASSWORD	... beide Paßwörter auf 'Null' gesetzt.
/PWDEXPIRED *) /NOPWDEXPIRED	... das Paßwort als abgelaufen gekennzeichnet und nur für den ersten Login-Vorgang erlaubt ; das Paßwort muß nach dem Login sofort umgesetzt werden. Mit "/NOPWDEXPIRED" gilt das Paßwort als nicht abgelaufen.
*) Diese Qualifizierer sind nur bei "ADD", "COPY", "MODIFY" erlaubt.	
	Fortsetzung Folgeseite

Bild 7.1-1   Qualifizierer zur Definition von Paßwörtern

Qualifizierer und Argumente	Mit diesem Qualifizierer wird / werden für den aktuellen Benutzereintrag ...
/PWDLIFETIME=*deltazeit* *) /NOPWDLIFETIME	... das Paßwort mit einer Haltbarkeitszeit *"deltazeit"* versehen (Zeitformat vgl. Kapitel 4.3.9). Mit "/NOPWDEXPIRED" wird das Paßwort als unbegrenzt haltbar gekennzeichnet.
/PWDMINIMUM=*anzahl* *)	... das Paßwort mit einer Mindestanzahl *"anzahl"* von Zeichen definiert ; kürzere Paßwörter werden nicht akzeptiert.
*) Diese Qualifizierer sind nur bei "ADD", "COPY", "MODIFY" erlaubt.	

Bild 7.1-1 Qualifizierer zur Definition von Paßwörtern (Fortsetzung)

Für die Definition oder Änderung der Eigenschaften eines Benutzerbereiches stehen die folgenden Kommandoqualifizierer zur Verfügung, die in der Tabelle (siehe Bild 7.1-2) aufgelistet sind.

Qualifizierer und Argumente	Mit diesem Qualifizierer wird / werden für den aktuellen Benutzereintrag ...
/ACCESS /NOACCESS	... der Zugang nicht eingeschränkt bzw. mit "/NOACCESS" eingeschränkt.
/ACCOUNT=*konto*	... der Name des Abrechnungskontos (Account) angegeben.
/BATCH /NOBATCH	... die Benutzung von Batchqueues gestattet bzw. mit "/NOBATCH" verboten.
/CLI= DCL	... die Kommandosprache "DCL" eingestellt.
/DEVICE=*platte:*	... die Platte *"platte:"* angegeben, auf der sich der Benutzerbereich befindet.
/DIALUP /NODIALUP	... das Einloggen über ein anrufbares Modem erlaubt bzw. mit "/NODIALUP" verboten.
/DIRECTORY=*directory*	... die Directory *"directory"* angegeben, die diesem Benutzerbereich zugeordnet ist.
/EXPIRATION=*deltazeit*	... die 'Haltbarkeit' des Benutzerbereiches in Form einer Delta-Zeitformatangabe (vgl. Kapitel 4.3.9) angeben.
/FLAGS=*flagliste*	... die aktuellen Steuerungsparameter (Login-Flags) angegeben. Wird mehr als ein Flag spezifiziert, so muß diese Liste in Klammern
	Fortsetzung Folgeseite

Bild 7.1-2 Qualifizierer zur Definition von Benutzereigenschaften

Qualifizierer und Argumente	Mit diesem Qualifizierer wird / werden für den aktuellen Benutzereintrag ...	
(Fortsetzung) /FLAGS=*flagliste*	... "(" und ")" eingeschlossen und die einzelnen Schlüsselwörter durch jeweils ein Komma getrennt werden. Ausschalten eines solchen Login-Flags gelingt mit einem vorangestelltem "NO" vor das Schlüsselwort, z.B. "NODISUSER". Hier eine kleine Auswahl der wichtigsten Flags ;	
	DISCTLY	<CTRL/Y> wird nicht als Unterbrechung behandelt.
	DISUSER	Der Bereich ist für Login's generell gesperrt.
	GENPWD	Der Benutzer darf (speziell bei hohen Anforderungen an Sicherheit) keine eigenen Paßwörter vergeben, sondern muß von OpenVMS erzeugte Paßwörter benutzen.
	LOCKPWD	Der Benutzer kann das eingestellte Paßwort nicht selber umdefinieren.
	RESTRICTED	Der Bereich beschränkt sich auf Anwendungen, die z.B. von der Login-Prozedur aufgerufen werden, ohne je auf DCL-Ebene zu landen (beinhaltet "DISCTLY").
/INTERACTIVE /NOINTERACTIVE	... das interaktive Einloggen erlaubt bzw. mit "/NOINTERACTIVE" verboten.	
/LGICMD=*login*	... der Name der zu verwendenden Login-Prozedur auf dem Benutzerbereich angegeben (defaultmäßig "LOGIN.COM").	
/LOCAL /NOLOCAL	... das Einloggen am lokalen Rechner erlaubt bzw. mit "/NOLOCAL" verboten.	
/NETWORK /NONETWORK	... das Einloggen über das Rechnernetzwerk erlaubt bzw. mit "/NONETWORK" verboten.	
/OWNER=*besitzer*	... der Name des Besitzers dieses Bereiches bekanntgegeben.	
		Fortsetzung Folgeseite

Bild 7.1-2 Qualifizierer zur Definition von Benutzereigenschaften (Fortsetzung)

Qualifizierer und Argumente	Mit diesem Qualifizierer wird / werden für den aktuellen Benutzereintrag ...
/REMOTE /NOREMOTE	... das 'remote' Einloggen über das Netzwerk mit DECNET erlaubt bzw. mit "/NOREMOTE" verboten.
/UIC=[*gruppe,mitglied*]	... die UIC (User Identification Code) spezifiziert. Die beiden UIC-Werte müssen in oktaler Schreibweise angegeben werden. Über die Gruppenkennnummer *"gruppe"* werden die Zugriffsrechte der Benutzerklasse der gleichen Gruppe realisiert.

Bild 7.1-2 Qualifizierer zur Definition von Benutzereigenschaften (Fortsetzung)

Für die Definition oder Änderung der Quoten (Werte zur Beschränkung des Verbrauchs von Ressourcen des Systems) eines Benutzerbereiches gibt es folgende, in der Tabelle (siehe Bild 7.1-3) aufgelistete Kommandoqualifizierer.

Quote	Für den aktuellen Prozeß beschränkt die Quote ...
/ASTLM=*ast*	... die ASTs (asynchrone System Traps / Interrupts) auf *"ast"*.
/BIOLM=*bio*	... die 'buffered' I/Os (z.B. Terminal) auf *"bio"*.
/BYTLM=*bytes*	... die Anzahl der Bytes *"bytes"* für einen 'buffered' I/O.
/CPUTIME=*cpu*	... die zur Verfügung stehende CPU-Zeit auf *"cpu"*.
/DIOLM=*dio*	... die 'direct' I/Os (z.B. Plattenzugriffe) auf *"dio"*.
/ENQLM=*enq*	... auf *"enq"* Sperreinträge im Lock-Manager.
/FILLM=*dateien*	... die Anzahl der gleichzeitig offenen Dateien auf *"dateien"*.
/JTQUOTA=*jobtab*	... die Anzahl der Bytes *"jobtab"* für die Job-Logical-Name-Tabelle.
/MAXACCTJOBS=*jobs*	... die maximale Anzahl von Prozessen für ein Account.
/MAXDETACH=*detach*	... die maximale Anzahl auf *"detach"* 'detached' Prozesse für einen Benutzernamen.
	Fortsetzung Folgeseite

Bild 7.1-3 Qualifizierer zur Definition von Prozeßquoten

Quote	Für den aktuellen Prozeß beschränkt die Quote ...
/MAXJOBS=*prozesse*	... die maximale Anzahl auf *"prozesse"* Prozesse für einen Benutzernamen.
/PGFLQUOTA=*page*	... die Größe des Auslagerungsbereiches auf der Platte (Pagefile ; Größe = *"page"* Seiten).
/PRCLM=*subprozesse*	... die maximale Anzahl auf *"subprozesse"* Subprozesse.
/SHRFILLM=*dateien*	... die Anzahl der gleichzeitig 'shared' geöffneten Dateien auf *"dateien"*.
/TQELM=*timer*	... die Anzahl der Einträge *"timer"* in der Timer-Queue (Weckdienst).
/WSDEFAULT=*pages*	... die Default-Größe *"pages"* des Arbeitsbereiches (Working Set).
/WSEXTENT=*pages*	... die maximale Größe *"pages"* des Arbeitsbereiches, auf die dieser anwachsen darf (Working Set).
/WSQUOTA=*pages*	... die 'normale' Größe *"pages"* des Arbeitsbereiches (Working Set).

Bild 7.1-3   Qualifizierer zur Definition von Prozeßquoten (Fortsetzung)

Für die Definition oder Änderung der Privilegien eines Benutzerbereiches stehen folgende Kommandoqualifizierer zur Verfügung (siehe Bild 7.1-4). Die Privilegien und ihre Auswirkungen sind in der anschließenden Tabelle (siehe 7.1-5) aufgelistet.

Qualifizierer und Argumente	Mit diesem Qualifizierer wird / werden für den aktuellen Benutzereintrag ...
/DEFPRIVILEGES=*privliste*	... die Privilegien bestimmt, die der Prozeß beim Einloggen sofort besitzen soll. Wird in dieser *"privliste"* mehr als ein Schlüsselwort angegeben, so muß diese Liste von Klammern "(" und ")" eingeschlossen und die einzelnen Privilegien durch jeweils ein Komma getrennt werden.
/PRIVILEGES=*privliste*	... die Privilegien bestimmt, die sich der Prozeß selber setzen darf. *"privliste"* siehe bei "/DEFPRIVILEGES".

Bild 7.1-4   Qualifizierer zur Definition von Prozeßprivilegien

In der folgenden Tabelle sehen Sie die meisten Privilegien und ihre Auswirkungen (siehe Bild 7.1-5) aufgelistet. Das Privileg wird eingeschaltet, wenn bei dem Kommandoqualifizierer "/DEFPRIVILEGES" bzw. "/PRIVILEGES" der Privilegname angegeben wird. Das Privileg läßt sich durch ein vorangestelltes "NO" wieder ausschalten (z.B. "GROUP" und "NOGROUP").

Privileg	Mit diesem Privileg kann / darf der aktuelle Prozeß ...
ACNT	... einen (Sub-) Prozeß kreieren ohne mitlaufendes Accounting ("RUN" und Service "SYS$CREPRC").
ALLSPOOL	... ein 'spooled Device' reservieren ("ALLOCATE" und Service "SYS$ALLOC").
ALTPRI	... die Basispriorität erhöhen und Prozesse mit höherer Priorität erzeugen (Services "SYS$SETPRI" und "SYS$CREPRC").
BUGCHK	... "BUGCHK"-Einträge in das Error-Log eintragen.
BYPASS	... auf alle Objekte und Dateien zugreifen, ohne daß die dort eingetragene Protection beachtet wird.
CMEXEC	... den Betriebsmodus auf "EXECUTIVE" (Betriebssystem) setzen (Service "SYS$CMEXEC").
CMKRNL	... den Betriebsmodus auf "KERNEL" (Betriebssystem) setzen (Service "SYS$CMKRNL").
DETACH	... einen 'detached' Prozeß starten (Service "SYS$CREPRC").
DIAGNOSE	... Diagnoseprogramme starten und Fehlermeldungen aus dem Error-Log lesen.
EXQUOTA	... über gesetzte Plattenbereichsgrenzen (Diskquotas) hinausgehen.
GROUP	... alle anderen Prozesse in der gleichen Gruppen-UIC beeinflussen ("DELETE/ENTRY", "SET PROCESS", "STOP" und Services "SYS$SUSPND", "SYS$RESUME", "SYS$DELPRC", "SYS$SETPRI", "SYS$WAKE", "SYS$SCHDWK", "SYS$FORCEX" und "SYS$GETJPI").
GRPNAM	... Gruppen-UIC-weite logische Namen erzeugen und löschen ("ASSIGN", "DEFINE", DEASSIGN" und Service "SYS$CRELNM" und "SYS$DELLNM").
GRPPRV	... auf Dateien und andere Objekte Gruppen-UIC-weit zugreifen und deren Protection ändern.
LOG_IO	... logische I/O-Operationen durchführen (Service "SYS$QIO").
MOUNT	... Anmeldungsoperationen durchführen (Mount Volume ; Service "SYS$QIO").
NETMBX	... DECNET-Operationen durchführen.
OPER	... Operatorarbeiten wie Behandlung von Queues, 'spooled Devices', 'public Volumes' etc. durchführen.
PFNMAP	... sich auf physikalischen Hauptspeicher und I/O-Register setzen.

Fortsetzung Folgeseite

Bild 7.1-5 Überblick über Prozeßprivilegien

Privileg	Mit diesem Privileg kann / darf der aktuelle Prozeß ...
PHY_IO	... physische I/O-Operationen durchführen (Service "SYS$QIO").
PRMCEB	... Common Event Flag Cluster erzeugen und löschen (Services "SYS$ASCEFC" und "SYS$DLCEFC").
PRMGBL	... globale Sektionen erzeugen und installieren (Service "SYS$CRMPSC" / zusammen mit "CMKRNL" und "SYSGBL").
PRMMBX	... permanente Mailboxen erzeugen und löschen (Services "SYS$CREMBX" und SYS$DELMBX").
PSWAPM	... den Swapping-Mechanismus ein- und ausschalten (bei "RUN" und Services "SYS$CREPRC" und "SYS$SETSWM").
READALL	... auf alle Objekte lesend und kontrollierend zugreifen.
SECURITY	... Sicherheits-bezogene Aktivitäten durchführen und darf das Systempaßwort setzen.
SETPRV	... sich alle die hier aufgelisteten Privilegien setzen.
SHARE	... einen I/O-Kanal umlegen, selbst wenn dieser bereits einem Gerät zugeordnet ist.
SHMEM	... globale Sektionen und Mailboxen bei einem Multiport-Speicher erzeugen (zusammen mit "PRMGBL", "PRMMBX", "SYSGBL" und "TMPMBX").
SYSGBL	... globale Sektionen erzeugen (Service "SYS$CRMPRC") und Programme als "known Image" installieren (zusammen mit "CMKRNL" und "PRMGBL").
SYSLCK	... systemweite Ressourcen sperren (Service "SYS$ENQ").
SYSNAM	... systemweite logische Namen erzeugen und löschen ("ASSIGN", "DEFINE", DEASSIGN" und Service "SYS$CRELNM" und "SYS$DELLNM").
SYSPRV	... auf geschützte Dateien und Objekte als Systemmanager zugreifen und den Zugriffsschutz ändern.
TMPMBX	... eine temporäre Mailbox erzeugen (Service "SYS$CREMBX").
VOLPRO	... ein Medium initialisieren mit unterschiedlichen UICs und Zugriffsrechten.
WORLD	... alle anderen Prozesse im System beeinflussen ("DELETE/ENTRY", "SET PROCESS", "STOP" und Services "SYS$SUSPND", "SYS$RESUME", "SYS$DELPRC", "SYS$SETPRI", "SYS$WAKE", "SYS$SCHDWK", "SYS$FORCEX" und "SYS$GETJPI").

Bild 7.1-5   Überblick über Prozeßprivilegien   (Fortsetzung)

Beispiele :

Im Bild 7.1-6 sehen Sie eine Kurzauflistung mit "SHOW /BRIEF" aus der Autorisationsdatei ; im Bild 7.1-7 eine Vollinformation mit "SHOW".

```
UAF> SHOW /BRIEF [257,*]
Owner     Username   UIC    Account   Privs    Pri Default Directory
H.Meier   MEIER      [257,3] Einkauf  Normal   4 Dua1: [MEIER]
P.Bader   BADER      [257,12] Doku    All      4 Dua0: [BADER]
L.Vogel   DOKU       [257,13] Doku    Devour   4 Dua1: [DOKU]
```

Bild 7.1-6   Kurzinformation über Benutzereinträge

```
UAF> SHOW MEIER
Username: MEIER                          Owner:     Hugo Meier
Account:  Einkauf                        UIC:       (257,3) ((PPS,MEIER))
CLI:      DCL                            Tables:    DCLTABLES
Default:  DISK$USER7:(MEIER)
LGICMD:   LOGIN
Flags:
Primary days:  Mon Tue Wed Thu Fri
Secondary days:                          Sat Sun
Primary   000000000000000000000000 Secondary  000000000000000000000000
Day Hours 012345679012345678901230 Day Hours  012345679012345678901230
Network:  #### Full access ####              #### Full access ####
Batch:    #### Full access ####              #### Full access ####
Local:    #### Full access ####              #### Full access ####
Dialup:   ------- No access -----            ------- No access -----
Remote:   #### Full access ####              #### Full access ####
Expiration:         (none) Pwdminimum:   2      Login Fails:         0
Pwdlifetime:        (none) Pwdchange:    29-MAY-19xx 18:23
Last Login: 29-JUN-19xx 18:06 (inter.), 27-JUN-19xx 12:23 (non-inter.)
Maxjobs:               0 Fillm:             100 Bytlm:          36000
Maxacctjobs:           0 Shrfillm:            0 Pbytlm:             0
Maxdetach:             0 BIOlm:             100 JTquota:         1024
Prclm:                 0 DIOlm:             100 WSdef:           1024
Prio:                  4 ASTlm:              24 WSquo:           2048
Queprio:               4 TQElm:              10 WSextent:        4096
CPU:              (none) Enqlm:            1000 Pgflquo:        50000
Authorized Privileges:
GRPNAM    GROUP    TMPMBX    NETMBX
Default Privileges:
TMPMBX    NETMBX
```

Bild 7.1-7   Vollinformation über einen Benutzereintrag

7.1.2 Einrichtung eines Benutzerbereiches

Hier soll in aller Kürze das 'Kochrezept' angegeben werden, wie Sie einen Benutzerbereich einrichten können.

- ❏ Sie loggen sich als Systemmanager ein und stellen sich auf die System-Directory "SYS$SYSTEM:" mit "SET DEFAULT SYS$SYSTEM:" (vgl. Kapitel 4.3.41).

- ❏ Sie starten die Utility "AUTHORIZE" mit "RUN AUTHORIZE".

- ❏ Sie vergewissern sich mit "SHOW /BRIEF [*gruppe*,*]" (*"gruppe"* ist die Gruppenkennnummer der UIC, die Sie dem neuen Benutzer geben wollen), ob die gewünschte UIC bereits existiert oder noch frei ist.

- ❏ Wenn Sie eine freie UIC gefunden haben, vergewissern Sie sich, ob es bereits einen Benutzer mit dem Namen gibt, den Sie einrichten wollen (mit "SHOW *name*").

- ❏ Wenn es diesen Benutzer noch nicht gibt, fügen Sie ihn mit der folgenden Zeile hinzu : "ADD *name* /UIC=[*gruppe,mitglied*]/PASSWORD=*paß*", wobei *"name"* der Benutzername, *"gruppe"* und *"mitglied"* die UIC und *"paß"* das gewünschte Paßwort sind.

- ❏ Mit dem Befehl "MODIFY *name* /DEVICE=*platte:* /DIR=*directory*" definieren Sie die Platte (=*"platte:"*) und den Namen der Directory (=*"directory"*) für den neuen Benutzerbereich.

- ❏ Hinterher können Sie alle Eigenschaften, Quoten, Privilegien usw. anpassen mit "MODIFY *name* /*qualifizierer*", wobei *"name"* der Benutzername und *"/qualifizierer"* gewünschte Qualifizierer sind.

- ❏ Nach dem Einrichten des Eintrags in die Autorisationsdatei verlassen Sie "AUTHORIZE" mit "EXIT" und stellen sich mit dem Befehl "SET DEFAULT *platte:*[000000]" (vgl. Kapitel 4.3.41) auf die Master File Directory dieser Platte, wobei *"platte:"* die gewünschte und in der Autorisationsbasis eingetragene Platte ist.

- ❏ Erzeugen Sie für diesen Benutzer dort die zugehörige Haupt-Directory mit dem Befehl "CREATE /DIRECTORY [*directory*] /OWNER=*name*" (vgl. Kapitel 4.3.11), wobei *"name"* der Benutzername und *"directory"* die in die Autorisationsbasis eingetragene Directory ist.

7.2 DCL-Kommandos für den Systemmanager

In diesem Kapitel sollen Ihnen einige DCL-Kommandos vorgestellt werden, die nur für den 'erlauchten' Kreis der privilegierten Benutzer wie etwa Systemmanager zur Verfügung stehen. Hier finden Sie die alphabetische Auflistung der Befehle, für die Systemprivilegien erforderlich sind, die ein 'normaler' Benutzer üblicherweise nicht besitzt. Diese Befehle finden Sie für den leichteren Zugang zu DCL über bestimmte Fragestellungen auch bei den Übersichten in den thematisch gegliederten Tabellen.

Die einzelnen Themen :

7.2.1	DEFINE /FORM
7.2.2	DELETE /FORM
7.2.3	DELETE /QUEUE
7.2.4	INITIALIZE /QUEUE
7.2.5	REPLY
7.2.6	SET TIME
7.2.7	START /QUEUE
7.2.8	START /QUEUE /MANAGER
7.2.9	STOP /QUEUE
7.2.10	STOP /QUEUE /MANAGER /CLUSTER
7.2.11	STOP /QUEUES

7.2.1 DEFINE /FORM

Das Kommando "**DEFINE /FORM**" dient zur Definition eines Druckformulars. Ein solches Druckformular kann sowohl über seinen Namen als auch über seine Nummer angesprochen werden. Um ein Druckformular definieren oder ändern zu können, benötigt der Prozeß das Privileg "OPER".

Graph des Befehlsformats :

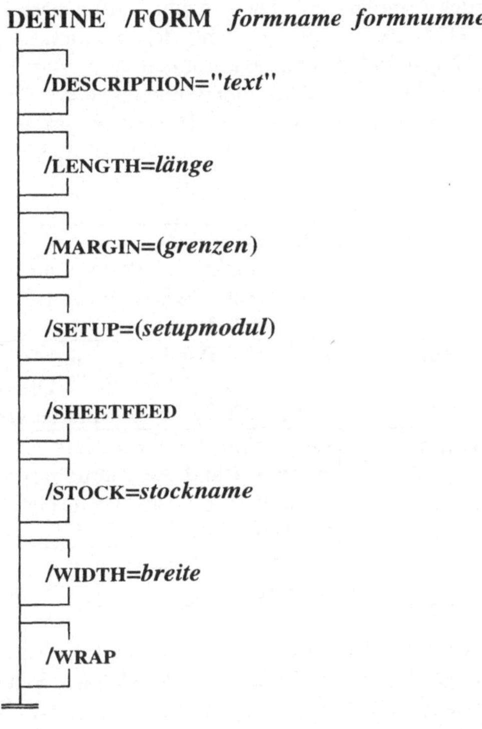

/DESCRIPTION = "text"	Der Kommandoqualifizierer "/DESCRIPTION=text" ist ein maximal 255 Zeichen langer Kommentar, der zur Beschreibung des hier definierten Druckformulars dient.
formname	Das Argument *"formname"* ist der eindeutige Name des zu definierenden Druckformulars, mit dem es angesprochen wird.

form-nummer	Das Argument *"formnummer"* ist die eindeutige Nummer des zu definierenden Druckformulars, mit dem dieses (gleichwertig zu *"formname"*) angesprochen werden kann.
/LENGTH = *länge*	Der Kommandoqualifizierer "/LENGTH=*länge*" stellt die Anzahl der Zeilen ein, die das Druckformular umfassen soll. Der Default-Wert ist "66" Zeilen.
/MARGIN = (*gren-zen*)	Der Kommandoqualifizierer "/MARGIN" stellt den Druckbereich des Druckformulars ein. Die Anzahl Zeilen darf zwischen "0" und "/LENGTH=*länge*", die Anzahl der Spalten zwischen "0" und "/WIDTH=*breite*" liegen. Es können alle vier Ränder eingestellt werden, wobei die Angabe der Grenzen in ein Paar Klammern "(" und ")" eingefaßt werden muß. Die einzelnen Angaben sind dann jeweils durch ein Komma zu trennen. Folgende Ränder können angegeben werden :

BOTTOM=*unten*	Der untere Rand wird auf *"unten"* Zeilen über dem unteren Rand des Druckformulars eingestellt. Default-Wert ist "/LENGTH"-Wert minus "6" Zeilen.
LEFT=*links*	Der linke Rand wird auf *"links"* Spalten vom linken Anschlag des Druckers eingestellt. Default-Wert ist "0" Spalten von links.
RIGHT=*rechts*	Der rechte Rand wird auf *"rechts"* Spalten vom rechten Rand des Druckformulars eingestellt. Default-Wert ist "/WIDTH"-Wert minus "0" Spalten.
TOP=*oben*	Der obere Rand wird auf *"oben"* Zeilen vom Papierbeginn eingestellt. Default-Wert ist "0".

/SETUP = (*setup-modul*)	Der Kommandoqualifizierer "/SETUP" mit der Angabe *"setupmodul"* spezifiziert die anzuwendenden Steuerprogramme für den Drucker. Diese Steuerprogramme bestehen in der Regel aus Escape-Sequenzen, die den Drucker und sein Druckbild beeinflussen. Bei der Angabe von mehr als einem *"setupmodul"* muß diese Liste in ein Paar Klammern "(" und ")" eingefaßt werden und zwischen jedem *"setupmodul"* ein Komma stehen.
/SHEET-FEED	Der Kommandoqualifizierer "/SHEETFEED" verursacht das Anhalten des Ausdrucks nach jeder einzelnen Seite, damit eine neue Seite Papier in den Drucker eingelegt werden kann (eine sehr nützliche Option bei Schönschreibdruckern mit Einzelblatteinzug).

/STOCK Der Kommandoqualifizierer "/STOCK=*stockname*" dient zur
= Steuerung des zu verwendenden Papiers für den Ausdruck mit dem
stock- aktuellen Druckerformular. Bei jedem Ausdruck überprüft der
name Jobqueuemanager die Angabe "/STOCK=*stockname*" mit dem
Stocknamen der Printqueue. Nur bei Übereinstimmung wird
gedruckt, ansonsten wird der Ausdruck in der Queue zurückgehalten.
So läßt sich beispielsweise verhindern, daß Programmlisten (mit
"/STOCK=DEFAULT" vereinbart) auf dem Formularpapier
Lohnschein (mit "/STOCK=LOHN" in der Printqueue eingestellt)
ausgedruckt werden.

/WIDTH Der Kommandoqualifizierer "/WIDTH=*breite*" definiert die
= *breite* maximale Druckbreite in Spalten. Der Default-Wert ist "132".

/WRAP Der Kommandoqualifizierer "/WRAP" bewirkt einen Zeilenumbruch
bei längeren Zeilen als "/WIDTH=*breite*". Ohne diesen Qualifizierer
wird die Zeile abgeschnitten.

Beispiel :

| B1 |

```
$ DEFINE  /FORM  LN03FORM  2  -
_$     /DESCRIPTION="DINA4"  /LENGTH=66  -
_$     /MARGIN=(TOP=3,LEFT=6,BOTTOM=2)  -
_$     /SETUP=(RESET,12CPI)  /STOCK=DEFAULT  -
_$     /WIDTH=255    /WRAP
```

Es wird das Druckerformular "LN03FORM" mit der
Formularnummer "2" definiert. Dieses Formular bekommt die
zusätzliche Beschreibung "DINA4" zugewiesen und soll nur auf dem
Papierstapel "DEFAULT" ausgedruckt werden dürfen. Die
Formularmaße sind "66" Zeilen, "255" Spalten (für eventuelle
Escape-Sequenzen). Längere Zeilen werden automatisch wegen
"/WRAP" umgebrochen. Der bedruckbare Bereich liegt zwischen "3"
Zeilen von oben ("TOP") und die "2" Zeilen von unten
("BOTTOM"). Jede Druckzeile beginnt links in Spalte "7" (LEFT).
Mit "SETUP" werden weitere druckerspezifische Eigenschaften aus
der Device-Bibliothek angefordert: "RESET" und "12CPI" (12
Zeichen pro Zoll).

7.2.2 DELETE /FORM

Das Kommando "**DELETE /FORM**" dient zum Löschen eines mit dem Kommando
"DEFINE /FORM" (vgl. Kapitel 7.2.1) definierten Druckformulars. Um diese Definition

löschen zu können, darf dieses Druckformular gerade nicht verwendet werden. Es wird das Privileg "OPER" benötigt.

Graph des Befehlsformats :

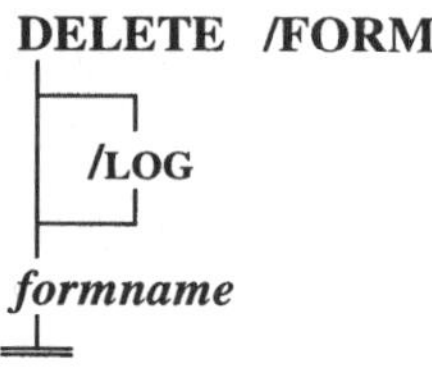

form-name	Das Argument *"formname"* spezifiziert den Namen des zu löschenden Druckformulars.
/LOG	Der Kommandoqualifizierer "/LOG" bewirkt die Anzeige des Namens des gelöschten Druckformulars auf dem Bildschirm.

Beispiel :

B1	**$ DELETE /FORM LN03QUER**

Das Druckformular mit dem Namen "LN03QUER" wird gelöscht.

7.2.3 DELETE /QUEUE

Das Kommando "**DELETE /QUEUE**" dient zum Löschen einer Batch- oder Printqueue. Bevor eine Queue gelöscht werden kann, muß sie gestoppt worden sein mit der Kommandofolge "STOP /QUEUE /NEXT" und "STOP /QUEUE" (vgl. Kapitel 7.2.9). Etwaige laufende Jobs in der Queue sollten sich entweder beenden oder gelöscht werden. Alle noch ausstehenden (pending) Jobs werden beim Löschen der Queue automatisch mit gelöscht. Um eine Queue löschen zu können, wird das Privileg "OPER" benötigt.

Graph des Befehlsformats :

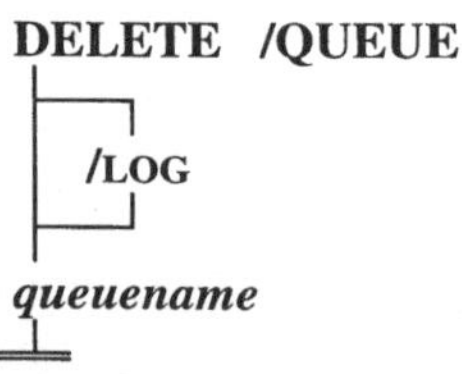

/LOG	Der Kommandoqualifizierer "/LOG" bewirkt die Anzeige des Namens der gelöschten Batch- oder Printqueue auf dem Bildschirm.
queue-name	Das Argument *"queuename"* spezifiziert den Namen der zu löschenden (und gestoppten) Batch- oder Printqueue.

Beispiel :

```
B1    $ STOP   /QUEUE  /NEXT SYS$BATCH
      $ STOP   /QUEUE  SYS$BATCH
      $ DELETE /QUEUE   SYS$BATCH
```

Zuerst wird die Batchqueue "SYS$BATCH" für alle noch wartenden (pending) Jobs gestoppt, danach mit dem zweiten Befehl für die aktiven Jobs gestoppt und zum Schluß die Queue mit dem dritten Befehl inklusive aller Einträge in dieser Queue gelöscht.

7.2.4 INITIALIZE /QUEUE

Das Kommando "**INITIALIZE /QUEUE**" dient zum Kreieren und Initialisieren einer Batch- oder Printqueue. Für diesen Befehl ist das Privileg "OPER" erforderlich.

Graph des Befehlsformats :

INITIALIZE /QUEUE

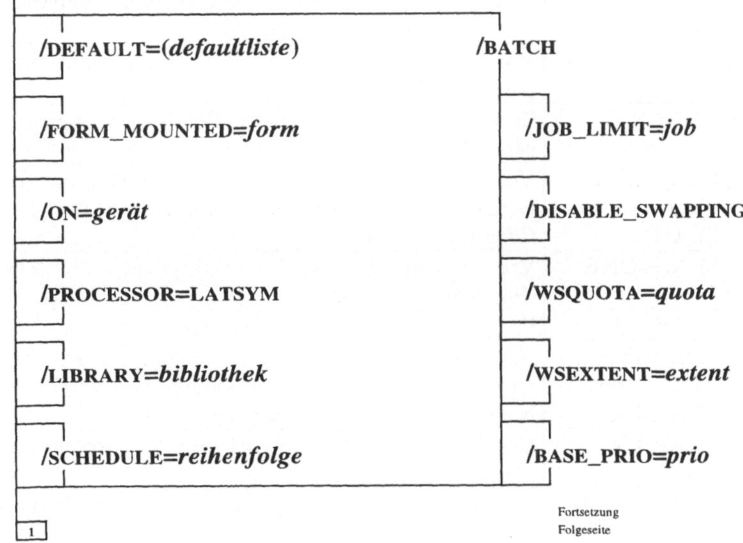

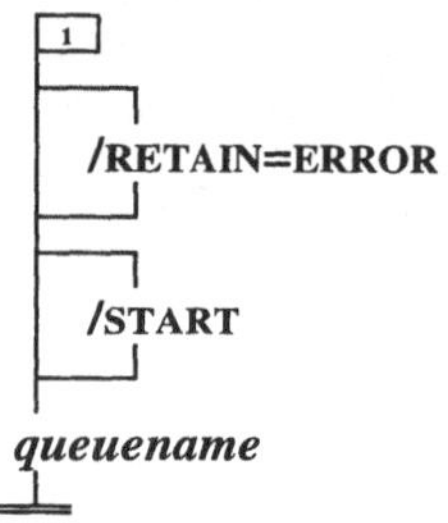

/BASE_ PRIO = ***prio*	Der Kommandoqualifizierer "/BASE_PRIO=*prio*" gibt die Basispriorität an, mit der die Jobs in dieser Batchqueue *"queuename"* abgearbeitet werden sollen. Da die Priorität "4" für interaktive Benutzer verwendet wird, sollte eine Batchqueue eine Basispriorität kleiner oder gleich "4" zugewiesen bekommen.
/BATCH	Der Kommandoqualifizierer "/BATCH" richtet die Queue *"queuename"* als eine Batchqueue ein.
/DE- FAULT = *(default- liste)*	Der Kommandoqualifizierer "/DEFAULT" mit den angegebenen Argumenten definiert die Default-Werte für die Printqueue *"queuename"*. Die einzelnen Werte in der *"defaultliste"* werden durch jeweils ein Komma getrennt. Folgende Default-Werte können spezifiziert werden :

BURST=ALL -oder- BURST	Vor jeder ausgedruckten Datei - auch bei mehreren Dateien in dem Druckjob - werden zwei Titelseiten (Burst- und Flagpage) gedruckt.
BURST=ONE	Vor jedem Druckjob werden zwei Titelseiten (Burst- und Flagpage) gedruckt.
NOBURST	Es werden keine Titelseiten (Burst- und Flagpage) gedruckt.
FLAG=ALL -oder- FLAG	Vor jeder ausgedruckten Datei - auch bei mehreren Dateien in dem Druckjob - wird eine Titelseite (Flagpage) gedruckt.
FLAG=ONE	Vor jedem Druckjob wird eine Titelseite (Flagpage) gedruckt.
NOFLAG	Es wird keine Titelseite (Flagpage) gedruckt.
TRAILER= ALL -oder- TRAILER	Nach jeder ausgedruckten Datei - auch bei mehreren Dateien in dem Druckjob - wird eine Nachspannseite (Trailerpage) gedruckt.
TRAILER= ONE	Nach jedem Druckjob wird eine Nachspannseite (Trailerpage) gedruckt.
NOTRAILER	Es wird keine Nachspannseite (Trailerpage) gedruckt.

Fortsetzung /DE- FAULT	FORM=*form*	Das Default-Druckformular *"form"* wird für den Ausdruck verwendet, wenn beim Druckauftrag kein Druckformular angegeben worden ist.

/DIS-ABLE_SWAP-PING Der Kommandoqualifizierer "/DISABLE_SWAPPING" unterbindet den Auslagerungsmechanismus Swapping für Jobs in der Batchqueue *"queuename"*. Dadurch wird der Durchsatz in der Batchqueue gesteigert.

/FORM_MOUN-TED = form Der Kommandoqualifizierer "/FORM_MOUNTED=*form*" benennt das Druckformular *"form"*, mit dem die Printqueue ausgestattet werden und die Druckaufträge ausdrucken soll.

/JOB_LIMIT= job Der Kommandoqualifizierer "/JOB_LIMIT=*job*" erlaubt die parallele Bearbeitung von *"job"* Batchjobs in der Batchqueue *"queuename"*. Weglassen dieses Qualifizierers bedeutet Joblimit "1".

/LIB-RARY = biblio-thek Der Kommandoqualifizierer "/LIBRARY=*bibliothek*" spezifiziert die Datei *"bibliothek"* als eine Bibliothek mit Kontrollanweisungen für Geräte. Wird dieser Qualifizierer weggelassen, so wird automatisch "SYS$LIBRARY:SYSDEVCTL.TLB" verwendet.

/ON = gerät Der Kommandoqualifizierer "/ON=*gerät*" gibt den Drucker an, auf dem diese Printqueue *"queuename"* ausdrucken soll.

/PRO-CESSOR = LATSYM Der Kommandoqualifizierer "/PROCESSOR=*symbiont*" bewirkt, daß das Terminalverwaltungsprogramm "LATSYM" für die Printqueue *"queuename"* verwendet werden soll ("LATSYM" wird bei einem Drucker an einem Terminalserver benutzt). Weglassen dieses Qualifizierers bedeutet die Benutzung von "PRTSYM" (beide auf "SYS$SYSTEM:").

queue-name Das Argument *"queuename"* spezifiziert den Namen der Batch- oder Printqueue, die gerade eingerichtet werden soll.

/RETAIN = ERROR Der Kommandoqualifizierer "/RETAIN" hält fehlerhaft ausgeführte Jobs im Status "RETAINED-ON-ERROR" als Einträge in der Queue *"queuename"* zurück.

/SCHE-DULE =reihen-folge Der Kommandoqualifizierer "/SCHEDULE=*reihenfolge*" stellt die Reihenfolge der Abarbeitung von Druckaufträgen in der Printqueue *"queuename"* ein. Folgende Werte können für *"reihenfolge"* angegeben werden :

Fortsetzung Folgeseite

Fortsetzung /SCHE- DULE= *reihen- folge*	NOSIZE	Die Reihenfolge richtet sich nach der Reihenfolge des Einstellens der Druckaufträge in die Printqueue.
	SIZE	Die Reihenfolge richtet sich nach der Größe des Druckauftrags : kleinere Druckjobs werden vor größeren Druckjobs ausgedruckt.

/START Der Kommandoqualifizierer "/START" startet die Batch- oder Printqueue gleich bei ihrer Einrichtung.

/WS- EXTENT= *extent* Der Kommandoqualifizierer "/WSEXTENT=*extent*" definiert den Hauptspeicherbereich (Working Set), den Batchjobs in der Batchqueue *"queuename"* bei Bedarf maximal einnehmen dürfen.

/WS- QUOTA= *quota* Der Kommandoqualifizierer "/WSQUOTA=*quota*" definiert den Hauptspeicherbereich (Working Set), den Batchjobs in der Batchqueue *"queuename"* einnehmen dürfen.

Beispiele :

B1
```
$ INITIALIZE  /QUEUE  /START  /ON=LASER  -
_$ /DEFAULT=(NOBURST,NOFLAG,NOTRAILER, -
_$            FORM=LN03FORM)  -
_$ /FORM_MOUNTED=LN03FORM  /RETAIN=ERROR -
_$ /PROCESSOR=LATSYM  /LIBRARY=LN03SETUP -
_$ /SCHEDULE=NOSIZE    LASER_PRINTER_1
```

Es wird die Printqueue "LASER_PRINTER_1" initialisiert und wegen "/START" nach der Initialisierung auch gleich gestartet.

Die Standardeinstellungen bei "/DEFAULT" besagen, daß keine Burstpage und Flagpage (Titelseiten) vor dem Ausdruck und keine Trailerpage (Nachspannseite) nach dem Ausdruck ausgegeben werden soll. Als Default-Druckformular soll "LN03FORM" benutzt werden, wenn bei einem Ausdruck kein anderes Druckerformular angefordert wird. Auf dem Drucker ist das Formular "LN03FORM" eingerichtet ("/FORM_MOUNTED").

Das Druckergerät, auf dem die Printqueue ausdruckt, ist bei "/ON" mit dem logischen Namen "LASER" angegeben. Dieser Drucker wird nicht direkt vom Jobqueuemanager angesteuert. Er ist an einem Terminalserver angeschlossen und wird von der LATSYM-Symbiont-Software ("/PROCESSOR") bedient.

Bei Fehlern während des Ausdrucks bleibt der Druckauftrag mit Fehlerstatus "RETAINED-ON-ERROR" in der Printqueue stehen.

Zusätzliche Eigenschaften des Druckergerätes befinden sich in der Device-Bibliothek "LN03SETUP". Die Drucke werden in der Reihenfolge des Einstellens in die Printqueue ausgegeben ("/SCHEDULE=NOSIZE" entspricht "First-in-first-out" oder auf deutsch "wer zuerst kommt, mahlt zuerst").

B2

```
$ INITIALIZE  /QUEUE  /ON=LIA0:  -
_$ /DEFAULT=(NOBURST,FLAG,-
_$             FORM=DEFAULT,NOTRAILER) -
_$ /SCHEDULE=SIZE   SCHNELLDRUCKER
```

Es wird die Printqueue "SCHNELLDRUCKER" initialisiert ohne den automatischem Start dieser Queue.

Das Druckergerät, das von der Printqueue verwaltet und beschickt wird, ist bei "/ON" mit dem Gerätebezeichner "LIA0:" angegeben. Die Drucke werden nicht in der Reihenfolge des Einstellens in die Printqueue, sondern entsprechend ihrer Größe sortiert gedruckt ("/SCHEDULE=SIZE" entspricht "klein-vor-groß").

Die eingestellten Standardwerte bei "/DEFAULT" besagen, daß vor dem Ausdruck keine Burstpage (2 Titelseiten), aber eine Flagpage (eine Titelseite) und keine Trailerpage (Nachspannseite) nach dem Ausdruck ausgegeben werden sollen. Ausgedruckt wird mit dem standardmäßig voreingestellten Druckerformular "DEFAULT".

B3

```
$ INITIALIZE /QUEUE /BATCH  /JOB_LIMIT=5 -
_$ /DISABLE_SWAPPING   /WSQUOTA=1000 -
_$ /WSEXTENT=5000   /BASE_PRIO=4 -
_$ /START   SYS$AUFTRAG
```

Es wird die Batchqueue "SYS$AUFTRAG" initialisiert und wegen "/START" am Ende der Queue-Initialisierung auch gleich gestartet.

Es können in dieser Batchqueue parallel "5" Jobs bearbeitet werden ("/JOB_LIMIT"). Aus Optimierungsgründen für besseren Durchsatz sollen die Batchjobs nicht aus dem Hauptspeicher komplett ausgelagert ("/DISABLE_SWAPPING") werden.

Jeder dieser Batchjobs bekommt bei seinem Start einen Hauptspeicherbereich (Initial Working Set) von "1000" Pages mit der Erweiterungsmöglichkeit bei Bedarf bis zu "5000" Pages und die Basispriorität von "4" (= übliche interaktive Prozeßpriorität).

7.2.5 REPLY

Das Kommando "**REPLY**" ist ein nützliches Instrument für den Systemmanager, der allen oder einer Auswahl von Benutzern des Rechners Nachrichten schicken möchte. Für dieses Kommando ist das Systemprivileg "OPER" erforderlich.

Graph des Befehlsformats :

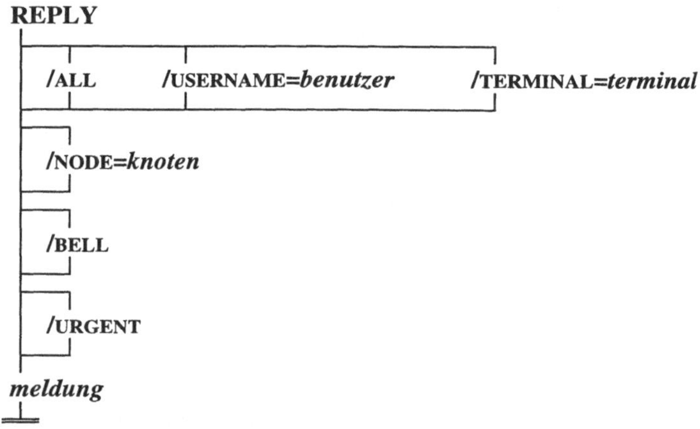

/ALL   Der Kommandoqualifizierer "/ALL" bewirkt die Ausgabe der *"meldung"* auf allen angeschlossenen Terminals.

/BELL   Der Kommandoqualifizierer "/BELL" gibt ein akustisches Signal (Piepton) bei der Ausgabe der *"meldung"* aus.

meldung   Das Argument *"meldung"* spezifiziert die auszugebende Meldung.

/NODE = *knoten*   Der Kommandoqualifizierer "/NODE=*knoten*" veranlaßt die Ausgabe der *"meldung"* auf dem Rechnerknoten *"knoten"*. Wird eine ganze Liste von Rechnerknoten angegeben, so muß diese Liste von einem Paar Klammern "(" und ")" eingefaßt und die einzelnen Rechnerbezeichner jeweils durch ein Komma getrennt werden. Wird *"knoten"* weggelassen, so ist nur der eigene Rechner gemeint.

/TERMINAL = *terminal*   Der Kommandoqualifizierer "/TERMINAL=*terminal*" veranlaßt die Ausgabe der *"meldung"* auf dem Terminal *"terminal"*. Wird eine ganze Liste von Terminals angegeben, so muß diese Liste von einem Paar Klammern "(" und ")" eingefaßt und die einzelnen Terminalbezeichner jeweils durch ein Komma getrennt werden.

/UR-GENT	Der Kommandoqualifizierer "/URGENT" verursacht ein doppeltes akustisches Signal (Piepton) sowie die Ausgabe der Zeichenkette "*URGENT*" bei der Ausgabe vor der *"meldung"*. "/URGENT" wird für besonders wichtige Meldungen benutzt.
/USER-NAME = be-nutzer	Der Kommandoqualifizierer "/USERNAME=*benutzer*" veranläßt die Ausgabe der *"meldung"* auf den Terminals, auf denen der Benutzer *"benutzer"* eingeloggt ist. Bei einer ganzen Liste von Benutzernamen muß diese von einem Paar Klammern "(" und ")" eingefaßt und die einzelnen Namen jeweils durch ein Komma getrennt werden.

Beispiele :

B1

```
$ REPLY  /ALL  /BELL  "Bitte ausloggen"
Reply received on MIAMI from user SYSTEM
                    at MIAMI$TTA2:   16:16:08
"Bitte ausloggen"
```

Auf allen angeschlossenen Terminals wird die Meldung "Bitte ausloggen" zusammen mit einem akustischem Signal ausgegeben.

B2

```
$ REPLY /URGENT /BELL /USERNAME -
_$ "Bitte nicht mehr drucken"
*URGENT* message on MIAMI from user SYSTEM
                    at MIAMI$TTA2:   16:18:20
"Bitte nicht mehr drucken"
```

Auf allen eingeloggten Terminals wird die Meldung "*URGENT* Bitte nicht mehr drucken" zusammen mit 2 akustischen Signalen ausgegeben.

B3

```
$ REPLY  /USERNAME=(BADER,MEIER) -
_$ "Bitte sofort beim Chef melden"
```

Auf allen unter "BADER" und "MEIER" eingeloggten Terminals wird die Meldung "Bitte sofort beim Chef melden" ausgegeben.

B4

```
$ REPLY   /TERMINAL=(OPA0:,LTA1023:) -
_$ "Bitte sofort DEC anrufen"
```

Auf den Terminals "OPA0:" und "LTA1023:" wird die Meldung "Bitte sofort DEC anrufen" ausgegeben.

7.2.6 SET TIME

Das Kommando "**SET TIME**" dient zum Setzen der Systemzeit. Für dieses Kommando sind die Privilegien "LOG_IO" und "OPER" erforderlich.

Soll die Systemzeit auf allen Rechnerknoten eines Clusters auf die neue Systemzeit gesetzt werden, ist dafür auch noch das Privileg "SYSLCK" erforderlich.

Graph des Befehlsformats :

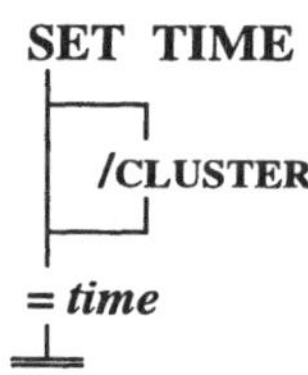

/CLUS-
TER   Der Kommandoqualifizierer "/CLUSTER" bewirkt die Einstellung der gleichen Systemzeit auf allen Rechnerknoten des Clusters.

zeit   Das Argument *"zeit"* gibt die neue, einzustellende Systemzeit an.

Beispiel :

B1	$ SET TIME=12-JUL-1999 13:02:20

Das Systemdatum und die Systemzeit werden neu auf den "12.Juli 1999 13:02:20" eingestellt.

7.2.7 START /QUEUE

Das Kommando "**START /QUEUE**" dient zum Starten einer Batch- oder Printqueue bzw. Wiederstarten einer solchen Queue, wenn diese gestoppt worden ist. Mit diesem Kommando können dieser Queue dabei neue Eigenschaften zugewiesen werden. Für die Durchführung des Startens einer Queue ist das Privileg "OPER" erforderlich oder das Zugriffsrecht "EXECUTE" auf die Queue notwendig.

Graph des Befehlsformats :

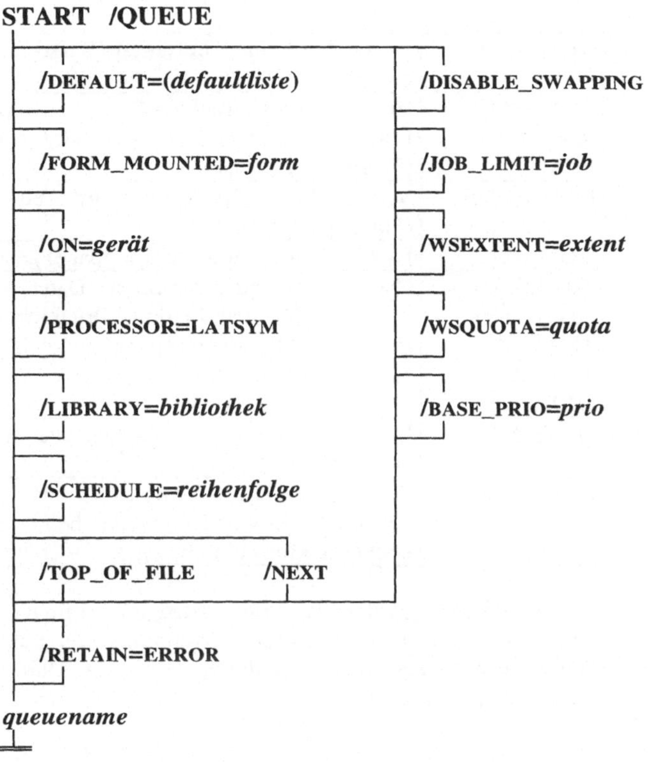

/BASE_ PRIO = *prio*	Der Kommandoqualifizierer "/BASE_PRIO=*prio*" gibt die Basispriorität an, mit der die Jobs in dieser Batchqueue *"queuename"* abgearbeitet werden sollen. Da die Priorität "4" für interaktive Benutzer verwendet wird, sollte eine Batchqueue eine Basispriorität kleiner oder gleich "4" zugewiesen bekommen.
/DE- FAULT = (*default- liste*)	Der Kommandoqualifizierer "/DEFAULT" mit den angegebenen Argumenten definiert die Default-Werte für die Printqueue *"queuename"*. Die einzelnen Werte in der *"defaultliste"* werden durch jeweils ein Komma getrennt. Folgende Default-Werte können spezifiziert werden :

Fortsetzung Folgeseite	BURST=ALL -oder- BURST	Vor jeder ausgedruckten Datei - auch bei mehreren Dateien in dem Druckjob - werden zwei Titelseiten (Burst- und Flagpage) gedruckt.

Fortsetzung /DE-FAULT	BURST=ONE	Vor jedem Druckjob werden zwei Titelseiten (Burst- und Flagpage) gedruckt.
	NOBURST	Es werden keine Titelseiten (Burst- und Flagpage) gedruckt.
	FLAG=ALL -oder- FLAG	Vor jeder ausgedruckten Datei - auch bei mehreren Dateien in dem Druckjob - wird eine Titelseite (Flagpage) gedruckt.
	FLAG=ONE	Vor jedem Druckjob wird eine Titelseite (Flagpage) gedruckt.
	NOFLAG	Es wird keine Titelseite (Flagpage) gedruckt.
	TRAILER= ALL -oder- TRAILER	Nach jeder ausgedruckten Datei - auch bei mehreren Dateien in dem Druckjob - wird eine Nachspannseite (Trailerpage) gedruckt.
	TRAILER= ONE	Nach jedem Druckjob wird eine Nachspannseite (Trailerpage) gedruckt.
	NOTRAILER	Es wird keine Nachspannseite (Trailerpage) gedruckt.
	FORM=*form*	Das Default-Druckformular *"form"* wird für den Ausdruck verwendet, wenn beim Druckauftrag kein Druckformular angegeben worden ist.

/DIS-ABLE_SWAP-PING Der Kommandoqualifizierer "/DISABLE_SWAPPING" unterbindet den Auslagerungsmechanismus Swapping für Jobs in der Batchqueue *"queuename"*. Dadurch wird der Durchsatz in der Batchqueue gesteigert.

/FORM_MOUN-TED = *form* Der Kommandoqualifizierer "/FORM_MOUNTED=*form*" benennt das Druckformular *"form"*, mit dem die Printqueue ausgestattet werden und die Druckaufträge ausdrucken soll.

/JOB_LIMIT= *job* Der Kommandoqualifizierer "/JOB_LIMIT=*job*" erlaubt die parallele Bearbeitung von *"job"* Batchjobs in der Batchqueue *"queuename"*. Weglassen dieses Qualifizierers bedeutet Joblimit "1".

/LIB-RARY = *biblio-thek* Der Kommandoqualifizierer "/LIBRARY=*bibliothek*" spezifiziert die Datei *"bibliothek"* als eine Bibliothek mit Kontrollanweisungen für Drucker. Wird dieser Qualifizierer weggelassen, so wird automatisch "SYS$LIBRARY:SYSDEVCTL.TLB" verwendet.

/NEXT Der Kommandoqualifizierer "/NEXT" unterdrückt bei dem Wiederstart der Printqueue, daß dort noch nicht beendete Druckaufträge wieder von vorn ausgedruckt werden, sondern stattdessen die nächsten, noch nicht begonnenen Druckaufträge.

/ON = *gerät*	Der Kommandoqualifizierer "/ON=*gerät*" gibt den Drucker an, auf dem diese Printqueue *"queuename"* ausdrucken soll.
/PRO-CESSOR = **LATSYM**	Der Kommandoqualifizierer "/PROCESSOR=*symbiont*" bewirkt, daß das Terminalverwaltungsprogramm "LATSYM" für die Printqueue *"queuename"* verwendet werden soll ("LATSYM" wird bei einem Drucker an einem Terminalserver benutzt). Weglassen dieses Qualifizierers bedeutet die Benutzung von "PRTSYM" (beide auf "SYS$SYSTEM:").
queue-name	Das Argument *"queuename"* spezifiziert den Namen der Batch- oder Printqueue, die gerade eingerichtet werden soll.
/RETAIN = **ERROR**	Der Kommandoqualifizierer "/RETAIN" hält fehlerhaft ausgeführte Jobs im Status "RETAINED-ON-ERROR" als Einträge in der Queue *"queuename"* zurück.
/SCHE-DULE = *reihen-folge*	Der Kommandoqualifizierer "/SCHEDULE=*reihenfolge*" stellt die Reihenfolge der Abarbeitung von Druckaufträgen in der Printqueue *"queuename"* ein. Für *"reihenfolge"* kann angegeben werden :

NOSIZE	Die Reihenfolge richtet sich nach der Reihenfolge des Einstellens der Druckaufträge in die Printqueue.
SIZE	Die Reihenfolge richtet sich nach der Größe des Druckauftrags : kleinere Druckjobs werden vor größeren Druckjobs ausgedruckt.

/TOP_ OF_FILE	Der Kommandoqualifizierer "/TOP_OF_FILE" besagt, daß bei dem Wiederstart der Printqueue dort noch als nicht abgeschlossene Druckaufträge noch einmal von vorn ausgedruckt werden sollen.
/WS-EXTENT= *extent*	Der Kommandoqualifizierer "/WSEXTENT=*extent*" definiert den Hauptspeicherbereich (Working Set), den Batchjobs in der Batchqueue *"queuename"* bei Bedarf maximal einnehmen dürfen.
/WS-QUOTA= *quota*	Der Kommandoqualifizierer "/WSQUOTA=*quota*" definiert den Hauptspeicherbereich (Working Set), den Batchjobs in der Batchqueue *"queuename"* einnehmen dürfen.

Beispiele :

B1	`$ START /QUEUE /BATCH SYS$RECHNE`

Es wird die Batchqueue "SYS$RECHNE" mit ihren bestehenden Eigenschaften (wieder) gestartet.

```
 B2     $ START  /QUEUE  /BATCH  /DISABLE_SWAPPING  -
       _$ /JOB_LIMIT=5      /BASE_PRIO=4    -
       _$ /WSQUOTA=1000    /WSEXTENT=5000-
       _$ SYS$AUFTRAG
```

Es wird die Batchqueue "SYS$AUFTRAG" (wieder) gestartet, wobei dieser Queue neue Eigenschaften zugewiesen werden.

Es können in dieser Batchqueue parallel "5" Jobs bearbeitet werden ("/JOB_LIMIT"). Aus Optimierungsgründen für besseren Durchsatz sollen die Batchjobs nicht aus dem Hauptspeicher komplett ausgelagert ("/DISABLE_SWAPPING") werden.

Jeder dieser Batchjobs bekommt bei seinem Start einen Hauptspeicherbereich (Initial Working Set) von "1000" Pages mit der Erweiterungsmöglichkeit bei Bedarf bis zu "5000" Pages und die Basis-Priorität von "4" (übliche Priorität interaktive Prozesse).

```
 B3     $ START   /QUEUE   /ON=$PRINTER$LN03  -
       _$ /DEFAULT=(NOBURST,NOFLAG, -
       _$             FORM=LN03FORM,NOTRAILER)   -
       _$ /FORM_MOUNTED=LN03FORM -
       _$ /PROCESSOR=LATSYM     /RETAIN=ERROR   -
       _$ /LIBRARY=LN03SETUP    /SCHEDULE=NOSIZE -
       _$ /TOP_OF_FILE          LASER_PRINTER_1
```

Es wird die Printqueue "LASER_PRINTER_1" (wieder) gestartet und dabei gegebenenfalls mit neuen Eigenschaften ausgestattet. Die Standardeinstellungen bei "/DEFAULT" besagen, daß keine Burstpage und Flagpage (Titelseiten) vor dem Ausdruck und keine Trailerpage (Nachspannseite) nach dem Ausdruck ausgegeben werden soll. Als Default-Druckformular soll "LN03FORM" benutzt werden, wenn bei einem Ausdruck kein anderes Druckformular angefordert wird.

Auf dem Drucker ist das Formular "LN03FORM" eingerichtet ("/FORM_MOUNTED"). Das Druckergerät, auf dem die Printqueue ausdruckt, ist bei "/ON" mit dem logischen Namen "$PRINTER$LN03" angegeben. Dieser Drucker wird nicht direkt vom Jobqueuemanager angesteuert. Er ist an einem Terminalserver angeschlossen und wird von der LATSYM-Symbiont-Software ("/PROCESSOR") bedient.

Bei Fehlern während des Ausdrucks bleibt der Druckauftrag mit Fehlerstatus "RETAINED-ON-ERROR" in der Printqueue stehen. Zusätzliche Eigenschaften des Druckergerätes befinden sich in der Device-Bibliothek "LN03SETUP". Die Drucke werden in der Reihenfolge des Einstellens in die Printqueue ("/SCHEDULE=NOSIZE" entspricht "First-in-first-out" oder auf deutsch "wer zuerst kommt, mahlt zuerst") ausgegeben.

Etwaige Druckaufträge, die während ihrer Ausführung gestoppt worden sind und von daher noch nicht vollständig ausgedruckt worden sind, werden wieder komplett von Anfang an ausgedruckt.

| B4 |
```
$ START  /QUEUE   /ON=LIA0:  /NEXT -
_$ /DEFAULT=(NOBURST,FLAG,-
_$            FORM=DEFAULT,NOTRAILER) -
_$ /SCHEDULE=SIZE   SCHNELLDRUCKER
```

Es wird die Printqueue "SCHNELLDRUCKER" (wieder) gestartet, wobei neue Eigenschaften für diese Queue definiert werden können.

Die eingestellten Standardwerte bei "/DEFAULT "besagen, daß keine Burstpage (2 Titelseiten), aber eine Flagpage (eine Titelseite) vor dem Ausdruck und keine Trailerpage (Nachspannseite) nach dem Ausdruck ausgegeben werden sollen. Zum Drucken wird das standardmäßig voreingestellte Druckformular "DEFAULT" benutzt.

Das Druckergerät, das von der Printqueue verwaltet und beschickt wird, ist bei "/ON" mit dem Gerätebezeichner "LIA0:" angegeben. Die Drucke werden nicht in der Reihenfolge des Einstellens in die Printqueue, sondern entsprechend ihrer Größe sortiert gedruckt ("/SCHEDULE=SIZE" entspricht "klein-vor-groß"). Etwaige Druckaufträge, die während ihrer Ausführung gestoppt worden sind und von daher noch nicht vollständig ausgedruckt worden sind, werden nicht nochmal ausgedruckt. Der nächste, noch nicht begonnene Druckjob wird beim Start der Printqueue bearbeitet.

7.2.8 START /QUEUE /MANAGER

Das Kommando **"START /QUEUE /MANAGER"** startet den Jobqueuemanager von OpenVMS, der die Batch- und Printqueues verwaltet. Dieser Befehl wird zumeist bereits beim Starten des Rechnersystems (Systemboot) abgesetzt. Für den Start des Jobqueuemanagers sind die Systemprivilegien "OPER" und "SYSNAM" erforderlich.

Graph des Befehlsformats :

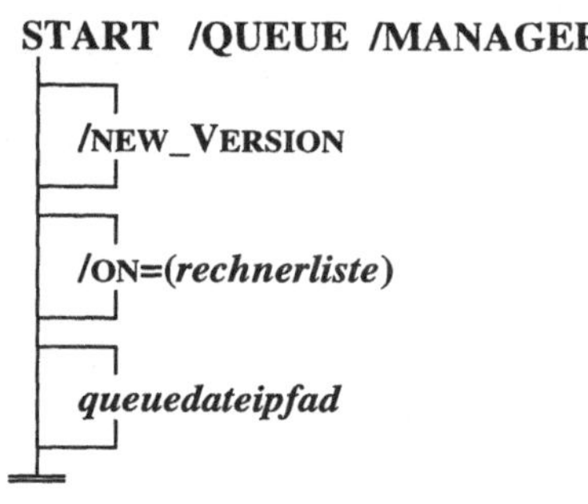

/NEW_ VERSION	Der Kommandoqualifizierer "/NEW_VERSION" bewirkt beim Starten des Jobqueuemanagers die Erzeugung einer neuen Verwaltungsdatei. Fehlt dieser Kommandoqualifizierer, verwendet der Jobqueuemanager die bereits vorhandene Verwaltungsdatei mit den dort vorhandenen Definitionen und Jobeinträgen.
/ON = (rech- ner- liste)	Der Kommandoqualifizierer "/ON=(*rechnerliste*)" wird für Cluster verwendet und gibt die Reihenfolge der Namen "*rechnerliste*" der Rechnerknoten an, auf denen nacheinander versucht werden soll, den Jobqueuemanager zu starten. Diese Reihenfolge wird auch für die Bestimmung des Bereitschaftsdienstes der Rechner im Cluster benutzt für den Fall, daß der Rechner, auf dem der Jobqueuemanager zuerst gestartet worden ist, ausfällt oder aus dem Cluster genommen wird. Bei der Angabe von mehr als einem Rechnernamen in der "*rechnerliste*"muß diese Liste in ein Paar Klammern "(" und ")" eingefaßt werden und zwischen jedem Rechnernamen ein Komma stehen. Die Wild Card "*" ist erlaubt ; sie besagt, daß alle Rechner im Cluster gleichberechtigten Bereitschaftsdienst haben.
queue- datei- pfad	Das Argument "*queuedateipfad*" spezifiziert den Namen des Zugriffspfades für die Verwaltungsdatei des Jobqueuemanagers. Fehlt die Angabe von "*queuedateipfad*", so wird standardmäßig der Zugriffspfad "SYS$COMMON:[SYSEXE]" benutzt.

Beispiele :

B1	$ START /QUEUE /MANAGER

Der Jobqueuemanager des OpenVMS wird (wieder) gestartet, wobei die bestehenden Eigenschaften aus der Verwaltungsdatei des Jobqueuemanagers verwendet werden.

<table>
<tr><td>B2</td><td>$ START /QUEUE /MANAGER /NEW_VERSION
_$ /ON=(MIAMI,PARIS,*) DUA0:[SYSQUEUEMAN]</td></tr>
</table>

Der Jobqueuemanager des OpenVMS wird gestartet. Der erste Rechner im Cluster, wo der Jobqueuemanager gestartet werden soll, ist der Rechner mit dem Namen "MIAMI". Der nächste Rechner wäre dann "PARIS" und danach alle weiteren, im Cluster verbundenen Rechner (wegen "*"). Es wird eine neue Verwaltungsdatei auf der Directory "DUA0:[SYSQUEUEMAN]" erzeugt, wobei dort die per "/ON ..." festgelegte Reihenfolge gespeichert wird.

7.2.9 STOP /QUEUE

Das Kommando "**STOP /QUEUE**" dient zum Anhalten von Einträgen (Jobs) in einer Batch- oder Printqueue sowie zum Stoppen dieser Queue.

Bevor eine Batch- oder Printqueue gestoppt werden kann, müssen zuerst alle wartenden Einträge mit "STOP /QUEUE /NEXT" 'gebremst' werden, damit sie nicht während des Stoppens der Queue 'nachrutschen'. Erst dann lassen sich die aktuell bearbeiteten Jobs stoppen. Diese werden in ihrem aktuellen Zustand 'eingefroren'. Für das Stoppen einer Queue bzw. von Einträgen in diese Queue ist das Privileg "OPER", das Zugriffsrecht "EXECUTE" auf die Queue und gegebenenfalls das Zugriffsrecht "DELETE" auf den zu stoppenden Job notwendig.

Graph des Befehlsformats :

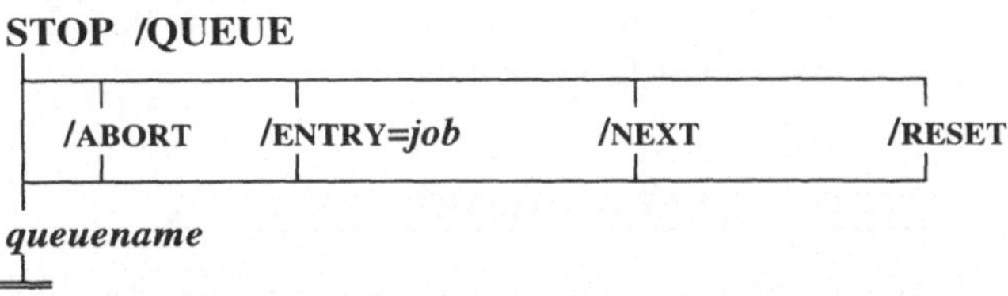

/ABORT   Der Kommandoqualifizierer "/ABORT" bewirkt den sofortigen Abbruch des aktuellen Druckjobs in der Printqueue *"queuename"*.

/ENTRY   Der Kommandoqualifizierer "/ENTRY=*job*" gibt die Jobnummer
= *job*   *"job"* des abzubrechenden Batchjobs in der Batchqueue *"job"* an.

/NEXT   Der Kommandoqualifizierer "/NEXT" dient zum Stoppen aller Einträge in der Batch- oder Printqueue, die sich noch im Zustand 'wartend' (pending) befinden. Um eine Queue zu stoppen, müssen zuerst alle wartenden Einträge gestoppt werden, danach die aktuell bearbeiteten Einträge.

queue-name   Das Argument *"queuename"* spezifiziert den Namen der Batch- oder Printqueue, für die "STOP" durchgeführt werden soll.

/RESET   Der Kommandoqualifizierer "/RESET" dient zum Anhalten aller Einträge in der Batch- oder Printqueue *"queuename"*. Es werden sowohl die wartenden als auch die aktiven Jobs gestoppt.

Beispiele :

B1

```
$ STOP /QUEUE SYS$BATCH
```

Die Batchqueue "SYS$BATCH" wird mit allen gerade aktiven Batchjobs in ihrem derzeitigen Zustand angehalten. Es werden keine neuen Batchjobs in dieser Queue angefangen.

B2

```
$ STOP  /QUEUE  /NEXT SYS$PRINT
$ STOP  /QUEUE  SYS$PRINT
$ DELETE  /QUEUE   SYS$PRINT
```

Mit dem ersten Befehl dieser Anweisungssequenz wird die Printqueue "SYS$PRINT" zuerst für alle noch wartenden (pending) Jobs gestoppt, danach mit dem zweiten Befehl für die aktiven Jobs gestoppt und zum Schluß mit dem dritten Befehl inklusive aller Einträge in diese Queue gelöscht.

B3

```
$ STOP  /QUEUE  /ABORT SYS$PRINT
```

Der gerade aktive Druckjob in der Printqueue "SYS$PRINT" wird abgebrochen, der nächste Druckauftrag in dieser Queue startet.

B4

```
$ STOP  /QUEUE  /ENTRY=2103  SYS$BATCH
```

Der gerade aktive Batchjob mit der Jobnummer "2103" in der Batchqueue "SYS$BATCH" wird gestoppt und abgebrochen. Der nächste, in dieser Queue wartende Batchjob wird angefangen.

<table><tr><td>B5</td><td>$ STOP /QUEUE /RESET SYS$BATCH</td></tr></table>

Die Batchqueue "SYS$BATCH" sowie alle gerade aktiven Batchjobs in dieser Queue werden sofort gestoppt.

7.2.10 STOP /QUEUE /MANAGER /CLUSTER

Das Kommando "**STOP /QUEUE /MANAGER /CLUSTER**" dient zum Beenden des Jobqueuemanagers des OpenVMS, der die Batch- und Printqueues verwaltet. Alle laufenden Jobs werden abgebrochen, alle wiederstartbaren Jobs werden in der Verwaltungsdatei gespeichert. Alle Aufträge an den Jobqueuemanager werden abgewiesen. Für das Beenden des Jobqueuemanagers sind die Systemprivilegien "OPER" und "SYSNAM" erforderlich.

Graph des Befehlsformats :

> STOP /QUEUE /MANAGER /CLUSTER

Beispiel :

<table><tr><td>B1</td><td>$ STOP /QUEUE /MANAGER /CLUSTER</td></tr></table>

Der Jobqueuemanager des OpenVMS wird beendet.

7.2.11 STOP /QUEUES

Das Kommando "**STOP /QUEUES**" dient zum Beenden aller Batch- und Printqueues auf einem Rechner. Dieser Befehl ist besonders nützlich in einem Cluster, in dem einer der beteiligten Rechner heruntergefahren werden soll. Für das Beenden aller Queues auf einem Rechner sind die Systemprivilegien "OPER" und "SYSNAM" erforderlich.

Graph des Befehlsformats :

STOP /QUEUES /ON_NODE

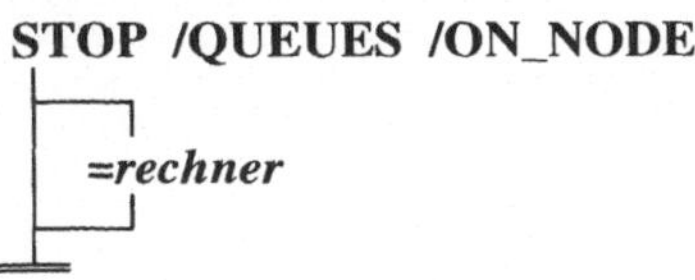

rechner   Das Argument *"rechner"* für den Kommandoqualifizierer "/ON_MODE" bewirkt den Abbruch aller Batch- und Printqueues auf dem angegebenen Rechner mit dem Namen *"rechner"*. Fehlt die Angabe des Rechnernamens, so bezieht sich das Kommando auf den Rechner, auf dem das Kommando abgeschickt worden ist.

Beispiel :

| B1 | $ STOP /QUEUES /ON_NODE=PARIS |

Alle Batch- und Printqueues auf dem Rechner mit dem Namen "PARIS" werden gestoppt.

8. Kommandoprozeduren unter OpenVMS

Dieses Kapitel zeigt Ihnen, wie Sie - mittlerweile zum OpenVMS-Experten gereift - durch Kommandofolgen in einer Datei eigene kleine Programme schreiben können. Diese Programme heißen Kommandoprozeduren und bestehen aus Befehlen, die DCL interpretieren und ausführen kann. Kommandoprozeduren in DCL unterscheiden sich von anderen Programmiersprachen dadurch, daß sie nicht extra übersetzt (compiliert) werden müssen, sondern sofort von DCL ausgeführt werden.

In diesem Kapitel lernen Sie diese kleine, aber feine Programmiersprache kennen und sicher auch schätzen. Es wird Ihnen bestimmt Freude machen, Ihre eigenen Programme - sprich Kommandoprozeduren - zu erstellen.

Die einzelnen Themen:

8.1   Der Aufruf von Kommandoprozeduren

8.2   Symbole und Substitutionen in Kommandoprozeduren

8.3   DCL-Kommandos für Kommandoprozeduren

8.4   Die 'Lexical Functions'

8.5   Beispiele für Kommandoprozeduren

8.1 Der Aufruf von Kommandoprozeduren

Wenn Sie nun in die hohen Weihen der OpenVMS-Welt einsteigen und Ihre eigenen Kommandoprozeduren programmieren wollen, liefert Ihnen dieses Kapitel das nötige Rüstzeug, um solch eine Kommandoprozedur überhaupt aufrufen zu können. Sie lernen, wo Sie Kommandoprozeduren einsetzen können und wie Sie sie von außen mit Parameterwerten versorgen.

Die einzelnen Themen:

8.1.1   Eigenschaften von Kommandoprozeduren

8.1.2   Der Aufruf einer Parameter-Kommandodatei

8.1.3   Der Aufruf einer Kommandoprozedur

8.1.4   Übergabe von Parametern an eine Kommandoprozedur

8.1.1 Eigenschaften von Kommandoprozeduren

Eine Kommandoprozedur ("command procedure") ist eine Folge von Anweisungen bestehend aus den bereits vorgestellten und einigen, im Laufe dieses Abschnitts noch behandelten DCL-Befehlen. Diese Anweisungen sind in einer Kommandodatei ("command file") untergebracht, die Sie mit einem Editor (vgl. Kapitel 5 ff.) erstellen. Bei der Ausführung dieser Kommandoprozedur liest DCL diese Anweisungen nacheinander ein, interpretiert sie und führt sie dann aus. Folgende Eigenschaften zeichnen Kommandoprozeduren aus :

- In einer ausführbaren Kommandoprozedur können Sie häufig benutzte Kommandofolgen unterbringen und mit einem Befehl aufrufen (vgl. Kapitel 8.1.3).

- Sie können einer ausführbaren Kommandoprozedur Parameter übergeben, die in der Prozedur weiter bearbeitet werden (vgl. Kapitel 8.1.4).

- Sie können Parameter und Kommandoqualifizierer für ein Kommando in einer Kommandodatei hinterlegen und diese beim Kommandoaufruf statt der Parameter und Qualifizierer angeben (vgl. Kapitel 8.1.2).

- Für die Benutzung des Batchqueue-Mechanismus des OpenVMS besteht die einzige Möglichkeit in der Übergabe und Ausführung einer Kommandoprozedur im Batch (vgl. Kapitel 4.3.17).

- Eine Kommandoprozedur bzw. eine Kommandodatei sollte immer die Extension ".COM" besitzen, die OpenVMS standardmäßig erwartet.

- Eine Kommandoprozedur bzw. eine Kommandodatei wird mit dem Zeichen "@" gefolgt von dem Dateibezeichner der Datei aufgerufen, in der die Prozedur gespeichert ist. Steht die Datei nicht auf der aktuellen Default-Directory, so ist auch der Zugriffspfad anzugeben.

- Ein Kommando in einer Kommandoprozedur muß immer mit einem "$" beginnen, damit DCL diese Zeile als ein Kommando interpretieren kann.

- Ein Kommando kann - wie auch die DCL-Befehle - über mehrere Folgezeilen gehen. In diesem Fall muß am Ende der noch fortzusetzenden Zeile das DCL-Fortsetzungszeichen "-" stehen ; in der Folgezeile steht in diesem Fall kein "$".

- Zeilen ohne "$" am Anfang mit der einzigen Ausnahme der eben genannten Fortsetzungszeile werden nicht als Kommandoprozedurbefehle interpretiert, sondern als Eingabezeilen für Programme mit Eingabeanforderungen.

8.1.2 Der Aufruf einer Parameter-Kommandodatei

Der Aufruf einer Parameter-Kommandodatei geschieht mit der Angabe des Zeichens "@" sofort gefolgt von dem Dateinamen der Datei, in der die Parameter und Kommandoqualifizierer gespeichert sind. Die Parameter-Kommandodatei steht nach dem Befehl, für den diese Parameter und Qualifizierer bestimmt sind.

Graph des Befehlsformats :

$$\textit{befehl \ @kommandodatei}$$

befehl   Der Befehl *"befehl"* steht für den DCL-Befehl, dessen Parameter und Kommandoqualifizierer (teilweise) in der Kommandodatei stehen.

kom-   Das Argument *"kommandodatei"* spezifiziert den Dateinamen der
mando- Datei, in der Parameter und Kommandoqualifizierer für den Befehl
datei   *"befehl"* enthalten sind. DCL erwartet als Extension dieser Datei ".COM". Ist dies nicht der Fall, ist auch die Extension anzugeben.

Beispiele :

```
B1    $ TYPE WAS.COM
      DUA1:[MEIER...]/SINCE=12-JAN-19xx/MODIFIED
      $ DIRECTORY @WAS
```

Zuerst wird mit "TYPE" die Parameter-Kommandodatei "WAS.COM" auf dem Terminal angezeigt, danach erfolgt der Aufruf von "DIRECTORY" mit der Kommandodatei "@WAS".

```
B2    $ TYPE LINK.COM
      /DEBUG/CROSS_REFERENCE/MAP=LINK.MAP
      $ LINK  BERECHNE @LINK
```

Nach der Anzeige der Kommandodatei "LINK.COM" mit "TYPE" wird "LINK BERECHNE" mit "@LINK" aufgerufen.

8.1.3 Der Aufruf einer Kommandoprozedur

Der Aufruf einer Kommandoprozedur geschieht mit "@" sofort gefolgt von dem Dateinamen der Datei, in der die auszuführende Kommandoprozedur gespeichert ist.

Graph der Befehlsformate :

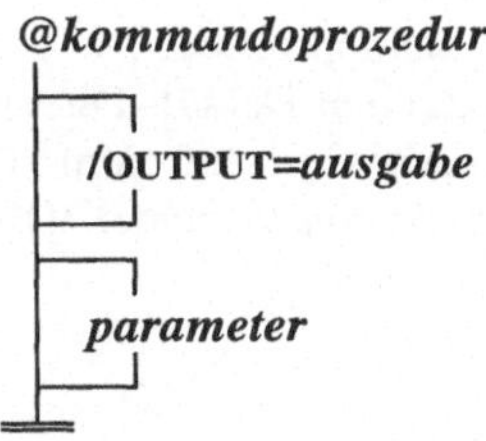

kom- **mando-** **prozedur**	Das Argument *"kommandoprozedur"* spezifiziert den Dateinamen (inklusive des Zugriffspfades bestehend aus Platte und Directory) der Datei, die die auszuführende Kommandoprozedur beinhaltet. DCL erwartet, daß die Extension dieser Datei ".COM" ist. Wenn dies nicht der Fall sein sollte, muß die Extension ebenfalls angegeben werden.
/OUTPUT= **ausgabe**	Der Kommandoqualifizierer *"/OUTPUT=ausgabe"* benennt den Namen der Ausgabedatei *"ausgabe"*, in die die Ausgabe der Kommandoprozedur *"kommandoprozedur"* statt auf dem Terminal erfolgen soll.
para- **meter**	Das Argument *"parameter"* steht als Platzhalter für ein bis maximal acht beliebige Übergabeparameter an die Kommandoprozedur *"kommandoprozedur"*. Wird mehr als ein Parameter angegeben, so sind die einzelnen Parameter durch jeweils ein Leerzeichen zu trennen.

Beispiele :

B1	`$ @PPS_START`

Es wird die Kommandoprozedur, die in der Kommandodatei "PPS_START.COM" auf der aktuellen Default-Directory gespeichert ist, ausgeführt.

B2	`$ @DUA1:[MEIER.PROG]BERECHNE  JAN  1999`

Die Kommandoprozedur, die sich auf "DUA1:[MEIER.PROG]" in der Kommandodatei "BERECHNE.COM" befindet, wird mit zwei Parametern "JAN" und "1999" aufgerufen und ausgeführt. Der Wert des ersten Parameters "JAN" landet in dem Prozedursymbol "P1", der des zweiten Parameters "1999" im Prozedursymbol "P2".

<table><tr><td>B3</td><td>$ @DRUCKE /OUTPUT=DRUCKEN.LOG</td></tr></table>

Die Kommandoprozedur aus der Kommandodatei "DRUCKE.COM" auf der aktuellen Default-Directory wird ausgeführt. Alle Ausgaben, die normalerweise auf dem Terminal angezeigt werden würden, werden in die Ausgabedatei "DRUCKEN.LOG" umgeleitet.

8.1.4 Übergabe von Parametern an eine Kommandoprozedur

Es wurde bereits erwähnt, daß beim Aufruf einer Kommandoprozedur Parameter übergeben werden können, mit denen dann die Prozedur arbeiten kann. Voraussetzung ist natürlich die entsprechende Programmierung der Kommandoprozedur, die mit den Parameterwerten auch etwas anfangen können muß. Folgende Bedingungen müssen Sie bei der Übergabe von Parametern an eine Kommandoprozedur beachten :

❑ Die Reihenfolge der Parameterwerte beim Aufruf ist entscheidend für die Programmvariablen : der erste Parameter nach dem Namen der Prozedur landet in dem Prozedursymbol "P1", der zweite in "P2" usw..

❑ Die einzige Ausnahme : steht nach dem Namen der Kommandoprozedur der Kommandoqualifizierer "/OUTPUT=...", dann wird die erste Angabe nach dem Qualifizierer als erster Parameter benutzt usw..

❑ Die einzelnen Parameter sind durch mindestens ein Leerzeichen voneinander zu trennen.

❑ Alle Parameter werden von der empfangenden Kommandoprozedur als Zeichenketten entgegengenommen.

❑ Ein Parameter, der aus mehreren Worten besteht und Leerzeichen enthält, muß von einem Paar Anführungszeichen ´"´ eingeschlossen werden.

❑ Ein von Anführungszeichen ´"´ eingeschlossener Parameter, der selber wiederum Anführungszeichen enthalten soll, kann darin ein solches Anführungszeichen mit zwei Zeichen ´""´spezifizieren.

- Ein Parameter, der keine Leerzeichen enthält und der auch nicht von Anführungszeichen ´"´ eingeschlossen ist, mittendrin jedoch eine von Anführungszeichen umrahmte Zeichenkette beinhaltet, wird wie folgt übergeben : Die Anführungszeichen bleiben erhalten, ebenso die Schreibweise (Klein- oder Großbuchstaben) innerhalb der Anführungszeichen, während außerhalb der Anführungszeichen die Umwandlung in Großschrift erfolgt.
- Ein leerer Parameter muß mit zwei Anführungszeichen ´""´spezifiziert werden.

- Es findet eine automatische Umwandlung in Großbuchstaben statt, sofern die Zeichenkette nicht in Anführungszeichen ´"´ eingeschlossen ist.

- Der erste Parameter (der in "P1" landen soll) kann nicht mit einem "/" beginnen, da dieser sonst als nicht erlaubter Kommandoqualifizierer erkannt werden würde. Abhilfe schafft auch hier das Einschließen dieser Parameterzeichenkette mit Anführungsszeichen ´"´.

Beispiele :

Parameterangabe beim Aufruf	Parameterwert in der Prozedur
@XYZ Was ist los	P1: WAS P2: IST P3: LOS
@XYZ "Was ist los"	P1: Was ist los
@XYZ Was"ist"los	P1: WAS"ist"LOS
@XYZ "Was ist ""los"" "	P1: Was ist "los"

8.2 Symbole und Substitutionen in Kommandoprozeduren

Sie haben bereits bei der Vorstellung der DCL-Konzepte und Eigenschaften von Symbolen erfahren. Hier in diesem Abschnitt sollen die Symbole in DCL noch einmal speziell unter dem Blickwinkel des Einsatzes in Kommandoprozeduren betrachtet werden. Sie lernen, was DCL mit einem Symbol anstellt und wie die Ersetzung (Substitution) eines Symbols durch seinen Wert vonstatten geht. Ein weiterer wichtiger Schritt vorwärts zur Programmierung eigener Kommandoprozeduren ...

Die einzelnen Themen:

8.2.1   Symbole in Kommandoprozeduren

8.2.2   Die automatische Symbolsubstitution

8.2.3   Die Operatoren für Symbolsubstitution

8.2.4   Die 3 Phasen der Symbolsubstitution

8.2.1 Symbole in Kommandoprozeduren

Symbole haben Sie bereits bei der Diskussion der DCL-Konzepte und Eigenschaften kennengelernt (vgl. Kapitel 4.3.4 ff.). Neben den dort behandelten Einsatzmöglichkeiten von Symbolen wurde der Aspekt der Programmvariablen in Kommandoprozeduren als Thema für diesen Abschnitt offen gelassen. Eine Programmvariable ist der Name eines Symbols, unter dem ein numerischer Wert oder eine Zeichenkette abgespeichert ist. Während der Abarbeitung eines Kommandos wird das dort angegebene Symbol durch seinen aktuellen Wert ersetzt. In diesem Kapitel lernen Sie die Regeln kennen, nach denen DCL diese Ersetzung (Substitution) durchführt.

8.2.2 Die automatische Symbolsubstitution

In bestimmten Situationen nimmt DCL an, daß eine Zeichenkette, die mit einem Buchstaben beginnt, ein Symbol ist und versucht eine automatische Ersetzung vorzunehmen.

- ❑ Wenn auf der rechten Seite einer Zuweisung eine Zeichenkette auftritt, ohne daß diese in Anführungszeichen ´"´ eingeschlossen ist, wird sie als Symbol aufgefaßt und der Wert des Symbols ersetzt.

- ❑ Wenn in einer 'Lexical Function' (vgl. Kapitel 8.4 ff.) ein Symbol angegeben ist, wird dieses innerhalb des Aufrufes ersetzt. Auch die 'Lexical Function' selber ist eine Zeichenkette ohne Anführungszeichen, die auf der rechten Seite einer Zuweisung steht und demzufolge nach ihrer Ausführung substituiert wird.

- ❑ Wenn in einer "IF"-Anweisung (vgl. Kapitel 8.3.5) die zu vergleichenden Werte keine Zahlen oder von Anführungszeichen eingeschlossene Zeichenketten sind, werden diese als Symbole aufgefaßt und durch ihre Werte ersetzt.

- ❑ Wenn am Beginn der Zeile das erste Wort nicht von einem Doppelpunkt ":" oder einem Gleichheitszeichen "=" gefolgt ist, wird dieses als Symbol (Abkürzung für ein Kurzkommando) aufgenommen und die Ersetzung vorgenommen.

Beispiele :

| B1 | $ SUMME = ZAHL + 2 |

In diesem Fall wird "ZAHL" als Symbol interpretiert und der aktuelle Wert von "ZAHL" ersetzt.

B2

```
$  WERT = "Was ist los ?"
$  LAENGE = F$LENGTH (WERT)
$  SHOW  SYMBOL  LAENGE
LAENGE=12    Hex=0000000C   Octal=000014
```

Hier wird nach der Zuweisung von "Was ist los ?" die Zeile mit der 'Lexical Function' zweimal interpretiert. Zuerst wird der aktuelle Wert von "WERT" substituiert und danach die 'Lexical Function' substituiert, d.h. die Funktion ausgeführt und das Ergebnis eingeblendet. "SHOW SYMBOL LAENGE" zeigt das Ergebnis.

B3

```
$ IF A .EQ. B THEN ...
```

In diesem Fall werden die Symbole "A" und "B" erkannt und jeweils der aktuelle Wert ersetzt.

B4

```
$  QS  = "SHOW  QUEUE "
$  QS  SYS$BATCH
```

In diesem Fall wird "QS" als Symbol für das Kurzkommando "SHOW QUEUE" definiert und beim Aufruf durch den Wert des Symbols ersetzt.

8.2.3 Die Operatoren für Symbolsubstitution

Überall dort, wo DCL nicht die im vorigen Abschnitt vorgestellte automatische Substitution vornimmt, kann diese mit Hilfe von Substitutionsoperatoren bewirkt werden (diese Substitution unterbleibt beispielsweise bei Parametern und Kommandoqualifizierern von DCL-Kommandos). DCL stellt für diese Ersetzung zwei verschiedene Substitutionsoperatoren zur Verfügung, die in unterschiedlichen Interpretationsphasen des Kommandos ihre Auswirkung besitzen.

❑ Das Apostrophzeichen '' schließt vorn und hinten den Namen des Symbols ein, das durch seinen aktuellen Wert ersetzt werden soll. Diese Ersetzung nimmt DCL bereits beim ersten Durcharbeiten der Zeile vor.

❑ Solch eine Symbolsubstitution in einer Zeichenkette, die von Anführungszeichen eingeschlossen ist, wird in diesem Fall mit zwei vorangestellten Apostrophzeichen '' und einem Apostrophzeichen hinter dem Symbolnamen erreicht.

❑ Das Ampersandzeichen "&" vor einem Symbolnamen bewirkt die Ersetzung des Symbols durch seinen Wert in der zweiten Interpretationsphase des DCL-Kommandos.

❑ Das Ampersandzeichen "&" wird nicht in einer Zeichenkette, die von Anführungszeichen eingeschlossen ist, als Symbolsubstitutionsoperator erkannt.

❑ Vor dem Ampersandzeichen muß immer mindestens ein Leerzeichen stehen.

Beispiele :

B1

```
$ DATEI = "DUA1:[MEIER.PROG]TEST.LIS"
$ TYPE  'DATEI'
```

"TYPE" erwartet einen Dateinamen. Durch die Apostrophzeichen ´´ wird die Zeichenkette "DATEI" als ein Symbol interpretiert und durch dessen Wert "DUA1:[MEIER.PROG]TEST.LIS" ersetzt.

B2

```
$ DIREC = "DUA1:[MEIER.PROG]"
$ DATEI = "TEST.LIS"
$ PRINT 'DIREC''DATEI'
```

"PRINT" erwartet ebenfalls einen Dateinamen. Durch die Apostrophzeichen werden die beiden Zeichenketten "DIREC" und "DATEI" jeweils als Symbole interpretiert und durch ihre aktuellen Werte ersetzt : "DUA1:[MEIER.PROG]TEST.LIS".

B3

```
$ TAG := MONTAG
$ WRITE SYS$OUTPUT "Heute ist ''TAG'"
Heute ist MONTAG
```

Innerhalb der von Anführungszeichen ´"´ eingerahmten Zeichenkette wird wegen der doppelten Apostrophzeichen ´ ´ "TAG" als ein Symbol behandelt und durch den aktuellen Wert "MONTAG" ersetzt.

B4

```
$ WERT_1 = "HALLO.LIS"
$ WERT_2 = "HAHA.LIS"
$ INDEX = 1
$ TYPE &WERT_'INDEX'
```

Dieses Beispiel zeigt die Verwendung der Substitutionsoperatoren in den verschiedenen DCL-Kommandophasen. Zuerst werden die zwei Symbole "WERT_1" und "WERT_2" gesetzt, danach das Symbol "INDEX" auf "1". "TYPE" erwartet einen Dateinamen ; in der ersten Kommandophase wird die Symbolsubstitution des mit Apostroph ´´ gekennzeichneten Symbols "INDEX" vorgenommen : aus "&WERT_'INDEX'" wird dadurch "&WERT_1". Im zweiten Schritt werden die mit dem Ampersandzeichen "&" versehenen Symbole substituiert : "WERT_1" verweist auf "HALLO.LIS", was dann dem "TYPE"-Kommando als Dateiname mitgegeben wird.

8.2.4 Die 3 Phasen der Symbolsubstitution

Die Arbeitsweise von DCL bei der Kommandobearbeitung besteht aus drei Phasen ; diese drei Phasen werden sowohl interaktiv als auch in Kommandoprozeduren durchlaufen.

Phase 1 liest die aktuelle Zeile ein und ersetzt dabei von links nach rechts Symbole mit dem Substitutionsoperator ´´. Symbole mit einem Substitutionsoperator ´´ werden in einer Schleife bis zu ihrer endgültigen Auflösung ersetzt, Symbole mit zwei Substitutionsoperatoren ´´ ´´ nur einfach.

Phase 2 untersucht nun die aktuelle Zeile. Ist das erste Wort ein Symbol, erfolgt die automatische Ersetzung (als Auflösung einer Abkürzung für ein DCL-Kommando) durch den Wert des Symbols. Anschließend werden von links nach rechts Symbole mit dem Substitutionsoperator "&" ersetzt.

Phase 3 bestimmt die Werte von Symbolen, die einem "IF" (vgl. Kapitel 8.3.5) oder "WRITE" (vgl. Kapitel 4.4.75) folgen sowie Symbole in Aufrufen von 'Lexical Functions' (vgl. Kapitel 8.4 ff.).

Zeilen, die nicht mit einem "$" beginnen und auch nicht als Fortsetzungszeilen interpretiert werden, werden als Eingabedaten für Programme behandelt und nie von DCL interpretiert. Symbol werden in Eingabezeilen nicht substituiert, selbst wenn dort Symbolnamen angegeben werden.

8.3 DCL-Kommandos für Kommandoprozeduren

Dieser Abschnitt steht ebenfalls unter dem Thema 'Kommandoprozeduren'. Nachdem Sie im vorigen Abschnitt alles Wissenswerte über Symbole, Typen und Zuweisungen erfahren haben, sollen Sie nun einige DCL-Kommandos kennenlernen, die OpenVMS Ihnen exklusiv für den Einsatz in Kommandoprozeduren anbietet. Diese speziellen DCL-Kommandos erweitern DCL zu einer 'kleinen aber feinen' Programmiersprache, die doch etliche Möglichkeiten bereitstellt. Auch diese hier vorgestellten Befehle finden Sie in den Übersichtstabellen wieder.

Und nun, gesellen Sie sich doch dem Freundeskreis der DCL-Kommandoprozeduren dazu : es lohnt sich !

Die einzelnen Themen :

8.3.1 DCL-Kommandos in Kommandoprozeduren

Kommandoprozeduren sind ein sehr erprobtes Hilfsmittel zur Erleichterung der täglichen Arbeit. In solch einer Prozedur können Sie immer wiederkehrende Abläufe ablegen, die dann mit nur einem Befehl aufgerufen und ausgeführt werden. In Kommandoprozeduren können Sie (fast) alle DCL-Kommandos unterbringen - bis auf die wenigen DCL-Kommandos, die nur interaktiv Sinn machen. Als tröstenden Bonbon gibt es aber einige DCL-Kommandos, die Sie nur aus der Umgebung einer Kommandoprozedur heraus benutzen können. Diese Befehle sollen in diesem Kapitel näher betrachtet werden.

8.3.2 EXIT

Das Kommando "EXIT" beendet die Ausführung der aktuellen Kommandoprozedur. Wurde diese Kommandoprozedur aus einer anderen Kommandoprozedur heraus aufgerufen, so wird dort nun die Anweisung direkt nach der Aufrufanweisung ausgeführt. Wurde diese Kommandoprozedur von der DCL-Ebene aus aufgerufen, geht die Kontrolle an DCL zurück.

Graph des Befehlsformats :

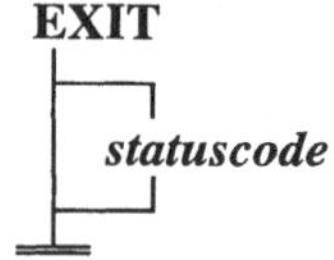

status- ***code***	Das Argument *"statuscode"* steht für den Status, der an die aufrufende Ebene (interaktive DCL-Ebene oder eine Kommandoprozedur) in der DCL-Variablen "$STATUS" zurückgereicht werden soll. Dieses Argument kann weggelassen werden ; in diesem Fall beendet sich die Kommandoprozedur ohne die Versorgung von "$STATUS" mit einem speziellen Status.

Beispiele :

B1	`$ EXIT`
	`$ SHOW SYMBOL $STATUS`
	`$STATUS = "%X10000001"`

Die aktuelle Kommandoprozedur wird beendet. Die Kontrolle geht über an die aufrufende Ebene (DCL oder aufrufende Kommandoprozedur).

<table>
<tr><td>B2</td><td>

```
$ EXIT  4
%NONAME-F-NOMSG, Message number 00000004
$ SHOW SYMBOL $STATUS
$STATUS = "%X00000004"
```

</td></tr>
</table>

Die aktuelle Kommandoprozedur wird beendet. Die Kontrolle geht über an die aufrufende Ebene (DCL oder Kommandoprozedur). Der Status "4" wird in der DCL-Variablen "$STATUS" an die aufrufende Ebene zurückgegeben.

<table>
<tr><td>B3</td><td>

```
$ ERGEBNIS = 3
$ EXIT  ERGEBNIS
$ SHOW SYMBOL $STATUS
$STATUS = "%X00000003"
```

</td></tr>
</table>

Die aktuelle Kommandoprozedur wird beendet. Die Kontrolle geht über an die aufrufende Ebene (DCL oder Kommandoprozedur). Der Status im Symbol "ERGEBNIS" wird in der DCL-Variablen "$STATUS" an die aufrufende Ebene zurückgegeben.

8.3.3 GOSUB

Das Kommando "GOSUB" verzweigt innerhalb einer Kommandoprozedur zu einer ebenfalls dort gespeicherten Kommandoprozedur-Subroutine. Der Vorteil einer solchen Subroutine ist die Möglichkeit zum Aufruf an verschiedenen Stellen innerhalb der Kommandoprozedur. Diese Kommandoprozedur-Subroutine muß ein eindeutiges Label als Einsprungpunkt besitzen; dieses Label muß an ihrem Anfang stehen. Die Subroutine wird beendet mit "RETURN" (vgl. Kapitel 8.3.8).

Graph des Befehlsformats :

GOSUB *subroutine*

sub-
routine   Das Argument *"subroutine"* steht für den Namen der Kommandoprozedur-Subroutine, die an dieser Stelle aufgerufen werden soll. Der Name *"subroutine"* ist gleichzeitig das Label, das am Anfang dieser Subroutine steht. Nach der Ausführung der Subroutine bis zum "RETURN" wird der direkt nach "GOSUB" stehende DCL-Befehl ausgeführt.

Beispiel :

| B1 |
```
$ A = 32
$ B = 3
$ GOSUB ADDIERE
$ WRITE SYS$OUTPUT C
...
$ ADDIERE:
$ C = A + B
$ RETURN
```

Nach der Versorgung der beiden Symbole "A" und "B" wird die Subroutine "ADDIERE" aufgerufen und ausgeführt -die beiden Werte werden addiert- bis zum "RETURN". Hierdurch geht die Kontrolle zurück auf das Kommando "WRITE SYS$OUTPUT C" direkt nach dem Aufruf von "GOSUB ADDIERE".

8.3.4 GOTO

Das Kommando "**GOTO**" verzweigt zu einem Label innerhalb der aktuellen Kommandoprozedur.

Graph des Befehlsformats :

GOTO *label*

label   Das Argument *"label"* steht für den Namen des Labels, zu dem mit dieser Anweisung gesprungen werden soll. Der Name des Labels *"label"* muß in der aktuellen Kommandoprozedur eindeutig sein.

Beispiel :

| B1 |
```
$ GOTO  ENDE
...
$ ENDE:
$ WRITE  SYS$OUTPUT  "fertig"
```

Die Kommandoprozedur verzweigt zu dem Label "ENDE". Es wird nun das Kommando "WRITE SYS$OUTPUT "fertig" " ausgeführt, das nach dem Label "ENDE" steht.

8.3.5 IF

Das Kommando "**IF**" dient zur logischen Steuerung des Ablaufes innerhalb von Kommandoprozeduren und ist eines der wichtigen Sprachkonstrukte in Kommandoprozeduren. Mit diesem Konstrukt kann eine einfache oder zusammengesetzte Bedingung auf ihr logisches Ergebnis untersucht werden. In Abhängigkeit von dem Vergleichsergebnis werden daraufhin Befehle ausgeführt oder ausgelassen.

Dieses Befehlsformat kann sich über mehrere Zeilen erstrecken, wobei der Beginn eines neuen Kommandos jeweils durch "$" gekennzeichnet werden muß.

Graph des Befehlsformats :

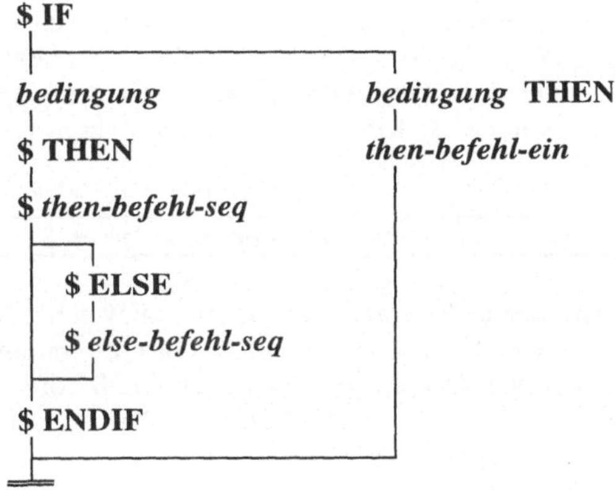

be- ***dingung***	Das Argument *"bedingung"* ist ein logischer Ausdruck, der aufgelöst entweder den Wert "TRUE" (=wahr) oder "FALSE" (=falsch) besitzt. Mögliche Bedingungen werden weiter unten diskutiert.
else- ***befehl-*** ***seq***	Das Argument *"else-befehl-seq"* steht für die Reihe von Kommandos, die genau dann ausgeführt werden sollen, wenn die *"bedingung"* den Wert "FALSE" (=falsch) besitzt.
then- ***befehl-*** ***ein***	Das Argument *"then-befehl-ein"* steht für genau ein Kommando, das dann ausgeführt werden soll, wenn die *"bedingung"* den Wert "TRUE" (=wahr) besitzt.
then- ***befehl-*** ***seq***	Das Argument *"then-befehl-seq"* steht für die Reihe von Kommandos, die genau dann ausgeführt werden sollen, wenn die *"bedingung"* den Wert "TRUE" (=wahr) besitzt.

Bedingungen :

Eine Bedingung ist ein logischer Ausdruck, der nach seiner **Evaluation** (Auflösung) einen der folgenden Werte annehmen kann :

FALSE	falsch	repräsentiert durch eine gerade Zahl.
TRUE	wahr	repräsentiert durch eine ungerade Zahl.

Solch ein logischer Ausdruck kann entweder ein elementarer numerischer Vergleich, ein elementarer Vergleich von Zeichenketten oder eine aus mehreren elementaren Bedingungen zusammengesetzte Kombination sein.

Elementare Bedingung "numerischer Vergleich" :

Es gibt insgesamt sechs elementare Bedingungen zum Vergleich von zwei numerischen Werten, wobei jeder dieser beiden Werte entweder über ein Symbol mit einer numerischen Variable oder über eine numerische Konstante angegeben werden darf. Folgende Vergleichsoperatoren stehen für elementare numerische Vergleiche zur Verfügung :

> *wert_1   .operator.   wert_2*

operator Das Argument *"operator"* bestimmt, in welcher Weise die beiden numerischen Werte *"wert_1"* und *"wert_2"* miteinander verglichen werden sollen. Der Vergleichsoperator muß vorn und hinten von je einem Punkt "." eingerahmt werden. Insgesamt stehen 6 Vergleichsoperatoren zur Verfügung :

	heißt	Die Bedingung ist "TRUE" (=wahr), wenn ...
.EQ.	EQUAL	... "wert_1" und "wert_2" gleich sind.
.GE.	GREATER EQUAL	... "wert_1" und "wert_2" gleich sind oder "wert_1" größer als "wert_2" ist.
.GT.	GREATER THAN	... "wert_1" größer als "wert_2" ist.
.LE.	LESS EQUAL	... "wert_1" und "wert_2" gleich sind oder "wert_1" kleiner als "wert_2" ist.
.LE.	LESS THAN	... "wert_1" kleiner als "wert_2" ist.
.NE.	NOT EQUAL	... "wert_1" und "wert_2" nicht gleich sind.

wert_1 Das Argument *"wert_1"* steht für den ersten der beiden zu vergleichenden numerischen Werte (als Symbol oder Konstante).

wert_2 Das Argument "wert_2" steht für den zweiten zu vergleichenden numerischen Wert (Symbol oder Konstante).

Elementare Bedingung "Vergleich von Zeichenketten" :

Es gibt insgesamt sechs 'elementare Bedingungen' zum Vergleich von zwei Zeichenketten, wobei jede dieser Zeichenketten entweder über ein Symbol oder über eine Textkonstante angegeben werden darf. Der Vergleich wird Zeichen für Zeichen durchgeführt. Das erste unterschiedliche Zeichen (in der Sortierreihenfolge des ASCII-Codes) bewirkt dann die entsprechende Aktion und den Abbruch der Evaluation des Vergleichs. Kürzere Zeichenketten werden mit einer binären Null auf die Länge der längeren Zeichenkette aufgefüllt. Binär Null ist der kleinste mögliche ASCII-Code und von daher kleiner als jedes andere Zeichen. Folgende Vergleichsoperatoren stehen für elementare Textvergleiche zur Verfügung :

$$\boxed{\textit{text\_1} \quad \textit{.operator.} \quad \textit{text\_2}}$$

operator Das Argument *"operator"* bestimmt, in welcher Weise die beiden Zeichenketten *"text_1"* und *"text_2"* miteinander verglichen werden sollen. Der Vergleichsoperator muß vorn und hinten von je einem Punkt "." eingerahmt werden. Insgesamt stehen 6 Vergleichsoperatoren zur Verfügung :

	heißt	Die Bedingung ist "TRUE" (=wahr), wenn ...
.EQS.	EQUAL STRING	... "text_1" und "text_2" gleich sind.
.GES.	GREATER EQUAL STRING	... "text_1" und "text_2" gleich sind oder "text_1" größer als "text_2" ist.
.GTS.	GREATER THAN STRING	... "text_1" größer als "text_2" ist.
.LES.	LESS EQUAL STRING	... "text_1" und "text_2" gleich sind oder "text_1" kleiner als "text_2" ist.
.LTS.	LESS THAN STRING	... "text_1" kleiner als "text_2" ist.
.NES.	NOT EQUAL STRING	... "text_1" und "text_2" nicht gleich sind.

text_1 Das Argument *"text_1"* steht für die erste der beiden zu vergleichenden Zeichenketten (als Symbol oder Konstante).

text_2 Das Argument "text_2" steht für die zweite zu vergleichende Zeichenkette (Symbol oder Konstante).

Komplexe Bedingung :

Elementare Bedingungen lassen sich zu einer komplexen Bedingung zusammensetzen. Solch eine komplexe Bedingung kann nun ihrerseits wieder verknüpft werden mit einer

502

weiteren elementaren oder komplexen Bedingung, so daß auf diese Weise komplizierte logische Ausdrücke aufgebaut werden können. Es gibt folgende Verknüpfungsoperatoren für komplexe Bedingungen :

bed_1   *.operator.*   *bed_2*

bed_1   Das Argument *"bed_1"* steht für die erste zu verknüpfende Bedingung (elementare oder komplexe Bedingung).

bed_2   Das Argument *"bed_2"* steht für die zweite zu verknüpfende Bedingung (elementare oder komplexe Bedingung).

operator   Das Argument "operator" bestimmt, in welcher Weise die beiden Bedingungen "bed_1" und "bed_2" miteinander verknüpft werden sollen. Der Verknüpfungsoperator muß vorn und hinten von je einem Punkt "." eingerahmt werden. Es gibt :

	Die komplexe Bedingung ist "TRUE" (=wahr), wenn ...
.AND.	... die beiden Bedingungen *"bed_1"* und *"bed_2"* gleichzeitig jeweils "TRUE" (=wahr) sind.
.OR.	... nur eine der beiden Bedingungen *"bed_1"* und *"bed_2"* "TRUE" (=wahr) ist.

Außerdem läßt sich eine logische Bedingung (elementar oder komplex) negieren :

.NOT. *bed*

bed   Das Argument *"bed"* steht für die zu negierende elementare oder komplexe Bedingung.

Regeln für die Benutzung "komplexer Bedingungen" :

Für die Komposition von solch zusammengesetzten Bedingungen sollten Sie die Einhaltung folgender Regeln beachten :

- ❏ Jede elementare Bedingung wird von einem Paar Klammern "(" und ")" eingeschlossen.

- ❏ Zusammengehörige komplexe Bedingungen werden ebenfalls von einem Paar Klammern "(" und ")" eingeschlossen.

- ❏ Geklammerte Bedingungen werden von "innen nach außen" aufgelöst. Klammerausdrücke in Klammerausdrücken werden zuerst nach "TRUE" (=wahr) oder "FALSE" (=falsch) vor der weiteren Verknüpfung aufgelöst.

Beispiele :

B1

```
$ LAND = "D"
$ IF  LAND .EQS. "D"  THEN  WAEHRUNG  =  "DM"
```

Die erste Anweisung setzt das lokale Symbol "LAND" auf den Wert
"D". Die Abfrage "IF..." vergleicht den Wert des Symbols "LAND"
mit dem Konstantenwert "D" auf Gleichheit. Ergibt dieser logische
Ausdruck das Ergebnis "TRUE", dann wird das lokale Symbol
"WAEHRUNG" auf "DM" gesetzt.

B2

```
$ ZAEHLER  = 12
$ IF  ZAEHLER .GE. 10  THEN -
     WRITE  SYS$OUTPUT  "Zähler ist größer-gleich 10"
```

Die erste Anweisung setzt das numerische Symbol "ZAEHLER" auf
den Wert "12". Die Abfrage "IF..." vergleicht, ob der Wert des
Symbols "ZAEHLER" größer oder gleich (".GE.") der Konstanten
"10" ist. Ergibt dieser logische Ausdruck "TRUE", dann wird das
Kommando "WRITE SYS$OUTPUT "Zähler ist ..." " ausgeführt.

B3

```
$ ZAEHLER  = 12
$ IF  ZAEHLER .GE. 10
$ THEN
$    ZAEHLER = 0
$    WRITE  SYS$OUTPUT  "Zähler war größer-gleich 10"
$ ENDIF
```

Das Beispiel B2 mit einer Erweiterung realisiert : Wenn der logische
Ausdruck "TRUE" (=wahr) ergibt, dann wird die Anweisungsfolge
bestehend aus den Kommandos "ZAEHLER=0" und "WRITE
SYS$OUTPUT "Zähler war ..." " ausgeführt.

B4

```
$ ZAEHLER  = 12
$ IF  ZAEHLER .GE. 10
$ THEN
$    ZAEHLER = 0
$    WRITE  SYS$OUTPUT  "Zähler war größer-gleich 10"
$ ELSE
$    SHOW  SYMBOL  ZAEHLER
$ ENDIF
```

Das Beispiel B2/B3 nochmals mit einer Erweiterung realisiert : Wenn der logische Ausdruck "TRUE" (=wahr) ergibt, dann wird die Anweisungsfolge "ZAEHLER=0" und "WRITE SYS$OUTPUT "Zähler war ..." " ausgeführt. Anderenfalls wird das Kommando "SHOW SYMBOL ZAEHLER" ausgeführt.

B5

```
$ STUNDE = 14
$ IF  (STUNDE .GE. 0) .AND. (STUNDE .LE. 11)
$ THEN
$    US_ZEIT = "AM"
$ ELSE
$    US_ZEIT = "PM"
$ ENDIF
```

In der ersten Anweisung wird das lokale Symbol "STUNDE" mit dem numerischen Wert "14" versorgt. Die komplexe Bedingung "IF..." vergleicht den Wert von "STUNDE" mit den numerischen Konstanten "0" und "11" und überprüft, ob der Wert von "STUNDE" in diesem Intervall liegt. In diesem Fall wird das lokale Symbol "US_ZEIT" auf "AM" gesetzt, anderenfalls auf "PM".

B6

```
$ IF     (((MONAT .EQS. "APR") -
     .OR. (MONAT .EQS. "JUN")) -
     .OR. (MONAT .EQS. "SEP")) -
     .OR. (MONAT .EQS. "NOV") -
$ THEN
$        TAGE = 30
$ ELSE
$        IF MONAT .EQS. "FEB"
$      THEN
$             TAGE = 28
$      ELSE
$             TAGE = 31
$      ENDIF
$ ENDIF
```

Dieses Beispiel zeigt Ihnen die Verwendung einer komplexen "IF"-Bedingung und die Verschachtelung von zwei "IF"-Bedingungen ineinander. In der komplexen "IF"-Bedingung wird das Symbol "MONAT" mit den Zeichenkette "APR", "JUN", "SEP" und "NOV" verglichen. Ist eine der mit ".OR." verknüpften Bedingungen "TRUE", dann wird das lokale Symbol "TAGE" auf "30" gesetzt. Anderenfalls wird der "ELSE"-Zweig durchgeführt. Hier steht als erster Befehl wiederum eine "IF"-Bedingung, die "MONAT" mit der Zeichenkette "FEB" vergleicht. Wenn dann dieser logische Ausdruck das Ergebnis "TRUE" (=wahr) ergibt, dann wird das lokale Symbol "TAGE" auf "28" gesetzt. Anderenfalls wird auch hier der "ELSE"-Zweig durchgeführt, in dem "TAGE" auf "31" gesetzt wird. Ein kleines Beispiel für eine Kalenderfunktion in DCL...

8.3.6 INQUIRE

Das Kommando "**INQUIRE**" dient zur Anforderung einer Benutzereingabe vom Terminal. Die Eingabe wird unter dem angegebenen Symbol in der ausgewählten Symboltabelle abgespeichert.

Graph des Befehlsformats :

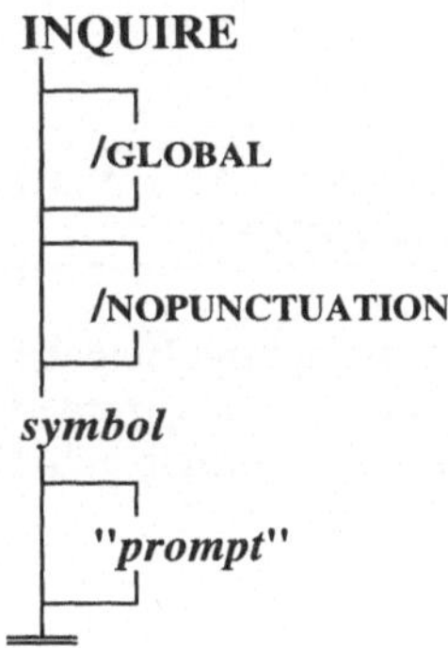

/GLOBAL   Der Kommandoqualifizierer "/GLOBAL" dient zur Angabe der Symboltabelle, in der das Symbol *"symbol"* gespeichert werden soll. Bei Spezifikation von "/GLOBAL" wird die Eingabe unter dem Symbol *"symbol"* in die globale Symboltabelle eingetragen. Bei Weglassen von "/GLOBAL" erfolgt der Eintrag in die lokale Symboltabelle.

/NO-   Der Kommandoqualifizierer "/NOPUNCTUATION" ist nur sinnvoll
PUNC-   bei gleichzeitiger Spezifikation einer Zeichenkette als *"prompt"*. Bei
TUA-TION   "/NOPUNCTUATION" wird nach dem *"prompt"* kein Doppelpunkt ":" ausgegeben ; Weglassen von "/NOPUNCTUATION" hängt einen Doppelpunkt ":" an den *"prompt"* an.

prompt   Das Argument *"prompt"* steht für die Zeichenkette, die bei der Anforderung der Eingabe als Prompt ausgegeben werden soll. *"prompt"* kann eine beliebige Zeichenkette sein ; diese muß unbedingt in ´"´ eingeschlossen werden.

symbol   Das Argument *"symbol"* steht für den Namen des Symbols, unter dem die angeforderte Eingabe in eine der beiden Symboltabellen abgespeichert werden soll.

Beispiele :

B1

```
$ INQUIRE  ANTWORT
ANTWORT  :  Hallo
```

Es wird auf dem Terminal eine Eingabe nach der erfolgten Ausgabe des Prompts "ANTWORT:" angefordert. Die Eingabe "Hallo" wird unter dem Symbol "ANTWORT" in die lokale Symboltabelle eingetragen.

B2

```
$ INQUIRE  /GLOBAL  ANTWORT
ANTWORT  :  WUNDERBAR
```

Es wird auf dem Terminal eine Eingabe nach der erfolgten Ausgabe des Prompts "ANTWORT :" angefordert. Diese Eingabe wird wegen "/GLOBAL" unter dem Symbol "ANTWORT" in die globale Symboltabelle eingetragen.

B3

```
$ INQUIRE  DATEI   "Bitte Dateinamen eingeben"
Bitte Dateinamen eingeben :  ZEBRA.VERSAND
```

Es wird auf dem Terminal eine Eingabe nach der erfolgten Ausgabe des Prompts "Bitte Datei-Namen eingeben :" angefordert. Diese Eingabe wird unter dem Symbol "DATEI" in die lokale Symboltabelle eingetragen.

B4

```
$ INQUIRE /NOPUNCTUATION NAME "Eingabe> "
Eingabe> VDI Verlag
```

Es wird auf dem Terminal eine Eingabe nach der erfolgten Ausgabe des Prompts "Eingabe> " angefordert. Am Ende des Prompts wird wegen "/NOPUNCTUATION" kein ":" angehängt. Die Eingabe landet unter dem Symbol "NAME" in der lokalen Symboltabelle.

8.3.7 ON

Das Kommando "**ON**" dient zur Festlegung einer Ausnahmebehandlung, die abweichend von der OpenVMS-Standardbehandlung solch einer Situation bei der Ausführung einer Kommandoprozedur in einem Fehlerfall oder bei der Eingabe von <CTRL/Y> benutzt werden soll. Damit diese Fehler- bzw. Abbruchüberwachung aktiviert wird, ist das Absetzen eines "SET ON" (vgl. Kapitel 8.3.9) erforderlich. Die angegebene Ausnahmeüberwachung gilt von dem Zeitpunkt der Ausführung dieses Befehls bis zu der nächsten gleichartigen "ON"-Angabe oder bis zum Ende der Kommandoprozedur. Ist eine solche Ausnahmeüberwachung aktiviert und tritt bei einem der folgenden Befehle ein Fehler auf, so wird das bei "ON" angegebene Kommando als Ausnahmebehandlung ausgeführt.

Graph des Befehlsformats :

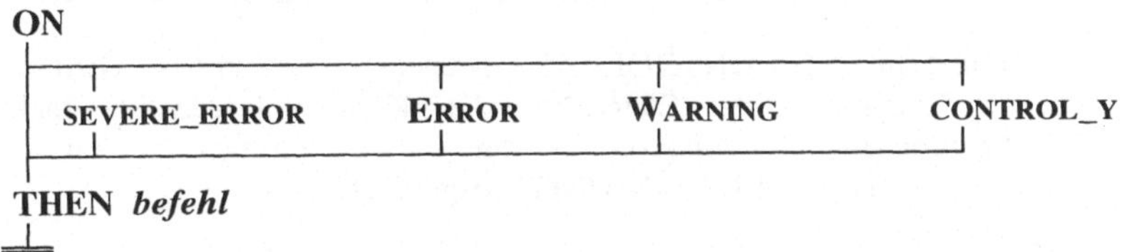

befehl Das Argument *"befehl"* spezifiziert den Befehl, der bei Auftreten der überwachten Ausnahme- oder Fehlersituation ausgeführt werden soll.

CON-TROL_Y Das Argument "CONTROL_Y" verursacht die Überwachung der Tastenkombination <CTRL/Y> für Programmabbrüche.

ERROR Das Argument "ERROR" bewirkt die Überwachung der Klasse der (mittelschweren) Fehler ("$SEVERITY=2").

SEVERE_ERROR Das Argument "SEVERE_ERROR" bewirkt die Überwachung der Klasse der schweren Fehler ("$SEVERITY=4").

WAR-NING Das Argument "WARNING" bewirkt die Überwachung der Klasse der Warnungen ("$SEVERITY=0").

Beispiele :

| B1 | `$ ON   SEVERE_ERROR   THEN   GOTO   FATAL` |

Es wird die Klasse der fatalen Fehler überwacht und die Ausnahmebehandlung "GOTO FATAL" für den Fehlerfall etabliert.

| B2 | `$ ON   ERROR   THEN   DELETE *.TMP;*` |

Es wird die Klasse der Fehler überwacht und für den Fehlerfall die Ausnahmebehandlung "DELETE *.TMP;*" etabliert.

| B3 | `$ ON   WARNING   THEN   CONTINUE` |

Es wird die Klasse der Warnungen überwacht und die Ausnahmebehandlung "CONTINUE" (also weitermachen) für den Warnungsfall etabliert.

| B4 | `$ ON   CONTROL_Y   THEN -`
`_$      GOTO   CONTROL_Y_BEHANDLUNG` |

Sobald die "ON CONTROL_Y"-Anweisung ausgeführt ist, wird bei der Eingabe von <CTRL/Y> die Kommandoprozedur nicht abgebrochen, sondern die Anweisung "GOTO CONTROL_Y_BEHANDLUNG" ausgeführt.

8.3.8 RETURN

Das Kommando "**RETURN**" beendet die Ausführung einer per "GOSUB" (vgl. Kapitel 8.3.3) aufgerufenen Kommandoprozedur-Subroutine innerhalb einer Kommandoprozedur. Die Kontrolle geht zurück auf den direkt nach dem "GOSUB" stehenden Befehl.

Graph des Befehlsformats :

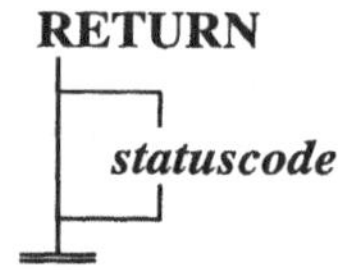

**status-
code**
Das Argument *"statuscode"* steht für den Status, der an die aufrufende Kommandoprozedur in der DCL-Variablen "$STATUS" zurückgereicht werden soll. Dieses Argument kann weggelassen werden ; in diesem Fall beendet sich die Kommandoprozedur-Subroutine ohne die Versorgung von "$STATUS" mit einem speziellen Status.

Beispiele :

B1

$ FORMEL:
$ ERG = A * (B + 1) / 12 + C * (B + 1) / 144
$ RETURN

Hier ist eine Kommandoprozedur-Subroutine namens "FORMEL" angegeben, die aus der Kommandoprozedur mit "GOSUB FORMEL" aufgerufen wird. Das Ende dieser Subroutine mit dem Rücksprung zum Kommando direkt nach "GOSUB" erledigt "RETURN" ohne Versorgung von "$STATUS".

B2

$ FORMEL:
$ ERG = A * (B + 1) / 12 + C * (B + 1) / 144
$ RETURN 1

Das gleiche Beispiel wie in B1 : hier wird jedoch "$STATUS" am Ende auf den Wert "1" (=alles O.K.) gesetzt.

8.3.9 SET ON

Das Kommando "**SET ON**" dient zum generellen Ein- und Ausschalten der Fehler- und Abbruchüberwachung bei der Ausführung der Kommandoprozedur. Was überwacht und in solch einer Situation getan werden soll, spezifiziert "ON" (vgl. Kapitel 8.3.7).

Graph des Befehlsformats :

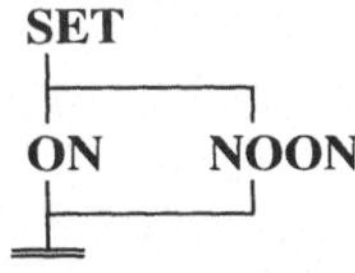

NOON   Das Kommando "SET NOON" schaltet die Überwachung aus.

ON   Das Kommando "SET ON" aktiviert die Überwachung.

8.3.10 WAIT

Das Kommando "**WAIT**" dient zum Anhalten des aktuellen Prozesses für die angegebene Wartezeit. Dieses Kommando dient in der Regel als Sicherheitsmaßnahme zum Warten auf hochfahrende Geräte oder zu erzeugende Subprozesse, um die Ausführung der Kommandoprozedur besser mit länger dauernden Reaktionszeiten zu synchronieren und daraus folgende Fehlern vermeiden zu helfen.

Graph des Befehlsformats :

WAIT *zeit*

zeit   Das Argument *"zeit"* spezifiziert die Wartezeit im Format "hh:mm:ss.tt". Die Trennzeichen ":" und "." müssen angegeben werden. Jede Wartezeit beginnt mit der Angabe der Stunden "hh", Minuten "mm", Sekunden "ss" und Hundertstelsekunden "tt" können weggelassen werden ; es gilt dann "0" als Default-Wert.

Beispiel :

B1	$ **WAIT 00:00:10**

Der eigene Prozeß wartet "10" Sekunden.

8.4 Die 'Lexical Functions'

In diesem Abschnitt werden Sie die Bekanntschaft mit einer Menge nützlicher Funktionen für den Einsatz in Kommandoprozeduren machen, den "Lexical Functions". Diese Funktionen versetzen Sie in die Lage, Ihre Kommandoprozeduren nach allen Regeln der Kunst zu mächtigen Werkzeugen zu gestalten, die Ihnen Ihre Arbeit beträchtlich erleichtern können. Auch in diesem Abschnitt sind die Funktionen in ihrer alphabetischen Reihenfolge aufgeführt. Für den Zugang zu diesen Lexical Functions über bestimmte Fragestellungen ist bei den Übersichten eine Tabelle mit der thematischen Zuordnung zusammengestellt.

Auf die Vorstellung der einzelnen Unterabschnitte wird auch hier verzichtet ; hier finden Sie (fast) alles von

    F$CONTEXT bis F$VERIFY.

8.4.1 Übersicht über Lexical Functions

Die **Lexical Functions** besitzen ihren Namen zu Recht, denn sie werden während der Interpretation der Kommandozeile bei der lexikalischen Bearbeitung (=lexical processing) bereits aufgelöst und ausgeführt. Die generelle Form einer Lexical Function ist in Bild 8.4-1 angegeben ; bei der Angabe von Argumenten sind Regeln (Bild 8.4-2) zu beachten :

F$Funktion (arg1,arg2,arg3,...)	
F$	Kennzeichnung für eine Lexical Function.
Funktion	Bezeichnung der gewünschten Lexical Function.
(...)	Das Klammerpaar muß immer im Anschluß an 'Funktion' folgen, auch wenn diese Klammer bei einigen Lexical Functions leer ist, weil keine Argumente angegeben werden müssen.
arg1, arg2, ...	Argumente für die aktuelle Lexical Function (jeweils durch ein Komma "," voneinander getrennt), wobei solch ein Argument eine Zeichenkette, ein Zahlenwert oder ein Symbol sein kann.

Bild 8.4-1 Generelles Format einer Lexical Function

❑ Die Reihenfolge der Argumente darf nicht verändert werden. Die Position jedes Arguments innerhalb der Klammer bestimmt seine Interpretation.

❑ Bei einigen Lexical Functions dürfen Argumente weggelassen werden. Statt dieser weggelassenen Argumente werden Standardwerte benutzt (auf Standardwerte wird entsprechend hingewiesen).

❑ Bei weggelassenen Argumenten muß einfach das als Trennzeichen zwischen Argumenten verwendete Komma "," sozusagen als Platzhalter spezifiziert werden. Diese Platzhalter brauchen übrigens nicht angegeben zu werden, wenn nach dem letzten hingeschriebenen Argument bis zur Klammer ")" alle Argumente weggelassen werden sollen ; hier reicht der Abschluß der Argumentenliste durch die ")".

❑ Beispiele:

Definition:

F$Funktion (ARG1,ARG2,ARG3,ARG4)		
	Beispiel 1	Beispiel 2
Aufrufe:	F$Funktion (ABC,DEF)	F$Funktion(ABC,,,JKL)
ARG1	ABC	ABC
ARG2	DEF	Default-Wert
ARG3	Default-Wert	Default-Wert
ARG4	Default-Wert	JKL

Bild 8.4-2 Regeln für Argumente bei Lexical Functions

Die Lexical Functions setzen Sie in fast allen Fällen nur in Kommandoprozeduren ein. Dort bieten diese Funktionen Ihnen allerdings eine wertvolle Unterstützung bei der Formulierung Ihrer Kommandoprozeduren, da Sie nun einerseits Abfragen an die Umgebung dieser Prozedur beantwortet bekommen, andererseits bei der Behandlung und Manipulation von Zeichenketten wirksam unterstützt werden.

8.4.2 F$CONTEXT

Die Lexical Function "**F$CONTEXT**" dient zur Definition von Selektionskriterien für Prozesse. Diese Selektionskriterien erzeugen einen Kontext (= eine Menge von Prozessen), auf dem dann die Lexical Function "F$PID" (siehe Kapitel 8.4.23) arbeitet und nacheinander die Prozeßidentifikationen der ausgewählten Prozesse liefert.

Graph des Befehlsformats :

F$CONTEXT ("PROCESS",*kontext,selektion,werte,vergleich*)

kontext Das Argument *"kontext"* ist eine Variable, die DCL zur Verwaltung eines Zeigers auf die ausgewählte Prozeßliste des Systems bzw. der Rechnersysteme in einem Cluster benutzt. Es darf ansonsten nicht verwendet werden und sollte anfangs undefiniert oder gleich der leeren Zeichenkette "" sein.

selek- Das Argument *"selektion"* bestimmt das Auswahlkriterium, nach
tion dem die Prozeßliste zusammengestellt werden soll. Hier können folgende Schlüsselwörter für Selektionskriterien angegeben werden (hier eine kleine Auswahl ; keine Abkürzungen verwenden) :

"CANCEL"	Aufhebung der Selektionskriterien für den aktuellen Kontext
"CURPRIV"	(Liste von) Privilegname(n)
"HW_MODEL"	Hardware-Modellnummer
"MASTER_PID"	Prozeßidentifikation des Hauptprozesses
"MODE"	Prozeßmodus ("BATCH", "OTHER", "INTERACTIVE", "NETWORK")
"NODENAME"	(Liste von) Rechnername(n) ; Wild Card "*" ist erlaubt
"PRCNAM"	(Liste von) Prozeßname(n) ; Wild Card "*" ist erlaubt
"USERNAME"	(Liste von) Benutzername(n) ; Wild Card "*" ist erlaubt

ver-	Das Argument *"vergleich"* gibt die Art der Auswahl an, nach der die

ver-
gleich

Das Argument *"vergleich"* gibt die Art der Auswahl an, nach der die Prozeßliste zusammengestellt werden soll. Dabei ist je nach Selektionskriterium ein unterschiedliche *"vergleich"*-sart anzugeben. Generell kann immer "EQL" (*"selektion"* der Prozesse sind gleich *"wert"*) und "NEQ" (*"selektion"* der Prozesse sind ungleich *"wert"*). Ausnahmen gibt es bei der oben angegebenen Auswahl nur bei :

"CANCEL"	keine Angabe von *"vergleich"*
"CURPRIV"	"ALL" - alle in der Liste *"wert"* angegebenen Privilegien müssen erfüllt sein.
	"ANY" - irgendein in der Liste *"wert"* angegebenes Privileg muß gelten.

wert

Das Argument *"wert"* steht für den zum Vergleich zu benutzenden Wert (Privilegname, Rechnername, Username ...). Es wird als Symbol oder Zeichenkette spezifiziert. Es kann sich auch um eine Liste von Werten handeln, die in diesem Fall durch jeweils ein Komma getrennt zu nennen sind. Wild Card "*" ist ebenfalls erlaubt.

Beispiele :

B1

```
$ X = F$CONTEXT ("PROCESS",KONT,"CURPRIV",-
        "SYSPRV,OPER","ALL")
```

Es wird ein Prozeßkontext in der Zeigervariablen "KONT" etabliert. Dabei werden die aktuellen Privilegien der Prozesse mit den Privilegnamen "SYSPRV" und "OPER" verglichen ; Prozesse, die diese beiden Privilegien besitzen (wegen "ALL") werden in den Kontext aufgenommen.

B2

```
$ X = F$CONTEXT ("PROCESS",KONT,"CURPRIV",-
        "SYSPRV,OPER","ALL")
$ X = F$CONTEXT ("PROCESS",KONT,"USERNAME",-
        "SYSTEM,M*","EQL")
```

Wie im Beispiel B1 wird ein Prozeßkontext in der Zeigervariablen "KONT" etabliert mit den Prozessen, die die Privilegien "SYSPRV" und "OPER" besitzen. Dieser gleiche Kontext wird danach noch weiter eingeschränkt : nur Prozesse, deren Username gleich (wegen "EQL") dem Namen "SYSTEM" ist oder deren Username mit "M" beginnt, gehören danach in den Kontext.

8.4.3 F$CSID

Die Lexical Function **"F$CSID"** liefert nacheinander die Identifikationsnummern der Rechner in einem Cluster. Gibt es keine weiteren Rechner mehr im Cluster oder ist der eigene Rechner nicht in ein Cluster eingebunden, so besteht das Resultat aus einer leeren Zeichenkette "".

Graph des Befehlsformats :

$$\text{F\$CSID } (\textit{kontext})$$

kontext   Das Argument *"kontext"* ist eine Variable, die DCL zur Verwaltung eines Zeigers auf die ausgewählte Liste der Rechneridentifikationen in einem Cluster benutzt. Es darf sonst nicht verwendet werden und sollte anfangs undefiniert oder gleich der leeren Zeichenkette "" sein.

Beispiel :

```
$ KNID = F$CSID (CLUSTKONT)
$ KNOTENNAME = F$GETSYI("NODENAME",,KNID)
$ SHOW  SYMBOL  KNOTENNAME
KNOTENNAME = "PARIS"
```

Es wird ein Identifikationsnummernkontext (für weitere "F$CSID"-Aufrufe) in der Zeigervariablen "CLUSTKONT" etabliert. Mit der zurückgelieferten Identifikationsnummer "KNID" fragt die Lexical Function "F$GETSYI" den "KNOTENNAME" ab.

8.4.4 F$CVTIME

Die Lexical Function **"F$CVTIME"** dient zur Zeitformatkonvertierung. Konvertierungen können nur durchgeführt von Delta- nach Delta-Zeitformat und von Absolut- oder Vergleichs- nach Absolut- und Vergleichszeitformat.

Graph des Befehlsformats :

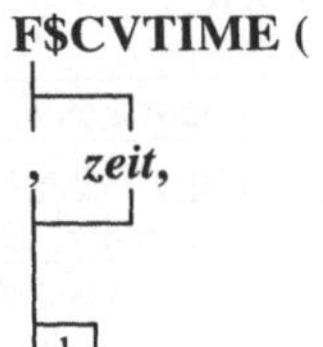

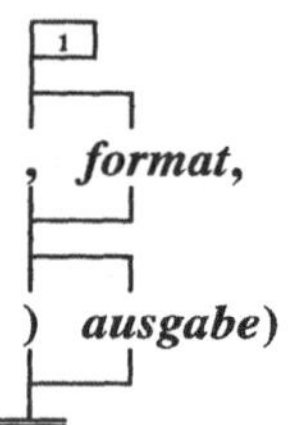

ausgabe   Das Argument *"ausgabe"* steuert, welche Zeitformatkomponenten die Zielausgabe umfassen soll. Hierbei können folgende Zielausgaben vereinbart werden (keine Abkürzungen verwenden) :

"DATE"	Datum
"DATETIME"	Datum und Zeit ➡ Default
"DAY"	Tag
"HOUR"	Stunde
"HUNDREDTH"	Hundertstelsekunde
"MINUTE"	Minute
"MONTH" *)	Monat
"SECOND"	Sekunde
"TIME"	Zeit
"WEEKDAY" *)	Wochentag (in Englisch)
"YEAR" *)	Jahr

*) Nicht erlaubt bei Verwendung des Delta-Zeitformats

format   Das Argument *"format"* gibt das Format für die Zeitkonvertierung an. Folgende Formate können spezifiziert werden:

"ABSOLUTE"	Absolutes Zeitformat in der Form "TT-MMM-JJJJ hh:mm:ss.tt"
"COMPARISON"	Vergleichs-Zeitformat in der Form "JJJJ-MM-TT hh:mm:ss.tt" ➡ Default
"DELTA"	Delta-Zeitformat in der Form "TTTT-hh:mm:ss.tt"

zeit   Das Argument *"zeit"* steht für die zu konvertierende Zeitangabe. Dieses Argument wird als Symbol oder Zeichenkette spezifiziert und sollte eine der folgenden Alternativen sein bzw. beinhalten :

"TODAY"	heutiges Datum 00:00:00.00 Uhr
"TOMORROW"	morgiges Datum 00:00:00.00 Uhr
"YESTERDAY"	gestriges Datum 00:00:00.00 Uhr
Zeitangabe eingeschlossen in ""	Für das Format der OpenVMS-Zeitangaben siehe auch Kapitel 4.3.9.

Fortsetzung **zeit** Fehlt die Zeitangabe, dann wird automatisch die aktuelle Systemzeit angenommen. In diesem Falle muß dann nach der Klammer "(" sofort das Komma "," als Trennzeichen bzw. Platzhalter folgen.

Beispiele :

| B1 |

```
$ TAG = F$CVTIME ("TOMORROW",,"WEEKDAY")
$ SHOW SYMBOL TAG
TAG = "Wednesday"
```

Die Zeitangabe "TOMORROW" liefert den englischen Namen des Wochentags "WEEKDAY" des morgigen Tages und weist das Ergebnis dem lokalen Symbol "TAG" zu.

| B2 |

```
$ ZEIT = F$TIME ()
$ SHOW SYMBOL ZEIT
ZEIT = "20-SEP-19xx 15:13:22.45"
$ NEUE_ZEIT = F$CVTIME (ZEIT,"COMPARISON",-
            "DATETIME")
$ SHOW SYMBOL NEUE_ZEIT
NEUE ZEIT = "19xx-09-20 15:13:22.45"
```

Die Zeitangabe unter dem Symbol "ZEIT" wird in das Vergleichs-Zeitformat "COMPARISON" mit der kompletten Datums- und Zeitangabe "DATETIME" in der Form "JJJJ-MM-TT hh:mm:ss.tt" umgewandelt und dem lokalen Symbol "NEUE_ZEIT" zugewiesen.

| B3 |

```
$ NEUE_ZEIT = F$CVTIME (ZEIT)
```

Wie Beispiel B2 unter Ausnutzung der Default-Werte ; daher sind die beiden letzten Parameter weggelassen worden.

8.4.5 F$DEVICE

Die Lexical Function "**F$DEVICE**" liefert nacheinander die Namen aller Geräte, die den Auswahlkriterien genügen. Gibt es kein Gerät mehr oder keines mit den angegebenen Auswahlkriterien, so besteht das Resultat aus einer leeren Zeichenkette "".

Graph des Befehlsformats :

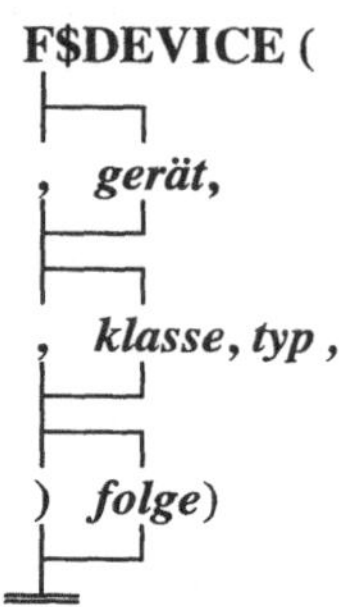

folge Das Argument *"folge"* wird benutzt, um parallele Suchvorgänge voneinander zu unterscheiden. Dieses Argument kann als numerischer Wert oder als Symbol angegeben werden. Wird es weggelassen, kann nur ein einziger Suchvorgang zu einem Zeitpunkt verwendet werden.

gerät Das Argument *"gerät"* gibt den Namen des Gerätes vor, nach dem gesucht werden soll. Dieses Argument kann als Symbol oder als Zeichenkette spezifiziert werden. Wild Cards "*" und "%" sind erlaubt. Gibt es kein *"gerät"* mehr, dann wird die leere Zeichenkette "" zurückgereicht.

klasse Das Argument *"klasse"* gibt die Typklasse für die Gerätesuche an. Dieses Argument kann als Symbol oder als Zeichenkette spezifiert werden und muß immer zusammen mit dem Geräte-*"typ"* angegeben werden. "DISK" beispielsweise wird für Platten verwendet.

typ Das Argument *"typ"* nennt den Geräte-*"typ"* für die Gerätesuche. Dieses Argument kann als Symbol oder als Zeichenkette spezifiziert werden. Die Gerätetypen auf ihrem Rechner können Sie sich mit "SHOW DEVICE /FULL" (siehe Abschnitt 4.4.54) anzeigen lassen.

Beispiel :

B1

```
$ PLATTE = F$DEVICE ( ,"DISK","RF72",KONT)
$ SHOW  SYMBOL  PLATTE
PLATTE = "_PARIS$DIA2:"
```

Es wird ein Gerätekontext in der Folgevariablen "KONT" etabliert. Die Geräteliste besteht hier aus Platten (= "DISK") vom Typ "RF72". Das Ergebnis steht in der Variablen "PLATTE" : der Name der ersten gefundenen Platte "_PARIS$DIA2:" wird zurückgeliefert.

8.4.6 F$DIRECTORY

Die Lexical Function **"F$DIRECTORY"** liefert den Namen der aktuellen Default-Directory. Diese Funktion besitzt keine Argumente. Deswegen muß ein leeres Klammerpaar angegeben werden.

Graph des Befehlsformats :

F$DIRECTORY ()

Beispiele :

| B1 |

```
$ DIR_NAME = F$DIRECTORY ()
$ SHOW  SYMBOL  DIR_NAME
DIR_NAME = "[MEIER.AUFTRAG]"
```

Der Name der aktuellen Default-Directory wird dem lokalen Symbol "DIR_NAME" zugewiesen.

| B2 |

```
$ VORHER = F$DIRECTORY ()
$ SET  DEFAULT  [MEIER.ANGEBOT.INFO]
...
$ SET  DEFAULT  'VORHER'
```

Der Name der aktuellen Default-Directory wird dem lokalen Symbol "VORHER" zugewiesen, danach wird die Default-Directory mit "SET DEFAULT [MEIER.ANGEBOT.INFO]" gewechselt. Später erfolgt dann das Zurückwechseln auf die ehemalige Default-Directory, deren Name unter dem Symbol "VORHER" gespeichert worden ist, mit dem Kommandos "SET DEFAULT 'VORHER' ".

8.4.7 F$EDIT

Die Lexical Function **"F$EDIT"** führt auf der angegebenen Zeichenkette eine Editierfunktion aus. Diese Editierfunktion kann die Umwandlung aller Buchstaben in Groß- oder Kleinbuchstaben oder die Entfernung von Leerzeichen und Tabulatorzeichen sein. Sie wirkt nicht auf Teile innerhalb einer Zeichenkette, die ihrerseits in Anführungszeichen ´"´ eingeschlossen sind.

Graph des Befehlsformats :

F$EDIT (*zeichenkette, format*)

format   Das Argument *"format"* steht für eine Liste von Formatanweisungen für die Editierung der *"zeichenkette"*. Dieses Argument wird als Zeichenkette angegeben und kann folgende Werte annehmen :

"COLLAPSE"	Entfernung aller Leer- und Tabulatorzeichen.
"COMPRESS"	Reduzierung von mehrfachen Leer- und Tabulatorzeichen auf ein Leerzeichen.
"LOWERCASE"	Umwandlung aller Groß- in Kleinbuchstaben.
"TRIM"	Entfernung aller voran- und nachstehenden Leer- und Tabulatorzeichen.
"UNCOMMENT"	Entfernung von Kommentaren.
"UPCASE"	Umwandlung aller Klein- in Großbuchstaben.

zeichen-   Das Argument *"zeichenkette"* steht für die zu editierende
kette   Zeichenkette. Dieses Argument kann als Symbol oder Zeichenkette spezifiziert werden.

Beispiele :

B1

```
$ ZEILE = "   Das  ist  ""  nicht  ""        formatiert"
$ SHOW  SYMBOL  ZEILE
ZEILE = "   Das  ist   "   nicht   "    formatiert"
$ NEU = F$EDIT (ZEILE,"TRIM,COMPRESS")
$ SHOW  SYMBOL  NEU
NEU = "Das ist " nicht " formatiert"
```

Die Zeichenkette unter dem Symbol "ZEILE" wird dem lokalen Symbol "NEU" zugewiesen. Alle Kleinbuchstaben werden wegen "UPCASE" in Großbuchstaben umgewandelt, wegen "TRIM" entfallen vor- und nachstehende Leerzeichen und "COMPRESS" reduziert mehrfache Leerzeichen auf jeweils ein Leerzeichen.

B2

```
$ EINGABE = "  Fuchs du   hast die   G a n s    "
$ SHOW  SYMBOL  EINGABE
EINGABE = "  Fuchs du   hast die   G a n s    "
$ WEITER = F$EDIT (EINGABE,"COLLAPSE,UPCASE")
$ SHOW  SYMBOL  WEITER
WEITER = "FUCHSDUHASTDIEGANS"
```

Die Zeichenkette unter dem Symbol "EINGABE" wird dem lokalen Symbol "WEITER" zugewiesen, wobei wegen "COLLAPSE" alle Leer- und Tabulatorzeichen entfernt und wegen "UPCASE" alle Klein- in Großbuchstaben umgewandelt werden.

8.4.8 F$ELEMENT

Die Lexical Function "**F$ELEMENT**" extrahiert ein Element aus einer angegebenen Aufzählungsliste, deren Listenelemente durch ein eindeutiges Zeichen voneinander getrennt sind. Das gewünschte Listenelement wird über dessen Platznummer innerhalb der Liste ausgewählt, wobei die Durchnumerierung mit Null beginnt. Wird eine ungültige Platznummer angegeben (beispielsweise höher als die Anzahl der Listenplätze), so wird als Ergebnis das Trennzeichen zurückgeliefert.

Graph des Befehlsformats :

F$ELEMENT (*nummer,trenner, zeichenkette*)

nummer   Das Argument *"nummer"* steht für die Nummer des Listenelements (als Zahlenwert oder Symbol angegeben), das aus der *"zeichenkette"* extrahiert werden soll. Die Platznumerierung beginnt mit Null.

trenner   Das Argument *"trenner"* steht für das eindeutige Zeichen (als Zeichenkette eingeschlossen in Anführungszeichen ´"´ oder als Symbol angegeben), das die einzelnen Listenelemente innerhalb der *"zeichenkette"* voneinander trennt.

zeichen-   Das Argument *"zeichenkette"* steht für die Aufzählungsliste (als
kette   Zeichenkette eingeschlossen in ´"´ oder als Symbol angegeben), die die Listenelemente enthält. Die einzelnen Listenelemente sind durch ein eindeutiges Trennzeichen *"trenner"* voneinander getrennt.

Beispiele :

| B1 |

```
$ HALBJAHR = "JAN,FEB,MAR,APR,MAI,JUN"
$ MON_NR = 0
$ TR = ","
...
$ SCHLEIFE:
$ MONAT = F$ELEMENT (MON_NR,TR,HALBJAHR)
$ IF MONAT .EQS. "," THEN GOTO FERTIG
$ RUN 'MONAT'ABSCHLUSS
$ MON_NR = MON_NR + 1
$ GOTO SCHLEIFE
...
$ FERTIG:
```

Die Zeichenkette "HALBJAHR" beinhaltet die einzelnen, durch ein "," -angegeben über das Symbol "TR"- voneinander getrennten

Listenelemente, die Monatsnamen des ersten Halbjahres. Aus dieser Liste werden nacheinander in einer Schleife jeweils das Listenelement mit der Nummer "MON_NR" extrahiert und für "MON_NR=0" danach das Kommando "RUN JANABSCHLUSS", für "MON_NR=1" das Kommando "RUN FEBABSCHLUSS" usw. ausgeführt. Die Schleife wird verlassen für den Wert "MON_NR=6", da hiermit die Anzahl der Listenelemente überschritten worden ist. In diesem Fall wird zum Label "FERTIG:" verzweigt.

<table>
<tr><td>B2</td><td>

```
$ SAISON = "FRÜHJAHR/SOMMER/HERBST/WINTER"
$ JAHRESZEIT = F$ELEMENT (2,"/",SAISON)
$ SHOW  SYMBOL  SAISON
SAISON  =  "HERBST"
```

</td></tr>
</table>

Die Zeichenkette mit den Listenelementen, die jeweils durch ein "/" voneinander getrennt sind, heißt "SAISON". Das gewünschte Listenelement aus dieser Zeichenkette wird durch den Zähler "2" spezifiziert und ist -weil die Zählweise mit Null beginnt- hier die Teilzeichenkette "HERBST".

8.4.9 F$ENVIRONMENT

Die Lexical Function "**F$ENVIRONMENT**" liefert Informationen über die aktuelle DCL-Umgebung.

Graph des Befehlsformats :

F$ENVIRONMENT (*thema*)

thema Das Argument *"thema"* steht für die Angabe, über welchen Sachverhalt die Umgebungsinformation geliefert werden soll. Die Angabe von *"thema"* geschieht über eine von Anführungszeichen "" eingeschlossenen Zeichenkette. Es folgt eine Auswahl der wichtigsten Abfragen an die Systemumgebung :

"DEFAULT"	Aktuelle komplette Default-Directory (Platten- und Directory-Angabe).
"INTERACTIVE"	"TRUE", wenn der aktuelle Prozeß interaktiv läuft, ansonsten "FALSE".

Fortsetzung Folgeseite

<table>
<tr><td rowspan="5" valign="top">Fortsetzung
thema</td><td valign="top">"ON_CONTROL_Y"</td><td>"TRUE", wenn das Kommando "ON CONTROL_Y THEN..." innerhalb einer Kommandoprozedur abgesetzt worden ist, anderenfalls (und auch auf der interaktiven DCL-Ebene) "FALSE".</td></tr>
<tr><td valign="top">"PROCEDURE"</td><td>Vollständiger Name der Kommandoprozedur bei Aufruf aus einer Kommandoprozedur, ansonsten auf der interaktiven DCL-Ebene die Terminal-Identifikation.</td></tr>
<tr><td valign="top">"PROMPT"</td><td>Aktuelle Zeichenkette für den DCL-Prompt.</td></tr>
<tr><td valign="top">"PROTECTION"</td><td>Aktuelle Default-Maske der Zugriffsrechte des Prozesses.</td></tr>
</table>

Beispiele :

B1

```
$ DCL_PROMPT = F$ENVIRONMENT ("PROMPT")
$ SHOW  SYMBOL  DCL_PROMPT
DCL PROMPT = "$ "
```

Dem lokalen Symbol "DCL_PROMPT" wird die aktuelle Zeichenkette für den DCL-Prompt zugewiesen.

B2

```
$ MODUS  =  F$ENVIRONMENT ("INTERACTIVE")
$ SHOW  SYMBOL  MODUS
MODUS  =  "TRUE"
```

Dem lokalen Symbol "MODUS" wird die Zeichenkette "TRUE" zugewiesen, wenn der aktuelle Prozeß interaktiv läuft. Ansonsten heißt das Resultat "FALSE".

B3

```
$ VORHER  =  F$ENVIRONMENT ("DEFAULT")
$ SET  DEFAULT  DUA3:[BADER]
...
$ SET  DEFAULT  'VORHER'
```

Der Name der aktuellen Default-Directory (Platte und Directory) wird dem lokalen Symbol "VORHER" zugewiesen, danach wird die Platte und die Default-Directory mit dem Kommando "SET DEFAULT DUA3:[BADER]" gewechselt. Später erfolgt dann das Zurückwechseln auf die ehemalige Default-Directory, deren Name unter dem Symbol "VORHER" gespeichert worden ist, mit dem Kommandos "SET DEFAULT 'VORHER' ".

<table>
<tr><td>B4</td><td>$ DEF_PROT = F$ENVIRONMENT ("PROTECTION")
$ SET PROTECTION /DEFAULT W:RWED
...
$ SET PROTECTION /DEFAULT 'DEF_PROT'</td></tr>
</table>

Der aktuelle Default-Maske der Zugriffsrechte wird abgefragt und die Ergebniszeichenkette dem lokalen Symbol "DEF_PROT" zugewiesen, danach wird die Default-Maske der Zugriffsrechte für die Benutzerklasse "WORLD" auf "READ", "WRITE", "UPDATE" und "DELETE" gesetzt. Später erfolgt dann das Zurückwechseln auf die ehemalige Default-Maske der Zugriffsrechte, deren Werte unter dem Symbol "DEF_PROT" gespeichert worden sind, mit dem Kommandos "SET PROTECTION /DEFAULT 'DEF_PROT' ".

8.4.10 F$EXTRACT

Die Lexical Function **"F$EXTRACT"** extrahiert eine Teilzeichenkette aus der angegebenen Zeichenkette. Dazu wird die Startposition der Teilzeichenkette und die herauszulösende Länge benötigt. Wird bei der Angabe eine Startposition angegeben, die außerhalb der angegebenen Zeichenkette liegt, so wird die leere Zeichenkette "" zurückgeliefert. Wird bei der Angabe der Länge eine Zeichenanzahl spezifiziert, die mehr Zeichen verlangt als die vorhandene Anzahl Zeichen von der Startposition bis zum Ende der Zeichenkette, dann werden nur die Zeichen bis zum Ende der Zeichenkette extrahiert.

Graph des Befehlsformat :

F$EXTRACT (*start,länge,zeichenkette*)

länge   Das Argument *"länge"* steht für die Angabe der Länge der zu extrahierenden Teilzeichenkette. *"länge"* kann als Zahlenwert oder als Symbol angegeben werden.

start   Das Argument *"start"* steht für die Angabe der Position, von der ab die Extraktion der Teilzeichenkette stattfinden soll. Die Zählweise beginnt mit Null. *"start"* kann als Zahlenwert oder als Symbol angegeben werden.

zeichen-   Das Argument *"zeichenkette"* ist das Symbol, das die Zeichenkette
kette   enthält, aus der die Teilzeichenkette extrahiert werden soll.

Beispiele :

```
B1   $ ZEICHEN = "ABCDEFGHIJKLMNOPQRSTUVWXYZ"
     $ TEIL  = F$EXTRACT (1,3,ZEICHEN)
     $ SHOW  SYMBOL  TEIL
     TEIL  =  "BCD"
```

Aus der Zeichenkette "ZEICHEN" wird eine Teilzeichenkette extrahiert. Diese Teilzeichenkette beginnt an der Position "1" und soll die Länge "3" besitzen (= "BCD").

```
B2   $ ZEICHEN = "ABCDEFGHIJKLMNOPQRSTUVWXYZ"
     $ START = 12
     $ LAENGE = 4
     $ TEIL  = F$EXTRACT (START,LAENGE,ZEICHEN)
     $ SHOW  SYMBOL  TEIL
     TEIL  =  "MNOP"
```

Aus der Zeichenkette "ZEICHEN" wird eine Teilzeichenkette extrahiert. Diese Teilzeichenkette beginnt an der Position "12" und soll die Länge "4" besitzen (= "MNOP").

8.4.11 F$FAO

Die Lexical Function "**F$FAO**" dient zur Formatierung einer angegebenen Zeichenkette. Bei dieser Formatierung finden auch Konvertierungen von Datentypen statt. Eine solche Formatanweisung besteht aus Festtext und Platzhalter für Symbole. Die dazugehörigen Symbole werden direkt im Anschluß an diese Formatanweisung angegeben und müssen in ihrer Reihenfolge dem Formataufbau entsprechen.

Graph des Befehlsformats :

F$FAO (*format*,*arg1*,*arg2*,*arg3*, ... ,*arg15*)

arg1
arg2 ...   Das Argument *"arg<x>"* steht für ein Symbol, eine Zeichenkette
arg15   oder einen Zahlenwert. Dieses Argument wird gemäß der Konvertierungsvorschrift in der Formatanweisung bei dem entsprechenden Platzhalter eingeblendet.

format   Das Argument *"format"* steht für die Formatanweisung, in der
Fortsetzung   feststehender Text mit Platzhaltern für Symbole angeordnet ist.
Folgeseite   Solch ein Platzhalter wird durch ein "!" gefolgt von der

Fortsetzung
format

entsprechenden Konvertierungsfunktion repräsentiert. Bei diesen Platzhaltern stehen folgende generelle Möglichkeiten für die Spezifizierung zur Verfügung :

!xx	Einmalige Ausführung der Formatkonvertierung.
!n(xx)	"n"-malige Ausführung der Formatkonvertierung ; "n" ist eine Zahl aus dem Intervall [1...15].
!$l$xx	Einmalige Ausführung der Formatkonvertierung ; "l" ist eine positive ganze Zahl, die die Länge des Zielbereiches für die Konvertierung angibt.
!n($l$xx)	Kombination aus den beiden vorangegangenen Fällen ; "n"-malige Formatkonvertierung mit Angabe der Länge des Zielbereiches.

Statt "n" und "l" als ganze Zahlen bei diesen vier Möglichkeiten anzugeben, kann stattdessen auch das Zeichen "#" benutzt werden, das an dieser Stelle als Platzhalter für eine Variable steht, die dann positionsgerecht bei den Argumenten "$arg...$" berücksichtigt werden muß.

In der folgenden Übersicht sollen die Platzhalter mit ihren Formatkonvertierungen aufgelistet werden :

!AS	Einblendung einer Zeichenkette.
!OB !OW !OL	Konvertierung eines Integer-Zahlenwertes in die oktale Darstellung mit Auffüllung von führenden Nullen ; B=Byte / W=Word / L=Longword.
!XB !XW !XL	Konvertierung eines Integer-Zahlenwertes in die hexadezimale Darstellung mit Auffüllung von führenden Nullen ; B=Byte / W=Word / L=Longword.
!ZB !ZW !ZL	Konvertierung eines Integer-Zahlenwertes in die dezimale Darstellung mit Auffüllung von führenden Nullen ; B=Byte / W=Word / L=Longword.
!UB !UW !UL	Konvertierung eines Integer-Zahlenwertes in die dezimale Darstellung ohne führende Nullen und ohne Vorzeichen ; B=Byte / W=Word / L=Longword
!SB !SW !SL	Konvertierung eines Integer-Zahlenwertes in die dezimale Darstellung ohne führende Nullen, aber mit Vorzeichen ; B=Byte / W=Word / L=Longword.
!/	Einfügung eines Wagenrücklaufes <CR> und eines Zeilenvorschubs <LF>.
!_	Einfügung eines Tabulatorzeichens.
!^	Einfügung eines Seitenvorschubs <FF>.
!!	Einfügung eines "!" als Text.
!%T	Einfügung der aktuellen Systemzeit.

Fortsetzung
Folgeseite

Fortsetzung *format*	!%D	Einfügung des aktuellen Systemdatums.
	!*n***x*	*"n"*-fache Einfügung des Zeichens *"x"* als Text.
	!-	Wiederverwendung des letzten Arguments.
	!+	Überspringen des nächsten Arguments.

Beispiele :

| B1 |

```
$ ZAHL = 15
$ ERG = F$FAO ("Dezimal: !#ZW  Hexa: !XW Oktal: !OW",
         4,ZAHL,ZAHL,ZAHL)
$ SHOW  SYMBOL  ERG
ERG = "Dezimal: 0015    Hexa: 000F
       Octal: 00000000017"
```

Der Zahlenwert "ZAHL" mit dem Wert "15" wird dreimal konvertiert : in dezimaler ("15"), hexadezimaler ("0F") und oktaler Darstellung ("17"). Die konvertierten Werte werden mit den entsprechenden Festtexten dem lokalen Symbol "ERG" zugewiesen. Das erste Argument "4" steht als Versorgung des Wertes für das "#", womit hier die Länge des Zielbereiches angegeben wird.

| B2 |

```
$ A = "Das Wandern ist des"
$ B = "Müller's Lust"
$ TEXT = F$FAO (" !2(13AS)",A,B)
$ SHOW  SYMBOL  TEXT
TEXT = "Das Wandern iMüller's Lust"
```

Die beiden Zeichenkette "A" und "B" werden "2"-mal zu je "13" Zeichen in das lokale Zielsymbol "TEXT" kopiert. Das hat zur Folge, daß nicht die gesamte Zeichenkette "A" übernommen wird, sondern entsprechend abgeschnitten wird.

8.4.12 F$FILE_ATTRIBUTES

Die Lexical Function "**F$FILE_ATTRIBUTES**" liefert Informationen über eine Datei. Diese Information entspricht in etwa den Daten, die interaktiv mit dem Kommando "DIRECTORY /FULL" (vgl. Kapitel 4.4.24).

Graph des Befehlsformats :

F$FILE_ATTRIBUTES (*datei,typ*)

datei   Das Argument *"datei"* steht für den Namen der Datei, über die die Information abgefragt werden soll. Wild Cards sind nicht erlaubt.

typ   Das Argument *"typ"* bestimmt die abzufragende Information. Für *"typ"* kann angegeben werden (Auswahl) :

"ALQ"	Belegte Blöcke (Allocation).
"BDT"	Datum der letzten verzeichneten Backup-Aktion.
"DID"	Directory-Name.
"DVI"	Plattenbezeichner.
"EOF"	Tatsächlich belegte (gefüllte) Blöcke.
"GRP"	Gruppennummer der UIC.
"MBM"	Mitgliedsnummer der UIC.
"NOK"	Anzahl Schlüssel (bei indexsequentiellen Dateien).
"ORG"	Organisationsform der Datei ("SEQ"=sequentiell, "REL"=relativ, "IDX"=indexsequentiell).
"PRO"	Maske der Zugriffsrechte.
"UIC"	UIC des Besitzers der Datei.

Beispiel :

```
$ FORM = F$FILE_ATTRIBUTES ("LOGIN.COM","ORG")
$ SHOW  SYMBOL  FORM
FORM  =  "SEQ"
```

Die Organisationsform der Datei "LOGIN.COM" auf der Default-Directory wird dem lokalen Symbol "FORM" zugewiesen.

8.4.13 F$GETDVI

Die Lexical Function **"F$GETDVI"** liefert Informationen über ein Gerät.

Graph des Befehlsformats :

F$GETDVI (gerät,typ)

gerät   Das Argument *"gerät"* steht für den Namen des Gerätes, über das eine entsprechende Information abgefragt werden soll.

typ   Das Argument *"typ"* steht für die Art der Information, die abgefragt
Fortsetzung   werden soll. In der folgenden Übersicht wird eine Auswahl der
Folgeseite   wichtigsten Informationstypen *"typ"* aufgelistet :

Fortsetzung *typ*		
"ALL"	"TRUE", wenn das Gerät mit "ALLOCATE" reserviert worden ist, sonst "FALSE".
"CONCEALED"	"TRUE", wenn der logische Gerätename sich auf ein "concealed device" bezieht.
"DEVCLASS"	Typklasse des Gerätes.
"DEVICE_TYPE_NAME"	Name des Gerätes.
"DEVTYPE"	Typ des Gerätes ; hier eine kurze Auswahl der Verschlüsselungen :
"EXISTS"	"TRUE", wenn das Gerät auf dem System existiert, ansonsten "FALSE".
"FREEBLOCKS"	Anzahl der freien Blöcke auf der Platte.
"FULLDEVNAM"	Vollständiger Gerätename.
"MNT"	"TRUE", wenn das Gerät per "MOUNT" angemeldet ist, ansonsten "FALSE".
"TRM"	"TRUE", wenn das Gerät ein Terminal ist.
"TT_ACCPORNAM"	Name des Terminal-Servers und des Ports auf diesem Server, an dem das Terminal angeschlossen ist.
"TT_APP_KEYPAD"	"TRUE", wenn der numerische Tastenblock auf dem Terminal auf Anwendungstasten umschaltet ist, sonst "FALSE".
"TT_DECCRT"	"TRUE", wenn das Terminal ein "VT100" ist, sonst "FALSE".
"TT_DECCRT2"	"TRUE", wenn das Terminal ein "VT220" ist, sonst "FALSE".
"TT_DECCRT3"	"TRUE", wenn das Terminal ein "VT320" ist, sonst "FALSE".
"TT_DECCRT4"	"TRUE", wenn das Terminal ein "VT420" ist, sonst "FALSE".

Beispiele :

B1

```
$ GERAET = "DUA1:"
$ GTYP = F$GETDVI (GERAET,"DEVICE_TYPE_NAME")
$ SHOW SYMBOL GERAETE_TYP
  GTYP = "RZ23"
```

Es wird abgefragt, welcher Gerätetyp das Gerät "DUA1:" -angegeben über das lokale Symbol "GERAET"- ist (="DEVICE_TYPE_NAME"). Das Ergebnis (hier "RZ23") steht in dem lokalen Symbol "GTYP".

B2

```
$ TERMINAL = F$GETDVI ("TTA2:","TRM")
$ SHOW  SYMBOL  TERMINAL
TERMINAL = "TRUE"
```

Es wird abgefragt, ob das Gerät "TTA2:" ein Terminal ist (="TRM").
Das Ergebnis steht im lokalen Symbol "TERMINAL"..

8.4.14 F$GETJPI

Die Lexical Function **"F$GETJPI"** liefert Informationen über einen Prozeß. Für Prozesse innerhalb des eigenen Prozeßbaumes (Job) werden keine weiteren Privilegien benötigt, für Prozesse innerhalb der Benutzerklasse mit der gleichen Gruppennummer in der UIC das Privileg "GROUP" und für alle anderen Prozesse das Privileg "WORLD".

Graph des Befehlsformats :

F$GETJPI (

, pid,

typ)

pid Das Argument *"pid"* steht für die Prozeß-Identifikation des Prozesses, über den Informationen abgefragt werden sollen. Wird bei diesem Argument eine leere Zeichenkette "" angegeben, so gilt automatisch die *"pid"* des eigenen Prozesses als Default-Wert.

typ Das Argument *"typ"* steht für die Art der Information, die abgefragt werden soll. In der folgenden Übersicht wird eine Auswahl der wichtigsten Informationstypen *"typ"* aufgelistet :

"AUTHPRIV"	Liste der Privilegien, die der Systemmanager diesem Benutzerbereich bei dessen Einrichtung als generell erlaubt zugewiesen hat. Diese Privilegien müssen nicht unbedingt auch alle eingeschaltet sein.
"BUFIO"	Anzahl der 'buffered' I/O's (im wesentlichen I/O's auf Terminal und logische Devices wie Mailboxes).
"CPUTIM"	Bisher verwendete CPU-Zeit.

Fortsetzung
Folgeseite

Fortsetzung **typ**	"CURPRIV"	Liste der aktuell eingeschalteten Privilegien.	
	"DIRIO"	Anzahl der 'direct' I/O's (Plattenzugriffe).	
	"GRP"	Gruppennummer der UIC.	
	"JOBPRCCNT"	Anzahl der Subprozesse, die abhängig vom aktuellen Prozeß existieren.	
	"LOGINTIM"	'Geburtszeit' (Kreiierungszeit) des Prozesses ; zumeist der Zeitpunkt des Login-Vorgangs.	
	"MASTER_PID"	Prozeß-Identifikation (PID) des höchsten Prozesses im aktuellen Prozeßbaum, von dem alle Prozesse in diesem Job abhängen.	
	"MEM"	Mitgliedsnummer der UIC.	
	"MODE"	Modus des Prozesses :	
		INTERACTIVE	Terminal-Prozeß.
		BATCH	Batch-Prozeß.
		NETWORK	Netzwerk-Batch-Prozeß.
		OTHER	Alle anderen Prozesse.
	"PID"	Prozeß-Identifikation des Prozesses.	
	"PRCCNT"	Erlaubte Anzahl von Subprozessen.	
	"PRCNAM"	Name des Prozesses (15-stellig).	
	"PROCPRIV"	Liste der Privilegien, die der Systemmanager bei Einrichtung dieses Benutzers vergeben hat und die der Prozeß beim Login erhält.	
	"UIC"	UIC (User Identification Code) des Prozesses.	
	"USERNAME"	Benutzername, der für den Login-Vorgang verwendet wurde (12-stellig, ggfs. mit Leerzeichen aufgefüllt).	

Beispiele :

B1

```
$ PROCID = F$GETJPI ("","PID")
$ SHOW  SYMBOL  PROCID
PROCID = "003B0016"
```

Es wird die Prozeß-Identifikation des eigenen Prozesses abgefragt. Das Ergebnis wird dem lokalen Symbol "PROCID" zugewiesen.

B2

```
$ BENUTZER = F$GETJPI (PROCID,"USERNAME")
$ SHOW  SYMBOL  BENUTZER
BENUTZER = "MEIER            "
```

Es wird abgefragt, welchem Benutzer der Prozeß mit der Prozeß-Identifikation "PROCID" gehört. Das Ergebnis wird dem lokalen Symbol "BENUTZER" zugewiesen.

8.4.15 F$GETQUI

Die Lexical Function "**F$GETQUI**" liefert Informationen über eine Queue (Batch- oder Printqueue), über Jobs, die sich in solch einer Warteschlange befinden sowie über Druckformulare. Für Informationen über einen Job muß der abfragende Prozeß das Zugriffsrecht "READ" auf diesen Job besitzen, diesen Job beispielsweise abgeschickt haben. Ansonsten ist das Privileg "OPER" oder "SYSPRV" notwendig.

Graph des Befehlsformats :

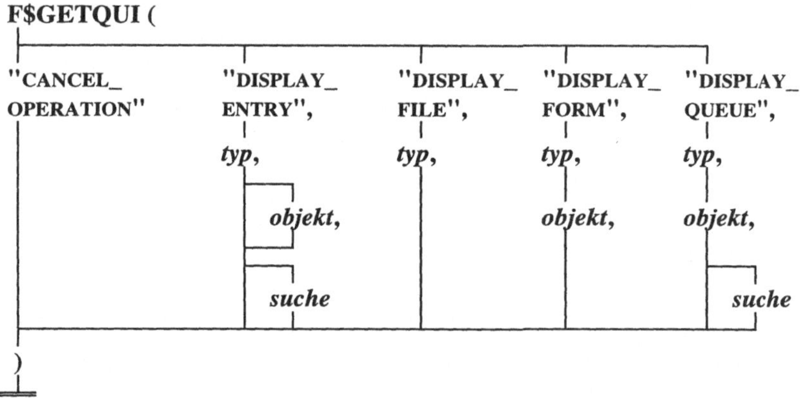

CANCEL_ OPERA- TION	Das Argument "CANCEL_OPERATION" sorgt für die Beendigung eines vorangegangenen "F$GETQUI", das mit Wild Cards aufgerufen worden ist. Das leere Argument "" bewirkt das gleiche.
DISPLAY_ ENTRY	Das Argument "DISPLAY_ENTRY" veranläßt die Anzeige von Informationen über einen Job in einer Batch- oder Printqueue.
DISPLAY_ FILE	Das Argument "DISPLAY_FILE" zeigt Informationen über eine Kommandoprozedur in einer Batchqueue oder eine auszudruckende Datei in einer Printqueue. Dieser Aufruf erfordert ein vorangegangenes "F$GETQUI" mit "DISPLAY_ENTRY", um die dafür benötigten Informationen bereitzustellen.
DISPLAY_ FORM	Das Argument "DISPLAY_FORM" liefert Informationen über ein Druckformular.
DISPLAY_ QUEUE	Das Argument "DISPLAY_QUEUE" liefert Informationen über eine Batch- oder Printqueue.

objekt   Das Argument *"objekt"* spezifiziert das Objekt, über das Information geliefert werden soll. Dieses Objekt kann der Name einer Batch- oder Printqueue oder die Nummer eines Druckformulars sein. Für die Funktionen "DISPLAY_ENTRY", "DISPLAY_FORM" und "DISPLAY_QUEUE" kann statt eines Namens auch eine Wild Card angegeben werden. Jede folgende Anfrage liefert dann die Information über das jeweils nächste Objekt (Queue, Form etc.). Das Zeichen für die Wild Card ist das Sternzeichen "*".

suche   Das Argument *"suche"* schränkt die *"objekt"*-Angabe näher ein. Die folgende Liste zeigt eine Auswahl dieser Schlüsselworte mit der Zuordnung der erlaubten Informationstypen *"typ"* zu jedem *"suche"*:

DISPLAY_ ENTRY	DISPLAY_ QUEUE		Einschränkung auf ...
x		"BATCH"	... Batchqueues.
x	x	"EXECUTING_JOBS"	... gerade laufende Jobs.
x	x	"HOLDING_JOBS"	... Jobs im Zustand "HOLDING".
x	x	"PENDING_JOBS"	... wartende Jobs.
x		"PRINTER"	... Printqueues.

typ   Das Argument *"typ"* steht für die Art der Information, die abgefragt werden soll. In der folgenden Übersicht wird eine Auswahl der wichtigsten Informationstypen *"typ"* aufgelistet :

"AFTER_TIME"	Systemzeit, nach der der Job starten kann.
"DEFAULT_FORM_NAME"	Name des Default-Druckformulars.
"ENTRY_NUMBER"	Jobnummer des angegebenen Jobs.
"FILE_COPIES"	Anzahl der Kopien beim Ausdruck des Jobs.
"FILE_FLAG"	"TRUE", wenn eine Flagpage (Titelvorspannseite) gedruckt wird, ansonsten "FALSE".
"FORM_DESCRIPTION"	Beschreibungstext des verwendeten Druckformulars.
"FORM_LENGTH"	Länge (Anzahl Zeilen) des Druckformulars.
"FORM_MARGIN_ BOTTOM"	Untere Randbegrenzungen des aktuellen Druckformulars.
"FORM_MARGIN_LEFT"	Linke Randbegrenzungen des aktuellen Druckformulars.

Fortsetzung Folgeseite

Fortsetzung *typ*		
"FORM_MARGIN_RIGHT"	Rechte Randbegrenzungen des aktuellen Druckformulars.	
"FORM_MARGIN_TOP"	Obere Randbegrenzungen des aktuellen Druckformulars.	
"FORM_NAME"	Aktueller Druckformularname.	
"FORM_NUMBER"	Aktuelle Druckformularnummer.	
"JOB_EXECUTING"	"TRUE", wenn der aktuelle Job gerade aktiv ist, sonst "FALSE".	
"JOB_HOLDING"	"TRUE", wenn der aktuelle Job sich im Zustand "HOLDING" befindet, ansonsten "FALSE".	
"JOB_NAME"	Name des aktuellen Jobs.	
"JOB_PENDING"	"TRUE", wenn der Job auf seine Ausführung wartet, sonst "FALSE".	
"JOB_PID"	Prozeß-Identifikation (PID) des aktuellen Jobs.	
"LOG_SPECIFICATION"	Name der Datei, die das Jobprotokoll beinhaltet.	
"QUEUE_BATCH"	"TRUE", wenn die aktuelle Queue eine Batchqueue ist, sonst "FALSE".	
"QUEUE_NAME"	Name der Queue, in der der aktuelle Job bearbeitet wird.	
"QUEUE_PAUSED"	"TRUE", wenn die aktuelle Queue angehalten worden ist (Zustand "paused"), ansonsten "FALSE".	
"QUEUE_PRINTER"	"TRUE", wenn die aktuelle Queue eine Printqueue ist, sonst "FALSE".	
"QUEUE_STOPPED"	"TRUE", wenn die aktuelle Queue gestoppt ist, sonst "FALSE".	
"QUEUE_STOPPING"	"TRUE", wenn die aktuelle Queue gerade gestoppt wird, ansonsten "FALSE".	
"USERNAME"	Benutzername des aktuellen Jobs.	

Beispiele :

B1

```
$ STATUS = F$GETQUI ("DISPLAY_QUEUE",-
      "QUEUE_STOPPED","SYS$BATCH")
$ SHOW  SYMBOL  STATUS
STATUS = "FALSE"
```

Es wird abgefragt, ob die Queue "SYS$BATCH" gestoppt ist. Da die Antwort "FALSE" heißt, ist sie also zur Zeit nicht gestoppt.

```
B2    $ SCHLEIFE:
      $ ENTRY = F$GETQUI ("DISPLAY_ENTRY",-
              "JOB_NAME","*","BATCH")
      $ IF ENTRY .EQS. "" THEN EXIT
      $ SHOW SYMBOL ENTRY
      ENTRY = "AUSWERTUNG"
      $ GOTO SCHLEIFE
```

In einer Schleife wird eine Abfrage an alle Batchqueues (wegen "BATCH") abgesetzt, in der nacheinander die Namen aller Jobs aller Einträge angezeigt werden. Die Schleife ist zu Ende, wenn kein weiterer Eintrag mehr vorhanden ist (erkennbar an der leeren Zeichenkette "").

8.4.16 F$GETSYI

Die Lexical Function "**F$GETSYI**" liefert Informationen über das System des aktuellen OpenVMS-Rechners oder eines OpenVMS-Rechners, der ebenfalls im Rechnernetz als ein Knoten bekannt sein muß.

Graph des Befehlsformats :

```
F$GETSYI (
  |
  typ
  |
  |      ,knoten
  ,
  |
  |
  )      ,cluster)
```

cluster   Das Argument *"cluster"* steht für die Identifikationsnummer eines Rechners, der Mitglied in einem Cluster ist. Diese Identifikation kann mit der Lexical Function "F$CSID" (siehe Kapitel 8.4.3) abgefragt werden. Dieses Argument kann weggelassen werden, wenn in einem Cluster der eigene Rechner gemeint oder wenn der eigene Rechner in kein Cluster eingebunden ist.

knoten   Das Argument *"knoten"* nennt den Knotennamen des OpenVMS-Rechners, über den Informationen eingeholt werden sollen. Ohne dieses Argument bezieht sich die Abfrage auf den eigenen Rechner.

typ Das Argument *"typ"* steht für die Art der abzufragenden Information. Die folgende Übersicht zeigt eine kleine Auswahl der Informationstypen *"typ"*, die über den OpenVMS-Rechner abgefragt werden können, an dem Sie aktuell arbeiten :

"PAGEFILE_FREE"	Anzahl der freien Speicherbereiche (pages) in den aktuell verwendeten Pagefiles (Auslagerungsdateien).
"PAGEFILE_PAGE"	Anzahl der Speicherbereiche (pages) insgesamt in den Pagefiles.
"SID"	Register mit der System-Identifikation.
"SWAPFILE_FREE"	Anzahl der freien Speicherbereiche (pages) in den aktuell verwendeten Swapfiles (Auslagerungsdateien).
"SWAPFILE_PAGE"	Anzahl der Speicherbereiche (pages) insgesamt in den Swapfiles.
"VERSION"	OpenVMS-Betriebssystemversion (8-stellig).

Die folgende Übersicht zeigt eine kleine Auswahl für den Informationstypen *"typ"* zur Abfrage von Informationen über den eigenen und einen anderen OpenVMS-Rechner im Rechnernetz :

"HW_NAME"	Modellbezeichner des OpenVMS-Rechners.
"NODENAME"	Knotenname des OpenVMS-Rechners.

Beispiele :

B1

```
$ REG = F$GETSYI ("SID")
$ SHOW  SYMBOL REG
REG = 167772165      Hex = 0A000005
                          Octal = 01200000005
```

Das Abfrageergebnis nach der Systemidentifikation des eigenen OpenVMS-Rechners wird dem lokalen Symbol "REG" zugewiesen.

B2

```
$ MODELL = F$GETSYI ("HW_NAME","MIAMI")
$ SHOW  SYMBOL  MODELL
MODELL  =  "VAX6310"
```

Es wird abgefragt, welches Hardware-Modell sich hinter dem OpenVMS-Rechner mit dem Knotennamen "MIAMI" verbirgt. Das Ergebnis wird dem lokalen Symbol "MODELL" zugewiesen.

8.4.17 F$INTEGER

Die Lexical Function "**F$INTEGER**" wandelt einen Zeichenkettenausdruck um in einen numerischen (Integer-)Wert und liefert diesen als Ergebnis zurück. Dieser Zeichenkettenausdruck wird zuerst aufgelöst (evaluiert) ; läßt er sich nicht auflösen, d.h. ist er nicht numerisch, so wird dieser Ausdruck als logischer Ausdruck gewertet und als Ergebnis eine "0" oder eine "1" zurückgeliefert. Das Ergebnis heißt genau dann "1", wenn der Zeichenkettenausdruck mit "T" / "t" (von "TRUE" = wahr) oder "Y" / "y" (von "YES" = ja) beginnt ; ansonsten ist das Ergebnis "0".

Graph des Befehlsformats :

F$INTEGER (*ausdruck*)

ausdruck   Das Argument *"ausdruck"* ist ein beliebiger aufzulösender Zeichenkettenausdruck, der sich aus Zeichenketten, numerischen Werten und Symbolen zusammensetzen kann.

Beispiel :

```
B1     $ A = "14"
       $ B = F$INTEGER ( A * 2 - "8")
       $ SHOW  SYMBOL B
       B = 20 Hex = 00000014 Octal = 00000000024
```

Das Ergebnis des Zeichenkettenausdrucks ´A * 2 - "8"´ ist der Integer-Wert "20", der dem lokalen Symbol "B" zugewiesen wird.

8.4.18 F$LENGTH

Die Lexical Function "**F$LENGTH**" liefert die Länge einer Zeichenkette als numerischen Integer-Wert zurück.

Graph des Befehlsformats :

F$LENGTH (*zeichenkette*)

zeichen-   Das Argument *"zeichenkette"* steht für die auf ihre Länge zu
kette   untersuchende Zeichenkette. Dieses Argument kann sowohl als Symbol als auch als Zeichenkette angegeben werden.

Beispiel :

| B1 |

```
$ A = "Das ist 23 Zeichen lang"
$ LAENGE = F$LENGTH (A)
$ SHOW SYMBOL LAENGE
LAENGE = 23 Hex = 00000017 Octal = 00000000027
```

Es wird die Länge der Zeichenkette, die unter dem lokalen Symbol
"A" gespeichert ist, bestimmt. Das Ergebnis "23" wird dem lokalen
Symbol "LAENGE" zugewiesen.

8.4.19 F$LOCATE

Die Lexical Function "**F$LOCATE**" liefert die Adresse des ersten Zeichens einer
Suchzeichenkette, wenn diese in einer zu untersuchenden Zeichenkette auftritt. Die
Adresse ist die Nummer der Spalte, wobei die Spaltenzählweise mit Null beginnt. Tritt
die Suchzeichenkette in der zu untersuchenden Zeichenkette nicht auf, so wird die Länge
der untersuchten Zeichenkette zurückgeliefert.

Graph des Befehlsformats :

F$LOCATE (suche,zeichenkette)

suche Das Argument *"suche"* definiert -entweder als Zeichenkette oder als
Symbol- die Suchzeichenkette, die im Argument *"zeichenkette"*
gesucht werden soll.

zeichen- Das Argument *"zeichenkette"* steht für das Symbol der zu
kette untersuchenden Zeichenkette, die auf das Vorhandensein der
Suchzeichenkette *"suche"* untersucht werden soll.

Beispiele :

| B1 |

```
$ DEFDIR = "DUA0:[MEIER.ANGEBOT]"
$ B = F$LOCATE ("[",DEFDIR)
$ SHOW SYMBOL B
B = 5 Hex = 00000005 Octal = 00000000005
```

Es wird die Suchzeichenkette "[" in der Zeichenkette unter dem
Symbol "DEFDIR" gesucht. Da die Zählweise mit Null beginnt,
wird das Ergebnis "5" dem lokalen Symbol "B" zugewiesen.

```
B2   $ DDIR = "DUA0:[MEIER.ANGEBOT]"
     $ B = F$LOCATE ("NIX",DDIR)
     $ LAENGE = F$LENGTH (DDIR)
     $ IF  B .EQ.  LAENGE  THEN  GOTO PECH
```

Die Suchzeichenkette "NIX" wird in der Zeichenkette "DDIR" erfolglos gesucht. Daher ist das Ergebnis "B" ist gleich der Länge der Zeichenkette "DDIR", das "IF" verzweigt zum Label "PECH".

8.4.20 F$MESSAGE

Die Lexical Function "**F$MESSAGE**" liefert den OpenVMS-Fehlertext zu einer OpenVMS-Fehlernummer oder -wenn es keinen Fehlertext zur angegebenen Fehlernummer gibt- den Fehlertext "%NONAME-F-NOMSG, Message number ...".

Graph des Befehlsformats :

F$MESSAGE (*statuscode*)

status-   Das Argument *"statuscode"* enthält die OpenVMS-Fehlernummer
code   und kann als Symbol oder als numerischer Wert angegeben werden.

Beispiel :

```
B1   $ FEHLER = %X1C
     $ TEXT = F$MESSAGE (FEHLER)
     $ SHOW  SYMBOL  TEXT
     TEXT = "%SYSTEM-F-EXQUOTA, exceeded quota"
```

Es wird der zugehörige OpenVMS-Fehlertext zu dem Symbolwert von "FEHLER" dem lokalen Symbol "TEXT" zugewiesen.

8.4.21 F$MODE

Die Lexical Function "**F$MODE**" liefert den Modus des Prozesses als Zeichenkette zurück. Die Funktion wird ohne Argumente mit einem leeren Klammerpaar benutzt.

"INTERACTIVE"	Terminal-Prozeß.	"NETWORK"	Netzwerk-Batch-Prozeß.
"BATCH"	Batch-Prozeß.	"OTHER"	Alle anderen Prozesse.

Graph des Befehlsformats :

F$MODE ()

Beispiel :

B1

```
$ MODUS = F$MODE ()
$ IF  MODUS  .EQS.  "INTERACTIVE" -
     THEN GOTO INTER
$ IF  MODUS  .EQS.  "BATCH"  THEN GOTO BATCH
```

Es wird der Modus des aktuellen Prozesses abgefragt und dem lokalen Symbol "MODUS" zugewiesen. In der Kommandoprozedur wird nun dem Modus entsprechend verzweigt : zum Label "INTER" im Fall "INTERACTIVE", zum Label "BATCH" im Fall "BATCH".

8.4.22 F$PARSE

Die Lexical Function "**F$PARSE**" bearbeitet die Spezifikation eines Dateinamens und liefert entweder den vollständigen Dateinamen oder eine Portion daraus zurück. Fehlende Portionen resultieren in einer leeren Zeichenkette "".

Graph des Befehlsformats :

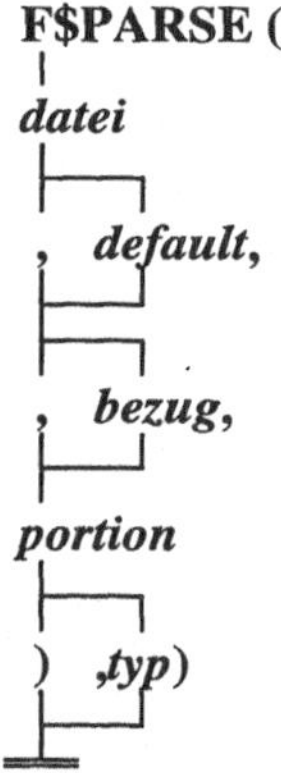

  bezug Das Argument *"bezug"* definiert -als Zeichenkette oder Symbol- den Dateinamen, dessen Portionen genau dann in die Ergebniszeichenkette eingeblendet werden, wenn sie sowohl im Argument *"datei"* als auch im Argument *"default"* fehlen.

datei   Das Argument *"datei"* definiert -entweder als Zeichenkette oder Symbol- den zu untersuchenden Dateinamen. In diesem Dateinamen dürfen auch Wild Cards auftreten. In diesem Fall enthält die Ergebniszeichenkette ebenfalls Wild Cards.

default   Das Argument *"default"* definiert -entweder als Zeichenkette oder Symbol- den Default-Wert für den Dateinamen. Portionen des Dateinamens, die in dem Argument *"datei"* fehlen, werden aus dem Argument *"default"* in die Ergebniszeichenkette eingeblendet.

portion   Das Argument *"portion"* definiert den Teil des Dateinamens, der aus dem Argument *"datei"* (und gegebenenfalls aus *"default"* und *"bezug"*) herausgelöst werden soll. In der folgenden Übersicht sind die erlaubten Werte für die Portionsangabe aufgelistet :

"NODE"	Rechnerknotenname.
"DEVICE"	Plattenbezeichner.
"DIRECTORY"	Directory.
"NAME"	Dateibezeichner.
"TYPE"	Extension der Datei.
"VERSION"	Versionsnummer der Datei.

typ   Das Argument *"typ"* spezifiziert die Art der Bearbeitung des Dateinamens. Folgende Typen *"typ"* können hier angegeben werden :

"NO_CONCEAL"	"Concealed devices" (hinter einem logischen Namen versteckte Platten- und Directory-Angaben) werden aufgelöst.
"SYNTAX_ONLY"	Es wird nur die Syntax des angegebenen Dateinamens überprüft, ohne daß sichergestellt wird, daß diese Datei auch auf der entsprechenden Platte unter der entsprechenden Directory zu finden ist.

Beispiele :

B1

```
$ DATEI = "HUGO"
$ DEFAULT = "DUA0:[MEIER.ANGEBOT]"
$ RESULT = F$PARSE (DATEI,DEFAULT,-
       "[MEIER]Q.LIS",,"SYNTAX_ONLY")
$ SHOW  SYMBOL RESULT
RESULT = "DUA0:[MEIER.ANGEBOT]HUGO.LIS;12"
```

Es wird als Ergebnis im lokalen Symbol "RESULT" ein Dateiname zusammengebaut : aus dem Symbol "DATEI" "HUGO" aus dem

Symbol "DEFAULT" "DUA0:[MEIER.ANGEBOT]" und ".LIS" aus der Zeichenkette "[MEIER]Q.LIS".

B2	

```
$ DATEI = "DUA0:[MEIER.ANGEBOT]HUGO.LIS"
$ NAME = F$PARSE (DATEI,,,"DIRECTORY")
$ SHOW  SYMBOL  NAME
NAME  =  "[MEIER.ANGEBOT]"
```

Es wird aus dem Dateinamen "DATEI" die Namensportion "DIRECTORY" extrahiert und dem lokalen Symbol "NAME" zugewiesen.

8.4.23 F$PID

Die Lexical Function **"F$PID"** liefert nacheinander Prozeßidentifikationen in Abhängigkeit von den aktuellen Privilegien des Prozesses. Mit dem Privileg "GROUP" sieht "F$PID" alle Prozesse mit der gleichen Gruppennummer in der UIC, mit dem Privileg "WORLD" alle Prozesse auf dem System. Ohne Privilegien wird nur die eigene PID zurückgereicht. Gibt es keine Prozesse mehr, so besteht das Resultat aus einer leeren Zeichenkette "".

Graph des Befehlsformats :

F$PID (*kontext*)

kontext   Das Argument *"kontext"* benutzt DCL zur Verwaltung eines Zeigers auf die Prozeßliste des Systems. Es darf nicht verwendet werden und sollte anfangs undefiniert oder gleich der leeren Zeichenkette "" sein. Die einzige Ausnahme ist der vorangehende Aufruf der Lexical Function "F$CONTEXT" (siehe Kapitel 8.4.2), die den Kontext (Menge der Prozesse) ggfs. für "F$PID" eingeschränkt hat.

Beispiel :

B1	

```
$ SCHLEIFE:
$ PID = F$PID (PID_KONTEXT)
$ IF  PID .EQS. ""  THEN EXIT
$ SHOW  SYMBOL  PID
$ GOTO  SCHLEIFE
```

In einer Schleife werden nacheinander die Prozeß-Identifikationen, die der aktuelle Prozeß aufgrund seiner Privilegien sehen kann, im lokalen Symbol "PID" zurückgeliefert. Am Ende dann steht in "PID" die leere Zeichenkette "", die mit der "IF"-Abfrage abgefangen wird.

8.4.24 F$PRIVILEGE

Die Lexical Function "**F$PRIVILEGE**" liefert entweder "TRUE" (=wahr) oder "FALSE" (=falsch) auf die Abfrage nach den aktuellen Privilegien des Prozesses. Die Namen der Privilegien können positiv (in der Form *Privileg*) oder negativ (in der Form *NoPrivileg*) angegeben werden.

Graph des Befehlsformats :

F$PRIVILEGE (*privileg***)**

privileg   Das Argument *"privileg"* ist eine Zeichenkette, die aus dem Namen eines Privilegs oder einer durch jeweils ein Komma "," getrennten Liste von Namen von Privilegien besteht. Privilegien können positiv in der Form *"privileg"* und negativ *"noprivileg"* angegeben werden.

Beispiel :

```
B1   PRIV = F$PRIVILEGE ("OPER,NOGROUP")
     $ SHOW  SYMBOL  PRIV
     PRIV = "FALSE"
```

Es wird überprüft, ob der aktuelle Prozeß das Privileg "OPER" besitzt, aber nicht das Privileg "GROUP". Das Ergebnis "FALSE" wird dem lokalen Symbol "PRIV" zugewiesen.

8.4.25 F$PROCESS

Die Lexical Function "**F$PROCESS**" liefert den Namen des aktuellen Prozesses. Diese Funktion besitzt keine Argumente, deswegen das leere Klammerpaar.

Graph des Befehlsformats :

F$PROCESS ()

Beispiel :

| B1 | `$ NAME = F$PROCESS ()`
`$ SHOW  SYMBOL  NAME`
`NAME = "MEIER"` |

Das lokale Symbol "NAME" ist gleich dem aktuellen Prozeßnamen.

8.4.26 F$SEARCH

Die Lexical Function "**F$SEARCH**" durchsucht Directories und liefert die vollständige Spezifikation eines Dateinamens. Wenn die Datei nicht gefunden wird, so ist das Resultat die leere Zeichenkette "".

Graph des Befehlsformats :

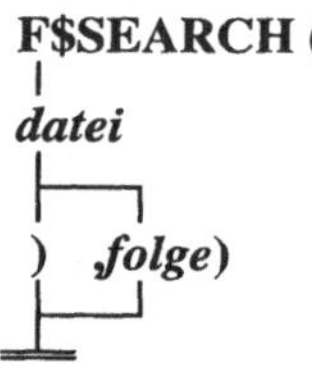

datei   Das Argument *"datei"* definiert den Dateinamen -entweder als Zeichenkette oder als Symbol-, nachdem gesucht werden soll. Fehlende Portionen im Dateinamen werden durch die entsprechenden Default-Werte ersetzt. Wild Cards sind erlaubt.

folge   Das Argument *"folge"* wird benutzt, um parallele Suchvorgänge voneinander zu unterscheiden. Dieses Argument kann als numerischer Wert oder als Symbol angegeben werden. Es kann weggelassen werden ; in diesem Fall kann nur ein Suchvorgang zu einem Zeitpunkt verwendet werden.

Beispiele :

| B1 | `$ NAME = "DUA0:[MEIER...]BESTELLUNGEN.*;*"`
`$ ERG = F$SEARCH (NAME)`
`$ SHOW  SYMBOL  ERG`
`ERG = "DUA0:[MEIER.ANGEBOT]BESTELLUNGEN.DAT;3"` |

Es wird nach der Datei gemäß der Spezifikation im Symbol "NAME" mit dem Dateibezeichner "BESTELLUNGEN" im Directory-Baum "DUA0:[MEIER...]" gesucht. Der vollständige Dateiname der ersten gefundenen Datei, die dieser Spezifikation entspricht, wird dem lokalen Symbol "ERG" zugewiesen.

<table>
<tr><td>

B2

</td><td>

```
$ SCHLEIFE:
$ LIS = F$SEARCH ("*.LIS;*",1)
$ DAT = F$SEARCH ("*.DAT;*",2)
$ IF (DAT .EQS. "") .AND. (LIS .EQS. "")  THEN EXIT
$ IF LIS .NES. "" THEN SHOW SYMBOL LIS
$ IF DAT .NES. "" THEN SHOW SYMBOL DAT
$ GOTO SCHLEIFE
```

</td></tr>
</table>

In einer Schleife werden parallel zwei unabhängige Suchvorgänge mit unterschiedlichen Folgennummern ("1" und "2") durchgeführt : der erste durchsucht die aktuelle Default-Directory nach Dateien mit der Extension ".LIS", der zweite ebendort nach Dateien mit der Extension ".DAT". Wenn beide Suchvorgänge beendet sind, weil nur noch die leere Zeichenkette "" als jeweiliges Resultat in den lokalen Symbolen "DAT" und "LIS" zurückgeliefert werden, wird mit der komplexen "IF"-Abfrage die Schleife beendet. Die beiden folgenden "IF"-Abfragen stellen sicher, daß nur Dateinamen ungleich der leeren Zeichenkette "" angezeigt werden.

8.4.27 F$STRING

Die Lexical Function "**F$STRING**" wandelt einen numerischen Ausdruck um in eine Zeichenkette und liefert diese als Ergebnis zurück. Dieser numerische Ausdruck wird aufgelöst (evaluiert), wobei führende Nullen unterdrückt werden.

Graph des Befehlsformats :

F$STRING (*ausdruck*)

ausdruck Das Argument *"ausdruck"* ist ein beliebiger numerischer Ausdruck, der aufgelöst (evaluiert) wird. Dieser Ausdruck kann aus Zeichenketten, numerischen Werten und Symbolen zusammengesetzt sein. Nach dem Ausrechnen wird dieser Wert in eine Zeichenkette konvertiert.

Beispiel :

```
B1    $ A = "14"
      $ B = F$STRING ( A * 2 - "8")
      $ SHOW  SYMBOL  B
      B = "20"
```

Es wird der Zeichenkettenausdruck ´A * 2 - "8"´ evaluiert. Das Ergebnis ist der Integer-Wert "20", der in eine Zeichenkette konvertiert und dem lokalen Symbol "B" zugewiesen wird.

8.4.28 F$TIME

Die Lexical Function "**F$TIME**" liefert die aktuelle Systemzeit und das aktuelle Systemdatum im absoluten Zeitformat in der Form "TT-MMM-JJJJ hh:mm:ss.tt" (für OpenVMS-Zeitangaben vgl. Kapitel 4.3.9). Diese Lexical Function besitzt keine Argumente. Daher muß ein leeres Klammerpaar angegeben werden.

Graph des Befehlsformats :

F$TIME ()

Beispiel :

```
B1    $ ZEIT = $F$TIME ()
      $ SHOW  SYMBOL  ZEIT
      ZEIT = "24-DEC-19xx 18:01:23.45"
```

Das lokale Symbol "ZEIT" beinhaltet die aktuelle Systemzeit.

8.4.29 F$TRNLNM

Die Lexical Function "**F$TRNLNM**" liefert den Wert, der unter einem logischen Namen gespeichert ist. Wird der logische Name nicht gefunden, so besteht das Resultat aus der leeren Zeichenkette "".

Graph des Befehlsformats :

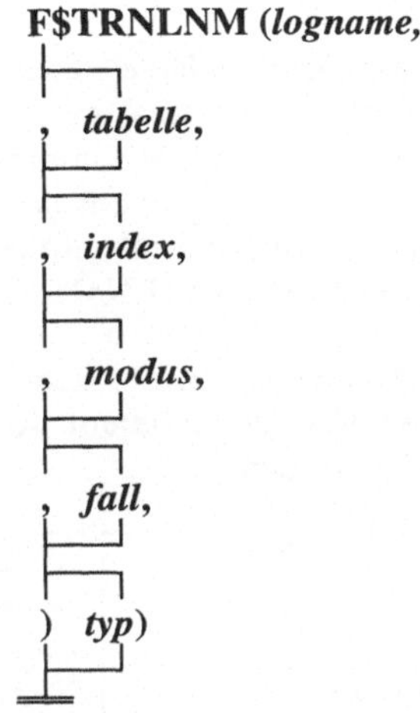

fall   Das Argument *"fall"* steuert die Art der Übersetzung. Folgende Werte können hier spezifiziert werden :

"CASE_BLIND"	Nach dem ersten erfolglosen Suchvorgang nach dem angegebenen logischen Namen werden weitere Suchvorgänge gestartet, ohne zwischen Groß- und Kleinschrift zu unterscheiden. ➡ Default
"CASE_SENSITIVE"	Groß- und Kleinschrift wird streng bei der Suche nach dem logischen Namen beachtet.

index   Das Argument *"index"* gibt an, welche der Übersetzungen des logischen Namens bei Mehrfachwerten zurückgeliefert werden soll. Die Zählweise beginnt mit Null, was auch gleichzeitig der Default-Wert ist, wenn dieses Argument weggelassen wird.

logname Das Argument *"logname"* definiert -entweder als Zeichenkette oder als Symbol- den logischen Namen, der übersetzt werden soll. Dieses Argument muß immer unbedingt angegeben werden.

modus   Das Argument *"modus"* bestimmt den Zugriffsmodus auf die Logical-Name-Tabellen : "SUPERVISOR", "EXECUTIVE" und "KERNEL" sind in der Regel dem Systemmanager vorbehalten, während der Zugriffsmodus "USER" für den normalen Anwender

Fortsetzung Folgeseite

| Fortsetzung *modus* | gedacht ist. "USER" ist gleichzeitig der Default-Wert und kann von daher weggelassen werden. |

tabelle Das Argument *"tabelle"* dient zur Definition der Logical-Name-Tabelle(n), in der/den nach dem logischen Namen *"logname"* gesucht werden soll. Wenn dieses Argument weggelassen wird, gilt die in der Logical-Name-Tabelle "LNM$DCL_LOGICAL" festgelegte übliche Reihenfolge "LNM$PROCESS", "LNM$JOB", LNM$GROUP" und "LNM$SYSTEM".

typ Das Argument *"typ"* steuert die Art der Information, die F$TRNLNM zurückliefern soll. Folgende Werte können hierfür spezifiziert werden :

"CONCEALED"	"TRUE", wenn der aktuelle logische Name mit einem "concealed device" belegt worden ist, ansonsten "FALSE".
"CONFINE"	"TRUE", wenn der aktuelle logische Name nicht an Subprozesse 'vererbt' wird, ansonsten "FALSE".
"TABLE"	"TRUE", wenn der aktuelle logische Name gleichzeitig auch der Name einer Logical-Name-Tabelle ist, ansonsten "FALSE".
"TABLE_NAME"	Name der Logical-Name-Tabelle, in der der aktuelle logische Name gefunden worden ist.
"VALUE"	Wert des aktuellen logischen Namens. ➡ Default

Beispiele :

| B1 |

```
$ TERMINAL = F$TRNLNM ("SYS$OUTPUT")
$ SHOW SYMBOL TERMINAL
TERMINAL = " TTA2:"
```

Es wird der Wert des logischen Namens "SYS$OUTPUT" in den üblichen Logical-Name-Tabellen "LNM$PROCESS", "LNM$JOB", "LNM$GROUP" und "LNM$SYSTEM" gesucht und dem lokalen Symbol "TERMINAL" zugewiesen. Die Übersetzung des logischen Namens geschient unter Ausnutzung aller Default-Werte.

<table>
<tr><td>B2</td><td>

```
$ GW = "GRUSSWORT"
$ ERG = F$TRNLNM (GW,"LNM$GROUP")
$ IF ERG .EQS. "" THEN GOTO MISSERFOLG
```

</td></tr>
</table>

Der logische Name "GRUSSWORT" wird über das Symbol "GW" angegeben, um in der Logical-Name-Tabelle "LNM$GROUP" nach diesem logischen Namen zu suchen. Das Ergebnis der Übersetzung wird dem lokalen Symbol "ERG" zugewiesen und danach in einer "IF"-Abfrage auf die leere Zeichenkette "" entschieden, ob der Logical-Name-Zugriff erfolgreich war oder nicht.

<table>
<tr><td>B3</td><td>

```
$ TAG = "Sonntag"
$ TABELLE = F$TRNLNM (TAG,,,"CASE_SENSITIVE",-
          "TABLE_NAME")
$ SHOW SYMBOL TABELLE
  TABELLE = "LNM$PROCESS_TABLE"
```

</td></tr>
</table>

Der logische Name "Sonntag" wird über das Symbol "TAG" angegeben, um in den Logical-Name-Tabellen "LNM$PROCESS", "LNM$JOB", "LNM$GROUP" und "LNM$SYSTEM" danach zu suchen. Dabei muß die Schreibweise wegen "CASE_SENSITIVE" komplett übereinstimmen. Das Ergebnis der Übersetzung wird dem lokalen Symbol "TABELLE" zugewiesen und soll hier wegen "TABLE_NAME" der Name der Logical-Name-Tabelle sein, in der der logische Name gefunden worden ist.

8.4.30 F$TYPE

Die Lexical Function **"F$TYPE"** liefert den Typ eines Symbols zurück. Folgende Werte werden zurückgereicht :

"INTEGER"	Das Symbol ist ein numerischer Wert.
"STRING"	Das Symbol ist eine Zeichenkette.
"PROCESS_ CONTEXT"	Das Symbol ist eine Kontextvariable, die in den Lexical Functions "F$CONTEXT" (siehe Kapitel 8.4.2) oder "F$PID" (siehe Kapitel 8.4.23) benutzt wird.
"CLUSTER_ SYSTEM_ CONTEXT"	Das Symbol ist eine Kontextvariable, die in der Lexical Function "F$CSID" (siehe Kapitel 8.4.3) benutzt wird.
""	Das Symbol ist undefiniert.

Graph des Befehlsformats :

F$TYPE (*symbol*)

symbol Das Argument *"symbol"* gibt den Namen des Symbols an, das auf seinen Typ überprüft werden soll.

Beispiele :

| **B1** | $ A = "Wunderbar"
$ B = F$TYPE (A) |

Das Symbol "A" wird auf seinen Typ untersucht. Das Ergebnis "STRING" wird dem lokalen Symbol "B" zugewiesen.

| **B2** | $ E = 43
$ F = F$TYPE (E) |

Das Symbol "E" wird auf seinen Typ untersucht. Das Ergebnis "INTEGER" wird dem lokalen Symbol "F" zugewiesen.

8.4.31 F$VERIFY

Die Lexical Function "**F$VERIFY**" liefert den aktuellen Wert für den Testmodus von Kommandoprozeduren (Verifikation). In diesem Fall wird "F$VERIFY" ohne Argumente mit einem leeren Klammerpaar aufgerufen. Außerdem kann "F$VERIFY" diese Testmoduswerte setzen ; hierbei müssen dann die entsprechenden Argumente angegeben werden. Diese Lexical Function arbeitet mit dem DCL-Kommando "SET VERIFY" (vgl. Kapitel 4.4.51) zusammen.

Graph des Befehlsformats :

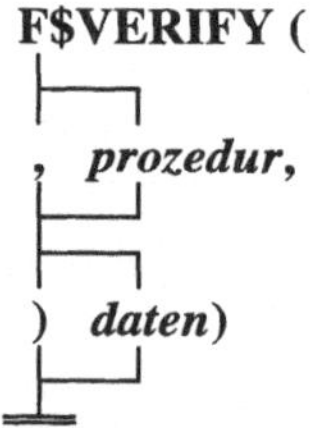

daten   Das Argument *"daten"* schaltet die Protokollierung von innerhalb einer Kommandoprozedur abgelegten Eingabezeilen für auszuführende Programme ein (*"daten"*= 1) oder aus (*"daten"*= 0).

prozedur   Das Argument *"prozedur"* dient zum Einschalten (*"prozedur"*= 1) oder Ausschalten (*"prozedur"*= 0) der Protokollierung der ausgeführten Zeilen einer Kommandoprozedur. *"prozedur"* kann als Symbol oder als numerischer Wert spezifiziert werden.

Beispiele :

| B1 | `$ VERI = F$VERIFY ()` |

Es wird der aktuelle Zustand der Verifikation einer Kommandoprozedur abgefragt. Das Ergebnis "0" (=ausgeschaltet) wird dem lokalen Symbol "VERI" zugewiesen.

| B2 | `$ PROZEDUR = 1`
`$ DATEN = 1`
`$ TEMP = F$VERIFY (PROZEDUR,DATEN)` |

Es wird die Verifikation der Kommandoprozedur inklusive der Anzeige der Programmeingabezeilen, die innerhalb der Prozedur abgelegt sind, eingeschaltet.

8.5 Beispiele für Kommandoprozeduren

Hier nun rundet sich der Ausflug in die Welt der Kommandoprozeduren schließlich und endlich ab : Einige Kommandoprozeduren sollen Ihnen den bisher gelernten Stoff an Beispielen demonstrieren. Der einfachste Weg, ein Spezialist für Kommandoprozeduren zu werden, führt über das Abschreiben der hier angegebenen Beispiele und der schrittweisen Veränderung einzelner Befehle. Dadurch können Sie sehr einfach erkennen, was Ihre Änderungen alles bewirken.

Die einzelnen Themen :

8.5.1   Kommandoprozedur 'DIRECTORY_WECHSEL.COM'

8.5.2   Kommandoprozedur 'BENUTZER_MENUE.COM'

8.5.3   Kommandoprozedur 'NOTIZ_BLOCK.COM'

8.5.4   Kommandoprozedur 'PARAMETER.COM'

8.5.5   Kommandoprozedur 'FORMAT.COM'

8.5.1 Kommandoprozedur 'DIRECTORY_WECHSEL.COM'

Die Kommandoprozedur "DIRECTORY_WECHSEL.COM" (siehe Bild 8.5-1) dient zum Umschalten zwischen den einzelnen (Sub-)Directories in Ihrem Benutzerbereich. Zusätzlich wird der Name der jeweils aktuellen Default-Directory anstelle des defaultmäßigen DCL-Prompts " $" als neuer Prompt definiert und bei einem Wechsel zwischen Directories entsprechend umgestellt.

```
$!============== DIRECTORY_WECHSEL.COM ==============
$! Kommandoprozedur zum Wechseln zwischen (Sub-)Directories
$! Parameter P1 enthält den neuen Zugriffspfad (nur Directories !!)
$!==================================================================
$ IF P1 .EQS.  "" THEN GOTO ANZEIGE              ! Bei leerem P1
$!                                               ! nur Anzeige
$ ZIELDIR = P1 - "[" - "]" - "<" - ">"           ! da P1 mit oder ohne
$!                                               ! Klammern angebbar
$!                                               ! ist, Klammern raus
$ SET DEFAULT ['ZIELDIR']                        ! neue Directory
$!                                               ! mit eignen Klammern
$ ANZEIGE:                                       ! Label Anzeige
$ UMGEBUNG = F$ENVIRONMENT ("DEFAULT")           ! hole Umgebung
$ WRITE SYS$OUTPUT UMGEBUNG                      ! Anzeige Umgebung
$ PFAD = F$PARSE (UMGEBUNG,,,"DIRECTORY")        ! extrahiere Directory
$!                                               ! aus Umgebung
$ PFADLAENGE = F$LENGTH (PFAD)                   ! bestimme Dir-Länge
$ IF PFADLAENGE .GE. 15                          ! wenn länger als 15
$ THEN                                           ! wird der Prompt aus
$     PFADSTART = PFADLAENGE - 15                ! den letzten 15
$     PFAD = F$EXTRACT ('PFADSTART',15,PFAD)     ! Zeichen gebildet
$ ENDIF
$!
$ SET PROMPT = " ' 'PFAD'_$ "                    ! setze Prompt
$!
$!============== Ende =====================================
```

Bild 8.5-1 Die Kommandoprozedur 'DIRECTORY_WECHSEL.COM'

Diese Kommandoprozedur funktioniert nur mit Directory-Angaben und ist nicht für Plattenbezeichner ausgelegt. Die Directory-Angabe kann sowohl mit als auch ohne einschließende Klammern erfolgen. Ist der Directory-Pfad länger als 15 Zeichen, so werden nur die letzten 15 Zeichen für den neuen Prompt verwendet. Aufruf dieser Prozedur ohne einen Übergabeparameter zeigt den Namen der Default-Directory an, mit einem Directory-Pfad als Parameter wird dann diese Directory als Default eingestellt.

Besonders effektiv läßt sich mit dieser Kommandoprozedur arbeiten, wenn Sie für den Aufruf ein eigenes Kurzkommando definieren :

CD :== @[MEIER.PROG]DIRECTORY_WECHSEL

Beispiele :

B1	$ CD [MEIER.TEST] DUA0:[MEIER.TEST] MEIER.TEST_$ _

Es wird die neue Default-Directory "[MEIER.TEST]" eingestellt.

B2	$ CD .DATEN DUA0:[MEIER.TEST.DATEN] MEIER.TEST.DATEN_$ _

Es wird relativ zur aktuellen Default-Directory die Sub-Directory ".DATEN" gewählt ; die neue Default-Directory ist nun [MEIER.TEST.DATEN]". Die Prompt besteht aus den letzten 15 Zeichen des Directory-Pfades.

B3	$ CD <-> DUA0:[MEIER.TEST] MEIER.TEST_$ _

Es wird relativ zur aktuellen Default-Directory eine Hierarchiestufe zurückverzweigt und die Directory "[MEIER.TEST]" als neue Default-Directory eingestellt. Hier sind umschliessende Klammern notwendig, da sonst das Minuszeichen "-" am Ende der Zeile als Fortsetzungszeichen interpretiert werden würde.

8.5.2 Kommandoprozedur 'BENUTZER_MENUE.COM'

Diese Kommandoprozedur "BENUTZER_MENUE.COM" (siehe Bild 8.5-2) gibt für unterschiedliche Benutzer in Abhängigkeit vom Benutzernamen das Menü mit den Programmpunkten aus, die für diesen Benutzer erlaubt sind. Am Ende der Ausgabe des Menüs erwartet die Prozedur eine Eingabe vom Benutzer, überprüft die Korrektheit und verzweigt dann zum Aufruf der ausgewählten Applikation. Das Menü selbst wird mit Escape-Sequenzen richtig 'schick' gestaltet.

```
$!============== BENUTZER_MENUE.COM ==================
$! Kommandoprozedur zur Ausgabe von Benutzer-abhängigen
$! Menüs
$!=====================================================
$ Esc(0,8) = 27                                      ! Definition von Escape
$!                                                   ! Escape-Sequenzen
$ Loesche_bildschirm = Esc + "[2J"                   ! für Bildschirm löschen
$ Gross_schrift_oben = Esc + "#3"                    ! für Großschrift oben
$ Gross_schrift_unten = Esc + "#4"                   ! für Großschrift unten
$ Pos_oben_ueber = Esc + "[1;30H"                    ! für Position (Zeile 1
$ Pos_unten_ueber = Esc + "[2;30H"                   ! bzw. 2, Spalte 30)
$!                                                   ! für die Überschrift
$ Ws = "Write Sys$output"                            ! Abkürzung für
$!                                                   ! Terminalausgabe
$!
$ Benutzer = F$Getjpi ("","Username")                ! Benutzername mit
$!                                                   ! Leerzeichen
$ Benutzer = F$Edit (Benutzer,"Collapse")            ! Benutzername pur
$!
$ Prog_Meier = "Pps,Fibu,Dcl"                        ! Programme für Meier
$ Prog_Bader = "Pps,Bde"                             ! Programme für Bader
$! ...
$ Menue_ausgabe:                                     ! Ausgabe des Menüs
$ Ws Loesche_Bildschirm                              ! Bildschirm löschen
$ Ws Pos_oben_ueber + -                              ! Überschriftzeile
      Gross_schrift_oben + "Menue"                   ! Teil oben (Zeile 1)
$ Ws Pos_unten_ueber + -                             ! und
      Gross_schrift_unten + "Menue"                  ! Teil unten (Zeile 2)
$!
$ If F$Locate ("Pps",Prog_'Benutzer') -              ! Ausgabe spezifisches
     .Le. F$Length (Prog_'Benutzer') -               ! Benutzermenü mit
     Then Ws "Pps :  Aufruf Pps"                     ! den Menüpunkten
$ If F$Locate ("Fibu",Prog_'Benutzer') -             ! aller erlaubten
     .Le. F$Length (Prog_'Benutzer') -               ! Programme aus der
     Then Ws "Fibu :  Aufruf Fibu"                   ! Zeichenkette
$ If F$Locate ("Bde",Prog_'Benutzer') -              ! PROG_Benutzer
     .Le. F$Length (Prog_'Benutzer') -
     Then Ws "Bde :  Aufruf Bde"
$ If F$Locate ("Dcl",Prog_'Benutzer') -
     .Le. F$Length (Prog_'Benutzer') -
     Then Ws "Dcl :  Ausstieg nach Dcl"
```

Fortsetzung Folgeseite

Bild 8.5-2 Die Kommandoprozedur 'BENUTZER_MENUE.COM'

```
$ Ws  "E :  Ende und Logout"                          ! "ENDE"- Punkt immer
$!                                                     ! ausgeben
$ Inquire Wahl "Ihre Wahl : "                          ! Anforderung der
$!                                                     ! Eingabe der Auswahl
$!
$ If Wahl .Eqs. "E"  Then Logout                       ! Ausstieg
$ If Wahl .Eqs. ""  Then -                             ! bei leerer Eingabe
     Goto Menue_ausgabe                                ! zur Menü-Ausgabe
$ If F$Locate ("' ' Wahl' ",Prog_'Benutzer') -         ! Ist die Wahl in der
     .Le. F$Length (Prog_'Benutzer') -                 ! Zeichenkette der für
     Then Goto 'Wahl'_Behandlung                       ! den Benutzer erlaub-
$!                                                     ! ten Programme ?
$!                                                     ! wenn ja, Applikation
$!                                                     ! aufrufen
$ If Wahl .Eqs. "E"  Then Logout                       ! Ausstieg
$!
$ Ws "Nicht erlaubte Eingabe erkannt"                  ! Eingabe nicht erlaubt
$ Inquire Weiter                                       ! Bestätigen Fehler
$ Goto Menue_ausgabe                                   ! zurück zum Menü
$!
$ Pps_Behandlung:                                      ! hier erfolgen nun die
$!   hier Pps-Aufruf unterbringen                      ! Aufrufe der
$ Goto Menue_ausgabe                                   ! jeweiligen gewählten
$!                                                     ! Applikationen mit
$ Fibu_Behandlung:                                     ! dem anschließenden
$! hier Fibu-Aufruf unterbringen                       ! Rücksprung zur
$ Goto Menue_ausgabe                                   ! Ausgabe des
$!                                                     ! Benutzermenüs
$ Bde_Behandlung:
$! hier Bde-Aufruf unterbringen
$ Goto Menue_ausgabe
$!
$ Dcl_Behandlung:                                      ! Sonderfall : DCL
$ Exit                                                 ! hier verlassen mit Exit
$!================ Ende ================================
```

**Bild 8.5-2 Die Kommandoprozedur 'BENUTZER_MENUE.COM'
(Fortsetzung)**

Solch ein Benutzermenü wird oft von Systemmanagern für Sachbearbeiter eingerichtet,
damit diese nicht auf die DCL-Ebene gelangen, trotzdem aber ihre Applikationen
aufrufen können. In diesem Fall erfolgt der Aufruf dieser Kommandoprozedur am besten
gleich aus der Login-Prozedur "LOGIN.COM" heraus.

Beispiel :

| B1 |

```
$ @BENUTZER_MENUE
                    MENUE
1 : PPS-Aufruf
2 : FIBU-Aufruf
4 : Ausstieg nach DCL
E : Ende und Logout
Ihre Wahl :_
```

Das Benutzermenü für "MEIER" wird ausgegeben.

8.5.3 Kommandoprozedur 'NOTIZ_BLOCK.COM'

Diese Kommandoprozedur "NOTIZ_BLOCK.COM" (siehe Bild 8.5-3) zeigt Ihnen den nicht-interaktiven Aufruf des Editors aus einer Kommandoprozedur heraus. Zuerst wird am Ende der Datei "NOTIZEN.TXT" automatisch eine Überschrift bestehend aus dem Benutzernamen und der aktuellen Systemzeit eingetragen und dann der Editor für Ihren Notiztext aufgerufen.

```
$!============== NOTIZ_BLOCK.COM ===========================
$! Kommandoprozedur für automatischen Eintrag in Notizblock mit
$! Aufruf des Editors
$!========================================================
$ BENUTZER = F$EDIT (F$GETJPI ("",-          ! Benutzername mit
        "USERNAME"), "COLLAPSE")             ! Aufruf lex. Funktion
$!                                           ! in einer lex. Funktion
$ ZEIT = F$TIME()                            ! Systemzeit holen
$!
$ OPEN /WRITE AUTO AUTO.COM                  ! Öffnen der internen
$!                                           ! Kommandoprozedur
$ WRITE AUTO "$ EDIT /EDT NOTIZEN.TXT"       ! 1. Editor-Aufruf
$ WRITE AUTO "INSERT %E + 1 ; "              ! 2. Einfügen Leerzeile
$!                                           !    am Dateiende
$ WRITE AUTO "INSERT %E + 2 ; EINTRAG" + -   ! 3. Einfügen der Über-
        "VON ' 'BENUTZER' AM ' ' ZEIT' "     !    schrift mit Benutzer
$!                                           !    und Systemzeit
$! WRITE AUTO "EXIT"                         ! 4. Verlassen Editor
```

Fortsetzung Folgeseite

Bild 8.5-3 Die Kommandoprozedur 'NOTIZ_BLOCK.COM'

```
$! CLOSE AUTO                                  ! Schliessen der
$!                                             ! Kommandoprozedur
$ @AUTO                                        ! Aufruf der Prozedur
$ DELETE AUTO.COM;*                            ! und wieder löschen
$!
$ ASSIGN TT SYS$INPUT                          ! Eingabekanal auf das
$!                                             ! Terminal umlenken
$ EDIT /EDT NOTIZEN.TXT                        ! Editor-Aufruf zum
$ EXIT                                         ! Notiz-Editieren
$!==================== ENDE ==========================================
```

Bild 8.5-3 Die Kommandoprozedur 'NOTIZ_BLOCK.COM'
                (Fortsetzung)

In dieser Kommandoprozedur können Sie sehen, wie eine variable Versorgung von variablen Eingaben an ein Programm bewerkstelligt werden können. Da DCL Eingabezeilen nicht überarbeitet und Symbole substituiert, wird hier in diesem Beispiel der Umweg über eine interne Kommandoprozedur gewählt, wo die Eingabezeilen für den Editor über "WRITE"-Anweisungen hineingeschrieben werden (und damit auch auftretende Symbole substituiert). Vor dem Aufruf eines interaktiven Programms aus einer Kommandoprozedur ist auf jeden Fall der Eingabekanal "SYS$INPUT" auf das Terminal umzulenken, da sonst in einer Kommandoprozedur die Eingaben innerhalb der Prozedur (ohne "$") erwartet werden.

8.5.4 Kommandoprozedur 'PARAMETER.COM'

Diese Kommandoprozedur "PARAMETER.COM" (siehe Bild 8.5-4) übernimmt wahlfrei angegebene Übergabeparameter aus dem Aufruf der Kommandoprozedur, fragt per Prompt nach fehlenden Parametern und zeigt am Ende die Parameter einfach nur an. Diese Prozedur können Sie angepaßt immer dort integrieren, wo Sie eine flexible Kommandoschnittstelle realisieren wollen.

```
$!============== PARAMETER.COM =============================
$! Kommandoprozedur für Parameter-Check und Abfrage bei
$! wahlfreier Anordnung der Qualifizierer "/IN" und "/LIS"
$!=========================================================
$ IN_PARAM = ""                                ! Parameter-Init
```

Fortsetzung Folgeseite

Bild 8.5-4 Die Kommandoprozedur 'PARAMETER.COM'

```
$ LIS_PARAM = ""                                  ! Parameter-Init
$ ARGUMENT = ""
$!
$ IF P1 .EQS. "" THEN GOTO FERTIG                 ! keine weiteren Para-
$ PARAM = P1                                      ! meter mehr ? Sonst
$ GOSUB PARAM_CHECK                               ! Check von P1
$ IF P2 .EQS. "" THEN GOTO FERTIG                 ! keine weiteren Para-
$ PARAM = P2                                      ! meter mehr ? Sonst
$ GOSUB PARAM_CHECK                               ! Check von P2
$ IF P3 .EQS. "" THEN GOTO FERTIG                 ! keine weiteren Para-
$ PARAM = P3                                      ! meter mehr ? Sonst
$ GOSUB PARAM_CHECK                               ! Check von P3
$ IF P4 .EQS. "" THEN GOTO FERTIG                 ! keine weiteren Para-
$ PARAM = P4                                      ! meter mehr ? Sonst
$ GOSUB PARAM_CHECK                               ! Check von P4
$!
$ FERTIG:
$ IN_CHECK:                                       ! ist "/IN" versorgt ?
$ IF IN_PARAM .EQS. ""                            ! wenn nein, dann
$ THEN                                            ! Parameter abfragen
$       INQUIRE IN_PARAM                          ! und erneute Prüfung
$       GOTO IN_CHECK                             ! durchführen
$ ENDIF
$ LIS_CHECK:                                      ! ist "/LIS" versorgt ?
$ IF LIS_PARAM .EQS. ""                           ! wenn nein, dann
$ THEN                                            ! Parameter abfragen
$       INQUIRE LIS_PARAM                         ! und erneute Prüfung
$       GOTO LIS_CHECK                            ! durchführen
$ ENDIF
$ ARG_CHECK:                                      ! Argument versorgt ?
$ IF ARGUMENT .EQS. ""                            ! wenn nein, dann
$ THEN                                            ! Argument abfragen
$       INQUIRE ARGUMENT                          ! und erneute Prüfung
$       GOTO ARG_CHECK                            ! durchführen
$ ENDIF
$ WRITE SYS$OUTPUT "IN='' IN_PARAM'"              ! Parameter anzeigen
$ WRITE SYS$OUTPUT "LIS='' LIS_PARAM'"
$ WRITE SYS$OUTPUT "ARG='' ARGUMENT'"
$ EXIT
$!
```

Fortsetzung Folgeseite

Bild 8.5-4 Die Kommandoprozedur 'PARAMETER.COM'
     (Fortsetzung)

```
$ PARAM_CHECK:                                    ! interne Subroutine
$ IF F$EXTRACT(0,3,PARAM) .EQS. "IN="             ! "IN=" erkannt ?
$ THEN                                            ! wenn ja, dann
$     IN_:PARAM=F$EXTRACT(3, F$LENGTH(PARAM) - 3,PARAM)
$ ELSE                                            ! wenn "LIS=" erkannt,
$     IF F$EXTRACT(0,4,PARAM) .EQS. "LIS="        ! dann
$     THEN
$         LIS_:PARAM=F$EXTRACT(4, F$LENGTH(PARAM) - 4,PARAM)
$     ELSE                                        ! ansonsten Argument
$         ARGUMENT = PARAM
$     ENDIF
$ ENDIF
$ RETURN
$!==================== Ende ========================
```

Bild 8.5-4 Die Kommandoprozedur 'PARAMETER.COM'
(Fortsetzung)

Beispiele :

B1

```
$ @PARAMETER IN=HUGO LIS=IST   SCHLAU
IN=HUGO
LIS=IST
ARG=SCHLAU
```

Die Kommandoprozedur "PARAMETER.COM" wird mit den
Übergabeparametern "IN=HUGO", "LIS=IST" und "SCHLAU"
aufgerufen ; die daraus gewonnenen Variablenwerte werden
angezeigt.

B2

```
$ @PARAMETER IN=EGON
LIS_PARAM:   SCHLÄFT
ARGUMENT:    IMMER
IN=EGON
LIS=SCHLÄFT
ARG=IMMER
```

Die Kommandoprozedur "PARAMETER.COM" wird mit dem
Übergabeparameter "IN=EGON" aufgerufen ; die noch fehlenden
Werte für "LIS_PARAM" und "ARGUMENT" werden abgefragt
und danach die daraus gewonnenen Variablenwerte angezeigt.

8.5.5 Kommandoprozedur 'FORMAT.COM'

Diese Kommandoprozedur "FORMAT.COM" (siehe Bild 8.5-5) liest die Datei "EINGABE.DAT" satzweise ein und schreibt jeden Satz mit seiner Zeilennumerierung in die Ausgabedatei "AUSGABE.DAT", wobei in der Ausgabedatei hinter jedem 10. Satz eine Strichzeile eingefügt werden soll.

```
$!============== FORMAT.COM =========================
$! Kommandoprozedur für Formatierung alle 10 Zeilen durch "---"
$!=================================================
$ OPEN /READ  IN EINGABE.DAT               ! Eingabedatei öffnen
$ OPEN /WRITE  OUT AUSGABE.DAT             ! Ausgabedatei öffnen
$ ZEILE = 0                                ! Zeilenzähler init.
$ UMBRUCH = 0                              ! Umbruch init.
$!
$ SCHLEIFE:                                ! Lese-/Schreibschleife
$ READ /END_OF_FILE=FERTIG IN SATZ         ! Satz einlesen
$ ZEILE = ZEILE + 1                        ! Zeilennummer + 1
$ UMBRUCH = UMBRUCH +1                     ! Umbruch + 1
$ IF UMBRUCH .LE. 10 THEN GOTO SCHREIB     ! Umbruch nötig ?
$ WRITE OUT "---------------"              ! Strichzeile schreiben
$ UMBRUCH = 1                              ! Umbruch neu setzen
$ SCHREIB:                                 ! gelesenen Satz mit
$ WRITE OUT "''ZEILE':''SATZ'"             ! Zeilennr. schreiben
$ GOTO SCHLEIFE                            ! und nächster Satz
$!
$ FERTIG:                                  ! alle Sätze kopiert
$ CLOSE IN                                 ! Ein- und Ausgabe-
$ CLOSE OUT                                ! datei schließen
$!==================== ENDE =========================
```

Bild 8.5-5 Die Kommandoprozedur 'FORMAT.COM'

9. Übersichten

In diesem Kapitel sind die einzelnen Übersichten zusammengestellt. Ihnen werden die OpenVMS-Manuale genannt, die die Grundlage für dieses Buch bildeten. Die vorgestellten DCL-Befehle und 'Lexical Functions' werden klassifiziert. Nützlich ist auch eine Tabelle mit dem ASCII-Code. Den Anschluß bildet schließlich ein Glossar mit der Erläuterung der in diesem Buch verwendeten Begriffe.

Die einzelnen Themen :

9.1   Verzeichnis der verwendeten OpenVMS-Manuale

9.2   DCL-Befehlsübersicht nach Anwendungsgebieten

9.3   'Lexical Functions'-Übersicht nach Anwendungsgebieten

9.4   Einige nützliche Kurzformen für DCL-Befehle

9.5   Der ASCII-Code

9.6   Glossar - Erklärung der verwendeten Begriffe

9.7   Bildverzeichnis

9.1 Verzeichnis der verwendeten OpenVMS-Manuale

Folgende Original-VMS-Manuale wurden für dieses Buch zu Rate gezogen (die Auflistung geschieht in alphabetischer Reihenfolge) :

- ❏ Extensible Versatile Editor Reference Manual
- ❏ Guide ti the DEC Text Processing Utility
- ❏ Guide to OpenVMS Performance Management
- ❏ Open VMS Command Definition, Librarian, and Message Utilities Manual
- ❏ OpenVMS DCL Dictionary A-M und N-Z
- ❏ OpenVMS Debugger Manual
- ❏ OpenVMS EDT Reference Manual
- ❏ OpenVMS Linker Utility Manual
- ❏ OpenVMS Programming Concepts Manual
- ❏ OpenVMS Programming Environment Manual
- ❏ OpenVMS Record Management Utilities Reference Manual
- ❏ OpenVMS System Management Utilities Reference Manual : A-L und M-Z
- ❏ OpenVMS System Manager's Manual : Essentials
- ❏ OpenVMS System Manager's Manual : Tuning, Monitoring and Complex Systems
- ❏ OpenVMS System Services Reference Manual A-GETMSG und GETQUI-Z
- ❏ OpenVMS User's Manual
- ❏ OpenVMS VAX Guide to System Security

9.2 DCL-Befehlsübersicht nach Anwendungsgebieten

Die folgenden, alphabetisch nach Themengebieten geordneten Tabellen stellen die DCL-Kommandos nach bestimmten Anwendungsgebieten zusammen.

DCL-KOMMANDOS FÜR BATCHQUEUES		
DELETE /ENTRY	SHOW QUEUE	STOP /QUEUE
DELETE /QUEUE	START /QUEUE	/MANAGER/CLUSTER
INITIALIZE /QUEUE	START /QUEUE/MANAGER	STOP /QUEUES
SET ENTRY	STOP /QUEUE	SUBMIT

DCL-Kommandos für Dateien allgemein		
Analyze /rms_file	Difference	Search
Append	Directory	Set Directory
Assign	Dump	Set File
Backup	Edit /edt	Set Security
Close	Edit /tpu	Show Logical
Copy	Open	Show Protection
Create /directory	Print	Show Translation
Create /fdl	Purge	Sort
Deassign	Read	Type
Define	Rename	Write
Delete	Run	

DCL-Kommandos für Dateistrukturen		
Analyze /rms_file	Create /fdl	Set File
Backup	Directory	Set Security
Create /directory	Dump	Show Protection

DCL-Kommandos für Dateiinhalte		
Append	Dump	Search
Backup	Edit /edt	Sort
Copy	Edit /tpu	Type
Difference	Print	

DCL-Kommandos für Directories		
Assign	Directory	Set File
Backup	Initialize	Set Security
Create /directory	Purge	Show Logical
Deassign	Rename	Show Protection
Define	Set Default	Show Translation
Delete	Set Directory	

DCL-Kommandos für Druckformulare		
Define /form	Print	Show Queue /form
Delete /form		

DCL-KOMMANDOS FÜR GERÄTE UND DEVICES		
ALLOCATE	DEASSIGN	SET TERMINAL
ASSIGN	DEFINE	SHOW DEVICE
BACKUP	DISMOUNT	SHOW LOGICAL
COPY	INITIALIZE	SHOW TERMINAL
DEALLOCATE	MOUNT	SHOW TRANSLATION

DCL-KOMMANDOS FÜR KOMMANDOPROZEDUREN		
@	GOSUB	OPEN
= / == / := / :==	GOTO	SET ON
CLOSE	IF	SET VERIFY
CONTINUE	INQUIRE	SUBMIT
EXIT	ON	WAIT

DCL-KOMMANDOS FÜR KOMMUNIKATION		
MAIL	SET BROADCAST	SHOW NETWORK
PHONE	SET HOST	SPAWN
REPLY	SHOW BROADCAST	

DCL-KOMMANDOS FÜR LOGISCHE NAMEN		
ALLOCATE	DEASSIGN	SHOW LOGICAL
ASSIGN	DEFINE	SHOW TRANSLATION
CLOSE	MOUNT	WRITE
CREATE /NAME_TABLE	OPEN	
DEALLOCATE	READ	

DCL-KOMMANDOS FÜR PRINTQUEUES		
DELETE /ENTRY	SET ENTRY	STOP /QUEUE
DELETE /QUEUE	SHOW QUEUE	/MANAGER/CLUSTER
INITIALIZE /QUEUE	START /QUEUE	STOP /QUEUE
PRINT	START /QUEUE/MANAG.	STOP /QUEUES

DCL-KOMMANDOS FÜR PROGRAMMENTWICKLUNG		
ASSIGN	EDIT /EDT	PASCAL
COBOL	EDIT /TPU	RUN
CC	FORTRAN	SET VERIFY
DEASSIGN	LIBRARY	SHOW LOGICAL
DEBUG	LINK	SHOW TRANSLATION
DEFINE	MACRO	

DCL-KOMMANDOS FÜR PROZESSE		
ATTACH	SET BROADCAST	SHOW PROCESS
CONTINUE	SET DEFAULT	SHOW STATUS
DEBUG	SET HOST	SHOW SYSTEM
LOGIN	SET PASSWORD	SHOW TERMINAL
LOGOUT	SET PROCESS	SHOW USERS
MAIL	SET TIME	SPAWN
PHONE	SET VERIFY	STOP
REPLY	SHOW BROADCAST	WAIT
RUN	SHOW DEFAULT	

DCL-KOMMANDOS FÜR SYMBOLE		
= / == / := / :==	DELETE /SYMBOL	SHOW SYMBOL

DCL-KOMMANDOS FÜR SYSTEM ALLGEMEIN		
ALLOCATE	REPLY	SHOW TIME
DEALLOCATE	SET HOST	SHOW USERS
DISMOUNT	SET TIME	START /QUEUE
INITIALIZE	SHOW MEMORY	STOP
INITIALIZE /QUEUE	SHOW NETWORK	STOP /QUEUE
MOUNT	SHOW SYSTEM	

DCL-KOMMANDOS FÜR TERMINALS		
= / == / := / :==	PHONE	SHOW BROADCAST
DEFINE /KEY	READ	SHOW KEY
DELETE /KEY	RECALL	SHOW SYMBOL
DELETE /SYMBOL	REPLY	SHOW TIME
HELP	RUN	SHOW TERMINAL
LOGIN	SET BROADCAST	WRITE
LOGOUT	SET CONTROL	
MAIL	SET VERIFY	

9.3 'Lexical Functions'-Übersicht nach Anwendungsgebieten

Die folgenden, alphabetisch nach Themengebieten geordneten Tabellen stellen die
'Lexical Functions' nach bestimmten Anwendungsgebieten zusammen.

'LEXICAL FUNCTIONS' FÜR DATEIEN		
F$FILE_ATTRIBUTES	F$PARSE	F$SEARCH

'LEXICAL FUNCTIONS' FÜR PROZESSE UND UMGEBUNG		
F$CONTEXT	F$GETJPI	F$PRIVILEGE
F$DIRECTORY	F$MODE	F$VERIFY
F$ENVIRONMENT	F$PID	

'LEXICAL FUNCTIONS' FÜR SYMBOLE UND LOGISCHE NAMEN		
F$CVTIME	F$INTEGER	F$TYPE
F$EDIT	F$STRING	F$VERIFY

'LEXICAL FUNCTIONS' FÜR SYSTEM, GERÄTE, QUEUES ETC.		
F$CSID	F$GETQUI	F$PRIVILEGE
F$DEVICE	F$GETSYI	F$PROCESS
F$GETDVI	F$MESSAGE	
F$GETJPI	F$PID	

'LEXICAL FUNCTIONS' FÜR ZEICHENKETTENBEHANDLUNG		
F$CVTIME	F$EXTRACT	F$LOCATE
F$EDIT	F$FAO	F$MESSAGE
F$ELEMENT	F$LENGTH	F$STRING

'LEXICAL FUNCTIONS' FÜR ZEIT		
F$CVTIME	F$TIME	

9.4 Einige nützliche Kurzformen für DCL-Befehle

In der folgenden Übersicht werden Ihnen einige nützliche Definitionen für Abkürzungen von DCL-Befehlen genannt. Für die Kommandodefinitionen für die Editoren "EDT" und "EVE" müssen die entsprechenden Konfigurationsdateien *EDTINI-Datei*, *Initdatei* und *Sektionsdatei* entsprechend angegeben werden :

```
$   ED*T   == "EDIT /EDT /COMMAND=EDTINI-Datei"
$   EVE    == "EDIT /TPU /SECTION=Sektionsdatei/INIT=Initdatei"
```

$	APP	== "APPEND /LOG"
$	COP	== "COPY /LOG"
$	DD	== "DIRECTORY /DATE /SIZE=ALL"
$	DEL	== "DELETE /LOG"
$	DF	== "DIRECTORY /FULL"
$	DO	== "DIRECTORY /OWNER"
$	DP	== "DIRECTORY /PROTECTION"
$	PU	== "PURGE /LOG"
$	Q	== "SHOW QUEUE /ALL"
$	QB	== "SHOW QUEUE /ALL SYS$BATCH"
$	QP	== "SHOW QUEUE /ALL SYS$PRINT"
$	REN	== "RENAME /LOG"
$	WS	== "WRITE SYS$OUTPUT"

9.5 Der ASCII-Code

Zeichen	dezi.	hexa.	Zeichen	dezi.	hexa.	Zeichen	dezi.	hexa.	Zeichen	dezi.	hexa.
NUL	0	00		32	20	@	64	40	`	96	60
SOH	1	01	!	33	21	A	65	41	a	97	61
STX	2	02	"	34	22	B	66	42	b	98	62
ETX	3	03	#	35	23	C	67	43	c	99	63
EOT	4	04	$	36	24	D	68	44	d	100	64
ENQ	5	05	%	37	25	E	69	45	e	101	65
ACK	6	06	&	38	26	F	70	46	f	102	66
BEL	7	07	'	39	27	G	71	47	g	103	67
BS	8	08	(	40	28	H	72	48	h	104	68
HT	9	09	)	41	29	I	73	49	i	105	69
LF	10	0A	*	42	2A	J	74	4A	j	106	6A
VT	11	0B	+	43	2B	K	75	4B	k	107	6B
FF	12	0C	,	44	2C	L	76	4C	l	108	6C
CR	13	0D	-	45	2D	M	77	4D	m	109	6D
SO	14	0E	.	46	2E	N	78	4E	n	110	6E
SI	15	0F	/	47	2F	O	79	4F	o	111	6F
DLE	16	10	0	48	30	P	80	50	p	112	70
DC1	17	11	1	49	31	Q	81	51	q	113	71
DC2	18	12	2	50	32	R	82	52	r	114	72
DC3	19	13	3	51	33	S	83	53	s	115	73
DC4	20	14	4	52	34	T	84	54	t	116	74
NAK	21	15	5	53	35	U	85	55	u	117	75
SYN	22	16	6	54	36	V	86	56	v	118	76
ETB	23	17	7	55	37	W	87	57	w	119	77
CAN	24	18	8	56	38	X	88	58	x	120	78
EM	25	19	9	57	39	Y	89	59	y	121	79
SUB	26	1A	:	58	3A	Z	90	5A	z	122	7A
ESC	27	1B	;	59	3B	[	91	5B	{	123	7B
FS	28	1C	<	60	3C	\	92	5C	l	123	7C
GS	29	1D	=	61	3D	]	93	5D	}	125	7D
RS	30	1E	>	62	3E	^	94	5E	~	126	7E
US	31	1F	?	63	3F	_	95	5F	DEL	127	7F

Die in Kursivschrift (z.B. *"DEL"*) angegebenen ASCII-Codes sind nicht darstellbare Steuerzeichen. Ansonsten zeigt Ihnen die Tabelle die ersten 128 ASCII-Codes ("0" bis "127"), die international identisch sind und die gleichzeitig dem "DEC Multinational Character Set" entsprechen. Die folgenden 128 ASCII-Codes hängen von dem ausgewählten (nationalen) Zeichensatz ab. Hier sei auf die Dokumentation verwiesen, die Ihnen beim Kauf eines Terminals beispielsweise ausgehändigt wird.

9.6 Glossar - Erklärung der verwendeten Begriffe

absoluter Zugriffspfad	... beginnt an der obersten (Root-) Directory (Master File Directory oder Haupt-Directory) und enthält alle Directories bis zur gewünschten Zieldatei.
allocate	... bedeutet zuweisen, reservieren.
append	... bedeutet anhängen.
Applikation	... bedeutet Anwendungsprogramm.
Area	... (eigentlich Gegend) bezeichnet einen Speicherplatzbereich in Dateien.
Argument	... ist ein Wert oder eine Zeichenkette und bestimmt das zu bearbeitende Objekt, mit dem ein Befehl etwas tun soll.
Argument-qualifizierer	... ist eine zusätzliche Anweisung an einen Befehl, das übergebene Argument entsprechend zu behandeln.
ASCII-Code	... (American Standard Code for Information Interchange / Amerikanischer Standard Code für Informationsaustausch) ist eine Zahlenverschlüsselung für Zeichen und Ziffern.
Autorisations-datei	... ist die Datei, in der alle Benutzer des OpenVMS-Rechners mit ihren Rechten, Privilegien, Quoten gespeichert sind. Diese Datei pflegt der Systemmanager.
authorize	... bedeutet autorisieren, erlauben.
backup	... bedeutet (Daten-) Sicherung.
Bandmarke	... ist ein Zeichen, das auf einem Magnetband Positionen zu kennzeichnen (z.B. Bandanfang, zwischen und am Ende von Dateien).
Batchjob	... ist eine in eine Batchqueue eingereihte Aufgabe.
Batchqueue	... (batch = Stoß, Haufen, queue = Warteschlange) stellt Arbeitsplätze im Hintergrund zur Verfügung. Aufgaben (in der Regel lange laufende Programme, die interaktiv sonst das Terminal blockieren würden) werden an das Ende der Warteschlange eingereiht und nach Maßgabe der freien Arbeitsplätze nacheinander abgearbeitet.
BDE	... heißt Betriebsdatenerfassung und bezeichnet Programmpakete für die rechnerunterstützte Erfassung von betrieblichen Istdaten.

Befehl	... ist eine Anweisung an den Rechner, etwas zu tun.
Betriebssystem	... ist ein Programmpaket zur Steuerung und Verwaltung des Rechners, daß den Anwendungsprogrammen alle Fähigkeiten und Möglichkeiten als Dienstleistung zur Verfügung stellt.
Bibliothek	... (eigentlich Bücherei) ist eine logische Zusammenfassung von Dateien zu einem Thema (z.B. HELP-Texte).
Bildschirm-modus des Editors	... stellt den gesamten Bildschirm für Eingabe und Veränderungen von Texten zur Verfügung. Es wird mit Cursortasten zur Positionierung gearbeitet.
binär	... heißt aus 2 Einheiten bestehend. Zahlen werden nur mit "0" und "1" dargestellt. (z.B. 0 = 0000, 1=0001, 2=0010, 3=0011, 4=0100, 5=0101 ...).
Bit	... ist eine binäre Einheit, die entweder "0" oder "1" sein kann.
Bit-Overlay	... bedeutet die Überlagerung eines Bytes mit der entsprechenden Bitfolge.
Blank	... ist das Leerzeichen.
Block	... ist eine Speichereinheit und besteht aus 512 Bytes.
bpi	... ist die Schreibdichte auf einem Magnetband (bpi=Bytes per Inch /Bytes pro Zoll). Übliche Schreibdichten sich 1600, 6250.
Bug	... bezeichnet Fehler in einem Programm (eigentlich 'Käfer').
Burstpage	... ist eine zweite Druckvorspannseite.
Byte	... ist eine addressierbare Einheit bestehend aus 8 Bits ; mit einem Byte kann ein ASCII-Zeichen (Buchstabe, Ziffer) dargestellt werden.
C	... ist eine höhere Programmiersprache aus dem UNIX-Umfeld.
CAD	... heißt "Computer Aided Design" und bezeichnet Programmpakete für rechnerunterstütztes Konstruieren.
CAM	... heißt "Computer Aided Manufacturing" und bezeichnet Programmpakete für rechnerunterstützte Fertigung.
Carriage Return <CR>	... ist das Zeichen "Wagenrücklauf", das mit der RETURN-Taste erzeugt wird.
CIM	... heißt "Computer Integrated Manufacturing" und bezeichnet die Programmpakete zur gesamtheitlichen Unterstützung der Fertigung inklusive Konstruktion, Bestellung, Auftragsabwicklung, Betriebsdatenerfassung usw..
Cobol	... ist eine höhere Programmiersprache, die hauptsächlich für kommerzielle Anwendungen eingesetzt wird.
Commandfile	... bedeutet Kommandodatei mit einer Kommandoprozedur als Inhalt.
Compiler	... bezeichnet man ein Übersetzungsprogramm, das eine Quellcodedatei in Maschinencode (Objektcode) umwandelt.
concealed	... bedeutet versteckt, verborgen.
Count	... heißt Zähler und bezeichnet einen Wiederholungsfaktor (z.B. im Editor "EDT").

CPU	... heißt "Central Processing Unit" und ist der Prozessor, die Befehle eines Programms erkennt und ausführt.
Cursor	... ist eine Schreibmarke, die auf dem Bildschirm die aktuelle Position anzeigt (meist ein blinkendes Rechteck).
Datei	... ist eine logische Einheit, die aus Sätzen besteht, die wiederum aus Zeichen und Werten bestehen.
Debug	... (eigentlich 'Entkäfern') ; bezeichnet das Programm der Testhilfe, mit der Programmfehler während der Ausführung gesucht und gefunden werden können.
DECNET	... ist das Programmpaket von DEC, daß das Rechnernetzwerk betreibt.
Default	... ist ein Wert, Begriff, Zustand etc., der in Ermangelung einer anderen Angabe verwendet werden soll.
Default-Directory	... ist die Directory, auf der sich der Prozeß gerade befindet und die verwendet werden soll, wenn bei Befehlen keine abweichende Directory angegeben wird.
delete	... bedeutet löschen.
Delimiter	... heißt Begrenzer oder Worttrenner.
Device	... ist ein Gerät (physikalische Geräte wie Terminal, Drucker, Platte, Magnetband usw. und logische Geräte wie Mailbox).
Directory	... ist ein Knotenpunkt im hierarchischen, baumartigen Dateisystem und beinhaltet das Verzeichnis der Dateien und Directories, die an diesem Punkt hängen.
Disk	... bedeutet Platte.
Druckformular	... ist die Beschreibung von Eigenschaften (Länge, Breite, Rand usw.), die ein Drucker beim Ausdruck verwenden soll.
Druckjob	... ist ein Eintrag in einer Printqueue.
Echo	... heißt das Anzeigen einer betätigten Taste auf dem Bildschirm.
Editor	... (eigentlich Herausgeber) ist ein Programm zum Erstellen und Pflegen von Texten.
Einfügemodus	... bewirkt das Eintragen eines Zeichens an der aktuellen Cursorposition und schiebt des Rest der Zeile rechts davon um eine Stelle nach rechts.
End-of-File EOF	... kennzeichnet das Ende einer Datei.
Entity	... ist eine Einheit (z.B. Satz, Wort, Abschnitt).
evaluate	... bedeutet ausrechnen, auflösen.
execute	... bedeutet ausführen.
exklusiv	... sind Geräte oder Dateien für genau einen Prozeß reserviert.
extend	... bedeutet erweitern.
Extension	... ist eine Erweiterung des Dateinamens und wird hauptsächlich für den Typ der entsprechenden Datei benutzt.

false	... ist ein logischer Zustand und bedeutet "die Bedingung ist falsch".
FDL	... heißt "File Description Language" und bezeichnet die Beschreibungssprache für (Anwendungs-) Dateien, die zur Definition von RMS-Dateien dient.
File	... bedeutet Datei.
File-Header	... (Dateikopf) ; beinhaltet die Eigenschaften der Datei.
Filename	... ist der Dateiname.
Filetype	... ist der Typ der Datei (Extension)
Flag	... ist ein Zustandsanzeiger im Programm, der die Werte "TRUE" (=wahr) oder "FALSE" (=falsch) annehmen kann.
Flagpage	... ist eine erste Druckvorspannseite.
Folder	... ist ein 'Aktenordner' im elektronischen Postdienst "MAIL".
Formatieren einer Platte	... nennt man den Vorgang der Unterteilung einer Platte in addressierbare Speicherblöcke mit Eintragung von Prüfsummen.
Formfeed <FF>	... ist das Zeichen, das beim Ausdrucken einen Seitenvorschub verursacht.
Full Backup	... ist eine vollständige Datensicherung.
Full Screen Editor	... stellt den gesamten Bildschirm für Eingabe und Veränderungen von Texten zur Verfügung. Es wird mit Cursortasten zur Positionierung gearbeitet.
Funktionstaste	... ist eine Taste auf der Tastatur, der eine Funktion (für das Anwendungsprogramm) zugeordnet worden ist.
Funktions- tastenmodus des Editors	... ist eine bildschirmorientierte Arbeitsweise im Editor, die die Editierfunktionen über Funktionstasten unterstützt.
Group	... ist die Klasse der Anwender, deren UIC die gleiche Gruppenkennummer enthält wie der eigene Prozeß.
Hardware	... (harte Ware) bezeichnet die Geräte und das Zubehör einer Datenverarbeitungsanlage.
Haupt- Directory	... ist die oberste Directory für einen Benutzer, auf der dieser beim Login in der Regel landet.
help	... bedeutet Hilfe.
hexadezimal	... heißt aus 16 Einheiten bestehend. Zahlen werden nur mit den Ziffern "0" bis "9" und den Buchstaben "A" bis "F" dargestellt. (z.B. 1=01, ... 9=09, 10=0A, 11=0B ... 15=0F, 16=10, ... 31 = 1F, 32=20 ...).
Hierarchisches Dateisystem	... ist ein baumartiges Dateisystem, das an der Wurzel (Master File Directory) beginnt und sich über Directories in die Tiefe und Breite verzweigt.
Image	... (eigentlich Bild) ; bedeutet lauffähiges Programm, das innerhalb eines Prozesses unter dessen Kontrolle abgearbeitet wird.

Incremental Backup	... ist eine Datensicherung, die nur die Dateien sichert, die seit der letzten vollständigen Datensicherung verändert wurden.
indexsequentiell	... heißt eine Speicherungsform von RMS-Dateien. Auf Dateien dieses Typs kann mit einem Schlüsselwert zugegriffen werden (Index = Schlüsselverwaltung).
initialisieren	... heißt das Versorgen von Programmvariablen oder eines Speichermediums mit wohldefinierten Startwerten.
inkonsistent	... bedeutet "nicht mehr zueinander passend".
input	... bedeutet Eingabe.
insert	... bedeutet einfügen.
Insert Mode	... bewirkt das Eintragen eines Zeichens an der aktuellen Cursorposition und schiebt des Rest der Zeile rechts davon um eine Stelle nach rechts.
Integer	... ist eine ganze positive oder negative Zahl, die in einem Word (2 Bytes) oder Long (4 Bytes) binär gespeichert wird.
Interface	... bedeutet Schnittstelle und bezeichnet sowohl hardware-mäßige Verbindungen (Kabel) als auch Benutzerschnittstellen.
Job	... bezeichnet die Menge aller Prozesse (Hauptprozeß und Subprozesse), die von einem Terminal aus gestartet worden sind. Außerdem heißen Einträge in einer Batch- oder Printqueue Job.
Journal	... ist die mitlaufende Sicherung einer Editorsitzung in einer Protokolldatei.
Keypad	... heißt der numerische Tastaturblock.
Keypad Editing	... ist eine bildschirmorientierte Arbeitsweise im Editor, die die Editierfunktionen über Funktionstasten unterstützt.
Klassifizierung	... heißt die Zuordnung zu einer bestimmten Gruppe.
Knoten	... heißt ein Mitgliedsrechner in einem Rechnernetzwerk.
Kommando	... ist eine Anweisung an den Rechner, etwas zu tun.
Kommando-prozedur	... ist ein Programm, das aus eine Folge von DCL-Befehlen besteht und von DCL interpretiert und ausgeführt wird.
Kommando-qualifizierer	... ist eine zusätzliche Steueranweisung an einen Befehl, die Arbeitsweise entsprechend anzupassen.
Kommentar	... dient zur Unterbringung eines erklärenden Textes in einem Programm oder in einer Kommandoprozedur nach einem Kommentarzeichen ("!" in DCL, "*" in Cobol etc.). Kommentar wird nicht ausgeführt.
konvertieren	... heißt die Umwandlung von Dateien von einem Format in ein anderes (z.B. sequentielle Datei nach indexsequentiell).
Length	... bedeutet Länge.
Level	... bedeutet Stufe.
Lexical Function	... ist eine Funktion von DCL, mit der bestimmte Daten abgefragt oder behandelt werden können. Diese Lexical Functions finden in programmierten Kommandoprozeduren Verwendung.

Line Editing	... ist die Möglichkeit, Befehle in der Kommandozeile vor dem Abschicken an OpenVMS zu editieren und sich vorige Befehle zur Veränderung wieder zu holen.
Linefeed <LF>	... ist das Zeichen, das beim Ausdrucken einen Zeilenvorschub verursacht.
Linker	... bezeichnet man ein Dienstprogramm, das aus einem oder mehreren in Maschinencode vorhandene Objektcodedateien ein lauffähiges Programm erzeugt.
Loadhost	... ist der Rechner in einem Rechnernetz, der gemeinsam zu nutzende Software verwaltet und an andere Rechner schickt, damit diese die Software in ihren Hauptspeicher laden.
local	... heißt "beschränkt auf die aktuelle Umgebung".
Logfile / Logprotokoll	... ist die Datei, die die mitlaufende Protokollierung eines Batchjobs enthält.
Logical-Name-Tabelle	... ist die Tabelle, die logische Namen verwaltet.
Login	... bezeichnet den Vorgang der Anmeldung beim Rechner und den Beginn einer Terminalsitzung.
logische Bedingung	... ist der Vergleich von zwei Werten oder zwei Zeichenketten auf eine Bedingung (größer, größer-gleich, gleich, kleiner-gleich, kleiner, ungleich). Ist die Bedingung erfüllt, so besitzt die logische Bedingung das Ergebnis "TRUE" (= wahr), anderenfalls das Ergebnis "FALSE" (= falsch).
logische Verknüpfung	... ist die Kombination von mehreren logischen Bedingungen, die mit "AND" (= und) oder "OR" (= oder) miteinander in Beziehung gesetzt werden. Ist die so zusammengesetzte Bedingung erfüllt, so besitzt die logische Bedingung das Ergebnis "TRUE" (= wahr), anderenfalls das Ergebnis "FALSE" (= falsch).
logischer Name	... ist eine Zuweisung einer Zeichenkette zu einem Namen. Programme verwenden den logischen Namen, den OpenVMS dann durch den aktuellen Wert der Zeichenkette zur Laufzeit ersetzt.
Logout	... bezeichnet den Vorgang der Abmeldung vom Rechner und Ende der Terminalsitzung.
Long / Longword	... ist eine addressierbare Einheit bestehend aus 4 Bytes = 32 Bits.
Magnetband / -kassette	... ist ein Speichermedium mit ausschließlich sequentiellem Zugriff, das zumeist für Datensicherungen eingesetzt wird.
Magnetplatte	... ist das schnelle Speichermedium mit direktem Zugriff auf die Dateien, die darauf gespeichert sind. Magnetplatten müssen vor dem erstmaligen Gebrauch formatiert und initialisiert werden.
Mail	... bedeutet Briefpost, Nachricht.

Makro	... ist eine kurze Programmanweisung, hinter der sich eine ganze Folge von Anweisungen verbirgt.
Maschinencode	... ist die binäre Verschlüsselung von Programmen, die der Prozessor lesen und ausführen kann.
Master File Directory MFD	... ist die oberste Directory auf einer Platte, auf die nur der Systemmanager zugreifen darf ; dort sind die Haupt-Directories für die Benutzer untergebracht.
Memory	... bezeichnet den Hauptspeicher.
Message	... bedeutet Nachricht, Meldung.
modify	... bedeutet verändern.
Multi-Tasking	... kann mehrere Programme parallel ablaufen lassen.
Multi-User	... (Mehrbenutzerbetrieb) ; es können mehrere Benutzer gleichzeitig am System arbeiten.
mount	... bedeutet montieren (hier im Sinn von hochfahren).
Node	... heißt ein Mitgliedsrechner in einem Rechnernetzwerk (=Knoten).
Nokeypad Editing	... ist eine bildschirmorientierte Arbeitsweise im Editor, die ohne Editierfunktionen über Funktionstasten arbeitet.
Objektcode	... ist die binäre Verschlüsselung in Maschinencode von Programmen, die der Prozessor lesen und ausführen kann. Objektcode wird bei der Übersetzung von Programmen erzeugt.
oktal	... heißt aus 8 Einheiten bestehend. Zahlen werden nur mit den Ziffern "0,1,2,3,4,5,6,7" dargestellt. (z.B. 1=001, ... 7=007, 8=010, 9=011 ... 15=017, 16=020 ...).
Online	... bedeutet angeschlossen, verbunden.
Operator	... ist hier nicht der Mensch, der den Rechner überwacht, sondern eine Anweisung, wie Werte miteinander verknüpft werden sollen.
Output	... bedeutet Ausgabe.
Overstrike Mode	... bewirkt das Eintragen eines Zeichens an der aktuellen Cursorposition bei gleichzeitiger Überschreibung des vorher an dieser Stelle stehenden Zeichens.
Owner	... bedeutet Besitzer eines Objekts.
Pagefile	... ist die Auslagerungsdatei für Seiten (Pages) aus dem Hauptspeicher.
Parameter	... ist eine Zahl oder eine Zeichenkette, die an ein Programm oder eine Kommandoprozedur zur weiteren Bearbeitung übergeben wird.
Password	... bedeutet Paßwort.
Paßwort	... ist das Kennwort, mit dem sich ein Benutzer ausweisen muß, um Zugang zum Rechner gewährt zu bekommen.
PID	... heißt "Process Identification" (=Prozeßidentifikation).

Position	... ist die Stelle, an der sich ein Zeiger (z.B. der Cursor auf dem Bildschirm oder der Recordpointer in einer Datei) aktuell befindet.
print	... bedeutet drucken.
Printqueue	... (print = drucken, queue = Warteschlange) ist eine Warteschlange, die zuständig ist für den Ausdruck von Listings auf einem Drucker. Druckjobs werden an das Ende der Warteschlange eingereiht und nacheinander abgearbeitet.
Privileg	... ist ein Recht, das dem Prozeß vom Systemmanager zugestanden worden ist
Programmier-sprachen	... stehen folgende zur Verfügung : ADA, Assembler, Basic, Bliss, C, Cobol, Fortran, Modula, Pascal u.v.a.m..
Prompt	... ist eine Zeichenkette, die den Benutzer zu einer Eingabe auffordert.
Protection	... heißt Zugriffsschutz über Zugriffsrechte.
Prozeß	... ist die Verwaltungseinheit im OpenVMS, die Programme ausführen kann. Ein Prozeß beginnt mit dem Login und endet mit dem Logout.
Puffer	... heißt Arbeitsbereich (speziell im Editor).
Quellcode	... heißt ein in einer Programmiersprache erstelltes Programm, das dann mit einem Compiler in Objektcode übersetzt wird.
Quota	... ist ein Grenzwert zur Ausnutzung einer System-Ressource, die der Systemmanager dem aktuellen Prozeß eingeräumt hat.
Range	... bezeichnet einen Bereich in der zu editierenden Datei.
read	... bedeutet lesen.
Record	... bedeutet Satz.
Recordpointer	... ist ein Zeiger in der gerade bearbeiteten Datei, der die aktuelle Position markiert.
Register	... ist eine spezielle Speicherzelle, die von OpenVMS für bestimmte Aufgaben genutzt wird (Rechnen, Systemidentifikation usw.).
relative Datei	... heißt eine Speicherungsform von RMS-Dateien. Auf Dateien dieses Typs kann mit einer Satznummer relativ zum Dateianfang direkt zugegriffen werden.
relativer Zugriffspfad	... beginnt in der aktuellen Default-Directory und beschreibt den Weg durch den Directory-Baum hinauf und hinunter über alle Directories bis zur gewünschten Zieldatei.
remote	... bedeutet entfernt.
RMS	... heißt das Dateisystem von OpenVMS (RMS = "Record Management System").
Saveset	... ist eine spezielle Datei, die sozusagen als Behälter für mehrere Dateien als Datensicherungsdatei benutzt wird.
Schreibdichte	... ist die Anzahl von Informationseinheiten, die auf einem Speichermedium pro Speichereinheit abgelegt werden können.

Schreibschutz	... ist ein Schalter oder ein fehlender Schreibring, der unbefugtes Beschreiben des Speichermediums aus Sicherheitsgründen hardware-mäßig verhindert.
Scroll /Noscroll	... ist eine Taste, um einen abrollenden Text am Bildschirm stoppen und wieder weiterlaufen lassen zu können.
sequentiell	... heißt eine Speicherungsform von RMS-Dateien. Auf Dateien dieses Typs kann nur nacheinander (=sequentiell) ein Satz nach dem anderen behandelt werden.
Set up	... ist der Modus beim Terminal, mit dem die Eigenschaften des Terminals eingestellt werden können.
shared	... heißt geteilt, gemeinsam.
Software	... (weiche Ware) bezeichnet die Programme (Anwendungs- und Dienstprogramme, Betriebssystem) einer Datenverarbeitungsanlage.
Spezifikation	... bedeutet "einzelne, genaue Angabe".
String	... bedeutet Zeichenkette.
Sub-Directory	... ist eine Directory, die unter einer Haupt-Directory oder einer anderen Sub-Directory hängt und die Knoten im Directory-Baum des Benutzers darstellen.
Subprozeß	... ist ebenfalls ein Prozeß im OpenVMS, der Programme ausführen kann. Dieser Prozeß ist jedoch nicht per Login erzeugt worden, sondern von einem anderen (Haupt-) Prozeß.
Subroutine	... bedeutet Unterprogramm.
substitute	... bedeutet ersetzen.
Swapfile	... ist die Auslagerungsdatei für komplette Prozesse aus dem Hauptspeicher.
Symbol	... ist eine DCL-Variable, die als Kommandoabkürzung oder als Programmvariable in einer Kommandoprozedur benutzt wird.
Symboltabelle	... ist eine Tabelle, in der die Symbole für einen Prozeß verwaltet werden.
Tabulator <HT>	... ist das Zeichen, das einen Tabulatorsprung in der Zeile verursacht.
Terminal	... ist eine Dialogstation, bestehend aus Bildschirm und Tastatur.
Terminalserver	... ist ein kleiner Vorrechner im Rechnernetz, an dem Terminals angeschlossen werden.
Trailerpage	... ist eine Drucknachspannseite.
true	... ist ein logischer Zustand und bedeutet "die Bedingung ist wahr".
Über-schreibungs-modus	... bewirkt das Eintragen eines Zeichens an der aktuellen Cursorposition bei gleichzeitiger Überschreibung des vorher an dieser Stelle stehenden Zeichens.

übersetzen	... nennt man den Vorgang der Umwandlung eines Quellprogramms in Objektcode oder das Liefern des Wertes eines logischen Namens.
UIC	... heißt "User Identification Code" und besteht aus einer Kennummer für die Gruppe und einer Mitgliedsnummer. Eine User Identification gelingt auch über den Namen, der dieser User Identification zugeordnet ist.
update	... bedeutet verändern.
User File Directory UFD	... ist die oberste Directory für einen Benutzer, auf der dieser beim Login in der Regel landet (=Haupt-Directory).
User	... bedeutet Benutzer.
Username	... ist der Name des Benutzers, mit dem sich dieser beim Rechner anmeldet.
Utility	... bedeutet Dienstprogramm.
width	... bedeutet Breite.
Wild Card	... ist ein Zeichen, das als Platzhalter für andere Zeichen in Namen von Dateien, Kommandos, Queues usw. benutzt wird und bei der Suche entsprechende Zeichen ersetzt.
Window	... bedeutet Fenster (Editier- oder Anzeigefenster).
Word	... ist eine addressierbare Einheit bestehend aus 2 Bytes = 16 Bits.
Working Set	... ist der Hauptspeicherbereich, der einem Prozeß für seine Arbeit zur Verfügung gestellt wird.
World	... ist die Klasse der Anwender, deren UIC ungleich der eigenen Gruppenkennummer ist.
write	... bedeutet schreiben.
Zeilenmodus	... ist eine zeilenorientierte Arbeitsweise im Editor, die ohne Editierfunktionen über Funktionstasten arbeitet.
Zugriffsrechte	... sind die Rechte "Read, Write, Execute, Delete" (Lesen, Schreiben, Ausführen und Löschen) auf Dateien und andere Objekte, die diese vor unberechtigtem Zugriff schützen.

9.7 Bildverzeichnis

Stichwortverzeichnis